서죽시집

죽림의 풍류은사
서죽瑞竹 양상항梁相恒의
시세계

양상항 저
양현승 역

서죽시집
瑞竹詩集

도서출판 월인

역자 서문

1. 서죽(瑞竹) 양상항(梁相恒)은 조선 말기인 1827년(純祖 27)에 전라남도 화순군 도곡면 월곡리(月谷里, 일명 달아실)에서 아버지 심학헌(心學軒, 또는 瑞南) 두영(斗永)공과 어머니 나주 임씨(羅州林氏) 사이에 4남 2녀 중 둘째 아들로 태어났다. 위로는 기묘명현(己卯名賢) 학포(學圃) 양팽손(梁彭孫)의 11세손이며, 아버지께서 가업을 크게 일으켜 풍족한 집안에서 자라났으나 성품이 소탈하고 부드러워 가문 내외를 비롯 집안 종복들도 즐겨 따랐다. 평생 경사서(經史書)를 손에서 놓지 않았으나 과거와 벼슬에는 뜻이 없어 한 번도 과시(科試)에 응하지 않았다. 세속에 묶여 있으나 얽히지 않는 삶이었다. 이러한 삶의 태도는 아버지 심학헌공의 가르침을 물려받은 것이다. 이와 같이 난초처럼 향기로운 가운데서도 돌처럼 단단하게 지켜 간 것들이 있으니, 부모님에 대한 효와 형제간의 우애, 자식교육의 엄격함과 나라의 시국(時局)에 대한 걱정과 근심은 애써 감추려 해도 어찌할 수 없는 것이어서, 그의 시속에 면면이 드러나고 있다.

2. 어려서부터 경사서와 시문을 공부하면서, 더욱 본격적으로 시 창작에 전념한 것은, 그의 나이 28세(1854년) 때에 아버지께서 태어나고 자라난 전라남도 화순군 도곡면 월곡리에서 약 4~5km 떨어진 화순군 도곡면 죽청리로 분가시키면서부터로 보인다. 곧 살고 있던 달아실이 가솔들이 많아지고 드나드는 사람들이 번잡해지자, 늘 책을 가까이하고 사색에 잠기기를 좋아하는 아들의 조용한 성격에는 맞지 않는다고 여겨, 인근 죽청리로 새로 집을 지어 분가시킨 것이다. 아버지 심학헌공은 아들을 분가시키면서 당부하는 내용을 시로 지었으니, 어질게[仁] 생활하며, 고을 사람들을 공경하며, 술을 절제하며, 마을 앞 냇가에서 낚시를 즐기고 뜨락의 꽃

들을 사랑하며 지내라고 한다.(사진판 참조) 곧 풍류은사로 지내라는 뜻이다. 그 또한 새로 분가한 곳에서 살아갈 모습을 시로 지어 밝히고 있으니, 죽청리 좋은 풍광 속에서 거문고와 술과 시와 벗이라고 시로써 쓰고 있고(시 001번 참조) 또 〈죽호에 새 거처를 마련하고 쓴 자서/竹湖新居自序〉(序 001 참조)에서 보다 자세하게 밝히고 있다. 실제로 거문고와 술과 시와 벗, 그리고 죽청리의 푸른 대나무와 마을 앞을 감싸고 흐르는 맑은 냇물 등 아름다운 자연을 노래한 시들이 대부분을 차지한다.

3. 『서죽시집(瑞竹詩集)』은 집안에서 서죽공의 장자 승묵(升黙)을 거쳐 장손 재면(在冕)이 가고(家稿)로 보관해 오다가, 6·25한국전쟁이 끝나갈 무렵인 1953년 12월에 재면공의 장자 회대(會大)공과 재면공의 아우 재희(在熙)공에 의해 석인본으로 출간되었다. 전쟁 직후의 어려운 시기에 서둘러 출간하게 된 계기에 대해서, '6·25한국전쟁을 통해서 무수한 인명살상은 물론 가장전적(家藏典籍)들이 불에 타 없어지는 것을 보고, 혹시 조부 서죽공의 시문들도 망실(亡失)될 것을 염려'하였기 때문이었다고 한다. 『서죽집』의 본문 1, 2권에는 시(詩) 295편 518수가 수록되어 있으며, 본문 3권에는 서(書) 7편, 서(序) 3편 등 10편의 산문이 수록되어 있다. 부록 1권에는 문우(文友)들과 수창(酬唱)한 제공(諸公)들의 시 26수가 수록되어 되어 있으며, 부록 2권에는 서죽당의 죽음을 애도하는 만사(挽詞) 3편, 제문(祭文) 2편과 행장(行狀)·가장(家狀)·묘표(墓表)·실적기(實蹟記)·발문(跋文) 각 1편씩이 수록되어 있다.

별책에는 원문에는 없는 수첩(壽帖, 회갑연 때 여러 사람들이 쓴 축수시(祝壽詩)를 모은 시첩(詩帖))을 싣고 있는데, 이 수첩은 수년 전 서죽공의 증손 회창(會昌)공의 가고(家稿) 중에서 발견한 필사본으로, 서죽당의 회갑연 때 받은 축수시 38편과 제문(祭文) 2편, 만장(輓狀) 5편이 실려 있다. 이 수첩에 대해서 『서죽시집』 발문에 "수첩이 있었는데, 싣지 못하였다(回甲詩帖仍存 不入同樞)"라고 말한 내용에 해당하는 것이어서, 금번 번역의 기회를 맞아 함께 싣게 된 것을 다행으로 여긴다. 따라서 본 번역본 『서죽시집』에는 총 시 359편 582수와 각종 산문 27편이 실려 있다. 『서죽시집』 인쇄 형태는 매면 11행, 매행 25자, 사주쌍계 하향흑이엽문 단어미(四周雙溪下向黑二葉紋單魚尾)이다. 다만 아쉬운 것은, 『서죽시집』의 편차(編次)가 창작 연대순으로 되어 있지 않아, 시간의 흐름에 따른 시세계의 변화를 구명(究明)하는 데 어려움이 있었다.

4. 서죽당의 시세계는, 부제(副題)로 '죽림(竹林)의 풍류은사(風流隱士)'라 한 것처럼, 죽림에서 은인자중(隱忍自重)하면서도 시와 술과 벗, 그리고 거문고를 멀리하지 않았으니, 마음껏 유한(幽閑)의 풍류를 즐긴 것으로 보인다. 그러나 풍류를 즐긴다 하여 세상을 가벼이 여기지는 않았으니, 곧 "군자(君子)는 피세(避世, 세상을 피해 삶)는 가(可)하나, 망세(忘世, 세상을 잊고 삶)는 불가(不可)라."는 선현들의 가르침을 따른 것이라 하겠다. 따라서 한양과는 멀리 떨어진 남녘에 있는 은사라고 하여도 어찌 조선말기라는 심상치 않은 시국(時局)을 몰랐겠는가. 그래서 늘 근심과 걱정을 놓지 못하였으니, 그의 시 속에서 시국을 한탄하는 면면을 모습을 볼 수 있다. 외국인들이 한양 도성을 방자하게 횡행한다는 끔찍한 소식을 듣고 분개하면서 지은 시 〈왜국(倭國)의 글에서는 행관(行官)이 말을 바꾼다는 것을 듣고/聞倭書易言行官〉(시 118번 중 5~8구)에서

가정과 나라는 황급하고 많은 일들로 시름에 잠기고	滄茫家國愁千緖
원통하고 슬픈 남아들은 가슴 가득히 피를 머금네.	慷慨男兒血一腔
작금에 어지러운 나라의 말로가 멀지 않음을 알겠으니	末路風塵知不遠
어찌 남창에 기대어 되는 대로 맡겨두고 있으리오.	安將寄傲倚南窓

라고 하면서, 술이 있으면 마신 후에 술병을 두드리고 노래하며, 천고에 불평하였다. 자연의 경치를 보며 노닐어 즐기면서도 반드시 나라의 근심에 대한 정회를 쏟아낸 것이다. 또 〈지파(芝坡)를 만나다/逢芝坡〉(시 249번 중 5, 6구)에서, "인정으로 다만 원하는 것은 풍년뿐인데 왜국(倭國)이 소란을 피운다 하니 누가 막아서 태평하게 할 것인가?(人情但願占豊稔, 倭擾誰能措泰安)"라고 하여, 풍류은사임을 자처하는 사람들에게서 흔히 볼 수 있는 오불관언(吾不關焉)하는 태도는 아니었다.

또한 서죽공이 흠모했던 중국 시인으로는 도연명(陶淵明, 365~427)과 사령운(謝靈運, 385~433), 그리고 두보(杜甫, 712~770)이다. 도연명은 마지막 벼슬인 팽택(彭澤) 현령(縣令)을 부임 80여 일 만에 팽개치고 고향으로 돌아가 소요자적하며 본격적인 은사이자 전원시인으로 술을 즐기며 시 창작에 몰두하였으며, 〈귀거래사(歸去來辭)〉로 잘 알려진 중국을 대표하는 시인이다. 사령운은 도연명과 병칭되면서 호방하고 구속을 거부하는 가운데, 산수를 좋아하고 산수를 시로 그려낸 시인이다. 이들은 모두 자연시인이자 산수시인으로 중국 한시의 새 영역을 개척한 시인들이

다. 그리고 두보는 젊은 시절을 제외한 거의 한평생을 안록산(安祿山)의 난에 피난 생활을 하며 여러 편의 우국시(憂國詩)로 나라에 대한 걱정과 근심을 빼어나게 표현한 시인이니, 서죽공은 세 사람의 두 가지 시세계를 아울렀다고 하겠다.

그리고 서죽공의 시 가운데 눈여겨보아야 할 시로는 같은 시대에 살았던 김삿갓[金笠]과의 조우(遭遇)를 쓴 것으로 추정되는 시가 한 편 있는데, 내용은 다음과 같다.

〈나그네가 있어 관서(關西)지방의 경치를 한껏 말하다/有客盛說關西景〉(시 172번)

대숲 매화 핀 창가에는 철늦은 매화향기 떠오르고	竹下梅窓晩挹芬
오정 가깝던 고을에는 석양빛이 비추네.	洞天近午正陽曛
한가롭게 유랑하며 쓴 시(詩) 주머니를 둘러멨는데	優遊宕橐粧奚錦
글에 대한 고수다운 평판은 영(郢)의 장인이 도끼를 휘두른 듯하네.	高手文枰運郢斤
푸른 바다를 보고 왔으니 거문고가 물에 있는 듯하고	滄海觀來琴在水
명산을 걸었으니 나막신은 구름 속을 날았으리.	名山踏去屐飛雲
관서 경치에 대한 많은 이야기를 나그네에게 듣노라니	行人剩說關西景
앉아 있는 나도 함께 천리를 본 듯하네.	坐我大同千里濆

서죽당 양상항은 김삿갓(1807~1864)보다 스무 살 아래다. 그러나 집을 찾아온 나그네 김삿갓을 반갑게 맞이하면서 사랑채에서 하루 저녁 유숙하며 세상사 이야기를 나누고, 특히 시에 대한 심도 깊은 토론, 그리고 나그네로서 팔도를 유람한 경험담을 좋은 말솜씨로 실감나게 나눈 것으로 보인다. 1, 2구에서는 나그네(김삿갓)가 찾아오는 계절과 시간을 쓰고 있다. 계절은 매화가 필 때이니 2월말 정도이고, 하루의 시간은 석양이 질 때이다. 길 가는 나그네는 해가 지면 마을로 찾아들어 동구 밖에서 하룻밤 유숙할 집을 물색하는 것이 당연한 것이다. 초가삼간 작은집보다는 사랑채가 있는 큰집이어야 잠자리를 청하기에 덜 미안할 것이고, 한두 끼 식사라도 마음 편하게 얻어먹을 수 있다. 3구에서는 해가 뉘엿뉘엿 지는 가운데 시를 쓴 주머니[宕囊]를 둘러메고 대문을 지나 사랑채로 들어서는 김삿갓의 모습을 그리고 있다. 이어 4구에서는 저녁 식사를 마치고 호롱불을 사이에 두고 주인과 나그네가 이야기를 나누는 모습이 그려진다. 시에 대한 해박한 지식과 함께 특히 시평(詩評)을 할 때는 식견이 높아 고수(高手)처럼 매우 능수능란했다고 한다. 5, 6구에서

는 관서지방을 비롯한 조선팔도를 유람한 풍경과 경험담을 어찌나 실감나게 이야기하는지, 바다를 본 흥취와 명산을 오르는 모습을 거문고와 나막신을 들어 상상하면서 듣는다. 7, 8구에서는 그런 말솜씨에 감탄하고 공감하면서, 듣고 있는 자신이 마치 함께 탐승한 듯한 느낌을 받았다고 한다.

남도지방이나 인근 지역 사람으로서는 가기 어려운 관서지방을 유랑했다는 것과, 유람하면서 쓴 시를 주머니에 넣어 둘러멨다는 것, 그리고 시에 대한 평판을 높은 식견으로 능수능란하게 했다는 것, 특히 말솜씨가 보통이 아니었다는 점 등 네 가지를 강조해서 쓰고 있는 것을 보면, 예사로운 나그네나 탐승가가 아닌 것으로 여겨져 김삿갓이 아닌가 하고 추정해본다. 구체적으로는 김삿갓이 전국을 유랑하면서 화순 동복을 세 번 찾게 되는데, 마지막 세 번째인 김삿갓 51세(1857) 때, 전남 강진 금곡사(金谷寺)에서 〈쟁계암(爭鷄岩)〉 시를 짓고, 이어 장흥군 보림사(寶林寺)에 들러 〈과보림사(過寶林寺)〉를 지은 다음 화순 동복으로 가는 길목에 있는, 서죽공의 거처인 죽청리에서 하루 이틀 유숙할 때 만난 것으로 여겨진다. 김삿갓은 전국을 유랑하면서 많은 일화와 시를 남기고 있으나, 정작 김삿갓을 만나본 사람이 김삿갓에 대해서 시로 쓴 것이라는 점에서 보기 드문 시라고 여겨져 추정을 전제로 해서 소개한 것이다.

5. 지금으로 부터 10여 년 전, 서호(瑞湖) 회대(會大) 당숙께서 『서죽시집』 한 권을 내놓으시면서, "이 책은 네 할아버지(祖父 聖華 在熙)의 할아버지(高祖 瑞竹 相恒)께서 지으셨고, 그 할아버지의 손자(在熙)와 증손인 내가(瑞湖 會大) 6·25동란의 어려운 시기에 간행한 것이다. 우리가 6·25동란 중 많은 가문의 가장 전적(家藏典籍)들이 폭격을 맞거나 불 타 없어지는 것을 보고, 서죽 선조의 원고마저 없어질까 하는 끔찍한 마음이 들어 전란의 어려운 때임에도 불구하고 간행한 것이니, 이제 '손자(聖華 在熙)의 손자인 네가 한문학을 한다하니 다시 알기 쉬운 현대말로 번역하여 후손들이 읽을 수 있도록 하라."라는 분부가 있으셨다. 그 후 천학비재(淺學菲才)한 사람이 차마 고조부의 글, 그것도 시적 감수성과 자질도 형편없이 부족한 제가 한시를 번역하다는 것은 여타의 어느 글보다 심적 부담감을 느끼지 않을 수 없어 손을 놓고 있었다. 그러나 그 사이에 서호 당숙께서는 안타깝게 고인이 되셨고, 고인이 되신 서호 당숙의 명과 약속이 시간이 흐를수록 초조하게 다가왔다. 그 후 용기를 내어 2년여 번역작업을 마치고 이제 출판을 하게 되었다. 책이 출간

되면 맨 먼저 조부님과 당숙의 영전에 책을 올리고 용서를 고할 것이다. '저의 게으름과 천학비재를 용서해 주시고, 고조부님의 가을 하늘과 같이 맑고 댓잎처럼 푸른 지기(志氣)에서 뽑어 올리신 무지개 같은 시상(詩想)에 오역(誤譯)의 누가 되었음을 해량하시옵소서.'라고 말씀 드릴 것이다.

번역본 『서죽시집』이 출간되어 나오기까지 많은 관심과 격려를 아끼지 않으신 종형 삼승 형님, 미국 시카고의 재종 행승·창승·재승 형님, 삼종 석승 형님께 감사의 말씀을 올립니다. 그리고 원근에서 관심을 가져주신 종문(宗門)들과, 바쁘신 가운데도 초서의 탈초 등 많은 관심과 도움을 주신 황선재 박사님께도 깊은 감사의 말씀을 드린다. 그리고 인문학의 어려운 현실 가운데도 흔쾌히 출판을 맡아주신 월인출판사 박성복 사장님, 한병순 이사님과 편집부의 여러분들께도 머리 숙여 감사의 말씀을 드립니다.

2017년 10월

망우산자락(忘憂山自樂) 심학당(心學堂) 한문학연구실

양현승 근서(謹書)

❖서죽당(瑞竹堂)이 자리한 전라남도 화순군 도곡면 죽청리(1960년대 모습)

당시에는 마을 이름으로 죽수리(竹樹里) 또는 죽호리(竹湖里)로 불렀으며, 죽청리(竹青里)는 근대화 이후부터 사용된 것으로 여겨짐.

(중앙 기와집으로 안채와 사랑채. 현 전라남도 지방문화재 40호)

❖사랑채에 걸린 당호 현판 심학당(心學堂)과 소서남(小瑞南)

서죽(瑞竹)공은 자신의 호가 아닌 부친 두영(斗永)공의 호 심학헌(心學軒)과 서남(瑞南)을 당호로 사용하여 현액함.

❖ **부친 심학헌공(心學軒公)이 아들 서죽공(瑞竹公)을 분가시키면서 쓴 친필 당부의 글**

1854년(甲寅)에 전라남도 화순군 죽청리에 새집을 지어 둘째 아들을 분가시키면서, 아버지 심학헌공(心學軒公)이 아들 서죽공(瑞竹公) 상항(相恒)에게 당부하는 내용의 친필 시를 손자인 미호공(眉湖) 승묵(升默)이 1903년에 새겨 건 현판.

郡北爲新宅(군북위신택)

何居不處仁(하거불처인)

詩書眞我友(시서진아우)

齒德敬鄕人(치덕경향인)

市近非謀酒(시근비모주)

波深肯釣鱗(파심긍조린)

庭花何年種(정화하년종)

留待萬家春(유대만가춘)　　瑞南(서남)

- 癸卯窩春追慕揭板(계묘와춘추모게판)

군 북쪽에 새 집을 지으니

어느 곳엔들 인(仁)에 처하지 않으리오.

시서(詩書)는 나의 참다운 벗이며

나이 많고 덕 있는 고을사람들을 공경하리로다.

근처 저자에서 술이나 마시려 하지 말고

물이 깊으니 고기를 낚을 만하리로다.

뜰의 꽃들은 어느 해에 심었던가?

머무르며 만가춘주(萬家春酒)가 익기를 기다리네.

- 계묘년(癸卯年, 1903년) 봄에 선조를 추모하며 현판에 새겨 걸다.

(탈초: 황선재 박사)

❖ 서죽(瑞竹) 양상항(梁相恒)의 글씨와 서실(書室) 현판

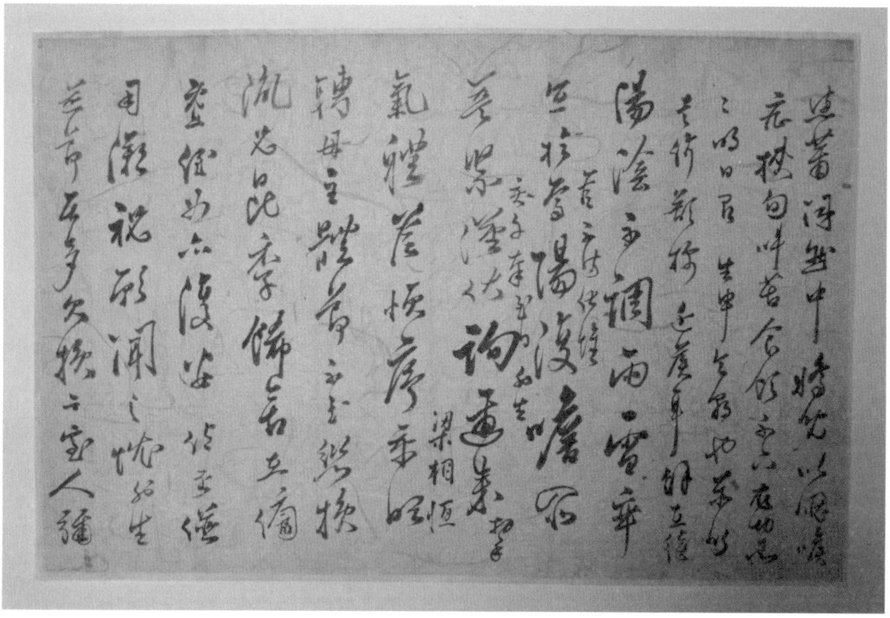

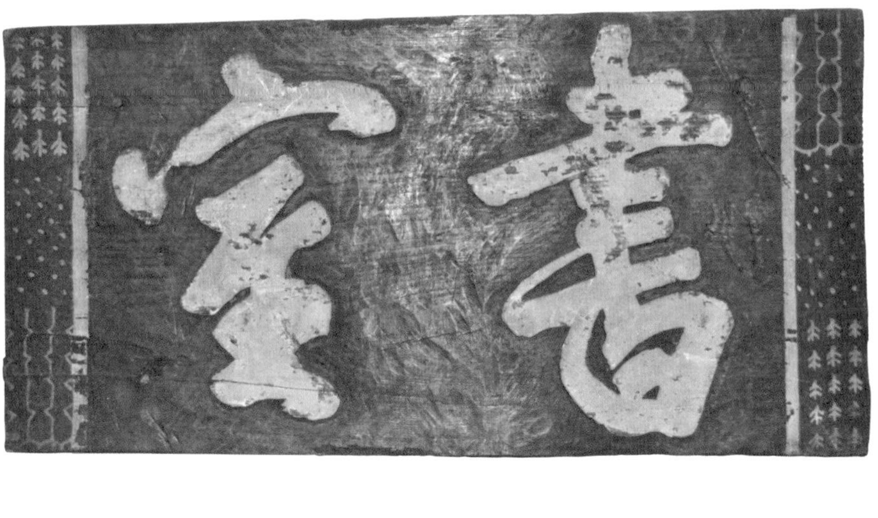

❖동려(東黎) 선생이 심학당(心學堂) 벽에 쓴 초당사(草堂詞)

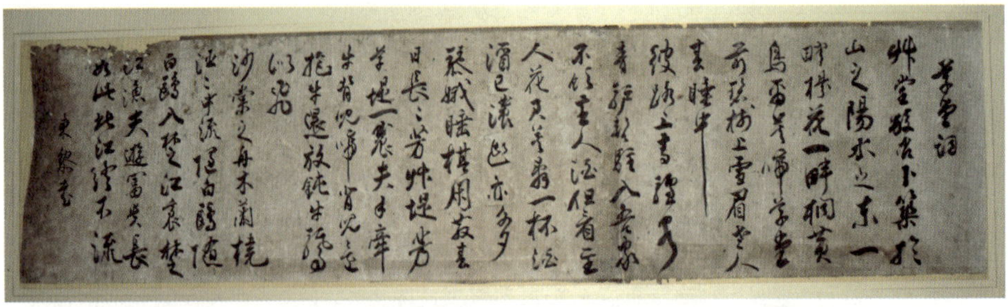

草堂數間卜築於山之陽水之東　一畔楊花一畔桐　黃鳥爾莫啼　草堂前碧樹上
雪眉老人春睡中
彼路上靑驢客　靑驢暫駐入吾家　不飮主人酒　但看主人花　君莫辭一杯酒　酒已濃花亦多　琹娥睡棋朋散　春日長長芳草堤　芳草堤一農夫手牽牛背兒啼　背兒還抱牛　退放鈍牛騰似飛
沙棠之舟木蘭橈　往往中流隨白鷗　隨白鷗入楚江裏　楚江漁夫遊富貴長如此　北江終不流

- 東黎書

청산의 남쪽 냇가 동쪽에 좋은 곳을 가려 몇 칸 초당을 지었으니, 한쪽 언덕엔 버들이 피고 또 한쪽 언덕엔 오동나무로구나. 꾀꼬리야! 우지 마라. 초당 앞 푸른 나무 아래 눈썹 흰 노인이 봄잠을 자고 있단다.

저기 말 타고 가는 길손이여! 말을 잠시 멈추고 내 집으로 들어오시게. 주인옹은 술은 마시지 않고 꽃만 보고 있으나, 그대는 한 잔 술을 사양치 마시게나. 술은 이미 익었고 꽃도 많이 피었다네. 거문고 타던 미인은 낮잠을 졸고 있고 바둑 두던 벗들도 흩어졌다네. 길고 긴 봄날 강둑에 향기로운 풀이 우거졌네. 향기로운 풀 우거진 강둑에 농부가 소등에 아이를 태우고 이끌고 가는데, 소 탄 아이는 무서워 우는구나. 우는 아이를 내려놓으니 느릿느릿 걷던 소는 날아갈 듯 언덕을 오르는구나.

사당나무 배를 타고 목란나무 노를 저어 물결 속에 흰 갈매기를 따르네. 흰 갈매기를 따라 초강(楚江)에 들어가니, 초강의 어부들은 부귀 속에 노니는데, 부귀는 이 강처럼 오래도록 이어지리니, 강물은 끝내 북으로는 흐르지 않으리라.

- 동려(東黎)

(탈초 및 번역: 황선재 박사)

❖ 죽수십이경도(竹樹十二景圖)

당시 호남 화단의 양대 산맥 중의 하나인 사호(沙湖) 송수면(宋修勉, 1847～1916)의 제자이자 조카인 염재(念齋) 송태회(宋泰會, 1872～1942) 화백이 서죽당의 손자인 녹서(綠瑞) 재면(在冕, 1882～1934)공이 죽청리(竹靑里)와 능주(綾州) 주변의 빼어난 경관을 시로 쓴 '죽수십이경(竹樹十二景)'을 그린 12폭의 병풍 그림.

제1경 벽강어화(碧江漁火)
능주 영벽정 앞 강 고기잡이배의 등불

제2경 비봉조양(飛鳳朝陽)
죽청리에서 마주 보이는 비봉산(飛鳳山)의 아침 해

제3경 천대낙조(天臺落照)

천대(天臺; 天台山)의 낙조

제4경 현학귀운(玄鶴歸雲)

늙은 학이 구름 속에 돌아옴

제5경 경야방초(鯨野芳草)

넓은 들의 향기로운 풀

제6경 양연신창(兩連新漲)

두 강(화순천과 능주천)이 합수(合水)한 강의 불어난 물

제7경 설진귀로(雪津歸鷺)

눈 내리는 나루로 돌아오는 해오라기

제8경 죽리원림(竹里園林)

죽청리(竹青里)의 대나무 숲

제9경 금오제월(金鰲霽月)

금오산(金鰲山)의 비 갠 후 뜨는 달

제10경 이지모연(鯉池暮煙)

이지(鯉池)의 저녁 연기

제11경 숭가효종(崇伽曉鍾)

숭가사(崇伽寺)의 새벽 종소리

제12경 서석청설(瑞石晴雪)

서석산(瑞石山; 無等山)의 눈 개인 풍경

❖ 염재(念齋) 송태회(宋泰會) 화백이 서죽당(瑞竹堂)에 쓴 휘호

강광산색(江光山色)

부람난취(浮嵐暖翠)

일러두기

1. 이 책은 조선말기 남도의 풍류 은사인 서죽(瑞竹) 양상항(梁相恒, 1827~1891)의 한시집 『서죽시집(瑞竹詩集)』 가장본(家藏本)과 역자가 새로 발굴한 작가의 회갑연 때의 축수시(祝壽詩)를 모은 〈수첩(壽帖)〉을 별책으로 묶어 번역하였다.
2. 번역의 저본은 1953년 12월 작가의 손자인 재희(在熙)공과 재희공의 조카이자 증손인 회대(會大)공이 함께 출간한 석인본 『서죽시집』이며, 별책 〈수첩〉은 필사본이다.
3. 원본은 가로 15cm×세로 25cm에 11행 25자 기준, 사주광곽(四周匡郭)에 판심(版心)은 하향단흑어미이엽문(下向單黑魚尾二葉紋)이다.
4. 총 수록 및 작품 수는 제1권; 시 161편 302수, 제2권; 134편 216수, 제3권; 서(書) 7편, 서(序) 3편, 부록 제1권; 제공수창(諸公酬唱) 시 26수, 부록 제2권; 만사(挽詞) 3편, 제문(祭文) 2편, 행장(行狀) · 가장(家狀) · 묘표(墓表) · 실적기(實跡記) · 발(跋) 각 1편이며, 별책에는 축수시(祝壽詩) 38수, 제문(祭文) 2편, 만장(輓狀) 5편으로, 총수록 작품은 시 359편 582수와 문 27편이다.
5. 국역은 직역을 원칙으로 하였으며, 내용 파악에 도움을 줄 수 있다고 여겨지는 경우에 한해 부분적으로 의역하였다.
6. 시가라는 특성상 함축과 압축적인 번역으로 운율감을 충분히 살려야 하지만, 이것이 지나친 경우에는 오히려 독자의 내용 파악과 이해에 방해가 된다고 여겨져 어미와 조사 등을 폭넓게 사용한 서술형 번역으로 이해를 도왔다.
7. 한자어의 경우 독해에 필요한 인명 · 지명 관직명 등의 한자어는 ( ) 속에 병기하고, 음이 다르지만 같은 뜻의 단어는 [ ] 속에 한자를 써서 이해를 도왔다.
8. 원문에서 공경(恭敬)의 뜻을 나타내기 위해 띄어쓰기를 한 경우, 해당 단어 앞에 '□'를 써서 표기하였다.
9. 대화 부분은 " "으로 표시하고, 강조 또는 혼잣말이나 마음속의 생각은 ' '로 표시하였다.
10. 서명(書名)과 작품명(作品名)은 공히 《 》으로, 서책의 인용 부분은 「 」으로 표시하였다.
11. 연시(連詩)는 [其一], [其二] 등으로 순서를 붙였다.
12. 주석은 원문에 나오는 지명(地名), 인명(人名), 전고(典故)를 중심으로 가급적 출전을 밝히되, 난해 어구나 여러 개의 뜻을 가진 전고의 경우는 본문의 내용과 관계되는 의미만을 밝혔다.
13. 몇 편의 작품에는 독자의 내용 이해를 돕기 위해 짧은 해설을 붙였다.
14. 원문에서 오기(誤記)로 여겨지는 글자의 경우 원문대로 싣고, 주석에 '오기(誤記)'라고 밝히고 바로잡은 표기를 제시하였다.

목차

瑞竹詩集 卷之一

◤詩

瑞竹詩集 卷之二

詩

瑞竹詩集 卷之三

瑞竹詩集 附錄 卷之一

瑞竹詩集 附錄 卷之二

◤挽詞

◤祭文

◤行狀

◤家狀

◤墓表

◤實蹟記

◤跋

別 冊

壽帖

◤詩

祭文

輓章

瑞竹詩集 卷之一

서죽시집 제1권

詩

001 아버님께서 지어 벽에 붙이신 시에 삼가 차운하다 – 갑인년(甲寅年)[1]에 아버님[2]께서 못난 아들을 위해 군(郡)의 북쪽 죽청리(竹靑里)[3]에 집을 지어 주시고, 뜨락에 꽃이 가득하자 봄을 노래한 시를 지어 벽에 붙이시고 또 가르침을 내려주시다

敬次家君壁上韻 – 甲寅家君爲不肖 治第于郡北竹靑里 有庭花萬家 春之句 又於壁上題詠而垂訓焉

閑居甚事試經綸(한거심사시경륜)
肯搆餘模自此新(긍구여모자차신)
鰲戴名山朝爽氣(오대명산조삽기)
鳳捿脩竹德爲隣(봉서수죽덕위린)
好將琴酒知音友(호장금주지음우)
同樂江湖有約人(동락강호유약인)
多謝花簷賓燕賀(다사화첨빈연하)
吾門幾許玉麒麟(오문기허옥기린)

한가로이 살면서 어찌 세상일을 시험하겠는가?
어버이께서 하시던 일을 이으면[4] 곧 스스로 새로워지는 것이리라.
명산을 등에 지니[5] 아침 기운이 삽상하고

---

1 甲寅年(갑인년) : 1854년. 철종 5. 저자 나이 28세.

2 家君(가군) : 저자의 부친 휘(諱)는 두영(斗永; 正朝 18, 1794～哲宗 11, 1860). 자는 진여(辰如). 호는 심학헌(心學軒) · 서남(瑞南). 현 전라남도 화순군 도곡면(道谷面) 월곡리(月谷里 : 일명 달아실)에 거주.

3 竹靑里(죽청리) : 현 전라남도 화순군 도곡면 죽청리(竹靑里; 일명 대포리). 본향(本鄕)인 달아실[月谷里]에서 약 십 리 가량 떨어져 있음. 1914년 행정구역 개편 전에는 '능주목(綾州牧) 북면(北面) 죽청리(竹靑里)' 등으로 나타나며, 본문에는 '죽호(竹湖)' 또는 '죽수(竹樹)'의 지명으로 쓰이로 있다. 마을에 시누대와 대나무가 많이 자라고 있어 '대포리'라는 고유 지명을 한자로 바꾼 것이다.

4 肯搆(긍구) : 긍구긍당(肯構肯堂). 아비가 업(業)을 시작하고 자식이 계승(繼承)함.

5 鰲戴(오대) : 큰 자라가 산을 이고 짐. 후대에는 감대(感戴; 대단히 고맙게 여기어 떠받듦)의

대숲에 봉황이 깃들듯 덕이 있다면 좋은 이웃이 있으리라.
장차 거문고와 술과 마음 알아주는 벗[6]을 좋아하리니
강호에서 만나기로 한 벗들과 더불어 즐기리라.
꽃 피는 처마 밑에 손님을 청하여 감사드리며 인사드리니
우리 가문에는 옥 같은 기린아(麒麟兒)[7]들은 몇이나 되는가?

뜻.

6 知音(지음) : 마음이 통하는 친한 벗. 《列子, 湯問》에 「伯牙善鼓琴, 鍾子期善聽, 伯牙鼓琴, 志在登高山, 鍾子期曰, 峩峩兮若泰山, 志在流水, 鍾子期曰, 善哉, 洋洋兮若江河, 伯牙所念, 鍾子期必得之」.

7 玉麒麟(옥기린) : 재능이 걸출한 인물을 비유.

002 아버님과 석초(石樵) 이후(李侯)장우(章愚)[8]께서 함께 용암산(龍巖山)[9]에 올라 지으신 시에 삼가 차운하다
敬次家君與石樵李侯章愚登龍巖山韻

州南節彼頂(주남절피정)
攀險短笻登(반험단공등)
地問藏書容(지문장서용)
岩疑絶粒僧(암의절립승)
江湖秋似練(강호추사연)
風土古稱陵(풍토고칭릉)
盡日停華盖(진일정화개)
詩才一格增(시재일격증)

주의 남쪽[10] 저 높은 꼭대기를
짧은 지팡이 짚고 더위잡아 험한 산을 오르도다.
땅은 책을 쌓아 놓은 듯하고,
바위는 곡기(穀氣)를 끊은 스님[11]인 듯하네.
가을이 드니 강과 호수는 명주를 누인 듯하니
이 땅은 예로부터 능(陵)이라 일컬었다네.[12]
하루 종일 (시를 지으려고) 가던 화개(華盖; 華蓋)[13]를 멈추니
시재(詩才)가 한 등급 더하는구나.

---

8 石樵李侯章愚(석초이후장우) : 석초(石樵) 이장우(李章愚). 당시 능주 목사(綾州牧使). 《조선왕조실록》 철종(哲宗) 5년 갑인년(甲寅年; 1854) 기록에, '전 능주목사 이장우(前綾州牧使李章愚)'의 이름이 거명되고 있고, 《능주향교지(綾州鄕校誌)》에는 경술년(庚戌年; 1850년. 철종 1) 7월에 능주 목사로 부임하여 갑인년에 사임하였음.

9 龍巖山(용암산) : '용암산(聳巖山)'의 오기. 현 전라남도 화순군 한천면에 있는 산.

10 州南(주남) : 현 전라남도 화순군 능주(綾州; 陵州)의 남쪽.

11 絶粒僧(절립승) : 곡기(穀氣)를 끊은 승려. 바위산의 높고 고고한 모습 형용.

12 古稱陵(고칭릉) : 예로부터 '능(陵)'이라 부름. 《新增東國輿地勝覽》 능성현(綾城縣)조에 능주(綾州)는 '이릉부리군(尒陵夫里郡)' 또는 '이릉부리군(爾陵夫里郡)'으로 기록. 능(陵)은 곧 능(綾)으로 현재의 지명 능주(綾州)를 말함.

13 華盖(화개) : 화개(華蓋). 해를 가리는 양산(涼傘) 또는 일산(日傘).

003 큰형님[14]을 모시고 동족(同族)인 초사(蕉史)재연(在淵)과 문(文)성좌(聖佐)와 함께 금오산(金鰲山)[15]에 오르다

陪舍伯同族從蕉史在淵及文聖佐共登金鰲山

宿債名山始見之(숙채명산시견지)
長空潦盡屬秋時(장공료진속추시)
幸同白傅遊香社(행동백부유향사)
肯讓靑蓮詠華詩(긍양청연영화시)
群鳳低飛盤地勢(군봉저비반지세)
六鰲浮處押天奇(육오부처압천기)
塵衿便覺仙緣重(진금편각선연중)
坐了靈區日月遲(좌료령구일월지)

예전부터 명산에 오르고자 하였다가 비로소 바라보는데
높고 먼 하늘엔 장맛비가 그치는가 싶더니 가을이 이어지네.
다행히 백낙천(白傅; 白樂天) 같은 벗들과 함께 노닐고 있으니
이백(靑蓮; 李白) 같은 아름다운 시를 지어 달라 청하리라.
뭇 봉황들은 땅의 형세를 따라 낮게 날고
육오(六鰲)[16]는 물에 떠올라 하늘의 기이함을 눌러 (바위에) 새겼구나.[17]
속된 생각[18]에 선인(仙人)과 연분(緣分)의 소중함을 깨달으니
신령스런 거북이[19] 앉아 있어 세월도 더디겠구나.[20]

---

14 舍伯(사백) : 가형(家兄). 사형(舍兄). 맏형인 양상정(梁相鼎)을 이름.

15 金鰲山(금오산) : 전라남도 여수시 돌산면 율림리에 있는 산. 향일암(向日庵)이 있으며 구명(舊名)은 영구암(靈龜庵)으로 절 주변의 바위가 거북등처럼 육각무늬가 있어 붙여진 이름.

16 六鰲(육오) : 발해(渤海)의 동쪽 깊은 골짜기에 있다고 하는 다섯 선산(仙山)을 머리에 이고 있다는 여섯 마리의 큰 자라. 본문에서는 영구암(靈龜庵; 向日庵).

17 押天奇(압천기) : 향일암(向日庵) 뒷산 바위에 새겨진 거북등 같은 무늬를 의미.

18 塵衿(진금) : 진금(塵襟). 속된 생각.

19 靈區(영구) : '영구(靈龜)'의 오기. 곧 향일암(向日庵)의 옛 명칭인 영구암(靈龜庵)을 지칭.

20 日月遲(일월지) : 세월이 더디 감. 거북[龜]이 십장생(十長生) 중의 하나임을 의미.

004 정미년(丁未年)[21]에 형님을 모시고 칠석날에 개천사(開天寺)[22]에서 공부하던[23] 동족(同族) 만희(晩羲)진영(進永) 및 조카사묵(思默), 계광(溪狂)진(陳)석형(錫馨)·안(安)철환(喆煥) 등과 함께 천태산(天台山)에 오르다

丁未陪舍伯同族晩羲進永及族姪思默溪狂陳錫馨安喆煥磨杵于開天寺七夕共登天台山

天台別已久(천태별이구)
今日又乘風(금일우승풍)
雲水千回㤼(운수천회겁)
林巒各不同(임만각부동)
痲仙歸古洞(마선귀고동)
織女渡長空(직녀도장공)
淸磬斜陽路(청경사양로)
孤庵亦此中(고암역차중)

천태산(天台山)의 두 선녀[24]와 헤어진 지 이미 오래되었더니
오늘 또 바람을 타고 (천태산에) 오르는구나.
구름처럼 물처럼 유랑하며 천 겁(㤼; 劫)이나 돌아다니면서
숨어 사는 곳이 각각 같지는 않았구나.
마고선녀(痲姑仙女)[25]는 옛 마을로 돌아갔고
직녀(織女)는 구만 리 장공을 건너갔도다.
맑은 풍경(風磬) 소리 석양길에 울리니
외로운 암자가 이 가운데 있구나.

---

21 丁未(정미) : 정미년(丁未年). 1847년(憲宗 13). 저자 21세.

22 開天寺(개천사) : 전남 화순군 춘양면과 도암면에 걸쳐 있는 천태산(天台山)에 있는 절.

23 磨杵(마저) : 마저작침(磨杵作針). 오랫동안 정진하면 성공하게 됨.

24 天台(천태) : 천태녀(天台女). 천태산의 선녀. 후한(後漢) 때 유신(劉晨)과 완조(阮肇)가 천태산에서 약초를 캐다가 만났다는 두 여인.

25 痲仙(마선) : 마고선녀(痲姑仙女). 전설상의 선녀 이름.

005 기유년(己酉年)[26] 8월 동족(同族) 만희(晩義; 梁進永)와 계광(溪狂; 陳錫馨), 호서(湖西) 윤일진(尹馹鎭) 등과 형님을 모시고 서석산(瑞石山)에 오르다

己酉八月同族晩義溪狂湖西尹馹鎭陪舍伯登瑞石山

乘秋筇屐暫偸閒(승추공극잠투한)
山鎭江南眼際看(산진강남안제간)
石立千層如砥柱(석립천층여저주)
峰過數尺卽乾端(봉과수척즉건단)
茫茫雲海連空碧(망망운해연공벽)
處處霜林入畵丹(처처상림입화단)
使我登臨起遐想(사아등림기하상)
天開一罅是長安(천개일하시장안)

가을이 오자 지팡이에 나막신 신고 잠시 한가한 틈에 오르니
진산(鎭山)[27]과 강남이 잠깐 사이에 눈에 들어오네.
돌들은 우뚝 서서 수천 층이 되니 지주(砥柱)[28]와 같고
봉우리들은 여러 척이 넘으니 하늘과 땅 끝[29]이 닿아 있네.
망망한 구름바다는 푸른 창공에 이어졌고
곳곳의 서리 내린 수풀은 그림인 듯 붉도다.
날더러 이곳에 올라 원대한 생각을 일으키라고 한다면
하늘이 열리고 땅이 한 번 갈라지는[30] 곳이 장안(長安)[31]이라 하겠네.

---

26 己酉(기유) : 기유년(己酉年. 1849. 憲宗 15). 23세 때.

27 山鎭(산진) : 진산(鎭山). 도읍지나 각 고을의 뒤에 있는 큰 산. 본문에서는 서석산에서 내려다보이는 여러 고을의 진산을 뜻함.

28 砥柱(지주) : 중류지주(中流砥柱). 중국 하남성(河南省) 협주(陜州) 황하(黃河)의 중류에 있는 기둥 모양의 돌. 격류 속에서 우뚝 솟아 꼼짝도 하지 않으므로 난세(亂世)에 처하여 의연(毅然)히 절개를 지키는 선비의 비유.

29 乾端(건단) : 건단곤예(乾端坤倪). 하늘 끝과 땅 끝.

30 天開一罅(천개일하). 천개지벽(天開地闢). 천지가 비로소 열림.

31 長安(장안) : 장안일(長安日) 고사. 동진(東晉)의 명제(明帝)가 원제(元帝)에게, 태양은 눈에 보이나 장안은 눈에 보이지 않으므로, 장안이 태양보다 더 멀다고 말한 고사.

006 우담(愚潭) 고진태(高鎭台)와 회포를 펴다
與愚潭高鎭台暢懷

春山遇雨翠微微(춘산우우취미미)
暇日相尋喜欵扉(하일상심희관비)
鄰巷垂楊思白傅(인항수양사백부)
池塘芳草夢玄暉(지당방초몽현휘)
鶴形晩對忻傾屣(학형만대흔경사)
鯨飮無量且典衣(경음무량차전의)
花柳城東寒食節(화류성동한식절)
行吟有約一笻飛(행음유약일공비)

봄 산에 비 내리니 푸른 기운이 도는데
한가로운 날에 찾아와 사립문 두드리니[32] 기쁘기도 하여라.
골목 안에 수양버들 드리워지니 백부(白傅; 白居易)를 생각하고
못가에 향기로운 풀 돋아나니 현휘(玄暉)[33]를 떠올리네.
학 같은 모습을 늦게야 만나니 서둘러[34] 기쁘게 맞이하고
한량없이 마시고[35] 또 옷을 전당(典當) 잡혀[36] 술을 사오네.
성동(城東)에는 꽃 버들 피어나는 한식(寒食) 절기이니
천천히 거닐면서 읊조리다가 약속이나 있는 듯 바삐 걸어보네.[37]

---

32 款扉(관비) : 사립문을 두드림. 당(唐) 육구몽(陸龜蒙)의 《酬襲美夏首病愈見招次韻詩》에 「雨多靑合是垣衣, 一幅蠻牋夜款扉」.

33 玄暉(현휘) : 남조 제(南朝齊)의 시인 사조(謝朓)의 자.

34 傾屣(경사) : 짚신을 뒤집어 신듯 서두르는 모양.

35 鯨飮(경음) : 고래가 물을 마시듯 아주 많이 마시는 모양.

36 典衣(전의) : 옷을 전당(典當) 잡힘. 곧 옷을 전당 잡히고 술을 사 먹음. 당(唐) 두보(杜甫)의 《曲江詩 2》에 「朝回日日典春衣, 毎日江頭盡醉歸」.

37 笻飛(공비) : 지팡이를 휘두름. 바쁘게 걷는 모양.

007 월곡(月谷)에서 형님을 모시고 송오(松塢)와 집으로 돌아오는 길에 운(韻)을 얻다
自月谷陪舍伯還第松塢同伴路上拈韻

鷺鶩聯翩隨晩霞(노목연편수만하)
鶺鴒飛急到晴沙(척령비급도청사)
顧我詩篇渾漫興(고아시편혼만흥)
堪憐見笑大方家(감련견소대방가)

해오라기와 오리들은 저녁놀을 따라 줄지어 날고
할미새[38]들은 햇빛 내리는 모래톱에 서둘러 날개를 접네.
나를 돌아보며 즉흥적으로 시를 지으라[39] 하시니
아껴주시는 것이나 대방가(大方家)[40]들의 웃음을 살 것이로다.

---

38 鶺鴒(척령) : 척령재원(鶺鴒在原). 형제간의 우애를 비유. 할미새가 들에서 날 때는 울기를 그치지 않고 걸을 때는 꽁지를 흔드는 모습이 마치 급난을 알리는 모습과 같음에서 형제간에 위급하거나 어려울 때 서로 돕는 것을 비유.

39 漫興(만흥) : 저절로 일어나는 흥취. 즉흥적으로 시를 짓는 것. 명(明) 양신(楊愼)의 《木涇周公裒集鄙詩刻之作此以謝詩》에 「漫興詩成散逸多, 玉人彩筆爲編摩」.

40 大方家(대방가) : 식견이 높고 대도(大道)를 꿰뚫어 아는 사람.

008 높은 산에 올라
登高

不費筇枝力(불비공지력)
登臨做蹔閒(등임주잠한)
忘却衡門下(망각형문하)
飄然宇宙間(표연우주간)
鷺飛分二水(노비분이수)
仙去落三山(선거낙삼산)
興逸日將暮(흥일일장모)
短吟扶醉還(단음부취환)

힘들지 않게 지팡이만 짚고
한가한 틈을 타 산에 오르네.[41]
누추한 집[42]에 산다는 것도 망각하고
표연(飄然)[43]히 우주 간에 서 있네.
해오라기 되어 나니 흐르는 물이 둘로 나뉘고
신선 되어 떠나가 삼신산(三神山)[44]에 내리네.
흥취는 다하고 해도 장차 저물려 하는데
짧게 읊조리고 술에 취해 부축 받으며 돌아오네.

---

41 登臨(등림) : 등섭(登躡). 산에 오르고 물가에 감. 곧 산수를 유람함. 《楚辭, 九辯》에 「憭慄兮若在遠行, 登山臨水兮送將歸」.

42 衡門(형문) : 두 기둥에 한 개의 나무를 질러 만든 대문. 누추하고 초라한 집. 《詩經, 陳風, 衡門》에 「衡門之下 可以棲遲」.

43 飄然(표연) : 높고 심원한 모양. 《文選, 成公綏, 嘯賦》에 「心滌蕩而無累, 志離俗而飄然」.

44 三山(삼산) : 삼신산(三神山). 발해(渤海) 가운데 있으며 신선이 산다고 하는 세 개의 산으로 봉래산(蓬萊山) · 방장산(方丈山) · 영주산(瀛洲山).

009 재종질(再從姪) 감역(監役)[45] 추초(酋樵; 梁敎默)와 간소한 주연을 베풀며
與再從姪監役酋樵敎默小酌

鵲噪俄休鶴報先(작조아휴학보선)
偶然團會喜情牽(우연단회희정견)
風光四月如三月(풍광사월여삼월)
座序高年又少年(좌서고년우소년)
滿酌湖觴聯白社(만작호상연백사)
更將園燭樂靑蓮(갱장원촉락청련)
晝長夜短猶魔戲(주장야단유마희)
一律纔成醉欲眠(일률재성취욕면)

아침에 까치가 울더니 잠시 후에 벼슬한다는 소식[46]이 먼저 오니
우연히 기뻐하는 정에 끌려[47] 모여들었네.
햇빛은 초여름인데 봄날 같고[48]
앉은 차례는 고령자와 소년들이 차례대로 앉았구나.[49]
백사(白社)[50]에 줄지어 앉은 사람들은 술잔[51]에 술을 가득 부으니
다시 동산에 촛불을 밝히고 청련거사(靑蓮居士; 李白)처럼 즐기리라.
낮은 길고 밤은 짧으니 수마(睡魔)가 희롱하니[52]
시 한 수 이루는 사이에 술 취해 잠들겠구나.

---

45 監役(감역) : 감역관(監役官). 조선 중기 이후 선공감(繕工監)에 둔 종9품의 관직.
46 鶴報(학보) : 학판(鶴版)의 소식. 현사(賢士)를 초빙하는 조서(詔書). 곧 벼슬에 등용되었다는 소식.
47 情牽(정견) : 정이 끌림. 당(唐) 주경여(朱慶餘)의 《中秋月詩》에 「孤高稀此遇, 吟賞倍牽情」.
48 四月如三月(사월여삼월) : 3월 같은 4월. 아직 봄날의 정취가 남아 있음을 뜻함.
49 座序高年又少年(좌서고년우소년) : 모인 사람들이 연장자 순서대로 앉아 천륜(天倫)을 지키면서 즐겁게 놂. 이백(李白)의 《春夜宴桃李園序》에 「序天倫之樂事, 群季俊秀, 皆爲惠連」.
50 白社(백사) : 백련사(白蓮社)의 준말로 은사(隱士)가 사는 곳.
51 湖觴(호상) : '호상(壺觴)'의 오기. 술병과 술잔.
52 魔戲(마희) : 마귀가 희롱함. 수마(睡魔)의 뜻으로 '극심한 졸음'을 마력(魔力)에 비유.

010 읊조리다
卽事

春風搖落夏雲飜(춘풍요락하운번)
曠感衿懷倚小軒(광감금회의소헌)
水竹靑陰生簟面(수죽청음생점면)
石榴花影覆墻根(석류화영복장근)
庭階兩兩鷄雛習(정계양양계추습)
簷角多多鷰子言(첨각다다연자언)
適遇良朋消半日(적우량붕소반일)
且斟酒杯覓詩魂(차짐주배멱시혼)

봄바람에 꽃잎 지고 여름 하늘에 구름 나는데
낮은 다락에 기대어 헛된 생각[53]에 잠기네.
물가 대숲 삿자리에는 푸른 그늘이 드리우고
석류꽃 그림자는 담장 밑에 지네.
뜨락 섬돌에는 병아리떼 쌍쌍이 날개를 퍼득이고[54]
처마 끝 제비들은 지지배배 지저귀네.
때마침 좋은 친구를 만나 반나절을 소일하고
또다시 술을 따르면서 시혼(詩魂)을 찾네.

---

53 曠感(광감) : 쓸데없는 생각. 헛된 생각.
54 習(습) : 어린 새가 나는 법을 익히려고 자꾸 날개를 치는 모양.

011 사유(士裕)와 함께 동파(東坡)의 시에 차운하다 – 2수
與士裕次東坡韻 – 二首

[其一]

捲簾凝座對晴峰(권렴응좌대청봉)
午漏稀聞已暮鐘(오루희문이모종)
達觀世情渾夢蝶(달관세정혼몽접)
謾將詩手擬屠龍(만장시수의도룡)
三杯酒力千愁遣(삼배주역천수견)
一兩田家百事從(일량전가백사종)
最喜東隣才子友(최희동린재자우)
慇懃日夕接和容(은근일석접화용)

발 걷고 비 갠 봉우리 바라보노라니
정오[55]가 어렴풋한 듯싶더니 벌써 저녁 종소리 들리네.
세상 물정에 달관하니 호접몽(胡蝶夢)[56]이 흐릿한데
내 멋대로 시인(詩人)이라 자처하는 것도 쓸데없는 재주[57]이리라.
석 잔 술 취기에 천년의 근심을 보내니
한두 집 농가는 온갖 일들이 평온하네.
가장 기쁜 것은 동쪽 이웃에 재주 있는 벗이 있어
아침저녁으로 은근히 온화한 얼굴[58]로 사귀는 것이네.

---

55 午漏(오루) : 오시(午時)를 알리는 물시계의 물방울. 또는 정오.

56 夢蝶(몽접) : 호접몽(胡蝶夢). 물아(物我)의 구별을 완전히 잊은 경지를 비유. 《莊子, 齊物論》에 「昔者莊周爲胡蝶, 栩栩然胡蝶也, 自喩適志與, 不知周也, 俄然覺, 則蘧蘧然周也, 不知周之夢爲胡蝶與, 胡蝶之夢爲周與, 周與胡蝶則必有分矣, 此之謂物化」.

57 屠龍(도룡) : 도룡지기(屠龍之技). 용을 잡는 재주, 곧 기예(技藝)나 기능이 뛰어나되 활용할 길이 없음을 비유한 말. 《莊子, 列禦寇》에 「朱泙漫學屠龍於支離益, 單千金之家, 三年技成, 而無所用其巧」.

58 和容(화용) : 화용열색(和容悅色). 화안열색(和顔悅色). 온화한 얼굴에 기쁨이 가득한 낯빛.

[其二]

瀟灑幽居繞碧峰(소쇄유거요벽봉)
圖書一室勝千鐘(도서일실승천종)
甫田灌水馳秧駕(보전관수치앙하)
小塢藏春護籜龍(소오장춘호탁룡)
解語兒童年稍長(해어아동연초장)
比隣故舊日相從(비린고구일상종)
數盃晡飮要康濟(수배포음요강제)
頓覺陽和改瘦容(돈각양화개수용)

맑고 서늘하며[59] 고요한 거처를 푸른 봉우리들이 둘러 있고
서책 가득한 방이 많은 곡식이 쌓여 있는 것보다 낫구나.[60]
큰 밭에 물을 대고 벼 모종을 싣고 달려가고
작은 언덕엔 봄을 간직했던 죽순(竹筍)[61]들이 덮고 있네.
말귀나 알아듣는 아이들은 해마다 조금씩 자라고
이웃의 오랜 친구들과 날마다 서로 어울리네.
저물녘[62] 몇 잔의 술로 양생(養生)[63]을 구하나
화창한 춘절을 맞이해서 파리해진 얼굴을 문득 깨닫겠네.

---

59 瀟灑(소쇄) : 맑고 서늘함. 청량함. 당(唐)나라 이백(李白)의 《遊水西簡鄭明府詩》에 「涼風日瀟灑, 幽客時憩泊, 五月思貂裘, 謂言秋霜落」.

60 圖書一室勝千鐘(도서일실승천종) : 송(宋) 《眞宗皇帝勸學》에 「富家不用買良田, 書中自有千鐘粟」에 연유한 표현.

61 籜龍(탁룡) : 죽순의 다른 이름. 당(唐)나라 노동(盧仝)의 《寄男抱孫詩》에 「籜龍正稱寃, 莫殺入汝口」.

62 晡飮(포음) : 저물녘에 마시는 술. 포(晡)는 곧 신시(申時)로 오후 3시부터 5시 사이.

63 康濟(강제) : 보양(保養)함. 양생(養生)함.

012 회포를 쓰다
述懷

節物風光揔宿塵(절물풍광총숙진)
榴花如錦草生紋(유화여금초생문)
步回工部淸宵月(보회공부청소월)
淚灑梁公太嶽雲(누쇄양공태악운)
猶幸七旬嬉彩服(유행칠순희채복)
嗟違五日洗中裙(차위오일세중군)
萱堂白首阿孃在(훤당백수아양재)
但願晨昏氣候聞(단원신혼기후문)

철따라 변하는 경치는 해묵은 인간 세상인데
석류꽃엔 아름다운 풀처럼 무늬가 생겨나네.
두보(工部; 杜甫)를 뒤따르니 밤중의 달이 맑게 떠오르고
양공(梁公)[64]을 슬퍼하니 악운루(嶽雲樓)[65]만 높아가네.
다행히 칠순(七旬)에 노래자(老萊子)의 때때옷[66]을 입을 수 있으나
안타깝게도 오일자(五日子)[67]가 되어 옷[68]을 씻어드릴 수 없구나.
어머님 앞에 흰머리 난 내[69]가 있으니
다만 원하는 것은 혼정성신(昏定省晨)[70]하며 문후를 여쭙는 것이네.

---

64 梁公(양공) : 당(唐)나라 적인걸(狄仁傑)의 봉호(封號).

65 嶽雲樓(악운루) : 중국 산동성(山東省) 자양현(滋陽縣)에 있던 누(樓).

66 七旬嬉彩服(칠순희채복) : 노래지희(老萊之戱). 주(周) 노래자(老萊子) 고사. 노래자가 약 칠십 세 때에 무늬 있는 옷을 입고 재롱을 부려 부모에게 자기의 늙음을 잊게 해드린 일. 황보밀(皇甫謐)의 《高士傳》에 「老萊者孝奉二親, 行年七十, 作嬰兒戱, 身著五色斑斕之衣, 嘗取水上堂, 詐跌 仆臥地, 爲小兒啼, 弄雛於親側, 欲親之喜」.

67 五日(오일) : 오일자(五日子). 음력 오월 초닷샛날에 태어난 자식. 부모에게 해롭다는 속신(俗信)이 있어 기르지 않고 버렸다고 함. 본문에서는 분가하여 살고 있으므로 효도를 못하는 자신을 의미.

68 中裙(중군) : 속바지. 《史記, 萬石君傳》에 「取親中裙・厠牏, 身自浣滌」.

69 阿孃(아양) : '아양(阿陽)'의 오기. '나' 자신을 일컫는 말.

70 晨昏(신혼) : 혼정신성(昏定晨省). 아침저녁으로 부모님 안부를 문안하는 일. 《禮記, 曲禮上》에 「凡爲人子之禮, 冬溫而夏凊, 昏定而晨省」.

013 들녘을 거닐면서 – 2수
郊行 – 二首

[其一]

倚杖斜陽聽野謠(의장사양청야요)
憑虛一望忽迢遙(빙허일망홀초요)
謝脁靑山能有句(사조청산능유구)
蘇仙赤壁嘆無肴(소선적벽탄무효)
秧牛催種添犂雨(앙우최종첨려우)
澗鳥吟晴又穀朝(간조음청우곡조)
回首鷦林堪小小(회수초림감소소)
南風五月可扶搖(남풍오월가부요)

저물녘 지팡이에 기대어 서서 들노래를 들으니
한눈에 들어오는 허공이 문득 까마득하구나.
사조(謝脁)[71]는 청산에서 능히 시를 지었는데,
소선(蘇仙; 蘇東坡)은 적벽(赤壁)에서 술안주 없음을 한탄하였네.[72]
어린 소로 못자리를 갈고 모심기를 재촉하니 비는 흡족히 내리고[73]
골짜기에 우는 새는 명랑하게 울어 아침이 왔음을 알리네.[74]
고개를 돌려보니 뱁새 깃드는 수풀[75]의 나뭇가지는 작고도 작고
오월에 불어오는 남풍은 부요풍(扶搖風)[76]이라 하겠네.

---

71 謝脁(사조) : '사조(謝脁)'의 오기. 자는 현휘(玄暉).

72 嘆無肴(탄무효) : 소동파(蘇東坡)의 《前赤壁賦》에서 「술잔을 씻어 다시 술을 따르려는데 안주는 이미 다했네.(洗盞更酌, 肴核旣盡)」라고 한 것.

73 犂雨(여우) : 보습 하나 정도의 깊이로 땅에 스며들 만큼 내린 비.

74 穀朝(곡조) : (골짜기의) 아침을 알림.

75 鷦林(초림) : 뱁새가 숲에 보금자리를 만드는 데 필요한 것은 나무 한 가지에 불과함. 사람은 자기 분수에 만족하여야 함을 비유. 《莊子, 逍遙遊》에 「鷦鷯巢於深林, 不過一枝」.

76 扶搖風(부요풍) : 회오리바람. 《莊子, 逍遙遊》에 「鵬之徙於南溟也, 水擊三千里, 摶扶搖而上九萬里」.

[其二]

坐伴漁樵喜聽謠(좌반어초희청요)
水雲漠漠海山遙(수운막막해산요)
田禽時令催耕種(전금시령최경종)
野客風流覓酒肴(야객풍류멱주효)
滿袖芳菲如昨夕(만수방비여작석)
援琴佳約又明朝(원금가약우명조)
幸携一二同心友(행휴일이동심우)
竟日吟筇免醉搖(경일음공면취요)

어부와 초동들과 함께 앉아 듣는 노래는 즐겁기만 하고
물과 구름은 이어져 막막하니 바다와 산은 아득하네.
밭 사이 날새들은 절기(節氣)를 알아 밭 갈아 씨앗심기를 재촉하고
들녘의 풍류객은 술과 안주를 찾네.
옷소매 가득 향풀 내음[77]은 어제 저녁과 같으니
내일 또 거문고를 안고 오겠다고 아름다운 약속을 하네.[78]
다행히 한두 사람 마음의 벗과 함께하니
온종일 읊조리며 지팡이를 놓고 술에 취해 흔들거리네.

77 芳菲(방비) : 꽃 향기 또는 향기가 나는 꽃.

78 援琴佳約又明朝(원금가약우명조) : 이백(李白)의 《山中對酌》에 「내일 아침에 뜻이 있거든 거문고를 안고 오시게나(明朝有意抱琴來)」에서 연유한 표현.

014 밤에 모여 시를 주고받다
夜會唱酬

瑞石之陽竹樹靑(서석지양죽수청)
客來時喚主人醒(객래시환주인성)
今夜何遲亭上月(금야하지정상월)
百年雅契酒中星(백년아계주중성)
山水淸音生綠綺(산수청음생녹기)
文章身世誤黃庭(문장신세오황정)
炎雲捲盡林風爽(염운권진임풍삽)
認是江村好友經(인시강촌호우경)

서석산(瑞石山) 남쪽 대숲 푸른 곳에[79]
손님이 와서 부르니 주인장은 술에서 깨어나네.
오늘 저녁은 어찌하여 정자 위 달이 늦게 돋는가?
일평생 친분 맺은 것은 주중성(酒中星)[80]이로다.
산수 간 맑은 소리는 녹기금(綠綺琴)[81]을 타는 듯한데
글 짓는 신세는 황정경(黃庭經)을 잘못 읽은[82] 것이었구나.
붉은 구름[83] 말려가고 숲에서 부는 바람은 삽상하니
이것이야말로 강촌의 좋은 벗이 되는 경전(經典)임을 알겠네.

---

79 竹樹靑(죽수청) : '대나무가 푸른 곳'이라는 뜻으로, 작가가 거처인 전라남도 화순군 도곡면 죽청리(竹靑里)를 풀어쓴 표현.

80 酒中星(주중성) : 주성(酒星). 술을 주관한다는 별. 또는 술을 잘 마시는 사람을 이르는 말.

81 綠綺(녹기) : 녹기금(綠綺琴). 푸른 비단으로 장식한 거문고로 옛 금(琴)의 이름.

82 誤黃庭(오황정) : 황정경(黃庭經)을 잘못 읽음. 황정경은 도가(道家)의 경전. 당(唐)나라 이백(李白)의 별호(別號)는 적선(謫仙)으로, 자신은 상계(上界)의 진선(眞仙)이었는데, 황정경 한 글자를 잘못 읽어 벌을 받고 하계(下界)로 귀양살이 온 신선[謫仙]이라 한 데서 연유한 표현.

83 炎雲(염운) : 붉은 구름. 남조 양(南朝梁) 강엄(江淹)의 《사시부(四時賦)》에 「炎雲峯起, 芳樹未移」.

015 형님(月坡; 梁相鼎)과 아우(學雲; 梁相謙), 재종질 소죽(小竹; 梁憲黙)과 삼종손(三從孫) 삼오(三梧; 梁在洙), 유초(酉樵; 監役 梁敎黙), 초사(蕉史; 梁在淵) 계광(溪狂; 陳錫馨) 등이 모두 모여 술 마시며 읊다
舍伯舍弟再從姪小竹憲黙三從孫三梧在洙酉樵蕉史溪狂齊會觴咏

賓朋叔季做遨遊(빈붕숙계주오유)
露白葭蒼也溯流(노백하창야소류)
嘯詠南樓俄送日(소영남루아송일)
文章東野又鳴秋(문장동야우명추)
蒲榻便成閒鷺夢(포탑편성한로몽)
蔬盤適乏活魚求(소반적핍활어구)
崎嶇野逕天將暮(기구야경천장모)
湖上煙霞共樂[ ](호상연하공락[ ])

손님과 벗과 아우들이 함께 노는데
하얀 이슬 푸른 갈대는 물결을 따라 흐르는구나.
남쪽 누각에서 시를 읊조리니 하루도 잠깐인데
문장은 동야(東野)[84]이고 명추(鳴秋)[85]로구나.
부들포 걸상[86]에서 잠깐 한가로이 해오라기 꿈을 꾸다가
남새 안주가 마침 떨어졌으니 물고기나 잡을까.
구불구불한[87] 들길은 저물려 하는데
호숫가 물안개랑 함께 즐기리라.

---

84 東野(동야) : 당(唐) 맹교(孟郊)의 자. 숭산(嵩山)에 은거하다가 50세에 진사(進士)에 급제. 한유(韓愈)와 절친하였고 시에 뛰어났음.
85 鳴秋(명추) : 명추산인(鳴秋山人). 명(明) 조적(趙迪)의 호. 자는 경철(景哲). 시에 뛰어남.
86 蒲榻(포탑) : 부들포를 깐 걸상.
87 崎嶇(기구) : 길이 험함. 구불구불함.

016 다시 오언율을 얻다
更拈五律

淑氣當朝蔚(숙기당조위)
殘霞與日晴(잔하여일청)
君詩淸鳳藻(군시청봉조)
吾酒濁烏程(오주탁오정)
老竹偏生籟(노죽편생뇌)
幽花不辨名(유화불변명)
鯉池團會約(이지단회약)
攜手有餘情(휴수유영정)

봄날의 화창한 기운[88]은 아침을 맞아 더욱 성하고
남아 있던 저녁노을은 아침과 더불어 개네.
그대의 시는 맑고 아름다우며[89]
나의 술은 흐리기가 오정주(烏程酒)[90]라 하겠네.
늙은 대나무로 통소를 만드는데
그윽하게 피어난 꽃들은 이름도 모르겠구나.
잉어 노는 연못에서 단란하게 모이기로 약속하며
정 넘치는 손을 맞잡는구나.

---

88 淑氣(숙기) : 이른 봄날의 온화한 기운. 진(晉) 육기(陸機)의 《悲哉行》에 「蕙草饒淑氣, 時鳥多好音」.

89 鳳藻(봉조) : 아름다운 문장.

90 烏程(오정) : 오정주(烏程酒). 명주(名酒)의 생산지인 오정에서 나는 술.

017 월포(月圃) 홍찬여(洪讚汝)와 회포를 펴다 – 4수
與月圃洪讚汝叙懷 – 四首

[其一]

跫音入谷和琴歌(공음입곡화금가)
起挽征衫語欲多(기만정삼어욕다)
巷樹春鶯聲互喚(항수춘앵성호환)
芳園竹馬頸相摩(방원죽마경상마)
江村爲客風流拙(강촌위객풍류졸)
詩社緣君月夕過(시사연군월석과)
投轄前言今可信(투할전언금가신)
長時留與故人酡(장시유여고인타)

발자국 소리가 골짜기에 들어서자 거문고로 화답하다가
길 떠나는 벗[91]의 옷자락을 당기며 하고픈 말 많기도 하네.
마을 안길 나무 봄날의 꾀꼬리는 서로 부르며 지저귀고
향기로운 동산의 죽마(竹馬)는 (어서 가자) 서로 목을 비비네.
강촌의 나그네 되니 풍류는 소박하기만 했었고
시사(詩社)[92]에서 그대를 따르며 화조월석(花朝月夕)을 지냈었네.
손님을 못 가게 붙잡았다는[93] 지난날의 말을 이제 믿을 수 있으려니
오래 머물면서 벗과 함께 얼굴이 붉어지도록 마시려네.

---

91 征衫(정삼) : 나그네의 옷 또는 먼 길을 가는 사람. 송(宋) 누약(樓鑰)의 《水漲乘小舟詩》에 「一番凍雨洗郊丘, 冷逼征衫四月秋」.

92 詩社(시사) : 시인들이 정기적으로 모여 시를 짓고 읊기를 위하여 결성한 단체.

93 投轄(투할) : 손님을 정중히 만류하여 묵게 하는 일. 한(漢)나라의 진준(陳遵)이 술을 좋아하여 손님이 찾아와 술을 마실 때마다 수레바퀴의 굴대를 빼다가 우물 속에 빠뜨리고 돌아가지 못하게 하였다는 고사. 《漢書, 陳遵傳》에 「遵嗜酒, 每大飮, 賓客滿堂, 輒關門, 取客車轄投井中, 雖有急, 終不得去」.

025 태잠(台岑; 曺錫輅)과 함께 시를 지어 화교(華郊) 조순서봉묵(曺舜瑞鳳默)[159]에게 부치다

與台岑同賦寄華郊曺舜瑞鳳默

離索年來孰與吾(이색년래숙여오)
一生心事自疏愚(일생심사자소우)
耽思佳句仍空軸(탐사가구잉공축)
謀得淸醪不滿壺(모득청료불만호)
近日蟬聲生晩樹(근일선성생만수)
故人鶴髮又魁梧(고인학발우괴오)
南州大暑渾如醉(남주대서혼여취)
却羡名亭任嘯遨(각이명정임소오)

떨어져 지내온 이래로 누가 나와 함께했던가.
살아온 한 생애를 생각하니 데면데면하고 어리석었네.
아름다운 시구(詩句)만을 생각했으나 빈 수레만을 굴렸을 뿐이고
맑은 술을 얻으려 했으나 술병을 채우지 못했네.
근래에 매미 소리 저물녘 나무에서 울어대고
벗은 머리는 희어졌으나 또 크고 건장하구나.[160]
남녘 한더위에 정신이 혼몽해 술에 취한 것처럼 흐릿하니
불러나 이름난 정자에서 휘파람 불며 놀아보리라.

---

159 曺鳳默(조봉묵) : 1805년(純廟 乙丑年)~1883년(癸未, 高宗 20). 능성현(綾城縣) 수동리(水洞里), 현 전라남도 화순군 능주면 수동리의 은일 선비. 자는 순서(舜瑞), 호는 화교(華郊)로 본관은 창녕(昌寧)이다. 행장에 관직에 올랐다는 내용은 없으며 천품이 순후·강직하며 학식이 깊고 넓었으며, 효성이 지극했음을 알 수 있다. 작가 서죽(瑞竹) 선생은 자신보다 22살 연상인 화교와는 인근의 문우로서 망년지교로 시를 주고받으며 친분을 나누어 수창한 28수의 시와 서간 1편이 실려 있으며, 《화교집》에도 서죽과 수창한 6편의 시가 실려 있음.

160 魁梧(괴오) : 건장함. 《史記, 留侯世家論》에 「余以爲其人計魁梧奇偉, 至見其圖, 狀貌如婦人好衣」.

026 한가롭게 살면서 읊다 – 7수
幽居 – 七首

[其一]

幽居涔寂巷西東(유거잠적항서동)
何幸相逢氣味同(하행상봉기미동)
講肆訓蒙勤繼晷(강사훈몽근계구)
朋樽資益浪吟風(붕준자익낭음풍)
夜精一室生虛白(야정일실생허백)
燈影疏籬見女紅(등영소리견녀공)
仰看蒼天占雨意(앙간창천점우의)
月邊箕畢有無中(월변기필유무중)

그윽하게 사노라니 인근 거리는 날씨마저 흐려 적적한데
어떻게 다행히 같은 정취의 벗으로 만났던가.
아이들에게는 경서(經書)를 밤낮없이 부지런히 가르치고[161]
벗과는 술로 더욱 마음껏 음풍농월(吟風弄月) 하리라.
고요하고 맑은 밤이라 심기(心氣)[162]에 욕심 없어지고[163]
성긴 울타리 사이로 길쌈하는 아낙네의 그림자만 어른거리네.
푸른 하늘을 쳐다보며 비가 내릴지[164] 점쳐보니
둥근달 언저리에 바람 부는데 비 올 기운은[165] 있는가 없는가.

---

161 講肆(강사) : '강이(講肄)'의 오기. 경전을 강론하고 익힘.

162 夜精(야정) : 야기(夜氣). 고요한 밤의 깨끗한 심기(心氣). 《孟子, 告子 上》에 「牿之反覆, 則其夜氣不足以存, 夜氣不足以存, 則其違禽獸不遠矣」.

163 虛白(허백) : 허실생백(虛室生白). 희고 깨끗함. 마음이 깨끗하고 욕심이 없음을 이르는 말. 《北史, 隱逸傳, 徐則》에 「先生履德養空, 宗玄齊物, 心曉義理, 頗味法門, 悅性沖玄, 恬神虛白」.

164 雨意(우의) : 비가 내리려는 낌새. 송(宋)나라 소식(蘇軾)의 《眞興寺閣禱雨詩》에 「雲陰黯黯將噓遍, 雨意昏昏欲醞成」.

165 箕畢(기필) : 기성(箕星)과 필성(畢星). 기성은 바람을, 필성은 비를 주관함. 《文選, 張協, 雜詩 9》에 「雖無箕畢期, 膚寸自成霖」.

[其二]

瓊章收拾玉如攻(경장수습옥여공)
散步中庭倚短笻(산보중정의단공)
今夏亢炎添一闋(금하항염첨일결)
自春乾雨失三農(자춘건우실삼농)
偏憐書戶靑山近(편련서호청산근)
且喜詩樽白首逢(차희시준백수봉)
平地前頭初進簣(평지전두초진궤)
函筵負笈勉兒從(함연부급면아종)

옥같이 다듬은 시인들의 아름다운 시[166]들을 수습하고 나서
짧은 지팡이 짚고 뜰을 거니네.
올 여름은 대단히 더워 하나도 남은 것이 없으니
봄부터 비를 잃어 시들었으니[167] 세 철[168]의 농사를 잃겠네.
책을 몹시도 사랑하여 청산 가까이 두고
시와 술을 기뻐하면서 늙어왔구나.
이제 공부에 첫발을 내디뎠으니[169]
아이에게 책 상자를 지고[170] 넓은 외지(外地)에 나가 힘쓰게 하리.

---

166 瓊章(경장) : 남의 시나 글을 아름답게 이르는 말. 당(唐) 왕광정(王光庭)의 《奉和聖制送張說巡邊》에 「瓊章九霄發, 錫宴五衢通」.

167 乾雨(건우) : 낙엽(落葉). 시들어 떨어짐의 뜻. 당(唐) 맹교(孟郊)의 《詠懷, 秋懷詩》에 「商葉隨乾雨, 秋衣臥單雲」.

168 三農(삼농) : 봄 · 여름 · 가을의 세 농사철.

169 進簣(진궤) : 흙을 쌓아 산을 만들 때 한 삼태기의 흙을 더함. 진(晉) 도잠(陶潛)의 《贈長沙公詩》에 「進簣雖微, 終焉爲山」.

170 負笈(부급) : 책 상자를 등에 짊. 외지에 가서 공부함. 당(唐) 백거이(白居易)의 《相和歌辭, 短歌行 2》에 「負笈塵中遊, 抱書雪前宿」.

[其三]

鰲戴靑山鷺下江(오대청산로하강)
茅廬瀟灑闢晴窓(모려소쇄벽청창)
彫蠹千篇披繡肚(조두천편피수두)
靈犀一点照丹腔(영서일점조단강)
不願黃金高北斗(불원황금고북두)
那堪白首老東邦(나감백수노동방)
柴門盡日無人問(시문진일무인문)
寂寂籬根臥睡狵(적적이근와수방)

거북은 청산을 등에 지고[171] 해오라기는 강에 날아 내리는데
초가집은 맑고 깨끗하니 갠 날이라 창을 활짝 여네.
좀 슬은[172] 많은 책들의 수놓인 책갈피[173]를 열고
효험이 있다[174]는 한 줄기 햇빛을 정성스럽게 책[175]에 쬐네.
북두성(北斗星)만큼 높은 황금은 원치 않으니
어찌 동방의 흰머리 난 늙은이가 감당하리오.
사립문에는 종일토록 찾아오는 사람 없고
적적한 울타리 밑에는 삽살개만 누워 잠자네.

---

171 鰲戴(오대) : 신화에서 발해(渤海) 동쪽에서 표류하는 다섯 선산(仙山)을 머리에 이고 있다는 큰 거북. 작가가 살고 있는 곳의 산세(山勢)를 비유. 《楚辭, 天問》에 「鼇戴山抃, 何以安之」.

172 彫蠹(조두) : 좀이 먹음. 두(蠹)는 책이나 의복을 좀먹는 해충.

173 繡肚(수두) : '수놓은 아름다운 배[腹]나 위[胃]'라는 뜻으로, 좋은 글이 쓰인 책갈피.

174 靈犀(영서) : 무소의 뿔. 요괴의 진압과 해독 등의 효험이 있다고 함. 본문에서는 좀 먹은 책을 햇볕에 쬐어 없앤다는 뜻. 당(唐) 이상은(李商隱)의 〈無題詩1〉에 「身無彩鳳雙飛翼, 心有靈犀一点通」.

175 丹腔(단강) : 단(丹)은 단성(丹誠)으로 지극한 정성을, 강(腔)은 강조(腔調) 또는 강구(腔口)의 뜻으로 시문(詩文)을 이름.

[其四]

近夜空唫雲漢詩(근야공음운한시)
夏天無雨過農時(하천무우과농시)
幻爲莊蝶徒歸夢(환위장접도귀몽)
靈似著龜莫稽疑(영사시귀막계의)
冉冉秋懷葭露下(염염추회가로하)
悠悠歲色管灰移(유유세색관회이)
今宵只可談風月(금소지가담풍월)
淸趣斯間有友知(청취사간유우지)

요사이 저녁에는 공연히 가뭄[176]을 노래한 시를 읊조리니
여름날인데 비는 내리지 않고 농사철이 지나가네.
홀려 장주(莊周)의 호랑나비[177]가 되어 꿈으로 돌아가니
시귀(蓍龜)[178]같이 신령스럽더라도 점은 치지[179] 않으리.
시간은 흘러 갈대에 내린 이슬은 가을을 생각하게 하니
끊임없는 한 해의 광경 속에 계절은 변하는구나.[180]
오늘 저녁에도 다만 맑은 바람과 밝은 달을 노래할 뿐이니
이런 가운데도 청신한 정취를 바로 알아줄 벗은 있으리.

176 雲漢(운한) : 무더운 여름날의 가뭄. 《詩經, 大雅, 雲漢》에 「倬彼雲漢, 昭回于天」.

177 莊蝶(장접) : 장주지몽(莊周之夢). 장자가 꿈에 호랑나비가 되어 날아다녔다는 고사.

178 蓍龜(시귀) : 점칠 때 쓰는 시초(蓍草)와 귀갑(龜甲). 점(占). 《易經, 繫辭 上》에 「探頤索隱, 鉤深致遠, 以定天下之吉凶, 成天下之亹亹者, 莫大乎蓍龜」.

179 稽疑(계의) : 의심이 나는 것을 점쳐서 생각함. 《書經, 洪範》에 「明用稽疑」.

180 管灰移(관회이) : 세월의 흐름. 시기의 변화.

[其五]

淅瀝秋聲夏已非(석력추성하이비)
閒來隨友出柴扉(한래수우출시비)
夜月應多蘇赤壁(야월응다소적벽)
春詩尙夢謝玄暉(춘시상몽사현휘)
兒伴魚遊尋澗水(아반어유심간수)
翁如鷺浴曬巾衣(옹여로욕쇄건의)
溪邊喚酒三盃飮(계변환주삼배음)
石逕還同暮鳥歸(석경환동모조귀)

쓸쓸한[181] 가을 바람 소리에 이미 여름은 아니니
한가로이 벗을 따라 사립문을 나서네.
달빛 아래에서는 소동파(蘇東坡)의 적벽부(赤壁賦)[182]로 감응이 많았고
봄날의 시에서는 항상 사현휘(謝玄暉)[183]를 꿈꾸었네.
아이와 함께 고기 노는 계곡물을 찾아가서
해오라기 같은 늙은이가 되어 목욕하며 두건과 옷을 햇빛에 말렸네.
시냇가에서 술을 불러 석 잔을 마시고
해거름에 돌길을 걸어 새와 함께 돌아오네.

181 淅瀝(석력) : 쓸쓸한 모양. 당(唐) 이상은(李商隱)의 《到秋詩》에 「扇風淅瀝簟流灕, 萬里南雲滯所思」.

182 蘇赤壁(소적벽) : 송(宋) 소동파(蘇東坡)가 적벽(赤壁)에서 밤에 배를 타고 놀며 달을 노래한 것. 《赤壁賦》에 「蘇子曰, 客亦知夫水與月乎, 逝者如斯, 而未嘗往也, 盈虛者如彼, 而卒莫消長也, 蓋將自其變者而觀之, 則天地曾不能以一瞬, 自其不變者而觀之, 則物與我皆無盡也, 而又何羨乎」.

183 謝玄暉(사현휘) : 남조(南朝)의 시인 사조(謝朓). 현휘(玄暉)는 자. 《游東田》에 「慼慼苦無悰, 携手共行樂, 尋雲陟累榭, 隨山望菌閣, 遠樹曖芊芊, 生煙紛漠漠, 魚戲新荷動, 鳥山餘花落, 不對芳春酒, 還望青山郭」.

[其六]

江抱山廻卜此居(강포산회복차거)
近來時事問樵漁(근래시사문초어)
人存實地知君實(인존실지지군실)
誰道虛言賦子虛(수도허언부자허)
園竹陰成開我酒(원죽음성개아주)
庭芭葉展試兒書(정파엽전시아서)
新秋欲逐湖朋約(신추욕축호붕약)
爲語奚童買一驢(위어혜동매일려)

강이 산을 안고 도는 이곳에 살 만한 곳을 점쳐 정했으니
근래의 세상사 이야기를 초동과 어부에게 물어보네.
사람이 사는 실제의 땅을 그대도 실제로 알고 있으니
어느 누가 자허(子虛)를 읊은 것[184]은 빈말이라 하였는가?
나는 동산의 대나무 그늘에서 술동이를 열고
뜨락의 펼쳐진 파초 잎은 아이들의 책이 되었네.
초가을 호수에서 벗과 만나기로 한 약속을 따르고자
아이 종에게 나귀 한 마리를 사오라고 했네.

184 賦子虛(부자허) : 자허(子虛)를 읊다. 자허(子虛)는 한(漢)나라 사마상여(司馬相如)가 지은 《子虛賦》에 나오는 허구의 인물. 허구적이거나 진실되지 못한 일을 일컫는 말로 쓰인다. 《자허부》는 사마상여가 자허공자(子虛公子) · 오유선생(烏有先生) · 무시공(亡是公)의 세 인물을 허구로 내세워 서로 문답하는 내용. 《史記, 司馬相如傳》.

[其七]

近日朋來隣不孤(근일붕래인불고)
玉壺美酒且吾沽(옥호미주차오고)
五夜有聲庭樹撼(오야유성정수감)
一天過雨野苗蘇(일천과우야묘소)
明月清溪來鶴夢(명월청계래학몽)
長風滄海失鵬圖(장풍창해실붕도)
荒村歲晏閑無事(황촌세안한무사)
樵叟漁童也共徒(초수어동야공도)

요사이 벗들이 찾아오고 이웃들도 외롭지 않으니
나는 좋은 술동이의 맛있는 술을 사왔네.
밤사이 뜰의 나무가 바람에 흔들리는 소리 있더니
하루 내내 내린 비에 들녘의 싹들이 돋아나네.
내일은 맑은 시냇가에서 세속을 초탈하려니[185]
한바탕 긴 바람이 창해에 불어오면 웅대한 계획[186]들도 잊혀지리.
황량한 시골에 한 해가 저무는데 한가로워 일이 없어
나무하는 늙은이와 고기 잡는 아이들과 함께하는구나.

---

185 鶴夢(학몽) : 범속(凡俗)을 초탈하고자 하는 바람. 당(唐) 사공도(司空圖)의 《與李生論詩書》에 「地涼清鶴夢, 林靜肅僧儀」.

186 鵬圖(붕도) : 사람의 웅대한 계획. 《莊子, 逍遙遊》에 「有鳥焉, 其名爲鵬, 背若太山, 翼若垂天之雲, 摶扶搖羊角而上者九萬里, 絶雲氣, 負靑天, 然後圖南, 且適南冥也」.

027 매서(妹婿) 만화(晩華) 서원(徐元)과 함께 짓다 – 7수
與妹婿晩華徐元 – 七首

[其一]

竹籬短短屋低低(죽리단단옥저저)
山下幽庄近水西(산하유장근수서)
兎智徒營三窟邃(토지도영삼굴수)
鷦謀自足一枝捿(초모자족일지서)
平時有酒還嫌醉(평시유주환혐취)
少日看書漸覺迷(소일간서점각미)
南國詩朋皆白首(남국시붕개백수)
露葭秋色溯前溪(노가추색소전계)

대나무 울타리는 나지막하고 집도 낮은데
산 아래 고요한 농막 근처에서 물은 서쪽으로 흐른다네.
토끼는 지혜로워 세 개의 굴을 파서 도망갈 것을 꾸리고[187]
뱁새는 나뭇가지 하나에 깃들어도 스스로 만족한다네.[188]
평상시에는 술은 있으나 도리어 취하는 것은 꺼려하였는데
며칠 동안 책을 보면서 점차 미혹된 마음을 깨우쳤다네.
남녘의 시 쓰는 벗들은 모두 백발이 되었고
이슬 내린 갈대에는 가을빛이 완연하니 앞 시내를 거슬러 올라가보네.

---

187 兎智徒營三窟邃(토지도영삼굴수) : 교토삼굴(狡免三窟). 꾀 많은 토끼는 세 개의 굴을 가지고 있음. 사람이 교묘하게 재난을 피함을 이름. 《戰國策, 齊策 4》에 「狡兎有三窟, 僅得免其死耳, 今君有一窟, 未得高枕而臥也, 請爲君復鑿二窟」.

188 鷦謀自足一枝捿(초모자족일지서) : 초료심(鷦鷯心; 욕심이 없고 자족하는 마음)을 비유. 뱁새가 숲에 보금자리를 만드는 데 필요한 것은 나무 한 가지에 불과함. 곧 사람은 각각 자기 분수에 만족하여야 함의 비유. 《莊子, 逍遙遊》에 「鷦鷯巢林不過一枝」.

[其二]

秋氣微凉境漸佳(추기미량경점가)
逝將臨水且攀崖(서장임수차반애)
返照斜明深巷陌(반조사명심항맥)
點雲浮去逈天街(점운부거형천가)
薄薄酒樽猶有樂(박박주준유유락)
滔滔塵世定無涯(도도진세정무애)
至人達觀終難及(지인달관종난급)
名利區區每感懷(명리구구매감회)

가을 기운이 조금씩 서늘해지니 경계도 점차 아름다워
물가에도 가보고 또 물기슭에도 더위잡고 올라가보리.
석양빛이 되비추니 거리는 깊어지고
구름은 드문드문 멀리 천가(天街)[189]로 떠가네.
술동이의 맛없는 술로도 오히려 즐거운 것은
진세(塵世)를 따라 살아[190] 정해진 곳이 끝없기 때문이라네.
지인(至人)의 달관의 경지에는 끝내 미치기 어려우나
명예와 이익은 잘디잘다고[191] 늘 느끼고 생각하네.

---

189 天街(천가) : 묘성(昴星)과 필성(畢星) 사이에 있는 별. 《史記, 天官書》에 「卯畢間爲天街」.

190 滔滔(도도) : 흘러가는 모양. 세상의 풍조를 따라가는 모양. 《詩經, 大雅, 江漢》에 「江漢浮浮, 武夫滔滔」.

191 區區(구구) : 작은 모양. 미미한 모양. 《左傳, 襄公 17年》에 「宋國區區, 而有詛有祝, 禍之本也」.

[其三]

溪南小戶爲君開(계남소호위군개)
霽後秋凉竹下坮(제후추량죽하대)
有數靑雲山外去(유수청운산외거)
無端白髮鏡中來(무단백발경중래)
琴心淡蕩先聽水(금심담탕선청수)
詩思淸狂數擧盃(시사청광수거배)
話盡平生還黙坐(화진평생환묵좌)
斜陽雨色濕蒼苔(사양우색습창태)

시내 남쪽 작은 집은 늘 그대를 위해 열어 놓았고
비 갠 후 가을 기운 서늘하니 대숲 아래 대(臺)도 만들었다네.
가끔씩 청운의 꿈을 안고 산 밖으로 나가기도 했었는데
아무런 까닭 없이 백수노인이 거울 속으로 들어오네.
가야금을 타는 마음은 한가로우니[192] 물소리보다 먼저 듣고
시 지으려는 생각에 제정신이 아니니[193] 자주 술잔만 드네.
평생 말을 다한 듯 돌아와 묵묵히 앉아 있으려니
해 저물녘 비가 내리려는지[194] 푸른 이끼가 축축해지네.

---

192 淡蕩(담탕) : 한가하고 여유로움. 유유자적함.

193 淸狂(청광) : 제정신이 아님. 《漢書, 昌邑哀王劉賀傳》에 「察故王衣服言語跪起, 淸狂不惠」.

194 雨色(우색) : 비가 내리려고 하는 날씨. 당(唐) 장욱(張旭)의 《山行留客詩》에 「縱使晴明無雨色, 入雲深處亦沾衣」. 이백(李白)의 《宿巫山下詩》에 「雨色風吹去, 南行拂楚王, 高丘懷宋玉, 訪古一霑裳」.

[其四]

梅兄竹弟列成倫(매형죽제열성륜)
秋入庭除雨露均(추입정제우로균)
楊月幸同三逕夜(양월행동삼경야)
薇燈耿結四時隣(미등경결사시인)
良朋可愛心如玉(양붕가애심여옥)
志士那堪髮已銀(지사나감발이은)
數尺簾旌茅底捲(수척염정모저권)
淸風盡日曬衣巾(청풍진일쇄의건)

매화는 형이 되고 대나무는 아우가 되어[195] 차례를 이루고
가을로 들어서는 뜨락 섬돌에는 비와 이슬이 조화를 이루는구나.
떠오르는 달 아래 삼경(三逕)[196] 밤길을 함께 걷기 바라니
흐릿한 등불[197] 밝게 빛나 사시에 이웃이 되는구나.
좋은 벗은 마음속에 옥처럼 사랑할 수 있으니
뜻 있는 선비라 한들 은발[198]이 된 머리를 어찌 하리오?
초가의 몇 자 발을 낮게 말아 걸어 올리고
종일토록 맑은 바람을 쐬며 옷과 두건을 햇빛에 말리네.

195 梅兄竹弟(매형죽제) : 매형(梅兄)은 매화의 미칭(美稱). 사군자(四君子)를 매・란・국・죽(梅蘭菊竹)이라 하여 매화를 으뜸으로 부르고 대나무를 끝에 부른 것에 연유한 표현.

196 三逕(삼경) : 삼경(三徑). 뜰 안에 있는 세 길. 은둔자(隱遁者)의 집. 한(漢) 장후(蔣詡)가 뜰에 세 길을 만들고 솔[松]・국화[菊]・대[竹]를 심어 송경(松徑)・국경(菊徑)・죽경(竹徑)이라 함에서 이름. 진(晉) 조기(趙岐)의 《三輔決錄, 逃名》에서 「蔣詡歸鄕里, 荊棘塞門, 舍中有三徑, 不出, 唯求仲・羊仲從之遊」.

197 薇燈(미등) : '미등(微燈)'의 오기. 흐릿한 등불. 당(唐) 한유(韓愈)의 《秋懷詩 1》에 「秋風一披拂, 策策鳴不已, 微燈照空牀, 夜半偏入耳」.

198 髮已銀(발이은) : 머리털이 이미 은발(銀髮)이 됨. 은발은 백발(白髮)을 아름답게 이르는 말.

[其五]

茶樽酌罷喜論文(다준작파희논문)
歲暮衿期也許君(세모금기야허군)
興入湖山長有約(흥입호산장유약)
盟尋鴟鷺晚爲群(맹심치로만위군)
露凄葭渡驚秋速(노처가도경추속)
月上梧陰坐夜分(월상오음좌야분)
我欲理笻深入去(아욕이공심입거)
簷端伴宿碧山雲(첨단반숙벽산운)

차와 술 마시기를 끝내고 기쁘게 글을 의논하며
저물어 가는 세모에 서로 마음을 터놓네.[199]
자연에 묻혀 함께 살기로 한 오랜 약속이 있었고
은거하리라고 거듭 맹약을 했더니[200] 늦게서야 함께 하네.
이슬이 차가워지니 갈대밭 건너 가을은 놀랍게도 빨리 오니
달이 떠오르자 오동나무 그림자 아래 한밤[201]을 앉아 있네.
나는 지팡이를 짚고 깊이 들어가려 하니
처마 끝에는 푸른 산과 구름이 함께 잠을 자고 있네.[202]

199 衿期(금기) : 서로 마음을 허락함. 《魏書, 崔休傳》에 「仲文弟叔人, 性輕俠, 重衿期」.

200 盟尋鴟鷺(맹심치로) : 노약구맹(鷺約鷗盟). 해오라기와 약속하고 갈매기와 맹세함. 은거자의 생활을 비유. 《左傳, 哀公12年》에 「今吾子曰, 必尋盟, 若可尋也, 亦可寒也」.

201 夜分(야분) : 야반(夜半). 한밤. 밤중. 《左傳, 哀公16年》에 「醉而送之, 夜半而遣之」.

202 伴宿(반숙) : 한 곳에서 함께 잠을 잠. 당(唐) 정곡(鄭谷)의 《南康郡牧陸肱郎中辟許棠先輩爲郡從事因有奇贈詩》에 「夜淸僧伴宿, 水月在松梢」.

[其六]

知己相逢笑且言(지기상봉소차언)
起居偃息過晨昏(기거언식과신혼)
友益眞爲君子道(우익진위군자도)
養蒙須識父師恩(양몽수식부사은)
各響蟬鳴斜雨歇(각향선명사우헐)
一條虹映暮雲飜(일조홍영모운번)
光陰虛擲成何業(광음허척성하업)
自笑鬢邊雪半痕(자소빈변설반흔)

친한 벗과 서로 만나 웃고 말하며
함께 생활하고 누워 쉬며 아침저녁을 보내네.
벗이 이로운 것은 참으로 군자의 도를 행하기 때문이고
정도를 수양케 해주니[203] 모름지기 부모와 스승의 은혜임을 알겠네.
뭇 매미 소리가 석양의 빗속에서 끊기더니
한 줄기 무지개[204]가 저물녘 구름 속에 떠 있네.
세월을 헛되이 지냈으니[205] 무슨 일을 이루었던가?
스스로 웃는 것은 귀밑털이 반나마 희어진 것이라네.

---

203 養蒙(양몽) : 몽매함을 자처하며 정도(正道)를 수양함. 《易經, 蒙》에 「蒙以養正, 聖功也」.
204 虹映(홍영) : 홍예(虹蜺). 무지개.
205 虛擲(허척) : 헛되이 버림. 당(唐) 한유(韓愈)의 《李花贈張十一署詩》에 「秖今十已如此, 後日更老誰論哉, 力攜一罇獨就醉, 不忍虛擲委黃埃」.

[其七]

晩山晴景喜看看(만산청경희간간)
暇日林廬幷二難(가일임려병이난)
風物都輸千首律(풍물도수천수율)
江湖盡入一層欄(강호진입일층란)
春後新心芭展綠(춘후신심파전록)
月中河影桂含丹(월중하영계함단)
箇中却歎無滋味(개중각탄무자미)
淡泊秋蔬上客盤(담박추소상객반)

저문 산 갠 풍경을 기쁘게 바라보며
한가로운 숲속 오두막에서 어진 주인과 귀한 손님[206]이 함께했네.
철따라 변하는 경치는 무수한 시에 실었고
강호에 들어가기를 다하니 난간은 한층 높아지네.
봄 지난 후 파초의 새로 솟은 새잎은 푸른빛을 펼치고
달빛 어린 물그림자의 계수나무는 붉은 빛을 머금었구나.
이 가운데 맛 좋은 음식 없음을 문득 탄식하며
담박한 가을 채소를 손님상에 올리네.

---

206 二難(이난) : 현주(賢主; 어진 주인)와 가빈(嘉賓; 귀한 손님). 동시에 함께 얻기 어렵기 때문에 이르는 말. 당(唐)나라 왕발(王勃)의 《滕王閣詩序》에서 「四美具, 二難幷, 窮睇盼於中天, 極娛遊於暇日」.

028 새 집에서 읊다 – 20수
新居雜詠 – 二十首

[其一]

卜築東溪草數間(복축동계초수간)
一身要寄百年閒(일신요기백년한)
細雨玄眞詩上櫬(세우현진시상츤)
扁舟赤壁夢中攀(편주적벽몽중반)
絃語淸鏘聆綠水(현어청장령녹수)
吟肩突兀立靑山(음견돌올립청산)
斜陽倚枕渾無事(사양의침혼무사)
臥數江天白鳥還(와수강천백조환)

동쪽 개울가에 몇 칸 초가집을 가려서 짓고
이 몸의 한가로움을 평생 맡기리.
가랑비 속에 현진자(玄眞子)[207]의 시를 오동나무에 걸어 놓고
조각배 타고 꿈속에 적벽(赤壁)을 부여잡고 오르네.
가락에 맞춰 시를 읊조리니[208] 맑은 소리는 푸른 물을 따르고
들썩거리는 어깨는 문득 청산 속에 우뚝 솟네.[209]
석양을 베개 삼아 기대니 한 몸 되어 한가롭고
자주 강가에 누우니 흰 물새들이 날아오네.

---

207 玄眞子(현진자) : 전설상의 신선의 이름. 당(唐) 진자앙(陳子昂)의 《感遇詩 5》에 「曷見玄眞子, 觀世玉壺中, 窅然遺天地, 乘化入無窮」.

208 絃語(현어) : 현송(絃誦). 현악기의 가락에 맞추어 시를 읊조림. 송(宋) 소식(蘇軾)의 《潘推官母李氏挽詞》에 「杯盤慣作陶家客, 絃誦嘗叨孟母鄰」.

209 突兀(돌올) : 우뚝 솟은 모양. 당(唐) 노조린(盧照鄰)의 《南陽公集序》에 「逶迤綽約, 如玉女之千嬌, 突兀崢嶸, 似靈龜之孤朴」.

[其二]

學海探珠已有年(학해탐주이유년)
知音晩歲遇成連(지음만세우성연)
始覺怡顔元亮醉(시각이안원량취)
無端便腹孝先眠(무단편복효선면)
鷺立底心如叟老(로립저심여수로)
蟬能脫殼學神僊(선능탈각학신선)
閒來與友耽佳句(한래여우탐가구)
興在淸江細雨邊(흥재청강세우변)

학문의 바다[210]에서 구슬을 찾는 것은 이미 여러 해였고
한 해가 저물어서야 벗을 성련(成連)[211]으로 만났구나.
원량(元亮)[212]이 고향으로 돌아가 편한 얼굴로 취함을 비로소 깨달았고
효선(孝先)[213]은 살찐 불룩한 배[214]로 무단히 잠을 잤었구나.
서 있는 해오라기의 속마음은 늙은이와 같고
매미가 껍질을 벗는 것에서 신선을 배우는 것이로다.
한가로워지자 벗과 더불어 아름다운 시구를 즐기니
흥취는 가랑비 내리는 맑은 강에 있네.

---

210 學海(학해) : 바다처럼 넓고 끝이 없는 학문의 세계. 한(漢) 양웅(揚雄)의 《法言, 學行》에서 「百川學海而至于海, 丘陵學山不至于山, 是故惡夫畫也」.

211 成連(성련) : 춘추시대 금(琴)을 잘 탔던 사람. 백아(伯牙)의 스승이라 전해짐. 청(淸) 장양(張梁)의 《彈琴詩》에 「鍾子期已亡, 成連誰能尋」.

212 元亮(원량) : 진(晉) 도잠(陶潛; 陶淵明)의 자. 본문에서는 고향으로 돌아가 은둔하는 모습.

213 孝先(효선) : 후한(後漢) 변소(邊韶)의 자. 변씨복(邊氏腹)의 고사로, 책이 책상자에 가득한 것처럼 학문이 뱃속에 가득함을 이르는 말. 변소가 독서는 하지 않고 잠만 자서 배만 불룩하다고 제자들이 놀리자, 자신의 배는 오경(五經)을 담고 있는 책상자라고 대답한 고사.

214 便腹(편복) : 불룩하게 나온 배. 송(宋) 소식(蘇軾)의 《寶山晝睡詩》에 「七尺頑軀走世塵, 十圍便腹貯天眞」.

[其三]

於焉嘉客永今宵(어언가객영금소)
談笑忻忻幸見要(담소흔흔행견요)
匣劍試彈星斗轉(갑검시탄성두전)
牙琴獨抱海山遙(아금독포해산요)
燈前書子風騷詠(등전서자풍소영)
月裡街童粒極謠(월리가동입극요)
晩趣幽居閒自得(만취유거한자득)
雲烟暮暮又朝朝(운연모모우조조)

아름다운 손님 있어 오늘 밤을 길게 하리니
담소를 나누며 기뻐하니 다행히 요구하던 바라네.
숨겨진 재능[215]으로 시험 삼아 벼슬길에 나아가니[216] 별자리가 옮기고
백아가 거문고[217]를 안고 홀로 켜니 바다와 산은 아득했으리.
등 앞의 편지[218]에는 국풍(國風)과 초사(楚辭)[219]를 읊은 것이고
달빛 아래 거리의 아이들은 낱낱이 목청껏 노래 부르네.
늦게야 은거함을 취미로 한가롭게 자득(自得)하니
연무는 밤마다 아침마다 피어오르네.

---

215 匣劍(갑검) : 갑 속에 든 보검(寶劍). 재능을 발휘하지 못하고 묻혀 있는 인재를 비유. 당(唐) 두보(杜甫)의 《又上後園山脚詩》에 「憂來杖匣劍, 便上林北岡」.

216 彈(탄) : 탄관(彈冠). 출사(出仕) 준비로 관의 먼지를 텖. 곧 벼슬함. 진(晉) 갈홍(葛洪)의 《抱朴子, 自敍》에 「內無金張之援, 外乏彈冠之友」.

217 牙琴(아금) : 백아(伯牙)의 거문고.

218 書子(서자) : 편지. 서신. 《儒林外史, 12回》에 「宦成依舊搭船, 帶了書子, 回湖州回覆兩公子」.

219 風騷(풍소) : 시경(詩經)의 국풍(國風)과 초사(楚辭)의 이소(離騷). 국풍(國風)은 시의 한 체로 6의(義)의 하나. 이소(離騷)는 초(楚)나라 굴원(屈原; 屈平)이 지은 부(賦).

[其四]

淅瀝西風捲屋茅(절력서풍권옥모)
居然時序夏秋交(거연시서하추교)
玩理誰知安樂邵(완리수지안락소)
能詩子亦不平郊(능시자역불평교)
白鷺偏尋前面水(백로편심전면수)
淸蟬獨抱上頭稍(청선독포상두초)
蒼生庇蔽云誰力(창생비폐운수력)
疎雨殘燈夢有巢(소우잔등몽유소)

쓸쓸한[220] 서풍은 초가지붕 이엉을 말아 올리는데
어김없이 돌아가는 계절은 여름과 가을을 바꾸네.
자연의 깊은 이치를 안락소(安樂邵) 선생[221]이 아는 줄 누가 알랴마는
시에 능한 그대도 또한 (농사를 못 짓는) 교외에서 평안하지 않구려.
백로는 짝을 이루어 앞내의 물을 찾고
아름다운 매미는 홀로 가지 끝을 안고 울고 있네.
백성들이 쟁기[222]를 덮는다면 김[223]은 누구의 힘으로 맬 것인가
성글게 내리는 빗속 희미한 등불 아래 유소씨(有巢氏)[224]를 꿈꾸네.

---

220 淅瀝(절력) : '석력(淅瀝)'의 오기. 눈비가 내리는 소리. 쓸쓸한 모양.

221 安樂邵(안락소) : 송(宋)나라 범양(范陽) 소옹(邵雍). 안락(安樂)은 자호(自號). 유교의 역철학(易哲學)을 발전시켜 선천학(先天學)을 창설.

222 庇蔽(비폐) : '비(庇)'는 '자(疵)'의 오기. 쟁기를 덮음. 농사일을 그만둠.

223 云(운) : '운(耘)'의 뜻.

224 有巢(유소) : 유소씨(有巢氏). 나무 위에 집을 짓고 사는 방법을 발명했다는 전설상의 인물. 《韓非子, 五蠹》에 「上古之世, 人民少而禽獸衆, 人民不勝禽獸蟲蛇, 有聖人作, 構木爲巢而避羣害, 而民悅之, 使王天下, 號曰有巢氏」.

[其五]

崢嶸秋氣碧天高(쟁영추기벽천고)
手折芳蘭步上臯(수절방란보상고)
案有千編探篆蠹(안유천편탐전두)
家無三伏煑花羔(가무삼복자화고)
台岑與我通犀點(태잠여아통서점)
鼎谷遺孫又鳳毛(정곡유손우봉모)
憐爾詞垣盈寸筆(연이사원영촌필)
刈山鑱水快於刀(예산참수쾌어도)

왕성한 가을 기운에 푸른 하늘은 높아만 가니
향기로운 난초를 꺾어들고 언덕을 오르네.
서안의 책을 갉아먹는 좀벌레를 찾고
집에는 삼복이니 익힌 화고(花羔)[225]도 없네.
태잠(台岑; 曺錫輅)은 나와 더불어 깊이 사귀었는데[226]
정곡 선생(鼎谷先生)[227]의 후손이며 또 재사(才士)[228]이다.
아름답게도 사신(詞臣)의 관서에서 한 치의 붓으로
산을 베고 물을 찌르니[229] 칼보다도 상쾌하네.

---

225 花羔(화고) : 화고(花餻) 곧 화전(花煎). 찹쌀가루를 반죽하여 진달래 · 국화 등을 붙여서 기름에 지진 떡. 《東國歲時記, 3月, 3日》에 「採杜鵑花, 拌糯米粉作圓餻, 以香油煮之, 名曰花煎」.

226 犀點(서점) : 서조(犀照). 서조우저(犀照牛渚). 깊숙하고 미세한 곳까지 통찰(洞察)함을 비유. 《晉書, 溫嶠傳》에 「[溫嶠]至牛渚磯, 水深不可測, 世云其下多怪物, 嶠遂燬犀角而照之, 須臾, 見水族覆火, 奇形異狀, 或乘馬車著赤衣者, 嶠其夜夢人謂己曰, 與君幽明道別, 何意相照也, 意甚惡之, 嶠先有齒疾, 至是拔之, 因中風, 至鎭未旬而卒」.

227 鼎谷(정곡) : 정곡(鼎谷) 조대중(曺大中). 1549(명종 4)~1590(선조 23). 조선 중기의 문신. 자는 화우(和宇). 정곡(鼎谷)은 호. 이황(李滉)의 문인으로 정여립(鄭汝立)의 일파로 몰려 기축옥사(己丑獄事)에서 장살(杖殺)됨. 양현승(梁鉉承) 역, 《국역(國譯) 정곡집(鼎谷集)》(월인, 2015) 참조.

228 鳳毛(봉모) : 자손이 부조(父祖)와 같은 훌륭한 재주를 지님을 비유.

229 刈山鑱水(예산참수) : 사신(詞臣)으로서 조정의 일을 빠뜨리지 않고 기록함을 비유. 당(唐) 육구몽(陸龜蒙)의 《兩觀銘》에 「以石鑱辭, 著于闕里」.

[其六]

江闕晩興日吟哦(강관만흥일음아)
簾外靑山鬱且峨(렴외청산울차아)
好讀非求言甚解(호독비구언심해)
嗜酣每欲酌無多(기감매욕작무다)
秋來宋玉空悲感(추래송옥공비감)
世漠燕金可奈何(세막연금가내하)
苒苒幽懷消不得(염염유회소불득)
村煙忽散夕陽俄(촌연홀산석양아)

강남땅 흥취가 다하지 않아[230] 날마다 읊조리는데
주렴 밖 푸른 산은 울창하고 우뚝 솟아 있네.
독서를 좋아하나 말의 깊은 뜻은 찾으려 하지 않고
늘 즐기고자 하는 것은 많지 않은 술이라네.
가을이 오면 송옥(宋玉)[231]은 공연히 슬픔에 잠겼다는데
세상이 막막하니 현사(賢士)[232]를 어찌 부를 수 있으리오?
마음속 그윽한 정회들이 사라짐은 어찌할 수 없는데
시골 안개는 홀연 사라지고 노을만 잠시 비출 뿐이네.

230 晩興(만흥) : 늦도록 다하지 않은 흥취. 당(唐) 두보(杜甫)의 《暮春陪李尙書李中丞過鄭監湖亭泛舟得過字韻》에 「玉尊移晩興, 桂楫帶酣歌」.

231 宋玉(송옥) : 전국시대 초(楚)나라 언(鄢) 사람. 사부(詞賦)의 작가.

232 燕金(연금) : 연금모수(燕金募秀). 전국시대 연(燕)나라 소왕(昭王)이 황금대(黃金臺)를 지어 놓고 천하의 현사(賢士)를 널리 불러들였다는 고사. 송(宋) 범중엄(范仲淹)의 《上張侍郎啓》에 「伏遇留守侍郎燕金募秀, 蔡屣延才, 鐸宣百世之文, 旌集四方之善」.

[其七]

白髮無情任爾加(백발무정임이가)
秋天露氣滿蒼葭(추천로기만창가)
年深籬曲脩脩竹(년심리곡수수죽)
野濶漁人歷歷沙(야활어인력력사)
數點靑烟凝睡鴨(수점청연응수압)
三竿紅日上踆鴉(삼간홍일상준아)
床頭看罷葵花句(상두간파규화구)
多少沽錢送酒家(다소고전송주가)

무정한 백발은 제 마음대로 자라나고
가을이라 이슬은 푸른 갈대밭에 가득하네.
세월이 오래되니 울타리는 기울고 대나무는 길게 자라고
훤히 트인 들녘 어부들과 흰 모래사장만 뚜렷하네.
몇 줄기 푸른 연기는 잠자는 오리에 엉기어 있고.
정오[233]의 붉은 해는 쭈그린 갈가마귀 위에 떠 있네.
평상머리에 앉아 접시꽃이 굽은 것을 보고 난후
약간의 술 살 돈[234]을 주어 술집으로 보내네.

---

233 三竿(삼간) : 장대 셋 가량을 이은 길이. 정오경. 《南齊書, 天文志 上》에 「日出高三竿」.
234 沽錢(고전) : 술 살 돈. 고(沽)는 고(酤)와 통용.

[其八]

西流大火又秋當(서류대화우추당)
飽餟常居太已康(포체상거태이강)
北學何人才不魯(북학하인재불노)
南華老叟說荒唐(남화노수설황당)
炎凉閱盡仍三笑(염량열진잉삼소)
寵辱由來便兩忘(총욕유래편양망)
桑下宿緣知不偶(상하숙연지불우)
一年風月送溪堂(일년풍월송계당)

대화(大火)[235]가 서쪽으로 흐르니 가을이 오고
실컷 마시고[236] 나니 사는 곳이 태평하네.
북학(北學)[237]을 하면 어느 누구라도 재주가 노둔하지 않은데
남화진인(南華眞人)[238]의 설법(說法)은 황당하기만 하네.
더위와 서늘함이 차례대로 다하니 또다시 세 번을 웃고[239]
영욕도 유래가 있으리니 문득 두 가지를 다 잊으리.
멀고 외진 숲속[240]이니 묵은 인연을 알고도 만나지 못하고
한 해를 바람과 달과 함께 시냇가 집에서 홀로 보내네.

235 大火(대화) : 별자리 이름. 28수(宿)의 하나인 심수(心宿). 여름철의 무더위를 말함. 송(宋) 사마광(司馬光)의 《八月五日夜省直詩》에 「大火已西落, 溫風猶襲人」.

236 飽綴(포철) : 포철(飽啜). 양껏 마심. 실컷 마심. 송(宋) 매요신(梅堯臣)의 《次韻答吳長文內翰遺石器八十八件》에 「亦將茶具幷, 飽啜時出俗」.

237 北學(북학) : 남북조(南北朝)시대 북조(北朝)의 경학(經學). 곧 도학(道學).

238 南華老叟(남화노수) : 남화진인(南華眞人). 장주(莊周)의 봉호(封號). 또는 장주의 저서.

239 三笑(삼소) : 진(晉) 혜원법사(慧遠法師)의 고사. 여산(廬山)에서 혜원법사가 호계(虎溪)를 건너지 않겠다고 맹세하였는데, 어느 날 찾아온 도연명(陶淵明)・육수정(陸修靜) 두 사람을 배웅하다가 정담에 정신이 팔려 호계를 넘어선 것을 깨닫고 세 사람이 크게 웃었다는 고사.

240 桑下宿緣(상하숙연) : 은서지(隱棲地)에서 만나기로 한 벗과의 오래된 약속.

[其九]

西風吹我攝衣輕(서풍취아섭의경)
居漏五更河漢傾(거루오경하한경)
江國魚龍秋寂寞(강국어룡추적막)
草根螢爝夜分明(초근형작야분명)
見今高士南州秀(견금고사남주수)
從古文章北斗名(종고문장북두명)
人定村隣群動息(인정촌인군동식)
露蛩地蚓狮吟睛(노공지인패음청)

서풍이 불어 옷자락을 가볍게 당기는데
물시계가 오경을 치니 은하수도 기울었네.
강촌의 물고기들도 가을이 되니 적막하고
풀뿌리 반딧불[241]은 밤이 되니 더욱 뚜렷하네.
지금 고결한 선비를 보니 남녘에선 빼어나고
옛 문장을 따르니 북두칠성처럼 이름을 날리누나.
사람 발길도 끊겨[242] 시골 이웃들은 쉬고
이슬 맞은 메뚜기와 지렁이들만 시끄럽게 우네.

241 螢爝(형작) : 반딧불과 횃불. 곧 미약한 불빛.
242 人定(인정) : 사람이 자는 시각. 곧 오후 열 시경.

[其十]

篘陰秋氣近葭汀(균음추기근가정)
數疊靑山一小亭(수첩청산일소정)
是月誰能遊赤壁(시월수능유적벽)
前身子亦誤黃庭(전신자역오황정)
灝葩堆案仍歌誦(호파퇴안잉가송)
竹陌醅樽任醉醒(죽맥배준임취성)
更把周箋書短律(경파주전서단율)
挑燈不覺眼花瞑(도등불각안화명)

대숲 그늘의 가을 기운은 갈대밭 물가로 다가가는데
몇 겹 청산에는 작은 정자 하나.
이 달빛 아래 어느 누가 (신선이 아니라면) 적벽(赤壁)에 놀 수 있으리오
그대 역시 전생에 황정경(黃庭經)을 잘못 읽어 귀양살이 왔구려.
서안에 시경(詩經)[243]을 높이 쌓아두고 노래 읊으며
대숲 길에 술동이 갖다놓고 마음대로 취했다 깨었다 하리.
문득 종이쪽지[244]에 떠오르는 짧은 시구를 쓰노라
등불의 심지를 돋우니 눈앞이 어른거리며[245] 가물거리네.

243 葩(파): 파경(葩經). 시경(詩經)의 별칭. 당(唐)나라의 한유(韓愈)가 시경의 시를 바르면서도 아름답다고 한 데서 유래. 명(明) 서위(徐渭)의 《商大公子像贊》에 「公子爲誰, 特專葩經」.

244 周箋(주전) : 부전(附箋). 무엇을 표하거나 덧붙여 적어 넣은 쪽지.

245 眼花(안화) : 눈앞에 불똥 같은 것이 어른어른하는 것. 눈이 침침함. 당(唐) 두보(杜甫)의 《飮中八仙歌》에 「知章騎馬似乘船, 眼花落井水底眠」.

[其十一]

平地仞山努力登(평지인산노력등)
如何半道爾無能(여하반도이무능)
草玄一部都文士(초현일부도문사)
李白千秋是酒朋(이백천추시주붕)
獨也窮經憐皓首(독야궁경련호수)
忻然罄緖點靑燈(흔연경서점청등)
少章晩節非君否(소장만절비군부)
葭渡淸霜凜欲凝(가도청상름욕응)

평지에서 한 길 높이 낮은 산을 오르려 힘쓰다가도
만약 어느 곳이든 도중에 그만둔다면 다만 무능할 뿐인 것을.
모든 문사들이 태현경(太玄經)[246] 일부라도 쓰려 했다가
천추에 이백(李白)의 술친구가 되었구나.
혼자서 경서를 궁구하다가 흰머리가 된 것은 안타깝지만
기뻐하며 까닭도 없이 청등의 심지만 돋우네.
소장(少章)[247]이 늙도록 절개를 지킨 것은 군자인가 아닌가
갈대밭을 건너자니 흰 서리가 차가워 엉기려 하네.

---

246 草玄(초현) : 태현경(太玄經)을 기초함. 태현경은 양웅이 주역(周易)에 견주어 저술한 책. 한(漢)나라 애제(哀帝) 때 양웅(揚雄)이 아부하여 출세하는 무리에 휩쓸리지 않고 담담한 태도로 태현경을 저술한 것에서 유래한 말. 《漢書, 揚雄傳 下》에 「哀帝時, 丁・傅・董賢用事, 諸附離之者或起家至二千石. 時雄方草太玄, 有以自守, 泊如也」.

247 少章(소장) : 송(宋)나라 주변(朱弁)의 자. 무원(婺源) 사람. 금(金)에 가서 화전(和戰)을 설득하다가 억류되었으나 끝내 굴복하지 않았음.

[其十二]

湖左詩朋盡白頭(호좌시붕진백두)
自然聲氣每同求(자연성기매동구)
人間便是蘧廬過(인간편시거려과)
海內何殊澤礧浮(해내하수택뢰부)
自唉槐安爭夢蟻(자소괴안쟁몽의)
却思柳岸伴眠鴟(각사유안반면치)
數聯雅律三盃酒(수련아율삼배주)
永日江樓與子酬(영일강루여자수)

호좌(湖左)[248]에서 시를 읊던 벗들은 모두 흰머리가 되니
자연히 동기(同氣)를 찾아[249] 부르는구나.
인간이란 곧 여관[250]에서 잠깐 머물렀다 떠나는 과객이려니
천하에 은택(恩澤)의 무거움과 가벼움[251]이 무엇이 다르리오.
스스로 꿈속 괴안국(槐安國) 괴안왕(槐安王)이 다투는 것[252]이라 웃으며
버드나무 늘어선 물가[253]에서 소리개와 함께 잠자려던 생각을 물리치네.
몇 연의 아름다운 음률에는 석 잔의 술이려니
강루에서 그대와 술 마시며 하루를 보내네.

---

248 湖左(호좌) : 전라도 동남쪽을 이르는 말.

249 同求(동구) : 동기상구(同氣相求). 같은 기질의 사람끼리 서로 찾아 모임. 《周易, 乾》에 「同聲相應, 同氣相求」.

250 蘧廬(거려) : 역참(驛站). 여관. 이백(李白)의 《春夜宴桃李園序》의 「夫天地者萬物之逆旅, 光陰者百代之過客)」.

251 礧浮(뇌부) : 가벼운 것과 무거운 것. 뇌(礧)는 높은 곳에서 굴려 적을 공격하는 돌이고, 부(浮)는 물에 뜨는 가벼운 돌. 《漢書, 匈奴傳》에 「匈奴乘隅下礧石」.

252 槐安爭夢蟻(괴안쟁몽의) : 괴안국(槐安國)에서 꾼 괴안몽(槐安夢). 괴안국은 당(唐) 이공좌(李公佐)의 《南柯太守傳》의 허구의 나라. 인생의 덧없음을 비유.

253 柳岸(유안) : 버드나무가 늘어선 물가. 송(宋) 소식(蘇軾)의 《好事近, 黃州送君猷詞》에서 「明年春水漾桃花, 柳岸隘舟楫」.

[其十三]

酒後相看歲暮心(주후상간세모심)
海山今日伯牙琴(해산금일백아금)
談笑便成眞率會(담소편성진솔회)
文章固有不平吟(문장고유불평음)
空谷懷人駒每縶(공곡회인구매집)
淸江鄰我鷺相尋(청강인아로상심)
閒來講罷先王道(한래강파선왕도)
白首書燈誼更深(백수서등의경심)

술 마신 후 세모(歲暮)에 서로의 마음을 헤아려보니
영원한 약속[254]이자 오늘은 백아(伯牙)의 거문고로구나.
담소를 하다 보니 문득 진솔회(眞率會)[255]를 이루었으니
문장이란 본디 불평하는 것을 읊는 것이리라.
빈 골짜기에선 사람이 그리워 말을 매번 못 가게 매어 놓고
맑은 강에서는 내 이웃 해오라기를 서로 찾아가리.
한가로워지면 선왕(先王)의 도를 강론하던 것을 마치고
늙어서야 등불에 책을 비춰보며 의론(議論)이 문득 깊어지네.

---

254 海山(해산) : 해서산맹(海誓山盟). 맹세나 약속이 산과 바다처럼 영원함. 송(宋) 신기질(辛棄疾)의 《南鄕子, 贈妓詞》에 「別淚沒些些, 海誓山盟總是賒」.

255 眞率會(진솔회) : 송(宋) 사마광(司馬光)이 벼슬을 그만두고 낙양(洛陽)에 있을 때, 덕망 있는 인사들과 갖던 소박한 모임의 이름. 송(宋) 오증(吳曾)의 《能改齋漫錄, 事始 1》에 「司馬溫公有眞率會, 蓋本於東晉初肆拜官相餉供饌」.

[其十四]

五十年餘喫苦甘(오십년여끽고감)
簞瓢陋巷可憂堪(단표누항가우감)
雲路何遲登洛北(운로하지등낙북)
詩名猶自動江南(시명유자동강남)
座上頻謀賢聖醉(좌상빈모현성취)
燈前穩討古今談(등전온토고금담)
寒潭近夜看秋月(한담근야간추월)
金氣中天寶不貪(금기중천보불탐)

50여 년 인생살이 쓴맛 단맛 맛보았으니
청빈한 선비의 생활[256]에 근심도 견딜만하리.
낙수(洛水)의 북쪽[257]에 오르는 길은 어찌 그리 멀고도[258] 더딘가?
시의 명성은 아직도 강남(江南)에서 울리는데
앉아서는 급히 탁주 청주[259]에 취할 생각을 하면서도
등불 앞에서는 편안하게 옛날과 지금의 이야기를 토론하네.
요즈음 저녁 차가운 연못의 가을 달을 바라보노라니
가을 기운이 하늘에 있으니 보화(寶貨)는 탐하지 않으리.

---

256 簞瓢陋巷(단표누항) : 단표(簞瓢)는 단사표음(簞食瓢飮)의 준말. 누항(陋巷)은 누추한 거리. 대그릇에 담긴 밥과 표주박에 담긴 물을 마시고 안빈낙도하는 생활. 《論語, 雍也》에 「一簞食, 一瓢飮, 在陋巷, 人不堪其憂, 回也不改其樂, 賢哉回也」.

257 洛北(낙북) : 낙수(洛水)의 북쪽. 곧 낙양(洛陽). 본문에서는 한양(漢陽)으로 벗이 벼슬에 오르는 것.

258 雲路(운로) : 벼슬길이나 높은 지위를 비유. 《晉書, 皇甫謐傳》에 「子其鑒先哲之洪範, 副聖朝之虛心, 沖靈翼於雲路, 浴天池以濯鱗」.

259 賢聖醉(현성취) : 현인주(賢人酒; 濁酒)와 성인주(聖人酒; 淸酒)를 아울러 마시고 취함. 《三國志, 魏志, 徐邈傳》에 「平日醉客謂酒淸者爲聖人, 濁者爲賢人」.

[其十五]

風月秋宵價最廉(풍월추초가최염)
錦囊麗藻入香奩(금낭여조입향렴)
生蒭抹馬嘉賓賁(생추말마가빈비)
晩樹吟蟬好友兼(만수음선호우겸)
野笛村謠頻過枕(야적촌요빈과침)
山精水氣半掀簾(산정수기반흔렴)
幸逢高手排全局(행봉고수배전국)
唐突詩筵刻畵塩(당돌시연각화염)

청풍과 명월은 가을밤에 가장 값이 저렴하니
금낭(錦囊)속의 아름다운 시구[260]를 향렴(香奩)[261]에 넣어두네.
아름다운 손님이 타고 온 말에게 싱싱꼴을 먹이고 쓰다듬어 주노라니
저물녘 나무에 우는 매미울음은 아울러 좋은 벗이 되네.
들녘의 피리 소리와 마을의 노래는 자주 베갯머리에 들려오고
산과 물의 정기에 발을 절반쯤 들어올리네.
다행히 (詩의) 고수를 만났으니 모든 시를 늘어놓고
당돌하게 시연을 베풀어 무염(無鹽)을 그려보려 하네.[262]

260 錦囊麗藻(금낭여조) : 금낭가구(錦囊佳句). 금낭(錦囊)은 비단주머니. 여조(麗藻)는 아름다운 문장. 곧 시의 원고를 넣어두는 주머니. 당(唐) 이상은(李商隱)의 《李長吉小傳》에 「恒從小奚奴, 騎距驢, 背一古破錦囊, 遇有所得, 卽書投囊中, 及暮歸, 太夫人使婢受囊出之, 見所書多, 輒曰, 是兒要當嘔出心乃已爾, 上燈與食, 長吉從婢取書, 研墨疊紙足成之, 投他囊中」.

261 香奩(향렴) : 향합(香盒). 향료를 담아두는 상자.

262 刻畵塩(각화염) : 각화무염(刻畫無鹽). 무염(無鹽)을 정교하게 묘사함. 추부(醜婦)는 아무리 잘 그려도 미인에 비교할 수 없다는 뜻. 곧 자신의 시를 추부에 견주어 겸손하게 이르는 말. 《晉書, 周顗傳》에 「康亮嘗謂顗曰, 諸人咸以君方樂廣, 顗曰, 何乃刻畫無鹽, 唐突西施也」.

[其十六]

拭我靑眸子手摻(식아청모자수삼)
淸風習習拂單衫(청풍습습불단삼)
待價其人如玉蘊(대가기인여옥온)
愼言於世以金緘(신언어세이금함)
好會今宵牛女漢(호회금소우여한)
奇緣何處武夷巖(기연하처무이암)
敎兒漸進竿頭步(교아점진간두보)
只信神明感爾誠(지신신명감이성)

푸른 눈동자를 닦는 아들의 손은 가냘프고
맑은 바람은 솔솔 불어 홑적삼을 나부끼네.
그 사람이 옥 같은 인품[263]으로 찾아주기를 기다리며[264]
세상에 언사(言辭)를 신중히 하기를 쇠 재갈[265] 물린 듯하리.
오늘 저녁의 좋은 만남은 견우직녀가 은하수[266]에 만나듯
기이한 인연이니 무이암(武夷巖)[267]이 어느 곳에 (따로) 있으리오.
어린 아이를 가르치면 점차 높은 경지[268]로 나아가리니
다만 하늘과 땅의 신령들이 감응하시기를 믿으며 정성을 들이네.

➡ 작가의 어린 아이를 가르쳐 줄 선생님이 오시기를 기다리면서 선생님의 인품을 찬양하고 자식이 가르침을 받고 훌륭한 사람으로 커 주기를 바라는 내용.

---

263 玉蘊(옥온) : 옥온(玉溫). 옥처럼 부드럽고 매끈함. 인덕(仁德)을 이름. 《禮記, 聘義》에 「君子比德於玉焉, 溫潤而澤, 仁也」.

264 待價(대가) : 사람이 찾아주기를 기다림. 《文選, 嵇康, 琴賦》에 「經千載以待價兮, 寂神跱而永康」.

265 金緘(금함) : 금함(金銜). 금속재갈. 당(唐) 백거이(白居易)의 《對酒吟》에 「金銜嘶五馬, 鈿帶舞雙姝」.

266 牛女漢(우녀한) : 우녀(牛女)는 우녀직랑(牛郎織女). 곧 견우성(牽牛星)과 직녀성(織女星).

267 武夷巖(무이암) : 무이(武夷)는 복건성(福建省)의 산 이름. 송(宋) 주희(朱熹)가 일찍이 무이구곡시(武夷九曲詩)를 지어 널리 회자됨. 본문에서는 주희가 제자를 가르친 곳이란 뜻으로, 작가의 어린 자식을 가르칠 선생이 있을 곳을 의미.

268 竿頭步(간두보) : 간두일진(竿頭日進). 학문이나 재능이 나날이 향상됨을 비유. 높은 경지로 향하는 발걸음. 송(宋) 범희문(范晞文)의 《對床夜語 5》에 「才高欲進竿頭步, 興到還磨盾鼻吟」.

[其十七]

露蛩吟戶月侵床(로공음호월침상)
七七嘉辰漸覺凉(칠칠가신점각량)
雙扇銀河星影動(쌍선은하성영동)
一梧金井夕颷揚(일오금정석표양)
誰將書腹朝暉曬(수장서복조휘쇄)
女學針工夜話長(여학침공야화장)
願似汾陽愁漢婕(원사분양수한첩)
世人幾處仰雲裳(세인기처앙운상)

이슬 맞은 귀뚜라미는 문에서 울고 달빛은 침상에 비추는데
칠월 칠석 좋은 날이라 점차 서늘해짐을 느끼겠네.
양쪽의 문[269]에는 은하수와 별빛이 흐르고
한 그루 오동나무 밑 우물[270]에는 저녁 바람이 부네.
누가 책을 아침 햇볕에 쬐어 말릴[271] 것인가
여자들은 바느질을 배우느라 밤에도 이야기가 길어지네.
분양(汾陽)[272]과 비슷하기를 원하며 한(漢)나라 첩여(婕妤)[273]를 슬퍼하니
세상 사람들은 어느 곳이라고 신선의 옷[274]을 부러워할까?

---

269 雙扇(쌍선) : 좌우의 문짝. 당(唐) 조황(趙璜)의 《七夕詩》에 「烏鵲橋頭雙扇開, 年年一度過河來」.

270 金井(금정) : 조각한 난간을 설치한 우물. 흔히 궁중의 우물을 말함. 남조 양(南朝梁) 비창(費昶)의 《行路難詩 1》에 「唯聞啞啞城上烏, 玉欄金井牽轆轤」.

271 暉曬(휘쇄) : 폭서(曝書). 포쇄(曝曬). 칠석날에 책을 햇볕에 쬐는 풍속. 《太平御覽 31》에 「晉書:時七月七日, 高祖方曝書」.

272 汾陽(분양) : 분야(汾射). 분수(汾水)와 막고야(藐姑射). 요(堯)가 네 현자를 찾아가 만난 곳으로, 은사(隱士)가 사는 곳이나 은사. 《莊子, 逍遙遊》에 「堯治天下之民, 平海內之政, 往見四子藐姑射之山, 汾水之陽, 窅然喪其天下焉」.

273 婕妤(첩여) : 반첩여(班婕妤). 전한(前漢)의 여류 문학가.

274 雲裳(운상) : 신선이 입는 옷. 진(晉) 곽박(郭璞)의 《山海經圖贊, 太華山》에 「其誰遊之, 龍駕雲裳」.

[其十八]

喚起靈臺獨惺翁(환기영대독성옹)
今朝有意抱枯桐(금조유의포고동)
巷靜人閒鷄唱午(항정인한계창오)
天晴野濶鷺飛空(천청야활로비공)
飽盡淸風三逕竹(포진청풍삼경죽)
善鳴秋氣一江楓(선명추기일강풍)
十年書釼寧無用(십년서검영무용)
觀國明時筮漸鴻(관국명시서점홍)

마음[275]을 불러일으켜 홀로 성옹(惺翁)[276]이 되니
오늘 아침에는 거문고[277]를 켜고 싶구나.
거리는 고요하고 사람들은 한가로우니 닭은 정오를 알리고
하늘은 개고 들은 트였는데 해오라기는 창공을 나네.
마음껏 마시고 삼경(三逕) 대숲에 맑은 바람을 쐬니
매미 울음[278]과 가을 기운에 강에는 단풍 들겠네.
십 년 동안 학문을 익혔으니[279] 어찌 쓸모가 없겠는가?
나라가 태평함을 바라보면서 벼슬에 나갈 것[280]을 점쳐보네.

---

275 靈臺(영대) : 마음. 《莊子, 庚桑楚》에 「不可內於靈臺」.

276 惺翁(성옹) : 정신이 맑게 깨어 있는 늙은이. 성성옹(惺惺翁). 당(唐) 두보(杜甫)의 《喜觀卽到復題短篇 2》에 「應論十年事, 愁絶始惺惺」.

277 枯桐(고동) : 거문고[琴]의 별칭. 초미금(焦尾琴). 《後漢書, 蔡邕傳》에 「吳人有燒桐以爨者, 邕聞火烈之聲, 知其良木, 因請而裁爲琴, 果有美音, 而其尾猶焦, 故時人名曰焦尾琴焉」.

278 善鳴(선명) : 문맥상 '선명(蟬鳴)'의 오기. 곧 매미 울음소리.

279 書釼(서검) : 서검(書劍). 책과 칼. 문(文)과 무(武). 글을 배우고 검술을 익힘. 당(唐) 맹호연(孟浩然)의 《自洛之越詩》에 「遑遑三十載, 書劍兩無成」.

280 漸鴻(점홍) : 홍점(鴻漸). 물 가운데에서 물가 언덕으로 나온 기러기. 흔히 벼슬길에 나감을 비유. 송(宋) 섭적(葉適)의 《次韻韓仲止》에 「林迷久已隨甡鹿, 磐止何曾有漸鴻」.

[其十九]

大呂黃鐘應且撞(대려황종응차당)
燈前華髮影成雙(등전화발영성쌍)
詞鋒鍊盡商金銳(사봉연진상김예)
筆力揮來禹鼎扛(필력휘래우정강)
方夜廬陵童子對(방야여릉동자대)
今朝空谷玉人跫(금조공곡옥인공)
窓間明月知吾意(창간명월지오의)
永照詩筵引酒缸(영조시연인주항)

대려(大呂)[281]에 황종(黃鍾)[282]을 응하여 치듯이
등불 앞 머리 희끗한 늙은이에게 그림자가 짝을 이루네.
예리한 필치는 정련을 다한 김예(金銳)[283]를 생각하게 하고
필력을 휘두른 우(禹) 임금 때 정강(鼎扛)[284]이라 하겠네.
바로 어젯밤에는 여능(廬陵)[285]의 어린 아이로 대했더니
오늘 아침에는 빈 골짜기 울리는 아름다운 사람의 발자국 소리를 듣네.[286]
들창 사이에 떠오른 밝은 달이 내 뜻을 아는지
오래도록 시연(詩筵)의 자리를 비추니 술항아리를 당기네.

---

281 大呂(대려) : 악률(樂律) 이름. 《周禮, 春官, 大司樂》에 「乃奏黃鍾, 歌大呂, 舞雲門, 以祀天神」.

282 黃鐘(황종) : 타악기의 하나. 당(唐) 장열(張說)의 《大唐祀封禪頌》에 「撞黃鍾, 歌大呂」.

283 金銳(김예) : 명(明) 송강부(松江府) 화정(華亭) 사람. 그림을 잘 그렸음.

284 鼎扛(정강) : 강정(扛鼎). 힘이 셈. 필력(筆力)이 왕성함을 비유.

285 廬陵(여능) : 한대(漢代) 현(縣)의 이름. 산수가 아름다우며 송(宋)의 구양수(歐陽脩)와 문천상(文天祥)이 자란 곳. 본문에서는 작자가 살고 있는 향리가 아름답다는 뜻으로 쓰임.

286 空谷玉人跫(공곡옥인공) : 텅 빈 골짜기의 아름다운 사람의 발소리. 본문에서는 어제만 해도 어린아이 같았는데, 어느새 자라서 학문이 성장하여 찾아오는 기쁨. 《莊子, 徐無鬼》에 「夫逃虛空者 …… 聞人足音跫然而喜矣」.

[其二十]

犢鼻褌張麂眼籬(독비곤장궤안리)
村婆猶惜夕陽遲(촌파유석석양지)
醉夢徒看柯蟻集(취몽도간가의집)
年光便覺隙駒馳(연광편각극구치)
白髮憐君時不遇(백발연군시불우)
青山許我日相追(청산허아일상추)
近來稍慰幽捿意(근래초위유서의)
秋夜書聲兩箇兒(추야서성양개아)

쇠코잠방이[287]를 대울타리[288]에 펼쳐 널면서
시골 늙은 아낙네는 오히려 해가 더디 지는 것을 애석해 하네.
술에 취해 꿈속에서 남가지몽의 모인 개미[289]들을 보다가
세월이 빠르다는 것[290]을 문득 깨닫네.
늙도록 시대를 잘못 만난 그대를 애석해하나
청산은 나에게 날마다 서로 따르라는 것을 허락했다네.
근래에 점점 은거하려는 (그대의) 뜻을 위로하노라니
가을밤에 두 아이의 글 읽는 소리가 들리네.

➡ 아이들의 글공부를 위해 선생으로 초빙한 사중(士重) 조석로(曺錫輅)의 학식과 인품을 생각하며 벼슬에 오르지 못함을 시대를 잘못 만난 것이라고 생각하며 안타까워하는 마음.

287 犢鼻褌(독비곤) : 쇠코잠방이. 조엽(趙曄)의 《吳越春秋, 句踐入臣外傳》에 「越王服犢鼻, 着樵頭」.

288 麂眼籬(궤안리) : 대울타리. 송(宋) 육유(陸游)의 《山行詩》에 「綠崖曲曲羊腸路, 傍水疏疏麂眼籬」.

289 柯蟻(가의) : 남가지몽(南柯之夢)의 고사에 등장하는 개미.

290 隙駒(극구) : 달리는 말을 문틈으로 봄. 세월이 빠름을 비유. 《莊子, 知北遊》에 「人生天地之間, 若白駒之過郤, 忽然而已」.

029 호랑나비
虎蝶

百花時節艶春暉(백화시절염춘휘)
亂逐香風片片飛(난축향풍편편비)
影雜衙蜂飜作舞(영잡아봉번작무)
翅如班豹化無違(혈여반표화무위)
莊僊枕上蘧蘧夢(장선침상거거몽)
妃子粧邊撲撲揮(비자장변박박휘)
蛺蝶之中渠最長(협접지중거최장)
軒然羽翼儼章衣(헌연우익엄장의)

온갖 꽃이 만발하는 시절 고운 봄빛 속에
향기로운 바람을 어지럽게 따르며 가볍게 나는구나.
그림자는 뭇 벌들과 섞여 날며 춤을 추고
점박이 표범 같은 날짓은 변하되 천리(天理)에 어긋나지[291] 말기를.
장주(莊周)는 베개를 베고 자득(自得)[292]의 꿈을 꾸고
왕비는 단장을 하며 가슴을 두근거렸네.[293]
나비[294] 가운데 가장 으뜸이고
의기양양하고 가지런한 날개옷을 가졌도다.

➡ 봄을 맞아 꽃 속을 나는 나비를 노래하고, 어지럽게 날더라도 천리(天理)에 어긋나서는 안 된다고 경계하고, 호접지몽 고사를 떠올리며, 나비 중에는 호랑나비가 으뜸이라고 노래.

---

291 無違(무위) : 어기지 않음. 예법이나 천리(天理)를 어기지 말라는 뜻. 송(宋) 주희(朱熹)의 《齋居感興詩 3》에 「至人秉元化, 動靜體無違」.

292 蘧蘧夢(거거몽) : 장주(莊周)의 호접지몽(胡蝶之夢). 여유롭고 만족스러운 모양. 자득(自得)한 모양. 《莊子, 齊物論》에 「昔者莊周夢爲胡蝶, 栩栩然胡蝶也, 自喩適志與, 不知周也, 俄然覺, 則蘧蘧然周也」.

293 撲撲(박박) : 의성어로 툭툭. 쿵쿵. 두근두근.

294 蛺蝶(협접) : 나비. 진(晉) 갈홍(葛洪)의 《抱朴子, 官理》에 「譽孺背千金而逐蛺蝶, 越人棄八珍而甘鼃黽, 卽患不賞好, 又病不識惡矣」.

030 동산에 올라
登東山

輿來那可蟄茅廬(흥래나가칩모려)
陣陣西風拂短裾(진진서풍불단거)
歲月無情三酌罷(세월무정삼작파)
江山宿債一節餘(강산숙채일공여)
優遊南國君歌發(우유남국군가발)
快活東皐我嘯舒(쾌활동고아소서)
直欲綠溪乘夜月(직욕녹계승야월)
名亭物色近如何(명정물색근여하)

흥이 나니 어찌 초가집에 틀어박혀 있으리
자주[295] 불어오는 서풍 속을 거닐며 옷자락을 날리네.
가는 세월은 무정하고 석 잔의 술을 마셨으니
은거하겠다는 묵은 약속은 지팡이 하나로도 지킬 수 있으리.
그대는 남국에 한가로이 노닐면서[296] 노래 부르시게
나는 상쾌하게 동쪽 언덕에 올라 휘파람 불리라.
푸른 시냇가에는 밤이 들면 곧 달이 오르려니
이름난 정자에 올라 풍광을 가까이하면 어떻겠소?

295 陣陣(진진) : 자꾸 불거나 풍겨오는 모양.
296 優遊(우유) : 한가로운 모양.

031 불꽃
燀火

爾生幸也爾形枯(이생행야이형고)
百恠紛紛一燭奴(백괴분분일촉노)
暮夜長程疑植炬(모야장정의식거)
陰陽異氣出洪爐(음양이기출홍로)
不是螢燈爲腐草(불시형등위부초)
依然漁火向秋蘆(의연어화향추로)
叢林魍魎皆何物(총림망량개하물)
天地光明寂若無(천지광명적약무)

네 인생은 행복하고 모습은 고고(枯槁)하구나
괴이한 형상이 많고 많은데 너는 하나의 촉노(燭奴)[297]가 되었구나.
저물녘에서 밤까지 긴 시간 동안 늘어놓은 것은 횃불[298]이고
음양의 서로 다른 기운은 홍로(洪爐)[299]에서 나온 것이로구나.
썩은 풀에서 만들어진 형등(螢燈)[300] 뿐만이 아니라
고기잡이배의 불빛은 가을 갈대밭으로 향하네.
우거진 숲속의 도깨비불[301]들은 모두 무슨 물건인가
천지에 가장 밝고도 고요하여 없는 것 같은 불은 해와 달이로구나.

➡ 여러 종류의 불빛, 곧 촉노(燭奴)·횃불[植炬]·홍로(洪爐)·형등(螢燈)·고기잡이배 불[漁火]·도깨비불[魍魎]들을 들고, 이어 가장 밝으면서도 고요한 불은 해와 달이라고 노래함.

---

297 燭奴(촉노) : 동자가 초를 받쳐 들고 있는 형상의 촛대. 촛대를 두루 이르는 말. 오대(五代) 왕인유(王仁裕)의 《開元天寶遺事, 燭奴》에 「[申王]每夜宮中與諸王貴戚聚宴, 以龍檀木雕成燭跋童子, 衣以綠衣袍, 繫之束帶, 使執畵燭列立於宴席之側, 目爲燭奴」.

298 植炬(식거) : 나무에 붙인 횃불. 길게 늘어선 횃불 대열.

299 洪爐(홍로) : 큰 화로. 당(唐) 두보(杜甫)의 《大曆三年春白帝城放船出瞿唐峽凡四十韻》에 「飄蕭將素髮, 汨沒聽洪爐」.

300 螢燈(형등) : 형낭(螢囊). 반딧불을 모아 만든 등불.

301 魍魎(망량) : 전설상의 산천의 요괴. 도깨비. 《孔子家語, 辨物》에 「木石之怪夔魍魎」.

032 고기잡이배의 불
漁火

獵火前川兩兩携(엽화전천양양휴)
如星如燭繞長隄(여성여촉요장제)
忽閃電光林鬼遁(홀섬전광임귀둔)
却疑月色澗禽啼(각의월색간금제)
暮岸煙迷燃竹楚(모안연미연죽초)
晴沙燈落決囊齊(청사등락결낭제)
詩樽緬憶蘇仙興(시준면억소선흥)
赤壁今宵擧網兮(적벽금소거망혜)

앞내에 수렵(水獵)꾼들이 불[302]을 들고 쌍쌍이 끌고 가니
별도 같고 촛불 같은 불들이 긴 둑을 감싸네.
홀연 전광석화같이 번쩍하니 수풀의 귀신도 달아나고
달빛도 물리치듯 하니 골짜기 새들도 놀라 울부짖네.
저물녘 언덕에서 연기 자욱하게 우거진 대숲을 태우고
갠 모래톱에서는 등불을 놓고 행장(行裝)[303]을 묶네.
시를 짓고 술을 마시노라니 소선(蘇仙; 蘇軾)의 흥취가 생각나니[304]
오늘밤 적벽(赤壁)에서도 고기 잡느라 그물을 들어 올리고 있을까.

---

302 獵火(엽화) : 강가에서 어부들이 밤에 물고기를 한 곳으로 모아가기 위해 밝히는 불. 당(唐) 이백(李白)의 《大獵賦》에 「牛毛揚兮九天絳, 獵火燃兮千山紅」.

303 囊齊(낭제) : 낭재(囊齎). 행장(行裝). 사냥과 수렵에 필요한 여러 가지 도구.

304 緬憶(면억) : 아득히 생각함. 먼 지난 일을 회상함. 명(明) 이동양(李東陽)의 《同年祭吳汝賢文》에 「緬憶疇曩, 載翱載翔」.

033 개양귀비[305]를 노래함
虞美人草

虞兮春色異荊柴(우혜춘색이형시)
爲惜香魂種小階(위석향혼종소계)
年深綠草王孫恨(연심녹초왕손한)
事去方花范老骸(사거방화범노해)
千秋有淚如斑竹(천추유루여반죽)
百世遺芳等觸槐(백세유방등촉괴)
烈女編中名恐漏(열녀편중명공누)
要將卉譜願褒排(요장훼보원포배)

봄빛에 개양귀비꽃이여,[306] 가난한 선비의 거처에는 이채롭지만
네 정령(精靈)[307]을 애석해하여 작은 섬돌에 심었도다.
푸른 풀섶에서 오래도록 귀뚜라미[308]는 한탄하고
모든 일은 흘러갔으니 바야흐로 피는 꽃은 범증(范增)의 해골[309]이리.
천년의 세월에 반죽(斑竹) 같은 눈물[310]도 있고
회화나무에 부딪쳐 죽어 백세에 성덕(盛德)을 남긴 사람도 있네.
열녀편에서 빠질까 두려워하며
장차 훼보(卉譜)[311]에 적어 넣어 기리며 펼쳐볼까 하노라.

➡ 개양귀비꽃의 꽃이름[虞美人草]에서 연유하여 우미인(虞美人)을 추모하는 내용.

---

305 虞美人草(우미인초) : 개양귀비. 초(楚) 항우(項羽)의 총희 우미인(虞美人; 虞姬)의 무덤에 피었다 하여 지은 이름.

306 虞兮(우혜) : 개양귀비꽃이자 우미인(虞美人). 항우의 《項羽吟》에서 우미인을 부르는 소리. 《史記, 項羽本紀》에 「力拔山氣蓋世, 時不利兮騅不逝, 騅不逝兮可柰何, 虞兮虞兮柰若何」.

307 香魂(향혼) : 꽃의 정령(精靈). 또는 미인의 넋[魂].

308 王孫(왕손) : 항우(項羽)이면서 남초(南楚)에서는 귀뚜라미의 별칭. 중의적 사용.

309 范老(범노) : 범증(范增). 초(楚) 항우(項羽)의 모신(謀臣). 항우를 도와 패왕이 되게 함.

310 淚如斑竹(누여반죽) : 누흔반죽(淚痕斑竹). 순(舜)임금의 비(妃)인 아황(娥皇)과 여영(女英)이 순임금의 죽음을 슬퍼하여 흘린 눈물이 상강(湘江)의 대나무에 어린 무늬.

311 卉譜(훼보) : 화보(花譜). 꽃을 그 피는 계절의 순서에 따라 적거나 그린 책.

034 퉁소 소리를 들으며
聽簫

楚山秋色入簾催(초산추색입렴최)
吹送羌兒曲裡梅(취송강아곡리매)
九里玉簫誰美指(구리옥소수롱지)
雙童花笛士登魁(쌍동화적사등괴)
武昌雪竹鳴淸韻(무창설죽명청운)
澥谷風篁擇美材(해곡풍황택미재)
明月江樓來我客(명월강루래아객)
依然簫史作良媒(의연소사작량매)

초산(楚山)[312]에 가을이 드니 염관(簾官)[313]은 과장(科場)에 들기를 재촉하고
고아주(羔兒酒)[314]를 따르고 현재(賢才)[315]가 되기를 노래 부르며 보내네.
구리(九里)[316] 옥퉁소 소리[317]는 누구를 희롱했던가
쌍둥이의 꽃 피리 소리는 선비가 과거에 급제함이로다.
무창(武昌)의 설죽(雪竹)[318]은 청아한 가락을 내는데

---

312 楚山(초산) : 형산(荊山). 이 산의 포옥암(抱玉岩)은 초(楚) 변화(卞和)가 박옥(璞玉)을 얻은 곳. '인재(人才)가 많은 곳'을 의미.

313 簾官(염관) : 과거(科擧)의 시험관. 《儒林外史, 6回》에 「今科幾位簾官, 都是少年進士, 專取有才氣的文章」.

314 羌兒(강아) : '고아(羔兒)'의 오기. 고아주(羔兒酒). 찹쌀과 양고기를 밀가루와 함께 발효시켜 담근 술. 송(送) 육유(陸游)의 《醉中作詩》에 「名醞羔兒拆密封, 春粳玉粒出新春」.

315 梅(매) : 염매(鹽梅). 소금과 매실. 소금은 짜고 매실은 시큼하여 모두 조미료로 쓰임. 국가에 필요한 현재(賢才)를 비유. 《書經, 說命 下》에 「若作和羹, 爾惟鹽梅」.

316 九里(구리) : 산 이름. 강소성(江蘇省) 서주시(徐州市) 북쪽에 있는 산. 초(楚)와 한(漢)이 전쟁할 때에 한군(漢軍)이 산 앞에 매복하여 항우(項羽)를 자살케 한 곳. 전의되어 책략이나 계책을 이름. 《魏書, 地形志》에 「彭城有九里山」.

317 玉簫(옥소) : 본문에서는 사면초가(四面楚歌)의 뜻.

318 武昌雪竹(무창설죽) : 무창잉죽(武昌剩竹). 이용이 가능한 재료를 비유. 진대(晉代)에 도간(陶侃)이 무창을 진수하면서 배를 만들고 남은 대나무를 모아 두었는데, 환온(桓溫)이 촉(蜀)을 공격할 때에 그것으로 못을 만들어 배에 장착한 고사. 《晉書, 陶侃傳》에 「及王敦平, [陶侃]遷都督荊雍益梁州諸軍事, 領護南蠻校尉・征西大將軍・荊州刺史 …… 時造船, 木屑及竹頭悉令擧掌之, 咸不解所以, 後正會, 積雪始晴, 聽事前餘雪猶溼, 於是以屑布地, 及桓溫伐蜀, 又以

해곡(澥谷)의 황죽(篁竹)[319]도 좋은 재료를 골라야 하리.
밝은 달밤 강가 누각에 손님이 왔으니
예전의 소사(簫史)[320]처럼 좋은 중매(仲媒)를 하리라.

侃所貯竹頭作丁裝船」.

319 澥谷風篁(해곡풍황) : 해곡죽(嶰谷竹). 해곡(澥谷)은 '해곡(嶰谷)'의 오기. 해곡은 곤륜산(崑崙山) 북쪽 계곡의 이름. 전의되어 퉁소·피리 등의 관악기를 이름. 한(漢) 응소(應劭)의 《風俗通, 聲音序》에 「昔黃帝使伶倫自大夏之西, 崑崙之陰, 取竹於嶰谷, 生其竅厚均者, 斷兩節而吹之, 以爲黃鍾之管」.

320 簫史(소사) : 퉁소를 잘 불어 진 목공(秦穆公)의 딸 농옥(弄玉)과 결혼하고 하늘로 올라갔다는 사람. 한(漢) 유향(劉向)의 《列仙傳, 簫史》에 「簫史者, 秦穆公時人也, 善吹簫, 能致孔雀白鶴於庭, 穆公有女, 字弄玉, 好之, 公遂以女妻焉, 日教弄玉作鳳鳴, 居數年, 吹似鳳聲, 鳳凰來止其屋, 公爲作鳳臺, 夫婦止其上, 不下數年, 一旦皆隨鳳凰飛去」.

035 도화선[321]
稻花仙

樵柯欲爛歲奔輪(초가욕란세분륜)
白帝西郊我稼巡(백제서교아가순)
雨笠烟簑皆化羽(우립연사개화우)
瓊花錦稻又肥鱗(경화금도우비린)
綺皓人人枰落子(기호인인평락자)
金丹粒粒斗回申(금단립립두회신)
穀仙千古無他術(곡선천고무타술)
平地蓬瀛皷腹身(평지봉영고복신)

나무꾼의 도낏자루는 썩으려 하고 세월은 수레바퀴처럼 빠른데
가을의 신[322]은 서쪽 뜰에서 익어가는 벼를 어루만지네.
삿갓 쓰고 도롱이[323]를 걸쳤으니 모두 신선이 되려는[324] 듯하고
진귀한 꽃과 비단 같은 벼는 또 살진 고기비늘 같구나.
기호(綺皓)[325]의 은사들은 모두 바둑을 두며
금단(金丹)은 알알이 북두칠성(北斗七星)을 돌게 하는구나.
농부[326]는 예로부터 별다른 재주 없어도
평지에서 농사지어 은사(隱士)[327]들을 배불리 먹게 하는구나.

---

321 稻花仙(도화선) : 곡식을 맡은 신(神). 도화(稻花)는 벼꽃. 송(宋) 매요신(梅堯臣)의 《田家詩》에 「白水照茅屋, 淸風生稻花」.

322 白帝(백제) : 오제(五帝)의 하나. 가을을 맡은 서쪽의 신. 《周禮, 天官, 大宰》에 「祀五帝」.

323 雨笠烟簑(우립연사) : 연사우립(煙簑雨笠). 도롱이와 삿갓. 송(宋) 소식(蘇軾)의 《書晁說之考牧圖後詩》에 「那裏討烟簑雨笠卷單行, 一任俺芒鞋破鉢隨緣化」.

324 化羽(화우) : 우화등선(羽化登仙). 사람이 몸에 날개가 돋아 신선이 됨. 송(宋) 소식(蘇軾)의 《前赤壁賦》에 「飄飄乎遺世獨立, 羽化而登仙」.

325 綺皓(기호) : 기리계(綺里季). 한초(漢初)의 은사인 상산사호(商山四皓).

326 穀仙(곡선) : 곡인(穀人). 농부의 미칭. 한(漢) 양웅(揚雄)의 《法言, 先知》에 「禽獸食人之食, 土木衣人之帛, 穀人不足於晝, 絲人不足於夜, 之謂惡政」.

327 蓬瀛(봉영) : '봉영려(蓬瀛侶)'의 준말. 은거하거나 수도하는 사람. 당(唐) 유종원(柳宗元)의 《巽上人以竹間採新茶見贈酬之以詩》에 「咄此蓬瀛侶, 無乃貴流霞」

036 대나무
竹

小園種竹爽飈聞(소원종죽상표문)
分付樵兒戒斧斤(분부초아계부근)
知己王猷開一逕(지기왕유개일경)
麤才杜牧比千軍(추재두목비천군)
筤鳳來儀庭有宗(낭봉래의정유포)
籜龍供味菜兼芹(탁용공미채겸근)
此君幸不令人俗(차군행불령인속)
嘯咏時時每挹芬(소영시시매읍분)

시원한 바람 소리[328] 들으려고 작은 동산에 대나무 심고
나무하는 아이에게 베지 말라 경계하였네.
왕유(王猷)[329]는 대를 친한 벗이라 여기고 (대숲에) 작은 길을 열었고
스스로를 어설픈 사람[330]이라 여긴 두목(杜牧)[331]은 (대를) 천군(千軍)에 견주었네.
대숲에 의례히 봉황이 날아오는 것은 뜰에 열매가 있음이오
죽순[332]은 미나리와 함께 채소로서 맛이 있다네.
차군(此君)[333]은 다행히 시속(時俗)을 아름답게 여기지 않으니
때때로 향기를 퍼뜨릴 때마다 휘파람을 부네.

---

328 爽飈(상표) : 시원한 바람 소리.

329 王猷(왕유) : 왕자유(王子猷). 진(晉) 왕휘지(王徽之; 王羲之의 자)의 자 자유(子猷)에 성을 붙인 표기.

330 麤才(추재) : 재주와 학식이 적어 어설픈 사람. 송(宋) 소식(蘇軾)의 《和文與可洋州園池, 竹塢》에 「麤才杜牧眞堪笑, 喚作軍中十萬夫」.

331 杜牧(두목) : 당(唐) 경조(京兆) 사람. 자는 목지(牧之). 호는 번천(樊川). 두보(杜甫)와 구별하여 소두(小杜)라 불림.

332 籜龍(탁용) : 죽순(竹筍)의 다른 이름.

333 此君(차군) : 대나무의 아칭(雅稱). 진(晉)나라의 왕휘지(王徽之)가 대나무를 가리키며, '하루도 차군 없이 지낼 수 없다'고 한 고사에서 유래. 《晉書, 王徽之傳》에 「[徽之]嘗寄居空宅中, 便令種竹, 或問其故, 徽之但嘯詠指竹曰, 何可一日無此君邪」.

037 호박[334]
南瓜

品異西瓜未滌煩(품이서과미척번)
盤中最愛美蔬存(반중최애미소존)
綿滿菜園多結子(면만채원다결자)
蔓延籬竹又生孫(만연이죽우생손)
五石爲樽莊叟誕(오석위준장수탄)
寸簧諧律女媧論(촌황해율여와론)
渠雖無口寧徒繁(거수무구영도번)
哭用圜邱祀事尊(곡용환구사사존)

물건이 수박[335]과는 달라 더위를 씻어주지는[336] 못하나
밥상 위에서는 가장 맛있는 채소로 있다네.
남새밭 가득 줄기를 뻗으니 열매는 많이 열리고,
널리 퍼져 대나무 울타리에도 또 줄기를 뻗네.
장수(莊叟; 莊子)는 닷 섬들이 박으로 큰 것의 쓰임을 말했고,[337]
여와(女媧)[338]씨는 작은 피리[339]를 만들어 음률의 이치를 정했네.
도랑물도 흐르는 입구가 없으면 걸어 돌아다니기에 번거롭고
원구단(圜丘壇)[340]의 울음도 제사 때에는 존숭(尊崇)되었네.

➡ 호박을 통해 모든 사물에는 각각 유용한 쓰임이 있음을 노래.

---

334 南瓜(남과) : 박과(科)에 속하는 일년생 만초(蔓草). 호박
335 西瓜(서과) : 수박.
336 滌煩(척번) : 무더위를 씻어줌.
337 五石(오석) : 오석과(五石瓠). 다섯 섬을 담을 수 있다는 큰 박. 《莊子, 逍遙遊》에 「今子有五石之瓠, 何不慮以爲大樽而浮乎江湖, 而憂其瓠落無所容, 則夫子猶有蓬之心也夫」.
338 女媧(여와) : 여와씨(女媧氏). 상고(上古) 제왕(帝王)의 이름, 처음으로 생황(笙簧)을 만듦.
339 寸簧(촌황) : 여와(女媧)가 처음으로 만들었다는 작은 피리. 《禮記》에 「女媧之笙簧」.
340 圜丘(원구) : 원구단(圜丘壇). 천자(天子)가 동지(冬至)에 천제를 지내던 곳.

038 밤에 보리타작하는 소리를 들으며 夜聞麥砧

隣砧起我倚欄干(인침기아의난간)
已送麥秋秋月團(이송맥추추월단)
村廚最苦勤操臼(촌주최고근조구)
野碓猶堪自引瀾(야대유감자인란)
公然見□愁高鳳(공연견□수고봉)
誰復親舂對伯鸞(수복친용대백란)
舊穀纔經新穀早(구곡재경신곡조)
生涯未得一時安(생애미득일시안)

이웃의 다듬이 소리가 나를 깨워 난간에 기대니
이미 맥추(麥秋; 음력 4, 5월)는 지나고 가을 달이 둥그렇네.
(아녀자들이) 시골 부엌에서 제일 힘든 것은 절구질하는 것이고
(남정네들이) 들녘 물방아에서 물 퍼 올리는 것이네.[341]
드러내놓고 고봉(高鳳)의 고사(故事)[342]를 근심하니
누가 다시 몸소 절구질하여 백란(伯鸞)[343]과 상대할 것인가?
묵은 곡식은 잠깐 사이에 떨어지고 햇곡식 나기는 아직 이르니
살아가면서 아직 한때의 편안함도 얻지 못하는구나.

---

341 引瀾(인란) : 물을 끌어(퍼)올림.

342 高鳳(고봉) : 후한(後漢) 남양(南陽) 섭(葉) 사람. 자는 문통(文通). 말리던 곡식이 비에 쓸려 가는 것도 모를 정도로 공부하여 명유(名儒)가 됨. 고봉(高鳳)과 달리 학문에 정진하지 못하는 자신을 안타까워하는 마음의 표현. 《後漢書 113》.

343 伯鸞(백란) : 한(漢) 양홍(梁鴻)의 자. 백란덕요(伯鸞德耀)와 형차포군(荊釵布裙)의 고사. 백란덕요는 양홍(梁鴻)과 그의 처 맹광(孟光). 덕요(德耀)는 맹광의 자. 평생을 서로 공경하고 가난 속에서도 뜻이 변하지 아니하여 현량한 부부의 전형이 됨. 《太平御覽 718》에 「列女傳; 梁鴻妻孟光, 荊釵布裙」.

039 매미 소리를 들으며
聽蟬

晩蟬忽漲草堂顔(만선홀창초당안)
庭樹斜陽雨後灣(정수사양우후만)
近日淸聲回想呂(근일청성회상려)
凱風飄蛻已聞斑(개풍표태이문반)
嘒管泠絃能好韻(혜관령현능호운)
雀丸螗臂莫售頑(작환당비막수완)
宣尼喜聽蓮山路(선니희청연산로)
五月鳴蜩詩不刪(오월명조시불산)

늦 매미 소리 문득 초당 안에 가득하니
비 그친 뜰 나무에 석양빛이 스며드네.
근래에 듣는 맑은 소리라서 풍류[344]를 생각나게 하고
남풍(南風)[345]에 허물 벗으니 아름다운 무늬가 생겼구나.
청아하고[346] 맑은 소리는 가히 좋은 운율이니
참새 알과 작은 매미[347] 앞발로는 사서라도 탐낼 수 없네.
선니(宣尼; 孔子)도 연산로(蓮山路)에서 듣기를 좋아하여
오월의 매미 소리[348]는 〈시경(詩經)〉에서도 지우지[349] 않았다네.

344 呂(려) : 여율(呂律). 율려(律呂). 육율(六律)과 육려(六呂). 음악. 음조.
345 凱風(개풍) : 남풍(南風). 은택(恩澤)을 비유. 《詩經, 邶風, 凱風》에 「凱風自南, 吹彼棘心」.
346 嘒管(혜관) : 혜혜(嘒嘒). 의성어. 청아한 소리. 《詩經, 商頌, 那》에 「鞉鼓淵淵 嘒嘒管聲」.
347 螗(당) : 당조(螗蜩). 몸집이 작은 매미의 한 가지.
348 鳴蜩(명조) : 매미의 일종. 또는 매미가 욺. 《詩經, 豳風, 七月》에 「四月秀葽, 五月鳴蜩」.
349 刪(산) : 산시(刪詩). 3천여 편의 시경(詩經)의 시를 공자(孔子)가 산정(刪訂)하여 오늘날 시경(詩經) 의 315편의 체제로 엮은 것을 말함. 《史記, 孔子世家》에 「古者詩三千餘篇, 及至孔子, 去其重, 取可施於禮樂, 上采契后稷, 中述殷周之盛, 至幽厲之缺, 始於衽席, 故曰, 關雎之亂, 以爲風始, 鹿鳴爲小雅始, 文王爲大雅始, 淸廟爲頌始, 三百五篇, 孔子皆絃歌之, 以求合韶武雅頌之音」.

040 백로
白鷺

江天晩雨細和烟(강천만우세화연)
飛下平蕪漠漠田(비하평무막막전)
拳足虛洲疑睡鶴(권족허주의수학)
翱翔碧宇似盤鳶(고상벽우사반연)
苔岸印靑歸雁楚(태안인청귀안초)
蘆陰頭白異烏燕(노음두백이오연)
可觀湖海無邊處(가관호해무변처)
沙鳥翩翩集萬千(사조편편집만천)

강촌 저물녘 가랑비 내리고 밥 짓는 연기 섞여 오르는데
잡초 무성한 드넓은 들녘에 백로는 날아 내리네.
빈 모래톱에 무릎 오그리고[350] 있을 때는 잠자는 학(鶴)인 듯하고
푸른 하늘을 돌아 날 때면[351] 빙빙 도는 연(鳶) 같구나.
이끼 낀 언덕에서는 돌아가는 기러기처럼 나란히 날고[352]
갈대숲 사이의 흰머리는 까마귀나 제비와는 다르구나.
가없이 넓고 넓은 강과 호수에
물새들 떼 지어 날며 모이고 흩어지는 것은 가히 장관이도다.

350 拳足(권족) : 무릎을 꿇음. 무릎을 굽힘. 당(唐) 한유(韓愈) · 맹교(孟郊)의 《城南聯句》에 「里儒拳足拜, 士怪閃眸偵」.

351 翱翔(고상) : 빙빙 돌며 낢. 《莊子, 逍遙遊》에 「翱翔蓬蒿之間, 此亦飛之至也」.

352 雁楚(안초) : 기러기가 줄지어 나는 모양.

041 까마귀
烏

啼下江楓晩葉蕭(제하강풍만엽소)
曉天月落客乘潮(효천월낙객승조)
雛口猶黃知反哺(추구유황지반포)
爾頭難白怨誰招(이두난백원수초)
赤壁三更隨彩鵲(적벽삼경수채작)
上林五月笑懸梟(상림오월소현효)
人間不負天孫約(인간불부천손약)
七七銀橋赴遠徭(칠칠은교부원요)

저문 강가에 울며 내리는 늦가을 단풍나무 숲은 소슬한데
달 지는 새벽하늘에 나그네 되어 은하수 타고[353] 떠나는구나.
병아리보다 어리면서도 오히려 효도(孝道)[354]를 아니
네 머리 희어지기 어렵다 해도 누구를 불러 원망하겠느냐.
적벽(赤壁)에서는 한밤중에 까치를 따라 날아갔고[355]
오월(五月)의 상림원(上林園)[356]에서는 올빼미[357]를 매달아 비웃었구나.
인간 세상에서 천손(天孫)[358]과의 약속을 저버리지 않고
칠월 칠석 은교(銀橋; 烏鵲橋)를 놓으러 먼 곳까지 이르러 일을 하는구나.

---

353 乘潮(승조) : 은하수를 타다. 까마귀가 오작교를 만들기 위해 은하수의 물길로 날아감.

354 反哺(반포) : 반포지효(反哺之孝). 새끼 까마귀가 먹이를 물어다가 어미 까마귀에게 먹임. 진(晉) 성공수(成公綏)의 《烏賦》에 「雛既壯而能飛兮, 乃銜食而反哺」.

355 赤壁三更隨彩鵲(적벽삼경수채작) : 소동파(蘇東坡)의 《前赤壁賦》에 「月明星稀 烏鵲南飛」.

356 上林(상림) : 상림원(上林園). 천자(天子)의 동산 이름. 《史記, 秦始皇本紀》에 「三十五年, 作朝宮渭南上林苑中」.

357 懸梟(현효) : 올빼미를 매닮. 효(梟)는 올빼미로 고래(古來)로 어미 새를 잡아먹는다고 오신(誤信)하여 불효조(不孝鳥)라 일컬음. 《詩經, 大雅, 瞻卬》에 「懿厥哲婦, 爲梟爲鴟」.

358 天孫(천손) : 직녀성(織女星)의 별칭. 《史記, 天官書》에 「婺女, 其北織女, 織女, 天女孫也」.

042 매화와 학을 그린 그림
畫梅鶴

梅月閒宵供酒肴(매월한소공주효)
僊禽舞下八音匏(선금무하팔음포)
笑矣黃樓歸詠鳳(소의황루귀영봉)
樂乎赤壁舞潛鮫(락호적벽무잠교)
曩日緱山眞跡遠(낭일구산진적원)
千年華表夢魂撓(천년화표몽혼요)
龍崗二物云誰付(용강이물운수부)
函裡傳神壁上拋(함리전신벽상포)

4월 한가한 밤에 술과 안주를 놓고
선학이 춤을 추니 온갖 악기[359]를 연주하네.
황학루[360]에 봉황이 돌아온 것을 웃으면서 읊었고
적벽에 잠긴 교룡이 춤추는 것을 즐겼네.
옛 구산(緱山)[361]에 신선의 발자취는 멀어졌는데
화표(華表)[362] 천년(千年)이 꿈인 듯 어지러워라.
용강(龍崗)[363]의 두 물건을 누가 부쳤다고 말하며
함(函) 속에 전하던 신물(神物)을 누가 벽 위에 던졌는가.

---

359 八音匏(팔음포) : 여덟 가지의 악기.

360 黃樓(황루) : 황학루(黃鶴樓). 호북성(湖北省) 무창현(武昌縣) 서북쪽의 황학산 강가에 있는 높은 누각으로, 신씨가 황학루를 짓게 된 배경 이야기가 《報應錄》 무창지(武昌志)에 있음.

361 緱山(구산) : 구산학(緱山鶴). 왕자교(王子喬)가 구산에서 학을 타고 신선이 되었다는 고사. 당(唐) 배도(裵度)의 《唐享惠昭太子廟樂章, 亞獻終獻》에 「禮成神旣醉, 彷佛緱山鶴」.

362 華表(화표) : 화표학(華表鶴). 화표는 묘 앞의 망주석(望柱石). 화표에 내려앉은 학. 이별하여 오랫동안 떨어져 있는 사람. 진(晉) 도잠(陶潛)의 《搜神後記, 1》에 「丁令威, 本遼東人, 學道於靈虛山, 後化鶴歸遼, 集城門華表柱, 時有少年, 擧弓欲射之, 鶴乃飛, 徘徊空中而言曰, 有鳥有鳥丁令威, 去家千年今始歸, 城郭如故人民非, 何不學仙冢纍纍, 遂高上沖天」.

363 龍崗(용강) : 용강(龍岡). 지명. 용이 천년 동안 살다가 허물을 벗은 곳. 남조 양(南朝梁) 임방(任昉)의 《術異記, 下》에 「冀州鵠山, 傳龍千年則于山中蛻骨, 今有龍岡, 岡中出龍腦, 是也」.

043 닭
鷄

嘴距能威絳幘豪(취거능위강책호)
司晨夜夜不辭勞(사신야야불사노)
啄啄庭看賢士董(탁탁정간현사동)
朱朱畜自富翁陶(주주축자부옹도)
客路先開函谷鑰(객로선개함곡약)
翰音上徹彼都桃(한음상철피도도)
湏知利善鳴初起(수지이선명초기)
舜蹠之間戒我曹(순척지간계아조)

뾰쪽한 부리와 날카로운 발톱과 붉은 벼슬[364]에는 굳센 위엄이 있고
밤마다 새벽을 알리는[365] 수고로움을 마다하지 않네.
뜰에서 탁탁[366] 먹이 쪼는 모습은 어진 선비 동기창(董其昌)[367]의 서법이고,
주주[368] 하고 부르며 기르는 것은 늙은 부자 도간(陶侃)[369]이라 하겠네.
맹상군이 가는 길에 먼저 함곡관의 자물쇠를 열게 하였고,[370]
높은 울음소리[371]는 위로는 도도산(都桃山)[372]의 천계(天雞)[373]까지 들렸다네.

---

364 絳幘(강책) : 붉은색 두건. 곧 닭 벼슬. 한 대(漢代)에 숙위군(宿衛軍)이 이것을 쓰고 닭 울음을 전하였음. 《漢官儀》에 「衛士于朱雀門外, 著絳幘, 傳雞唱」.

365 司晨(사신) : 수탉의 별명. 새벽녘을 알림. 《尸子, 下》에 「使星司夜, 使月司時, 猶使雞司晨也」.

366 啄啄(탁탁) : 먹이를 쪼는 모습. 탁(啄)은 서법(書法)의 하나로 짧은 삐침을 의미. 본문에서는 두 가지의 의미를 함께 사용하는 중의(重義). 송(宋) 진사(陳思)의 《書苑菁華, 永字八法評說》에 「啄勢第七, 啄者, 如禽之啄物也」에서 서법 설명, 당(唐) 왕건(王建)의 《雉將雛詩》에 「雉咿喔, 雛出轂, 毛斑斑, 觜啄啄」에서는 수탉이 먹이를 쪼는 것을 묘사.

367 董其昌(동기창) : 명(明) 송강(松江) 화정(華亭) 사람. 행서(行書)와 초서(草書)의 대가.

368 朱朱(주주) : 닭을 부르는 소리. 《初學記 30》에 「風俗通 : 呼雞曰朱朱, 俗云, 雞本朱氏翁化爲之」.

369 陶侃(도간) : 도간지벽(陶侃之僻). 진(晉) 여강(廬江) 심양(潘陽) 사람인 도간이 물력(物力)을 아낌을 이르는 말로, 도간이 물건 하나라도 아껴 썼던 것에서 유래.

370 客路先開函谷鑰(객로선개함곡약) : 함곡계명(函谷鷄鳴). 제(齊)의 맹상군(孟嘗君)이 밤중에 함곡관(函谷關)에서 종자(從者)에게 닭의 울음소리를 내게 하여 문지기가 새벽 닭 소리인 줄 알고 관문을 열어 진(秦)나라에서 무사히 도망쳤다는 고사.

371 翰音(한음) : 높이 날아 욺. 높이 울려 퍼지는 음성. 닭[鷄]의 이칭. 닭의 울음소리가 멀리까지

첫닭이 울 때 일어나 이로움에 힘쓰고 착함에 힘쓰는가를 안다는 것은 순(舜)임금과 도척(盜蹠)의 사이[374]라는 것을 우리들에게 경계하여 주네.

들림을 말함. 《禮記, 曲禮 下》에 「凡祭宗廟之禮 …… 羊曰柔毛, 雞曰翰音」.

372 都桃(도도) : 도도산(桃都山). 전설상의 산 이름. 《太平御覽 918》에 「玄中記 : 東南有桃都山. 上有大樹, 名曰桃都, 枝上去三千里, 上有一天鷄, 日初出, 光照此木, 天鷄則鳴, 群鷄皆隨之鳴」.

373 天鷄(천계) : 도도산(桃都山)에 산다는 전설상의 닭. 남조 양(南朝梁) 임방(任昉)의 《述異記, 下》에 「東南有桃都山, 上有大樹, 名曰桃都, 枝相去三千里. 上有天鷄, 日初出, 照此木, 天鷄則鳴, 天下鷄隨之鳴」.

374 舜蹠(순척) : 순척(舜跖). 순척(舜跖)은 순(舜)임금과 도척(盜跖). 곧 성인(聖人)과 악인(惡人). 도척은 춘추시대의 대도(大盜). 《孟子, 盡心 上》에 「鷄鳴而起, 孶孶爲善者, 舜之徒也, 孶孶爲利者, 跖之徒也, 欲 知舜與跖之分, 無他, 利與善之間也」.

044 석류
石榴

玳瑁爲皮花剪羅(대모위피화전라)
來從石國漢槎河(래종석국한사하)
結子多多前席獻(결자다다전석헌)
垂枝累累半墻過(수지루루반장과)
皓齒生津偏愛惜(호치생진편애석)
赤心如玉更摩挲(적심여옥경마사)
小園日涉還成趣(소원일섭환성취)
榴洞猶嫌野叟歌(류동유염야수가)

대모(玳瑁)[375] 같은 껍질에 꽃은 자른 비단처럼 아름다우니
한(漢)나라 때 석국(石國)[376]에서 뗏목에 실려 왔다네.
열매는 많기도 하니 웃어른 자리에 먼저 바치고
드리운 가지는 첩첩하여 담장을 반이나 넘네.
미인들도[377] 침을 흘리며[378] 자못 아까워하며
옥같이 빨간 알맹이를 거듭 어루만지네.[379]
날마다 작은 정원을 거닐면서 빨리 익기 재촉하니
석류 익는 마을에서는 노인들의 노랫소리도 오히려 싫구려.

---

375 玳瑁(대모) : 대모(瑇瑁). 거북의 일종. 황갈색의 등딱지에 검은 반점이 있고, 광택이 남.

376 石國(석국) : 수당(隋唐)시대에 서역(西域)의 타슈켄트를 이르는 말.

377 皓齒(호치) : 단순호치(丹脣皓齒). 붉은 입술과 흰 이. 미인의 형용. 진(晉) 성공수(成公綏)의 《嘯賦》에 「逍遙携手, 踟躕步趾, 發妙聲於丹脣, 激哀音於皓齒」.

378 生津(생진) : 침을 흘림. 진(津)은 입속의 액체. 곧 침. 《埤雅 , 釋草》에 「今人望梅生津, 食芥墮淚, 此五液之自外至者也」.

379 摩挲(마사) : 주무름. 《禮記, 郊特牲》에 「汁獻涚于醆酒. 〈鄭玄注〉 摩挲泲之, 出其香汁」.

045 복숭아꽃
桃花

仙桃只合海姑痲(선도지합해고마)
香霧霏霏浹齒牙(향무비비협치아)
處處武陵紅水浪(처처무릉홍수랑)
機機文錦絳霞紗(기기문금강하사)
潘老栽花因作縣(반노재화인작현)
夔翁爲杖遠遊巴(기옹위장원유파)
奇觀天下芳菲勝(기관천하방비승)
一道淸溪速挾斜(일도청계속협사)

선도(仙桃)[380]는 다만 바다의 마고선녀[381]에게나 어울리는데
한입 깨무니 향기가 이 사이에 흩어지는구나.
곳곳이 무릉도원이니 붉은 물결이 일고
베틀마다 복숭아 수놓은 비단[382]은 진홍색 노을 휘장이네.
반악(潘岳)은 꽃을 심어 현(縣)을 다스렸고[383]
기옹(夔翁)[384]은 지팡이를 만들어 파촉(巴蜀) 멀리 유람을 떠났네.
천하에 기이한 장관이요 향기[385] 또한 월등한데
한 줄기 맑은 시냇물에서는 계곡을 끼고 빠르게 흐르네.

380 仙桃(선도) : 선경(仙境)에 있는 복숭아. 신선이 먹는다는 복숭아. 《太平廣記 3, 漢武帝內傳》에 「又命侍女更索桃果, 須臾, 以玉盤仙桃七顆, …… 母曰, 此桃三千年一生實」.

381 姑痲(고마) : 마고선녀(痲姑仙女). 전설상의 선녀 이름.

382 文錦(문금) : 무늬가 놓인 비단.

383 潘老栽花因作縣(반노재화인작현) : 관리의 선정(善政)을 이르는 말. 반악이 하양령(河陽令)으로 재임할 때 현청(縣廳) 주위에 온갖 기화(奇花)를 가꾸었다는 데서 유래. 《晉書 55》.

384 夔(기) : 전설에서 산에 있다는 외발 달린 귀신. 《國語, 魯語 下》에 「木石之怪曰夔・魍魎」.

385 芳菲(방비) : 화초가 무성하고 아름다움. 꽃향기. 또 향기가 나는 꽃.

046 국화
菊花

老圃秋容入簟床(노포추용입점상)
花名隱逸與人藏(화명은일여인장)
朝筐松逕陶翁趣(조광송경도옹취)
夕餐蘭皐屈子裝(석찬난고굴자장)
且看晩節醅香醞(차간만절배향온)
爲制頹齡製藥囊(위제퇴령제약낭)
正是重陽垂正色(정시중양수정색)
坤裳吉理恊乾祥(곤상길리협건양)

오래된 농원의 가을빛이 평상에 오르니
꽃 이름이 은일(隱逸)[386]인 것은 사람과 함께 숨는다는 것이리.
아침 침상에서 일어나 솔길을 걷는 것은 도옹(陶翁; 陶潛)의 아취요
저녁밥 먹고 난이 핀 언덕길을 걷는 것은 굴원(屈原)의 사치였네.
늦가을에 술 담그면 술 냄새가 진하고
노쇠한 늙은이[387]를 위해서는 약을 만들어 주머니에 넣는다네.
바로 중양절을 맞이하면 엄정한 색을 띄우니
길한 이치로 땅의 법도[388]가 하늘의 형상에 화합하는 것이리.

---

386 隱逸(은일) : 은일화(隱逸花). 국화의 아칭.
387 頹齡(퇴령) : 나이 먹음. 또 노쇠한 나이.
388 坤裳(곤상) : '곤상(坤常)'의 오기. 곤도(坤道). 대지(大地)의 속성.

047 귀뚜라미 소리를 들으며
聞蛬

枕畔終宵喞喞聲(침반종소즉즉성)
風凄露冷夢難成(풍처로냉몽난성)
渠雖微物皆秋意(거수미물개추의)
孰使苦吟亦至誠(숙사고음역지성)
虛機嬾婦驚寒歲(허기라부경한세)
何處愁人歎遠程(하처수인탄원정)
鳴砌嘐嘐招侶集(명체교교초려집)
細音蚯蚓若相迎(세음구인약상영)

베개 맡에 밤새도록 귀뚤귀뚤[389] 우는 소리
바람은 처량하고 이슬도 차가우니 꿈을 이루기 어렵구나.
이것이 비록 미물이나 가을의 풍정을 다하였고
누가 시켰기에 괴로이 읊조리기를 지성으로 하는가.
빈 베틀 위의 게으른 여자는 추운 세월에 놀라고
시인[390]은 어느 곳에선가 먼 길 떠남을 탄식하리.
섬돌에서 요란히 울어[391] 짝을 찾고
작은 소리로 우는 지렁이와는 서로 반기는 것 같구나.

---

389 喞喞(즉즉) : 벌레가 요란스레 우는 소리. 당(唐) 왕유(王維)의 《青雀歌》에 「猶勝黃雀爭上下, 喞喞空倉復若何」.

390 愁人(수인) : 근심이 있는 사람. 사물에 대하여 애수(哀愁)를 느끼는 사람. 시인(詩人).

391 嘐嘐(교교) : 시끄럽게 우는 소리. 물건을 갉는 소리. 당(唐) 유종원(柳宗元)의 《遊朝陽岩遂登西亭二十韻》에 「晨雞不余欺, 風雨聞嘐嘐」.

048 제비
鷰

玄鳥來時草樹靑(현조래시초수청)
年年社日太丁寧(연년사일태정녕)
賀主能偸嬌鵡語(하주능투교무어)
將雛何似彩鸞停(장추하사채란정)
飛繞簾間豪士宅(비요렴간호사택)
舞回掌上美人屛(무회장상미인병)
降于商野歸于衛(강우상야귀우위)
風頌編中善喩形(풍송편중선유형)

제비[392]가 날아올 때 풀과 나무들 푸르고
해마다 봄 농사[393]가 처음 시작됨을 거듭 알려주네.[394]
하지장(賀知章)[395]이 교태 있는 앵무새의 울음을 질투했다 하더라도
병아리가 어찌 무늬 좋은 난새(鸞鳥) 고니[鵠][396]와 비슷하리오.
호방한 선비 집 주렴으로 날아 감돌더니
미인의 병풍 속으로 춤추며 날아드네.
상(商)의 넓은 들에 내리더니 위(衛)나라로 돌아갔다고[397]
시경(詩經)에서 그 모습을 잘 비유하고 있네.

---

392 玄鳥(현조) : 제비의 별칭. 《詩經, 商頌, 玄鳥》에 「天命玄鳥, 降而生商」.

393 社日(사일) : 토지신에게 제사 지내는 날. 입춘과 입추의 다섯 번째 무일(戊日). 당(唐) 장적(張籍)의 《吳楚歌》에 「今朝社日停針線, 起向朱櫻樹下行」.

394 丁寧(정녕) : 군중(軍中)에서 쓰는 징(鉦). 전시(戰時)에 쳐서 경계를 게을리하지 않도록 함. 《國語, 吳語》에 「昧明, 王乃秉枹, 親就鳴鐘鼓, 丁寧, 錞于振鐸, 勇怯盡應」.

395 賀主(하주) : 하가(賀家)의 주인. 하가(賀家)는 당(唐) 하지장(賀知章)의 집. 은사의 집.

396 鸞停(난정) : 난정곡치(鸞停鵠峙). 난새[鸞]와 고니[鵠]가 멈추어 서 있음. 당(唐) 한유(韓愈)의 《殿中少監馬君墓誌》에 「退見少傅, 翠竹碧梧, 鸞鵠停峙, 能守其業者也」.

397 降于商野歸于衛(강우상야귀우위) : 《詩經, 商頌, 玄鳥篇》에 「天命玄鳥, 降而生商, 宅殷土芒芒」.

049 소쩍새
子規

子規聽罷客挑燈(자규청파객조등)
呑血空山絶粒僧(탄혈공산절립승)
夔老何心常再拜(기로하심상재배)
楚人起泣倍添衿(초인기읍배첨금)
芳草宿寃城白帝(방초숙원성백제)
落花殘淚廟黃陵(낙화잔루묘황릉)
至今百鳥知臣禮(지금백조지신예)
爰集桃霞遠近蒸(원집도하원근증)

소쩍새[398] 우는 소리 듣기를 다하자 객은 등불을 돋우는데
(자규는) 피를 삼키는 인적 없는 산의 곡기(穀氣) 끊은[399] 스님이로다.
악관(樂官)[400]은 무슨 마음으로 늘 두 번씩 절을 하였고
초인(楚人)은 일어나 울어 옷깃에 눈물을 적셨는가.[401]
방초 우거진 속에 묵은 원한은 백제(白帝)[402]의 성(城)에 있고
지는 꽃을 슬퍼하는 눈물은 황릉(黃陵)의 묘(廟)[403]에 있도다.
오늘날의 뭇 새들은 신하의 예를 알고 있으니
복사꽃은 안개처럼 원근에 피어오른 것이라네.

---

398 子規(자규) : 두견(杜鵑)의 별칭. 촉(蜀) 왕 두우(杜宇)의 넋이 화신(化身)한 새라고 함.

399 絶粒(절립) : 음식을 끊음. 익힌 음식과 오곡을 끊고 무병장수를 구하는 양생술(養生術). 진(晉)나라 손작(孫綽)의 《遊天台山賦序》에 「非夫遺世翫道, 絶粒茹芝者, 烏能輕擧而宅之」.

400 夔老(기로) : 순(舜)임금 때의 악관(樂官). 《書經, 舜典》에 「帝曰, 夔, 命汝典樂, 敎胄子」.

401 楚人起泣倍添衿(초인기읍배첨금) : 초인(楚人)은 초인소(楚人騷). 굴원(屈原)의 이소(離騷)에서 표현한 애절한 정경(情景). 《離騷經》에 「攬茹蕙以掩涕兮, 霑余襟之浪浪」.

402 白帝(백제) : 백제자(白帝子)의 준말로 진(秦)을 이름. 《史記, 高祖本紀》에 「有一老嫗夜哭, 曰, 吾子, 白帝子也, 化爲蛇, 當道, 今爲赤帝子斬之」.

403 廟黃陵(묘황릉) : 호남성(湖南省) 상음현(湘陰縣)에 있는 산. 순(舜)임금의 두 비(妃)인 아황(娥皇)과 여영(女英)이 묻혔다고 하며, 일명 이비묘(二妃廟).

050 아낙의 베 짜는 소리를 들으며 聞織婦

札札機聲夜轉幽(찰찰기성야전유)
手絲心緖共悠悠(수사심서공유유)
欲製郎衣寒歲卒(욕제랑의한세졸)
誰令官稅暫時留(수령관세잠시류)
霜壁愁聞蛩自織(상벽수문충자직)
曉窓頻見月懸鉤(효창빈견월현구)
光陰强半抛梭得(광음강반포사득)
幾度西天火氣流(기도서천화기류)

철커덩 철커덩[404] 베틀 소리 밤 되자 더욱 그윽하고
손 안 (북[梭] 속의) 실타래는 마음속 회포처럼 끝이 없구나.[405]
낭군의 옷을 만들고자 하나 추운 시절은 다 갔으니
누가 관청의 세금을 잠시라도 그치게 할 수 있으리오.
서리 차가운 벽의 벌레 소리에 수심(愁心)으로 베를 짜다가
새벽 밝아오는 창문을 눈 찡그리고 내다보니 조각달[406]만 걸렸구나.
흐르는 세월 속에 억지로 한 조각 북[梭]을 던져
몇 번이나 서녘 하늘에 노기(怒氣)[407]로 흐르게 하였던가.

➡ 새벽달은 밤을 새워 베를 짜는 부녀자들이 사랑하는 낭군의 옷을 만들지 못하고 관가의 세금으로 내야 하는 분노의 마음이 서려 있는 달이라고 표현.

---

404 札札(찰찰) : 베 짜는 소리.
405 悠悠(유유) : 끝이 없는 모양.
406 懸鉤(현구) : 조각달을 비유. 당(唐) 강정지(康庭芝)의 《詠月》에 「臺前疑掛鏡, 簾外似懸鉤」.
407 火氣(화기) : 노기(怒氣)를 비유. 《淸平山堂話本, 快嘴李翠蓮記》에 「轉來轉去無定相, 惱得心頭火氣冲」. 새벽녘 이지러진 조각달은 아녀자들의 화가 변해서 된 것이라는 뜻.

051 낙조를 바라보며
見落照

冉冉斜紅映素衿(염염사홍영소금)
深林忽暢晩蟬音(심임홀창만선음)
水開汞鼎跳銀濘(수개홍정도은영)
山入雲屛列畵岑(산입운병열화잠)
人影參差滌上路(인영참차척상로)
晡甌多小樂窩斟(포구다소락와짐)
火輪將沒生光彩(화륜장몰생광채)
此亦天公造化任(차역천공조화임)

시간이 흘러[408] 석양[409]이 흰 도포 깃에 비치니
깊은 숲엔 홀연 철 늦은 매미 소리.
흐르는 물은 끓는 솥의 수은(水銀)이 개울로 튀는 듯하고[410]
낙조가 산에 드니 구름은 병풍처럼 산등성이에 펼쳐지네.
사람들의 그림자는 큰길에서 흩어져[411] 사라지고
해는 기울고 약간 남은 술을 움막에서 즐거이 따르네.
해[412]는 기울어 가면서도 광채를 발하니
이 또한 하느님의 조화일지라.

---

408 冉冉(염염) : 세월이 가는 모양. 《文選, 屈原, 離騷》에 「老冉冉其將之兮, 恐脩名之不立」.

409 斜紅(사홍) : 기우러 가는 석양의 햇빛. 송(宋) 소식(蘇軾)의 《李鈐轄坐上分題戴花詩》에 「綠珠吹笛何時見, 欲把斜紅揷皀羅」.

410 汞鼎跳銀濘(홍정도은영) : 솥의 끓는 수은이 은빛 개울로 튀는 모양. 기우는 저녁 햇살이 개울물에 반짝이는 모양을 형용.

411 參差(참치) : 흩어지는 모양.

412 火輪(화륜) : 태양(太陽).

052 백로를 읊음
吟白露

白白葭洲入美談(백백가주입미담)
淸霄鶴警下僊男(청소학경하선남)
承盤漢武丹煎九(승반한무단전구)
寫史陶潛菊逕三(사사도잠국경삼)
月夕沾衣非細雨(월석첨의비세우)
花朝潤肺異蒼嵐(화조윤폐이창람)
軒天寶露瑪瑠甕(헌천보로마류옹)
盈竭千年元氣含(영갈천년원기함)

희고 흰 갈대꽃 핀 물가에서 흉금을 터놓고 이야기 나누니[413]
맑은 하늘가 놀란 학이 내려와 선남(仙男)이 되네.
한 무제는 승로반[414]에 받은 이슬로 단약[415]을 아홉 번 달였고
사서(史書)를 베끼던 도잠(陶潛)은 국화꽃 핀 길을 세 번이나 거닐었네.
달 밝은 저녁에는 옷을 적시는 흰 이슬은 가랑비가 아니나
꽃피는 아침 가슴을 적시는 것은 푸른 안개와도 다르다네.
높고 푸른 하늘은 보물 같은 이슬을 마류(瑪瑠)[416] 항아리에 담아
채우고 비우면서 천년의 원기(元氣)를 품고 있다네.

---

413 美談(미담) : 흉금을 터놓고 이야기함.

414 承盤(승반) : 승로반(承露盤). 한(漢) 무제(武帝)가 감로(甘露)를 받기 위해 건장궁(建章宮)에 만들어 두었던 구리로 만든 쟁반. 《漢書, 郊祀志, 上》에 「其後又作柏梁 · 銅柱 · 承露僊人掌之屬矣」.

415 丹(단) : 단약(丹藥). 진(晉) 갈홍(葛洪)의 《抱朴子, 金丹》에 「又用五帝符, 以五色書之, 亦令人不死, 但不及太淸及九鼎丹藥耳」.

416 瑪瑠(마류) : 마류(瑪琉). 광물 이름. 석영(石英)의 일종으로 기명(器皿) · 장식품을 만드는 데 쓰임.

053 무지개
虹霓

氣母手絲五彩纖(기모수사오채섬)
一空橫亙兩端兼(일공횡긍양단겸)
燕天見白人情驗(연천견백인정험)
華渚流紅聖運占(화저류홍성운점)
霓裳紫府仙橋屹(예상자부선교흘)
虹月滄江畵筆尖(홍월창강화필첨)
倒飮晴川光似練(도음청천광사련)
田家幾切旱餘瞻(전가기체한여첨)

무지개[417]는 좋은 은(銀)[418]으로 만든 다섯 빛깔 고운 비단으로
텅 빈 하늘에 양 끝을 걸쳐 가로로 펼쳐 포개어 놓은 것이다.
제비 나는 하늘에 인정을 징험(徵驗)하여 보였고
화저(華渚)[419]에 별같이 흐르는 무지개는[420] 황제의 운명을 점친 것이네.
신선의 옷[421]을 입고 신선이 사는 곳[422]에 선교(仙橋)가 우뚝하니
창강(滄江) 홍월루(虹月樓)[423]의 화필(畫筆)이 특출했네.
비 갠 냇가에서 한껏 마시니 햇살은 누인 명주같이 하얀데
가뭄 속에 농촌의 거둔 곡식[424]을 얼마나 바라겠는가?

---

417 氣母(기모) : 무지개[虹]의 별칭.

418 手絲(수사) : 수사아(手絲兒). 품질이 좋은 은.

419 華渚(화저) : 전설상의 땅 이름. 《宋書, 符瑞志 上》에 「帝摯少昊氏 母曰女節 見星如虹 下流華渚 既而夢接意感 生少昊 登帝位 有鳳皇之瑞」.

420 流紅(유홍) : '유홍(流虹)'의 오기. 무지개 같은 별이 흐름. 상기 화저(華渚)의 고사에 의거함.

421 霓裳(예상) : 신선의 옷. 신선은 구름으로 치마를 삼음. 《楚辭, 九歌, 東君》에 「青雲衣兮白霓裳, 擧長矢兮射天狼」.

422 紫府(자부) : 신선이 사는 곳. 진(晉) 갈홍(葛洪)의 《抱朴子, 袪惑》에 「及至天上, 先過紫府, 金牀玉几, 晃晃昱昱, 眞貴處也」.

423 虹月(홍월) : 홍월루(虹月樓). 송(宋) 화가 주옥(朱玉)의 서실(書室).

424 幾切(기절) : 기공(幾功)의 오기. 공적을 바람.

054 벼루
硯

磨琢良工美品監(마탁양공미품감)
文房爾壽等彭咸(문방이수등팽함)
池連鵬海莊圖遠(지연붕해장도원)
石出龍門禹鑿巉(석출용문우착참)
百金鄴瓦論珍價(백금업와논진가)
每歲端州入貢函(매세단주입공함)
喫緊書生皆食硯(끽긴서생개식연)
朝薺淡淡暮鹽醎(조제담담모염함)

솜씨 좋은 장인(匠人)이 갈고 쪼아낸 아름다운 물건으로 볼만하니
문방사우 중에 너의 수명은 팽함(彭咸)[425]과 같구나.
연지(硯池)[426]는 붕해(鵬海)에 이어져 장주(莊周)는 멀리 날 것을 도모했고
우(禹)임금은 용문(龍門)에서 튀어나온 가파른 돌산을 뚫었네.
업와(鄴瓦) 벼루[427]의 높은 가치는 보배라고 논할지니
매년 단주(端州)[428]에서는 함에 넣어 공물로 바쳤다네.
서생들에게는 매우 중요해 모두 벼루에 의지해 먹고살아가나[429]
아침밥은 절인 담담한 채소로 저녁밥은 소금에 찍어 먹고 있구나.[430]

➟ 벼루에서 선비로, 선비에서 선비의 가난한 삶을 노래함.

---

425 彭咸(팽함) : 은(殷)나라의 현신(賢臣). 《楚辭, 離騷》에 「雖不周於今之人兮, 願依彭咸之遺則」.

426 池(지) : 연지(硯池). 오목한 모양의 벼루. 당(唐) 두순학(杜荀鶴)의 《題弟姪書堂詩》에 「窗竹影搖書案上, 野泉聲入硯池中」.

427 鄴瓦(업와) : 업대와(鄴臺瓦). 업도(鄴都)에 있었던 동작대(銅雀臺)의 기와로 만든 벼루.

428 端州(단주) : 수대(隋代)에 둔 주(州). 광동성(廣東省) 고요현(高要縣)에 있었음.

429 食硯(식연) : 벼루에 의지해 먹고삶. 식(食)은 먹고사는 방편으로 삼음의 뜻.

430 朝薺淡淡暮鹽醎(조제담담모염함) : 조제모염(朝薺暮鹽). 아침에는 절인 채소로 밥을 먹고 저녁에는 소금에 찍어 밥을 삼킴. 선비의 빈궁한 삶.

055 초승달
初月

秋來得月警書童(추래득월경서동)
里巷砧聲夜不聾(이항침성야불농)
雲母窓前初捲箔(운모창전초권박)
水精奩上半開銅(수정렴상반개동)
恍然丹桂微香動(황연단계미향동)
佇看氷輪萬里通(저간빙륜만리통)
十二瓊樓三五遠(십이경루삼오원)
嫦娥應未畵眉終(항아응미화미종)

가을이 오자 달빛 아래 글 읽는 아이를 놀라게 하고
마을 아낙네 다듬이 소리는 밤이 되어도 그치지 않네.
운모죽(雲母竹)[431] 자란 창 앞에서 발을 말아 올리니
수정(水晶) 경대(鏡臺)[432] 안에 동경(銅鏡)이 반쯤 열렸구나.
어슴푸레한 단계(丹桂)[433]에 향기가 미동하니
달빛[434]이 만리 사방에 통하는 것을 머지않아 보게 되리.
많은 화려한 누각에 보름날은 멀었으니
항아(嫦娥)는 응당 눈썹을 아직 다 그리지[435] 않았으리.

➟ 초승달과 과시(科詩)를 준비하는 어린 아이를 비유하여, 장래 아이가 과거에 급제할 것이라는 것을 노래한 시.

---

431 雲母(운모) : 운모죽(雲母竹), 대나무의 이름. 빛깔이 돌비늘과 비슷하여 붙여진 이름.

432 水精奩(수정렴) : 수정렴(水晶奩). 수정(水晶)으로 만든 경대(鏡臺). 발을 말아 올린 창틀을 경대에 비유하고, 밤하늘에 뜬 초승달을 경대 속의 구리거울[銅鏡]에 비유한 표현.

433 丹桂(단계) : 계수나무의 한 가지. 월계수(月桂樹). 뛰어난 인재나 과거(科擧) 급제.

434 氷輪(빙륜) : 빙경(冰鏡). 달의 별칭. 청(淸) 이어(李漁)의 《風箏誤, 艱記》에 「試看那假西施賣弄他香溫玉軟, 儘有那蠢登徒爲着他意, 惹情牽, 怎當俺氷鏡雙懸, 能別媸妍」.

435 畫眉(화미) : 눈썹을 그림. 《漢書, 張敞傳》에 「敞無威儀, …… 又爲婦畫眉, 長安中傳張京兆眉憮, 有司以奏敞, 上問之, 對曰, 臣聞閨房之內, 夫婦之私, 有過於畫眉者」.

056 반딧불이
螢火

明來暗室不欺儂(명래암실불기농)
爾火非珠豈按鋒(이화비주기안봉)
光借席門親面貌(광차석문친면모)
影過長信感幽蹤(영과장신감유종)
時兼草爵輝輝照(시겸초작휘휘조)
復亂簷星點點衝(복난첨성점점충)
熠燿東山詩可詠(습요동산시가영)
秋燈戒汝起眠慵(추등계여기면용)

어두운 방을 밝히니 나를 속인 것은 아닌데
너의 불빛은 야광주(夜光珠)도 아닌데 어찌하여 글을 읽게 하는가.[436]
거적문[437]에서나마 (너의) 빛을 빌려 얼굴을 친히 대하니
그림자는 장신궁(長信宮)[438]을 지나쳐서 은거한 듯한 형상이로구나.
때로는 간소한 술자리[439]를 밝게 비춰주다가
다시 처마 끝에 떠 있는 별들과 점점이 부딪치는구나.
반딧불[440]은 동산에서는 시로 읊을 수 있지만
가을 등불 아래에서 (밤늦도록 깨어 있다가) 늦게 일어나게 하는[441] 너를 경계하네.

---

436 按鋒(안봉) : 글. 문사(文詞). 명(明) 왕형(王衡)의 《鬱輪袍, 1折》에 「讀殘書軋髓髓, 餓殺北窓螢 …… 有什麽鋒頭利鈍, 舌底雄雌」.

437 席門(석문) : 거적자리로 만든 문. 청빈한 집이나 은자의 거처. 《史記, 陳丞相世家》에 「家乃負郭窮巷, 以弊席爲門, 然門外多有長者車轍」.

438 長信(장신) : 장신궁(長信宮). 한 대(漢代)에 태황태후가 거처하던 궁궐. 《三輔黃圖, 漢宮》에 「長信宮, 漢太后常居之 …… 后宮在西, 秋之象也, 秋主信, 故宮殿皆以長信・長秋爲名」.

439 草爵(초작) : 초작(草酌). 간소한 주연(酒宴). 명(明) 왕옥봉(王玉峰)의 《焚香記, 設宴》에 「聞老先生今日下車, 學生特設草酌, 在此驛相候, 聊申洗塵之敬」.

440 熠燿(습요) : 반딧불. 당(唐) 원진(元稹)의 《江邊四十韻》에서 「斷簾飛熠燿, 當戶網蠨蛸」.

441 起眠慵(기면용) : 용기(慵起). 아침에 게으름을 피우고 늦게 일어남. 당(唐) 백거이(白居易)의 《香爐峯下新卜山居草堂初成偶題東壁詩》에 「日高睡足猶慵起, 小閣重衾不怕寒」.

057 길쌈 방의 등불
績燈

紅女相從渡夜矼(공녀상종도야강)
燈前秋色逝如淙(등전추색서여종)
百箔繭絲勞玉指(백박견사노옥지)
五更火燼落金釭(오경화신낙금강)
塵架懸如星滿壁(진가현여성만벽)
烟機明勝月沈窓(연기명승월침창)
千條萬縷盈筐篚(천조만루영광비)
歸火籬根吠老尨(귀화리근폐노방)

길쌈하는 아낙네[442]들은 서로 친하게 밤을 새우는데
등불 앞 가을 정취는 물 흐르듯 가는구나.[443]
많은 체반[444] 속의 명주실은 고운 손으로 힘쓴 것이고
한밤중의 밝힌 등잔의 똥[445]은 금 등잔에 떨어지네.
시렁에 쌓인 먼지는 별처럼 벽에 가득하고
그을린 베틀은 달빛 기울어가는 창가에 뚜렷하네.
천 오리 만 오리 실오리들은 대광주리에 가득하고
불 밝혀 집에 돌아가노라니 울타리 밑 늙은 삽살개는 컹컹 짓네.

---

442 紅女(공녀) : 베 짜기나 바느질 따위의 일을 하는 여자. 《尸子, 上》에 「夫璽舍而不治則腐蠹, 使紅女繰之爲美錦, 大君朝而服之」.

443 逝如淙(서여종) : 세월이 물 흐르듯 가는 모양. 공자(孔子)가 '세월이 지나가는 것이 물과 같다'[逝者如斯]고 말한 데에서 유래. 《論語, 子罕》에 「子在川上曰, 逝者如斯夫, 不舍晝夜」.

444 箔(박) : 잠박(蠶箔). 누에를 치는 데 쓰는 체반.

445 火燼(화신) : 불타고 남은 찌꺼기. 《三國志, 魏志, 管寧傳》에 「旣已西渡, 盡封還之」라 하였고, 〈裵松之注〉에 「[管寧]望見有火光, 輒趣之, 得島, 島無居人, 又無火燼」.

058 목동의 피리 소리
牧笛

兩兩騎牛葉笛吹(양양기우엽적취)
前郊不憚路蹊危(전교불탄로혜위)
寥亮林風橫近遠(요량임풍횡근원)
細凝簑雨樂公私(세응사우락공사)
鳴雉飛過聲上和(명치비과성상화)
維魚夢覺曲中追(유어몽각곡중추)
湖樓乍倚看山枕(호루사의간산침)
芳草斜陽入皺眉(방초사양입추미)

쌍쌍이 소를 타고 풀피리 부는데
앞 들녘 좁은 길이 위태로워도 꺼리지 않네.
숲에 이는 바람 타고 원근에 높고 맑게 울려 퍼지니[446]
도롱이에 맺히는 가는 빗방울 속에 공사(公私)가 모두 화락하네.
꿩이 놀래서 날아가며 화답하고
어린 물고기들은 꿈에 깨어 물굽이를 따라가네.
호숫가 누각에 기대어 산들이 서로 베고 있는 모습을 바라보다가
녹음방초에 해가 지니 눈살을 찌푸리네.[447]

446 寥亮(요량) : 소리가 높으면서 맑게 울려 퍼짐. 진(晉) 향수(向秀)의 《思舊賦序》에 「鄰人有吹笛者, 發聲寥亮」.

447 皺眉(추미) : 눈살을 찌푸림. 근심이 있거나 기분이 나쁜 모습. 당(唐) 한유(韓愈)의 《辭唱歌》에 「復遣慳悋者, 贈金不皺眉」.

059 허수아비
偶人

疑鬼疑人近則非(의귀의인근즉비)
天然面目露初暉(천연면목로초휘)
土木寓形還笑笑(토목우형환소소)
巾裳飄舞正依依(건상표무정의의)
古社句龍神共托(고사구룡신공탁)
荒臺篆鳥跡猶稀(황대전조적유희)
從來汝豈無功者(종래여기무공자)
束草忠魂解楚圍(속초충혼해초위)

귀신인가 사람인가 비슷하면서도 아닌데
타고난 얼굴에 새로운 빛[448]을 드러냈구나.
흙과 나무에 잠시 형상을 맡겼을[449] 뿐인데 도리어 우습고 우스우니
두건과 치마가 바람 따라 흔들거리며 춤을 추는구나.
옛날 토지신 구룡(句龍)[450]은 공공(共工)[451]과 함께 신으로 추앙했으나
거친 대(臺)에 놓였지만 새의 자취[452]를 드물게 하는구나.
지금까지 너는 어찌 공(功)이 없는 사람이었겠느냐
풀로 만든 초인(草人)[453]은 초(楚)나라의 포위를 풀게 한 충혼이로다.

➡ 전반부에서는 허수아비의 모습을 노래하고, 후반부에서는 허수아비에 얽힌 역사적 사실을 통해 덕을 노래.

---

448 初暉(초휘) : 최초의 빛. 진(晉) 좌사(左思)의 《魏都賦》에 「彼桑榆之末光, 踰長庚之初輝」.

449 寓形(우형) : 형체를 잠시 맡김. 당(唐) 백거이(白居易)의 《和答詩, 和思歸樂》에 「人生百歲內, 天地暫寓形」.

450 古社句龍(고사구룡) : 옛 토지신(土地神)의 이름. 공공(共工)의 아들로서 후토(后土)의 신으로 추앙함. 《左傳, 昭公29年》에 「共工氏有子曰句龍, 爲后土」.

451 共工(공공) : 천신(天神)의 이름. 《淮南子, 墜形訓》에 「共工, 景風之所生也」.

452 篆鳥(전조) : 옛 문자의 하나인 전서체(篆書體)의 자형(字形). 새 발자국과 흡사함.

453 束草(속초) : 풀을 묶은 다발. 《三國演義, 46回》에 「魯肅私自撥輕快船二十隻, 各船三十餘人, 並布幔・束草等物, 盡皆齊備, 候孔明調用」.

060 가을 달
秋月

清宵得月捲簾初(청소득월권렴초)
彎似弓弦圓似梳(만사궁현원사소)
玉宇虛明千古鏡(옥우허명천고경)
銀河洗出一輪車(은하세출일륜거)
人間洞澈瓊瑤窟(인간통철경요굴)
夜半徘徊箕斗墟(야반배회기두허)
病夏詩翁肥骨醒(병하시옹비골성)
蕭森竹栢滿庭除(소삼죽백만정제)

맑은 밤에 달빛이 비치자 비로소 발을 걷어 올리니
활시위인 듯 굽었고 얼레빗처럼 둥글었네.
천제(天帝)가 있는 곳에서는 맑고 밝은 천고의 거울이오
은하수가 씻어 내놓은 수레바퀴로구나.
인간 세상을 환하게 비추어 경요굴(瓊瑤窟)[454]이오
한밤중엔 기성(箕星)과 두성(斗星)[455]의 언덕을 배회하는도다.
무더위에 지친 여름날 시인의 마음을 깨워 살지게 하니
무성한 소나무 잣나무는 뜰에 가득하구나.

454 瓊瑤窟(경요굴) : 신선이 사는 궁전.
455 箕斗(기두) : 기성(箕星)과 두성(斗星).

061 호수의 안개
湖煙

無價煙光我剩沽(무가연광아잉고)
漁歌牧笛又招呼(어가목적우초호)
渾是落霞迷野鶩(혼시낙하미야목)
忽然暝樹失江烏(홀연명수실강오)
十里橫鋪風曳練(십리횡포풍예련)
一空長帶月沈珠(일공장대월침주)
薊門勝景移湖上(계문승경이호상)
今夕篁樓且樂乎(금석황루차락호)

진귀한 구름과 안개를 누리니 나에게는 남는 장사이고
어부의 뱃노래와 목동의 피리 소리는 또 나를 소리쳐 부르네.
흐릿한 저녁노을[456]에 오리는 들녘에서 길을 잃고
갑자기 어두워지니 강가의 숲속 까마귀도 집을 잃었네.
십 리에 바람이 부니 흰 구름[457]이 펼쳐지고
길게 두른 빈 하늘의 달은 연못에 던져진 구슬[458]이로다.
계문(薊門)[459]의 빼어난 경치를 호수 위에 옮겨 놓은 듯하니
오늘 저녁에는 황루(篁樓)[460]에서 또 한 번 즐겨볼까 하노라.

456 落霞(낙하) : 저녁노을. 당(唐) 왕발(王勃)의 《滕王閣序》에 「落霞與孤鶩齊飛, 秋水共長天一色」.

457 曳練(예련) : 펼쳐 놓은 흰 비단. 흔히 흰 구름이나 강물을 비유. 송(宋) 사마광(司馬光)의 《和王介甫巫山高》에 「巫山高, 巫山高高不極, 寒江西來曳練長」.

458 沈珠(침주) : 구슬을 연못에 던져 넣음. 명리나 부귀를 돌보지 아니하고 근본으로 돌아감을 비유. 《文選, 班固, 東都賦》에 「損金於山, 沈珠于淵」.

459 薊門(계문) : 계구(薊丘). 북경성(北京城) 덕승문(德勝門) 밖에 있던 옛 땅 이름.

460 篁樓(황루) : 대숲에 있는 누각. 또는 대나무로 엮어 만든 누각.

062 단풍
丹楓

染霜楓葉遠山低(염상풍엽원산저)
青女新粧白帝西(청녀신장백제서)
丹勝九華仙酒暈(단승구화선주훈)
紅於二月客車携(홍어이월객거휴)
宛是被宸瞻漢苑(완시피신첨한원)
依然剪綵近隋堤(의연전채근수제)
夕陽斜照還生色(석양사조환생색)
且看飜鴉繞樹啼(차간번아요수제)

서리 물든 단풍잎 사이로 먼 산들은 낮게 깔리고
서리[461]가 새롭게 단장하니 가을 신(神)[462]은 서쪽에 있네.
붉기는 구화산(九華山) 신선의 술 취한 모습[463]보다 더하고
발그레하기는 2월 빈객이 타는 수레를 끄는 (마부의) 얼굴보다 더하네.
동산에 오르면 임금이 바라보던 한궁(漢宮)의 동산이오
옛 모습대로 꽃이 핀 모습[464]은 수 양제(隋煬帝) 거둥길[465]과 근사하네.
저녁 햇살이 비추니 도리어 색이 피어나고
갈가마귀 날아들어 수풀을 맴돌며 울부짖네.

---

461 青女(청녀) : 서리와 눈을 맡은 신(神). 서리의 별칭(別稱). 《淮南子, 天文訓》에 「至秋三月 …… 青女乃出, 以降霜雪」.

462 白帝(백제) : 오제(五帝)의 하나. 가을을 맡은 서쪽의 신(神).

463 酒暈(주훈) : 술을 마신 뒤 불그레한 술기운. 송(宋) 소식(蘇軾)의 《紅梅詩 1》에 「寒心未肯隨春態, 酒暈無端上玉肌」.

464 剪綵(전채) : 전채(翦綵). 많은 꽃이 활짝 핌. 송(宋) 사마광(司馬光)의 《獨樂園新春詩》에 「曲沼揉藍通底綠, 新梅翦綵壓枝繁」.

465 隋堤(수제) : 수안(隋岸). 수 양제(隋煬帝) 때 통제거(通濟渠) · 한구(汗溝)의 기슭을 따라 만든 거둥길[御道]. 당(唐) 한종(韓琮)의 《楊柳枝詩》에 「梁苑隋堤事已空, 萬條猶舞舊東風」.

063 병풍
屛風

八疊丹靑煥有章(팔첩단청환유장)
深冬繞屋忽生光(심동요옥홀생광)
夜來梅月三分在(야래매월삼분재)
秋入江山一夢長(추입강산일몽장)
幅裡猿聲疑楚客(폭리원성의초객)
毫端蠅點惑吳王(호단승점혹오왕)
坐看天漢寒中熱(좌간천한한중열)
雲母牕開織女襄(운모창개직녀양)

여덟 폭 병풍은 울긋불긋 빛나고 글귀까지 있어
엄동이 집을 감싸자 문득 빛을 발하네.
밤들자 매화 가지에 비친 달은 셋으로 나뉘어 있고
가을이 오자 강과 산은 한바탕 긴 꿈에 잠기네.
병풍 속 잔나비 울음은 굴원(屈原)[466]인 듯하고
붓끝의 참소(讒訴)[467]는 오왕(吳王)[468]을 미혹시켰도다.
앉아서 은하수를 바라보니 마음속 격동(激動)[469]이 식고
구름은 창을 열어 직녀성(織女星)을 떠오르게 하네.

➟ 여덟 폭 병풍 속에 그려진 여러 가지의 그림, 곧 눈에 덮인 집, 달밤의 매화, 산과 강의 가을 풍경, 잔나비, 화제(畵題), 밤하늘의 정경 등 그림의 내용을 묘사한 시.

---

466 楚客(초객) : 초(楚)나라의 나그네. 곧 굴원(屈原). 당(唐)나라 이백(李白)의 《愁陽春賦》에 「明妃玉塞, 楚客楓林, 試登高而遠望, 痛切骨而傷心」.

467 蠅點(승점) : 파리가 더럽힘. 참소자에게 비방이나 무고를 당함을 비유. 《詩經, 小雅, 靑蠅》에 「營營靑蠅, 止于樊, 豈弟君子, 無信讒言」.

468 吳王(오왕) : 춘추시대(春秋時代) 오(吳)나라의 군주. 오왕(吳王) 부차(夫差).

469 中熱(중열) : 마음이 격동함. 체내(體內)의 열. 더위에 상(傷)한 병(病).

064 서안(書案)에 켜 놓은 등불
書燈

十載書燈處若閨(십재서등처약규)
明星一點映東奎(명성일점영동규)
薇花耿結探陳蠹(미화경결탐진두)
金燼燒殘聽早鷄(금신소잔청조계)
太乙燃藜光亦借(태을연려광역차)
楊朱失路淚何嘶(양주실로루하시)
歸來五季如長夜(귀래오계여장야)
秉燭師門好品題(병촉사문호품제)

십 년 동안 켜 놓은 서안의 등불은 규방에 있는 듯하고
밝은 별 한 점은 동쪽 규수(奎宿)[470]를 비춰주네.
고비 꽃 등불 밝혀 서책을 벌려 놓고 책벌레를 찾으며[471]
가물거리는 등불 아래 새벽 첫닭 울음소리를 듣네.
태을진인(太乙眞人)[472]의 명아주 지팡이를 태운[473] 불을 빌려 왔는데
양주(楊朱)는 길을 잃고 무슨 일로 눈물 흘리며 울었던가.[474]
돌아오는 네 계절은 긴 밤과 같으니
스승의 문하에서 촛불 밝히고 품평하기를 좋아하네.

---

470 東奎(동규) : 동쪽에 있는 규수(奎宿). 문운(文運)을 맡았다고 함.

471 探陳蠹(탐진두) : 서책을 벌려 놓고 책을 갉아 먹는 좀이나 벌레[蠹]를 찾는다는 뜻으로, 본문에서는 서책을 꼼꼼히 살피며 학업에 열중한다는 뜻.

472 太乙(태을) : 태일(太一). 천신(天神). 전국시대 초(楚) 송옥(宋玉)의 《高唐賦》에 「醮諸神, 禮太一」.

473 燃藜(연려) : 밤늦도록 책을 읽거나 열심히 공부함. 진(晉) 왕가(王嘉)의 《拾遺記, 後漢》에 「劉向於成帝之末, 校書天祿閣, 專精覃思, 夜, 有老人着黃衣, 植靑藜杖, 登閣而進, 見向暗中獨坐誦書, 老父乃吹杖端, 烟然, 因以見向, 說開闢已前, 向因受洪範五行之文, 恐辭說繁廣忘之, 乃裂裳及紳, 以記其言」.

474 楊朱失路淚何嘶(양주실로루하시) : 양주읍기(楊朱泣岐). 양주가 갈림길에서 울다. 사람도 갈림길에서 갈리듯이 마음 쓰기 여하에 따라서 착한 사람도 되고 몹쓸 사람도 됨을 이름.

065 요강[475]
溺釭

鑄得鍮工耀寢齋(주득유공요침재)
物非奇恠漏齊諧(물비기괴누제해)
全身白玉峰容兀(전신백옥봉용올)
滿腹滄江水氣埋(만복창강수기매)
慕器千年名尙在(모기천년명상재)
曙星一點眼如揩(서성일점안여개)
渠能納汚人須用(거능납오인수용)
唾榼頮盤可與儕(타합회반가여제)

유공(鍮工; 鍮器丈)이 주조하고 침실에서 빛나니
기괴한 물건은 아니나 쏟아내는 것들과 어울리네.
백옥 같은 봉우리로 온몸으로 걸터앉는 것[476]을 용납하며
푸른 강이 배[腹]에 가득하도록 물의 정기(精氣)를 담네.
모두가 원하는 그릇으로 오래도록 이름이 뚜렷하고
한 점 새벽별이 뜰 때 눈을 문지르게 하네.
능히 더러운 것을 용납하여 사람에게 마땅히 소용되니
침 뱉는 그릇[477]과 세숫대야[478]와 더불어 한 무리가 될 수 있구나.

---

475 溺釭(요강) : 오줌을 누는 그릇인 고유어 '요강'의 한자음 차자표기(借字表記). 국어사전에는 '요강(尿鋼)'으로 표기되어 있음. 《松南雜識(林氏本), 橋 , 什物類, 虎子唾壺》에 「學林曰, 褻器所以盛溲便者, 宋之問爲張昌宗奉虎子(自周有之, 今溺釭是也)」.

476 兀(올) : '궤(几)'의 오기.

477 唾榼(타합) : 타구(唾具). 타호(唾壺). 침 뱉는 그릇.

478 頮盤(회반) : 세숫대야.

066 겨울비
冬雨

時燠時寒天道恢(시욱시한천도회)
如何陰雨又風摧(여하음우우풍최)
屋角飜驚飛瀑下(옥각번경비폭하)
籬邊或恐敗垣頹(리변혹공패원퇴)
添得江聲鳴枕畔(첨득강성명침반)
凝爲氷脚掛條枚(응위빙각괘조매)
須曳雲捲仍晴雪(수예운권잉청설)
斜日簾旌竹底擡(사일렴정죽저대)

철따라 따뜻했다가 철따라 추운 것은 천도(天道)가 넓은 것인데
구름 끼고 비 오다가 또 꺾을 듯이 바람 부는 것은 어찌해서인가?
지붕 모서리가 날아갈 듯이 놀라게 하다가 폭포수처럼 날아 쏟아지니
울타리나 담장이 무너질까 두렵네.
강물 흐르는 소리로 베갯머리를 울리더니
나뭇가지와 줄기 밑에 고드름 되어 엉기어 걸리네.
잠깐 사이에[479] 구름을 걷어가고 이내 맑게 개다가 눈이 내리니[480]
석양에 발[481]을 들어 올리고 바라보네.

➟ 겨울철 급변하는 날씨 속에서 천도(天道; 하느님의 도술)를 바라보는 심회

479 須曳(수예) : '수유(須臾)'의 오기. 잠시. 잠깐 동안.
480 晴雪(청설) : 맑게 개었다가 눈이 옴.
481 簾旌(염정) : 염정(簾旌). 발끝에 단 천. 전의되어 발.

067 화로
火爐

白屋玄冬炙手親(백옥현동자수친)
博山一器是奇珍(박산일기시기진)
數點靑煙消永日(수점청연소영일)
萬家活火備淸晨(만가활화비청신)
金鼎煉丹看道者(금정연단간도자)
玉房熾炭待嘉賓(옥방치탄대가빈)
書燈詠歎洪爐雪(서등영탄홍로설)
陋巷簞瓢獨不嚬(누항단표독불빈)

한겨울 가난한 선비 집[482]에서는 (화롯불에) 손을 쬐며 친했으니
하나의 박산향로(博山香爐)[483]는 진기한 것이네.
몇 줄기 푸른 연기에 긴긴 겨울을 소일하니
많은 집에서 불을 피워 이른 새벽을 대비하는 것이리.
연단(煉丹)하는 금정(金鼎)[484]에서는 도 닦는 사람을 볼 것이며
탄(炭)을 불 피우는 옥방(玉房)에서는 아름다운 손님을 기다리는 것이리라.
서안(書案) 등불 아래에서 홍로설(洪爐雪)[485]을 노래하며 탄식하니
누추한 거리에서 도시락밥에 표주박 물을 마시더라도[486] 홀로 찡그리지 못하리.

---

482 白屋(백옥) : 초가(草家). 서민(庶民). 평민이나 한사(寒士)의 집. 한(漢)나라 순열(荀悅)의 《漢紀, 宣帝紀 1》에 「將軍輔翼幼君, 將流大化, 是以天下之士延頸企踵, 爭願自効, 今士見者皆露索・挾持, 恐非周公輔相成王之禮, 致白屋之意也」.

483 博山(박산) : 박산(博山). 박산향로(博山香爐). 산동성(山東省) 박산(博山)의 모양을 본떠 만든 향로.

484 金鼎(금정) : 도사(道士)가 연단(煉丹)할 때 쓰는 솥과 화로. 남조 송(南朝宋) 포조(鮑照)의 《代淮南王詩》에 「琉璃作盌牙作盤, 金鼎玉匕合神丹」.

485 洪爐雪(홍로설) : 홍로상일점설(紅爐上一點雪). 홍로(紅爐) 위에 눈을 뿌리면 순식간에 녹듯이, 사욕(私慾)이나 의혹(疑惑)이 일시에 꺼져 없어짐을 뜻.

486 簞瓢(단표) : 단사표음(簞食瓢飮). 《論語, 雍也》에 「一簞食, 一瓢飮, 在陋巷, 人不堪其憂, 回不改其樂, 賢哉回也」.

068 안경
眼鏡

得爾壽光瞻載忻(득이수광첨재흔)
銀粧帽餙琢磨勤(은장모희탁마근)
秋水練來明月影(추수연래명월영)
春天除却霧花紛(춘천제각무화분)
照物當年殷象肖(조물당년은상초)
看書方夜魯魚分(간서방야노어분)
氷心一片能淸眼(빙심일편능청안)
莫說南方火帝焚(막설남방화제분)

안경[487]을 얻으니 눈에 뚜렷이 보여 기뻐할 수 있고
은(銀)으로 모자를 꾸미고 힘들게 갈고 쪼아 다듬었구나.
맑고 깨끗한 눈빛[488] 속에 밝은 달그림자가 연이어 들어오고
봄날의 안개같이 아른아른하던 꽃가루도 없애주는구나.
당년에 비추어 보던 물건의 모양을 바로잡아 주고
밤에 보는 책의 노자(魯字)와 어자(魚字)[489]를 분별할 수 있구나.
밝고 깨끗한 마음으로 사리(事理)를 꿰뚫어 볼 수 있으니[490]
남방(南方)의 화제(火帝)[491]가 불태운 것은 말하지 않으리라.

---

487 壽光(수광) : 수광선생(壽光先生). 거울의 별칭이나 본문에서는 안경. 당(唐) 김형(金炯)이 사리(事理)에 밝아 불려진 별호. 당(唐) 사공도(司空圖)의 《容城侯傳》에 「容城侯金炯者, 本蜀郡嚴道人 …… 上晨興, 必先至, 則與冠冕者, 偕進號爲壽光先生, 不名也」.

488 秋水(추수) : 맑고 깨끗한 눈빛. 당(唐) 백거이(白居易)의 《宴桃源詞》에 「凝了一雙秋水」.

489 魯魚(노어) : 노어해시(魯魚亥豕). 노(魯)자와 어(魚). 해(亥)자와 시(豕)자가 비슷하여 서로 혼동됨. 문자(文字)의 착오. 진(晉) 갈홍(葛洪)의 《抱朴子, 假覽》에서 「諺曰, 書三寫, 魚成魯, 虛成虎」.

490 淸眼(청안) : 청안귀(淸眼鬼). 냉정한 안목으로 일의 정황을 잘 꿰뚫어 봄. 《官場現形記, 59回》에 「有他一個淸眼鬼, 自然那些什麽蕭心閒 · 潘士斐, 以及一班家人們, 都不敢作什麽弊了」.

491 火帝(화제) : 오방 천제(五方天帝)의 하나인 적제(赤帝). 불과 여름을 맡는다.

069 화관[492]
火冠

紅燈結穗夜生光(홍등결수야생광)
便作花冠睡海棠(경작화관수해당)
隱映孤星如冒弁(은영고성여모변)
剪來香燼若褰裳(전래향신약건상)
吾師一點中心見(오사일점중심견)
章甫遺儀外面粧(장보유의외면장)
不費眼精勤繼晷(불비안정근계귀)
三餘課業此時當(삼여과업차시당)

붉은 등불에 불똥이 맺히면서[493] 밤이면 빛을 발하더니
문득 불무리를 지어 시든 해당화처럼 오므라드네.
고깔모자를 쓴 듯 외로운 별처럼 희미하게 비치더니
가위로 자르니 탄 재[494]로 남고 심지에 불빛을 넘겨주는구나.[495]
나는 한 점 불의 중심을 보는 것으로 스승을 삼고
유자(儒者)들의 남은 장보관(章甫冠)[496]으로 외면을 꾸몄구나.
햇빛이 비치는 낮에는 눈의 정기를 헛되이 쓰지 않고
학문하기 좋은 때[497]를 당하여 부지런히 과업[498]에 힘쓰리라.

➡ 등불을 노래하면서 밤에도 등불을 밝히고 학문에 힘쓰겠다는 것을 노래한 시.

---

492 火冠(화관) : 달무리처럼 등불에 어리비치는 불빛인 듯.

493 結穗(결수) : 금수(金穗). 등불이나 촛불의 심지 끝이 타서 맺힌 불똥이 맺히는 것. 당(唐) 한악(韓偓)의 《懶卸頭》에 「時復見殘燈, 和烟墜金穗」.

494 香燼(향신) : 향이 타고 남은 재. 당(唐)나라 이기(李頎)의 《送綦毋三寺中賦得紗燈》에 「禪室吐香燼, 輕紗籠翠煙」.

495 褰裳(건상) : 제왕이 양위(讓位)함을 이르는 말. 등불의 심지에 맺힌 불똥을 가위로 잘라내면 이어지는 심지에 불이 다시 밝혀짐을 의미.

496 章甫(장보) : 장보관(章甫冠). 은(殷)나라 때의 관(冠)의 이름. 유학자(儒學者)들이 쓰는 관.

497 三餘(삼여) : 세 때의 겨를. 학문을 하는 데 가장 좋은 세 가지 여가(餘暇). 겨울과 비 오는 날과 밤. 《讀書》에 「當以三餘, 或問三餘之意, 遇言, 冬者歲之餘, 夜者日之餘, 陰雨者時之餘也」.

498 課業(과업) : 마땅히 해야 할 일이나 임무. 본문에서는 학문에 힘쓰는 것.

070 얼음
氷

玉壺洞澈鏡光飜(옥호통철경광번)
氷孼江山部破藩(빙얼강산부파번)
水澤腹堅瞻月令(수택복견첨월령)
凌人掌職駕星言(능인장직가성언)
夏虫難語莊生苑(하충난어장생원)
冬鯉應敲孝子村(동리응고효자촌)
千尺闌干乘一葉(천척난간승일엽)
平湖路濶小兒奔(평호로활소아분)

맑고 투명하게 옥으로 만든 병 안에 거울처럼 밝게 번득이다가
강산을 얼음으로 장식하며 덮었다가 깨뜨리기도 하네.
못 가운데 두텁게 굳어지니 겨울의 절후(節候)를 보겠고
능인(凌人)[499]은 별빛[500] 아래 얼음을 수레에 실었구나.
여름 벌레들이 장원(莊苑)에 살아 있다고 말하기는 어렵고
겨울 잉어는 얼음을 깨뜨리고 효자촌(孝子村)에서 감응하여 나왔네.[501]
천 길 높이 난간에서 한 잎 나뭇잎에 오르자
아이들은 평탄한 호수와 미끄러운 길에서 얼음을 지치네.

---

499 凌人(능인) : 주대(周代)의 벼슬 이름. 천관(天官)에 딸리어 빙실(氷室)에 관한 일을 관장. 《周禮, 天官, 凌人》에 「凌人, 掌冰, 正歲十有二月, 令斬冰, 三其凌」.

500 星言(성언) : 별. 또는 별이 떠 있음. 《詩經, 鄘風, 定之方中》에 「命彼倌人, 星言夙駕」.

501 王祥(왕상) 고사. 삼국말진초(三國末晉初)의 낭야(琅琊) 사람 왕상(王祥)이 겨울철에 계모가 잉어를 먹고 싶다고 하자 잉어를 잡으려 강으로 갔는데, 얼음이 저절로 갈라지며 잉어가 튀어나왔다는 고사. 《晉書 93》.

071 매
鷹

鷹揚昔自渭川竿(응양석자위천간)
疾眼淸秋草色乾(질안청추초색건)
狒鶻盤鳶俱辟易(패골반연구벽역)
妖狐狡免走猶難(요호교토주유난)
千尋黑栢雄雌養(천심흑백좌우양)
萬里蒼穹氣勢寬(만리창궁기세관)
百中爭能飛颯爽(백중쟁능비삽상)
俠男勁銃與之歎(협남경총여지탄)

옛날에 위수(渭水)[502] 가 낚싯대 끝에서 힘차게 날아 오른 매는[503]
맑은 가을 하늘에서 도탄에 빠진 백성[504]을 빠르게 바라보았네.
성난 산비둘기 빙빙 돌던 소리개도 두려워 달아나고[505]
요사한 여우나 교활한 토끼들도 달아나기 어려웠네.
천 길 높이 검은 잣나무에서 자웅을 겨루다가
만 리 푸른 하늘을 나는 기세는 거리낌 없네.
온갖 것 중에서 날아 겨룰 만한 것은 상쾌한 바람뿐이니
호협(豪俠)한 기상의 남자들도 굳센 총을 들고 탄식하네.

---

502 渭川竿(위천간) : 위천(渭川)은 위수(渭水). 간(竿)은 낚싯대. 곧 주(周)나라 태공망(太公望) 여상(呂尙)이 위수 가에서 낚시를 하던 낚싯대로, 문왕(文王)을 만나 등용된 것을 의미. 《史記, 齊世家》에 「呂尙蓋嘗窮困年老矣, 以漁釣奸周西伯」.

503 鷹揚(응양) : 매가 하늘로 힘차게 날아오르듯 위풍당당한 모습. 위세를 떨침. 재능을 펼침. 《詩經, 大雅, 大明》에 「維師尙父, 時維鷹揚」.

504 草色乾(초색건) : 건초(乾草). 마른 풀. 문맥상 도탄에 빠진 백성을 의미.

505 辟易(벽역) : 두려워하여 물러남. 물러나 피함. 《史記, 項羽本紀》에 「是時, 赤泉侯爲騎將, 追項王, 項王瞋目而叱之, 赤泉侯人馬俱驚, 辟易數里」.

072 태잠(台岑; 曺錫輅) 등이 모인 자리에 집안 동생이 들르다
台岑席上舍弟過從

詩朋趂日好爲期(시붕진일호위기)
樹翠濃流洞靄微(수취농류동애미)
迂叟丌書時有曝(우수기서시유폭)
陳君井轄夜無歸(진군정할야무귀)
塵窠葵圃鷄兒習(진과규포계아습)
泥疊茅簷鷰子飛(니첩모첨연자비)
庚夜卯君團一會(경야묘군단일회)
江湖霽景月生輝(강호제경월생휘)

시 짓는 벗들과 적절한 날에 만나니 좋은 시기로
나무의 푸른 기운은 짙게 흐르고 마을에는 아지랑이가 엷게 깔리네.
세상사 어두운 늙은이[506]는 서가의 책을 햇볕에 쬐고 있고
진군(陳君)은 수레의 굴대를 우물에 던져[507] 밤에도 돌아가지 못하게 하였네.
해바라기 핀 밭고랑의 짚둥지에는 병아리들이 날갯짓을 익히고
초가 처마 끝 진흙집에는 제비들이 날아드네.
삼복 더운 날 밤[508]에 묘군(卯君)[509]들이 함께 단란하게 모이니
비 그친 강호의 풍경 속에 달빛도 휘영청 밝네.

---

506 迂叟(우수) : 우활한 노인. 세상 물정에 어두운 늙은이. 당(唐) 백거이(白居易)의 《迂叟詩》에 「初時被目爲迂叟, 近日蒙呼作隱人」.

507 陳君井轄(진군정할) : 진준투할(陳遵投轄) 고사. 손님을 떠나지 못하도록 만류함. 《漢書, 陳遵傳》에 「遵嗜酒, 每大飮, 賓客滿堂, 輒關門, 取客車轄投井中, 雖有急, 終不得去」.

508 庚夜(경야) : 경복야(庚伏夜). 삼복(三伏). 초복 · 중복 · 말복이 모두 경일(庚日)에 들기 때문에 이르는 말. 송(宋) 소식(蘇軾)의 《謝入伏早出狀 2》에 「候極南訛, 日臨庚伏」.

509 卯君(묘군) : 묘생(卯生). 곧 토끼해에 태어난 사람. 원(元) 육우(陸友)의 《研北雜志, 下》에 「余平生見黃荃畫雪兎, 凡三四本, 蓋僞蜀孟昶卯生, 每誕辰, 荃卽畫獻也」.

073 세 형제들과 마루에 앉아 운을 얻다
三昆季聯床拈韻

晩計林泉自放疎(만계임천자방소)
於山樵草水漁魚(어산초초수어어)
乳鳩語鷰堂深處(유구어연당심처)
野馬遊絲日暖初(야마유사일난초)
園柘枝揚看婦績(원자지양간부적)
庭芭葉大試兒書(정파엽대시아서)
樽筵安得長卿手(준연안득장경수)
奇氣凌雲賦子虛(기기능운부자허)

노년에 자연 속에 스스로를 풀어놓으리라 마음먹었으니
산에서는 꼴 베는 초동이 되고 물에서는 고기 잡는 어부가 되리.
어린 비둘기와 지저귀는 제비들은 집안 깊숙이 날아들고
들녘의 말들은 뛰놀고 아지랑이[510] 피어오르니 날은 비로소 따뜻해지리.
동산의 산뽕나무 가지 펴지면 아낙네들 길쌈하는 것을 볼 것이며
뜨락의 파초 잎이 커지면 아이들은 (잎에) 글씨를 쓰리라.
술자리를 벌여 놓았으니 어찌하면 장경(長卿)의 글 솜씨[511]를 얻어
비범한 기상으로 자허부(子虛賦)를 능가하는[512] 글을 써볼 수 있을까.

---

510 遊絲(유사) : 아지랑이. 조선(朝鮮) 《漢淸文鑑 1, 天, 天文》에 「아즈랑이」.

511 長卿手(장경수) : 장경(長卿)의 글 짓는 솜씨. 장경은 사마상여(司馬相如)의 자. 진(晉) 갈홍(葛洪)의 《抱朴子, 論仙》에 「吾徒匹夫, 加之罄困, 家有長卿壁立之貧, 腹懷翳桑絶糧之餒」.

512 凌雲(능운) : 구름에 닿을 듯이 높이 솟음. 곧 지향(志向)이 숭고하거나 의기가 고매함. 《史記, 司馬相如傳》에 「相如旣奏大人之頌, 天子大說, 飄飄有凌雲之氣, 似游天地之閒意」.

074 죽헌(竹軒)에서 늦게 모이다 – 2수
竹軒晚會 – 二首

[其一]

不速相逢笑哄堂(불속상봉소홍당)
跫音慣耳攬衣忙(공음관이람의망)
奇語縱橫詩有助(기어종횡시유조)
佳賓匝還座無方(가빈잡환좌무방)
別後青眸今日拭(별후청모금일식)
樽前白髮與秋長(준전백발여추장)
甘霖足慰三農望(감림족위삼농망)
野老槐陰樂未央(야노괴음낙미앙)

서두르지 않았어도 서로 만나 웃음소리 떠들썩하니[513]
귀에 익은 지팡이 소리와 옷자락을 부여잡고 (걸음을) 서둘렀으리.
오고가는 기이한 말들은 시 짓는 데 도움 되리니
빙 둘러앉은 아름다운 손님들의 자리는 방향도 따로 없네.
헤어진 후에도 기뻐했던 눈[514]을 오늘 닦고 바라보노라니
술동이 앞 흰머리는 가을날과 함께 길어지리.
가뭄 끝에 내린 단비[515]는 농부[516]들을 위로하기 충분하니
들녘 늙은이는 회화나무 그늘에서 한없이[517] 즐기리라.

---

513 哄堂(홍당) : 여럿이 한꺼번에 크게 웃음. 당(唐) 조린(趙璘)의 《因話錄》에 「唐制, 御史有臺院・殿院・察院, 一人知雜事, 名雜端, 公堂會食, 皆絶笑, 左右不可忍, 雜端笑, 而三院皆笑, 遂謂哄堂」.

514 青眸(청모) : 청안(青眼). 기뻐하는 눈.

515 甘霖(감림) : 오랜 가뭄 뒤에 내리는 단비. 원(元)나라 내현(迺賢)의 《仙居縣杜氏二眞廟詩》에 「銜香赤脚禱龍湫, 秋日甘霖起枯朽」.

516 三農(삼농) : 평지・산지・수택 지역에 사는 농민. 본문에서는 농부 일반을 표현.

517 未央(미앙) : 끝나지 않음. 끝이 없음. 《楚辭, 離騷》에 「及年歲之未晏兮, 時亦猶其未央」.

[其二]

書釼無名老爾躬(서인무명노이궁)
荒田數畝一儒宮(황전수묘일유궁)
俯仰乾坤須放達(부앙건곤회방달)
便從臨履做英雄(편종임이주영웅)
目送歸鴻憑落日(목송귀홍빙낙일)
心同伏驥擬長風(심동복기의장풍)
故人適到甘霖後(고인적도감림후)
醒醉之間願歲豊(성취지간원세풍)

서검(書劍) 어디에도 이름을 날리지 못하고 몸만 늙었으니
몇 이랑 황폐한 밭과 학교[518]가 있네.
하늘 우러르고 땅을 굽어보며 살아가는 자유로운 몸이더라도
문득 영웅이 되리라 여기며 삼가고 경계(警戒)[519]할 뿐이네.
지는 해에 의지하여 돌아가는 기러기를 먼 데까지 바라보니
마음은 숨은 명마(名馬)[520]와 같아 먼 데서 불어오는 바람을 헤아려보네.
벗이 마침 가뭄 끝 장맛비 내린 후에 이르렀으니
술에 취하고 깨는 사이에도 원하는 것은 풍년이 드는 것이라네.

518 儒宮(유궁) : 관립(官立) 학교. 《陳書, 儒林傳, 沈不害》에 「至是國學未立, 不害上書曰, …… 宜其弘振禮樂, 建立庠序, 式稽古典, 紆迹儒宮, 選公卿門子, 皆入于學」.

519 臨履(임리) : 임심이박(臨深履薄). 깊은 못에 임하고 얇은 얼음을 밟음. 삼가고 경계함. 《詩經, 小雅, 小旻》에 「戰戰兢兢, 如臨深淵, 如履薄冰」.

520 伏驥(복기) : 숨어 있는 명마(名馬). 현명한 사람이 은거함을 뜻함. 《楚辭, 九辯》에 「騏驥伏匿而不見兮, 鳳凰高飛而不下」.

075 형님이 말을 타고 오셨는데 우범(禹範) 정석구(鄭錫龜)가 또 오다 舍伯駕臨鄭禹範錫龜亦來

唱罷幽堂沓沓歌(창파유당답답가)
蒼葭渡口夕陽多(창가도구석양다)
逢場已有三杯酌(봉장이유삼배작)
對境那無數句哦(대경나무수구아)
歲久竹餘祥鳳棠(세구죽여상봉당)
秋來水濶白鴟波(추래수활백치파)
憐君詞律將如玉(연군사율장여옥)
長價龍門待卞和(장가용문대변화)

고요하던 집에서 기쁜[521] 노래가 끝나니
푸른 갈대 우거진 나루에 노을이 짙붉네.
만나는 곳에서 이미 석 잔의 술을 마셨으니
헤어지는 곳에 이르러 어찌 몇 구(句) 읊조림[522]이 없을쏜가.
오랜 대나무에는 상서로운 봉황이 날아들고[523]
가을날 탁 트인 물결 위로 흰 솔개가 나네.
사랑하는 그대의 시는 장하기가 옥같이 아름다우니
용문에서 변화(卞和)[524]를 기다리면 성가(聲價)가 높아지리.[525]

---

521 沓沓(답답) : 조용히 기뻐하여 좇는 모양. 소리가 시끄러움을 형용하는 말. 《太平廣記 490》에 「東陽夜怪錄:俄則沓沓然若數人聯步而至者」.

522 句哦(구아) : 시구를 읊조림. 송(宋) 구양수(歐陽修)의 《東閣雨中詩》에 「直閣時偸暇, 幽懷坐獨哦」.

523 棠(당) : 당당(棠棠). 번화하고 풍성함.

524 卞和(변화) : 춘추시대의 초(楚)나라 사람. 명옥(名玉)을 초왕(楚王)에게 바쳤음.

525 長價(장가) : 성가(聲價)를 높임. 당(唐) 이백(李白)의 《與韓荊州書》에서 「庶青萍. 結綠 長價于薛卞之門)」.

076 화교(華郊; 曺鳳默) 및 석오(石塢)와 시를 주고받다
與華郊及石塢唱酬

淸如鶴骨秀如松(청여학골수여송)
人坐秋園淡淡容(인좌추원담담용)
籬菊重陽猶苦晚(리국중양유고만)
汀葭十里喜相從(정가십리희상종)
陽春歌曲何人郢(양춘가곡하인영)
流水襟期此世鐘(유수금기차세종)
王國賓興今日是(왕국빈흥금일시)
鹿鳴幾處筮雲龍(녹명기처서운용)

맑기는 학골(鶴骨)[526] 같고 빼어나기는 솔 같으니
사람들 모여 앉은 가을 정원에서 담박한 모습이구려.
중양절 울타리 가에 핀 국화꽃은 너무 늦었으나
십 리 물가의 갈대들은 기쁘게도 서로 어우러졌네.
양춘곡(陽春曲)[527]은 영(郢) 땅의 어느 누가 불렀으며
흐르는 세월 속마음을 터놓으니 이 세상의 경종을 울리네.
왕국에서 빈흥(賓興)[528]을 하는 것은 오늘인데
녹명(鹿鳴)[529]의 잔치를 벌여 어디에서 따르는지[530] 점쳐보리라.

➟ 화교와 석오 두 벗의 학문을 치하.

---

526 鶴骨(학골) : 학골송근(鶴骨松筋). 여위고 허약한 몸. 당(唐) 맹교(孟郊)의 《石淙詩 5》에 「飄飄鶴骨仙, 飛動鼇背庭」.

527 陽春歌曲(양춘가곡) : 양춘백설(陽春白雪). 고상하고 우아한 가곡. 《文選, 宋玉, 對楚王問》에 「其爲陽阿 · 薤露, 國中屬而和者數百人, 其爲陽春 · 白雪, 國中屬而和者不過數十人而已」.

528 賓興(빈흥) : 주대(周代)에 인재를 선발하던 방법의 하나. 향시(鄕試).

529 鹿鳴(녹명) : 녹명지연(鹿鳴之宴). 군신(群臣) · 가빈(嘉賓)에게 거인(擧人)을 주현(州縣)의 장리(長吏)가 환대하는 주연. 녹명(鹿鳴)은 《詩經. 小雅》의 일편(一編).

530 雲龍(운룡) : 구름과 용. 뜻이 맞는 임금과 신하가 만남. 친구가 서로 의기투합함을 이르는 말. 《周易. 乾卦》에 「雲從龍, 風從虎, 聖人作而萬物睹」.

077 화고(華郊; 曺鳳黙) · 석오(石塢)와 더불어 태잠(台岑; 曺錫輅)을 기다렸으나 오지 않다
與華郊石塢待台岑不至

松下何人來問童(송하하인래문동)
偃然綺皓訪園公(언연기호방원공)
期我楓林時景好(기아풍림시경호)
羨君花樹本根同(선군화수본근동)
故勸鸕鶿仍酩酊(고권로자잉명정)
那知鷰鷺各東西(나지연로각동서)
夕陽將盡頻瞻望(석양장진빈첨망)
咫尺台岑翠掃空(지척태잠취소공)

소나무 아래에서 동자에게 물었던 사람은 누구인가?[531]
기호(騎皓)[532]는 기뻐하며 원공(園公)[533]을 찾아갔네.
단풍이 물든 숲속 경치 좋은 때 만나자고 기약하였으니
아름다운 그대여, 꽃과 나무는 본래 뿌리가 같은 것이라오.
짐짓 노자작(鸕鶿杓)[534]을 들어 흠씬 취하도록[535] 권하리니
제비와 해오라기는 각각 동서로 날아갈 줄 어찌 알았으리.
장차 석양이 지려 하는데 자주 (그대가 오는가를) 바라보는데
태잠(台岑)은 가까운 곳에서 푸른 하늘[536]만 쓸고 있는가?

➟ 벗 태잠(台岑)을 기다리는 마음을 읊음.

---

531 松下何人來問童(송하하인래문동) : 당(唐) 가도(賈島)의 《尋隱者不遇詩》에서 「松下問童子, 言師采藥去」에 연유한 표현.

532 綺皓(기호) : 기리계(綺里季). 한초(漢初)의 은사인 상산사호(商山四皓)의 한 사람.

533 園公(원공) : 동원공(東園公). 한초(漢初)의 은사인 상산사호(商山四皓)의 한 사람.

534 鸕鶿(노자) : 노자작(鸕鶿杓). 가마우지를 새긴 술잔. 당(唐) 이백(李白)의 《襄陽歌》에 「鸕鶿杓, 鸚鵡杯, 百年三萬六千日, 一日須傾三百杯」.

535 酩酊(명정) : 명정대취(酩酊大醉). 술에 몹시 취함. 당(唐) 원진(元稹)의 《酬樂天勸醉詩》에 「半酣得自恣, 酩酊歸太和」.

536 翠掃空(취소공) : 소취공(掃翠空). 푸른 하늘을 비로 씀. 조선(朝鮮) 이달(李達)의 《佛日庵贈因雲釋》의 「寺在白雲中, 白雲僧不掃」에 연유한 표현.

078 기러기
雁

彭蠡之浦雁攸居(팽려지포안유거)
物性隨陽不戀魚(물성수야불연어)
嘶月聲中淸夜落(시월성중청야락)
順風飛處碧天虛(순풍비처벽천허)
瑤絃厭聽湘靈怨(요현염청상령원)
尺帛猶傳漢使書(척백유전한사서)
智能色擧來惟信(지능색거래유신)
九秋霜令每憑渠(구추상령매빙거)

팽려(彭蠡)[537]의 포구는 기러기가 사는 곳이니
물성(物性)으로 남쪽을 따르는 것이지 물고기를 연모하는 것은 아니라오.
기러기 울음소리에 맑은 밤이 지면
바람 따라 나는 곳은 푸른 창공이라네.
거문고의 안족(雁足)은 상령(湘靈)[538]의 슬픈 노래를 싫도록 들었으며,
한 자 비단으로 한(漢)나라 사신(使臣)의 편지를 전하였다네.[539]
기러기는 기미를 보고 처할 곳을 아니[540] 오직 믿을 만하고
구월이라 가을에 하얀 깃[541]을 도랑물에 씻는구나.

---

537 彭蠡(팽려) : 호수 이름. 지금의 강서성(江西省) 심양호(潘陽湖).

538 湘靈(상령) : 상수(湘水)의 신(神). 순(舜)임금의 비(妃)인 아황(娥皇)과 여영(女英)의 넋.

539 尺帛猶傳漢使書(척백유전한사서) : 기러기가 소식을 전함. 《漢書, 蘇武傳》.

540 色擧(색거) : 색사거의(色斯擧矣). 기러기는 아무데나 함부로 앉지 않음. 새가 기미를 보고 날아감. 《論語, 鄕黨》에 「色斯擧矣 翔而後集」

541 霜令(상령) : 상령(霜翎). 하얀 깃털. 백우(白羽). 당(唐) 유우석(劉禹錫)의 《鶴嘆詩 2》에 「丹頂宜承日 霜翎不染泥」.

079 태잠(台岑; 曺錫輅)의 운을 얻어 화교(華郊; 曺鳳黙)에게 부치다 – 4수
台岑追到拈韻並寄華郊 – 四首

[其一]

十里相望眼幾穿(십리상망안기천)
一逢旋別夢還牽(일봉선별몽환견)
煙沙漠漠鴟眠渚(연사막막치면저)
竹樹依依鳳下巓(죽수의의봉하전)
歲暮閒吟叢桂操(세모한음총계조)
身前忽悟宿桑緣(신전홀오숙상연)
崎嶇岩路分張後(기구암로분장후)
夜火歸笻耿耿懸(야화귀공경경현)

십 리에 떨어져 있어 몇 번이나 눈 빠지게 바라보았던가?[542]
한 번 만나서 헤어진 후 꿈속에서도 돌아오기를 바랐다네.
펼쳐진 모래톱 안개는 자욱한데 솔개는 물가에 잠이 들고
무성한 대숲 꼭대기에 봉황은 내려앉네.
세모(歲暮)에 한가로이 읊조리며 그대 마을[543]로 다가가니
전생에[544] 같은 고향에서 맺은 오랜 인연[545]임을 문득 깨닫네.
울퉁불퉁한 바윗길에서 서로 헤어진 후
지팡이 짚고 돌아오는 어두운 길에는 불빛만 반짝거리네.

542 眼穿(안천) : 눈이 빠지게 바라봄. 애타게 기다림. 당(唐) 한유(韓愈)의 《酒中留上襄陽李相公詩》에 「眼穿常訝雙魚斷, 耳熱何辭數爵頻」.

543 叢桂(총계) : 무더기로 있는 계수나무. 남의 동네를 아름답게 이르는 말. 당(唐) 왕발(王勃)의 《夏日諸公見訪詩序》에 「叢桂幽蘭, 喜王孫之相對」.

544 身前(신전) : 살아 있는 동안. 또는 생전. 남조양(南朝梁) 경견오(庚肩吾)의 《侍宴詩》에 「承恩謝命淺, 念報在身前」.

545 宿桑緣(숙상연) : 같은 고향의 오랜 인연.

[其二]

閑據槁梧靜聽松(한거고오정청송)
故人別後想儀容(고인별후상의용)
黃花白酒重陽近(황화백주중양근)
碧水紅亭暇日從(벽수홍정가일종)
萬竅風聲憑郭几(만규풍성빙곽궤)
一天霜氣落豊鍾(일천상기낙풍종)
秋來欲遂溪山約(추래욕수계산약)
桃竹何須幻作龍(도죽하회환작용)

한가로운 가운데 거문고[546] 소리를 청송(聽松)[547]처럼 듣노라니
그대와 헤어진 후 모습을 떠올려보네.
국화 담근 탁주를 마시니 중양절이 가깝고
푸른 물가의 붉게 단청한 정자에서 종일토록 한가롭네.
온갖 구멍에서 울려오는 바람 소리를 남곽자기(南郭子綦)처럼[548] 듣노라니
온 하늘의 찬 기운은 풍산(豐山)의 종(鐘)[549]소리에 떨어지네.
가을이 오면 계산(溪山)에서 만나자는 약속을 따르려니
도죽(桃竹)[550] 우거진 곳이라 어찌 허황된 꿈을 꾸리오?[551]

546 槁梧(고오) : 거문고. 마른 오동나무로 만들므로 이름. 《莊子, 德充符》에 「倚樹而吟, 據槁梧而瞑」.

547 聽松(청송) : 청(淸)나라 육시화(陸時化)의 호. 청송(聽松)은 호.

548 郭几(곽궤) : 남곽자기(南郭子綦)가 책상을 기대고 앉음. '곽(郭)'은 남곽자기. 《莊子, 齊物論-天籟篇》에 「南郭子綦, 隱机而坐, 仰天而噓, 荅焉似喪其耦. 顏成子游立侍乎前. 曰, 何居乎, 形固可使如槁木, 而心固可使如死灰乎. 今之隱机者, 非昔之隱机者也)」.

549 豊鍾(풍종) : 풍산종(豊山鍾). 서리가 내리면 스스로 울린다는 풍산에 있는 아홉 개의 종. 사물의 자연적인 감응을 이르는 말. 《山海經, 中山經》에 「又東南三百里曰豐山 …… 有九鐘焉, 是知霜鳴」.

550 桃竹(도죽) : 질기고 단단한 대나무의 한 품종.

551 幻作龍(환작용) : 본문에서는 허황된 꿈을 꾸는 것을 의미.

[其三]

方夜秋聲嚮問童(방야추성향문동)

鬢邊華髮奈公公(빈변화발내공공)

雌黃不必論長短(자황불필논장단)

堅白何須辨異同(견백하수변이동)

日欲膏車從子北(일욕고거종자북)

曉聽漏箭落丁東(효청루전낙정동)

井蛙管豹區區見(정와관표구구견)

四海無過一礨空(사해무과일뢰공)

밤들자 가을 소리 들리는지 아이에게 묻노라니

귓가에 흰머리 난 늙은이를 어찌할꼬.

시구(詩句)를 바로잡는[552] 잘잘못은 논할 필요도 없으니

굳고 흰 것만으로 어찌 같고 다름을 분변(分辨)하리오.[553]

날마다 수레에 기름 칠하며[554] 그대를 따라 북으로 가고자 하며[555]

새벽마다 물시계에서 떨어지는 물소리를 듣네.

우물 안 개구리의 좁은 식견[556]으로 잘단하게 보노라니

넓고 넓은 사해도 개미집에 지나지 않는구려.[557]

---

552 雌黃(자황) : 시문의 첨삭에 쓰는 자황. 자구의 첨삭이나 잘못을 바로잡음. 《晉書, 王衍傳》에 「每捉玉柄麈尾, 與手同色, 義理有所不安, 隨卽改更, 世號口中雌黃」.

553 堅白何須辨異同(견백하수변이동) : '견백동이지변(堅白同異之辨)'의 고사. 조(趙) 공손용(公孫龍)의 궤변으로, 억지를 써 자기만이 옳다고 함. 《史記, 孟子荀卿傳》에 「趙亦有公孫龍, 爲堅白同異之辯」.

554 膏車(고거) : 고거말마(膏車秣馬). 수레에 기름을 치고 말 먹이를 먹임. 멀리 갈 준비.

555 日欲膏車從子北(일욕고거종자북) : 세속를 떠나 자연에 은거하고자 함. 당(唐) 한유(韓愈)의 《送李愿歸盤谷序》에 「膏吾車兮秣吾馬 從子于盤兮 終吾生徜徉」.

556 井蛙管豹(정와관표) : 정저지와(井底之蛙)와 관중규표(管中窺豹). 식견(識見)이 좁음을 비유.

557 四海無過一礨空(사해무과일뢰공) : 《莊子, 秋水》에 「計四海之在天地之間也, 不似礨空之在大澤乎」.

[其四]

水竹園深窈窕居(수죽원심요조거)
濠梁有約每觀魚(호량유약매관어)
黃菊醅樽三酌罷(황국배준삼작파)
碧山當戶一衿虛(벽산당호일금허)
衰鬢偏憐潘岳賦(쇠빈편련반악부)
弱齡空負子長書(약령공부자장서)
南州巨擘華郊友(남주거벽화교우)
經術平生擬石渠(경술평생의석거)

수죽(水竹) 우거진 동산 깊은 골짜기[558]에 사노라니
호수(濠水) 가 다리[559]에서 늘 물고기를 바라보네.[560]
황국(黃菊)으로 담근 거르지도 않는 석 잔의 술을 마시고
푸른 산속 집에 이르니 한 생각에 욕심이 없어지네.
늘그막에 자못 늙어감을 노래한 반악(潘岳)의 시[561]를 사랑하노니
젊어서는 공연히 자장(子長)[562]의 서책을 짊어지고 다녔구나.
남주(南州)에서 가장 빼어난 화교(華郊; 耆鳳黙)를 벗으로 삼았으니
평생 경서를 연구한 것으로는 석거각(石渠閣)[563]에 비기겠네.

558 窈窕(요조) : 깊은 골짜기. 《文選, 王延壽, 魯靈光殿賦》에 「旋室㛹娟以窈窕, 洞房叫窱而幽邃」.

559 濠梁(호량) : 호수(濠水)에 놓인 다리. 호수(濠水)의 가. 달리 깨달은 바가 있어 스스로 그 속에서 즐거움을 느끼는 것을 비유.

560 觀魚(관어) : 물고기를 구경함. 장자(莊子)와 혜자(惠子)가 호수 가에서 호량(濠梁)을 거닐면서 물고기의 즐거움에 대한 토론. 《莊子, 秋水》에 「莊子與惠子遊於濠梁之上」.

561 潘岳賦(반악부) : 반악(潘岳)의 반빈(潘鬢). 중년에 머리가 희어지기 시작함을 노래한 반악의 《秋興賦序》의 「余春秋三十有二, 始見二毛」.

562 子長(자장) : 자장(子長)은 제(齊) 공야장(公冶長)의 자이자, 한(漢) 사마천(司馬遷)의 자. 본문에서는 과문(科文)을 위한 여러 가지 서책. 특히 경사자집(經史子集)류의 서책.

563 石渠(석거) : 석거각(石渠閣). 한(漢) 황실의 장서각. 《漢書 - 劉向傳》에 「講論五經於石渠」.

080 화고(華郊)의 시에 차운하여 보내다 – 2수
次華郊寄示韻 – 二首

[其一]

五旬着膝一床穿(오순착슬일상천)
遼左高人入夢牽(요좌고인입몽견)
夜冷身依明月棹(야냉신의명월도)
秋晴眼騁白雲巓(추청안빙백운전)
琹樽酬唱無閒日(금준수창무한일)
塵臼奔忙奈俗緣(진구분망나속연)
可惜溪亭楓菊晚(가석계정풍국만)
酒錢多少杖頭懸(주전다소장두현)

오십 반평생 무릎을 책상에 뚫어지도록 붙이고 앉아
멀고 가까운[564] 고인(高人)들을 꿈속에서도 뵙기를 힘썼네.
밤들어 추워지면 밝은 달 아래 책상[565]에 기대고
맑은 가을날이면 흰 구름 이는 산꼭대기를 바라보았네.
거문고 타고 술잔 주고받느라 한가할 날이 없었으니
속세에서[566] 어찌 분망하게 인연을 맺었으리.
시냇가 정자에는 단풍 들고 국화 피었는데 저무는 해를 애석해 하며
몇 푼 술 살 돈을 시팡이에 매다네.[567]

564 遼左(요좌) : 멀고 가까움. 좌(左)는 부근(附近)의 뜻. 청(淸) 주익번(朱益藩)의 《宣統三年九月二十六日奏折》에 「萬一近畿生變, 遼左效尤, 束手坐困, 誠有非臣子所忍言者」.

565 棹(도) : 탁(卓)의 속자로 책상·탁자의 뜻.

566 塵臼(진구) : 진구(塵區). 티끌 세상. 인간 세상. 당(唐) 사공도(司空圖)의 《十會齋文》에 「有願則十方淨城, 便越塵區」.

567 杖頭(장두) : 장두전(杖頭錢). 술을 사서 마실 돈. 술값. 진(晉)의 완수(阮脩)가 항상 지팡이 머리에 1백 전의 돈을 걸고 다니면서 술을 사서 마셨다는 고사. 《晉書, 阮脩傳》에 「常步行, 以百錢挂杖頭, 至酒店, 便獨酣暢」.

[其二]

立馬城東問起居(입마성동문기거)
瓊章勝似報珠魚(경장승사보주어)
暮年獨樂知君宗(모년독락지군실)
奇氣凌雲賦子虛(기기능운부자허)
流水自聽時動調(유수자청시동조)
名山無處可藏書(명산무처가장서)
小庭花木經霜老(소정화목경상로)
留待新春爲決渠(유대신춘위결거)

성 동쪽[568]에 말을 세우고 그대는 어찌 사시는가 묻노라니
(보내준) 아름다운 시는 보주어(報珠魚)[569]보다 나았네.
늙어가며 군실(君宗; 司馬光)을 알아 홀로 즐기며
비범한 기상은 부자허(賦子虛)처럼 숭고하구려.
흐르는 물소리를 들으며 시류(時流)에 조화를 이루니
명산에도 가히 책 감추어 둘[570] 곳은 없겠구려.
작은 뜰의 꽃과 나무처럼 시련을 겪으며[571] 늙어가나
새봄이 오기를 기다리면 물길이 열리리라.[572]

---

568 城東(성동) : 마을의 동쪽. 화교가 살고 있는 전라남도 화순군 능주면 수동리는 작가가 살고 있는 죽청리의 동쪽임을 의미.

569 報珠魚(보주어) : 보은주(報恩珠). 은혜에 보답함. 《藝文類聚 84》에 「三秦記:昆明池, 昔有人釣魚, 綸絶而去, 遂通夢于漢武帝, 求去鉤. 帝明日戱于池, 見大魚銜索, 帝曰, 豈夢所見邪, 取而放之, 閒三日, 池邊得明月珠一雙, '帝曰, 豈非魚之報耶」.

570 藏書(장서) : 본문에서는 박학다식(博學多識)한 화교(華郊)의 은둔을 의미.

571 經霜(경상) : 시련과 고난. 당(唐) 두보(杜甫)의 《懷錦水居止詩 2》에 「層軒皆面水, 老樹飽經霜」.

572 決渠(결거) : 제방을 틈. 벗 화교(華郊; 曺鳳黙)가 인품과 학식으로 귀히 되리라는 것.

081 화고(華郊; 曺鳳黙)가 「九日風雨晩晴」의 시구를 보내왔는데, 문득 「滿城風雨近重陽」이라는 시구가 생각나 2개의 운을 더해 7언 절구 5수를 이어지어 화답하다 – 5수

華郊寄示以九日風雨晩晴　忽憶滿城風雨近重陽之句　加拈二韻　續成五則七絶　仍以奉和 – 五首

[其一]

滿城風雨屬重陽(만성풍우속중양)
我愛重陽自引觴(아애중양자인상)
第與陶翁同一醉(제여도옹동일취)
黃華饒笑倚書床(황화요소의서상)

성안에 비바람이 가득하나 중양절(重陽節)이 이어지리니[573]
나는 중양절을 사랑하여 스스로 술잔을 잡네.
도옹(陶翁; 陶潛)에 이어 똑같이 취하리니
황화(黃華; 黃菊)는 빙그레 웃고[574] 나는 서안(書案)에 기대네.

---

573 滿城風雨屬重陽(만성풍우속중양) : 송(宋)나라 반대림(潘大臨)의 시구. 《詩話總龜 16》에 「謝無逸以書問, 有新作否, 答曰, 秋來景物, 件件是佳句, 恨爲俗氣所蔽, 昨日滿林風雨起, 題壁曰, 滿城風雨屬重陽, 忽催租人至, 遂敗意, 止此一句奉寄」

574 饒笑(요소) : 본문에서는 황국이 뜰에 가득 피어 있음을 의미.

[其二]

黃華冒雨向重陽(황화모우향중양)
手摘黃花詠復觴(수적황화영복상)
老妻不識騷人興(노처불식소인흥)
謂子今朝醉倒床(위자금조취도상)

황국(黃菊)은 비를 맞으면서도 중양절로 향하니
국화꽃 따며 읊조리다가 다시 술잔을 잡네.
늙은 부인은 시인[575]의 흥을 모르니
오늘 아침에도 술에 취해 서안에 쓰러졌다고 말하겠네.

575 騷人(소인) : 소객(騷客). 문인이나 시인. 당(唐) 유지기(劉知幾)의 《史通, 敍事》에 「昔文章既作, 比興由生, 鳥獸以媲賢愚, 草木以方男女. 詩人騷客, 言之備矣」.

[其三]

人間佳節是重陽(인간가절시중양)
風雨如何廢我觴(풍우여하폐아상)
龍山只在踈簾外(용산지재소렴외)
落帽參軍夢客床(낙모참군몽객상)

인간 세상에 아름다운 절기는 중양절이니
비바람이 치더라도 내 술잔 들기를 어찌 그만두리.
용산지회(龍山之會)[576]는 다만 성근 대발[577] 밖에 있고
(바람에) 모자를 날린 참군(參軍)[578]을 나그네[579]는 서안에 기대어 꿈꾸네.

---

576 龍山(용산) : 용산지회(龍山之會). 진(晉)의 맹가(孟嘉)가 중양절에 용산(龍山)에서 베푼 연회. 《晉書, 孟嘉傳》에 「嘉字萬年, 江夏人, 少知名, 爲征西桓溫參軍, 溫甚重之, 九月九日溫燕龍山, 寮佐畢集, 時佐吏竝著戎服, 有風至吹嘉帽墮落, 嘉不之覺, 溫使左右勿言, 欲觀其擧止, 嘉良久如厠, 溫令取還之, 命孫盛作文嘲嘉, 著嘉坐, 嘉還見卽答之, 其文甚美, 四坐嗟嘆」.

577 疏簾(소렴) : 듬성듬성 엮어 창에 거는 대발. 송(宋) 장뢰(張耒)의 《夏日詩 1》에 「落落疏簾邀月影, 嘈嘈虛枕納溪聲」.

578 落帽參軍(낙모참군) : 진(晉)의 참군(參軍) 맹가(孟嘉)가 중양절에 용산(龍山)에 올라 술에 취하여 때마침 부는 바람에 모자를 떨어뜨리자, 환온이 글을 지어 조롱하게 하니, 맹가가 답하는 시를 지어 좌중을 탄복시켰다는 고사. 중양절에 높은 곳에 오름의 고사.

579 客(객) : 작가 자신을 말함.

[其四]

風風雨雨幾重陽(풍풍우우기중양)
千古文章此日觴(천고문장차일상)
此日不辭終日醉(차일불사종일취)
何嫌屋漏自床床(하혐옥루자상상)

바람 불고 비 내리니[580] 중양절의 기미인가
옛날의 명문장[581]에서도 이날은 술을 마셨도다.
이날만은 사양치 아니하고 종일토록 취하리니
지붕에 비가 새는데도[582] 쓸데없는 일[583]을 한다 하더라도 어찌 싫어하리오.

---

580 風風雨雨(풍풍우우) : 바람이 불고 비가 내림. 원(元) 장가구(張可久)의 《普天樂, 憶鑑湖曲》에 「風風雨雨淸明, 鶯鶯燕燕關情」.

581 千古文章(천고문장) : 오랜 옛날부터 전해 오는 명문장.

582 屋漏(옥루) : 지붕이 뚫려 비가 샘. 당(唐) 두보(杜甫)의 《茅屋爲秋風所破歌》에 「牀頭屋漏無乾處, 雨脚如麻未斷絶」.

583 床床(상상) : 상상시상(床上施床). 상 위에 상을 쌓아 올림. 곧 쓸데없는 일을 중복함. 당(唐) 유지기(劉知幾)의 《史通, 斷限》에 「如班書地理志, 首全寫禹貢一篇, 降爲後書, 持續前史, 蓋以水濟水, 床上施床, 徒有其煩, 竟無其用, 豈非惑乎」.

[其五]

九秋何日不重陽(구추하일불중양)
且擬朝朝更擧觴(차의조조경거상)
黃黃者華白白酒(황황자화백백주)
一月與爾同吾床(일월여이동오상)

구월 가을에는 어느 날인들 중양절이 아니리?
또다시 아침마다 술잔을 드네.
누렇게 빛나는 것은 (黃菊의) 꽃이요 흰 것은 탁주(濁酒)[584]라
한 달 내내 너[585]와 더불어 내 서안에서 함께하리라.

584 白酒(백주) : 탁주. 좋은 술을 이르는 말. 본문에서는 국화꽃으로 담근 술[菊花酒]. 《太平御覽 844》에 「魏略 : 太祖時禁酒, 而人竊飮之, 故難言酒, 以白酒爲賢人, 淸酒爲聖人」.

585 爾(이) : 너. 백주(白酒; 濁酒)를 지칭.

082 화고(華郊)가 대흥사(大興寺)[586] 석벽(石壁)의 □태조대왕[587] 화상(太祖大王畵像)에 대해서 듣고 시인의 운에 차운한 것을 보여주자 문득 화답하여 보였다

華郊聞大興寺石壁□太祖大王畵像次騷人韻示之輒以和呈

於皇□聖像鎭名山(어황□성상진명산)
節彼奇岩縹緲間(절피기암표묘간)
鳳嶽呈祥千佛護(봉악정상천불호)
龍章御極五雲班(용장어극오운반)
湖南素是今豊沛(호남소시금풍패)
海左須非古貊蠻(해좌수비고맥만)
百世吾邦多積慶(백세오방다적경)
欽將遐福祝□天顔(흠장가복축□천안)

황제의 □[588]성스러운 화상은 명산을 진압하는 것이니
저 기암괴석이 우뚝한 사이에서 오래된 것이다.
봉황의 상서로운 조짐은 천불(千佛)이 비호하고 있고
뛰어난 풍채(風采)[589] 임금에게 오색구름이 서려 있네.
호남은 본시 지금 임금의 고향[590]이니
우리나라는 모름지기 옛부터 맥국(貊國)의 오랑캐[591]가 아니었네.
오랜 세대에 걸쳐 우리나라는 많은 경사가 쌓였으니
공경하며 장차 오래도록 □천안(天顔)을 향해 축원합니다.

---

586 大興寺(대흥사) : 전라남도 해남군 삼산면 구림리 두륜산(頭輪山) 산에 있는 사찰.

587 太祖大王(태조대왕) : 조선 1대 임금 태조(太祖) 이성계(李成桂).

588 □ : 왕의 시호 등 경의(敬意)를 위한 공격(空格 : 빈칸)의 표시.

589 龍章(용장) : 용장봉자(龍章鳳姿). 풍채가 비범함을 이르는 말. 남조 송(南朝宋) 유의경(劉義慶)의 《世說新語, 容止》에 「嵇康身長七尺八寸, 風姿特秀」.

590 豊沛(풍패) : 제왕의 고향. 한(漢) 고조(高祖)의 고향이 패현(沛縣)의 풍읍(豊邑)인 데서 비롯.

591 貊蠻(맥만) : 맥국(貊國)의 오랑캐. 맥국은 상고시대 강원도 춘천(春川) 지역에 있었던 소국.

083 다시 화교(華郊)의 시에 차운하다
又次華郊韻

詩話團欒擊鉢催(시화단란격발최)
遽遽夢覺是君來(거거몽각시군래)
抵老交情如淡水(저로교정여담수)
常時默坐畵寒灰(상시묵좌화한회)
犻抱青萍須卞薛(발포청평수변설)
好攀雙桂伴歐梅(호반쌍계반구매)
數畦杞菊宜需釀(수휴기국의수양)
相對何時勸一杯(상대하시권일배)

시화(詩話)가 단란하여 동발(銅鉢)을 두드리며[592] 시 짓기를 재촉하다가
놀라 꿈에서 깨어나니 그대가 오셨구려.
늙어가며 사귀는 정은 담담하기가 물과 같고
평상시 묵묵히 앉은 모습은 불 꺼진 식은 재를 그린 것 같구려.
명시(名詩)[593]를 감상할 때는 모름지기 변화(卞和)와 설촉(薛燭)[594] 같더니
형제가 나란히 공명을 이루니[595] 구양수(歐陽脩)와 매요신(梅堯臣)[596]이네.
몇 두둑 밭에는 쑥갓이 있고 마땅히 술을 사오리니[597]
어느 때에 또 그대와 마주하여 한잔 술을 권하리오.

---

592 擊鉢(격발) : 격발최시(擊鉢催詩). 시간을 정하여 시를 지음. 동발(銅鉢)을 두드려 그 소리가 채 사라지기 전에 시를 지었다는 고사. 송(宋) 진사도(陳師道)의 《和李使君九日登戱馬臺詩》에 「登高能賦屬吾儕, 不用傳杯擊鉢催」.

593 青萍(청평) : 청평결록(青萍結綠). 고대의 명검과 미옥(美玉). 본문에서는 명시(名詩)를 의미.

594 卞薛(변설) : 설변(薛卞). 설촉(薛燭)과 변화(卞和). 도검(刀劍)을 잘 감정한 설촉(薛燭)과 보옥(寶玉)을 발견한 변화(卞和). 전하여 감상하는 재주가 깊음을 이름.

595 雙桂(쌍계) : 쌍계연방(雙桂聯芳). 형제가 모두 공명(功名)을 얻음을 비유하는 말.

596 歐梅(구매) : 송대(宋代)의 시인인 구양수(歐陽脩)와 매요신(梅堯臣).

597 數畦杞菊宜需釀(수휴기국의수양) : 송(宋) 소식(蘇軾)의 《再過超然臺贈太守霍翔詩》에 「躬持牛酒勞行役, 無復杞菊嘲慳, 超然置酒尋舊迹, 尙有詩賦鑱堅頑」에 의거한 표현.

084 설경(雪景)을 노래하여 화교(華郊)에게 부치다
詠雪景寄華郊

雨雪江天歲色催(우설강천세색최)
小春光景大冬來(소춘광경대동래)
夜卽氷壺無影月(야즉빙호무영월)
山堆玉石不炎灰(산퇴옥석불염회)
篔舖奇觀多偃竹(운포기관다언죽)
灞橋淸債又寒梅(파교청채우한매)
我歌招隱謇誰思(아가초은건수사)
坐擁地爐空酌杯(좌옹지로공작배)

눈 내리는 강가의 하늘은 계절을 재촉하니
소춘(小春; 10月)의 광경은 한겨울이 온 것 같구려.
밤이 오나 얼음 항아리에는 달그림자도 없으니
층층이 쌓인 산의 옥석(玉石)은 불에 타더라도 재가 되지는 않으리.[598]
운포(篔舖)에서 기이한 광경은 눈 맞아 쓰러진 대가 많은 것이고[599]
파교(灞橋)[600]에서 시채(詩債) 갚게[601] 한 것은 (눈 속의) 한매(寒梅)로다.
내가 초은시(招隱詩)[602]를 노래하는 것은 누구를 생각함인가?
대지(大地)[603]를 안고 앉아서 공연히 술잔만 드네.

---

598 玉石不炎灰(옥석불염회) : 옥과 돌이 함께 불타지 않고 눈에 덮여도 옥석은 구분됨.

599 篔舖奇觀多偃竹(운포기관다언죽) : 篔舖(운포)는 운당(篔簹)이 자라는 곳. 송(宋) 소식(蘇軾)의 《文與可畵篔簹谷偃竹記》에 「篔簹谷在洋州, 與可嘗令予作洋州二十詠, 篔簹谷記一也」 시의 제목에 의거.

600 灞橋(파교) : 본이름은 패교(霸橋). 섬서성(陝西省) 파수(灞水)에 놓인 다리. 본문에서는 파교려상(灞橋驢上), 곧 시상을 짜내는 데 가장 적당한 곳.

601 淸債(청채) : 빚을 깨끗이 갚음. 당(唐) 백거이(白居易)의 《晩春欲携酒尋沈四著作先以六韻寄之》에 「顧我酒狂久, 負君詩債多」.

602 招隱(초은) : 초은시(招隱詩). 은자를 찾아 은거하려 한다는 내용의 시. 《文選, 左思, 招隱詩, 劉良注》에 「思苦天下溷濁, 故將招尋隱者, 欲以退不仕」.

603 地爐(지로) : 대지(大地). 만물을 생성시키는 작용을 고로(高爐)에 비겨 이르는 말. 《莊子, 大宗師》에 「今一以天地爲大爐, 以造化爲大冶, 惡乎往而不可哉」.

085 석문(石門) 정석(鄭湙)의 시에 차운하다 – 2수
追次石門鄭湙韻 – 二首

[其一]

我居瀟洒竹爲名(아거소쇄죽위명)
獨抱瑤絃佇友生(독포요현저우생)
金谷詩逋論酒罰(금곡시포논주벌)
玉川風味寓茶淸(옥천풍미우다청)
經綸心上無方便(경륜심상무방편)
長老人間有太平(장노인간유태평)
歲暮荒村堅戶限(세모황촌견호한)
兩三兒子讀書聲(양삼아자독서성)

내가 사는 곳은 맑고 깨끗한 대나무로 이름을 삼았으니[604]
홀로 요현금(瑤絃琴)[605]을 안고 벗을 기다리네.
금곡(金谷)에서는 시를 지으면서[606] (시를 짓지 못하면) 벌주를 논했으며[607]
옥천(玉川)[608]에서는 맑은 차 맛의 풍미에 의지하여 살았네.
천하 경륜에는 마음이 없으니
노인으로 살아가는 인간 세상에 태평함만이 있네.
한 해가 저물어가는 황벽한 시골에 문을 굳게 닫으니
두세 아이들의 글 읽는 소리만 들리네.

---

604 瀟洒竹爲名(소쇄죽위명) : 작가가 살았던 현 전라남도 화순군 도곡면 죽청리(竹靑里).

605 瑤絃(요현) : 요현금(瑤絃琴). 옥(玉)으로 장식한 거문고.

606 詩逋(시포) : 시채(詩債). 부탁받은 시나 화답시 요청에 미처 응하지 못한 것.

607 金谷詩逋論酒罰(금곡시포논주벌) : 금곡주수(金谷酒數)의 고사. 진(晉) 석숭(石崇)이 금곡(金谷)에서 빈객에게 잔치를 베풀어 시를 짓게 하고, 시를 짓지 못하면 벌주를 마시게 한 고사. 진(晉) 석숭(石崇)의 《金谷詩序》에 「遂各賦詩, 以叙中懷, 或不能者, 罰酒三斗」.

608 玉川(옥천) : 하남성(河南省) 제원현(濟源縣)에 있던 우물. 당(唐) 노동(盧仝)이 차를 끓여 마시던 물. 당(唐) 한유(韓愈)의 《寄盧仝詩》에 「玉川先生洛城裏, 破屋數間而已矣」.

[其二]

瑞石之陽玉爾音(서석지양옥이음)
寒天茅屋歲華深(한천모옥세화심)
山樵水釣於斯樂(산초수조어사락)
史馥經腴只此心(사복경유지차심)
瓠落衿期君亦我(확락금기군역아)
循環物理古猶今(순환물리고유금)
晴霄又是前溪雪(청소우시전계설)
高躅何時一賁臨(고촉하시일비림)

서석산(瑞石山; 無等山) 남쪽에는 맑은 거문고 소리만 나고
추운 겨울 초가집에 세월[609]은 깊어가네.
산에 가서 나무하고 물에서 낚시하는 것이 누리는 즐거움이고
사서(史書)를 읽고 느끼며 경서(經書)를 읽으니 흡족한[610] 마음이라네.
그대와 나는 마음을 열어 극친한 교분이니
순환하는 물리(物理)는 예나 지금이나 같다 하겠네.
하늘이 맑게 개더니 앞개울엔 또 눈이 내리는데
귀향하여 은거하는[611] 그대는 어느 때나 오시려나?[612]

609 歲華(세화) : 광음(光陰). 세월(歲月).

610 史馥經腴(사복경유) : 사서(史書)를 읽고 느끼며 경서(經書)를 읽고 마음이 흡족함.

611 高躅(고촉) : 귀향하여 은거함. 당(唐) 노륜(盧綸)의 《酬李端長安寓居偶詠見寄》에 「唯當俟高躅, 歸止共抽簪」.

612 賁臨(비림) : 비래(賁來). 존귀한 족적(足跡). 남의 내방의 경칭. 《詩經, 小雅, 白駒》에 「賁然來思」.

086 세 원님들의 적벽시(赤壁詩)에 차운하다
次三倅赤壁韻

聞說丹江卜勝遊(문설단강복승유)
來蘇古渡又今秋(래소고도우금추)
鰲背蓬壺浮一島(오배봉호부일도)
龍門砥柱屹中流(용문지주흘중류)
赤鼻名山千萬像(적취명산천만상)
蒼顔太守兩三州(창안태수양삼주)
無邊風月騷人債(무변풍월소인채)
醉筆煌煌記石頭(취필황황기석두)

단애(丹厓)가 있는 강이 유람하기에 낫다는 말을 들었고
옛날에 고생스럽게 건넜던 곳을 올 가을에 또 왔네.
(적벽은) 거북 등에 봉호(蓬壺)[613]를 지고 있어 섬 하나로 떠 있고
용문(龍門) 같은 중류에는 지주(砥柱)[614]가 우뚝 솟아 있네.
적비(赤鼻)[615]는 명산으로 온갖 모양을 하고 있고
두세 고을의 태수들은 늙어 얼굴이 창백하네.
가없는 풍월 속에 짓지 못한 시[616]가 있으니
술에 취해 붓을 잡고 뚜렷하게 돌에 쓰리라.

---

613 蓬壺(봉호) : 봉래산(蓬萊山). 모양이 병 같으며 동해 가운데 있다는 신선이 산다는 산.

614 砥柱(지주) : 중류지주(中流砥柱). 황하의 중류에 있는 기둥 모양의 돌[柱狀]. 격류(激流) 속에서 우뚝 솟아 꼼짝도 하지 않으므로 난세에 처하여 의연히 절개를 지키는 선비의 비유.

615 赤鼻(적비) : 적비기(赤鼻磯). 황강현(黃岡縣) 성(城) 밖에 있음. 소식(蘇軾)이 여기를 찾아가 주유(周瑜)가 조조(曹操)를 격파한 적벽(赤壁)으로 잘못 알아 《前後赤壁賦》를 지었다고 함. 본문에서는 전라남도 화순군에 있는 적벽(赤壁)을 말함.

616 騷人債(소인채) : 시인(詩人)의 부채(負債). 시채(詩債).

087 물염정(勿染亭)[617]에서 勿染亭

百尺紅欄好一攀(백척홍란호일반)
葉鳧便逐白鷗還(엽부편축백치환)
塵纓試濯滄浪水(진영시탁창랑수)
蠟屐閒尋謝眺山(납극한심사조산)
雲物練回明鏡裡(운물연회명경리)
岩崖疊出畵屛間(암애첩출화병간)
年來我亦江湖客(연래아역강호객)
洗滌煩襟且叩關(세척번금차고관)

백 척의 붉은 난간[618]은 더위잡고 오르기에 좋고
가벼이 나는 물오리떼들은 문득 백구를 쫓다가 돌아오네.
속세의 일[619]들은 시험 삼아 창랑수(滄浪水)에 씻어보리니[620]
나막신[621]을 신고 한가로이 사영운(謝靈運)이 올랐다는 산[622]을 찾네.
경치는 밝은 거울 속에서 더욱 단련되고
암벽은 그림 같은 병풍 속에 겹겹이 솟아 있네.
근년 이래로 나 또한 강호에 나그네 되었으니
세속의 번거로움을 씻고 관문(關門)을 두드려보리라.[623]

---

617 勿染亭(물염정) : 전라남도 화순군의 경승지인 화순 적벽(和順 赤壁) 상류에 있는 정자.
618 百尺紅欄(백척홍란) : 높이가 백 척이나 붉은 난간. 본문에서는 적벽(赤壁)의 높은 절벽.
619 塵纓(진영) : 속세의 일. 남조 제(南朝齊) 공치규(孔稚珪)의 《北山移文》에 「昔聞投簪逸海岸, 今見解蘭縛塵纓」.
620 塵纓試濯滄浪水(진영시탁창랑수) : 초(楚) 굴원(屈原)의 《漁父辭》 중 「滄浪之水淸兮, 可以濯吾纓, 滄浪之水濯兮, 可以濯吾足」에 의거한 표현. 창랑은 적벽의 네 곳 중 창랑적벽(滄浪赤壁)을 의미.
621 蠟屐(납극) : 밀랍을 발라 반들반들하게 한 나막신.
622 謝眺山(사조산) : 사영운(謝靈運)이 바라본 산. 사영운은 남조 송(南朝宋) 시인.
623 叩關(고관) : 관문(關門)을 두드림. 세속에 물들지 않는 높은 경지를 향해 정진함.

088 새 책력(冊曆)
新曆

新蓂依舊歲無空(신명의구세무공)
南至纔過斗柄東(남지재과두병동)
物理推看弦望晦(물리추간현망회)
天時點檢燠寒風(천시점검욱한풍)
伍家爲統頒正朔(오가위통반정삭)
四序成功見化翁(사서성공견화옹)
月夕花朝瞻注意(월석화조첨주의)
一年三百六旬中(일년삼백육순중)

새로 돋는 명협(蓂莢)[624] 잎은 옛날과 같으나 세월은 헛되지 않아
북두칠성[625]은 남지(南至)[626]에 있다가 잠깐 사이에 동쪽으로 가네.
초승달과 보름달과 그믐달로 물리(物理)를 미루어 보고
하늘의 때는 춥고 따뜻한 바람으로 점검해 볼 수 있으리.
민가에서는 새해 달력[627]을 나누어 가져 통일하였으니
네 계절의 성공을 조화옹이 보여준 것이리라.
달 뜨는 저녁과 꽃 피는 아침도 주의 깊게 바라보면
일 년 삼백육십 일 중에 있다 하겠네.

---

624 新蓂(신명) : 새 달력. 명(蓂)은 명협(蓂莢). 요(堯)임금 때 조정의 뜰에 났다는 전설상의 상서로운 풀. 초하루부터 보름까지 매일 한 잎씩 나고 열엿새부터 그믐까지 매일 한 잎씩 떨어짐. 《竹書紀年, 上》에 「有草夾階而生, 月朔始生一莢, 月半而生十五莢, 十六日以後, 日落一莢, 及晦而盡, 月小, 則一莢焦而不落, 名曰蓂莢, 一曰歷莢」.

625 斗柄(두병) : 북두칠성(北斗七星) 중 자루 쪽의 세 번째 별. 두표(斗杓).

626 南至(남지) : 동지(冬至). 태양이 남쪽 극점(極點)에 이르렀음. 《逸周書, 周月》에 「惟一月既南至, 昏昴畢見, 日短極, 基踐長, 微陽動於黃泉, 陰降慘於萬物」.

627 頒正(반정) : 새해 달력을 반포함. 송(宋) 증공(曾鞏)의 《謝熙寧七年曆日表》에 「伏惟皇帝陛下聰明好古, 仁厚愛民, 深原制作之方, 務協生成之理, 在於垂憲, 尤重頒正」.

089 회포(懷抱)를 적다
寫懷

幾欲招君做一遊(기욕초군주일유)
玄冬物色勝淸秋(현동물색승청추)
釼筑無端燕趙意(인축무단연조의)
文章不讓晋唐流(문장불양진당류)
雪月梅樽仍客榻(설월매준잉객탑)
煙雲竹樹是吾州(연운죽수시오주)
瑤絃獨抱知音少(요현독포지음소)
南國詩朋盡白頭(남국시붕진백두)

그대를 불러 한 번 즐겁게 지내기를 몇 번이나 바랐던가?
한겨울 경물이 맑게 갠 가을보다 낫구려.
까닭 없이 의협심 많은 선비[628]가 되어 비분강개[629]하다가도
문장은 진(晋)이나 당(唐)의 글에 뒤지지 않으려 하네.
눈 내리는 달 아래 매실주를 객의 탑상(榻床)에 내어 놓으니
연기와 구름 피어나는 죽수(竹樹)는 내가 사는 고을이라네.
거문고를 홀로 안고 있으나 내 뜻 알아줄 벗은 적고
남녘 고을의 시 짓는 벗들은 모두 늙어만 가네.

---

628 釼筑(인축) : 검축(劍筑). 검담금심(劍膽琴心). 축(筑)은 고대의 현악기. 강유(剛柔)가 조화를 이루어 의협심과 선비다움이 있음. 원(元) 오래(吳萊)의 《歲晚恍然有懷詩》에 「小榻琴心展, 長纓劍膽舒」.

629 燕趙意(연조의) : 연조풍(燕趙風). 굽히지 않은 굳센 기개. 연조비가사(燕趙悲歌士)의 뜻으로 연(燕)과 조(趙) 두 나라에는 고래로 우국지사(憂國之士)가 많았음.

090 한천(寒泉)[630]의 덕행(德行) 박기진(朴基鎭)의 시에 차운하다 – 4수
次寒泉朴德行基鎭韻 – 四首

[其一]

卜築東溪傍竹林(복축동계방죽림)
居然二十二年今(거연이십이년금)
落花寂寂虛賓榻(낙화적적허빈탑)
芳草青青攬子衿(방초청청람자금)
最喜峨洋琴上和(최희아양금상화)
謾將文字酒中沈(만장문자주중침)
如何吾友芳隣接(여하오우방린접)
三萬六千日日吟(삼만육천일일음)

동쪽 시냇가 대숲 곁에 좋은 땅 가려 집 짓고
편안히 지낸 지가 지금까지 22년이네.[631]
적적한데 꽃잎은 지고 빈객의 탑상은 비어 있는데
푸르고 푸른 방초는 생원[632]의 옷자락을 잡네.
가장 기쁜 것은 위아래 사람들이 화평하고 즐거워하는 것이고[633]
제멋대로 글을 쓰다가[634] 취중에 잠기는 것이라오.
어찌하면 내 벗들과 좋은 이웃으로 가까이 살면서
한평생[635] 날마다 시를 읊을 수 있을까?

---

630 寒泉(한천) : 지명(地名). 현 전라남도 화순군 한천면(寒泉面).

631 二十二年今(이십이년금) : 저자가 1827년(丁亥, 순조 27)에 전라남도 화순군 능주면(현 도곡면) 월곡리(月谷里; 달아실)에서 죽청리(竹青里)로 분가한 것은 공의 나이 28세(1854년, 甲寅)이므로, 50세 되던 때(1876년, 丙子)의 작품.

632 攬子衿(남자금) : 자금(子衿)은 학자나 생원. 작가 자신을 지칭. 《詩經, 鄭風, 子衿》에 「青青子衿, 悠悠我心」. 벗을 그리는 마음의 표현.

633 峨洋(아양) : 아아양양(峨峨洋洋). 음악이 낭랑하고 거침없음을 형용. 뒤에 즐거워하는 모습을 나타냄. 《列子, 湯問》에 「伯牙善鼓琴, 鍾子期善聽, 伯牙鼓琴, 志在高山, 鍾子期曰, 善哉, 峨峨兮若泰山, 志在流水, 鍾子期曰, 善哉, 洋洋兮若江河」.

634 謾將文字(만장문자) : 송(宋) 소식(蘇軾)의 《答李康年書》에 「要拔尾, 謾寫數字, 不稱妙筆」

635 三萬六千日日吟(삼만육천일) : 1년 360일을 100년 동안 사는 날 수. 한평생.

[其二]

三春辜負一節枝(삼춘고부일공지)
湖海東南與子期(호해동남여자기)
沙鳥群飛鯨野濶(사조군비경야활)
金鰲倂立鳳山奇(금오병립봉산기)
經年故舊懷情緖(경년고구회정서)
流水光陰歎鬢絲(유수광음탄빈사)
若也跫音來惠我(약야공음래혜아)
樹林蒼翠鷰鶯時(수림창취연앵시)

무르익은 봄이라 대지팡이를 버리고
마음 나누는 벗[636]과 호수와 바다가 있는 동남쪽으로 가네.
모래톱 새들은 무리지어 날고 탁 트인 들녘은 광활한데
금오산(金鰲山)은 나란히 서고 봉산(鳳山)[637]은 기이하네.
오랫동안 사귄 벗은 품은 회포도 많아
흐르는 물처럼 빠른 세월에 희어지는 귀밑털[638]을 탄식하네.
그대[639]가 발자국 소리[640]를 내며 은혜롭게 나를 찾아주니
때마침 우거진 푸른 숲에 제비와 꾀꼬리는 노래하네.

---

636 子期(자기) : 종자기(鍾子期). 춘추시대 초(楚)나라 사람. 음률에 정통하여 벗 백아(伯牙)가 타는 거문고의 음조를 정확히 알았음. 본문에서는 '지기지음(知己知音)의 벗'.

637 鳳山(봉산) : 현 전라남도 화순군 능주면과 도곡면의 경계를 이루는 비봉산(飛鳳山).

638 鬂絲(빈사) : 빈사(鬢絲). 살쩍. 귀밑털. 당(唐) 이상은(李商隱)의 《贈司勛杜十三員外詩》에 「心鐵已從干鏌利, 鬢絲休嘆雪霜垂」.

639 若也(약야) : 그대. 당신. 본문에서는 덕행(德行) 김기진(金基鎭).

640 跫音(공음) : 벗이 찾아오는 발자국 소리. 발소리. 송(宋) 범성대(范成大)의 《留游子明詩》에 「得得跫音喜, 悤悤笑口開」.

[其三]

精舍寒泉水竹斜(정사한천수죽사)
故人眉宇帶靑霞(고인미우대청하)
一雙彩箑團團月(일쌍채삽단단월)
數疊瓊章燦燦花(수첩경장찬찬화)
樽席豪情傾北海(준석호정경북해)
濠梁宿債夢南華(호양숙채몽남화)
我歌招隱謇誰贈(아가초은건수증)
叢桂深深不棄遐(총계심심불기하)

한천(寒泉)의 정사(精舍)에는 물과 대나무가 어우러져 맑고 그윽하고[641]
오랜 벗의 얼굴[642]에는 맑고 청아한 성품[643]이 풍기는구려.
한 쌍의 채색 부채는 둥글고 둥근 달이고
여러 첩의 아름다운 글은 빛나는 꽃일세.
술자리의 호탕한 정회는 북해(北海)[644]를 기울이는 듯하고
호수(濠水) 가 다리[645]에서 묵은 시를 지으며 남화(南華; 莊子)를 꿈꾸네.
내 그대를 벼슬길로 불러달라는 노래를 누구에게 주기는 어려우나
계수나무 우거진 마을[646]에서 깊고 오래도록 버려두지는 않으리.

---

641 水竹(수죽) : 물과 대나무. 맑고 그윽한 경치. 당(唐) 맹교(孟郊)의 《旅次洛城東水亭詩》에 「水竹色相洗, 碧花動軒楹」.

642 眉宇(미우) : 얼굴. 《文選, 枚乘, 七發》에 「然陽氣見於眉宇之間, 侵淫而上, 幾滿大宅」.

643 靑霞(청하) : 뜻이 고원함을 비유하는 말. 또는 인격이 높고 성품이 깨끗한 선비를 이름.

644 北海(북해) : 발해(渤海)의 별칭. 본문에서는 '많은 술'을 과장한 표현.

645 濠梁(호량) : 호수(濠水)에 놓인 다리. 당(唐) 가도(賈島)의 《寄令狐綯相公詩》에 「不無濠上思, 唯食圃中蔬」.

646 叢桂(총계) : 남의 동네를 아름답게 이르는 말. 당(唐) 왕발(王勃)의 《夏日諸公見訪詩序》에 「叢桂幽蘭, 喜王孫之相對」.

[其四]

源源十里挹聲塵(원원십리읍성진)
窈閴江廬自在身(요격강려자재신)
文章元白曾爲友(문장원백증위우)
山水光黃有異人(산수광황유이인)
巷深晝永心機靜(항심주영심기정)
雨潤風恬氣化氤(우윤풍염기화인)
更把華箋看仔細(갱파화전간자세)
詩能泣鬼筆傳神(시능읍귀필전신)

십 리 사방에 명성[647]은 끝없이 자자한데
고요한 강가 오두막집에서도 몸은 편안하고 즐겁구려.[648]
문장은 일찍이 원진(元稹)・백거이(白居易)[649]와 벗이 되었으니
빛나는 산수 속에 특별한 사람이구려.
깊은 골목 지루한 대낮에도 마음은 고요하고
보슬비 부슬부슬 내리고 바람 잔잔한데[650] 음양의 변화는 성하도다.
문득 시가 적힌 고운 종이를 받아 자세히 바라보니
시에는 능히 귀신도 울게 할[651] 형상을 그려냈구려.[652]

---

647 聲塵(성진) : 명성을 이르는 말. 남조 양(南朝梁) 유효표(劉孝標)의 《自序》에 「余聲塵寂寞, 世不吾知, 魂魄一去, 有同秋草」.

648 自在身(자재신) : 번뇌에서 벗어나 편안하고 즐거운 몸. 당(唐) 백거이(白居易)의 《池上閑吟 1》에 「高臥閒行自在身, 池邊六見柳條新」.

649 元白(원백) : 당대(唐代)의 시인 원진(元稹)과 백거이(白居易).

650 風恬(풍염) : 풍염낭정(風恬浪靜). 풍랑이 잔잔함. 평온함을 비유.

651 泣鬼(읍귀) : 읍귀신(泣鬼神). 귀신도 울게 함. 시문(詩文) 따위가 사람을 깊이 감동시킴. 당(唐) 두보(杜甫)의 《寄李十二白二十韻》에 「筆落驚風雨, 詩成泣鬼神」.

652 傳神(전신) : 전신사조(傳神寫照). 사람의 초상(肖像)을 그려 그 정신을 전함.

091 5월 초순 밤 꿈에 화교(華郊)를 보고 짧은 시구를 이루었는데, 6월 초에 화교가 보내온 시를 받아보고 화답하는 시를 지어 보내다 – 2수

五月初旬夜夢見華郊因構短律六月初華郊有詩見寄因以和呈 – 二首

[其一]

風月吾州有主人(풍월오주유주인)
七旬康濟一閒身(칠순강제일한신)
平生詩爲華郊詠(평생시위화교영)
花鳥無情又送春(화조무정우송춘)

내가 사는 고을에는 풍월도 주인이 있어
칠십 평생을 양생하니[653] 한 몸이 한가롭네.
평생토록 지은 시는 화교(華郊)를 위해 읊었는데
꽃은 피고 새는 우는데 무정하게도 또 봄을 보내는구나.

---

653 康濟(강제) : 보양(保養)함. 양생(養生)함. 송(宋) 소식(蘇軾)의 《留別金山寶覺圓通二長老詩》에 「康濟此身殊有道, 醫治外物本無方」.

[其二]

欣然笻屐踏淸溪(흔연공극답청계)
水色山光好品題(수색산광호품제)
蘧蘧一枕醒晨夢(거거일침성신몽)
望裡君家竹樹西(망리군가죽수서)

지팡이에 나막신 신고 맑은 시내를 기쁘게 건너니
물빛 산 빛은 감상하기에[654] 좋기만 하네.
베개 높이 하고 잠들었다가 술 깨자 새벽녘에 꿈을 꾸었고
그대의 집에서 바라보이는 죽수(竹樹)[655]는 서쪽에 있다네.

---

654 品題(품제) : 감상(鑑賞)함. 당(唐) 창당(暢當)의 《蒲中道中詩 2》에 「古刹棲柿林, 綠陰覆蒼瓦, 歲晏來品題, 拾葉總堪寫」.

655 竹樹(죽수) : 작가의 집이 있는 전라남도 화순군 도곡면 죽청리(竹靑里; 일명 대포리).

092 화교(華郊)의 시를 보고 그 운에 차운하다 – 3수
見華郊詩次其韻 – 三首

[其一]

伻回昨自故人居(팽회작자고인거)
麗藻兼將尺素魚(려조겸장척소어)
水竹忻忻風韻爽(수죽흔흔풍운상)
芭蕉葉葉雨聲踈(파초엽엽우성소)
別懷怳若三秋隔(별회황약삼추격)
籬落相看數里餘(리락상간수리여)
細閱花箋憑一賀(세열화전빙일하)
老年觧骨自家書(노년저골자가서)

어제 심부름꾼이 그대 집에서 돌아와
좋은 글[656]과 간단한 편지[657]를 나에게 가져왔네.
수죽도 기뻐하고 바람 소리[658]도 상쾌하며
파초 잎사귀마다 떨어지는 빗소리도 성글어지네.
이별의 회한은 어슴푸레 삼 년이나 만나지 못한 듯하고
울타리 너머로 서로 바라보았으니 몇 리나 떨어져 있는가?
고운 편지[659]를 꼼꼼히 읽고 위로의 말씀에 의지하여
늙어가며 바싹 마른 몸으로 편지를 쓰네.

656 麗藻(여조) : 화려한 시문. 진(晉) 육기(陸機)의 《文賦》에 「遊文章之林府, 嘉麗藻之彬彬」.
657 尺素魚(척소어) : 척소(尺素)는 척서(尺書), 곧 편지나 간단한 문서. 《樂府詩集, 相和歌辭 13, 飮馬長城窟行之 1》에 「呼兒烹鯉魚, 中有尺素書」.
658 風韻(풍운) : 바람 소리. 당(唐) 유우석(劉禹錫)의 《酬竇員外旬休早凉見示詩》에 「風韻漸高梧葉動, 露光初重槿花稀」.
659 花箋(화전) : 정교하고 아름답게 만든 편지지. 또는 편지.

[其二]

鳳嶽峨峨接起居(봉악아아접기거)
幾回濠上且觀魚(기회호상차관어)
詩中頓覺青眸熟(시중돈각청모숙)
夢裡依俙白髮踈(몽리의희백발소)
久矣村隣懷二仲(구의촌린회이중)
徒然哺啜費三餘(도연포철비삼여)
幽園誰學陶翁趣(유원수학도옹취)
理我田疇讀我書(이아전주독아서)

내가 사는 곳은 높고 높은 아름다운 산봉우리들과 접해 있는데
호수(濠水) 가에서는 몇 번이나 또 물고기를 바라보았던가?[660]
시를 읽다가 문득 청춘[661]이 다 지나갔음을 깨달으니
꿈속에서도 성글어진 흰머리가 어렴풋이 보이네.
오랫동안 이웃 마을 두 은사(隱士)[662] 생각하다가
부질없이 먹고 마시다가 글 읽기 좋은 시절[663]을 허비했구려.
누가 그윽한 정원에서 도옹(陶翁; 陶潛)의 아취를 배울 것인가?
나는 농사짓다가 (三餘에는) 책을 읽으리라.

---

660 濠上且觀魚(호상차관어) : 호수(濠水) 가에서 물에 노는 물고기를 바라봄. 달리 깨달은 바가 있어 그 속에서 즐거움을 느끼는 것을 비유. 《莊子, 秋水》에 「莊子與惠子游於濠梁之上」.

661 青眸(청모) : 청안(青眼). 청춘 시절을 비유. 당(唐) 장호(張祜)의 《喜王子載話舊詩》에 「相逢青眼日, 相嘆白頭時」.

662 二仲(이중) : 한(漢)의 은사인 양중(羊仲)과 구중(求仲). 본문에서는 작가 자신과 화교(華郊). 《南史, 陶潛傳》에 「隣靡二仲, 室無萊婦」.

663 三餘(삼여) : 세 때의 겨를. 겨울과 밤과 비 오는 날. 학문을 하는 데 좋은 세 때의 여가(餘暇). 《三國志, 魏志, 王肅傳》에 「明帝時大司農弘農・董遇等, 亦歷注經傳, 頗傳於世」. 〈裴松之注〉에 「遇言 , [讀書]當以三餘, 或問三餘之意, 遇言, 冬者歲之餘, 夜者日之餘, 陰雨者時之餘也」.

[其三]

孤陋多年謾索居(고루다년만색거)
圖南未學北溟魚(도남미학북명어)
偃臥非要高士趣(언와비요고사취)
病慵還致故人踈(병용환치고인소)
閱視陰晴天自在(열시음청천자재)
分排花木地猶餘(분배화목지유여)
呼兒掃榻跫音待(호아소탑공음대)
一夜淸譚勝十書(일야청담승십서)

여러 해를 좁고 천박한 학문으로 게으르게 홀로 살아[664]
대업(大業)[665]도 큰 뜻[666]도 아직 배우지 못했도다.
누워 잠이나 자는 것은 덕 높은 선비에게 바랄 바가 아닌데
병들고 게으르니 도리어 오랜 벗들과도 성글어졌네.
뜻을 얻고 잃는 것[667]은 본시 하늘의 속박이 없는 것이거늘
꽃과 나무를 나누어 심어도 땅은 오히려 넉넉한 것이리.
아이 불러 탑상(榻床)을 소제하고 벗이 오는 소리를 기다려
하룻밤 청담을 나누는 것이 열 권의 책보다 좋으리라.

---

664 索居(색거) : 색처(索處). 사람을 피해 고독하게 삶. 《禮記, 檀弓 上》에 「吾離羣而索居, 亦已久矣」.

665 圖南(도남) : 도남붕익(圖南鵬翼). 대업(大業) 또는 원정(遠征)을 계획하는 큰 뜻. 당(唐) 두보(杜甫)의 《泊岳陽城下詩》에 「圖南未可料, 變化有鵾鵬」.

666 北溟魚(북명어) : 곤(鯤; 큰 물고기). 큰 뜻. 《莊子, 逍遙遊》에 「北冥有魚, 其名爲鯤」.

667 陰晴(음청) : 음지와 양지. 뜻을 얻음과 잃음을 비유. 당(唐) 왕유(王維)의 《終南山詩》에 「分野中峰變, 陰晴衆壑殊」.

093 우범(禹範; 鄭錫龜)과 간소한 주연을 베풀며
與禹範小酌

十里湖西一草堂(십리호서일초당)
窮山歲暮所懷長(궁산세모소회장)
半生白髮來朝鏡(반생백발래조경)
卬友靑眸映夜觴(앙우청모영야상)
士隱歌多燕筑市(사은가다연축시)
人高巋若魯靈光(인고귀약노영광)
相思相見還無語(상사상견환무어)
生老昇平樂且康(생노승평락차강)

호서(湖西) 십 리에 한 초당 있으니
궁벽한 산골 저무는 세밑에 회포가 오래되었네.
중년에 내 희어진 백발은 아침 거울에 비춰보고
벗의 청춘 시절은 밤에 따르는 술잔에 어른거리네.
은사의 많은 노래는 저잣거리 잔치에 울리는 악기[668] 같고
높은 덕 우뚝한 모습은 노(魯)나라 영광전(靈光殿)[669] 같구려.
서로 그리다가 마주 보니 도리어 말이 없고
태평한 시절에 살다가 늙어가니 즐겁고 편안하구려.

---

668 燕筑(연축) : 잔치에 울리는 악기.

669 魯靈光(노영광) : 노(魯)나라의 영광전(靈光殿). 노나라 공왕(恭王)은 궁전을 많이 지었는데, 모두 훼손되고 영광전만 후세에까지 남았음. 전하여 나이가 늙어서 학문을 이룬 인물. 왕연수(王延壽)의 《魯靈光殿賦》에 「自西京未央建章之殿, 皆見隳壞, 而靈光巋然獨存」.

094 '래(來)'자(字) 운을 따라 지어 화교(華郊)에게 주다
追步來字韻贈華郊

雲捲天晴眼忽開(운권천청안홀개)
故人別後一詩來(고인별후일시래)
雪月前溪誰倚棹(설월전계수의도)
松篁幽逕舊登抬(송황유경구등대)
飯顆瘦容懷李杜(반과수용회이두)
桂樓佳賞憶歐梅(계루가상억구매)
最宜江閣懸燈夕(최의강각현등석)
促膝論衿互勸盃(촉슬논금호권배)

구름 밀려가고 하늘 맑게 개니 안전이 문득 열리는데
오랫동안 헤어진 벗이 시 한 편을 보내왔네.
앞개울 눈 속의 달은 휘영청 밝은데 누가 노를 저어[670] 오리?
소나무와 황죽 우거진 고요한 길을 걸어 오래된 누대에 오르네.
반과산(飯顆山)에서 시 쓰느라 수척해진 이백과 두보를 생각하고[671]
계루(桂樓)에서 시 감상하던 구양수(歐陽脩)와 매요신(梅堯臣)을 떠올리네.
가장 마땅한 것은 강가 누각에서 저녁 등불을 달아 놓고
바싹 다가앉아 극친한 교분[672]을 나누면서 서로 술잔을 권하는 것이리.

---

670 倚棹(의도) : 배 타는 것을 비유. 당(唐) 노조린(盧照鄰)의 《葭川獨泛詩》에 「倚棹春江上, 橫舟石岸前」.

671 飯顆瘦容懷李杜(반과수용회이두) : 반과산(飯顆山)은 장안(長安) 부근에 있던 산. 이백(李白)이 반과산에서 만난 두보(杜甫)가 시작(詩作)에 지나치게 고심하느라 야위었다는 내용의 시를 두보에게 보낸 고사. 당(唐) 맹계(孟棨)의 《本事詩, 高逸》에 「白(李白)才逸氣高, 與陳拾遺齊名, …… 嘗言, 興寄深微, 五言不如四言, 七言又其靡也, 況使束於聲調俳優哉, 故戲杜曰, 飯顆山頭逢杜甫, 頭戴笠子日卓午, 借問何來太瘦生, 總爲從前作詩苦, 蓋譏其拘束也」.

672 論衿(논금) : 논금계(論衿契). 마음이 맞는 벗과 흉금을 털어놓고 이야기함. 남조 송(南朝宋)의 유의경(劉義慶)의 《世說新語, 方正》에 「顧孟著嘗以酒勸周伯仁, 伯仁不受, 顧因移勸柱而語柱曰, 詎可便作棟梁自遇, 周得之欣然, 遂爲衿契」.

095 척종(戚從) 금리(錦里) 임중회(林仲會)가 와서 태잠(台岑; 曺錫輅)과 더불어 세 사람이 마주 앉아 시를 짓다 – 4수
錦里戚從林仲會來訪與台岑鼎坐賦詩 – 四首

[其一]

儒雅風流捨子誰(유아풍류사자수)
十年今日幸相追(십년금일행상추)
小塘芳草吟靈運(소당방초음영운)
寒食殘花酹介推(한식잔화뢰개추)
宿契只深方寸蘊(숙계지심방촌온)
淸詩全勝百朋遺(청시전승백붕유)
離樽莫唱驪駒曲(이준막창여구곡)
鷰語新簷白日遲(연어신첨백일지)

고상하고 멋있는 풍류를 저버리는 사람이 누구겠는가?
10년 전부터 오늘까지 서로 따르기를 바랐네.
작은 연못 향기로운 풀에서 사령운(謝靈運)[673]을 읊고
한식날 지고 남은 꽃으로는 개자추(介子推)를 강신(降神)하리.[674]
묵은 언약은 다만 마음속에 깊이 간직하고
맑고 청신한 시는 뭇 벗들이 남긴 시보다 낫다네.
이별의 술잔[675]을 들며 작별의 노래[676]는 부르지 마오
제비는 처마의 새 둥지에서 지저귀고[677] 대낮은 더디게 간다오.

---

673 靈運(영운) : 사령운(謝靈運). 남조(南朝) 송(宋) 시인.

674 酹介推(뇌개추) : 개추(介推)를 강신(降神; 제사 때 初獻하기 전에 술을 땅에 붓고 신을 내리게 하는 일)함. 개자추(介子推)는 춘추(春秋) 진 문공(晉文公)의 신하.

675 離樽(이준) : 이존(離尊). 이별의 술잔. 당(唐) 낙빈왕(駱賓王)의 《在兗州餞宋五之問詩》에 「別路靑驪遠, 離尊綠蟻空」.

676 驪駒曲(여구곡) : 작별하며 부르는 노래. 《漢書, 儒林傳, 王式》에 「謂歌吹諸生曰, 歌驪駒」.

677 鷰語(연어) : 연어(燕語). 제비가 지저귀는 소리. 남조 양(南朝梁) 소통(蕭統)의 《錦帶書十二月啓, 姑洗三月》에 「魚遊碧沼, 疑呈遠道之書, 燕語雕梁, 狀對幽閨之語」.

[其二]

童稚情親五十年(동치정친오십년)
一逢恨未久留連(일봉한미구유연)
晴朝巷樹鶯新語(청조항수앵신어)
明月湖篁鷺暇眠(명월호황로가면)
半世文章稱士上(반세문장칭사상)
名場事業屬誰邊(명장사업속수변)
如今吾輩論詩債(여금오배논시채)
生死人間李謫仙(생사인간이적선)

어려서부터 사귄 정 두텁기는 오십 년인데
한 번 만나고도 함께 오래도록 머물지 못한 것이 한이었다오.
맑게 갠 아침에 마을 나무에는 앵무새가 새로이 울 것이오
밝은 달이 뜨면 호숫가 대숲 해오라기는 한가로이 잠들리라.
반평생 문장으로는 선비 중에 으뜸이라 칭송하였으니
명사들이 모인 장소[678]의 시 짓는 일을 어디에서 이어갈까?
만약 지금까지 짓지 못한 묵은 시를 의논한다면
인간 이적선(李謫仙; 李白)은 살았는가 죽었는가?

678 名場(명장) : 명사(名士)들이 모이는 장소. 당(唐) 왕발(王勃)의 《綿州北亭群公宴序》에 「昔往東吳, 已有梁鴻之志, 今來西蜀, 非無張載之懷, 況乎踐名場, 攜勝友, 風月無幾, 琴酒俄乖」.

[其三]

松形鶴骨玉如身(송형학골옥여신)
知子淸貧道不貪(지자청빈도불탐)
學海虛舟浮似芥(학해허주부사개)
方塘寶鑑淨無塵(방당보감정무진)
澄江恒近玄暉宅(징강항근현휘택)
明月相思白傅隣(명월상사백부린)
春晩前郊新過雨(춘만전교신과우)
麥胎初孕杏萌仁(맥태초잉행맹인)

야위었지만 굳세고 수려한 모습[679]은 옥 같은데
그대를 아는 사람들은 청빈하여 탐내지 않는다 말하네.
학문의 바다에서는 잡념 없는 마음[680]으로 겨자처럼 떠다녔고
작은 연못에서는 티끌 없이 맑고 맑아 모범이 되었네.
맑은 강에서는 항상 현휘(玄暉; 謝脁)를 마음에 두었고[681]
밝은 달 아래에서는 백부(白傅; 白居易)를 그리며 가까이했네.
늦은 봄 앞 들녘에 비가 지나가자
보리알은 통통해지며[682] 살구씨는 영글어[683] 간다오.

---

679 松形鶴骨(송형학골) : 야위었지만 굳세고 수려한 외모. 《三國演義, 34回》에 「玄德視其人, 松形鶴骨, 器宇不凡, 慌忙進前施禮」.

680 虛舟(허주) : 마음에 욕심이 없고 활달하여 구애받지 않음. 잡념이나 망상이 없는 마음. 《莊子, 山木》에 「方舟而濟於河, 有虛船來觸舟, 雖有惼心之人不怒」.

681 宅(택) : 택심(宅心). 마음에 두고 잊지 아니함. 《書經, 康誥》에 「汝丕遠惟商耇成人, 宅心知訓」.

682 麥胎初孕(맥태초잉) : 보릿대가 굵어지며 보리 알갱이가 생기기 시작하는 것.

683 杏萌仁(행맹인) : 행인(杏仁). 살구씨의 속. 북제(北齊) 안지추(顔之推)의 《顔氏家訓, 養生》에 「鄴中朝士有單服杏仁・枸杞・黃精・朮・車前, 得益者甚多」.

[其四]

幸得賢朋地好名(행득현붕지호명)
白沙翠竹半窓明(백사취죽반창명)
分畦課植春無限(분휴과식춘무한)
聯幅咀英畵有聲(연폭저영화유성)
蘊緖那堪山似積(온서나감산사적)
離樽須使海如傾(이준수사해여경)
華簪乍合旋分袂(화잠사합선분메)
多謝瓊琚一案盈(다사경거일안영)

다행히 어진 벗을 얻으니 땅 이름이 좋고
하얀 모래톱 푸른 대숲에 반쯤 열린 창이 밝아오네.
밭두둑 나누고 나무를 심노라니 춘절은 끝없이 펼쳐지니
여러 폭[684] 병풍 속 시를 읊조리니[685] 그림 속에 노래가 있는 듯.[686]
오묘한 실마리들이 산처럼 쌓여 있어 어찌 감당하리
이별의 술잔은 모름지기 바다처럼 기울이리라.
잠시 동안의 벼슬길[687]에 오르노라 작별을 고하니
남겨준 책상 가득 훌륭한 시문은 진심으로 고마워라.

684 聯幅(연폭) : 봄날의 아름다운 경치를 연이어지는 병풍에 비유한 표현.

685 咀英(저영) : 저영(咀詠). 음미하며 읊음. 청(淸) 조인(曹寅)의 《集唐詩跋》에 「二十七首包亘數千里, 夭矯奮迅, 神龍之全體已見, 納大海于一滴, 咀詠者自得之爾」.

686 畵有聲(화유성) : 화지일가(畵一之歌). 그림에서 소리가 들리는 듯하다. 그림을 교묘하게 잘 그린 것을 칭찬하는 말. 《漢書, 循吏傳序》에 「民作畵一之歌」.

687 華簪(화잠) : 관(冠)에 비녀를 고정시키는 것. 귀한 지위. 진(晉) 도잠(陶潛)의 《和郭主簿詩》에 「此事眞復樂, 聊用忘華簪」.

096 금리(錦里; 林仲會)와 이별하며 써주다 贈別錦里

幽草奇花摠記名(유초기화총기명)
三春無日不淸明(삼춘무일불청명)
衡廬我已藏其跡(형려아이장기적)
梁楚君何得此聲(양초군하득차성)
逢別關心盃更勸(봉별관심배경권)
風流自足座爲傾(풍류자족좌위경)
離亭且贈源源意(이정차증원원의)
華髮居然兩鬢盈(화발거연양빈영)

그윽한 풀섶 속 진기한 꽃들도 모두 이름이 있고
봄 석 달 청명하지 않은 날이 없도다.
나는 이미 누추한 집[688]에 숨어 살고 있으니
양초군(梁楚君)[689]은 이 소리를 어찌 듣는가?
만나고 헤어지면서 관심은 술잔을 다시 권하는 것이니
스스로 풍류를 흡족히 여기며 자리에 앉아 잔을 기울이네.
헤어지는 곳[690]에서 또 한없는 뜻을 (적은 시를) 드리니
노년은 편안하고 흰 귀밑머리는 가득하네.

---

688 衡廬(형려) : 형문(衡門)으로 대문을 낸 초라한 집. 주로 은자(隱者)가 사는 곳. 진(晉) 황보밀(皇甫謐)의 《高士傳, 姜岐》에 「岐少修孝義, 栖遲衡廬, 鄕里歸仁, 名宣州里」.

689 梁楚君(양초군) : 양진(梁震)과 초객(楚客). 양진은 오대(五代)시대 공주(邛州) 사람. 오대 양(五代梁)에 천거하였으나 나아가지 않았음. 초군(楚君)은 초객(楚客)으로 굴원(屈原).

690 離亭(이정): 성(城)에서 떨어진 곳에 휴식하도록 세운 정자. 흔히 송별하는 장소. 남조 진(南朝陳) 음갱(陰鏗)의 《江津送劉光祿不及詩》에 「泊處空餘鳥, 離亭已散人」.

097 화교(華郊; 曺鳳黙) · 석오(石塢)와 더불어 간단한 주연을 베풀며 – 3수
與華郊石塢小酌 – 三首

[其一]

芳陰濃綠麥秋清(방음농록맥추청)
十里行行步屣輕(십리행행보사경)
黃鳥如人來倏忽(황조여인래숙홀)
青山旣雨見分明(청산기우견분명)
憐君眉上層霞氣(련군미상층하기)
聽我手中流水聲(청아수중유수성)
但使林廬恒得友(단사임여항득우)
百年詩酒樂餘生(백년시주낙여생)

녹음 짙은 꽃그늘에 5월[691] 하늘은 맑고
십 리 길 가는 나그네[692]의 발걸음도 가벼워라.
꾀꼬리는 사람을 따라 문득 날아들고
청산은 내린 비로 뚜렷하네.
그대를 연모하는 눈자위엔 켜켜이 안개가 서리는데
내 손으로 타는 아름다운 음악[693]을 들어주시게나.
다만 숲속 띳집[694]에서 항상 (知己의) 벗을 얻어
평생토록 시와 술로 남은 생을 즐기리라.

---

691 麥秋(맥추) : 보리가 익는 계절. 음력 4, 5월. 《禮記, 月令》에 「[孟夏之月]靡草死, 麥秋至」.

692 行行(행행) : 거닒. 길손. 나그네. 송(宋) 매요신(梅堯臣)의 《送毛祕校罷宣城主簿被薦入補令詩》에 「以此贈行行, 無酒勿我怪」.

693 流水聲(유수성) : 유수운(流水韻). 아름다운 음악. 춘추시대 백아(伯牙)와 종자기(鍾子期) 고사. 당(唐) 이백(李白)의 《春日歸山寄孟浩然詩》에 「媿非流水韻, 叨入伯牙絃」.

694 林廬(임려) : 숲속의 띳집. 세상을 피해 숨어 사는 곳. 당(唐) 노륜(盧綸)의 《酬陳翃郎中冬至携柳郎竇郎歸河中舊居見寄詩》에 「三旬一休沐, 淸景滿林廬」.

[其二]

我如不學百無功(아여불학백무공)
好友良辰暢和中(호우양신창화중)
庭花夏亦三春樹(정화하역삼춘수)
園梓人猶數畝宮(원재인유수무궁)
短長不必論鳧鶴(단장불필론부학)
離合堪憐似鷰鴻(이합감련사연홍)
眞率茶樽差可意(진솔차준차가의)
篁林永日坐淸風(황림영일좌청풍)

내가 만약 배우지 않았다면 아무 공도 없었으리니
좋은 벗들과 좋은 시절을 만나 상쾌하게 화답하네.
뜰의 꽃들은 여름에도 봄 석 달과 같으니
원예사(園藝師)는 지금도 밭이랑과 집을 살피고 있네.
물오리와 학이 자연에 순응하는 것[695]을 오래 논할 필요는 없으리니
제비와 기러기[696]처럼 헤어지고 만나는 안타까움은 견디리라.
차와 술을 마시더라도 진솔한 뜻은 어긋날 수 있으니
대숲에 종일토록 앉아 맑은 바람이나 쏘이구려.

695 鳧鶴(부학) : 부학종방(鳧鶴從方). 물오리와 학이 각기 자기의 편한 곳을 따라감. 자연에 순응하여 일함을 비유. 《宋書, 孔覬傳》에 「伏願天明照其心請, 乞改今局, 授以閑曹, 則鳧鶴從方, 所憂去矣」.

696 鷰鴻(연홍) : 연홍(燕鴻). 서로 만나기 어려운 상황. 제비는 여름 철새이고 기러기는 겨울 철새이기 때문. 당(唐) 사공도(司空圖)의 《歌者詩 1》에 「風霜一夜燕鴻斷, 唱作江南祓禊天」.

[其三]

屋下晴川屋上山(옥하청천옥상산)
幽居剩得百年閒(유거잉득백년한)
吟筇每踏殘花至(음공매답잔화지)
野笛時隨倦鷺還(야적시수권로환)
竹樹風烟斯以內(죽수풍연사이내)
琴書棊酒老其間(금서기주노기간)
良朋華也恒來訪(양붕화야항래방)
月夕烟朝不掩關(월석연조불엄관)

집 아래는 맑은 개울이요 집 위에는 산이 있으니
세상 피한 한적한 곳에도 일평생 남는 것이 있구나.
지팡이 짚고 읊조리며 날마다 떨어진 꽃을 밟고
들녘 목동들은 피리를 불며 날다 지친 해오라기[697]를 따라 돌아오네.
죽수(竹樹)의 바람과 연기는 이 안에 있고
거문고와 책과 바둑과 술은 늙어가는 가운데 있네.
좋은 벗 화교(華郊; 曹鳳黙)는 늘 찾아 주니
달 뜨는 저녁 안개 피는 아침에도 대문은 닫지[698] 않으리.

---

697 倦鷺(권로) : 날다 지친 해오라기. 송(宋) 송상(宋庠)의 《巡視河防置酒晩歸作詩》에 「天長倦鳥沒, 山晩跛牂回」.

698 掩關(엄관) : 엄문(掩門). 문을 닫아 걺. 당(唐) 오소징(吳少徵)의 《怨歌行》에 「長信重門晝掩關, 淸房曉帳幽且閒」.

098 집안의 아우 초사(草史; 相衡)의 방문을 받고
族弟草史相衡見訪

江郊草莽路欹斜(강교초망로기사)
多謝吟笻訪我家(다사음공방아가)
一笑相看疑夢裡(일소상간의몽리)
幾年貽阻若天涯(기년이조약천애)
垂垂白髮添殘雪(수수백발첨잔설)
耿耿靑燈結細花(경경청등결세화)
老去君詩愈鍊熟(노거군시유련숙)
天然格律袪浮誇(천연격률거부과)

강가 들녘엔 풀이 우거지고 길은 비뚤어졌는데[699]
지팡이 소리를 내며 내 집을 찾아주니 고마워 사례하네.
웃으며 서로를 바라보며 꿈속인가 의심하니
아득히 멀리 떨어진 듯[700] 만남 뜸한 것[701]이 몇 년이었던가?
드리운 흰머리는 녹다 남은 눈인 듯
반짝거리는 청등은 달아 놓은 작은 꽃인 듯.
그대의 시는 늙어가며 더욱 익숙하게 단련되어
자연스러운 격률에 뽐내는 것도 없구려.

---

699 欹斜(기사) : 비뚤어짐. 한(漢) 육가(陸賈)의 《新語, 懷慮》에 「管仲相桓公, 詘節事君, 專心一意, 身無境外之交, 心無欹斜之慮, 正其國如制天下」.

700 天涯(천애) : 하늘의 끝. 먼 지역. 《古詩十九首, 行行重行行》에 「相去萬餘里, 各在天一涯」.

701 貽阻(이조) : 만남이 뜸하게 됨.

099 배꽃이 피었는데 상사(上舍) 박여유(朴汝有; 龍壽)가 문과에 급제하여 찾아오다

梨下上舍朴汝有龍壽以新恩來訪

通家舊誼不相違(통가구의불상위)
蓮榜香名忽倍輝(연방향명홀배휘)
玉笛聲中人半醉(옥적성중인반취)
脩篁園裡客來稀(수황원리객래희)
秧針大野黃牛健(앙침대야황우건)
水環長堤白鳥飛(수환장제백조비)
聯枕喜聽三夜雨(연침희청삼야우)
芭蕉新葉正堪依(파초신엽정감의)

집안 간 오래 사귄[702] 옛 정을 서로 어기지 않았더니
연방(蓮榜)[703]의 아름다운 명성이 문득 갑절이나 빛나네.
옥피리 소리 울리니 사람들은 반이나 취하니
키 큰 대 우거진 뜰에 찾아오는 객들도 드물었었네.
넓은 들녘엔 벼[704]가 자라고 누런 황소는 듬직하며
냇물 두른 긴 제방엔 흰 새들이 나네.
베개 나란히 하고 눕자 한밤중 빗소리 기쁘게 들려오니
새로 난 파초 잎은 서로 의지하리라.

702 通家(통가) : 대대로 사귀어 정분이 깊은 집안.

703 蓮榜(연방) : 소과(小科)인 생원시(生員試)와 진사시(進士試)에 합격한 사람의 성명을 적은 명부. 《大東野乘 13, 遣閑雜錄》에 「生員 · 進士稱蓮榜, 或稱司馬」.

704 秧針(앙침) : 갓 자란 볏모. 송(宋) 조사협(趙師俠)의 《小重山, 農人以夜雨晝晴爲夜春詞》에 「積水滿春塍, 綠波翻鬱鬱, 露秧針」.

100 아버님과 친척 윤중(允仲)이 월곡(月谷)에서 며칠간 모인 후 헤어지는 길에 내 집에 왕림하시니, 하룻저녁 술자리를 베풀며 홍겹게 읊으시는데 모시고 앉아 삼가 차운하다

家君與族從允仲數日團會于月谷別路同駕枉臨一宵觴咏陪坐敬次

江聲十月掩柴扉(강성십월엄시비)
杖屨逍遙竹下歸(장구소요죽하귀)
香社清樽吟白傅(향사청준음백부)
池塘晚草夢玄暉(지당만초몽현휘)
一琴流水宜聽韻(일금유수의청운)
千仞高岡喜振衣(천인고강희진의)
今夕團欒花樹會(금석단란화수회)
詩筵正好醉微微(시연정호취미미)

10월 강물 소리에 사립문을 닫고
지팡이에 가죽신 신고 천천히 대숲 아래로 돌아왔네.
시우(詩友)들끼리[705] 술 마시며 백부(白傅; 白居易) 시를 읊조리다가
연못가 철 늦은 풀숲에서 현휘(玄暉; 謝朓)를 꿈꾸네.
흐르는 물소리에도 거문고 가락은 마땅히 듣겠고
천 길 높은 등성이에 올라 기쁘게 옷자락을 흩날리네.[706]
오늘 저녁은 친한 가족들의 단란한 모임이고[707]
시 짓는 자리이니 술은 조금만 취해도 좋으리.

---

705 香社(향사) : 부락공동체의 미칭(美稱). 본문에서는 '시(詩) 쓰는 사람들의 모임'의 뜻. 당(唐) 정곡(鄭谷)의 《次韻和秀上人長安寺居言懷寄渚宮禪者》에 「舊齋松老別多年, 香社人稀喪亂間」.

706 千仞高岡喜振衣(천인고강희진의) : 천인강(千仞岡). 매우 높은 산. 《文選, 左思, 詠史詩》에 「振疑千仞岡, 濯足萬里流」.

707 花樹會(화수회) : 성이 같은 일가끼리 친목을 위한 모임이나 잔치. 《韋員外莊花樹歌》에 「君家兄弟不可當, 列卿御史尚書郎, 朝向花底恒會客, 花撲玉缸春酒香」.

101 임오년(壬午年)[708] 여름에 아이들 공부를 위하여 죽포(竹圃; 安楨)를 맞이하고, 아이들 가르침에 응하여 주심에[709] 함께 읊다 – 4수
壬午夏邀竹圃爲兒輩做工隨緣共吟 – 四首

[其一]

晩歲相逢趣味同(만세상봉취미동)
論文討話古今通(논문토화고금통)
世人役役形骸內(세인역역형해내)
群物熈熈雨露中(군물희희우로중)
瀟洒淸風知有道(소쇄청풍지유도)
酣眠暇日緫無功(감면가일총무공)
平生書釼終何用(평생서인종하용)
六十光陰老海東(육십광음노해동)

늙어가는 나이에 서로 만났으나 취미는 같고
글을 의논하고 대화를 나누니 고금을 통했구려.
사람들이 몸과 마음을 수고로이 하는 것[710]은 몸 안에 있고
온갖 물상들은 내리는 비와 이슬 속에 화락하네.
맑은 바람은 깨끗하고 서늘하여 도덕 높은 사람[711]을 아는데
(나는) 한가로운 날이면 단잠을 자느라 도무지 이룬 것이 없다네.
평생 학문을 닦고 무예를 익혔으나 끝내 어디에 쓰리오?
육십 년 세월을 해동(海東)에서 늙어왔네.

---

708 壬午(임오) : 임오년(壬午年) 1882년. 고종 19. 작가 56세.

709 隨緣(수연) : 부처가 중생의 인연에 감응하여 교화를 베풂. 남조 송(南朝宋) 종병(宗炳)의 《明佛論》에 「然羣生之神, 其極雖齊, 而隨緣遷流, 成麤妙之識, 而與本不滅矣」.

710 役役(역력) : 심력(心力)을 수고로이 하는 모양. 《莊子, 齊物論》에 「終身役役, 而不見其成功」.

711 有道(유도) : 재능이 있거나 도덕이 있음. 《周禮, 春官, 大司樂》에 「凡有道者, 有德者, 使敎焉」. 본문에서는 아이들의 훈장으로 초빙한 죽포(竹圃) 안정(安楨).

[其二]

暑氣侵凌白苧衣(서기침능백저의)
夏天因復惜春歸(하천인복석춘귀)
近來交道知心少(근래교도지심소)
老去風情樂事稀(노거풍정낙사희)
十里平沙鷗點點(십리평사치점점)
千年古嶽鳳飛飛(천년고악봉비비)
同硏白首今無恙(동연백수금무양)
從此源源幸勿違(종차원원행물위)

무더운 기운에는 흰 모시옷도 쓸데없으니
여름 더위로 돌아간 봄날을 안타까워하네.
근래에 벗을 사귀어보나 마음 알아주는 이가 적으니
늙어가며 살아가는 모습에는 즐거운 일도 드무네.
십 리 모래톱에는 흰 갈매기 점점[712]이 앉아 있고
천년 옛 묏부리에는 봉황이 어지러이 나네.[713]
한 스승 밑에 학문을 배우고[714] 흰머리가 되도록 근심 없으니
가르침을 좇아 그침 없이 서로 어그러지지나 말기를.

---

712 點點(점점) : 작으면서 수효가 많음을 형용하는 말. 북주(北周) 유신(庾信)의 《晩秋詩》에 「可憐數行雁, 點點遠空排」.

713 飛飛(비비) : 뒤섞여 어지러운 모양. 당(唐) 두보(杜甫)의 《絶句 2》에 「藹藹花蕊亂, 飛飛蜂蝶多」.

714 同硏(동연) : 동연(同硯). 한 스승 밑에서 함께 학업을 닦음. 《漢書, 張安世傳》에 「彭祖又小與上同席硏書」.

[其三]

十載陳工日更新(십재진공일갱신)
詩枰回首少年春(시평회수소년춘)
腹中書籍還欺我(복중서적환기아)
鬢畔光陰不待人(빈반광음불대인)
一夏優遊蓮結社(일하우유연결사)
四時淸福竹爲隣(사시청복죽위린)
功名晼晩文章老(공명원만문장노)
官谷藏名子是眞(관곡장명자시진)

십 년간 죽 공부[715]를 계속하면서 날로 새로워졌는데
시 짓느라 고심한 어린시절 청춘을 되돌아보네.
책 읽어 기억해 둔 것들이 도리어 나를 속이고
흐르는 세월과 귀밑 흰머리는[716] 사람을 기다려 주지 않네.
한 여름을 연결사[717]에서 한가로이 지내니
네 계절 누리는 청복[718]은 대나무와 이웃하여 지내는 것이리라.
공명을 이루기에는 이미 늙었고 문장도 시들었으니
벼슬길에 이름을 감추고 농사짓는 그대가 진정한 은사이리라.[719]

---

715 陳工(진공) : 묵은 공부. 죽 계속한 공부.

716 鬢畔(빈반) : 빈모(鬢毛). 살쩍이 나는 부위. 귀밑의 흰머리털.

717 蓮結社(연결사) : 연사(蓮社)와 결사(結社). 《蓮社高賢傳》에 「遠法師與諸賢結蓮社, 以書招淵明, 淵明曰, 若許飮則往, 許之, 遂造焉, 忽攢眉而去」.

718 淸福(청복) : 깨끗한 복(福). 주로 상대방 복의 경칭(敬稱).

719 官谷藏名子是眞(관곡장명자시진) : 곡구자진(谷口子眞) 고사. 은거생활. 한(漢) 정자진(鄭子眞)이 곡구(谷口)에서 농사를 지으면서 벼슬에 나아가지 않은 고사. 한(漢) 양웅(揚雄)의 《法言, 問神》에 「谷口鄭子眞, 不屈其志而耕乎巖石之下, 名震于京師, 豈其卿, 豈其卿」.

[其四]

筇鞋緩踏翠微竹(공혜완답취미죽)
灑落風襟絶世情(쇄락풍금절세정)
大野歡聲歌鼓動(대야환성가고동)
群峰秀氣畵圖明(군봉수기화도명)
天開百里金湯府(천개백리금탕부)
地闢千年竹樹城(지벽천년죽수성)
短律纔吟扶醉下(단율재음부취하)
溪村暮色夕陽橫(계촌모색석양횡)

지팡이에 짚신 신고 푸른 잔 대숲을 느릿느릿 걷노라니[720]
속기(俗氣) 없는 마음[721]에 세간의 정도 끊기는구나.
넓은 들녘에는 농부들의 즐거운 노랫소리 울리고
뭇 봉우리들의 빼어난 기운은 그림처럼 뚜렷하네.
하늘은 백 리에 금성탕지(金城湯池)[722]를 열어 주시고
땅은 천년 대숲으로 성(城)을 쌓아주셨네.
짧은 시를 읊으며 술에 취해 부축 받으며 내려오노라니
개울가 마을에는 저물녘 어스레한 석양빛이 가로놓이네.

720 緩踏(완답) : 천천히 걸음. 느릿느릿 걸음.
721 灑落風襟(쇄락풍금) : 쇄락(灑落)은 인품이 깨끗하고 속기가 없는 모양. 풍금(風襟)은 흉금(胸襟).
722 金湯府(금탕부) : 금성탕지(金城湯池). 방비가 아주 견고한 성. 금성철벽(金城鐵壁).

102 물가의 고기잡이[723]
川獵

取魚取適適然然(취어취적적연연)
湖上逍遙勝午眠(호상소요승오면)
白石淸流翁足濯(백석청류옹족탁)
平沙細路客裾牽(평사세로객거견)
會如陶子斜川上(회여도자사천상)
夢入莊仙濮水邊(몽입장선복수변)
野店松盤飛雪鱠(야점송반비설회)
且須沽酒辦靑錢(차수고주변청전)

고기를 잡되 마음에 맞는 것만 잡으니[724] 항상 그렇다고 여기고
호숫가를 거닐면서 낮잠을 이겨보네.
흰 돌에 흐르는 맑은 물로 늙은이는 발을 씻고
평탄한 모래톱 사잇길로 나그네는 옷깃을 끌며 가네.
야천(斜川)[725]의 도자(陶子; 陶淵明)처럼 모이고
복수(濮水)[726]의 장선(莊仙; 莊子)처럼 꿈에 드네.[727]
들녘 주막 소나무 소반 위 막걸리와 회잔어(鱠殘魚) 안주[728]가 넘나드니
모름지기 술 살 돈을 변통하리라.

---

723 川獵(천렵) : 냇물의 고기잡이. 《瀋陽狀啟, 壬午年 3月19日》에 「十六日, 皇帝往東門外水邊川獵, 日暮乃還, 而世子敎是及大君, 則不爲請行爲白齊」.

724 取適(취적) : 마음에 맞는 것을 찾아 구함. 당(唐) 잠삼(岑參)의 《漁父詩》에 「竿頭釣絲長丈餘, 鼓枻乘流無定居, 世人那得識深意, 此翁取適非取魚」.

725 斜川(야천) : 지명(地名). 진(晉)의 도연명(陶淵明)이 유람한 곳. 도잠(陶潛)의 《遊斜川序》에 「辛丑歲正月五日, 天氣澄和, 風物閑美, 與二三鄰曲, 同遊斜川, 云云, 有愛嘉名, 欣對不足, 率爾賦詩」.

726 濮水(복수) : 강 이름. 하남성(河南省) 봉구현(封丘縣)에서 발원하는 황하(黃河)의 지류.

727 夢入莊仙(몽입장선) : 자기와 외물(外物)이 근본을 캐면 같다는 이치를 깨우치는 경지에 들어선 것.

728 雪鱠(설회) : 술과 안주. 설(雪)은 설향(雪香)으로 술. 회(鱠)는 회잔어(鱠殘魚) 곧 뱅어[銀魚]. 당(唐) 두목(杜牧)의 《對花微疾不飮呈座中諸公詩》에 「盡日臨風羨人醉, 雪香空伴白髭鬚」.

103 벗과 더불어 읊다
與友人吟

十里湖山眼界寬(십리호산안계관)
篁樓永日共君歡(황루영일공군환)
金蘭好友忻傾屣(금란호우흔경사)
書釼芳年負[ ]冠(서인방년부[ ]관)
達觀南華都幻夢(달관남화도환몽)
善鳴東野奈淸寒(선명동야나청한)
炎雲不作三農雨(염운불작삼농우)
畢宿中天夜夜看(필수중천야야간)

십 리에 펼쳐진 호수와 산 사이로 시야가 탁 트였으니
긴 하루를 대나무 다락에서 그대와 함께 즐기네.
금란지교(金蘭之交)[729] 좋은 벗이 기쁘게도 바삐 오시니[730]
서검(書劍)을 익힐 젊은 나이에 벼슬을 저버렸구려.[731]
남화경(南華經)에 달관하여 허황된 꿈을 꾸면서
이름을 날렸으면서도[732] 동야(東野; 孟郊)[733]는 어찌 청빈하였던가.
붉은 구름은 일지 않고 세 철 농사에 맞춰 알맞게 비가 내리니
하늘의 필수(畢宿)[734]는 밤마다 보이네.

729 金蘭好友(금란호우) : 금란지교(金蘭之交). 붕우 간의 극친한 관계. 《周易, 繫辭 上》에 「二人同心, 其利斷金, 同心之言, 其臭如蘭」.

730 傾屣(경사) : 신발을 끌고 바쁘게 오는 모양.

731 負[ ]冠(부[ ]관) : [ ]안이 결자(缺字)로 되어 있으나 내용상 '벼슬[寶冠]을 버림'의 뜻으로 해석.

732 善鳴(선명) : 이름을 날림. 당(唐) 한유(韓愈)의 《送孟東野序》에 「其在唐虞, 皐陶 · 禹, 其善鳴者也」.

733 東野(동야) : 맹교(孟郊). 동야(東野)는 자. 당(唐)나라 무강(武康) 사람. 숭산(嵩山)에 은거하다가 50세에 진사에 급제, 한유(韓愈)와 절친하였고 시로써 세상을 울림. 저서에 《孟東野集》이 있음.

734 畢宿(필수) : 필성(畢星). 별 이름. 이십팔수의 하나이며 비[雨]를 주관하는 별.

104 우연히 읊다 – 2수
偶吟 – 二首

[其一]

百世靑氈書一床(백세청전서일상)
眼前兒輩列成行(안전아배열성행)
登山暇日玄暉屐(등산가일현휘극)
結社遺風白傅香(결사유풍백부향)
天下文章奢古錦(천하문장사고금)
月中歌曲聞霓裳(월중가곡문예상)
荒詩久廢無佳句(황시구폐무가구)
消遣南天夏日長(소견남천하일장)

평생을 청빈하게[735] 책상에 앉아 있었고
안전의 아이들은 열을 맞춰 앉아 있네.
한가로운 날은 현휘(玄暉; 謝朓)[736]의 나막신으로 산에 오르고
결사(結社)[737]는 전대부터 내려오는 백부(白傅; 白居易)가 남긴 향기라네.
천하의 문장가들은 고금낭(古錦囊)[738]을 자랑하였는데
달빛 아래 예상우의곡(霓裳羽衣曲)[739]을 듣네.
좋지 않은 시를 버린 지 오래니 아름다운 시는 없고
남방의 하늘 아래 울적한 마음을 푸노라니 여름날은 길고도 기네.

---

735 靑氈(청전) : 푸른색의 담요. 청빈한 생활을 이름. 당(唐) 백거이(白居易)의 《偶眠詩》에 「妻教卸烏帽, 婢與展靑氈」.

736 玄暉屐(현휘극) : 현휘(玄暉)의 나막신. 현휘는 남조 제(南朝齊) 시인 사조(謝朓)의 자. 《宋書, 謝靈運傳》에 「尋山陟嶺, 必造幽峻, 巖嶂十重, 莫不備盡, 登躡常著木履, 上山則去其前齒, 下山去其後齒」.

737 結社(결사) : 일정한 목적을 위해 여러 사람이 결성한 단체. 《蓮社高賢傳》에 「遠法師與諸賢結蓮社, 以書招淵明, 淵明曰, 若許飮則往, 許之, 遂造焉, 忽攢眉而去」.

738 古錦(고금) : 고금낭(古錦囊). 비단으로 만든 시를 메모한 종이를 넣는 자루.

739 霓裳(예상) : 예상우의곡(霓裳羽衣曲). 월궁(月宮)의 음악에 모방(模倣)하여 만든 악곡 이름.

[其二]

閒居無事掩柴門(한거무사엄시문)
數點階花不滿盆(수점계화불만분)
高士淸風如白玉(고사청풍여백옥)
美人佳約負黃昏(미인가약부황혼)
樽醪未易常時得(준료미역상시득)
文字渾忘曩日存(문자혼망낭일존)
小雨南天雲亦密(소우남천운역밀)
農談喧動四隣村(농담훤동사인촌)

일 없이 한가로우니 사립문은 닫혔는데
섬돌에 핀 몇 송이 꽃은 화분도 채우지 못하네.
맑은 바람 맞고 있는 고결한 선비는 백옥 같은데
아름다운 언약을 한 미인은 날이 저물도록 오지 않네.
탁주술동이[740]는 아직 옮기지도 않았는데
지난번에 잊어버린 시구는 아직 흐릿하게 남아 있네.
잠시 내리다가 그친 비에 남쪽 하늘엔 구름이 자욱하고
사방 이웃 농부들의 시끌벅적한 소리[741]만 들려오네.

740 樽醪(준료) : 술. 흐린 술. 막걸리.
741 喧動(훤동) : 시끌벅적함. 왁자지껄하게 떠듦.

105 읊조리다 – 3수
卽事 – 3首

[其一]

洞霏林靄滿簾生(동비림애만렴생)
文酒江樓雅會成(문주강루아회성)
野豎歌謠豊歲樂(야수가요풍세락)
故人詩債泰山輕(고인시채태산경)
芭蕉雨歇三農洽(파초우헐삼농흡)
水竹風來一榻淸(수죽풍래일탑청)
擧子槐黃頻起我(거자괴황빈기아)
夢中場屋尙餘情(몽중장옥상여정)

마을에 보슬비 내리자 숲에 이는 놀[742]은 주렴에 가득한데
글 짓고 술 마시느라 강가 누각에 멋스럽게도 모였네.[743]
더벅머리 시골아이들은 즐겁게 풍년을 노래하고
벗에게 못다 지은 시 빚은 태산이 오히려 가볍네.
파초에 비 그치니 삼농(三農)[744]을 윤택하게 적시고
물가 대숲에서 불어오는 바람에 평상이 청량하네.
과거 준비에 바쁜 사람들이[745] 자주 나를 부추기니
꿈에도 과시장(科試場)에는 아직도 못 다한 정이 있다 하겠네.

742 林靄(임애) : 임비(林霏). 숲 사이로 떠오르는 운기(雲氣).

743 雅會(아회) : 시문 등을 짓는 고상한 모임. 멋스러운 모임. 송(宋) 유자휘(劉子翬)의 《次韻陳成季郡會》에 「雅會欣聞珠履集, 新詞好付雪兒歌」.

744 三農(삼농) : 평지 · 산지 · 수택 지역의 농사. 《周禮, 天官, 大帝》에 「一曰三農, 生九穀」.

745 槐黃(괴황) : 괴화황거자망(槐花黃擧子忙). 7월에 진사시험이 시작되는데, 괴화(槐花)가 노랗게 피는 칠월에는 응시자가 바쁘다는 뜻. 《秦中歲時記》에 「進士下第, 當年七月復獻新文, 求拔解, 故曰, 槐花黃擧子忙」.

[其二]

漫吟小酌興微微(만음소작흥미미)
臥數江天鷰鷺飛(와수강천연로비)
歲晏田疇甘雨少(세안전주감우소)
風聞京洛好音稀(풍문경락호음희)
砌榴已謝花爲棠(체류이사화위당)
園竹新抽籜解衣(원죽신추탁해의)
樵牧奚童無事者(초목해동무사자)
夕烟歇盡尚遲歸(석연헐진상지귀)

붓 가는대로 읊으며[746] 한잔 술을 마시니[747] 흥도 미미해
누워서 강 위 넓은 하늘의 제비와 해오라기를 세어보네.
한 해 저무는 밭두둑엔 단비도 적게 내리고
한양에서 들려오는 풍문에는 좋은 소식 드무네.
섬돌의 석류도 시들고 꽃은 산앵두가 되고
동산의 대나무밭에 죽순이 껍질을 벗고[748] 새로이 솟아나네.
나이 어린 땔나무꾼과 목동[749]은 일이 없어
저녁밥 짓는 연기 사라져도 느릿느릿 돌아오네.

---

746 漫吟(만음) : 붓 가는 대로 읊음. 마음대로 시를 읊조림. 당(唐) 원결(元結)의 《酬裴雲客詩》에 「甚醉或漫歌, 甚閑亦漫吟」.

747 小酌(소작) : 자유롭게 간단히 한잔 술을 마시는 일. 당(唐) 백거이(白居易)의 《雪夜小飮贈夢得詩》에 「小酌酒巡銷永夜, 大開口笑送殘年」.

748 籜解(탁해) : 해탁(解籜). 죽순이 껍질을 벗음. 남조 송(南朝宋) 포조(鮑照)의 《詠採桑》에 「早蒲時結陰, 晩篁初解籜」.

749 樵牧(초목) : 초동목수(樵童牧豎). 땔나무를 하는 일과 짐승을 치는 일.

[其三]

夜來晴景雨餘天(야래청경우여천)
觴詠江樓結好緣(상영강루결호연)
君子淸標其位素(군자청표기위소)
先賢遺澤厥孫玄(선현유택궐손현)
自娛翰墨無心妓(자오한묵무심기)
閒坐林泉入定禪(한좌임천입정선)
短律遲遲還倚枕(단율지지환의침)
半窓明月夢詩仙(반창명월몽시선)

밤들자 날은 개었어도 비 기운은 하늘에 남아 있는데
강루에서 술 마시고 시를 읊으며[750] 좋은 인연을 맺네.
군자가 평소의 지위에서 고상한 품위[751]를 지닌 것은
선현의 은택이 먼 후손[752]까지 남은 것이리라.
글과 문장을 즐김에는 마음속에 앙증맞은 생각이 없어야 하며
자연 속에 한가로이 앉아 선정(禪定)[753]에 들어야 하리.
짧은 시 지으며 느릿느릿 걷다가 돌아와 침상에 기대노라니
반쯤 열린 창에 밝은 달이 비추니 시선(詩仙; 李白)을 꿈꾸네.

---

750 觴詠(상영) : 술 마시며 시를 읊음. 진(晉) 왕희지(王羲之)의 《蘭亭集序》에 「一觴一詠, 亦足以暢敍幽情」.

751 淸標(청표) : 풍채가 청초하고 고상함. 남조 송(南朝宋) 유의경(劉義慶)의 《世說新語, 容止》에 「此神仙中人」. 〈劉孝標注〉에 「杜弘治淸標令上, 爲後來之美」.

752 孫玄(손현) : 현손(玄孫). 증손의 아들. 먼 후손.

753 定禪(정선) : 선정(禪定). 진리를 직관하기 위하여 마음을 가라앉히고 무아(無我)의 경지에 빠짐. 《壇經, 坐禪品》에 「何名禪定, 外離相爲禪, 內不亂爲定, …… 外禪內定爲禪定」.

106 비 갠 늦은 저녁에
晩晴

江天一雨斂神功(강천일우감신공)
野色青青入望中(야색청청입망중)
枕畔灘聲鳴活水(침반탄성명활수)
襟前爽氣覺淸風(금전상기각청풍)
詩吟淇竹猗猗綠(시음기죽의의녹)
心古杏壇箭箭紅(심고행단전전홍)
徙倚高樓觀暮景(사의고루관모경)
農談一夕四隣翁(농담일석사린옹)

강에 내리던 한바탕 비를 조화신공으로 거둬들이니
푸르고 푸른 들빛이 한눈에 들어오네.
베갯머리엔 흐르는 여울물 소리[754] 들려오고
옷깃에 부는 맑은 바람에 삽상한 기운을 깨닫네.
시를 읊조리니 기원(淇園)의 대나무[755]는 아름답게 푸르러가고
마음은 옛 행단(杏壇)[756]의 줄기줄기[757] 붉은 난꽃을 생각하네.
높다란 다락에 옮아 기대어 저물녘 경치를 바라보는데
이웃 늙은이들은 밤새 농사 이야기[758]를 하네.

---

754 灘聲(탄성) : 탄향(灘響). 여울물이 흐르는 물소리. 남조 양(南朝梁) 원제(元帝)의 《巫山高詩》에 「灘聲下濺石, 猿鳴上逐風」.

755 淇竹(기죽) : 기원(淇園)에 자라는 대나무. 기원은 기수(淇水)가에 있는 대나무 명산지.

756 杏壇(행단) : 산동성(山東省) 곡부현(曲阜縣)의 공자(孔子)의 묘전(墓前)에 있는 단(壇).

757 箭箭(전전) : 전(箭)은 난초의 꽃대를 세는 단위. 본문에서는 난초 꽃대의 줄기를 의미.

758 農談(농담) : 농사에 대한 이야기. 당(唐) 유종원(柳宗元)의 《田家詩》에 「籬落隔煙火, 農談四鄰夕」.

107 벗을 만나 함께 자면서 – 2수
逢友人共宿 – 二首

[其一]

睽離十載喜逢迎(규리십재희봉영)
相對詩樽鬢雪明(상대시준빈설명)
湖上林泉高士宅(호상임천고사댁)
雨中烟樹使君城(우중연수사군성)
平生然諾千金重(평생연락천금중)
大手詞鋒九鼎輕(대수사봉구정경)
霽色東天雲月出(제색동천운월출)
夜深無寐繞床行(야심무매요상행)

헤어진[759] 지 10년 만에 기쁘게 만나 맞이하니
시 짓고 술 따르노라니 흰 귀밑털이 뚜렷하구려.
호숫가에는 은사가 사는 고결한 선비 집인데
빗속에 연무와 숲으로 그대의 집은 성을 쌓았구려.
평생 함께하기로 한 약속은 천금보다 무겁고
대문장가의 예리한 필치[760]는 구정(九鼎)[761]이 오히려 가볍네.
맑게 갠 동쪽 하늘에 구름 속 솟아오른 달이
깊은 밤 잠 못 이루는 침상을 에워싸네.

---

759 睽離(규리) : 서로 헤어짐. 헤어져 흩어짐. 남조 송(南朝宋) 유의경(劉義慶)의 《世說新語, 文學》에 「自頃世故睽離, 心事淪蘊, 明公啓晨光於積晦, 澄百流以一源」.

760 詞鋒(사봉) : 사악(詞鍔). 예리한 필치나 말재간. 남조 진(南朝陳) 서릉(徐陵)의 《與楊僕射書》에 「足下素挺詞鋒, 兼長理窟, 匡丞相解頤之說, 樂令君淸耳之談, 向所諮疑, 誰能曉喩」.

761 九鼎(구정) : 구정대려(九鼎大呂). 구정은 우왕(禹王) 때 주조한 솥으로 하・은・주(夏殷周) 삼대(三代)의 보배. 대려(大呂)는 대종(大鐘)으로 주(周)나라 종묘(宗廟)에 있었음.

[其二]

虛衿夜坐喜論心(허금야좌희논심)
如水中天月色臨(여수중천월색임)
俗子是非醒者夢(속자시비성자몽)
文章事業古猶今(문장사업고금유)
百年那復靑春好(백년나복청춘호)
雙鬢居然白雪侵(쌍빈거연백설침)
曠漠江山人籟起(광막강산인뢰기)
南風歌曲和高吟(남풍가곡화고음)

밤에 앉아 담담한 마음으로[762] 의논하니 마음은 기쁘고
물에 비친 달[763]처럼 밝고 깨끗하구려.
진세(塵世) 사람들의 시비에서 꿈처럼 깨어나고
문장 쓰는 일은 예나 지금이나 똑같구려.
일평생에 어찌 다시 청춘의 좋은 시절이 있으리오?
두 귀밑머리에는 뚜렷이 흰 눈이 침노하였구려.
광막한 강산에 사람들이 퉁소를 부니
화답하여 남풍가곡(南風歌曲)[764]을 높은 소리로 읊조려보네.

---

762 虛衿(허금) : 허금(虛襟). 마음을 비움. 겸허히 몸을 낮춤을 이름. 《晉書, 姚興載記 下》에 「太子詹事王周亦虛襟引士, 樹黨東宮」.

763 水中天月(수중천월) : 수중월(水中月). 물속에 비치는 달. 밝고 깨끗함을 비유. 당(唐) 이백(李白)의 《陪族叔當塗宰遊化城寺升公淸風亭詩》에 「子見水中月, 靑蓮出塵埃」.

764 南風歌曲(남풍가곡) : 남풍가(南風歌). 순(舜)임금이 지었다는 악곡. 《禮記, 樂記》에 「昔者舜作五弦之琴, 以歌南風」.

108 높은 산에 올라
登高

壯遊虛負子長書(장유허부자장서)
六十年來但蟄居(육십년래단칩거)
飛去斜風西塞鷺(비거사풍서새로)
扶搖六月北溟魚(부요육월북명어)
騁瞻大野回晴曠(빙첨대야회청광)
嘯詠高峰任放踈(소영고봉임방소)
旣已夕陽人影散(기이석양인영산)
雙雙歸路荷田鋤(쌍쌍귀로하전서)

장한 뜻에 먼 곳으로[765] 자장(子長)[766]의 책을 지고 헛되이 유랑하다가
나이 60이 되어 다만 칩거할 뿐이네.
서쪽 변방의 해오라기는 저물녘 바람[767]에 날아가고
북쪽 바다의 물고기[768]는 6월이 되자 힘차게 일어나네.
드넓은 들을 마음껏 바라보며 갠 들녘으로 돌아가
휘파람 불고 시 읊조리니 높은 봉우리들은 멀찍이 펼쳐지네.
석양이 오니 사람들 그림자는 흩어지며
김매던 호미를 들고 쌍쌍이 집으로 돌아가네.

---

765 壯遊(장유) : 장한 뜻을 품고 먼 곳을 유력(遊歷)함. 원(元)나라 원가(袁桷)의 《送文子方著作受交趾使于武昌二十韻》에 「壯遊詩句豁, 古戍角聲悲」.

766 子長(자장) : 한(漢) 사마천(司馬遷)의 자.

767 斜風(사풍) : 비껴 부는 바람. 해거름에 부는 바람. 송(宋) 소식(蘇軾)의 《戲子由詩》에 「斜風吹帷雨注面, 先生不愧旁人羞」.

768 北溟魚(북명어) : 곤(鯤). 큰 물고기. 《莊子, 逍遙遊》에 「北冥有魚, 其名爲鯤, 鯤之大不知其幾千里也」.

109 숲에 살며
林居

洞天烟月半簾斜(동천연월반렴사)
世事悠悠感物華(세사유유감물화)
三幣無人莘野耒(삼폐무인신야뇌)
八條幸我海東槎(팔조행아해동사)
鯨郊落日歸樵牧(경교낙일귀초목)
鳳閣三更動鼓笳(봉각삼경동고가)
盛夏庚炎消遣去(성하경염소견거)
朋樽細律璨成花(붕준세율찬성화)

마을에는 안개 끼니 흐릿한 달이 주렴 밖에 반쯤 기울고
세상사는 아득히 멀어지고 자연에 감화되네.
많은 돈[769]을 가진 사람은 없으나 신야(莘野)[770]의 쟁기는 가졌고
다행히 우리에게 팔조(八條)[771]가 있고 해동에 농사지을 그루터기[772]도 있다네.
해 지는 넓은 들녘엔 초동목수도 돌아가고
관청의 북소리는 삼경을 알리네.
한여름 삼복더위의 울적한 마음을 털어버리고
벗과 술을 따르며 좋은 시[773] 지어 찬란한 꽃을 피우네.

---

769 三幣(삼폐) : 세 가지 화폐. 주옥(珠玉)・황금(黃金)・도포(刀布). 《管子, 國蓄》에 「以珠玉爲上幣, 以黃金爲中幣, 以刀布爲下幣」.

770 莘野(신야) : 지명. 은둔처. 은(殷)의 명상 이윤(伊尹)이 농사지은 곳. 《孟子, 萬章 上》에 「伊尹耕於有莘之野」.

771 八條(팔조) : 사람으로서 명심해야 할 여덟 가지 일. 《後漢書, 東夷傳, 濊條》에 「昔武王封箕子于朝鮮, 箕子敎以禮儀田蠶, 又置八條之敎云云」.

772 槎(사) : 전구(前句)의 '쟁기[耒]'와 호응하여 농작물의 그루터기. 당(唐) 장오(張鷟)의 《朝野僉載 5》에 「上元中, 華容縣有象入莊家中庭臥, 其足下有槎, 人爲出之, 象乃伏, 令人騎」.

773 細律(세율) : 좋은 음률, 좋은 시가(詩歌).

110 긴 여름에 읊다 – 3수
長夏吟 – 三首

[其一]

風竹凉生近水臺(풍죽양생근수대)
午眠一枕晡三杯(오면일침포삼배)
經綸未吐蚕何老(경륜미토잠하로)
簾幕無妨鷰爲開(염막무방연위개)
山帶夕紅花共染(산대석홍화공염)
湖兼沙白練如廻(호겸사백련여회)
十年詩債酬今夏(십년시채수금하)
故友梅亭有約來(고우매정유약래)

보(洑)[774] 가까운 대숲에 바람이 이니 기운이 서늘하고
저물 무렵 석 잔 술에 낮잠을 자네.
아직 실도 뽑아내지[775] 못한 누에는 어찌하여 늙어가는가
제비에겐 거리낄 게 없으니 발과 막을 열어보네.
산에 두른 흰 구름[776]은 석양에 붉은 꽃과 물들고
호숫가 모래사장은 흰 명주를 두른 것 같구나.
십 년 전 빚진 시(詩)를 금년 여름에는 갚으려 하는데
매정(梅亭)에서 만나기로 한 약속은 다가오고 있네.

---

774 水臺(수대) : 보(洑). 논에 물을 대기 위하여 둑을 쌓고 흐르는 냇물을 막아 두는 곳.

775 經綸(경륜) : 고치에서 실을 뽑아 끈을 짜는 일. 《禮記, 中庸》에 「唯天下至誠, 爲能經綸天下之大經, 立天下之大本, 知天地之化育」.

776 山帶(산대) : 산봉우리를 띠 모양으로 두른 흰 구름. 당(唐) 한굉(韓翃)의 《送客歸江州詩》에 「風吹山帶遙知雨, 露溼荷裳已報秋」.

[其二]

林下幽廬不厭深(임하유여불염심)
巷槐籬竹下陰陰(항괴리죽하음음)
擾膠世事何須問(요교세사하수문)
技癢詩情未斷吟(기양시정미단음)
好話多憑先輩蹟(호화다빙선배적)
淸風時拂故人襟(청풍시불고인금)
夜來起看銀河色(야래기간은하색)
流火西天序屬金(유화서천서속금)

숲속 그윽한 오두막이 깊어도 싫지 않으니
골목길 홰나무와 대울타리 밑이 어둠침침하구나.
어지럽게 들러붙은 세간사를 어찌 묻겠는가
시정(詩情)을 펼치고 싶어[777] 읊조리기를 아직 그치지 못하겠네.
좋은 이야기와 많은 전거(典據)[778]로 선배들의 자취를 좇고
맑은 바람이 불면 벗은 옷자락을 떨치며 오리라.
밤들자 일어나 앉아 은하수를 바라보니
더위는 물러가고[779] 가을이 오는구나.[780]

---

777 技癢(기양) : 자기의 재주를 발휘할 기회가 없어 안달함. 기예를 뽐내고 싶어서 손발이 근질근질함. 《文選, 潘岳, 射雉賦》에 「屛發布而累息, 徒心煩而技癢」.

778 多憑(다빙) : 많은 전거(典據).

779 流火(유화) : 대화성(大火星)이 음력 7월에 서쪽으로 옮겨감. 7월의 더위가 물러가고 가을이 다가올 때. 《詩經, 豳風, 七月》에 「七月流火, 九月授衣」.

780 屬金(속금) : 가을이 이어짐. 금(金)은 오행(五行)의 하나로 방위로는 서쪽, 시절로는 가을.

[其三]

狃濯淸寒此豈能(공탁청한차기능)
觴吟足敵夏炎蒸(상음족적하염증)
要津醉夢黃粱熟(요진취몽황량숙)
浮世仙方白日升(부세선방백일승)
家事幸因堆桂玉(가사행인퇴계옥)
兒工只望出藍氷(아공지망출람빙)
雲烟海嶽逍遙志(운연해악소요지)
惜未塵寰暇隙乘(석미진환가극승)

말끔히 씻어 맑고 싸늘한 하늘로 어찌 날아오를 수 있으리오
술 마시며 흥겹게 노래하다 보면 찌는 듯한 더위에도 맞설 수 있으리.
술에 취해 고관대작[781]을 꿈꾸어 황량몽 속 기장은 익었으니[782]
덧없는 세상 술[783]에 취해 신선 되어 하늘로 오르는구나.
집안 살림은 요행히도 땔감과 쌀[784]이 쌓여 있으니
다만 바라는 바는 아이의 공부가 스승보다 더 뛰어나게 되는 것이네.
뜻은 운무 날리는 산과 바다에서 소요하려는데
아직 인간세상[785]에서 한가할 겨를이 없음을 애석해하네.

781 要津(요진) : 요로(要路). 높고 중요한 직위나 지위. 당(唐) 두보(杜甫)의 《麗人行》에 「簫鼓哀吟感鬼神, 賓從雜遝實要津」.

782 黃粱熟(황량숙) : 황량몽(黃粱夢) 속의 조(기장)가 익음. 덧없는 부귀영화나 허황된 욕망을 비유. 송(宋) 범성대(范成大)의 《邯鄲道詩》에 「困來也作黃粱夢, 不夢封侯夢石湖」.

783 仙方(선방) : 신선이 되려고 복용하던 단약(丹藥). 본문에서는 술.

784 桂玉(계옥) : 계신옥립(桂薪玉粒). 계수나무 땔감과 옥 같은 쌀. 《戰國策, 楚策 3》에 「蘇秦之楚, 三日乃得見乎王, 談卒, 辭而行, 楚王曰, 寡人聞先生, 若聞古人, 今先生乃不遠千里而臨寡人, 曾不肯留, 願聞其說, 對曰, 楚國之食貴於玉, 薪貴於桂, 謁者難得見如鬼, 王難得見如天帝, 今令臣食玉炊桂, 因鬼見帝」.

785 塵寰(진환) : 인간 세상. 당(唐) 권덕여(權德輿)의 《送李城門罷官歸嵩陽詩》에 「歸去塵寰外, 春山桂樹叢」.

111 나그네
有客

牕前手植碧梧枝(창전수식벽오지)
晩歲知音遇子期(만세지음우자기)
有數靑雲山外去(유수청운산외거)
無端白髮鏡中垂(무단백발경중수)
酒如好色迷魂醉(주여호색미혼취)
詩似看棋下手遲(시사간기하수지)
但願豊年爲上瑞(단원풍년위상서)
與人同樂太平時(여인동락태평시)

손수 심은 창 앞 오동나무 가지는 푸르고
늙어가며 마음이 통하는 벗 종자기(鍾子期)를 만났구려.
몇 점 푸른 구름은 산 밖으로 떠가는데
뜻밖에 거울 속에 흰머리를 드리우고 있구려.
술은 여색을 좋아하는 것처럼 취해 정신을 미혹케 하는데
시(詩)는 바둑판 바라보고 지척거리는 하수처럼 더디구나.
다만 풍년을 상서(上瑞)[786]로 여기며 원하노니
사람들과 함께 태평성대를 즐기리라.

786 上瑞(상서) : 가장 경사스러운 조짐. 당(唐) 한유(韓愈)의 《賀慶雲表》에 「臣所領州, 今月十六日申時有慶雲現於西北, …… 斯爲上瑞, 實應太平」.

112 7월에 읊다 – 3수
七月吟 – 三首

[其一]

群賢東稗起予聽(군현동패기여청)
千古奇文話屑零(천고기문화설령)
漢北時憂雲蔽日(한북시우운폐일)
天西秋氣火流星(천서추기화류성)
身居虛室渾生白(신거허실혼생백)
手閱陳篇謾殺青(수열진편만살청)
夜靜村鄰喧動息(야정촌린훤동식)
樹林風露滿山庭(수림풍로만산정)

뭇 현인들의 이야기[787]는 나를 깨우쳐주는[788] 소리로 들으며
아주 먼 옛적의 기이한 글을 잗달게 말하네.
한양의 간신들이 임금의 은총을 가리는[789] 때라고 걱정하는데
하늘 서쪽 가을 기운에 더위가 물러가네.
몸은 허실(虛室)에 기거하니 도를 깨달을 만도 한데[790]
책방 넘기는 손은 부질없이 종이[791]만 어지럽히네.
조용한 밤에 떠들썩한 이웃들을 쉬게 하는 것은
숲에 내리는 산정에 가득한 바람과 이슬이라네.

---

787 東稗(동패) : 우리나라의 민간에 떠도는 이야기.

788 起予(기여) : 나를 일깨워 줌. 공자(孔子)가 '나를 일깨우고 시를 함께 논할 만한 사람은 자하(子夏)'라고 말한 고사. 《論語, 八佾》에 「子曰, 起予者, 商也, 始可與言詩已矣」.

789 雲蔽日(운폐일) : 구름이 해를 가림. 간신이 임금의 은덕을 막음. 당(唐) 이백(李白)의 《登金陵鳳凰臺》에서 「總爲浮雲能蔽日」.

790 虛室渾生白(허실혼생백) : 허실생백(虛室生白). 방이 비면 밝다. 사람의 마음도 망상이 들지 아니하면 도(道)를 깨달을 수 있음. 《莊子, 人間世篇》에 「瞻彼闋者, 虛室生白, 吉祥止止」.

791 殺青(살청) : 한간(汗簡). 종이. 《後漢書, 吳祐傳》에 「祐年十二, 隨從到官, 恢欲殺青簡以寫經書」.

[其二]

空虛地上是靑霄(공허지상시청소)
萬象昭昭自不遙(만상소소자불요)
雨歇斜陽蟬語樹(우헐사양선어수)
星流七夕鵲成橋(성류칠석작성교)
看山有約玄暉屐(간산유약현휘극)
與月爲期赤壁簫(여월위기적벽소)
欣倒故人淸絶話(흔도고인청절화)
爽然襟抱坐中宵(상연금포좌중소)

텅 빈 땅 위에는 푸른 하늘인데
온갖 물상은 가까이서 밝게 빛나네.
매미는 비 그친 저녁 숲에서 울고
세월은 빨라 칠석이 다가오니 까치는 오작교를 만드네.
현휘(玄暉; 謝朓)의 나막신[792]을 신고 산에 오르기로 약속하였으니
달이 뜨면 적벽(赤壁)[793]에서는 퉁소를 불리라.
벗의 맑고도 빼어난 말씀에 포복절도하고
밤이 되면 앉아서 속마음 시원하게 털어놓으리라.

792 玄暉屐(현휘극) : 현휘(玄暉)는 남조 제(南朝濟)의 시인 시조(謝朓)의 자. 《宋書, 謝靈運傳》에 「尋山陟嶺, 必造幽峻, 巖嶂十重, 莫不備盡, 登躡常著木履, 上山則去其前齒, 下山去其後齒」.

793 赤壁(적벽) : 현 전라남도 화순군 이서면 월산리의 동복강 가에 있는 절경.

[其三]

炎凉代序屬秋容(염량대서속추용)
風拂篁林雨過峰(풍불황림우과봉)
歲月無情如隙駟(세월무정여극사)
文章大手謾屠龍(문장대수만도룡)
知音流水彈牙譜(지음유수탄아보)
聲氣何山和洛鍾(성기하산화락종)
今日朝廷經濟事(금일조정경제사)
君民堯舜屋皆封(군민요순옥개봉)

더위와 서늘함이 차례를 번갈더니 가을이 이어지고
바람이 대숲을 씻어가니 비는 산봉우리를 지나가네.
무정한 세월은 달리는 말을 문틈으로 보는 것같이 빠르니
대가의 문장도 쓸데없는 재주로구나.
벗은 흐르는 물을 타는 백아(伯牙)의 음률[794]을 알아들었는데
그대[795]는 어느 산에서 낙양궁중(洛陽宮中)의 종소리[796]에 화답하는가?
금일 조정에서는 경세제민의 일을 하려니
군주와 백성이 모두 요순시절의 비옥가봉(比屋可封)[797]이라 하겠네.

---

794 牙譜(아보) : 거문고의 명인 백아(伯牙)의 악보(樂譜).

795 聲氣(성기) : 소리와 기운. 친구 간의 공통된 취미나 기호. 본문에서는 '지기(知己). 벗'.

796 洛鍾(낙종) : 낙양궁중(洛陽宮中)의 종(鍾). 능히 만물을 감응시키는 것을 비유. 《易經, 乾卦, 各從其類也, 疏》에 「言, 天地之閒, 共相感應, 各從其氣類, 此類因聖人感 萬物以同類, 故以同類言之, 其造化之性, …… 蠶吐絲而商弦絶, 銅山崩而洛鍾應, 其類煩多, 難一一言也」.

797 屋皆奉(옥개봉) : 비옥가봉(比屋可奉). 집집마다 모두 정표(旌表)할 만함. 백성들이 군주의 교화를 받아 덕행이 훌륭함. 《尚書大傳 5》에 「周人可比屋而封」.

113 죽포(竹圃; 安楨)와 함께 붓 가는 대로 읊다
與竹圃漫吟

索居每欲碧山捿(색거매욕벽산서)
瀟洒林泉路不迷(소쇄임천로불미)
過客無心題鳳字(과객무심제봉자)
喜君高躅印鴻泥(희군고촉인홍니)
奔忙夏試科儒慾(분망하시과유욕)
橫索秋原寡婦啼(횡색추원과부제)
處世惟宜知所止(처세유의지소지)
邱隅在彼囀黃鸝(구우재피전황리)

외로이 살며 늘상 푸른 산에 깃들기를 원했고
맑고 깨끗한 은거지라 길을 잃지 않았네.
지나는 나그네가 변변치 못한 인물[798]이라고 하더라도
그대의 귀한 방문[799]을 기뻐한 것은 지난 일[800] 때문일세.
여름 과거시험에 선비들은 분망하리니
가을 들녘 과부들의 눈물을 흘리게 하는구려.[801]
처세에 있어 모름지기 마땅한 것은 멈출 바를 아는 것이라고
외진 곳의 저 누런 꾀꼬리는 지저귀고만 있네.

---

798 題鳳(제봉) : 제범조(題凡鳥). 친구를 방문함. 당(唐) 왕유(王維)의 《春日與裴迪過新昌里訪呂逸人不遇詩》에 「到門不敢題凡鳥, 看竹何須問主人」.

799 高躅(고촉) : 존귀한 족적(足跡). 남의 내방(來訪)의 경칭.

800 鴻泥(홍니) : 홍조설니(鴻爪雪泥). 눈 위에 난 기러기 발자국. 지난 일의 흔적. 청(淸) 전영(錢泳)의 《履園叢話, 古迹序》에 「足跡所到, 略志鴻泥, 以備遺忘, 不可謂之閱歷也」.

801 橫索(횡색) : 강탈함. 강압적으로 요구함. 명(明) 오승은(吳承恩)의 《開府介川毛公德政頌》에 「曰郵有傳, 姦極牛毛, 橫索豪侵, 四境告勞」.

114 죽포(竹圃; 安楨)와 함께 과제를 내어 읊다 – 8수
與竹圃課吟 – 八首

[其一]

秋氣崢嶸玉宇高(추기쟁영옥우고)
南樓餘趣嘯東皐(남루여취소동고)
憐君詩律吟千首(연군시율음천수)
愧我年光化二毛(괴아연광화이모)
劒筑悲歌因酒發(검축비가인주발)
海山佳興以琴挑(해산가흥이금도)
騷人巨擘無功老(소인거벽무공로)
風雨槐場但積勞(풍우괴상단적노)

가을이라 싸늘한 기운은 더해가고 궁궐[802]은 높아만 가는데
남녘 누각에서는 흥에 취해 동쪽 언덕에 올라 휘파람을 부네.
그대의 시를 사랑하여 천수의 시를 읊조리다가
어느덧 반백(斑白)의 늙은이가[803] 된 것을 부끄러워하네.
축(筑)을 두드리며 슬픈 노래[804] 부르며 술을 마시다가도
바다와 산에 노니는 멋있는 흥취에 거문고를 어깨에 메네.
빼어난 시인은 공도 없이 늙어만 가고
비바람 부는 과장(科場)에서는[805] 부질없는 수고로움만 쌓여가리.

---

802 玉宇(옥우) : 옥으로 장식한 집. 호화로운 집. 본문에서는 한양의 궁궐.

803 二毛(이모) : 이모지년(二毛之年). 반백(斑白)의 머리. 진(晉) 갈홍(葛洪)의 《抱朴子, 遐覽》에 「二毛告暮, 素志衰頹」.

804 劒筑悲歌(검축비가) : 비가격축(悲歌擊筑). 비장하게 노래 부르며 축(筑)을 두드림. 송(宋) 육유(陸游)의 《老將詩》에 「百戰西歸變姓名, 悲歌擊筑醉湖城」.

805 槐場(괴장) : 조정(朝廷) 또는 과거시험장. 본문에서는 후자의 뜻.

[其二]

文章願學杜青袍(문장원학두청포)
呼吸風雲用健毫(호흡풍운용건호)
有友且須謀十斗(유우차수모십두)
無官何可夢三刀(무관하가몽삼도)
長天炎捲三庚雨(장천염권삼경우)
近夜江鳴萬壑濤(근야강명만학도)
從此源源宜與子(종차원원의여자)
白頭南國幾詩豪(백두남국기시호)

문장은 두보(杜甫)[806] 배우기를 원했던 바
풍운(風雲; 風流)을 호흡하여 글은 곧잘 지었네.[807]
벗은 모름지기 얼마간의 녹봉[808]을 꾀했었으나
벼슬이 없으니 어찌 영전의 꿈[809]을 꿀 수 있었으리오.
기나긴 여름날의 더위를 삼복에 내린 비가 걷어내니
날 저문 강은 첩첩이 밀려오는 파도 소리로 우네.
이(파도)처럼 끝없이 이어져서 마땅히 그대와 함께하리니
남녘에서 백발의 빼어난 시인은 몇이나 되는가.

---

806 杜青袍(두청포) : 두릉포의(杜陵布衣). 당(唐)의 두보(杜甫). 당(唐) 두보(杜甫)의 《徒步歸行》에 「青袍朝士最困者, 白頭拾遺徒步歸」.

807 健毫(건호) : 건필(健筆). 글씨를 잘 씀. 시문을 잘 지음.

808 十斗(십두) : 열 말의 쌀. 곧 얼마간의 녹봉(祿俸).

809 夢三刀(몽삼도) : 삼도지몽(三刀之夢). 관리가 영전함을 이름. 진(晉) 왕준(王濬)의 고사. 《晉書, 王濬傳》에 「濬夜夢懸三刀於臥屋梁上, 須臾又益一刀, 濬驚覺, 意甚惡之, 主簿李毅再拜賀曰, 三刀爲州字, 又益一者, 明府其臨益州乎, 及賊張弘殺益州刺吏皇甫晏, 果遷濬爲益州刺史」.

[其三]

樵笛漁歌晩入湖(초적어가만입호)
山容水色也堪圖(산용수색야감도)
秋晴大野飛霞鶩(추청대야비하목)
夢隔靑雲化葉鳧(몽격청운화엽부)
十年襲珷還羞玉(십년습무환수옥)
四座探驪且護珠(사좌탐려차호주)
適與詩翁篁裡坐(적여시옹황리좌)
村鄰夜話競相呼(촌린야화경상호)

초동의 피리 어부들의 노랫소리에 호수에 저녁이 드니
산과 물빛은 그림보다 낫다 하겠네.
쾌청한 가을 넓은 들녘엔 저물녘 오리가 나니[810]
지난날 청운의 꿈은 나뭇잎처럼 가벼이 나는 오리가 되었네.
10년간 전해오던 옥돌은 도리어 부끄러운 옥이 되었고
좌중에 둘러앉아 여룡(驪龍) 턱밑의 구슬을 얻으려 하네.[811]
마침 시 짓는 늙은이와 대숲에 앉아 있으려니
마을의 이웃들은 서로 부르며 밤 이야기를 나누네.

810 霞鶩(하목) : 저녁노을 아래 날아가는 한 마리 오리. 당(唐) 왕발(王勃)의 《滕王閣序》에 「落霞與孤鶩齊飛, 秋水共長天一色」.

811 探驪且護珠(탐려차호주) : 호(護)는 '획(獲)'의 오기. 곧 탐려차획주(探驪且獲珠)의 고사. 여룡(驪龍; 검은용)의 턱밑에 있는 구슬을 얻음. 전하여 위험을 무릅쓰고 큰 이익을 얻음. 또는 문장의 요령을 얻음. 《莊子, 列禦寇》에 「河上有家貧恃緯蕭而食者, 其子沒於淵, 得千金之珠, 其父謂其子曰, 云云, 千金之珠, 必在九重之淵, 而驪龍頷下, 子能得珠者, 必遭其睡也」.

[其四]

文章已許大方家(문장이허대방가)
永夕淸談我客佳(영석청담아객가)
歲晏昆虫吟露草(세안곤충음로초)
江晴鴟鷺下烟沙(강청치로하연사)
三庚雨色飄梧葉(삼경우색표오엽)
四野秋光入稻花(사야추광입도화)
七七星期良夜是(칠칠성기양야시)
起看銀漢暮雲斜(기간은한모운사)

그대 문장은 이미 강호에 대가가 되었으니
밤 깊도록 고담청론 나누는 나그네는 아름답구려.
날 저물자 풀벌레들은 이슬 맺힌 풀잎에서 울고
갠 강가 비둘기와 해오라기들은 안개 낀 모래사장에 내리네.
삼복더위에 비가 내리려는가 한바탕 바람은 오동잎에 일고
사방 들녘 가을빛은 벼꽃에 드네.
칠월칠석을 기약하는 좋은 저녁에
일어나 저문 하늘 구름 사이로 은하수를 바라보네.

[其五]

强半光陰過夏三(강반광음과하삼)
西風夕起火流南(서풍석기화류남)
一年好約星回漢(일년호약성회한)
千載虛心月印潭(천재허심월인담)
蘭砌佳兒培玉樹(난체가아배옥수)
藝園才子出靑藍(예원재자출청람)
田家幸望昇平樂(전가행망승평락)
四野占豊稼穡甘(사야점풍가색감)

세월은 여름 석 달의 절반[812]을 지나니
저녁이면 서풍이 불고 가을이 다가오네.[813]
일 년에 한 번 견우직녀 좋은 기약은 은하수가 한 바퀴 도는 것이니[814]
천년 무심한 연못에 달빛이 빛나네.
난초 핀 섬돌에서 아름다운 자제들을 키우고 있으니[815]
예원(藝園)[816]의 재주 있는 젊은이들은 스승보다 빼어나리.
농촌에서 요행으로 바라는 바는 태평한 시절을 즐기는 것이니
사방 들녘 농사가 좋으니 풍년을 점쳐보네.

---

812 强半(강반) : 태반(太半). 수(隋) 양제(煬帝)의 《憶韓俊娥詩》에 「須知潘岳鬢, 强半爲多情」.
813 火流南(화류남) : 유화성(流火星). 대화성이 음력 7월에 남쪽으로 옮겨감. 가을이 다가옴.
814 回漢(회한) : 은한(銀漢)이 한 바퀴 돎.
815 玉樹(옥수) : 타인의 훌륭한 자제를 이르는 말. 남조 송(南朝宋)의 유의경(劉義慶)의 《世說新語, 言語》에 「謝太傅問諸子姪, 子弟亦何預人事, 而正欲使其佳, 諸人莫有言者, 車騎答曰, 譬如芝蘭玉樹, 欲使其生於階庭耳」.
816 藝園(예원) : 예원(藝苑). 전적(典籍)을 많이 모아둔 곳.

[其六]

逍遙園竹且哦松(소요원죽차아송)
白髮蒼顔喜對容(백발창안희대용)
好詠楚辭方是士(호영초사방시사)
知音宋筑彼何傭(지음송축피하용)
半簷月色飛天鏡(반첨월색비천경)
一枕江聲聽石鐘(일침강성청석종)
晩歲功名猶有戀(만세공명유유연)
晴窓時復筮雲龍(청창시복서운룡)

대숲을 거닐고 솔밭에서 읊조리다가[817]
흰머리 난 창백한 얼굴로 서로 만나 기뻐하네.
초사(楚辭)[818] 읊기를 좋아하는 방시한거사(方是閒居士)[819]가
송(宋)나라 음악을 어찌 알 필요가 있으리오?
반쯤 걸린 처마의 달빛은 호수[820]에 날고
강물 소리를 베고 누워 석종 소리를 듣네.
늙어서 공명 누리기를 기리는 것은
갠 들창에서 다시금 태평성대[821] 오기를 점치는 것이라네.

---

817 哦松(아송) : 당(唐)의 최사립(崔斯立)이 남전현승(藍田縣丞)을 지낼 때 항상 관아의 뜰에 있는 소나무 사이에서 음영(吟詠)한 고사. 당(唐) 한유(韓愈)의 《藍田縣丞廳壁記》에 「博陸崔斯立……爲丞玆邑……庭有老槐四行, 南牗鉅竹千挺……斯立痛掃漑, 對樹二松, 日哦其間」.

818 楚辭(초사) : 초(楚)의 굴원(屈原)이 지은 사부를 모은 책. 본문에서는 〈이소(離騷)〉를 의미.

819 方是士(방시사) : 방시한거사(方是閒居士)의 준말. 송(宋) 유학기(劉學箕)의 호.

820 天鏡(천경) : 호수의 수면. 송(宋) 육유(陸游)의 《病後往來湖山閒戲書詩》에 「結茅所幸得佳處, 石帆天鏡無纖塵」.

821 雲龍(운룡) : 운종룡풍종호(雲從龍風從虎). 구름은 용을 바람은 범을 따름. 성군과 현인이 동시에 세상에 나옴. 태평성대. 《周易, 乾》에 「雲從龍, 風從虎, 聖人作而萬物睹」.

[其七]

浪吟時景筆抽奩(낭음시경필추렴)
好友琴樽興味兼(호우금준흥미겸)
曉月觀梅邵子樂(효월관매소자락)
淸風孤竹伯夷廉(청풍고죽백이렴)
夜閒湖水鳴侵戶(야한호수명침호)
雨歇秋山翠滴簾(우헐추산취적렴)
白首同硏難再得(백수동연난재득)
盤飧欒爾只精塩(반손솔이지정염)

철따라 바뀌는 경물을 마음껏 읊조리며 글을 짓다가[822]
좋은 벗과 거문고 타고 술 마시니 흥미를 겸하네.
새벽 달 아래 매화를 보고 점을 치니[823] 소자(邵子)[824]의 즐거움이오
맑은 바람 속 외로운 대나무는 백이숙제[825]의 청렴이리.
밤들자 호수의 물소리는 집으로 스며들고
갠 가을 산 나뭇잎에 맺힌 물방울[826]로 발을 치네.
늙어가며 함께 시문을 논할 사람은 거듭 얻기 어려우니
음식을 먹어가며 편안하게 오직 시를 정련하네.[827]

---

822 筆抽奩(필추렴) : 붓을 상자에서 꺼냄. 곧 시문을 짓고 씀을 이름.

823 觀梅(관매) : 매화수(梅花數). 송(宋)의 소옹(邵雍)이 창안한 점술법인 매화수의 별칭.

824 邵子(소자) : 소옹(邵雍). 송(宋) 범양(范陽) 사람. 안락선생(安樂先生) · 이천옹(伊川翁).

825 伯夷(백이) : 백이(伯夷)와 숙제(叔齊). 은(殷) 고죽군(孤竹君)의 아들. 주무왕(周 武王)이 은을 치자 주나라 곡식 먹기를 부끄러이 여겨 수양산에서 굶어 죽었음.

826 翠滴(취적) : 나뭇잎에 맺힌 물방울. 명(明) 하석조(夏錫祚)의 《自紫蜆澗至旋螺頂詩》에 「陰陰冷翠滴, 竹色綠人面」.

827 精塩(정염) : 소금을 정련(精鍊)함. 본문에서는 시를 갈고 닦음을 비유.

[其八]

與君交契不凡凡(여군교계불범범)
邂逅逢場口豈緘(해후봉장구기함)
白露洲邊分二水(백로주변분이수)
金鰲山上聳千岩(금오산상용천암)
暮年香社開朋酒(모년향사개붕주)
是月丹江伴客帆(시월단강반객범)
自顧平生瞻屋漏(자고평생첨옥루)
人間善惡上天監(인간선악상천감)

그대와의 사귐은 보통이 아니었으니
만나는 곳에서 어찌 입을 다물리오?
백로(白露)[828] 즈음 모래톱의 물은 둘로 나뉘고
금오산(金鰲山) 꼭대기에는 뭇 바위가 솟아 있네.
늙어가며 향사(香社)[829]에서 두 동이의 술통[830]을 열고
이달에는 단강(丹江)[831]에서 그대와 함께 돛배를 띄우리.
스스로 돌아보니 한평생 비 새는 지붕[832]만 바라보았으니
인간의 선악은 하늘이 감시하고[833] 있으리.

---

828 白露(백로) : 24절후의 열다섯 번째. 처서(處暑)와 추분(秋分) 사이.
829 香社(향사) : 부락 공동체의 미칭(美稱).
830 朋酒(붕주) : 두 동이의 술. 《詩經, 豳風, 七月》에 「九月肅霜, 十月滌場, 朋酒斯饗, 曰殺羔羊」.
831 丹江(단강) : 전설의 강. 《山海經, 南山經》에 「丹穴之山, 其上多金玉, 丹水出焉, 而南流注於渤海」.
832 屋漏(옥루) : 은자나 선비가 기거하는 방. 《詩經, 大雅, 抑》에 「相在爾室, 尙不愧于屋漏」.
833 天監(천감) : 하늘의 감시. 《詩經, 大雅, 大明》에 「天監在下, 有命旣集」.

115 벗 매곡(梅谷) 이희(李憙)가 오랜 귀양에서 풀려나 돌아가면서 방문하였기에 술자리를 베풀고 이별 노래를 지어주다 – 2수
梅谷李友憙久謫赦歸臨訪設酌旣而贈別 – 二首

[其一]

蒼葭秋水所懷多(창가추수소회다)
忽漫相逢又別俄(홀만상봉우별아)
叫閤一言鳴鳳日(규합일언명봉일)
投荒千里涉鯨波(투황천리섭경파)
鬢邊短髮垂垂老(빈변단발수수노)
座上淸樽浩浩歌(좌상청준호호가)
可惜斜陽分手路(가석사양분수로)
東西鷰鷺各飛他(동서연로각비타)

가을 물가 푸른 갈대밭에 생각도 많았는데
뜻밖에[834] 서로 만났다가 또 갑자기 헤어지네.
궁중에서 하소연 한마디로 현인(賢人)[835]이 되던 날에
천리 변경에 유배되어[836] 큰 파도[837]를 건넜구려.
귓가에 짧은 흰머리를 드리운 노인이 되고
좌중의 어른 되어 맑은 술에 취해 우렁찬 노래 부르네.
저물녘 이별을 아쉬워하는 길목에서
제비와 해오라기처럼 각각 나뉘어 동서로 날아가네.

---

834 忽漫(홀만) : 갑자기. 뜻밖에. 당(唐) 두보(杜甫)의 《送路六侍御入朝詩》에 「更爲後會知何地, 忽漫相逢是別筵」의 2구에 의거한 표현.

835 鳴鳳(명봉) : 현인(賢人). 《詩經, 大雅, 卷阿》에 「鳳皇鳴矣, 于彼高岡, 梧桐生矣, 于彼朝陽」.

836 投荒(투황) : 멀리 황량한 변경에 좌천시키거나 유배함. 당(唐) 독고급(獨孤及)의 《爲明州獨孤使君祭員郞中文》에 「公負讉投荒, 予亦左袵異域」.

837 鯨波(경파) : 고래 같은 파도. 큰 물결이나 파도. 당(唐) 두보(杜甫)의 《舟出江陵南浦奉寄鄭少尹詩》에 「溟漲鯨波動, 衡陽雁影徂」.

[其二]

憂樂悲歡過百年(우락비환과백년)
悠悠人世摠然然(유유인세총연연)
江山有幸來工部(강산유행래공부)
風月多情遇謫仙(풍월다정우적선)
杜宇聲殘春後樹(두우성잔춘후수)
金鷄唱送日邊天(금계창송일변천)
竹枝三疊陽關酒(죽지삼첩양관주)
千里相思贈一鞭(천리상사증일편)

근심과 즐거움, 슬픔과 기쁨 속에 한평생을 지내니
끝없는 인간사 모두가 그렇고 그런 것이리.
다행히 강산에는 공부(工部; 杜甫)가 왔었고
다정한 풍월 속에 적선(謫仙; 李白)을 만났네.
봄 지난 나무엔 두견새[838] 울음소리도 사라지고
하늘가 금계(金鷄)는 사면(赦免)[839]의 노래를 불렀네.
죽지사(竹枝詞)[840]와 양관삼첩(陽關三疊)[841]을 노래 부르며 술을 권하노니
서로 그리며 머나먼 길을 채찍질하여 보내네.

---

838 杜宇(두우) : 촉(蜀)나라 망제(望帝)의 이름. 두견의 이칭. 《太平御覽 166》에 「蜀王本紀 : 荊人鼈令死, 其尸流亡, 隨江水上至成都, 見蜀王杜宇, 杜宇立以爲相, 杜宇號望帝, 自以德不如鼈令, 以其國禪之, 號開明帝」.

839 金鷄(금계) : 전설상 신령스러운 닭. 대사면(大赦免)을 이르는 말. 당(唐) 한유(韓愈)의 《桃園圖記》에 「夜半金鷄啁哳鳴, 火輪飛出客心驚」.

840 竹枝(죽지) : 죽지사(竹枝詞). 악부(樂府). 지방의 풍속을 읊어 노래함.

841 三疊陽關(삼첩양관) : 양관삼첩(陽關三疊). 옛 악곡의 이름. 일명 위성곡(渭城曲). 후대에 송별하는 곡으로 세 번 반복하여[三疊] 불러서 양관삼첩이라 함. 당(唐) 왕유(王維)의 《送元二使安西詩》에 「渭城朝雨浥輕塵, 客舍青青柳色新, 勸君更盡一杯酒, 西出陽關無故人」.

116 수산(壽山) 정조원(鄭祚源)의 시에 차운하다 – 2수
次壽山鄭祚源韻 – 二首

[其一]

生長昇平六十年(생장승평육십년)
蕭踈顔髮覺蒼然(소소안발각창연)
身謀未學兎營窟(신모미학토영굴)
誠信難期鶴聞天(성신난기학문천)
老去關心丹竈鍊(노거관심단조련)
閒來寓意白雲篇(한래우의백운편)
窓前一夜梅花發(창전일야매화발)
人伴新春喜耗傳(인반신춘희모전)

태어나 자라 60년을 태평하게 보냈고
쓸쓸한 얼굴과 성근 머리털[842]에서 노쇠한 얼굴을 깨닫네.
몸으로 교토삼굴(狡免三窟)[843]의 꾀는 미처 배우지 못했지만
은자의 명성이 드러나기[844] 어렵다는 것은 참으로 믿었네.
늙어가며 단약(丹藥) 굽는 화덕[845]에 관심을 두었다가도
평소에는 은사의 시[846]를 빗대어 넌지시 쓰곤 했다네.
창 앞에는 하룻밤에 매화가 피어나니
사람들은 서로 새봄 소식을 기뻐하네.

---

842 蕭踈(소소) : 나뭇잎이 떨어져서 적막하고 쓸쓸함. 당(唐) 두목(杜牧)의 《八六子詞》에 「辭恩久歸長信, 鳳帳蕭疏, 椒殿閒扃」.

843 兎營窟(토영굴) : 교토삼굴(狡免三窟). 교활한 토끼는 굴 셋을 파 놓는다. 《戰國策, 齊策》에 「煖謂孟嘗君曰, 狡免有三窟, 僅得免其死耳,今有一窟, 未得高枕而臥也, 請爲君復鑿二窟」.

844 鶴聞天(학문천) : 학명구고성문우천(鶴鳴九皐聲聞于天). 학이 깊숙한 못가에 울어도 소리는 하늘에까지 들림. 군자는 은신하여도 이름이 널리 알려짐. 《詩經, 小雅, 鶴鳴篇》에 「鶴鳴九皐聲聞于天」.

845 丹竈鍊(단조련) : 방사(方士)가 영약(靈藥)을 고는 부엌. 남조 양(南朝梁) 강엄(江淹)의 《別賦》에 「守丹竈而不顧, 鍊金鼎而方堅」.

846 白雲篇(백운편) : 은사의 시. 진(晉) 도잠(陶潛)의 《和郭主簿詩》에 「遙遙望白雲, 懷古一何深」.

[其二]

近看荊益誌(근간형익지)
欹枕夢雲長(의침몽운장)
誰喚臥龍起(수환와룡기)
殷勤拜龐床(은근배방상)

근래에 형익지(荊益誌)[847]를 읽다가
베개에 기대어 관운장(關雲長)[848]을 꿈꾸었네.
누가 와룡선생(臥龍先生)[849]을 불러일으켜
공손하게 높고 큰 의자에 배상(拜上)하였는가?

---

847 荊益誌(형익지) : 형주(荊州)와 익주(益州)에 관한 기록. 곧 《三國志》. 형주는 삼국지(三國志)에서 삼구계(三求計)를 했던 곳이며, 익주는 도원결의(桃園結義)를 맺었던 곳.

848 雲長(운장) : 관우(關羽). 중국 삼국시대 촉한(蜀漢)의 무장 관우(關羽)의 자.

849 臥龍(와룡) : 제갈공명(諸葛孔明)의 별칭. 은거하거나 재능을 펼치지 않는 뛰어난 인재. 《三國志, 蜀志, 諸葛亮傳》에 「(徐庶)謂先主曰, 諸葛孔明者, 臥龍也, 將軍豈願見之乎」.

117 죽포(竹圃; 安楨)와 함께 왜구(倭寇)가 창궐한다는 소식을 듣고 마음을 느긋하게 먹고 시를 쓰다 – 2수
與竹圃聞倭酋猖獗詩以寬懷 – 二首

[其一]

五百江山九鼎輕(오백강산구정경)
林廬無計送餘生(임여무계송여생)
三秋別後今聯榻(삼추별후금연탑)
一樂人間是育英(일락인간시육영)
水竹精神霜雪老(수죽정신상설로)
窓梅消息月參橫(창매소식월삼횡)
紛紜世事都抛却(분운세사도포각)
談笑樽筵雅會成(담소준연아회성)

오백 년 강산은 구정(九鼎)[850]이 오히려 가벼우니
숲속 오두막에서 남은 생애를 보낼 계책이 없구나.
삼 년 동안이나 헤어져 있다가 오늘 함께 앉았으니
영재를 가르치는 것이 세상 사는 즐거움의 하나이리라.
아름다운 경치 속에[851] 살아가며 고결한 지조[852]로 늙어가려는데
창 앞 매화 핀다는 소식은 한밤중처럼 깜깜하구나.[853]
이러쿵저러쿵 어시러운 세상사는 모두 물리치고
단아하게 모여 술 마시며 담소나 하여보세.

850 九鼎輕(구정경) : 구정(九鼎)이 가벼움. 나라의 기강이 해이해졌음. 《左傳, 宣公三年》에 「昔夏之方有德也, 遠方圖物, 貢金九牧, 鑄鼎象物, 百物而爲之備, 使民知神姦」.

851 수죽(水竹) : 물과 대나무. 맑고 그윽한 경치. 당(唐) 맹교(孟郊)의 《旅次洛城東水亭詩》에 「水竹色相洗, 碧花動軒楹」.

852 霜雪(상설) : 고결한 지조를 비유. 한(漢) 공융(孔融)의 《薦禰衡疎》에 「忠果正直, 志懷霜雪」.

853 參橫(삼횡) : 삼성(參星)이 하늘에 가로놓여 있음. 밤이 깊음. 나라의 상황이 암담함을 비유. 삼국 위(三國魏) 조식(曺植)의 《善哉行》에 「月沒參橫, 北斗闌干」.

[其二]

滄江茅屋夜懸燈(창강모옥야현등)
青眼相看白首朋(청안상간백수붕)
宿債平生文字飮(숙채평생문자음)
留連數日座香凝(유연수일좌향응)
皓月沈江波面濶(호월침강파면활)
群山繞戶地鱗層(군산요호지린층)
詩翁南國消宵興(시옹남국소소흥)
雪後新梅一格增(설후신매일격증)

푸른 강가 초가집에 밤들자 등불을 밝혀 달고
은근한 눈길[854]로 서로 흰머리를 바라보네.
평생 진 빚[855]에 술 마시며 시를 짓노라[856]
여러 날 연달아 앉아 있노라니 자리에 향기가 엉기네.
밝은 달이 강물에 잠기자 물결은 일렁이고
뭇 산이 집을 두르자 땅은 비늘처럼 층지는구나.
남녘의 늙은 시인들은 밤 흥취에 빠지고
눈 그치자 새로 핀 매화는 한층 품격을 더하는구나.

---

854 青眼(청안) : 애정이나 믿음의 눈길. 마음이 통하는 절친한 벗.

855 宿債(숙채) : 묵은 빚. 시채(詩債)로 시를 미루었거나 답시(答詩)를 지어 보내지 못한 것.

856 文字飮(문자음) : 문인들 사이에 술 마시면서 시를 짓거나 글을 토론하는 일. 당(唐) 한유(韓愈)의 《醉贈張緋書詩》에 「長安衆富兒, 飯饌羅羶葷, 不解文字飮, 惟能醉紅裙」.

118 왜국(倭國)의 글에서는 행관(行官)[857]이 말을 바꾼다는 것을 듣고 聞倭書易言行官

幾年離索臥滄江(기년이색와창강)
浩浩長歌擊酒缸(호호장가격주항)
左海尙傳遺敎入(좌해상전유교입)
中原無復大明雙(중원무부대명쌍)
滄茫家國愁千緖(창망가국수천서)
慷慨男兒血一腔(강개남아혈일강)
末路風塵知不遠(말로풍진지불원)
安將寄傲倚南窓(안장기오의남창)

벗들과 떨어져 푸른 강가에 산 것[858]이 몇 년인가?
마음을 열고 소리 높여 노래하며 술항아리를 두드리네.
우리나라에는 일찍이 선현(先賢)들의 가르침이 전해왔고
중원(中原; 中國)에는 더 이상 대명(大明; 明)과 짝 될 만한 것이 없다네.
가정과 나라는 황급하고[859] 많은 일들로 시름에 잠기고
원통하고 슬픈 남아들은 가슴 가득히[860] 피를 머금네.
작금에 어지러운 나라의 말로가 멀지 않음을 알겠으니
어찌 남창에 기대어 되는 대로 맡겨두고[861] 있으리오.

857 行官(행관) : 당대(唐代)에 각지로 파견되어 공무를 처리하던 벼슬. 사신(使臣) 등을 이름. 당(唐) 한유(韓愈)의 《與孟尙書書》에 「行官自南迴, 過吉州, 得吾兄二十四日手書數番」.

858 離索(이색) : 이군색거(離群索居). 벗과 떨어져 홀로 생활함. 《禮記, 檀弓 上》에 「吾離群而索居, 亦已久矣」.

859 滄茫(창망) : 매우 급함. 당(唐) 두보(杜甫)의 《北征詩》에 「杜子將北征, 蒼茫問家室」.

860 一腔(일강) : 가슴속에 가득 참.

861 寄傲(기오) : 거리낌 없이 마음 내키는 대로 맡겨 둠. 진(晉) 도연명(陶淵明)의 《歸去來辭》에 「倚南窗以寄傲, 審容膝之易安」.

119 나그네를 만나서
逢客

文章秀氣斗之南(문장수기두지남)
五夜青燈萬古談(오야청등만고담)
雪月當簷添霽景(설월당첨첨제경)
湖山入戶滴蒼嵐(호산입호적창람)
竹溪幸結詩仙友(죽계행결시선우)
蓮社甾期惠遠菴(연사치기혜원암)
斷送一生惟有酒(단송일생유유주)
無何鄕裡夢魂酣(무하향리몽혼감)

문장의 빼어난 기운은 천하제일인데[862]
청등 아래 밤을 새워가며 옛이야기를 나누었네.
처마에 비친 밝은 달은 비 갠 후 경치를 더해주고
호수와 산은 집으로 들고 푸른 안개는 방울져 스며드네.
죽계(竹溪)[863]의 시선(詩仙; 李白)과 벗들은 결사(結社)를 맺었고
혜원암(惠遠菴)에서는 묵정밭 일구며 연사(蓮社)[864]를 맺었다네.
평생 세월을 보내면서 오직 술이 있으니
무하향(無何鄕)[865]의 꿈속에서 즐길 뿐이네.

---

862 斗之南 : 두남일인(斗南一人). 천하에서 제일가는 훌륭한 인물. 《新唐書, 狄仁傑傳》에 「狄公之賢, 北斗以南, 一人而已」.

863 竹溪(죽계) : 산동성(山東省)에 있는 땅 이름. 당(唐) 천보(天寶) 연간에 죽계육일(竹溪六逸)이 시사(詩社)를 결성한 곳. 《明一統志》에 「竹溪六逸堂, 在濟南府徂徠山西北鑱石峯下, 唐天寶間, 李白・孔巢父・韓準・裴政・張叔明・陶沔, 隱居於此」.

864 蓮社惠遠菴(연사혜원암) : 여산(廬山)의 중 혜원(惠遠)이 세운 백련사(白蓮社). 《高僧傳》에 「僧惠遠居廬山, 與劉遺民等, 結白蓮社, 以書招陶淵明, 淵明曰, 若許飮卽往, 遠許之, 遂造焉, 陶攢眉而去」.

865 無何鄕(무하향) : 무하유지향(無何有之鄕). 세상 번거로운 일이 없는 허무 자연의 낙토(樂土). 《莊子, 應帝王篇》에 「予方將與造物者爲人, 厭則又乘夫莽眇之鳥, 以出六極之外, 而遊無何有之鄕, 以處壙埌之野」.

120 소산(笑山) 송윤만(宋潤萬)을 만나서
逢笑山宋潤萬

晴雲繞戶午陰長(청운요호오음장)
水竹淸風倏滿堂(수죽청풍숙만당)
三月花辰遊客杖(삼월화진유객장)
百年詩債故人觴(백년시채고인상)
駒芻空谷來跫響(구추공곡래공향)
麝草春山襲座香(사초춘산습좌향)
末路憂虞何足說(말로우우하족설)
思將道術好相忘(사장도술호상망)

맑게 갠 한낮의 그늘은 길게 집을 감싸고
그윽한 풍경 속 맑은 바람은 잠시 집안에 가득하네.
삼월이라 꽃 피는 시절에 지팡이 짚고 찾아오시니
오래 묵은 시채(詩債)로 벗과 함께 술잔을 드네.
망아지가 풀을 뜯는 빈 골짜기에 발자국 소리 내며 오시어[866]
봄 산 사향노루 풀밭에 향기를 깔고 앉았구려.
늘그막의 걱정과 두려움[867]을 어찌 다 말할 수 있으리오?
도술이라도 부리고자 생각하다가도 잊고 사는 것이 좋을 듯하오.

---

866 空谷來跫響(공곡래공향) : 공향공곡(跫響空谷). 발자국 소리가 아무도 없는 빈 골짜기를 울림. 명(明) 장거정(張居正)의 《種蓮子戊午稿序》에 「不佞以病謝歸, 僻在林里, 談藝之侶, 屨絶於戶, 獨遼殿下, 好名重士, 時以文翰相與於跫響空谷, 遂忘其閴寂焉」.

867 憂虞(우우) : 걱정하고 두려워함. 《易經, 繫辭 上》에 「悔吝者, 憂虞之象也」.

121 형님께서 수산(壽山; 鄭祚源)의 시에 보운(步韻)[868]한 것을 차운하다 奉次舍伯步壽山韻

人間七十是稀年(인간칠십시희년)
荏苒光陰孰使然(임염광음숙사연)
萬事做來臨履地(만사주래임리지)
一心存養泰和天(일심존양태화천)
逍遙庭畔栽花竹(소요정반재화죽)
玩頤丌頭貯簡篇(완이기두저간편)
悵仰高風勞夢想(창앙고풍노몽상)
新春猶晚好音傳(신춘유만호음전)

인간 일흔 살을 희년이라 했으니
쉽게 흘러간 세월[869]은 누가 시켜서 그렇게 된 것인가?
수많은 일들로 땅에서도 깊은 못에 임한 듯 얇은 얼음 밟듯 조심했고[870]
한마음으로 본심을 보존하고 본성을 길러[871] 태평한 세상이었네.
뜰을 소요하며 꽃이며 대나무를 심었고
보양하기를 즐겨하여 머리 높이 책[872]들을 쌓아두었네.
고풍양절(高風亮節)[873]의 헛된 생각에 힘쓰며
새봄 늦도록 좋은 소식 전해오기를 울적한 마음으로 우러르네.

---

868 步(보) : 보운(步韻). 남의 시의 운을 사용하여 화답시를 지음.

869 荏苒(임염) : 세월이 쉽게 흘러감. 진(晉) 도잠(陶潛)의 《雜詩 5》에 「荏苒歲月頹, 此心稍已去」.

870 臨履(임리) : 임심이박(臨深履薄). 깊은 못에 임하고 얇은 얼음을 밟음. 삼가고 경계함을 비유. 《詩經, 小雅, 小旻》에 「戰戰兢兢, 如臨深淵, 如履薄氷」.

871 存養(존양) : 본심을 보존하여 천성을 기름. 본심을 잃지 않기 위해 착한 성품을 양성함. 송(宋) 주희(朱熹)의 《答何叔京》에 「二先生拈出敬之一字, 眞聖學之綱領, 存養之要法」.

872 簡篇(간편) : 간편(簡編). 서적. 당(唐) 한유(韓愈)의 《符讀書城南詩》에 「燈火稍可親, 簡編可卷舒」.

873 高風(고풍) : 고풍양절(高風亮節). 고상한 지조와 굳은 절개. 송(宋) 호자(胡仔)의 《苕溪漁隱叢話後集, 楚漢魏六朝上》에 「余謂淵明高風峻節, 固已無愧於四皓, 然猶仰慕之, 尤見其好賢尙友之心也」.

122 집안의 종제(從弟) 농은(農隱; 權榮)의 시에 차운하다
次族從農隱權榮韻

隱居行義讀而耕(은거행의독이경)
子是吾門古董生(자시오문고동생)
少日詩書敦宿好(소일시서돈숙호)
暮年桑柘老昇平(모년상자노승평)
費心場屋雖違計(비심장옥수위계)
養性邱園不市名(양성구원불시명)
同塾同研知幾載(동숙동연지기재)
區區溫飽豈初營(구구온포기초영)

은거하며 의리를 행하고 글 읽고 농사지으니
그대는 우리 가문의 오래된 동생(董生)[874]이구려.
어려서부터 시서(詩書)에 힘쓰기를 좋아하였고
늘그막에는 양잠(養蠶)[875]하며 태평하게 늙어갔네.
과거(科擧)에 마음 쓰다가 비록 계획에 어긋나더라도
언덕과 동산에서 천성을 기르고 명성을 구하지[876] 않았도다.
같은 글방에서 학문을 연마하며 알고 지낸 지 몇 해였으니
따뜻이 입고 배불리 먹는[877] 잘단 것들을 어찌 처음부터 꾸렸으리?

---

874 董生(동생) : 동생(董生). 한(漢)나라의 동중서(董仲舒). 전한(前漢) 무제(武帝)시대의 학자. 무제(武帝)에게 상주(上奏)하여 유교(儒敎)를 국교(國敎)로 정하게 함.

875 桑柘(상자) : 뽕나무와 산뽕나무. 농사와 양잠. 《周禮, 司爟》에 「掌行火之政」. 注에 「鄹子曰, 季夏取桑柘之火」. 《禮記, 月令》에 「季春之月, 命野虞, 毋取桑柘之火」.

876 市名(시명) : 명성을 구함. 당(唐) 이고(李翱)의 《嶺南節度使徐公行狀》에 「公自陳所爲不足述, 假令如百姓言, 乃刺史職宜如此, 何足多者, 不願以小事市名」.

877 溫飽(온포) : 포식난의(飽食暖衣). 따뜻이 입고 배불리 먹음. 한(漢) 양웅(揚雄)의 《益州牧箴》에 「絲麻條暢, 有粳有稻, 自京徂畛, 民攸溫飽」.

123 수산(壽山; 鄭祚源)이 보내온 시를 보고 차운함 次壽山寄示韻

最是懷人惜暮年(최시회인석모년)
江湖夜月又秋天(강호야월우추천)
夢隨流水源源去(몽수유수원원거)
心似孤燈耿耿懸(심사고등경경현)
恨不常時同里閈(한불상시동리한)
別來幾日客風烟(별래기일객풍연)
好音惠我瓊琚韵(호음혜아경거운)
喚起惺憁寂寞邊(환기성총적막변)

노년에 가장 애석한 것은 마음속 사람을 생각하는 것인데
강호에 밤들자 달이 뜨더니 또 가을이구려.
꿈속에 끝없이 흘러가는 물결을 따르노라니
마음속에 매달린 외로운 등불[878]처럼 잊혀지지 않네.[879]
같은 동네[880]에 살면서도 늘 함께하지 못한 것을 한스러워 하며
언제였던가, 바람과 연기처럼 나그네 되어 이별하였네.
좋은 소식, 아름다운 시[881]를 보내 나에게 은혜를 베푸니
적막한 시골의 나를 불러일으켜 정신을 깨우쳐주네.

---

878 孤燈(고등) : 외로운 등불. 곧 쓸쓸하고 적막한 정경. 남조 송(南朝宋) 사혜련(謝惠連)의 《秋懷詩》에 「寒商動淸閨, 孤燈暖幽幔, 耿介繁慮積, 展轉長宵半」.

879 耿耿(경경) : 마음에 잊히지 아니하여 염려(念慮)가 되는 모양. 송(宋) 문천상(文天祥)의 《正氣歌》에 「顧此耿耿在, 仰視浮雲白」.

880 里閈(이한) : 이문(里門). 마을의 어구에 세운 문. 전하여 향리(鄕里).

881 瓊琚韵(경거운) : 아름다운 옥 같은 시문(詩文). 아름다운 시문을 비유하는 말. 당(唐) 위응물(韋應物)의 《善福精舍答韓司錄淸都觀會宴見憶詩》에 「忽因西飛禽, 贈我以瓊琚」.

124 수산(壽山; 鄭祚源)의 시에 절구 한 수를 차운하다 次壽山韻一絶

白髮那堪歲月流(백발나감세월류)
霜淸木落已殘秋(상청목락이잔추)
蝶魂欲化東來鶴(접혼욕화동래학)
倘做蘇仙赤壁遊(상주소선적벽유)

백발에 흐르는 세월을 어찌 감당하리?
가을 물 맑고[882] 나뭇잎 떨어지니 이미 늦가을이라네.
호랑나비로 날던 혼(魂)이 동래(東來)의 학(鶴)이 되리니[883]
소선(蘇仙; 蘇東坡)과 적벽(赤壁)에서나 노니소서.

---

882 霜淸(상청) : 가을 물이 깨끗하고 맑음. 당(唐) 장구령(張九齡)의 《赴使瀧峽詩》에 「霜淸百丈水, 風落萬重林」.

883 蝶魂欲化東來鶴(접혼욕화동래학) : 호랑나비가 되어 날던 혼이 동래의 학이 되려 한다. 접혼(蝶魂)은 장주(莊周)의 호접지몽(胡蝶之夢) 고사에서, 동래학(東來鶴)은 소동파(蘇東坡)의 《後赤壁賦》에서 「時夜將半, 四顧寂廖, 適有孤鶴, 橫江東來, 翅如車輪, 玄裳縞衣」라 한 데서 연유한 표현.

125 죽포(竹圃; 安楨)가 보내준 시를 보고 차운함
次竹圃寄示韻

驛樓消息到林居(역루소식도임거)
四律瓊章一幅書(사율경장일폭서)
筆吐白虹光焰在(필토백홍광염재)
胸呑丹篆慧襟疎(흉탄단전혜금소)
從遊暮境恒須子(종유모경항수자)
晩醒靈台忽起余(만성영대홀기여)
第待明春寒食節(제대명춘한식절)
行尋花柳共牽裾(행심화류공견거)

역루(驛樓)의 소식이 숲속 거처에 도달하였으니
아름다운 사율(四律)[884]로 쓴 한 폭의 편지였구려.
붓으로 백홍(白虹)[885]을 토해 내니 세찬 기세가 있고
가슴에 단전(丹篆)[886]을 삼켰으니 품은 생각[887]이 지혜롭구려.
늘그막에 모름지기 서로 교제하였더니
늦게서야 내 정신[888]을 깨워 문득 일으켜주는구려.
명년 봄 한식절(寒食節)을 기다려
꽃과 버들을 찾아 옷자락 당기며 같이 가리라.

---

884 四律(사율) : 율시의 하나. 오언(五言)이나 칠언(七言)으로 여덟 짝 곧 네 구로 된 시.

885 白虹(백홍) : 백홍관일(白虹貫日). 해나 달 주위의 흰빛의 무리. 《周禮, 春官, 眂祲》에 「七曰彌」. 〈鄭玄注〉에 「彌者, 白虹彌天也」.

886 丹篆(단전) : 단서(丹書). 붉은 글씨. 당(唐) 유종원(柳宗元)의 《龍城錄, 韓退之夢呑丹篆》에 「退之常說, 少時夢人與丹篆, 令强呑之」.

887 襟疎(금소) : 금소(襟素). 품은 생각. 흉금(胸襟).

888 靈台(영대) : 마음. 《莊子, 庚桑楚》에 「不可內於靈臺」. 〈郭象注〉에 「靈臺者, 心也」.

126 죽포(竹圃; 安楨)와 달 아래 함께 읊음 – 2수
與竹圃月夜共吟 – 二首

[其一]

浮世滄桑夢裏過(부세창상몽리과)
春來氣候問如何(춘래기후문여하)
流年白髮情愈厚(유년백발정유후)
永夜青燈語更多(영야청등어경다)
小院雪消梅吐蕚(소원설소매토악)
長天雲捲月舒波(장천운권월서파)
相逢不可無酬唱(상봉불가무수창)
短律緐成浩浩歌(단율번성호호가)

변화 많은[889] 덧없는 세상은 꿈결처럼 지나가는데
봄이 오는 시절이니 어떠신지 문안드립니다.
유수 같은 세월에 늙어가며 정은 더욱 두텁고
긴 밤 청등을 밝히니 말은 다시 많아집니다.
눈이 녹자 작은 담장 안 매화는 꽃망울을 토해내고
구름 걷히자 멀고도 넓은 하늘에는 달빛이 물결치네.
서로 만날 수 없어 주고받는 시도 없고
짧은 노래만 지어 큰 소리로 노래 부르네.[890]

889 滄桑(창상) : 창해상전(滄海桑田). 바다가 뽕나무 밭이 되고, 뽕나무 밭이 바다가 됨. 심한 변화. 진(晉) 갈홍(葛洪)의 《神仙傳, 王遠》에 「麻姑自說云, 接侍以來, 已見東海三爲桑田」.

890 浩浩歌(호호가) : 호가(浩歌). 큰 소리로 노래 부름.

[其二]

寂然空谷喜跫音(적연공곡희공음)
扶老相尋契誼深(부로상심계의심)
揚月願同三逕趣(양월원동삼경취)
梅樽更對十年心(매준경대십년심)
興餘元亮登臨句(흥여원량등임구)
氣想濂翁洒落襟(기상염옹쇄락금)
庭畔碧梧新手種(정반벽오신수종)
朋來共聽自鳴琴(붕래공청자명금)

적막한 빈 골짜기에 기쁜 발자국 소리
지팡이 짚고 서로 찾으니 사귄 정의가 깊도다.
달빛 속에 삼경(三逕)[891]을 걷는 아취를 함께하기 바랐더니
다시 만나 매화꽃 아래 따르는 술은 오래전의 마음이리.
원량(元亮; 陶淵明)은 흥에 겨워 산과 물가에서 시를 짓고[892]
염옹(濂翁; 周敦頤)의 소탈 대범한 옷깃은 기상을 떠올리네.
뜰 가에 푸른 오동나무를 새로 심었으니
벗이 오면 자명금(自鳴琴)[893] 소리를 함께 들으리라.

---

891 三逕(삼경) : 삼경(三徑). 은사(隱士)의 문정(門庭). 은사가 걷기 좋아하는 세 가지 길로 송경(松徑) · 국경(菊徑) · 죽경(竹徑). 《三輔決錄》에 「蔣詡字元卿, 舍中開三逕, 唯羊仲求仲從之游, 皆逃名不出」.

892 登臨句(등림구) : 등산임수(登山臨水)의 시구. 곧 진(晉) 도잠(陶潛)의 《歸去來辭》에 「登東皐以舒嘯, 臨清流而賦詩」.

893 自鳴琴(자명금) : 사람이 노래를 하면 저절로 소리를 낸다는 금(琴). 원(元) 이세진(伊世珍)의 《瑯嬛記》에 「孫鳳有一琴, 名吐綬. 彈之不甚佳, 獨有人唱曲, 則琴弦自相屬和, 因改名曰自鳴琴」.

127 여러 벗들과 회진(會津)[894]에서 만나기로 약속하고, 더하여 영산강(榮山江)에 배를 띄우고 놀다
約會津諸益泛舟榮江

十年欲學子長遊(십년욕학자장유)
今日幸同元禮舟(금일행동원례주)
彩鷁聯翩平大陸(채익연편평대륙)
圖鵬遠勢接滄洲(도붕원세접창주)
笛笳凝渚魚龍舞(적가응저어룡무)
岩火閃天鬼魅收(암화섬천귀매수)
更有名亭乘月下(갱유명정승월하)
畫中詩料夢中求(화중시료몽중구)

오랫동안 자장(子長)[895]이 노니는 것을 배우고자 했는데
오늘 다행히 원례(元禮)[896]와 함께 배를 탔구나.
빛깔 고운 큰 새를 그린 배[897]들은 나아가 대륙을 평정하고
붕새는 멀리 날아가려는 형세로[898] 창주(滄洲)[899]에 닿았네.
호드기 소리는 물가에 엉기어 물고기와 용을 춤추게 하고
바위의 불빛은 하늘에 번쩍이며 귀신도 멈추게 하네.
다시 이름난 정자가 있어 달 아래 배를 타니
그림 속에 시 짓고자 꿈속인 듯 구하네.

---

894 會津(회진) : 전라남도 나주군 문평면에 있었던 옛 지명.

895 子長(자장) : 춘추시대 공자(孔子)의 제자 공야장(公冶長)의 자. 《論語, 公冶長, 1章》에 「子謂公冶長, 可妻也. 雖在縲絏之中, 非其罪也. 以其子妻之」.

896 元禮(원례) : 후한(後漢) 이응(李膺)의 자.

897 彩鷁(채익) : 채색(彩色)을 한 익조(鷁鳥). 고대에 흔히 뱃머리에 채색으로 익조를 그렸기 때문. 남조 양(南朝梁) 유효작(劉孝綽)의 《釣竿篇》에 「釣舟畫彩鷁, 漁子服冰紈」.

898 圖鵬(도붕) : 붕도(鵬圖). 사람의 원대한 계획을 비유. 《莊子, 逍遙遊》에 「有鳥焉, 其名爲鵬, 背若太山, 翼若垂天之雲, 搏扶搖羊角而上者九萬里. 絶雲氣, 負青天, 然後圖南, 且適南冥也」.

899 滄洲(창주) : 창랑주(滄浪洲). 동해(東海) 중에 신선이 산다는 곳.

128 삼가 우봉(牛峰)의 송매정(松梅亭) 시에 차운하다
謹次牛峰松梅亭韻

詩禮門庭善守成(시예문정선수성)
餘風猶在古琴鳴(여풍유재고금명)
潭魚率性須知樂(담어솔성수지락)
皐鶴聞天不掩誠(고학문천불엄성)
雪月淸新三逕趣(설월청신삼경취)
雲烟蒼翠四時生(운연창취사시생)
先賢杖屨逍遙地(선현장구소요지)
瀟灑溪山有宿盟(소쇄계산유숙맹)

집안에서 아버님께 배운 가르침[900]을 잘 지키니
아직 남아 있는 풍습은 옛적 거문고처럼 울리는구나.
연못의 물고기는 천성을 좇아[901] 모름지기 즐길 줄 알고
학 울음소리는 먼 늪에서 하늘까지 들리듯[902] 참마음은 감출 수 없네.
눈 내린 달빛에 삼경(三逕)을 걷는 아취는 아름답고 참신하며
청록색 구름과 연기는 네 계절 피어나는구나.
선현들이 지팡이 짚고 한가롭게 거닐었던 땅이니
맑고 깨끗한 시내와 산에는 만나자는 오래된 약속이 있도다.

---

900 詩禮(시례) : 시례지훈(詩禮之訓). 자식이 부친에게서 받은 교훈. 백어(伯魚)가 부친인 공자(孔子)에게서 시(詩)와 예(禮)를 배워야 할 이유를 들은 고사. 《論語, 季氏篇》에 「陳亢問於伯魚曰, 子亦有異聞乎, 對曰, 未也, 嘗獨立, 鯉趨而過庭, 曰, 學詩乎, 對曰, 未也, 不學詩無以言, 鯉退而學詩, 他日又獨立, 鯉趨而過庭, 曰學禮乎, 對曰, 未也, 不學禮, 無以立, 鯉退而學禮, 聞斯二者, 陳亢退而喜曰, 聞一得三, 聞詩聞禮, 又聞君子之遠其子也」.

901 率性(솔성) : 천성(天性)을 좇음. 《禮記, 中庸》에 「天命之謂性, 率性之謂道」.

902 皐鶴聞天(고학문천) : 학명구고문천(鶴鳴九皐聲聞天). 학이 구불구불 깊고 먼 늪에서 울어도 울음소리가 하늘까지 들림. 군자는 몸을 은신하여도 이름이 널리 알려짐. 《詩經, 小雅, 鶴鳴篇》에 「鶴鳴九皐聲聞天」.

129 송계(松溪) 노동현(盧東鉉)을 만나 창화(唱和)하는데 소죽(小竹; 梁憲默)과 이지(鯉池)가 오다

逢松溪盧東鉉唱和小竹與鯉池來到

晩汀葭露溯流廻(만정가로소류회)
四載相逢一榻開(사재상봉일탑개)
幸我情懷花樹會(행아정회화수회)
故人詩格雪梅猜(고인시격설매시)
樽前曲水鳴琴韻(준전곡수명금운)
簾畔青山滴釣坮(렴반청산적조대)
別路慇懃留後約(별로은근유후약)
纔過殘臘是春來(재과잔렵시춘래)

이슬 내리는 갈대밭에 저물녘 물결을 따르다가 돌아와서
4년 만에 서로 만나 의자를 놓고 마주했네.
다행스럽게 화수회(花樹會)에서 정과 회포를 펼치노라니
벗이 쓴 시의 품격은 흰 매화꽃도 시샘하겠네.
곡수(曲水)[903]에서 술 마시고 거문고 타고 시 읊으니
주렴 밖 청산의 낚시터엔 물방울이 듣네.
헤어지는 길목에서 은근히 훗날을 기약하며 머뭇거리노라니
어느덧 세밑[904]이 가고 봄이 오는구나.

---

903 曲水(곡수) : 3월 삼짇날에 물가에서 연회를 열어 술 마시며 1년의 재앙을 보내던 일. 진(晉) 왕희지(王羲之)의 《蘭庭集序》에 「又有淸流激湍, 映帶左右, 引以爲流觴曲水, 列坐其次」.

904 殘臘(잔랍) : 섣달의 남은 날. 세밑. 당(唐) 이빈(李頻)의 《湘口送友人詩》에 「零落梅花過殘臘, 故園歸去又新年」.

130 정여즙(鄭汝楫)과 간소한 주연을 베풀며
與鄭汝楫小酌

雲山叢桂我歌長(운산총계아가장)
偶會良朋座上香(우회양붕좌상향)
冬煖笻遊殘雪院(동난공유잔설원)
夜深枕轉黑甛鄕(야심침전흑첨향)
襟懷妙入梅邊句(금회묘입매변구)
氣味淸生竹下觴(기미청생죽하상)
流水聲中停去轄(유수성중정거할)
終宵茅屋漏床床(종소모옥루상상)

계수나무 우거진 구름산에서 노래를 길게 부르다가
좋은 벗들과 우연히 만나니 모인 자리가 아름답구나.
따뜻한 겨울이라 지팡이 짚고 잔설 남은 담장 안을 거닐다가
밤 깊어 베개 베고 꿈나라[905]에 들었네.
마음이 매화 곁에서 얻은 시구(詩句)로 교묘히 들어가니
정취가 맑게 생겨나 대숲 아래에서 술잔을 들었네.
흐르는 물소리에 수레를 멈추었다가 가기를
초가집에서 밤새워 쓸데없이 반복하였네.[906]

---

905 黑甛鄕(흑첨향) : 꿈나라. 깊은 잠. 원(元) 마치원(馬致遠)의 《陳搏高臥, 1折》에 「笑他滿朝朱紫貴, 怎如我一枕黑甛鄕」.

906 床床(상상) : 상상시상(床上施床). 상 위에 상을 쌓아 올림. 무의미한 일을 쓸데없이 중복함. 당(唐) 유지기(劉知幾)의 《史通, 斷限》에 「如班書地理志, 首全寫禹貢一篇, 降爲後書, 持續前史, 蓋以水濟水, 床上施床, 徒有其煩, 意無其用, 豈非惑乎」.

131 석문(石門; 鄭濱)이 왔다가 돌아간 후 부쳐온 시를 보고 차운하다 – 2수
石門來訪歸后以詩見寄因次其韻 – 二首

[其一]

江關一別酒三行(강관일별주삼행)
誰遣何戡唱渭城(수견하감창위성)
南斗山川凝俊彩(남두산천응준채)
上元氣數啓文明(상원기수계문명)
牕梅索笑天機動(창매삭소천기동)
水竹占寒地分淸(수죽점한지분청)
鄭重其人珍重字(정중기인진중자)
庭前書帶已知名(정전서대이지명)

강관(江關; 江南)에서 일차 헤어지면서 세 순배 술잔을 권하노니
누가 하감(何戡)[907]을 보내어 위성곡(渭城曲)[908]을 부르게 하리오.
(그대는) 남녘의 산천에서는 대단히 빼어난 인물로서
정월 대보름날 점쳐보노니 문명(文明)을 열 것이로다.
창 앞 매화는 방긋 웃고 천기(天機)가 움직이니
물가 대나무는 추위를 맞고 있으나 땅에서도 뚜렷이 구분되네.
그 사람의 이름은 신중하고 진기하게 중자(重字)가 겹쳐진 것이니[909]
뜰 앞 서대초(書帶草)에서 이미 그 명성을 알았다네.

---

907 何戡(하감) : 당(唐) 장경(長慶) 연간의 명창(名唱). 당(唐) 유우석(劉禹錫)의 《與歌者何戡詩》에 「舊人唯有何戡在, 更與慇懃唱渭城」.

908 渭城(위성) : 위성삼첩(渭城三疊). 일명 양관곡(陽關曲). 이별의 슬픔을 노래.

909 鄭重其人珍重字(정중기인진중자) : 시를 보내온 석문(石門) 정석(鄭濱)의 이름을 풀이한 시구. 정(鄭)은 정중(鄭重; 점잖고 묵직함 또는 신중함), 석문(石門)은 석고문(石鼓文; 石鼓에 새겨진 籒文으로 된 10수의 四言詩, 秦나라 군주의 사냥 모습을 읊음)에 새겨진 '중자(重字)'를 의미하여 중(重)의 글자가 겹쳐졌다[重字]는 것을 의미. 당(唐) 백거이(白居易)의 《庚順之以紫霞綺遠贈以詩答之》에 「千里故人心鄭重, 一端香綺紫氛氳」.

[其二]

去歲綾陽强餞行(거세능양강전행)

瓊章數幅勝連城(경장수폭승연성)

閒山注目千尋聳(한산주목천심용)

淨界存心一炷明(정계존심일주명)

鎭日看書先哲揆(진일간서선철규)

臨風想像故人情(임풍상상고인정)

君家近在昌平里(군가근재창평리)

萬古淵源顧地名(만고연원고지명)

지난해 능주(綾州)에서 아쉬워하며 헤어졌더니[910]

(보내준) 아름다운 몇 폭 글이 연성(連城)의 옥(玉)[911]보다 낫네.

한적한 산에서 천 길로 솟은 듯 주목해 보노라니

맑은 경계에 한 심지 밝은 불로 존심양성(存心養性)[912]케 하네.

평상시 책을 보며 옛 현철들을 헤아리고

바람을 쐬며 벗들의 정을 상상하네.

그대의 집은 창평리(昌平里)[913]와 가까이 있으니

오래된 연원으로 지명(地名)의 뜻을 되돌아보네.[914]

➡ 벗[石門]이 살고 있는 지명인 창평(昌平)과 공자가 태어난 곳인 창평(昌平)이 서로 같다는 것을 통해 벗의 존심양명하는 수행을 칭송하는 내용.

---

910 餞行(전행) : 전행(餞行)은 전별(餞別), 전송(餞送).

911 連城(연성) : 연성벽(連城璧). 진(秦) 소왕(昭王)이 조(趙) 혜왕(惠王)에게 성(城) 열다섯과 바꾸자고 한 유명한 화씨벽(和氏璧). 천하에 으뜸가는 둥근 옥.

912 存心(존심) : 존심양성(存心養性). 본심을 보전하여 천성을 기름. 《孟子, 盡心 上》에 「存其心, 養其性, 所以事天也」.

913 昌平里(창평리) : 지명(地名). 현 전라남도 담양군 창평면.

914 萬古淵源顧地名(만고연원고지명) : 벗[鄭瀾]이 사는 곳은 전남 담양군 창평리(昌平里)와 가깝고, 공자(孔子)가 태어난 곳인 창평(昌平)과 서로 같다는 것을 상기함. 《史記, 孔子世家》에 「孔子生魯昌平鄕陬邑」.

132 석문(石門; 鄭漢)이 하서(河西; 金麟厚)[915]와 석천(石川; 林億齡)[916]이 수창한 시편을 보고 지어 부쳐온 시에 차운하다 – 4수
次石門用河西石川唱酬之什見寄 – 四首

[其一]

結屋瑞山陽(결옥서산양)
石門深鎖洞(석문심쇄동)
勉汝庸玉成(면여용옥성)
需世利哭擁(수세리곡옹)
大手揮金椎(대수휘금추)
林壑盡鼓動(임학진고동)
誰採滄海珎(수채창해진)
道邈丹書甕(도막단서옹)
陶辭與楚騷(도사여초소)
一詠一飮痛(일영일음통)
雲鵠哂壤虫(운곡신양충)
暘烏夷螮蝀(양오이체동)
逞逞邂逅筵(영령해후연)
眉舞氣如踴(미무기여용)
我歌招隱操(아가초은조)
攬風爲和送(남풍위화송)

서석산(瑞石山) 남쪽에 집을 지었고
마을은 석문(石門)으로 굳게 닫았네.

---

915 河西(하서) : 김인후(金麟厚). 1510년(중종 5)~1560년(명종 15). 조선 인종 때의 명신. 자는 후지(厚之). 호는 하서(河西). 시호는 문정(文正). 김안국(金安國)의 제자. 홍문관 부수찬을 지내다가 을사사화(乙巳士禍) 후 고향 장성(長城)으로 돌아가 성리학 연구. 문집으로《하서집(河西集)》.

916 石川(석천) : 임억령(林億齡). ? ~ 1568년(선조 1) 이조 명종 때의 문신. 자는 대춘(大椿). 호는 석천(石川). 학식이 높고 마음이 강직하고 문장이 뛰어남. 사화 후 관직을 사임하고 해남(海南)에 거주. 문집으로《석천집(石川集)》.

여기(汝器)를 만들며[917] 덕을 이루려[918] 힘쓰고
세상을 관망하다가 자신을 숨긴 것이네.
뛰어난 솜씨로 쇠몽둥이를 휘두르자
숲속 골짜기까지 심장이 고동쳤네.
누가 창해에서 보배를 캐리오
도(道)는 멀어지고 단서(丹書)[919]는 항아리에 감춰졌네.
도잠(陶潛)의 귀거래사(歸去來辭)[920]와 굴원(屈原)의 이소(離騷)[921]에서는
시를 읊고 술을 마시며 비통해 했네.
구름 속의 고니는 하늘소를 비웃고[922]
햇빛[923]은 무지개[924]를 사라지게 한다네.
빠른 시일 안에 우연히 만나 술자리를 열고
눈짓으로 말하더라도[925] 기운은 춤출 것이리.
조용히 물러나 지조 지킨 것[926]을 노래 부른 것이니
바람결에 화답하여 보내네.

---

917 勉汝(면여) : 여기(汝器)를 만들기에 힘씀. 여기(汝器)는 북송(北宋) 때 도자기 가마터인 여요(汝窯)에서 생산된 도자기.

918 玉成(옥성) : 덕(德)이 있는 사람이 됨. 송(宋) 장재(張載)의 《西銘》에 「富貴福澤, 將厚吾之生也, 貧賤憂戚, 庸玉女於成也」.

919 丹書(단서) : 전설에서 적작(赤雀)이 물고 왔다는 상서로운 편지. 본문에서는 경전(經典).

920 陶辭(도사) : 진(晉) 도연명(陶淵明)의 사부(辭賦). 특히 〈귀거래사(歸去來辭)〉를 지칭.

921 楚騷(초소) : 초(楚)나라 시인, 곧 굴원(屈原)이 지은 〈이소경(離騷經)〉을 지칭.

922 雲鵠哂壤虫(운곡신양충) : 구름 속의 고니는 하늘소[壤蟲]를 비웃음. 《淮南子, 道應訓》의 「吾比夫子, 猶黃鵠與壤蟲也, 終日行不離咫尺而自以爲速, 豈不悲哉」에 의거한 표현.

923 暘烏(양오) : 양오(陽烏). 태양의 이칭. 태양 속에 까마귀가 있다는 신화에서 유래. 당(唐) 한유(韓愈)의 《訟風伯》에 「暘烏之仁兮, 念此下民, 閟其光兮, 不鬪其神」.

924 蝃蝀(체동) : 체동(蝃蝀). 무지개[虹]의 이칭. 《晉書, 隱逸傳, 夏統》에 「昔淫亂之俗興, 衛文公爲之悲惋, 蝃蝀之氣見, 君子尙不敢指」.

925 眉舞(미무) : 미래안거(眉來眼去). 눈썹과 눈으로 마음을 전함. 송(宋) 나엽(羅燁)의 《醉翁談錄, 張氏夜奔呂星哥》에 「眉來眼去, 魄散魂飛, 已知夙世之緣, 俱有少年之泰」.

926 隱操(은조) : 물러나 지조를 지킴. 《南齊書, 高逸傳南, 褚伯玉》에 「伯玉, 少有隱操, 寡嗜慾」.

[其二]

元白曾爲友(원백증위우)
光黃有異人(광황유이인)
文酒溪亭夕(문주계정석)
衆中一見親(중중일견친)
願同三逕趣(원동삼경취)
穩結二仲隣(온결이중린)
數疊瑤絃語(수첩요현어)
高山淸水濱(고산청수빈)
藻辭評屈宋(조사평굴송)
膠漆遇雷陳(교칠우뇌진)
素抱知者我(소포지자아)
暮夜質諸神(모야질제신)
固窮猶樂道(고궁유락도)
天姿賦洪勻(천자부홍균)
愧余鹵莽手(괴여노망수)
賡韻未逼眞(갱운미핍진)

원진(元稹)과 백거이(白居易)[927]는 일찍이 벗이 되었고
빛나는 황정견(黃庭堅)[928]에게는 범상치 않은 재주가 있었네.
글 짓고 술 마시는 시냇가 정자에는 석양이 비추는데
뭇 사람 가운데 한 사람 친한 벗을 보겠네.
삼경(三逕) 길 걷는 아취를 함께하며
안온하게 이중(二仲)[929]처럼 이웃 되기를 원하네.
여러 번 아름다운 거문고로 마음을 주고받으니
맑은 물가에 산은 높아만지네.

927 元白(원백) : 당대(唐代)의 시인 원진(元稹)과 백거이(白居易).
928 黃庭堅(황정견) : 송(宋)나라 시인. 자는 노직(魯直). 소동파(蘇東坡)와 병칭되었음.
929 二仲(이중) : 한(漢)의 은사인 구중(裘仲)과 양중(羊仲). 지조를 지키며 은거함. 한(漢) 조기(趙岐)의 《三輔決錄》에 「蔣詡字元卿, 舍中三逕, 唯羊仲·裘仲從之遊, 二仲皆推廉逃名」.

아름다운 글로 쓴 굴원(屈原)과 송옥(宋玉)[930]의 글을 논평하고
교제를 친밀히[931] 하여 뇌진(雷陳)[932]의 두터운 우정으로 만나리.
평소에 내 포부를 알고 있는 사람이니
저문 밤에 뭇 신들에게 물어보리라.
곤궁한 가운데 참으로 도를 즐기는 것은
하늘에서 타고난 자질로 홍균(洪匀)[933]을 부여한 것이로다.
나는 거칠고 소홀한[934] 재주로
그대의 시에 화답하나[935] 비슷하지[936]도 못하네.

---

930 屈宋(굴송) : 전국시대(戰國時代) 초(楚)나라 시인인 굴원(屈原)과 송옥(宋玉).

931 膠漆(교칠) : 아교(阿膠)와 칠(漆). 두 가지가 다 물건을 붙이는 물건으로, 교제가 친밀함을 이름. 《韓非子, 安危》에 「堯無膠漆之約於當世而道行, 舜無置錐之地於後世而德結」.

932 雷陳(뇌진) : 후한(後漢)의 뇌의(雷義)와 진중(陳重). 뇌의가 무재(茂才)로 천거되자 이를 친구 진중에게 사양하여 결국 진중과 함께 벼슬에 나간 고사. 우정이 대단히 두터움을 이름. 《後漢書, 獨行傳》에 「膠漆自謂堅, 不如雷與陳」.

933 洪匀(홍균) : 홍균(洪鈞). 천지자연의 이치 또는 조화. 도공이 녹로(轆轤)를 회전시켜 갖가지 오지그릇을 자유로이 만들 수 있으므로, 전하여 만물의 조화의 뜻. 《文選, 賈誼, 鵩鳥傳》에 「雲蒸雨降兮, 糾錯相紛, 大鈞播物兮, 坱圠無垠」.

934 鹵莽(노망) : 황폐한 들녘의 풀. 전의되어 소홀히 함. 그럭저럭 되는 대로 함. 당(唐) 두보(杜甫)의 《空囊詩》에 「世人共鹵莽, 吾道屬艱難」.

935 賡韻(갱운) : 갱가(賡歌). 남이 지은 시의 운자를 써서 화답하는 시. 송(宋) 누약(樓鑰)의 《客省中次適齋韻》에 「詩筒纔到先賡韻, 酒興方濃莫算杯」.

936 逼眞(핍진) : 진실에 거의 가까움. 실물과 매우 흡사함. 북위(北魏) 역도원(酈道元)의 《水經注, 沔水 2》에 「又有白馬山, 山石似馬, 望之逼眞」.

[其三]

齊物非至論(제물비지론)
打乖自成音(타괴자성음)
欲解蘭余佣(욕해난여용)
將無玉爾音(장무옥이음)
要知得喪理(요지득상리)
更抱昭文琴(갱포소문금)

장주(莊周)의 제물론(齊物論)[937]은 지극한 이론이 아니니
임기응변[938]으로 스스로 만들어 낸 소리다.
은둔을 포기하고[939] 내 자신을 품팔려 하나[940]
마땅한 훌륭한 소식이 없네.
얻은 도리도 잊을 수 있다는 것을 알았으니
다시 글 짓고 거문고[941]를 안으리라.

---

937 齊物(제물) : 제물론(齊物論). 춘추시대 노장학파의 하나. 우주의 만물, 곧 시비득실(是非得失)·생사요수(生死夭壽)·물아유무(物我有無) 따위를 동일시하여 모두 상대적으로 보고 하나로 돌아가야 한다는 사상. 《莊子》의 제이편(第二篇)의 이름.

938 打乖(타괴) : 임기응변(臨機應變)함. 송(宋) 사마광(司馬光)의 《酬邵堯夫見示安樂窩中打乖吟》에 「料非閑處打乖客, 乃是淸朝避世人」.

939 解蘭(해란) : 몸에 찬 난초를 떼어냄. 은둔 생활을 포기함. 《文選, 孔稚珪, 北山移文》에 「昔聞投簪逸海岸, 今見解蘭縛塵纓」.

940 余佣(여용) : 자신을 품팔이꾼으로 씀. 용(佣)은 용(傭).

941 昭文琴(소문금) : 소문(昭文)은 문채를 드러내어 밝힘. 글을 짓고 거문고를 탄다는 의미. 《左傳, 桓公2年》에 「火·龍·黼·黻, 昭其文也」.

[其四]

讀書五十年(독서오십년)
儒冠露頂戴(유관로정대)
歎君倜儻才(탄군척당재)
隻世諒無對(척세량무대)
良玉不雕琢(양옥불조탁)
活水袪查滓(활수거사재)
氷炭豈交胸(빙탄기교흉)
陽春長蘊肺(양춘장온폐)
夜夜箕斗墟(야야기두허)
爛爛動奎彩(난란동규채)
芝蘭同臭器(지란동취기)
琥珀辨腐芥(호박변부개)
曠世知己少(광세지기소)
慷慨老吾輩(강개노오배)

글 읽기 오십 년에
유관(儒冠)[942]을 머리에 이고 있구려.
그대의 기개와 호방한[943] 재주를 칭찬하노라니
세상에 참으로 상대할 사람이 없네.
참으로 좋은 옥은 다듬지 않는 것이며[944]
근원이 있는 물[945]은 앙금[946]을 짓지 않는 것이리라.

---

942 儒冠(유관) : 학자나 유자(儒者)가 쓰는 갓.

943 倜儻(척당) : 호방하고 기개가 있음. 《三國志, 魏書, 阮瑀傳》에 「阮瑀籍, 才藻豔逸, 而倜儻放蕩」.

944 良玉不雕琢(양옥부조탁) : 양옥부조(良玉不彫). 미옥은 인공을 가하지 않아도 아름다움. 《揚子, 法言, 寡見篇》에 「或曰, 良玉不雕琢, 美言不文, 何謂也, 曰, 玉不彫, 璵璠不作器, 言不文, 典謨不作經」.

945 活水(활수) : 근원이 있어 항상 흐르는 물. 송(宋) 소식(蘇軾)의 《汲江煎茶詩》에 「活水還須活火烹, 自臨釣石取深清」.

946 查滓(사재) : 사재(渣滓). 찌끼. 앙금.

얼음과 불[947]이 어찌 마음을 털어놓고 사귀겠는가?
훌륭한 관리[948]가 되리라는 포부를 가슴 깊이 품고 있네.
밤마다 기수(箕宿)와 두수(斗宿)[949]의 언덕에 있다가
환하게 빛나는 규수(奎宿)[950]의 고운 빛깔로 떠오르리.
지초와 난초는 생각과 마음의 기질이 같은 것이며[951]
호박(琥珀)은 썩은 풀[952]과는 분별되는 것이리.
넓은 세상에 나를 알아주는 벗은 적고
우리들은 비분강개에 복받쳐 늙어가는구려.

---

947 氷炭(빙탄) : 빙탄불상병(氷炭不相竝). 얼음과 불은 성질이 반대되므로 서로 화합치 못함. 군자와 소인에 비유. 《楚辭, 東方朔七諫傳》에 「氷炭不可以相竝兮」.

948 陽春(양춘) : 유각양춘(有脚陽春). 지방 관리의 덕정(德政)을 칭송하는 말. 당(唐)나라 송경(宋璟)의 고사. 오대(五代) 왕인유(王仁裕)의 《開元天寶遺事, 有脚陽春》에서 「宋璟愛民恤物, 朝野歸美, 時人咸謂璟爲有脚陽春, 言所至之處, 如陽春煦物也」.

949 箕斗(기두) : 별 이름인 기수(箕宿)와 두수(斗宿). 이름만 있고 실속이 없음을 비유. 송(宋) 소식(蘇軾)의 《和三舍人省上》에 「嗟君妙質皆瑚璉, 顧我虛名但箕斗」.

950 奎(규) : 규수(奎宿). 이십팔수의 하나로 문운(文運)의 별. 《孝經緯援神契》에 「奎主文章」.

951 同臭器(동취기) : 동취기(同臭氣). 동취미(同臭味; 생각과 지향하는 바가 같음)와 동기상구(同氣相求; 같은 기질을 가진 것끼리 서로 찾아 모임)의 뜻. 동성상응(同聲相應).

952 腐芥(부개) : 부초(腐草). 썩은 풀. 《三國志, 吳志, 虞翻傳》에 「虞翻字仲翔, 會稽餘姚人也. 〈裴松之注〉 僕聞虎魄不取腐芥, 磁石不受曲鍼, 過而不存, 不亦宜乎」.

133 다시 앞 시의 운을 따라 짓다 – 4수
更步前韻 – 四首

[其一]

野外罕人跡(야외한인적)
白雲自生洞(백운자생동)
春睡起常晩(춘수기상만)
琴書一床擁(금서일상옹)
此心已就靜(차심이취정)
外物不忘動(외물불망동)
窮達知有命(궁달지유명)
薤□□誰甕(해□□수옹)
烟霞太無端(연하태무단)
詩癖卽病痛(시벽즉병통)
自乏作霖才(자핍작임재)
空看射螮蝀(공간사체동)
龍鱗那可攀(용린나가반)
螳轍亦難踴(당철역난용)
光陰無計住(광음무계주)
一例過客送(일례과객송)

들 밖에는 사람 자취 드물고
골짜기엔 흰 구름만 피어나네.
봄잠이라 나른하여 늘상 늦게 일어나니
거문고와 서책만이 책상을 안고 있네.
마음은 이미 고요함을 이루었으니
외물(外物)에 망령되이 움직이지 않으리.
곤궁과 영달은 운명에 있음을 알았으니[953]

953 窮達知有命(궁달지유명) : 곤궁(困窮)과 영달(榮達)은 운명에 있음. 반표(班彪)의 《王命論》에

해□□(백주; 薤白酒)를 누구의 술동이에 담갔는가?[954]

구름과 노을은 너무 커 시작도 끝도 없고

시를 좋아하는 성벽[955]은 곧 병통이라네.

스스로 하늘의 단비를 만들 만한 재주는 모자라니

공연히 하늘가 무지개[956]를 바라보며 활을 쏘아대네.

용 비늘을 어찌 더위잡을 수 있으리오[957]

버마재비가 수레바퀴를 당하여[958] 뛰어넘기도 어려운데.

세월을 머무르게 할 계책은 없으니

떠나는 객을 붙잡지 못하는 것이 한 보기일러라.

「窮達有命, 吉凶由人」.

954 薤□□誰甕(해□□수옹) : '□□'의 두 글자가 결자(缺字)로 되어 있음. 문맥상 끝 글자 '옹(甕)'에 의거 '薤□□'를 '해백주(薤白酒)'로 풀이. 해백주는 연유(煉乳)로 부추 뿌리를 볶아 담근 술. 당(唐) 백거이(白居易)의 《春寒詩》에 「蘇煖薤白酒, 乳和地黃粥」.

955 詩癖(시벽) : 시 짓기를 좋아하는 성벽(性癖). 《梁書, 簡文帝紀》에 「雅好題詩, 其序云, 余七歲有詩癖, 長而不捲」.

956 蝃蝀(체동) : 체동(蝃蝀). 무지개[虹]의 별칭. 《詩經, 鄘風, 蝃蝀》에 「蝃蝀在東, 莫之敢指」.

957 龍鱗那可攀(용린나가반) : '용의 비늘'은 곧 군주(君主)를 뜻하며, 군왕의 뜻을 붙잡을 수 없음. 높은 뜻을 이룰 수 없다는 의미.

958 螳轍(당철) : 당랑거철(螳螂拒轍). 버마재비[螳螂]가 수레를 막음. 자기의 역량을 헤아리지 않고 대적(大敵)에게 함부로 덤벼드는 것을 비유. 《莊子, 人間世篇》에 「蘧伯玉曰, 汝不知夫螳螂乎, 怒其臂以當車轍, 不知其不勝任也」.

[其二]

芝舖臨葭洲(지포임가주)
所懷在誰人(소회재수인)
瑞石千仞崗(서석천인강)
朝朝起居親(조조기거친)
相距三舍許(상거삼사허)
只作兩鄕隣(지작양향린)
去歲適南遊(거세적남유)
樽酒集湖濱(준주집호빈)
通家今孔李(통가금공리)
結縭古朱陳(결리고주진)
此意良已厚(차의양이후)
何日不馳神(하일불치신)
芳芬尙薰襲(방분상훈습)
器量可陶勻(기량가도균)
烟波常入夢(연파상입몽)
更擬訪玄眞(갱의방현진)

갈대 어우러진 모래톱의 지석강(芝石江) 가 주점(酒店)에서[959]
마음속에 품고 있는 사람은 누구인가?
서석산 천 길 높은 산자락에서
아침마다 살면서 친하게 지냈다오.
서로 떨어진 거리는 90리[960] 가량이니
다만 두 고을 정도 이웃 마을이라 하겠네.
지난해 남쪽을 유람하며 지나갈 때에는
술동이 들고 호숫가에 모였지요.

---

959 芝舖(지포) : 지(芝)는 영산강 상류 지석강(芝石江). 포(舖)는 주점(酒店).

960 三舍(삼사) : 90리(里). 사(舍)는 거리의 단위로서 1사는 30리. 먼 거리. 《國語, 晉語 4》에 「若以君之靈, 得復晉國, 晉·楚治兵, 會于中原, 其避君三舍」.

선대부터 친밀히 지낸 것[961]은 지금의 공리(孔李)[962]이고
두 집안끼리 통혼(通婚)하는 것[963]은 옛날의 주진(朱陳)[964]이리라.
이런 뜻이 이미 참으로 두터워졌거늘
어느 날인들 마음으로나마 달려가지 않으리오.
앉아 있던 자리의 향기는 아직도 젖어 있으니[965]
덕량과 재능은 도균(陶勻)[966]이라 하리.
꿈속 아스라이 안개 낀 수면 위로[967]
현진자(玄眞子)[968]가 다시 방문한 듯하네.

---

961 通家(통가) : 선조 때부터 친밀히 왕래하던 집. 세의(世誼)가 있는 집. 《後漢書, 孔融傳》에 「融字文擧, 魯國人, 孔子二十世孫也, 幼有異才, 年十歲, 隨父詣京師, 時河南尹李膺, 以簡重自居, 不妄接賓客, 勅外, 自故當世名人及與通家, 皆不得白, 融欲觀其人, 非造膺門, 語門者曰, 我是李君通家子弟, 門者言之, 膺請融, 問口, 高明祖父, 嘗與僕有恩舊乎, 融口, 然,先君孔子與君先人李老君, 同德比義, 而相師友, 則融與君累世通家, 衆坐莫不歎息」.

962 孔李(공리) : 공자(孔子)의 이십세손(二十世孫) 공융(孔融)과 이응(李膺).

963 結縭(결리) : 여자가 시집갈 때 어머니가 향주머니를 띠에 매어주며 경계하는 일. 시집감. 통혼(通婚)의 뜻. 《詩經, 豳風, 東山篇》에 「之子于歸, 皇駁其馬, 親結其縭, 九十其義」.

964 朱陳(주진) : 주진지호(朱陳之好). 주씨(朱氏)와 진씨(陳氏)의 두터운 세의(世誼). 서주(徐州)의 주진촌(朱陳村)에 주씨와 진씨만이 살아 대대로 통혼(通婚)하는 사이.

965 薰襲(훈습) : 향내가 젖어 있음. 온화함.

966 陶勻(도균) : 도균(陶鈞). 도공(陶工)의 녹로(轆轤). 도기(陶器)를 만드는 도구. 곧 왕자(王者)가 천하를 잘 다스리어 인민을 교화함을 비유. 추양(鄒陽)의 《獄中上梁王書》에 「聖王制世御俗, 獨化於陶鈞之上, 而不牽乎卑亂之漁, 不奪乎衆多之口」.

967 烟波(연파) : 연랑(煙浪). 안개가 아스라이 낀 수면. 수(隋) 강총(江總)의 《秋日侍宴婁苑湖應詔詩》에 「霁開樓闕近, 日迥煙波長」.

968 玄眞(현진) : 현진자(玄眞子). 전설상의 신선 이름. 당(唐) 진자앙(陳子昂)의 《感遇詩 5》에 「曷見玄眞子, 觀世玉壺中, 窅然遺天地, 乘化入無窮」.

[其三]

竹林幽而闃(죽림유이격)
獨坐一觴吟(독좌일상음)
清風如有意(청풍여유의)
爲我吹好音(위아취호음)
鍾期今未遇(종기금미우)
與誰論此琴(여수논차금)

대숲은 그윽하고 고요한데
홀로 앉아 한잔 술에 읊조리네.
맑은 바람도 뜻이 있는 것 같아
나를 위해 좋은 소리로 불어주네.
종자기(鍾子期)를 아직 만나지 못했으니
누구와 더불어 이 거문고 소리를 의논하리오?

[其四]

春暮黃鸝語(춘모황리어)
斗酒空思戴(두주공사대)
石品閒中閱(석품한중열)
花評靜裡對(화평정리대)
時把玉川茶(시파옥천다)
數椀洗胸滓(수완세흉재)
枕畔江聲碎(침반강성쇄)
淸我病後肺(청아병후폐)
開簾望碧亭(개렴망벽정)
重茸彌增彩(중집미증채)
依依坳堂舟(의의요당주)
宛在浮一芥(완재부일개)
永言寄相述(영언기상술)
拙工愧賢輩(졸공괴현배)

봄날 저물녘 꾀꼬리는 지저귀는데
말술을 마시며 공연히 생각에 잠기네.
한가로이 돌의 품질이나 따져보고
고요한 마음에 꽃 품평도 해보네.
때때로 옥천차(玉川茶)[969]를 우려내어
몇 잔의 차로 가슴속 앙금을 씻어 내네.
강물 소리 부서지는 언덕을 베고 누우니
병 앓은 후 나의 폐가 맑아지는 것 같네.
주렴을 걷고 영벽정(映碧亭)[970]을 바라보노라니

---

969 玉川(옥천) : 하남성(河南省) 북쪽에 있던 우물로, 당(唐) 노동(盧仝)이 이 물로 차를 끓여 마시고 자신을 옥천자(玉川子)라 함. 당(唐) 한유(韓愈)의 《寄盧仝詩》에 「玉川先生洛城裏, 破屋數間而已矣」.

970 碧亭(벽정) : 영벽정(映碧亭). 현 전라남도 화순군 능주면 관영리에 있는 예성산 아래 흐르는 지석천가에 있는 정자.

채색을 거듭하여 빛깔이 더욱 곱구나.
오목한 곳에 배를 띄우면 흔들리겠고
움푹 패인 곳이라 겨자씨 하나는 떠 있겠구나.[971]
긴 노래 지어 (先賢들의) 모습에 부쳐보려 하지만
서투른 솜씨가 선현들에게 부끄러울 따름이네.

---

971 依依坳堂舟, 宛在浮一芥(의의요당주, 완재부일개) : 《莊子, 逍遙游, 大鵬圖南》에 「覆杯水于坳堂之上, 則芥爲之舟, 置杯焉則膠, 水淺而舟大也」에 의거한 표현.

134 석문(石門; 鄭瀕)의 시에 차운하다 次石門韻

書雁初廻瑞石峰(서안초회서석봉)
寒喧間事叙重重(한훤간사서중중)
閒來酒政三盃足(한래주정삼배족)
老去詩愁萬斛濃(노거시수만곡농)
芝圃故人淸似鶴(지포고인청사학)
竹湖小屋籜生龍(죽호소옥탁생룡)
玄機自在精神處(현기자재정신처)
不必新安聽暮鍾(불필신안청모종)

서석봉(瑞石峰)에서 처음 만난[972] 후 보내주신 편지에는
안부[973]와 저간의 일들을 쓴 것이 매우 자상하십니다.[974]
술을 단속하니[975] 한가로울 때도 석 잔의 술로 만족하나
늙어가며 시심(詩心)은 만곡(萬斛)보다 진합니다.
지포(芝圃)[976]를 가꾸는 벗은 맑기가 학과 같고
죽호의 작은 집에서는 죽순이 자라나고 있습니다.[977]
미묘한 이치는 정신이 있는 곳에 스스로 있으리니
새로 생각할 필요가 없어 저녁 종소리를 듣습니다.

---

972 初廻(초회) : 초회(初會)의 오기.

973 寒喧(한훤) : 추위와 따뜻함. 서로 만나 날씨 얘기로 인사를 주고받음. 《漢武帝內傳》에 「[王母]下車登牀, 帝跪拜, 問寒暄畢, 立, 因呼帝共坐」.

974 重重(중중) : 사물이 매우 많고 조밀한 모양. 한(漢) 초공(焦贛)의 《易林, 隨之咸》에 「受福重重, 子孫蕃功」.

975 酒政(주정) : 술의 단속하는 정령(政令). 송(宋) 장단의(張端義)의 《貴耳集, 下》에 「袁彦純尹京, 專一留意酒政」.

976 芝圃(지포) : 영지를 재배하는 밭. 진(晉) 혜희(嵇喜)의 《答嵇康詩 1》에 「遙集芝圃, 釋轡華池」.

977 籜生龍(탁생룡) : 탁룡(籜龍)이 자라남. 탁룡은 죽순(竹筍)의 다른 이름. 당(唐) 노동(盧仝)의 《寄男抱孫詩》에 「籜龍正稱寃, 莫殺入汝口」.

135 장인(丈人) 송공(宋公; 宋仁萬)[978]의 61세 생신 아침에 장수와 자손 창성을 기원하며 – 2수
壽外舅宋公六十一生朝 – 二首

[其一]

大釀霞觴客滿城(대양하상객만성)
復陽是月穀朝明(복양시월곡조명)
生寅已稟人文朗(생인이품인문랑)
有子兼承世孝名(유자겸승세효명)
平日湛和常棣樂(평일담화상체락)
百年偕老友琴聲(백년해로우금성)
幾回薰炙軒屛下(기회훈자헌병하)
更祝遐齡柏悅情(갱축하령백열정)

많은 술과 술잔[979]에 하객들은 고을에 가득하고
이달 기운이 생동하는 좋은 아침[980]이 밝았습니다.
인월(寅月)에 태어나셨으니[981] 받고 태어난 인문(人文)은 맑고 환하며
자손들도 대를 이어 효도로 이름을 날렸습니다.
평소에 항상 형제[982]간에 화목하게 지내시고
부부가 해로하시며 벗처럼 지내셨습니다.
어지신 덕행[983]은 높은 담장 밖으로 몇 번이나 영향을 끼치셨는가요?
다시 송백 같은 뜻으로 장수를 축하하옵니다.

---

978 宋公(송공) : 송인만(宋仁萬). 작가 서죽당(瑞竹堂)의 장인. 《濟州梁氏學圃公長子秉節公派譜, 卷之一》에 「瑞竹堂 梁公의 配는 礪山 宋氏 仁萬의 女」.

979 霞觴(하상) : 하배(霞杯). 신선이 쓰는 술잔. 당(唐) 조점(曹店)의 《送劉尊師祇詔闕庭詩 2》에 「霞觴共飮身雖在, 風馭難陪跡未閑」.

980 穀朝(곡조) : 좋은 아침.

981 生寅(생인) : 인월(寅月; 음력 正月)에 태어남. 《史記, 律書》에 「寅言萬物始生螾然也」.

982 常棣(상체) : 나무 이름. 산앵도나무[郁李]라 함. 형제를 비유. 《詩經, 小雅, 常棣》에 「常棣之花, 鄂不韡韡, 凡今之人, 莫如兄弟」.

983 薰炙(훈자) : 훈도(薰陶). 학문이나 덕행으로 좋은 영향을 끼침. 《宋史, 道學傳 1, 程頤》에 「今夫人民善敎其子弟者, 亦必延名德之士, 使與之處, 以薰陶成性」.

[其二]

六旬康濟臥江城(육순강제와강성)
綠髮重生眼復明(녹발중생안복명)
孔釋祥獜能啓趾(공석상린능계지)
耆英司馬已知名(기영사마이지명)
渾歸盡室專心禱(혼귀진실전심도)
傾倒豊年有笑聲(경도풍년유소성)
南國榠櫨千百壽(남국명령천백수)
滿斟大斗話衷情(만짐대두화충정)

60년 동안 백성을 구제하다가[984] 강가의 마을에 누우시니
검은 머리털이 거듭 나고 눈은 다시 밝아지시리라.
공자(孔子)와 석가(釋迦)가 상서로운 기린(麒麟)의 자취를 연 것이니
기영회(耆英會)의[985] 사마광(司馬光)도 이미 그 이름을 알았습니다.
한 집안이 하나 되어 오로지 한마음으로 기도드리는 것은
풍년 들기를 마음속에 기리며 웃음소리 나는 것이었습니다.
남국의 명사나무 창가에서 천백수(千百壽) 누리시기를
큰 잔에 술 가득 부어 충정(衷情)으로 말씀드리옵니다.

---

984 康濟(강제) : 백성을 편안하게 하여 구제함. 《書經, 蔡仲之命》에 「康濟小民, 率自中」.

985 耆英(기영) : 기영회(耆英會). 덕망 있는 늙은이의 모임. 송(宋) 문언박(文彦博)이 서경 유수(西京留守)로 있을 때 부필(富弼)·사마광(司馬光) 등 11명의 원로와 함께 조직한 모임. 나이가 많고 학덕이 높은 사람들의 모임.

136 수산(壽山; 鄭祚源)의 회갑에 차운하다
次壽山回甲韻

絳人籌甲上華堂(강인주갑상화당)
白髮伊來幾許長(백발이래기허장)
十月初旬龜獻曆(십월초순구헌력)
百年今日羽飛觴(백년금일우비상)
兒孫詩禮無疆祿(아손시례무강록)
草木溪山摠被光(초목계산총피광)
松老簫翁皆此壽(송로소옹개차수)
古家餘慶自家康(고가여경자가강)

장수하여[986] 주갑(周甲)을 맞아 화려한 집에 갔었는데
백발은 그 이후로 얼마나 더 길었는가?
시월 초순에 귀력(龜曆)[987]을 드렸더니
백 년이 된 오늘날에 술잔을 재촉하네.
도덕예법을 전하는 집안이니 아들과 손자 복록이 무궁하고
시내와 개울가 초목들도 빛나는 은택을 입네.
송노(松老)[988]와 소옹(簫翁)[989]도 모두 장수를 누렸으리니
고가의 넉넉한 경사라 스스로 집안이 편안하시리라.

---

986 絳人(강인) : 강현노인(絳縣老人). 춘추시대 진(晉) 강현(絳縣)의 노인. 장수하는 사람. 《三國志, 魏志, 管寧傳》에 「昔絳縣老人屈在泥塗, 趙孟升之, 諸侯用睦」.

987 龜獻曆(귀헌력) : 귀력(龜曆). 귀력은 요(堯)임금 때 월상국(越裳國)이 바친, 천년 된 거북이 등에 있었다는 과두문(蝌蚪文). 남조 양(南朝梁) 임방(任昉)의 《述異記, 上》에 「陶唐之世, 越裳國獻千歲神龜, 方三尺餘, 背上有文, 科斗書, 記開闢已來, 帝命錄之, 謂之龜曆」.

988 松老(송노) : 송하노인. 당(唐) 가도(賈島)의 《尋隱者不遇詩》에 「松下問童子, 言師采藥去」.

989 簫翁(소옹) : 소사(簫史). 퉁소를 잘 불어 진 목공(秦穆公)의 딸 농옥(弄玉)과 결혼하고 하늘로 올라갔다는 사람. 한(漢) 유향(劉向)의 《列仙傳, 簫史》에 「簫史者, 秦穆公時人也, 善吹簫, 能致孔雀白鶴於庭, 穆公有女, 字弄玉, 好之, 公遂以女妻焉, 日教弄玉作鳳鳴, 居數年, 吹似鳳聲, 鳳凰來止其屋, 公爲作鳳臺, 夫婦止其上, 不下數年, 一旦皆隨鳳凰飛去」.

137 형님의 수연(壽筵)에 올리다 – 3수
上伯氏壽筵 – 三首

[其一]

淸朝淑氣滿堂新(청조숙기만당신)
南極星光太乙眞(남극성광태을진)
彩服雙翩老萊舞(채복쌍편노래무)
絳籌交映碧桃春(강주교영벽도춘)
琴樽在座恒携友(금준재좌항휴우)
禮學傳家不讓人(예학전가불양인)
偕瑟和篪多暇日(해슬화호다가일)
康寧秖祝暮年身(강녕지축모년신)

맑은 아침 화창한 봄기운이 새롭게 집안에 가득하고
남극성(南極星)[990]이 빛나니 태을진(太乙眞)이시라 하겠습니다.
아이들은 쌍쌍이 색동옷[991]을 날리며 노래자(老萊子) 춤을 추니
강현노인(絳縣老人)의 주갑(籌甲)[992]은 복사꽃 봄날 영벽정[993]에 어울립니다.
거문고와 술동이를 자리에 벌여 놓고 늘 벗들을 맞이하며
예법은 오래 집안에 전하며 사람들을 마다하지 않습니다.
금슬 좋게 해로하시고 형제간 우애하며[994] 여유 있게 지내시니
노년에도 강녕하시기를 공경하며 축원드리옵니다.

---

990 南極星(남극성) : 남십자성(南十字星). 남극 가까이에 있는 별로 사람의 수명을 맡은 별.

991 彩服(채복) : 채의(彩衣). 색동옷. 부모에게 효도함을 이름. 명(明) 진여원(陳汝元)의 《金蓮記, 歸田》에 「兩兒游宦, 誰娛彩服於堂前」.

992 絳籌(강주) : 강현노인(絳縣老人)의 주갑(籌甲). 진(晉) 강현(絳縣)의 장수한 노인.

993 映碧(영벽) : 영벽정(映碧亭). 현 전라남도 화순군 능주면 관영리에 있는 정자.

994 和篪(화호) : 화훈지(和壎篪). 훈(壎)은 흙으로 만든 악기, 지(篪)는 대로 만든 악기. 이 둘의 소리는 잘 어울리므로 형제간에 화목 우애함을 비유. 《詩經, 小雅, 何人斯》에 「伯氏吹壎, 仲氏吹篪」.

[其二]

六旬强半百來年(육순강반백래년)
生老其間孰使然(생로기간숙사연)
分外功名渾忘世(분외공명혼망세)
閒中事業樂爲天(한중사업낙위천)
孝心兒祝崗陵壽(효심아축강릉수)
賀語賓吟月露篇(하어빈음월로편)
幸我梁園花樹會(행아양원화수회)
重重甲慶是家傳(중중갑경시가전)

나이 60은 백 년의 반 이상이니
그 사이에 나고 늙어가니 누가 시켜서 그렇게 되었습니까?
분수 밖의 공명은 세상과 함께 잊어버렸고
한가로운 가운데 하는 일은 천명(天命)을 즐기는 것이었습니다.
효성스런 아이들은 언덕같이 장수하기[995]를 축원하고
손님들은 축하의 말로 월로편(月露篇)[996]을 읊조립니다.
다행히도 우리 양씨(梁氏) 화수회(花樹會)에서는
거듭거듭 환갑을 축하하는 경사[997]가 집안에 전하고 있습니다.

995 崗陵壽(강릉수) : 언덕이나 구릉과 같은 변함없는 수명. 명(明) 왕세정(王世貞)의 《鳴鳳記, 嚴嵩慶壽》에 「筵開相府勝蓬萊, 壽比岡陵爲鼎台」.

996 月露篇(월로편) : 월로지체(月露之體). 아름다운 시문. 《隋書, 李諤傳》에 「江左齊梁, 其弊彌甚……競一韻之奇, 爭一字之巧, 連篇累牘, 不出月露之形, 積案盈箱, 唯是風雲之狀」.

997 甲慶(갑경) : 환갑을 맞이하는 경사. 《古文書集成(海南尹氏篇) 28, 簡札類 8》에 「親節漸衰, 已過甲慶, 懼喜之情交摯」.

[其三]

風騷雅趣老蘇黃(풍소아취노소황)
樂事今朝客滿堂(낙사금조객만당)
甲子重新龜獻曆(갑자중신구헌력)
庚炎一滌羽飛觴(경염일척우비상)
渾將盡室丹心禱(혼장진실단심도)
更住韶顔綠髮長(갱주소안녹발장)
但願吾門常此會(단원오문상차회)
年年世世樂豊穰(연년세세낙풍양)

시부(詩賦)[998]를 짓는 고상한 취미는 노(老) · 소(蘇) · 황(黃)[999]이라 하겠고
오늘 아침 즐거운 일은 손님들이 집에 가득한 것입니다.
나이가 다시 새로워졌으니 귀력(龜曆)[1000]을 바치고
한 번 삼복더위를 씻어내고 술잔을 드리옵니다.
온 집안이 하나 되어 정성 어린 마음으로 드리는 기도는
다시 젊어지시고[1001] 검은 머리가 길어지십사 하는 것이옵니다.
다만 바라는 것은 우리 가문의 이 모임이 한결같고
해마다 오곡이 잘 여무는 것을 즐기는 것이옵니다.

---

998 風騷(풍소) : 풍아(風雅)와 이소(離騷). 전하여 시부(詩賦).

999 老蘇黃(노소황) : 주(周)의 사상가 노자(老子)와 송(宋)의 시인 소식(蘇軾)과 황정견(黃庭堅).

1000 龜獻曆(귀헌력) : 귀력(龜曆)을 바침. 본문에서는 다시 시작하는 육십갑자의 일을 기록하시라는 뜻.

1001 韶顔(소안) : 젊어 보이는 노인의 얼굴. 남조 송(南朝宋) 포조(鮑照)의 《發後渚詩》에 「華志分馳年, 韶顔慘驚節」.

138 삼가 큰형수 윤씨(尹氏)[1002]의 생신에 차운하다 敬次丘嫂尹氏晬辰韻

絳人籌甲卯壬年(강인주갑묘임년)
偕瑟中堂百福全(해슬중당백복전)
鶴髮今朝黃耉壽(학발금조황구수)
龜蓮千歲紫陽篇(귀련천세자양편)
仙容對老維摩室(선용대로유마실)
敬禮如賓冀缺田(경례여빈기결전)
昆季湛和隣友賀(곤계담화인우하)
繽紛彩舞耀斯筵(빈분채무요사연)

장수(長壽)하시어 환갑은 묘임년(卯壬年)이셨으니
안채에서 부부가 금슬 좋게 해로하시니 만복이 온전하셨습니다.
오늘 아침 학처럼 흰머리가 다시 누렇게 되어 늙으시며[1003]
연잎 위의 거북[1004]처럼 오랜 세월 자양(紫陽)의 시문 읽으셨습니다.[1005]
신선 같은 모습은 유마실(維摩室)[1006]의 노인을 대한 듯하고
(부부간) 공경하는 예는 기결(冀缺)이 밭[1007]에서 손님 대하듯 하셨습니다.
형제들은 즐거이 화목하며 이웃과 벗들은 경하드리니
색동옷 입고 어지럽게 춤추는 이 잔치자리가 빛납니다.

1002 尹氏(윤씨) : 작자 양상항(梁相恒) 공의 큰형님 월파 양상정(月坡梁相鼎)의 부인. 《濟州梁氏學圃公長子秉節公波譜, 卷之一》에 「配는 貞夫人 坡平尹氏니 滋德의 女요 進士 性鎭孫이요 孝基曾孫이요 入松煌后요 贈吏參豊壤趙學永外孫」.

1003 黃耉(황구) : 머리가 희어졌다가 다시 누렇게 되고 얼굴에 검버섯이 생기는 노인. 《詩經, 小雅, 南山有臺》에 「樂只君子, 遐不黃耉」.

1004 龜蓮(귀련) : 거북과 연꽃. 상서로운 사물로 여김. 《史記, 龜策傳》에 「龜千歲乃游蓮葉之上」.

1005 紫陽篇(자양편) : 자양(紫陽)에서 시문을 지음. 자양은 송(宋) 주희(朱熹)의 별칭.

1006 維摩室(유마실) : 유마장실(維摩丈室). 유마힐(維摩詰) 거사(居士)가 거처하는 사방 한 장(丈)의 작은 방. 방은 작지만 한없이 많은 것을 포용한다고 함.

1007 冀缺(기결) : 기(冀) 땅 극결(郤缺)의 밭. 기결(冀缺)은 극결(郤缺)의 다른 이름. 극결이 기(冀) 땅에서 밭을 갈 때 점심을 내온 아내와 서로 공경하였다는 것을 강조.

139 삼가 족형(族兄) 교리(校理)[1008]상[ ]의 회갑에 차운하다 – 2수
敬次族兄校理相[ ]回甲韻 – 二首

[其一]

小春雪會闢梁園(소춘설회벽양원)
絳縣花籌滿賀樽(강현화주만하준)
晝錦榮親終子孝(주금영친종자효)
朝靴休老頌君恩(조화휴노송군은)
初月梧庭依舊吐(초월오정의구토)
遺風松壑至今存(유풍송학지금존)
棣花湛樂萊衣舞(체화담락래의무)
餘慶綿綿裕後孫(여경면면유후손)

소춘(小春)[1009]에 눈이 내리고 양씨 동산에서 모임을 여니
장수하여 화갑을 맞이하니 축하 술이 술동이에 가득하네.
금의환향[1010]하여 부모를 영화롭게 하니 자식의 효도를 다하고
조정에 벼슬하다가[1011] 노인이 되어 편안히 쉬며 임금의 은혜를 송축하네.
뜨락의 오동나무는 옛날처럼 초승달을 토해내고
솔숲 우거진 골짜기에 전해오는 바람은 지금도 불고 있다네.
형제들은[1012] 즐거워하며 색동옷 입고 노래자(老萊子)의 춤을 추니
선소의 경사는 길게 이어져 후손까지 넉넉하게 하리라.

1008 校理(교리) : 조선시대 집현전(集賢殿)・홍문관(弘文館)의 정5품 벼슬.

1009 小春(소춘) : 음력 10월의 별칭.

1010 晝錦(주금) : 부귀(富貴)하여 귀향(歸鄕)함. 금의환향(錦衣還鄕). 《北史, 毛遐傳》에 「遐字鴻遠, 北地三原人也, 弟鴻賓 …… 明帝改北地郡爲雍州, 鴻賓爲刺史, 詔曰, 晝錦榮鄕」.

1011 朝靴(조화) : 조정에 나갈 때 신는 가죽신. 조정에서 벼슬함을 이름. 원(元) 원회(元懷)의 《拊掌錄》에 「米芾好怪, 常戴俗帽, 衣深衣, 而躡朝鞾, 紺綠, 朋從目爲活卦影」.

1012 棣花(체화) : 체화(棣華). 아가위 꽃. 형제를 비유. 체악지정(棣鄂之情; 형제의 두터운 우애).

[其二]

斗南淑氣萃芳園(두남숙기췌방원)
傾倒豊年釀壽樽(경도풍년양수준)
明月丹江來鶴笛(명월단강래학적)
靑雲瀛閣謝鴻恩(청운영각사홍은)
芝蘭繞砌新芽茁(지란요체신아줄)
經籍留丌舊訓存(경적유기구훈존)
圃祖松先餘蔭厚(포조송선여음후)
主翁無愧古家孫(주옹무괴고가손)

천하[1013]의 온화한 기운[1014]은 향기로운 동산에 모이고
풍년 들고 장수를 비는 술은 술동이에 가득하네.
달 밝은 밤 단강(丹江)[1015]에서 날아온 학은 피리를 불고
높은 벼슬아치들은 영각(瀛閣)[1016]에서 큰 은혜에 사례 드리네.
섬돌을 두른 지초 난초에는 새싹이 돋아나고
책상 위 경서에는 아직도 옛날의 가르침이 있네.
포조(圃祖)[1017]와 송선(松先)[1018]의 넘치는 음덕(蔭德)이 두터우니
주인옹께서는 전통 있는 가문의 후손으로서 부끄러움이 없다네.

1013 斗南(두남) : 북두칠성(北斗七星)의 남쪽. 곧 천하(天下)를 의미.

1014 淑氣(숙기) : 온화한 기운. 진(晉) 육기(陸機)의 《悲哉行》에 「蕙草饒淑氣, 時鳥好多音」.

1015 丹江(단강) : 전설의 강. 《山海經, 南山經》에 「丹穴之山, 其上多金玉, 丹水出焉, 而南流注於渤海」.

1016 瀛閣(영각) : 영관(瀛館). 당 태종(唐太宗) 때 설립한 문학관(文學館).

1017 圃祖(포조) : 학포(學圃) 양팽손(梁彭孫, 1488~1545). 조선 중기의 문신. 작가의 11대 선조.

1018 松先(송선) : 송천(松川) 양응정(梁應鼎, 1519~?). 조선 중기의 문신. 학포(學圃) 양팽손(梁彭孫)의 3남. 작가의 10대 선조.

140 아우[1019]의 회갑을 맞이하여 – 2수
舍弟回甲 – 二首

[其一]

絳縣花籌是日春(강현화주시일춘)
第三回甲弟兄隣(제삼회갑제형인)
平生孝友遵遺訓(평생효우준유훈)
倍感劬勞受此身(배감구로수차신)
南極壽星呈瑞彩(남극수성정서채)
東山風月更淸新(동산풍월갱청신)
琴床偕老萊衣舞(금상해로래의무)
讌喜中堂掃席塵(연희중당소석진)

오늘은 장수하여 환갑을 맞이하는 봄날이니
형제들 중 세 번째 맞이한 회갑으로 이어진 것이네.[1020]
평생토록 효도하고 우애하며 유훈(遺訓)을 따랐으니
이 몸으로 받은 부모님들의 고생[1021]을 갑절이나 느끼네.
남쪽 하늘 수성(壽星)은 상서로운 빛을 드러내고
동산에 부는 바람과 밝은 달은 다시 맑고도 새롭네.
거문고 앞 부부는 해로하고 아이들은 노래자의 춤을 추니
중당(中堂)에 잔치를 벌이며 자리의 먼지를 쓸었구려.

1019 舍弟(사제) : 자기의 아우. 작가의 두 아우는 상겸(相謙)과 상관(相灌)이고, 본문의 아우는 바로 손아래 아우 상겸(相謙)이다. 다음 시 [其2]에 '묘군(卯君; 卯生. 토끼해에 태어난 사람)'이라 칭하고 있음. 《濟州梁氏學圃公長子秉節公波譜, 卷之一》. 본 작품은 1891년(고종 28) 작가 나이 64세이고 돌아가시던 해에 쓴 작품.

1020 第三回甲弟兄隣(제삼회갑제형인) : 형제들이 맞이한 세 번째 회갑이란 뜻은, 작가의 백형(伯兄) 상정(相鼎)의 회갑, 둘째인 작가 자신의 회갑, 그리고 셋째인 상겸(相謙)의 회갑의 뜻.

1021 劬勞(구로) : 구로지은(劬勞之恩). 자기를 낳아 고생하며 기른 부모의 은혜. 《三國演義, 36回》에 「如晝到日, 可念劬勞之恩, 星夜前來, 以全孝道」.

[其二]

卯君花甲卯年春(묘군화갑묘년춘)
此會重經伯仲鄰(차회중경백중린)
孝友齊家千事足(효우제가천사족)
圖書滿壁一閒身(도서만벽일한신)
同庚荊室偕琴樂(동경형실해금락)
有子蘭庭彩舞新(유자난정채무신)
極宿呈祥稱壽牽(극숙정상칭수견)
賓筵秩秩挹聲塵(빈연질질읍성진)

토끼해에 태어난 사람[1022]의 회갑은 토끼해[1023]의 봄이니
이 잔치는 백형(伯兄)과 중형(仲兄)의 잔치에 이어 거듭된 것이로다.
효도하고 우애하여 집안이 바로 다스려지니 모든 일이 만족스러우며
책들은 벽에 가득하니 한 몸은 한가로웠구려.
동갑의[1024] 아내[1025]와 부부가 금슬지락을 누리니
자식들은 난초의 뜰에서 노래자 춤을 추니 색동옷이 새롭네.
극수(極宿)[1026]는 상서로움을 보여 수성(壽星)이라 칭하니
잔치에 모인 많은 손님들은 읍(挹; 揖)을 올리며 노래 부르네.[1027]

1022 卯君(묘군) : 묘생(卯生). 토끼해에 태어난 사람. 본문에서는 신묘년(辛卯年)임. 송(宋) 소식(蘇軾)의 《子由生日以檀香觀音像及印香銀篆盤爲壽詩》에 「東坡持是壽卯君, 君少與我師皇墳」.

1023 卯年(묘년) : 아우 주인공 양상겸(梁相謙)의 환갑인 계묘년(癸卯年, 1891년).

1024 同庚(동경) : 동갑(同甲). 같은 나이. 양상겸(梁相謙)과 부인 연일정씨(延日鄭氏)는 같은 신묘년(辛卯年) 출생. 송(宋) 주희(朱熹)의 《元范別後寄惠佳篇詩》에 「歲月幸同庚, 詩書復同道」.

1025 荊室(형실) : 형부(荊婦). 남에게 자기 아내를 겸손하게 이르는 말. 형차포군(荊釵布裙)의 고사(故事). 송(宋) 진량(陳亮)의 《乙巳春與朱元晦祕書書》에 「男子不敢犯分以求, 而荊婦心欲其夫轉以爲請, 此於理宜可許也, 願便得之爲禱」.

1026 極宿(극수) : 남극노인성(南極老人星). 장수를 상징하므로 수성(壽星)이라고도 함.

1027 聲塵(성진) : 음악이나 오락. 당(唐) 백거이(白居易)의 《祭崔常侍文》에 「辱爲僚友三十餘年, 又膳部房與公同聲塵之遊, 定膠漆之分」.

141 별감(別監) 구(具)의 만사(挽詞)
挽具別監

孰主張爲秋復春(숙주장위추복춘)
鳳山獨立歎無人(봉산독립탄무인)
平章世業千年系(평장세업천년계)
齒德吾鄕七耋身(치덕오향칠질신)
舊誼同庚霜露感(구의동경상로감)
短吟誄子水雲嚬(단음뇌자수운빈)
綿醪未奠丹旌路(면료미전단정로)
竹樹城南悵望晨(죽수성남창망신)

누가 주장하여 봄과 가을을 반복하게 하는가?
봉산(鳳山)에 홀로 서서 사람이 없음을 한탄합니다.
백성 잘 다스리는 일[1028]은 대대로 이어온 오랜 가업이고
향리에서 나이와 덕망[1029] 높은 일곱 노인 중 한 분이셨습니다.
(나와는) 동갑 나이로 오랜 정의가 있어 그리워하며[1030]
애도의 글[1031] 짧게 읊으니 물과 구름도 슬픔에 눈살을 찡그립니다.
적은 술도 아직 올리지 못했는데 붉은 명정(銘旌)[1032]은 길에 있으니
죽수(竹樹) 고을 남쪽 새벽하늘을 시름없이 바라봅니다.

1028 平章(평장) : 백성을 공평하고 밝게 잘 다스림. 한(漢) 채옹(蔡邕)의 《上封事陳政要七事》에 「宜追定八使, 糾擧非法, 更選忠淸, 平章賞罰」.

1029 齒德(치덕) : 고년(高年)과 영덕(令德). 많은 나이와 뛰어난 덕.

1030 霜露感(상로감) : 상로지감(霜露之感). 돌아가신 부모나 조상에 대한 그리움. 서리에 초목이 시드는 것을 보고서 부모나 조상에 대한 생각이 한결 간절해짐. 《禮記, 祭義》에 「霜露旣降, 君子履之, 必有悽愴之心, 非其寒之謂也」.

1031 誄子(뇌자) : 뇌문(誄文). 죽은 이를 애도하는 글. 사람의 생전의 공덕을 칭송하는 말.

1032 丹旌(단정) : 명정(銘旌). 붉은 바탕에 흰 글씨로 죽은 사람의 품계 · 관직 · 성씨를 쓴 기.

142 눌헌(訥軒) 유(柳)의 만사(挽詞)
挽柳訥軒

童稚情親六十齡(동치정친육십령)
逢場爾汝却忘形(봉장이여각망형)
雪窓螢案同勤苦(설창형안동근고)
水榭風亭幾醉醒(수사풍정기취성)
落月三更夢李白(낙월삼경몽이백)
孤雲一別哭楓靑(고운일별곡풍청)
哀辭未盡平生志(애사미진평생지)
只信泉臺子有靈(지신천대자유령)

어릴 적부터 친하게 지내면서 60살이 되었으니
그대를 만나는 곳에서는 정말 한마음으로 친하게 지냈지요.[1033]
설창형안(雪窓螢案)[1034]에 함께 부지런히 애썼고
물가 바람 부는 정자에서는 몇 번이나 취하고 깨었던가?
달 지는 한밤중에는 이백(李白)을 꿈꿨는데
외로운 구름 아래 이별하며 단풍나무 푸르던 시절을 통곡하네.
평생의 뜻을 이루지 못해 슬퍼하는 글을 지으니
다만 저승[1035]에서도 그대의 혼백이 있다는 것을 믿겠네.

1033 忘形(망형) : 망형교(忘形交). 자기의 형체를 잊고 한마음 한뜻이 되는 아주 친밀한 교우. 《新唐書, 孟郊傳》에 「孟郊性介, 少諧合, 愈一見爲忘形交」.

1034 雪窓螢案(설창형안) : 설창형궤(雪窓螢几). 고생하며 부지런히 공부함. 《文選, 任昉, 爲蕭揚州作薦士表》에 「集螢映雪」.

1035 천대(泉臺) : 천궁(泉宮)이 있는 대(臺). 춘추시대 노 장공(魯莊公)이 쌓은 대로 천궁(泉宮) 안에 있었음. 본문에서는 저승. 《春秋, 文公16年》에 「毁泉臺」.

143 화교(華郊; 曺鳳默)[1036]의 만사(挽詞)
挽華郊

白首交情住世緣(백수교정주세연)
生平氣味最相隣(생평기미최상린)
四時吟弄千篇律(사시음롱천편율)
一曰康寧八耋年(일왈강녕팔질년)
已矣無人城市隱(이의무인성시은)
翩然去伴玉樓仙(편연거반옥루선)
淸樽酬唱還如昨(청준수창환여작)
強搆哀辭淚滿巾(강구애사누만건)

흰머리가 나도록 사귄 정은 이승의 인연이어서
평생 동안 같이한 정취로는 가장 가까웠네.
일 년 사계절 천여 편의 시를 지었으니
한마디로 여든 살은 강녕하였다 하겠네.
없는 듯 자취 감추고[1037] 저자에 숨어살다가
옥루(玉樓)의 신선과 함께 새처럼 날아가셨구려.
맑은 술 따르며 수창한 것이 어제 같은데
상여를 당기며 슬픈 조사(弔辭)를 하니 눈물이 두건을 적시네.

1036 華郊(화교) : 화교(華郊) 조봉묵(曺鳳默). 1805년(純祖 5)~1883년(高宗 20). 자는 순서(舜瑞). 호는 화교(華郊). 향리는 전라남도 화순군 능주면 수동리(水洞里). 작가의 향리인 죽청리(竹靑里; 일명 대포리)와는 들을 사이에 두고 불과 십 리 떨어진 이웃마을. 작가 서죽(瑞竹)보다는 22살이 연상이나 시우(詩友)로 망년지교를 나눈 것으로 여겨지며, 본 《瑞竹集》에도 화교 조봉묵 공과 수창한 시가 37편, 편지가 1편이 실려 있으며, 《華郊遺稿》에도 서죽공과 수창한 6편의 시가 실려 있다. 본 만사는 서죽공 57세 때 지은 만시(挽詩)다.

1037 已矣(이의) : 끝남. 또는 자취를 감춤. 한(漢)나라 이릉(李陵)의 《答蘇武書》에 「陵不難刺心以自明, 刎頸以見志. 顧國家於我已矣」.

144 태잠(台岑; 曺錫輅)의 만사(輓詞)
挽台岑

周歲淹留誼轉深(주세엄류의전심)
居然一別淚沾襟(거연일별루첨금)
窮經難力靑雲路(궁경난력청운로)
處世無瑕白玉心(처세무하백옥심)
樑月中宵空想像(양월중소공상상)
海山落日渺知音(해산낙일묘지음)
淸樽酬唱渾如昨(청준수창혼여작)
案上殘篇去後尋(안상잔편거후심)

1년[1038]여 동안 객지에 와서[1039] 교분은 더욱 깊어졌는데
뜻밖에[1040] 헤어지니 눈물이 옷깃을 적시네.
경서(經書)를 궁구하며 벼슬에 오르고자 힘을 다했으며
세상에 처함에는 티끌 없는 백옥 같은 마음이었네.
밤하늘에 걸린 달을 보며 한밤중에 공연히 상상하니
바다와 산에 지는 해를 바라보니 벗은 아득히 멀어졌구려.
맑은 술 따르며 시를 주고받던 것이 어제인 듯한데
책상에서 짓다 만 남은 시편(詩篇)들을 찾아보네.

1038 周歲(주세) : 1년. 당(唐) 백거이(白居易)의 《府酒, 變法詩》에 「自慙到府未周歲, 惠愛威稜一事無」.

1039 淹留(엄류) : 객지에 머묾. 지체함. 본문에서는 태잠(台岑)이 서죽공의 자제들을 가르치기 위해 서죽공의 집에 머문 것을 의미.

1040 居然(거연) : 뜻밖에. 의외로. 당(唐) 배도(裴度)의 《凉風亭睡覺詩》에 「滿空亂雪花相似, 何事居然無賞心」.

145 회갑을 맞이한 생일날 아침에 감회를 읊음[1041]
回甲生朝有感

日月幾何周甲年(일월기하주갑년)
弧辰讌樂俗相傳(호신연락속상전)
好追白社携耆老(호추백사휴기로)
肯鍊丹砂學彼仙(긍연단사학피선)
孝友因心加勉後(효우인심가면후)
詩書遺敎啓來邊(시서유교계래변)
瓊章迭唱南飛曲(경장질창남비곡)
奚獨坡翁美事全(해독파옹미사전)

세월이 얼마쯤 흘러야 회갑을 맞이하는가?
회갑 날[1042] 연회를 베풀어 즐기는 풍속은 대대로 전하는구나.
백사(白社)[1043]를 따르기 좋아하다가 노인이 되었고
단사(丹砂) 단련(鍛鍊)을 마땅히 여기며 신선 되기를 배웠구나.
효도와 우애를 마음의 근본으로 삼아 힘쓴 연후에
시서(詩書)의 가르침으로 이웃을 인도하리라.
아름다운 문장을 연이어 불러 남녘에 퍼뜨린다면
어찌 파옹(坡翁; 蘇東坡)만이 온전하게 한 아름다운 일이겠는가?

1041 이 시는 작가의 회갑을 축하하는 시를 모은 시첩(詩帖) 《수첩(壽帖)》에도 '서죽자고(瑞竹自稿)'로 서두에 실려 있다. 《수첩》에 실린 축하시는 37편으로 말미에 별책으로 게재함.

1042 弧辰(호신) : 호현(弧懸). 나무 활을 대문에 걸어 놓음. 아들을 낳으면 대문 좌측에 활을 걸어 놓는 풍속으로 남자의 생일을 일컬음. 명(明) 장거정(張居正)의 《答上師相徐存齋書 25》에 「恭惟弧辰屆節, 壽纏增輝, 天上神仙, 身久留於寰世, 山中宰相, 望益重於華夷」.

1043 白社(백사) : 백련사(白蓮社). 은사나 은사가 사는 곳. 백련사는 동진(東晉)의 중 혜원(慧遠)이 여산(廬山) 동림사(東林寺)에서 벗들과 결성한 단체. 남조 양(南朝梁) 소통(蕭統)의 《錦帶書十二月啓, 林鍾六月》에 「但某白社狂人, 靑緗末學」.

146 회갑을 맞이해서 석문(石門; 鄭瀩)이 고맙게도 부쳐온 시[1044]를 받들고 차운하여 오언고시 장편을 짓다
奉次石門惠寄回甲五言古詩長篇

布褐懷珠玉(포갈회주옥)
文章耀星斗(문장요성두)
士固需時用(사고수시용)
廊廟虛座右(낭묘허좌우)
吾友石門子(오우석문자)
俗累不斜黝(속누부두유)
經笥輪囷腹(경사륜균복)
英華咀嚼口(영화저작구)
貽我五字詩(이아오자시)
点塵隨泛帚(점진수범추)
珎重具朋錫(진중구붕석)
的礫蚌珠剖(적력방주부)
平日完養力(평일완양력)
書案着此肘(서안착차주)
屈宋作衙官(굴송작아관)
王盧可前後(왕로가전후)
暮年托契深(모년탁계심)
交道元不苟(교도원불구)
薰德如芝蘭(훈덕여지란)
非質委蒲柳(비질위포류)
日月能幾何(일월능기하)
愧我當壽酒(괴아당수주)
呼童掃苔徑(호동소태경)

1044 석문(石門) 정석(鄭瀩)이 부쳐온 회갑을 축하하는 시는 오언고시로 별책 《壽帖》에도 실려 있다.

迎客開竹牖(영객개죽유)
峨冠秩秩筵(아관질질연)
有誰脫塵臼(유수탈진구)
惟我意中人(유아의중인)
此日若相負(차일약상부)
悵望歎少一(창망탄소일)
風流減八域(풍류감팔역)
何當更促席(하당갱촉석)
觴詠相授受(상영상수수)
衰病良自憐(쇠병량자련)
形骸似土偶(형해사토우)
嗟夫壽溪翁(차부수계옹)
住世胡不久(주세호불구)
人琴俱已亡(인금구이망)
只信名不朽(지신명불후)
西風無限淚(서풍무한루)
失我金石友(실아금석우)
此懷向誰論(차회향수론)
早晩相對耦(조만상대우)

베옷을 입고도 가슴에는 주옥(珠玉)을 품어
문장은 별처럼 빛나는구려.
선비는 참으로 쓰일 때를 기다리니는 것이니
낭묘(廊廟)[1045]의 중요한 자리[1046]가 비었구려.
내 벗 석문(石門)이란 사람은
세속에 묶여는 있으나 얽히지는[1047] 않았도다.

1045 廊廟(낭묘) : 궁전의 외곽 건물과 태묘(太廟). 곧 조정. 《國語, 越語 下》에 「謀之廊廟, 失之中原, 其可乎, 王姑勿許也」.

1046 座右(좌우) : 자리의 오른쪽. 곧 중요한 자리. 당(唐) 두보(杜甫)의 《天育驃騎歌》에 「故獨寫眞傳世人, 見之座右久更新」.

경사(經史)에 박식하고[1048] 크고 넓은 기량을 품고 있어[1049]
우수한 문장을 찬찬히 새겨 음미하도다.[1050]
나에게 오언시(五言詩)를 보내오시니
(마당 쓸던) 빗자루를 세워 놓고 살펴보네.
보배롭고 귀한 벗이 보내온 것이니
조개에서 꺼낸 진주같이 빛나도다.
평소에는 완전하게 힘을 기르고
팔꿈치는 늘 서안에 부쳤네.
문장은 굴원(屈原)·송옥(宋玉)도 아관(衙官)이라 할 것이며[1051]
왕발(王勃)·노조린(盧照鄰)[1052]과 앞뒤에 있다 하리라.
늙어가며 서로의 의기투합은 더욱 깊어졌으니
사귀는 방법이 본래부터 소홀히 하지 않았도다.
(그대의) 인자한 덕은 지초·난초와 같았으며
(나의) 둔한 재질은 신체가 허약한[1053] 탓으로 미루네.
남은 세월이 얼마나 되리오?
회갑 축하 술은 나에게 부끄러울 따름이라네.
아이 불러 길가의 이끼 쓸어내고

1047 糾黝(두유) : '규유(糾黝)'. 숲의 나무들이 서로 이어져 얽힌 모양. 《文選, 王延壽, 魯靈光殿賦》에 「傍夭蟜而横出, 互黝糾而搏負」.

1048 經笥(경사) : 경사사(經史笥). 경서(經書)와 사서(史書)를 넣어둔 상자. 사람의 박학(博學)을 칭송. 《梁書, 許懋傳》에 「永元中轉散騎侍郎兼國子博士, 與司馬聚同志友善, 僕射江祏雅重之, 號爲經史笥」.

1049 腹(복) : 복편편(腹便便). 감추고 편하게 있는 모양. 《後漢書, 文苑上, 邊韶傳》에 「韶口辯, 曾晝日假臥, 弟子私謿之曰, 邊孝先腹便便, 懶讀書但欲眠, 韶潛聞之, 應時對曰, 邊爲姓孝爲字, 腹便便五經笥, 但欲眠思經事, 寐與周公通夢, 靜與孔子同意, 師而可謿, 出何典記」.

1050 咀嚼(저작) : 저미(咀味). 찬찬히 새겨 음미함. 송(宋) 장뇌(張耒)의 《明道雜志》에 「[蘇惠州]作詩每爲不知者咀味, 以爲有譏訕, 而實不然也」.

1051 屈宋作衙官(굴송작아관) : 아관굴송(衙官屈宋). 당대(唐代)에 문사인 두심언(杜審言)이 자신의 문장을 자부하여 굴원(屈原)과 송옥(宋玉)도 자신의 속관(屬官)이라고 말한 고사. 《舊唐書, 文苑傳 上, 杜審言》에 「[杜審言]又嘗謂人曰, 吾之文章, 合得屈宋作衙官, 吾之書跡, 合得王羲之北面, 其矜誕如此」.

1052 王盧(왕노) : 당대(唐代)의 문학자 왕발(王勃)과 노조린(盧照鄰)을 병칭하는 말.

1053 蒲柳(포류) : 갯버들. 잎이 가을에 제일 먼저 지므로 신체가 허약함. 남조 송(南朝宋) 유의경(劉義慶)의 《世說新語, 言語》에 「浦柳之姿, 望秋而落, 松柏之質, 經霜彌茂」.

죽창 열고 손님을 맞이하네.
(士大夫들의) 높은 관모(冠帽)[1054]는 잔치자리에 정연하나
누가 속세(俗世)[1055]를 벗어난 사람이리오?
내 마음속 사람들을 생각하건대
이날 서로 부담(負擔)을 지닌 것 같았도다.
울적한 마음에 조금 한탄하며 바라보노라니
풍류로 팔방(八方)을 가벼이 여기는 것 같았도다.
다시 자리에 앉기를 재촉함이 어찌 합당하리오?
서로 시를 읊으며 술잔을 주고받으니
병으로 쇠잔한 몸이 참으로 가여울 뿐이었네.
사람의 몸과 뼈는 흙으로 빚은 인형(人形)이니
아! 대저 시냇가의 나이 먹은 늙은이일 뿐이라네.
세상에 머무름이 어찌 오래지 않겠는가?
사람과 거문고도 이미 다 없어졌으니[1056]
다만 이름은 썩지 않는다는 것을 믿을 뿐이네.
불어오는 서풍에 끝없는 눈물을 흘리는 것은
나의 금석지교(金石之交)의 벗을 잃었음이라.
이 회포를 누구를 향하여 의논하리오?
조만간 서로 짝하여 나란히 가리라.

1054 峨冠(아관) : 아관박대(峨冠博帶). 높은 관(冠)과 넓은 띠. 곧 유생(儒生)이나 사대부(士大夫)의 옷차림. 《三國演義, 37回》에 「門有一先生, 峨冠博帶, 道貌非常, 特來相探」.

1055 塵臼(진구) : 진구(塵咎). 속세. 《莊子, 齊物論》에 「無謂有謂, 有謂無謂, 而遊乎塵垢之外」.

1056 人琴俱亡(인금구망) : 인금구서(人琴俱逝). 사람과 거문고가 다 없어졌음. 사람의 죽음을 애도하는 말. 진(晉)의 왕헌지(王獻之)가 죽자 그가 타던 거문고도 가락이 맞지 않게 되었다는 고사. 남조 송(南朝宋) 유의경(劉義慶)의 《世說新語, 傷逝》에 「王子猷・子敬俱病篤, 而子敬先亡……子敬素好琴, [子猷]便徑入坐靈牀上, 取子敬琴彈, 弦既不調, 擲地云, 子敬子敬, 人琴俱亡, 慟絶良久, 月餘亦卒」.

147 화교(華郊; 曺鳳黙)께서 꽃나무와 함께 아름다운 글[1057]을 보내오시니, 그 시의 운을 받들어 답시를 지어 사례하다 – 10수
荷華郊惠送花木副之以瓊琚奉和來韻以謝之 – 十首

[其一] 영산홍(映山紅)

青山影子入簾紅(청산영자입렴홍)
躑躅春光好映籠(척촉춘광호영롱)
自笑主翁非分侈(자소주옹비분치)
東風盡日錦屛中(동풍진일금병중)

청산의 그림자가 주렴(珠簾) 안에 드니 붉어지고
봄빛은 철쭉[躑躅]에 아름답게 영롱(映籠)[1058]하구나.
사치스럽다고 분별할 일이 아니라며 주인옹은 스스로 웃고
동풍은 종일토록 비단 병풍 안에서 불고 있네.

1057 瓊琚(경거) : 아름다운 옥. 아름다운 시문을 비유. 화교(華郊; 曺鳳黙)가 작가(梁相恒)에게 보내 준 꽃을 노래한 시는 《華郊集, 卷之一》에 〈瑞竹軒花木題詩序〉라 하여 '서문(序文)'과 함께 본 작품에서 노래하고 있는 10수의 화목(花木)을 싣고 있는바, 화목의 종류나 순서도 동일하다. 당(唐) 위응물(韋應物)의 《善福精舍答韓司錄淸都觀會宴見憶詩》에 「忽因西飛禽, 贈我以瓊琚」.

1058 映籠(영롱) : 영롱(玲瓏; 밝고 찬란한 모양)과 같은 뜻.

[其二] 홍백매(紅白梅)

紅玉梅兮白玉梅(홍옥매혜백옥매)
小軒臨水爲花開(소헌임수위화개)
淸宵煮酒論雄席(청소자주논웅석)
留待良朋伴月來(유대양붕반월래)

홍옥매(紅玉梅) 백옥매(白玉梅)가
물가 작은 집에서 피어났구나.
맑은 밤 따끈한 술[1059]을 마시며 담론(談論)은 거칠 것이 없고
달과 함께 올 좋은 벗을 기다리네.

1059 煮酒(자주) : 술을 데움. 따끈한 술. 송(宋) 소식(蘇軾)의 《贈嶺上梅詩》에 「且趁靑梅嘗煮酒, 要看細雨熟黃梅」.

[其三] 왜철죽(倭鐵竹)[1060]

冠於紅紫獨倭名(관어홍자독왜명)
鐵竹何生渡海生(철죽하생도해생)
認是日南包貢物(인시일남포공물)
春城奇絶賣花聲(춘성기절매화성)

머리에 붉은 색과 보라색 관을 쓰고 홀로 일본 이름을 쓰는데
철죽(鐵竹)은 바다를 건너와 어떻게 살았는가?
이것은 일본 남쪽에서 공물(貢物)[1061]로 싸여 왔음을 알겠고
봄이 무르익은 땅[1062]에서 절묘한 웃음소리를 팔고 있구나.[1063]

1060 倭鐵竹(왜철죽) : 왜(倭)는 일본에서 온 외래종. 철죽(鐵竹)은 철쭉[躑躅]의 음차(音借).

1061 貢物(공물) : 궁중이나 나라에 바치던 물건.

1062 春城(춘성) : 봄날의 성(城). 또는 봄이 무르익은 땅. 당(唐) 왕유(王維)의 《待儲光義不至詩》에 「晩鐘鳴上苑, 疎雨過春城」.

1063 賣花(매화) : 매소(賣笑). 기생이 술자리에서 몸과 웃음을 팖. 송(宋) 주밀(周密)의 《武林舊事, 歌館》에서 「以至瓦市, 各有差等, 莫不靚妝迎門, 爭姸賣笑, 朝歌暮絃, 搖蕩心目」.

[其四] 산단(山丹)[1064]

淸明時雨破春寒(청명시우파춘한)
一樹花容似渥丹(일수화용사악단)
化工染得猩猩血(화공염득성성혈)
生色靑山畵裡看(생색청산화리간)

청명절(淸明節) 때 맞춰 내리는 비에 봄추위도 물러가니
한 그루 꽃 모습이 붉고 윤기 흐르는 얼굴 같구나.[1065]
조물주가 성성(猩猩)이의 피[1066]를 얻어 물들이고
푸른 산을 그린 속에 색깔로 살아나는구나.

1064 山丹(산단) : 산단화(山丹花). 백합과에 속하는 다년초. 관상용으로 재배. 당(唐) 왕건(王建)의 《宮詞 41》에 「收得山丹紅蕊粉, 鏡前洗却麝香黃」. 조선(朝鮮)의 《漢淸文鑑 13, 花, 花》에 「山丹花, 花紅六瓣莖短葉似柳」.

1065 渥丹(악단) : 붉고 윤기가 나는 주사(朱砂). 붉고 윤기가 흐르는 얼굴을 형용. 《詩經, 秦風, 終南》에 「顔如渥丹, 其君也哉」.

1066 猩猩血(성성혈) : 성혈(猩血). 성성이의 피. 선홍색을 상징. 성성(猩猩)은 성성이. 오랑우탄의 일종. 《禮記, 曲禮》에 「猩猩能言, 不離禽獸」.

[其五] 목필(木筆)[1067]

佳木新栽學舍傍(가목신재학사방)
春來花筆好生香(춘래화필호생향)
靑靑書帶芳隣接(청청서대방린접)
喜得榮華早向陽(희득영화조향양)

학문 닦는 방 옆에 새로이 아름다운 나무를 심었더니
봄이 오자 붓 같은 꽃이 피어나고 풍기는 향기도 좋구나.
푸른 띠로는 책을 묶어[1068] 향기를 가까이 맡을 수 있으니
이른 아침 영화(榮華)의 은혜를 얻은[1069] 듯 기뻐하네.

1067 木筆(목필) : 자목련(紫木蓮)의 별칭. 꽃봉우리의 끝이 붓 모양을 하고 있기 때문. 당(唐) 백거이(白居易)의 《營閑事詩》에 「暖變牆衣色, 晴催木筆花」.

1068 書帶(서대) : 서대초(書帶草). 책을 묶는 띠. 잎이 길고 튼튼하여 한(漢)나라 정현(鄭玄)의 문하에서는 책을 묶는 데 썼음. 당(唐) 이백(李白)의 《題江夏修靜寺詩》에 「書帶留靑草, 琴堂冪素塵」.

1069 向陽(향양) : 태양을 향함. 은혜 받은 일을 비유. 송(宋) 증공(曾鞏)의 《明州到任謝兩府啓》에 「草茆之質, 使遂於向陽, 菽水之歡, 許伸於反哺」.

[其六] 장미화(薔薇花)

數間茅屋得春奢(수간모옥득춘사)
移植金鑾學士花(이식금란학사화)
幽居那望東山趣(유거那망동산취)
薇墩依俙謝傳家(미돈의희사전가)

몇 칸 띠집에서 봄날의 사치를 얻었으니
금란학사화(金鑾學士花)[1070]를 옮겨 심었네.
은거하면서 어찌 학문의 높은 경지[1071]를 바라리오만
둔덕에 심어 집안에 전할 수 있음을 감사하게 여기네.

1070 金鑾學士花(금란학사화) : 장미를 뜻함. 금란(金鑾)은 금란객(金鑾客) 곧 한림학사(翰林學士)의 미칭(美稱). 당대(唐代)에 한림원(翰林院)이 금란전(金鑾殿)과 상접(相接)해서 붙여진 이름. 《文獻通考, 職官 8》에 「前朝因金鑾坡以爲門名, 與翰林院相接, 故爲學士者稱金鑾以美之」.

1071 東山(동산) : 공자(孔子)가 올랐던 노(魯)나라 동쪽에 있는 산. 곧 학문의 높은 경지. 《孟子, 盡心上》에 「孔子登東山而小魯, 登泰山而小天下」.

[其七] 자형화(紫荊花)[1072]

義竹靑靑近衖扉(의죽청청근항비)
紫荊又發惜花飛(자형우발석화비)
欲識鴒原湛樂意(욕식령원담락의)
堂前棣蕚便相輝(당전체악편상휘)

마을 안길 사립문 옆에는 무더기로 난 대[1073]가 푸르고 푸른데
자형수(紫荊樹)가 또 피어 꽃이 바람에 날리니 애석하구나.
들에서는 할미새가[1074] 즐기는 뜻을 알고자 하였더니
집 앞에서는 체악지정(棣蕚之情)[1075]이 문득 서로 빛나누나.

1072 紫荊花(자형화) : 박태기나무 꽃. 형제를 비유. 한대(漢代) 전진(田眞) 3형제가 유산을 나누어 분가하려고 하자, 뜰 앞의 자형수(紫荊樹)가 말라죽었는데, 형제가 이에 분가하지 않기로 하자, 나무가 다시 무성해졌다는 고사. 당(唐) 두보(杜甫)의 《得舍弟消息詩》에 「風吹紫荊樹, 色與春庭暮」.

1073 義竹(의죽) : 총죽(叢竹). 무더기로 난 대. 오대(五代) 왕인유(王仁裕)의 《開元天寶遺事, 義竹》에 「帝(唐玄宗)遊後苑, 有竹叢密, 笋不出外, 帝顧諸王曰, 父子兄弟相親, 當如此竹, 因謂義竹」.

1074 鴒原(영원) : 척령원(鶺鴒原). 형제간의 우애. 《詩經, 小雅, 常棣》에 「脊令在原, 兄弟急難」.

1075 棣蕚(체악) : 체화(棣華). 아가위 꽃. 체악지정(棣蕚之情). 형제의 두터운 우애가 만발하여 화미(華美)한 아가위 꽃에 비유한 말. 《晉書, 孝友傳序》에 「夫天倫之重, 共氣分形, 心睽則葉領荊枝, 性合則華承棣蕚」.

[其八] 홍벽도(紅碧桃)[1076]

瑤池之碧武陵紅(요지지벽무릉홍)
小塢春光別界中(소오춘광별계중)
吾家幸與花相厚(오가행여화상후)
錦帳淸香動晩風(금장청향동만풍)

요지(瑤池)[1077]는 푸르고 무릉(武陵)[1078]은 붉은데
봄빛 속 작은 언덕이 특별한 경계 중에 있구나.
우리 집은 다행히 꽃들이 서로 사귀는 정이 두터우니[1079]
비단 휘장 안에 맑은 향이 저물녘 바람에 풍기는구나.

1076 紅碧桃(홍벽도) : 홍도(紅桃)와 벽도(碧桃). 홍도는 붉은색 복숭아꽃, 벽도는 일명 천엽도(千葉桃)로 모두 복숭아나무의 한 가지.

1077 瑤池(요지) : 주(周)나라 목왕(穆王)이 서왕모(西王母)와 만났다는 선경으로 곤륜산(崑崙山)에 있음. 《穆天子傳》에 「觴西王母於瑤池之上」.

1078 武陵(무릉) : 무릉도원(武陵桃源). 이 세상과 따로 떨어진 별천지(別天地). 선경(仙境). 도잠(陶潛)이 지은 《桃花源記》에 진(晉)나라 태원연간(太原年間)에 무릉에 사는 한 어부가 배를 타고 계류(溪流)를 거슬러 올라가 굴을 발견하고 그 안에 들어가 보니 그 안에 선경이 있었다는 고사.

1079 相厚(상후) : 서로 사귀는 정이 두터움. 《後漢書, 劉順傳》에 「順與光武同里閈, 少相厚」.

[其九] 혜란(蕙蘭)[1080]

草木春秋載楚騷(초목춘추재초소)
滋蘭樹蕙品題高(자란수혜품제고)
紉而爲佩編爲帳(인이위패편위장)
歲暮懷人陟彼皐(세모회인척피고)

봄가을의 초목들은 초(楚)나라 굴원(屈原)의 시[1081]에서 읊었으니
난초(蘭草) 혜초(蕙草)를 심었으니[1082] 품제(品題)[1083]가 높은 것이다.
실에 꿰어 허리에 차고 엮어 휘장을 만들어
세모에 사람을 그리워하며 저 언덕을 오르리라.

1080 蕙蘭(혜란) : 난초의 일종. 한 줄기에 꽃이 여러 개 달리며 보통의 난초보다 향기가 더 강함.

1081 楚騷(초소) : 전국시대 초(楚)나라의 굴원(屈原)이 지은 이소(離騷). 남조 양(南朝梁) 배자야(裴子野)의 《雕蟲論》에 「若悱惻芳芬, 楚騷爲之祖, 靡漫容與, 相如扣其音」.

1082 滋蘭樹蕙(자란수혜) : 난초를 심어 가꾸고 향초(香草; 蕙草)를 심음. 인의(仁義)를 수행함. 《楚辭, 離騷》에 「余旣滋蘭之九畹兮, 又樹蕙之百畝」.

1083 品題(품제) : 품평에 대한 화제나 내용. 논평하여 우열을 매김. 당(唐) 이백(李白)의 《與韓荊州書》에 「今天下以君侯爲文章之司命, 人物之權衡, 一經品題, 便作佳士」.

[其十] 국화(菊花)

晩節黃花似隱人(만절황화사은인)
重陽雅會兩三隣(중양아회양삼린)
淸樽泛泛寒香襲(청준범범한향습)
秋肅霜籬獨也春(추숙상리독야춘)

만년의 절개 노란 국화는 숨어사는 은자와 비슷하니
중양절(重陽節)에 두세 송이 멋스럽게 모였구나.[1084]
맑은 술에 둥둥 띄우니 매화 향[1085]마저 젖어들고
차가운 가을 서리 내린 울타리 가에서 혼자서 봄이로구나.

1084 雅會(아회) : 멋스러운 모임. 송(宋) 유자휘(劉子翬)의 《次韻陳成季郡會》에 「雅會欣聞珠履集, 新詞好付雪兒歌」.

1085 寒香(한향) : 맑고 차게 느껴지는 매화의 향기. 당(唐) 나은(羅隱)의 《梅花詩》에 「秋憐粉艷飄歌席, 靜愛寒香撲酒罇」.

148 화교(華郊; 靑鳳黙)의 시에 차운하다 – 6수
次華郊韻 – 六首

[其一]

歌酒倡狂一夢中(가주창광일몽중)
篁籬明月枕江風(황리명월침강풍)
好音懷我瓊琚韻(호음회아경거운)
剪盡華燈結穗紅(전진화등결수홍)

미친 듯[1086] 노래 부르고 술 마시다가 한바탕 꿈을 꾸고
대나무 울타리에 밝은 달이 뜨자 강바람을 베고 눕네.
귀한 시를 보내온 것은 나를 그리워하는 좋은 소리일지니
비단 등에 맺힌 붉은 불똥을 자르면서 읽네.[1087]

1086 倡狂(창광) : 창광(猖狂). 본성(本性)을 바꾸어 이치에 어긋난 짓을 마구 저지름. 《莊子, 庚桑楚》에 「吾聞至人尸居環堵之室, 而百姓倡狂, 不知所如往」.

1087 剪盡華燈結穗紅(전진화등결수홍) : 촛불에 맺힌 불똥을 가위로 잘라냄. 벗이 보내온 시를 밤이 깊도록 읽는 모습을 형용.

[其二]

城市山林夙所知(성시산림숙소지)
閒居觴詠暮年時(한거상영모년시)
白酒黃花餘幾許(백주황화여기허)
江湖留待一笻枝(강호유대일공지)

도회지(都會地)와 산림에서 일찍이 안 것은
늙어서 한가하게 살며 술 마시고 시 읊는 것이었네.
탁주에 국화꽃 띄워 마신 적이 얼마이리?
강호에 지팡이를 짚고 서성이며 기다리네.

[其三]

八月秋帷懶夢驚(팔월추유나몽경)
彷徨散步洞天明(방황산보동천명)
緣何詩擘華郊老(록하시벽화교노)
白髮吟笻倚晩城(백발음공의만성)

8월이라 가을 휘장 안에서 게으른 꿈에서 놀라 깨어
지향 없이 거닐며 산보하니 마을에 아침이 밝아오는구나.
시에 으뜸[1088]인 화교(華郊; 冑鳳黙)는 어떤 연유로 늙었는가?
백발에 읊조리며 지팡이 짚고 날 저문 성에 기대어보네.

1088 詩擘(시벽) : 시에는 엄지손가락을 꼽을 만하다는 뜻으로 으뜸을 의미.

[其四]

賺盡英雄一彀中(잠진영웅일구중)
墨樓坐老晩唐風(묵루좌로만당풍)
名場躁進何須羨(명장조진하수자)
秋後芙蓉獨守紅(추후부용독수홍)

송대(宋代) 시풍(詩風)[1089]을 다한 영웅들도 한 세간(世間)[1090]을 울렸지만
노인들이 앉아 있는 누각에 걸린 시[1091]는 만당풍(晩唐風)[1092]이라네.
명사들 모인 장소에 서둘러 나아가는 것[1093]을 어찌 부러워하리오?
가을 지난 후에도 연꽃은 홀로 붉은 것을.

1089 賺(잠) : 송대(宋代) 가곡(歌曲)의 일종. 일명 불시로(不是路). 송(宋) 오자목(吳自牧)의 《夢粱錄, 妓樂》에 「紹興年間, 有張五牛大夫, 因聽動鼓板中有太平令或賺鼓板」.

1090 彀中(구중) : 발사된 화살이 닿는 범위. 세간(世間)을 의미. 송(宋) 섭적(葉適)의 《祭周宗夷文》에 「一念起滅, 孰知有無, 同處彀中, 孰分哲愚, 存豈其實, 亡豈其虛」.

1091 墨樓(묵루) : 시문이나 서화를 현판에 새겨 걸어 놓은 누각.

1092 晩唐風(만당풍) : 만당(晩唐)의 시체(詩體). 당시(唐詩)의 시기를 셋이나 넷으로 나눈 맨 끝 시기의 시풍. 만당시체의 특징은 화려하고 섬세하며 정교함.

1093 躁進(조진) : 무턱대고 뛰어듦. 경솔하게 나아감. 당(唐) 빙지(馮贄)의 《雲仙雜記, 二鶻擲卵》에 「又翅羽未成, 躍出巢穴, 往往墮崖而死, 其天性俊勇, 是亦躁進之類」.

[其五]

幽居晚趣少人知(유거만취소인지)
寥廓江天欲雪時(요확강천욕설시)
窓外冬青新手種(창외동청신수종)
春光付與萬年枝(춘광부여만년지)

숨어사는 만년의 취미를 아는 사람은 적고
휑하니 비어 있는[1094] 강가 하늘에는 눈이 내리려 하네.
창밖에 겨울에도 푸르를 나무[1095]를 새로 손수 심으니
봄빛이 오래도록 살아 있을 가지를 부여하리로다.

1094 寥廓(요확) : 텅 비어 끝없이 넓은 모양. 《楚辭, 遠遊》에 「下峥嵘無地兮, 上寥廓而無天」.

1095 冬青(동청) : 겨울에도 푸르름. 또는 식물 이름으로는 감탕나무. 상록 교목. 명(明) 이시진(李時珍)의 《本草綱目, 木3, 女貞》에 「釋名, 貞木, 冬青, 蠟樹, 時珍曰, 此木凌冬青翠, 有貞守之操, 故以貞女狀之, 琴操載, 魯有處女見女貞木而作歌者, 卽此也, 蘇顔頌序云, 女貞之木, 一名冬青, 負霜葱翠, 振柯凌風, 故淸士欽其質, 而貞女慕其名, 是矣, 別有冬青, 與此同名, 本方書所用冬青, 皆此女貞也, 近時以放蠟蟲, 故俗好爲蠟樹」.

[其六]

手拾瓊琚喜半驚(수습경거희반경)
小春是月穀朝明(소춘시월곡조명)
莫道箇中滋味薄(막도개중자미박)
林泉閑養勝專城(임천한양승전성)

손에 귀한 문장을 넣으니 기쁘고도 놀라운데
10월[1096]이 이달이라 좋은 아침[1097]이 밝았구나.
그 가운데 재미있는 것이 적다고 말하지 말게나
자연에서 한가로이 수양하는 것이 태수(太守)[1098]보다 낫다 하리.

1096 小春(소춘) : 음력 10월의 별칭. 남조 양(南朝梁) 종름(宗懍)의 《荊楚歲時記》에 「十月, 天氣和暖似春, 故曰小春」.

1097 穀朝(곡조) : 곡일(穀日). 길일(吉日). 좋은 날. 《書言故事, 歲月》에 「言吉日曰穀日」.

1098 專城(전성) : 한 성을 주재하는 주목(州牧) · 태수(太守) 등 지방 장관. 한(漢) 왕충(王充)의 《論衡, 辨崇》에 「居位食祿, 專城長邑以千萬數, 其遷徙日未必逢吉時也」.

149 같은 운을 따라 짓다 – 3수

疊步 – 三首

[其一]

賢聖相傳是執中(현성상전시집중)
虛衿千載想遺風(허금천재상유풍)
篁林夜照寒潭月(황림야조한담월)
心古師門箭箭紅(심고사문전전홍)

탁월한 지혜와 도덕을[1099] 전하는 것은 집중(執中)[1100]이니
오랜 세월 동안 겸허히 몸을 낮춘[1101] 옛 성인의 풍도를 생각해보네.
대숲에 밤이 드니 맑고 차가운 달빛이 연못에 비추는데
마음은 옛 스승의 문하에서 때때로 붉어지네.

1099 賢聖(현성) : 도덕과 지혜가 탁월함. 《六韜, 盈虛》에 「君不肖則國危而民亂, 君賢聖則國安而民治」.

1100 執中(집중) : 중용(中庸)의 도리를 지켜 과불급(過不及)이 없음. 《書經, 大禹謨》에 「人心惟危, 道心惟微, 惟精惟一, 允執厥中」.

1101 虛衿(허금) : 허금(虛襟). 마음을 비움. 《晉書, 姚興載記 下》에 「太子詹事王周亦虛襟引士, 樹黨東宮」.

[其二]

諸葛平生許自知(제갈평생허자지)
邵翁善說易之時(소옹선설역지시)
後學難窺玄理頤(후학난규현리이)
生生太極葉成枝(생생태극엽성지)

제갈공명(諸葛孔明)[1102]은 평생토록 저절로 깨달아 안다[1103]고 할 것이고
소옹(邵雍)[1104]은 역리(易理)의 시기를 잘 설명했도다.
후학들은 현묘한 이치를 살펴 보양하기도 어려운데
태극의 끊임없이 생겨나는 이치[1105]로 잎들은 가지에서 피어나네.

1102 諸葛(제갈) : 제갈공명(諸葛孔明). 제갈량(諸葛亮). 삼국시대 촉(蜀)나라의 재상.

1103 自知(자지) : 저절로 깨달아 앎. 《漢書, 董仲舒傳》에 「臣聞良玉不琢, 資質潤美, 不待刻琢, 此亡異達巷黨人不學而自知也」.

1104 邵翁(소옹) : 소옹(邵雍). 송(宋)나라의 학자. 역리(易理)에 정통하였음.

1105 生生(생생) : 생생지리(生生之理). 물건이 끊임없이 생기는 모양. 만물이 생겨 퍼져 나가는 자연의 이치. 《易經, 繫辭 上》에 「生生之謂易」.

[其三]

一臥滄江歲暮驚(일와창강세모경)
燈前回首十年情(등전회수십년정)
百錬詞鋒眞可畏(백련사봉진가외)
褊師難打五言城(편사난타오언성)

한 번 푸른 강에 누웠을 뿐인데 해가 저무니 놀랍고
등잔불 앞에서 지난 10년간의 정을 돌이켜 보네.[1106]
단련하고 단련한 예리한 필치[1107]는 참으로 두려워할 만하니
조급한 마음에 스승의 오언시(五言詩)[1108]를 두드려보기도 어렵구려.

1106 回首(회수) : 돌이켜 생각함. 당(唐) 두보(杜甫)의 《將赴荊南寄別李劍州詩》에 「戎馬相逢更何日, 春風回首仲宣樓」.

1107 詞鋒(사봉) : 사악(詞鍔). 예리한 필치나 말재간. 남조 진(南朝陳) 서릉(徐陵)의 《與楊僕射書》에 「足下素挺詞鋒, 兼長理窟」.

1108 五言城(오언성) : 오자성(五字城). 썩 뛰어난 오언시(五言詩)의 별칭. 송(宋) 조번(趙蕃)의 《送劉伯瑞詩 1》에 「長懷遠齋老, 贈我五言城」.

150 이전 운으로 화교(華郊; 曺鳳黙)의 눈을 읊은 시에 차운하다 – 9수
用前韻次華郊詠雪詩 – 九首

[其一]

姑射仙人入夢中(고야선인입몽중)
肌膚如玉御天風(기부여옥어천풍)
亂舞蒼空千億化(난무창공천억화)
依然春樹蝶窺紅(의연춘수접규홍)

고야선인(姑射仙人)[1109]이 꿈속에 들었는데
옥 같은 피부에 하늘 높은 거센 바람[1110]을 거느렸네.
창공에 어지럽게 춤추며 수천 억만 눈송이로 변했다가
예전처럼 봄 나무엔 나비가 되어 붉은 꽃송이를 엿보는구나.

1109 姑射仙人(고야선인) : 고야신인(姑射神人). 전설상의 고야산에 사는 선인. 《莊子, 逍遙遊》에 「藐姑射山有神人居焉, 肌膚若冰雪, 淖約若處子, 不食五穀, 吸風飮露, 乘雲氣御飛龍, 而遊乎四海之外」.

1110 天風(천풍) : 바람. 한(漢) 채옹(蔡邕)의 《飮馬長城窟行》에 「枯桑知天風, 海水知天寒」.

[其二]

琴心要與雪兒知(금심요여설아지)
正是山高水落時(정시산고수락시)
解使韓公吟傑句(해사한공음걸구)
千林如畫玉龍枝(천림여화옥룡지)

거문고에 담긴 마음을[1111] 설아(雪兒)[1112]가 알아주기를 바라니
바야흐로 산은 높고 수위(水位)가 낮아지는[1113] 때로구나.
한공(韓公; 韓愈)의 빼어난 시구를 읊조리고 풀이하는데
숲의 많은 눈 쌓인 가지[1114]는 그림 같구나.

1111 琴心(금심) : 거문고 소리에 담긴 연주자의 마음. 《史記, 司馬相如傳》에 「是時, 卓王孫有女文君新寡, 好音, 故相如繆與令相重, 以琴心挑之」. 두목(杜牧)의 《代人詩》에 「錦字梭懸壁, 琴心月滿臺」.

1112 雪兒(설아) : 가무(歌舞)를 잘하던 당(唐) 이밀(李密)의 애희(愛姬). 전하여 가희(歌姬). 《敍小志》에 「雪兒者, 李密愛姬, 每賓朋文章, 有奇麗者, 付雪兒, 協律歌之」.

1113 山高水落(산고수락) : 산은 높고 수위(水位)가 낮아짐. 겨울. 당(唐) 유장경(劉長卿)의 《浮石瀨詩》에 「石横晩瀨急, 水落寒沙廣」.

1114 玉龍枝(옥룡지) : 눈 쌓인 가지. 원(元) 오징(吳澄) 《雪詩》에 「風竹婆娑銀鳳舞, 雪松偃蹇玉龍寒」.

[其三]

牛眸傷潔馬蹄驚(우모상결마제경)
銀海瓊山處處明(은해경산처처명)
乾坤洞徹無塵累(건곤통철무진루)
便作江南不夜城(편작강남불야성)

높게 쌓인 눈[1115]이 너무 깨끗하니 말이 놀라고
은빛 바다와 옥 같은 산은 곳곳에서 눈부시구나.
하늘땅이 맑고 투명하여 티끌에 매인 것이 없으니
문득 강남 땅에 불야성(不夜城)[1116]을 만들었구나.

1115 牛眸(우모) : 우목(牛目). 쌓인 눈이 소의 눈까지 이름. 눈이 많이 쌓인 것을 말함. 《戰國策, 魏策 2》에 「魏惠枉死, 葬有日矣, 天大雨雪, 至於牛目, 壞城廓……今葬有日矣, 而雪甚, 及牛目, 難以行, 太子爲及日之故, 得毋嫌於欲亟葬乎」.

1116 不夜城(불야성) : 한(漢)나라 동래군(東萊郡) 불야현(不夜縣)에 있었던 성. 밤에도 해가 떠 있어 붙여진 이름. 《三齋略記》에 「不夜城, 在陽遷東南, 蓋古有日夜出, 此城以不夜名, 異之也」.

[其四]

一曲陽春入郢中(일곡양춘입영중)
衿期回想故人風(금기회상고인풍)
與君須作良宵會(여군수작양소회)
茶椀凝淸酒又紅(다완응청주우홍)

양춘(陽春)[1117] 한 곡조는 영중가(郢中歌)[1118]에 들었으니
만나기로 약속한 벗의 풍모를 회상해보네.
아름다운 밤에 모여 그대와 글을 짓노라면
찻잔에는 맑은 기운 엉기고 한잔 술에 얼굴은 붉어지리.

1117 陽春(양춘) : 양춘백설(陽春白雪). 전국시대 초(楚)나라의 우아한 악곡의 이름. 《文選, 宋玉, 對楚王問》에 「其爲陽阿・薤露, 國中屬而和者數百人, 其爲陽春・白雪, 國中屬而和者不過數十人而已」.

1118 郢中(영중) : 영중가(郢中歌). 초(楚)나라 영중(郢中)에서 유행했던 노래. 장협(張協)의 《雜詩》에 「不見郢中歌, 能否居然別」. [注]에 「翰曰, 郢中之歌有陽春巴人二曲」.

[其五]

麗辭占得謝鄉知(여사점득사랑지)
塩絮因風正此時(염서인풍정차시)
古錦詩囊驢子背(고금시낭여자배)
小橋寒月問梅枝(소교한월문매지)

사랑(謝鄉)[1119]은 점을 쳐서 아름다운 글 얻는 것을 알았으니
눈[1120]이 바람에 날린 때가 바로 이때였구나.
(李賀는) 낡은 비단 주머니[1121]를 당나귀 등에 얹고
작은 다리에서 겨울 달 아래 매화를 물어 찾아갔었구나.

1119 謝鄉(사랑) : 사랑(謝郎). 진(晉)나라 사안(謝安).

1120 塩絮(염서) : 소금과 버들개지. 눈[雪]을 비유. 훌륭한 시구나 시재를 이르는 말. 송(宋) 소식(蘇軾)의 《次韻仲殊雪中游西湖 2》에 「乞得湯休奇絶句, 始知鹽絮是陳言」.

1121 古錦詩囊(고금시낭) : 고금낭(古錦囊). 낡은 비단으로 만든 시(詩) 원고를 넣는 자루. 당(唐) 이하(李賀)의 고사.

[其六]

六花陣出一軍驚(육화진출일군경)
赤幟騷壇號令明(적치소단호령명)
大手河陽雲漢筆(대수하양운한필)
中宵打鴨掃淮城(중소타압소회성)

육화(六花)가 진(陣)[1122]을 치고 나아가니 군대가 놀래고
붉은 깃발[1123]을 휘날리니 소단(騷壇; 詩壇)이 밝아졌다고 호령하네.
하양(河陽)의 대문장가(大文章家; 潘岳)[1124]는 훌륭한 글[1125]을 남겨
한밤중에 오리를 때려[1126] 회남(淮南)의 성(城)을 깨끗이 쓸어냈네.

1122 六花陣(육화진) : 육화(六花)는 눈의 별칭. 당(唐) 이정(李靖)이 제갈량(諸葛亮)의 팔진법(八陣法)을 본받아 창안한 진법. 본문에서는 눈이 내린 아름다운 정경. 《李衛公問對. 中》에 「卿所制六花陣法, 出何術乎, 靖曰, 臣所本, 諸葛亮八陣法也, 大陣抱小陣, 大營抱小營, 隅落鉤連, 曲折相對, 古制如此, 臣爲圖因之, 故外晝之方, 內環之圓, 是成六花, 俗所號爾」.

1123 赤幟(적치) : 태양의 뜨거운 위세. 송(宋) 범성대(范成大)의 《新嶺詩》에 「曈曈赤幟張, 昱昱金鉦上」.

1124 大手河陽(대수하양) : 하양(河陽)의 대문장가. 하양(河陽) 현령을 지낸 진(晉)의 반악(潘岳). 당(唐) 왕유(王維)의 《爲人祭李舍人文》에 「名高江夏之童, 貌奪河陽之美」.

1125 雲漢(운한) : 훌륭한 문장. 소식(蘇軾)의 《送陳伯修察院赴闕詩》에 「裕陵固天縱, 筆有雲漢姿」.

1126 打鴨(타압) : 타압경원앙(打鴨驚鴛鴦). 오리를 때리자 원앙이 놀람. 이쪽을 치면 저쪽이 놀람을 비유. 송(宋) 매요신(梅堯臣)의 《打鴨詩》에 「莫打鴨, 打鴨驚鴛鴦, 鴛鴦新自南池落, 不比孤洲老禿鶬, 禿鶬常欲遠飛去, 何況鴛鴦羽翼長」.

[其七]

寒士幾人臥雪中(한사기인와설중)

終宵屋漏又傍風(종소옥루우방풍)

來歲豊穰從此驗(내세풍양종차험)

臘前三白是陳紅(납전삼백시진홍)

눈 속에 누워 있는 가난한 선비는 어떤 사람인가

비 새고 바람 들이치는 집에서 밤을 새리로다.

이 징후를 좇아 내년에 풍년이 들면

섣달 눈이 세 번[1127] 내리기 전에 묵은 곡식이 붉게 변하리라.[1128]

1127 三白(삼백) : 세 번 눈이 내림. 음력 정월에 사흘 동안 내린 눈. 《全唐書 88, 占年》에 「正月三白, 田公笑赫赫」.

1128 陳紅(진홍) : 곡식이 오래 묵어서 붉게 변함. 《史記, 平準書》에 「太倉之粟, 陳陳相因, 充溢露積於外, 至腐敗不可食」.

[其八]

林廬招隱有誰知(임려초은유수지)
衿契相深歲暮時(금계상심세모시)
前溪素月聊乘興(전계소월료승흥)
十里逍遙杖一枝(십리소요장일지)

숲속 오두막의 은자를 부르니 알아주는 사람은 누구인가?
한 해가 저물어 가는 때 교분[1129]이 극진하구나.
앞개울에 흰 달[1130]이 뜨니 애오라지 흥이 나서[1131]
지팡이 짚고 십 리를 걸어온 것이구려.

1129 衿契(금계) : 마음이 맞는 벗. 남조 송(南朝宋) 유의경(劉義慶)의 《世說新語, 方正》에 「顧孟著嘗以酒勸周伯仁, 伯仁不受, 顧因移勸柱而語柱曰, 詎可便作棟梁自遇. 周得之欣然, 遂爲衿契」.

1130 素月(소월) : 밝고 흰 달. 진(晉) 도잠(陶潛)의 《雜詩 2》에 「白日淪西阿, 素月出東嶺」.

1131 乘興(승흥) : 흥이 오름. 흥이 남. 진(晉) 왕휘지(王徽之)가 눈 오는 밤에 흥이 나서 벗 대규(戴逵)를 찾아간 고사. 《晉書, 王徽之傳》에 「嘗居山陰, 夜雪初霽, 月色淸朗, 四望皓然, 獨酌酒, 詠左思招隱詩, 忽憶戴逵, 逵時在剡, 便乘小舟詣之, 經宿方至, 造門不前而返, 人問其故, 曰, 乘興而來, 興盡而返, 何必見安道耶」.

[其九]

花骨層凌雪鬢驚(화골층릉설빈경)
幸生東國世文明(행생동국세문명)
歲寒獨抱梁園賦(세한독포양원부)
坐送光陰竹樹城(좌송광음죽수성)

꽃술[1132]에 층층이 얼음이 쌓여 노인[1133]을 놀라게 하는데
다행히 동국의 문명한 세상에 태어났구나.
추운 계절에 홀로 양원부(梁園賦)[1134]를 안고
죽수 고을에 앉아 세월을 보내고 있네.

1132 花骨(화골) : 화심(花心). 꽃의 가운데 있는 꽃술. 송(宋) 구양수(歐陽脩)의 《暮春有感詩》에 「薰風入花骨, 花枝午低昂」.

1133 雪鬢(설빈) : 설빈상환(雪鬢霜鬟). 눈서리처럼 하얗게 센 머리털. 노인. 명(明) 고명(高明)의 《(元本)琵琶記, 伯喈夫妻分別》에 「雲情雨意, 雖可抛兩月之夫妻, 雪鬢霜鬟, 更不念八旬之父母」.

1134 梁園賦(양원부) : 양원(梁苑). 양왕원(梁王苑). 본문에서는 남조 송(南朝宋)의 사혜련(謝惠連)이 눈 덮인 양원(梁苑)의 설경(雪景)을 뛰어난 솜씨로 묘사한 양원설부(梁苑雪賦). 남조 제(南朝齊) 왕융(王融)의 《奉辭鎮西應敎詩》에 「霤庭參辯奭, 梁苑豫才鄒」.

151 다시 이전 운으로 짓다 – 6수
復用前韻 – 六首

[其一]

窮山坐我雪堂中(궁산좌아설당중)
想像東坡羽化翁(상상동파우화옹)
樂乎赤壁匏樽月(낙호적벽匏준월)
勝似金鑾蓮燭紅(승사금란연촉홍)

궁벽한 산골 눈 쌓인 집에 앉아서
동파(東坡; 蘇軾)[1135]의 날개 돋아 신선 되었다는 노인을 상상해보네.
적벽(赤壁)에서 술동이와 달을 껴안고 즐겼으니
제왕의 수레[1136]에 연꽃등[1137]을 밝힌 것보다 나았으리.

1135 東坡羽化翁(동파우화옹) : 소식(蘇軾)의 날개 돋아 신선이 되어 날아갔다는 노인. 송(宋) 소식(蘇軾)의 《前赤壁賦》에 「飄飄乎如遺世獨立, 羽化而登仙」.

1136 金鑾(금란) : 제왕이 타는 거마(車馬)의 장식물. 난새가 방울을 물고 있는 모양. 전의되어 제왕의 수레. 전촉(前蜀) 모문석(毛文錫)의 《柳含煙詞》에 「昨日金鑾巡上苑, 風亞舞腰纖輭」.

1137 蓮燭(연촉) : 연거(蓮炬). 연꽃 모양으로 만든 밀초. 전촉(前蜀) 두광정(杜光庭)의 《中元衆修金籙齋詞》에 「焰九光之蓮炬, 下照冥津, 飄三素之檀煙, 上聞眞域」.

[其二]

鄕鄕風味婦先知(향향풍미부선지)
斗酒深藏待有時(두주심장대유시)
水落山高都換境(수락산고도환경)
來蘇古渡倚桄枝(내소고도의광지)

고을마다 맛 좋은 음식은 아녀자들이 먼저 알아
말술 깊이 간직하고 때를 기다리네.
물은 낮아지고 산이 높아져 모든 경치가 바뀌니[1138]
옛 나루터[1139]의 사탕야자 가지[1140]에 기대어 소생[1141]하기를 기다리네.

1138 水落山高都換境(수락산고도환경) : 물은 낮아지고 산은 높아져 모든 경치가 바뀜. 겨울.

1139 古渡(고도) : 오래된 나루터. 당(唐) 대숙륜(戴叔倫)의 《京口懷古詩》에 「大江橫萬里, 古渡渺千秋」.

1140 桄枝(광지) : 사탕야자(砂糖椰子)의 가지. 광(桄)은 야자과의 상록교목.

1141 來蘇(내소) : 와서 소생시킴. 와서 곤경에서 벗어나게 해 줌. 《書經, 仲虺之誥》에 「攸徂之民, 室室相慶曰, 徯予后, 后來其蘇」.

[其三]

天地蜉蝣客夢驚(천지부유객몽경)
少焉月色古今明(소언월색고금명)
駕一扁舟凌萬頃(가일편주릉만경)
寒朝夜泊石頭城(한조야박석두성)

천지에 하루살이 같은 나그네가 꿈꾸다 놀란 것은[1142]
잠시 비추는 달빛은 예나 지금이나 똑같이 밝다는 것이네.
작은 배에 몸을 싣고 만경창파를 건너다가
밤들어 싸늘한 조수(潮水)[1143]의 석두성(石頭城)[1144]에 배를 대네.

1142 天地蜉蝣客夢驚(천지부유객몽경) : 부유(蜉蝣)는 하루살이. 소동파의 《前赤壁賦》에 「一葉의 작은 배를 타고서 술을 들어 서로 권하니, 천지의 하루살이오 창해의 좁쌀처럼 보잘것없도다(駕一葉扁舟, 擧匏樽而相屬, 寄蜉蝣於天地, 渺滄海之一粟)」에 의거. 인생살이의 미미함을 강조.

1143 寒朝(한조) : 한조(寒潮). 싸늘한 조수(潮水). 당(唐) 송지문(宋之問)의 《夜渡吳松江懷古詩》에 「寒潮頓覺滿, 暗浦稍將分」.

1144 石頭城(석두성) : 강소성(江蘇省) 남경시(南京市) 청량산(淸凉山)에 있던 성(城). 《文選, 謝靈運, 初發石首城詩, 李善注》에 「石頭城, 建康西界臨江城也, 是曰京師」.

[其四]

赤鼻山光在眼中(적비산광재안중)
章章句句挾仙風(장장구구협선풍)
天涯望美歌何意(천애망미가하의)
玉宇祥雲一朶紅(옥우상운일타홍)

적비산(赤鼻山)[1145] 산 빛이 눈 속에 있으니
(赤壁賦의) 문장마다 글귀마다 신선의 풍모를 지니고 있구려.
(달을 가리켜) 하늘 가 미인(美人)[1146]이라고 노래한 것은 무슨 뜻인가?
옥우(玉宇)의 상서로운 구름은 한 떨기 꽃송이로구나.[1147]

1145 赤鼻山(적비산) : 적벽(赤壁). 적비기(赤鼻磯). 송(宋)나라 소식(蘇軾)이 적벽부(赤壁賦)를 지은 곳. 《讀史方輿紀要, 湖廣, 黃州府, 黃岡縣》에 「赤鼻山, 在府城西北漢川門外, 屹立江濱, 土石皆帶赤色, 下有赤鼻磯, 今亦名赤壁山, 蘇軾以爲周瑜敗曹公處, 非也」.

1146 天涯望美(천애망미) : 소식(蘇軾)이 《前赤壁賦》에 「미인을 바라보니 하늘 한쪽에 있도다(望美人兮天一方)」를 말함. 미인은 곧 달을 의미하며, 신비한 공상의 세계를 뜻하기도 함.

1147 一朶紅(일타홍) : 일타화(一朶花). 한 떨기의 꽃. 당(唐) 노빈(盧頻)의 《失題詩》에 「一朶花葉飛, 一枝花光彩」.

[其五]

水月盈虛客亦知(수월영허객여지)
洞簫一曲鶴來時(통소일곡학래시)
南飛烏鵲疑今夕(남비오작의금석)
正是英雄橫槊枝(정시영웅횡삭지)

달과 물이 찼다 기울었다 하는 것을 객도 또한 알고 있어[1148]
학이 날 때 퉁소 한 곡을 불었구나.
오늘 저녁에도 까마귀와 까치가 남쪽으로 날아가는지?[1149]
이것이 영웅(英雄; 曹操)이 (詩를 지으려고) 창을 비껴든 것이로구나.

1148 水月盈虛客亦知(수월영허객여지) : 달과 물이 찼다 기울었다 하는 것을 객도 또한 알고 있음. 《前赤壁賦》 중에서 소자(蘇子; 蘇東坡)가 객에게 '객은 또한 저 물과 달을 아는가?(客亦知夫水與月乎)'라고 물은 것에 대한 대답, '만물을 변하는 입장과 변하지 않는 입장에서 보는 것과의 차이.

1149 烏鵲南飛(오작남비) : 오작(烏鵲)이 남쪽으로 날아감. 소동파의 《前赤壁賦》에서 '달이 밝고 별이 드문데 烏鵲이 남쪽으로 날아간다'는 것은 조맹덕(曹孟德; 曹操)의 詩가 아닌가?(客曰, 月明星稀, 烏鵲南飛, 此非曹孟德之詩乎)'에 의거한 표현.

[其六]

心機不與白鷗驚(심기불여백구경)
十里沙湖一帶明(십리사호일대명)
明月非徒壬戌月(명월비도임술월)
近宵雪月又江城(근소설월우강성)

마음이 백구와 더불어 놀라지는 않으니
모래사장 펼쳐진 십 리 호수는 달빛에 빛나는구나.
저 밝은 달이 다만 임술년(壬戌年)[1150]의 달은 아니지만
하얀 눈이 밝은 달의 강성(江城)은 (적벽과) 비슷하다 하리.

1150 壬戌(임술) : 임술년(壬戌, 1082년. 宋 神宗5. 소동파 47세). 소동파가 적벽(赤壁)을 찾아가 유람하던 해. 《前赤壁賦》에 「壬戌之秋七月旣望」.

152 화교(華郊; 曺鳳黙)가 기녀에게 사례하며 지어 준 시[1151]의 운으로 짓다 – 6수

謝華郊贈妓用前韻 – 六首

[其一]

別樣花開雪月中(별양화개설월중)
鶯鶯鷰鷰舞春風(앵앵연연무춘풍)
旗亭甲乙非奇會(기정갑을비기회)
但願塵篇拂袖紅(단원진편불수홍)

기이한 꽃이 눈 오는 달밤에 피어나
봄바람 속 꾀꼬리와 제비처럼 춤추는구나.
주점[1152]에서 아무개와 아무개의 만남은 기이한 만남이 아니고
다만 오래된 책[1153]에 붉은 옷자락이 스쳐가는[1154] 것이길 바라네.

➡ 선비들이 주점에서 술을 마시는 것은 특별한 것은 아니며, 다만 서책만 보는 선비들이 기녀들의 유혹에 빠지지 않기를 바라는 마음.

1151 華郊贈妓(화교증기) : 화교(華郊; 曺鳳黙)가 기녀(妓女)에게 지어 준 시는 《華郊集, 卷之一》에 〈戱題娼家〉가 실려 있는바, 이 시를 게재하면 다음과 같다. 「玉似昭容雪似肌, 才名重許薛娘詞, 花間雙翡啼紅樹, 籠裏嬌鸚語翠帷, 百態笑嚬留客日, 一生歌酒送春時, 多情芍藥香相贈, 佳會爲誰月下期」.

1152 旗亭(기정) : 술집. 술집 앞에 기를 세우기 때문. 당(唐) 유우석(劉禹錫)의 《武陵觀火詩》에 「花縣與琴焦, 旗亭無酒濡」.

1153 塵篇(진편) : 진편(塵編). 오래된 서적. 본문에서는 책을 많이 읽은 선비. 당(唐) 당언겸(唐彦謙)의 《題宗人故帖詩》에 「所忠無處訪相如, 風箋塵編跡尙餘」.

1154 拂袖(불수) : 옷소매를 스침. 옷소매가 바람에 나부낌. 남조 양(南朝梁) 원제(元帝)의 《玄圃牛渚磯碑》에 「畵船向浦, 錦纜牽磯, 花飛拂袖, 荷香入衣, 山林朝市, 倂覺忘歸」.

[其二]

憐爾難忘復易知(연이난망복이지)
淺斟低唱夜闌時(천짐저창야란시)
婉戀情吟旋反袂(완연정음선반메)
樂天未忍放楊枝(낙천미인방양지)

어여삐 여기니 잊기 어려운 줄은 쉽게 알겠고
밤새도록[1155] 천천히 술잔을 기울이며 나지막이 노래하는구나.[1156]
은근한 연모의 정을 노래하며 옷소매 휘날리자
편안하게 즐기며 차마 헤어지지[1157] 못하는구나.

1155 夜闌(야란) : 밤이 다함. 한(漢) 채염(蔡琰)의 《胡笳十八拍》에 「山高地闊兮, 見汝無期, 更深夜闌兮, 夢汝來斯」.

1156 淺斟低唱(천짐저창) : 천천히 술잔을 기울이며 나지막하게 노래함. 유유자적하며 즐기는 모습 형용. 송(宋) 도곡(陶穀)의 《淸異錄, 釋族》에 「李煜乘醉, 大書石壁曰, 淺斟低唱, 偎紅倚翠」.

1157 楊枝(양지) : 버들가지. 본문에서는 이별의 뜻. 이별할 때 버들가지를 꺾어 전송하던 풍습. 당(唐) 한악(韓鄂)의 《夢華紀麗, 春》에 「鳥聲千種, 楊枝一尋」.

[其三]

人世天人俗眼驚(인세천인속안경)
千情萬態見分明(천정만태견분명)
色界疑無高尙士(색계의무무고상)
黎渦一笑是傾城(여와일소시경성)

신선은 세상 사람들의 속된 안목[1158]에 놀래리니
온갖 뜻과 갖가지 모습들을 분명히 보리로다.
색계[1159]에는 고상한 선비가 없을 것이라 의심하는 것은
보조개[1160] 지으며 웃어주는 미녀(美女)[1161]가 있기 때문이리.

1158 俗眼(속안) : 속인의 안목(眼目). 당(唐) 두보(杜甫)의 《丹青引贈曹將軍霸》에 「途窮反遭俗眼白, 世上未有如公貧」.

1159 色界(색계) : 삼계(三界; 欲界 · 色界 · 無色界)의 하나. 욕계와 무색계의 중간 세계로 아름다운 물질은 있으나 남녀 간의 탐욕은 없는 곳.

1160 黎渦(여와) : 보조개. 송(宋) 주희(朱熹)의 《宿梅溪胡氏客館觀壁間題詩自驚詩 2》에 「十年湖海一身輕, 歸待黎渦却有情」.

1161 傾城(경성) : 미녀나 여자의 아름다움. 진(晉) 도잠(陶潛)의 《閑情賦》에 「表傾城之豔色, 期有德於傳聞」.

[其四]

初筵無妓我心中(초연무기아심중)
竹下疎衿灑晩風(죽하소금쇄만풍)
一生騷致華郊老(일생소치화교로)
樽席豪情伊昔紅(준석호정이석홍)

처음부터 술자리의 기녀는 내 마음속에 없었으니
유쾌한 마음[1162]으로 대숲에 앉아 저물녘 바람을 쐬네.
화교(華郊)는 일생 동안 우아한 시문[1163]을 짓다가 늙어갔으니
술자리의 호탕한 정회는 지난날[1164]의 홍안 미소년이라 하겠네.

1162 疎衿(소금) : 유쾌한 마음. 당(唐) 두보(杜甫)의 《上後園山脚詩》에 「曠望延駐目, 飄颻散疏襟」.

1163 騷致(소치) : 시문의 운치(韻致). 시문의 우아한 멋과 품격.

1164 伊昔(이석) : 옛날. 지난날. 당(唐) 유희이(劉希夷)의 《相和歌辭, 白頭吟》에 「此翁白頭眞可憐, 伊昔紅顔美少年」.

[其五]

百年只許一心知(백년지허일심지)
蘭雪清琴又此時(란설청금우차시)
參月羅浮前夜夢(삼월나부전야몽)
憑君消息問梅枝(빙군소식문매지)

평생 동안 허락한 것은 마음을 알아주는 벗[1165]과
눈 속에 피는 난과 청아한 거문고 소리 울리는 이때이리라.
3월 들어 지난밤에 나부몽(羅浮夢)[1166]을 꾸었으니
그대 소식을 꽃 핀 매화가지에게 기대어 물어보네.

1165 心知(심지) : 마음을 앎. 친한 벗이나 마음속의 사랑하는 사람. 당(唐) 엄유(嚴維)의 《丹陽送韋參軍詩》에 「丹陽郭裏送行舟, 一別心知兩地秋」.

1166 羅浮(나부) : 나부몽(羅浮夢). 광동성(廣東省) 증성현(增城縣)에 있는 나부(羅浮)라는 곳에서 수(隋)나라의 조사웅(趙師雄)이 꿈에 만났다는 나부소녀(羅浮少女) 매림(梅林)의 정령인 미인. 《龍城錄, 趙師雄醉憩梅花下》에 「隋開皇中, 趙師雄遷羅浮, 一日天寒, …… 頃醉寢, 師雄亦懵然, 但覺風雲相襲, 久之時東方已白, 師雄起視, 乃在大梅花樹下, 上有翠羽啾嘈, 相須月落參橫, 但惆悵而已」.

[其六]

陳驚若對喜如驚(진경약대희여경)
狂客四明眼復明(광객사명안복명)
新倉監米多佳釀(신창감미다가양)
肯讓紅裙醉倒城(긍양홍군취도성)

놀라움을 말하려 하니 기쁨과 놀람은 같은 것이어서
광객사명(狂客四明)[1167]은 다시 눈이 밝아진 것이리라.
새 창고의 쌀을 보니 맛 좋은 술이 많으리니
기꺼이 기녀[1168]에게 먹이면 술 취한 아름다운 미인[1169]이 되리.

1167 狂客四明(광객사명) : 사명광객(四明狂客). 당(唐) 하지장(賀知章)의 별호. 하지장이 늙어서 다시 눈이 밝아져 티끌도 보았다는 고사. 송(宋) 소식(蘇軾)의 《次韻林子中彦祖唱酬》에 「差勝四明狂監在, 更將老眼犯塵紅」. 《新唐書, 賀知章傳》에 「知章晩節尤誕放, 遨嬉里巷, 自號四明狂客」. 《翰林志》에 「賀知章, 會稽人, 天寶初, 夢遊帝居數夕寤, 及請爲道士, 還鄕里, 詔賜鏡湖剡川, 自號四明狂客」.

1168 紅裙(홍군) : 기녀(妓女) 또는 미인(美人). 당(唐) 한유(韓愈)의 《醉贈張祕書詩, 下》에 「不解文字飮, 惟能醉紅裙」.

1169 倒城(도성) : 경성(傾城). 미녀(美女)나 여자의 아름다움.

153 계해년(癸亥年)[1170]에 승지(承旨) 난석(蘭石) 박창수(朴昌壽)가 새로 과거에 급제하여 인사하러 와 머무르며 함께 시를 주고받다 – 2수
癸亥承旨蘭石朴昌壽以新恩來留與之唱酬 – 二首

[其一]

城西水竹占閑區(성서수죽점한구)
名利難將分外求(명리난장분외구)
有數青雲瞻彼洛(유수청운첨피락)
無端黃鳥止于邱(무단황조지우구)
春懷苒苒桃花浪(춘회염염도화랑)
遐想悠悠杜若洲(하상유유두약주)
起挽藍袍投井轄(기만남포투정할)
濁醪淸汁且還留(탁료청즙차환유)

고을 서쪽 물과 대나무 어우러진 한적한 곳에 사노라니
명예와 이익은 분수 밖이라 구하기 어려웠네.
빼어난 인재[1171]가 임금 일을 돕고자[1172] 청운에 오르니
어찌할 수 없이 환송하며 헤어져야 하네.[1173]
청운의 꿈속에는 과거급제의 어려움[1174]이 많고도 많았으며
충정한 사람이 되고자 하는 원대한 생각은 끝이 없었으리.
쪽빛 관복을 당기고 가지 못하게 만류하니
탁주와 청주를 마시며 다시 돌아와 머물렀네.

1170 계해(癸亥) : 계해년(癸亥年). 1863년 철종 14, 작가 나이 37세.

1171 有數(유수) : 굴지(屈指). 손가락으로 셀 수 있을 만큼 두드러짐.

1172 瞻彼洛(첨피락) : 첨피락의(瞻彼洛矣). 천자(天子)의 복(福)을 칭송. 《詩經, 小雅, 甫田之什》에 「瞻彼洛矣, 維水泱泱, 君子至止, 福祿如此」.

1173 黃鳥止于邱(황조지우구) : 사신(使臣)이 출발에 즈음하여 환송을 받으며 각오를 새로이 하는 내용. 《詩經, 小雅, 緜蠻篇》에 「緜蠻黃鳥, 止于丘阿」.

1174 桃花浪(도화랑) : 용문(龍門)의 이칭. 도화(桃花)가 피어날 무렵의 불은 물결. 과거급제의 어려움. 《三秦記》에 「河津一名龍門, 桃花浪起, 鯉躍而上之, 過者爲龍, 否則點頷而退」.

[其二]

百年春夢付南柯(백년춘몽부남가)
園竹垂垂近碧蘿(원죽수수근벽라)
詩癖假鳴瓊珮韻(시벽가명경패운)
酒情微動玉壺歌(주정미동옥호가)
浪跡江湖爲逸士(낭적강호위일사)
費心場屋擲羲娥(비심장옥척희아)
肩輿臨門嫌寂寞(견여임문혐적막)
俳優數曲和陽阿(배우수곡화양아)

일생의 덧없는 꿈을 남가지몽에 부치니
대나무 동산 가까이에는 담쟁이덩굴이 얽혀 있네.
시벽(詩癖)을 고치지 못해 보배인 것처럼 헛되이 시나 읊고
술 취한 정취가 조금이라도 일면 옥호가(玉壺歌)[1175]를 부르네.
강호에 정처 없이 떠돌며[1176] 세상 등진 선비가 되어
과거(科擧)에 대한 근심 걱정은 흐르는 세월[1177]에 던져버렸네.
가마 타고 대문에 이르러서 적막함이 싫다면
배우에게 양아곡(陽阿曲)[1178] 몇 곡을 부르게 하리라.

1175 玉壺(옥호) : 선경(仙境). 한(漢) 비장방(費長房) 고사. 당(唐) 진자앙(陳子昂)의 《感遇詩 5》에 「曷見玄眞子, 觀世玉壺中」.

1176 浪跡(낭적) : 낭적부종(浪跡浮蹤). 정처 없이 떠돌아다님. 《文選, 江淹, 雜體詩, 效張綽雜術, 李善注》에 「浪跡潁湄, 棲景箕岑」.

1177 羲娥(희아) : 해의 신(神) 희화(羲和)와 달의 신 항아(嫦娥). 해와 달. 세월. 송(宋) 소식(蘇軾)의 《次韻楊褒早春》에 「破恨徑須煩麴蘖, 增年誰復怨羲娥」.

1178 陽阿(양아) : 옛 악곡의 이름. 송옥(宋玉)의 《對楚王問》에 「客有歌於郢中者, 其始曰, 下里巴人, 中屬而和者, 數千人, 其爲陽阿 · 薤露, 國中屬而和者不過數百人」.

154 늦가을
晩秋

歲暮知音白雪歌(세모지음백설가)
逢場又是夕陽多(봉장우시석양다)
秋深老圃垂垂菊(추심노포수수국)
水落前江淺淺波(수락전강천천파)
明月淸懷吟左思(명월청회음좌사)
丹崖勝賞憶東坡(단애승상억동파)
三疊陽關分手贈(삼첩양관분수증)
離筵杯酒好顏酡(이연배주호안타)

한 해가 저물어가고 벗은 고아한 노래[1179]를 부르는데
만나는 곳에 또 노을이 짙게 번지는구나.
가을 깊어가는 오랜 농원에 국화꽃은 지고
강물이 얕아지니 물결도 잦아지네.
밝은 달 아래 고상한 심회로 좌사(左思)[1180]의 시를 읊조리고
붉은 산비탈은 완상하기 좋으니 동파(東坡; 蘇軾)를 생각하네.
헤어지며 이별 노래[1181]를 불러주고
헤어지며 따르는 술잔에 붉어진 얼굴[1182]이 아름답기도 하네.

1179 白雪歌(백설가) : 고아(高雅)한 시사(詩詞)를 비유. 당(唐) 나은(羅隱)의 《秋日有酒詩》에 「腰間印佩黃金重, 卷裏詩裁白雪高」.

1180 左思(좌사) : 진(晉)나라 때의 시인.

1181 三疊陽關(삼첩양관) : 양관삼첩(陽關三疊). 양관곡(陽關曲)을 세 번 부름. 양관곡은 왕유(王維)의 〈送元二使安西詩; 一名渭城曲〉의 별명(別名). 전하여 송별(送別)의 노래.

1182 顏酡(안타) : 취기가 올라 얼굴이 붉어짐. 《楚辭, 招魂》에 「美人旣醉, 朱顏酡些」.

155 정월 초하룻날에 묘군(卯君)[1183]과 더불어 읊다 – 2수
正元與卯君吟 – 二首

[其一]

江山萬物摠新春(강산만물총신춘)
吾與其間好作隣(오여기간호작린)
歲去經綸馴穉子(세거경륜순치자)
家傳詩禮慕前人(가전시례모전인)
謝公地近吟青草(사공지근음청초)
蘇老堂深愛綠筠(소노당심애녹균)
弟勸兄酬今夜樂(제권형수금야락)
椒花滿酌酒中眞(초화만작주중진)

강산과 만물이 모두 새봄인데
나와 그대는 사이좋은 이웃이 되었네.
세월이 가면서 아이들을 잘 가르쳤고
집안에 전하는 시례로 선조의 뒤를 이었네.
사공(謝公; 謝靈運)은 땅에 나는 푸른 풀을 노래했고[1184]
소노(蘇老; 蘇洵)[1185]는 집안 깊숙이 푸른 대를 사랑했네.
아우는 형에게 술을 권하노니 오늘 밤이 즐겁고
조화수(椒花酒)[1186] 가득 따르니 술 가운데 진미로세.

➡ 정월 초하룻날의 시임을 감안하여, 전문의 '謝靈運 - 謝惠連', '蘇洵 - 軾轍'로 이어지는 한 집안의 문운(文運)이 대를 이어가는 고사와 산초나무 술[椒花酒]는 열매가 많이 열리므로 자손의 번창을 축원하는 뜻.

1183 卯君(묘군) : 묘생(卯生). 토끼해에 태어난 사람. 작자의 아우인 상겸(相謙; 辛卯生)을 지칭. 송(宋) 소식(蘇軾)의 《子由生日以檀香觀音像及新合印香銀篆盤爲壽詩》에 「東坡持是壽卯君, 君少與我師皇墳」.

1184 吟青草(음청초) : 사령운(謝靈運)이 도연명(陶淵明)과 함께 산수를 소재로 자연을 노래한 대표적 시인임을 강조한 표현.

1185 蘇老(소노) : 송(宋)의 소순(蘇洵). 호가 노천(老泉)이어서 소노(蘇老).

1186 椒花(초화) : 초화주(椒花酒). 산초(山椒)를 담가 빚은 술. 많은 열매로 자손의 번창을 축원.

[其二]

身居蕭洒志淸高(신거소쇄지청고)
竹裡幽廬湖上皐(죽리유려호상고)
得友每欣傾屣迓(득우매흔경사아)
吟詩還愧隔靴搔(음시환괴격화소)
世人渾夢迷魂蝶(세인혼몽미혼접)
海客何心久釣鰲(해객하심구조오)
憐爾詞垣盈寸筆(연이사원영촌필)
列山鋪水快於刀(열산포수쾌어도)

몸은 깨끗한 집에 살아 뜻도 맑고 높으며
대숲 속 그윽한 오두막은 호숫가 언덕에 있네.
벗을 얻으면 늘 기뻐하며 넘어질 듯 짚신을 끌고 맞이하나
시를 읊을 때면 성에 차지 않아[1187] 도리어 부끄러워하네.
세상 사람들은 흐릿한 꿈에 넋 없는 노래[1188]를 하거나
강호의 나그네[1189]는 무슨 마음에 자라를 낚으려 하는가?[1190]
안타깝구나! 문필가들은 한 치의 붓으로
펼쳐진 산과 물을 한칼에 베려 하다니.

1187 隔靴搔(격화소) : 격화소양(隔靴搔癢). 신을 신고 발바닥을 긁음. 일이 철저하지 못하여 성에 차지 않음. 《五燈會元, 保福展禪師法嗣, 康山契穩禪師》에 「[康山契穩禪師]曰, 恁麽則識性無根去也. 師曰, 隔靴搔癢」.

1188 魂蝶(혼접) : 꿈을 노래하거나 읊음. 호접지몽(胡蝶之夢)의 고사.

1189 海客(해객) : 사방을 방랑하는 사람. 강호를 떠도는 사람. 당(唐) 장고(張固)의 《幽閒鼓吹》에 「丞相牛僧孺應擧時, 知于頔相奇俊, 特詣襄陽求知, 住數日, 兩見, 以海客遇之, 牛公怒而去」.

1190 釣鰲(조오) : 조오(釣鼇). 바다 속의 큰 자라를 낚음. 포부가 원대하거나 행위가 호방함을 비유. 《列子, 湯問》에 「渤海之東, 不知幾億萬里, 有大壑焉, 實惟無底之谷, 其下無底, 名曰歸墟, 云云, 有五山焉, 云云, 常隨潮波上下往還, 不得蹔峙, 云云, 乃命禺彊, 使巨鼇十五擧首而戴之, 迭爲三番, 六萬歲一交焉, 五山始峙, 而龍伯之國有大人, 擧足不盈數步, 而暨五山之所, 一釣而連六鼇, 合負而趣歸其國, 灼其骨以數焉, 於是岱輿員嶠二山, 流於北極, 沈於大海」.

156 소산(笑山) 송윤만(宋潤萬)이 보내온 시에 차운하여 주다 次贈笑山宋潤萬

瓊章足替報珠魚(경장족체보주어)
淸馥淋漓竹下居(청복임리죽하거)
花事那堪三月暮(화사나감삼월모)
蘭交如接一期餘(난교여접일기여)
幽懷慰我捿盤谷(유회위아서반곡)
經術知君置石渠(경술지군치석거)
卯飮纔醒春睡困(묘음재성춘수곤)
行人臨發促緘書(행인임발촉함서)

귀한 글을 보답[1191]으로 보내주시니
맑은 향기가 젖어 있으니 대숲 아래 살고 계시는군요.
춘삼월 늦봄이라 꽃놀이를 어찌 감당하신지요?
도타운 우정으로 만난 지 일 년여가 넘었습니다.
마음으로 반곡(盤谷)[1192]에 숨어사는 나를 위로하시고
뛰어난 경학(經學)은 그대에게 석거(石渠)[1193]가 있음에서 알겠습니다.
묘주(卯酒)를 마셔[1194] 봄날의 곤한 잠에서 잠깐 깨어
심부름꾼이 출발하니 서둘러 편지를 봉해 보냅니다.

1191 報珠魚(보주어) : 은혜에 보답함. 주(周)나라 수후(隋侯)의 고사. 당(唐) 두보(杜甫)의 《寄韋有夏郎中詩》에 「飮子頻通汗, 懷君想報珠」.

1192 盤谷(반곡) : 하남성(河南省) 제원현(濟源縣)의 북쪽 지명. 당(唐) 이원(李愿)의 은거지. 당(唐) 한유(韓愈)의 《送李愿歸盤谷序》에 「太行之陽有盤谷, 盤谷之間, 泉甘而土肥, 草木蘩茂」.

1193 石渠(석거) : 석거각(石渠閣). 한(漢) 황실(皇室)의 장서각(藏書閣). 《三輔黃圖, 閣》에 「石渠閣, 蕭何造, 其下礱石爲渠以導水, 若今御溝, 因爲閣名, 所藏入關所得秦之圖籍, 至於成帝, 又於此藏祕書焉」.

1194 卯飮(묘음) : 묘주(卯酒; 묘시에 마시는 술. 해장술)를 마심.

157 월포(月圃; 洪讚汝)와 함께 짓다 – 3수
與月圃作 – 三首

[其一]

昨別君來又見君(작별군래우견군)
清琴一曲問昭文(청금일곡문소문)
芝蘭古室恒同臭(지란고실항동취)
梅竹春園且挹芬(매죽춘원차읍분)
庶慰幽懷吟短律(서위유회음단율)
還嫌多酌做微醺(환혐다작주미훈)
閒居每聽農人語(한거매청농인어)
麥雨前郊尚晚云(맥우전교상만운)

어제 헤어진 그대가 또 왔으니
청아한 거문고 한 곡에 문장[1195]에 대해서 묻습니다.
지초 난초 자란 옛집에서는 항상 같은 냄새[1196]가 나고
봄날 동산의 매화 대나무에서는 향기가 떠오릅니다.
짧은 시를 읊조리며 마음속 생각들을 달래고
많은 술을 싫어하니 작은 취기에도 약해집니다.[1197]
한가로이 사노라니 늘상 듣는 것은 농부들의 말인즉
앞들에 내리는 맥우(麥雨)[1198]는 너무 늦었다고 합니다.

1195 昭文(소문) : 문채(文采)를 드러내어 밝힘. 본문에서는 문장(文章)에 대해서 묻는다는 뜻. 《左傳, 桓公 2年》에 「火・龍・黼・黻, 昭其文也」.

1196 同臭(동취) : 동취미(同臭味). 생각과 지향하는 바가 같음. 송(宋) 황정견(黃庭堅)의 《再答晁仲詩》에 「秋堂一笑共燈火, 與君草木臭味同」.

1197 微醺(미훈) : 약간의 취기(醉氣). 《宋史, 邵雍傳》에 「旦則焚香燕坐, 晡時酌酒三四甌, 微醺卽止, 常不及醉也」.

1198 麥雨(맥우) : 보리가 익을 무렵 오는 비. 농사에 해로운 비. 남조 양(南朝梁) 간문제(簡文帝)의 《餞臨海太守劉孝儀蜀郡太守劉孝勝詩》에 「凉風繞輕幕, 麥雨交新溜」.

[其二]

自我同硏二十前(자아동연이십전)
青衿相對日如年(청금상대일여년)
尋巢燕子含芹土(심소연자함근토)
出谷鶯兒擲柳烟(출곡앵아척류연)
綠酒無妨樽飮聖(녹주무방준음성)
淸風可愛竹爲賢(청풍가애죽위현)
柴門寂寂跫音到(시문적적공음도)
穩討情懷攪午眠(온토정회교오면)

나와는 2십 년 전 한 스승 밑에서 학업을 닦았으니
학창 시절[1199]에는 날마다 마주한 것이 1년이었지요.
제비는 미나리와 흙을 물고 둥지로 찾아들고
꾀꼬리는 골을 나서 무성한 버드나무 숲[1200]에 드네.
맛있는 술[1201]은 방해할 자 없으니 성인(聖人)[1202]으로 여겨 마시고
맑은 바람 부는 대나무는 사랑할 만하니 현인(賢人)으로 삼으리라.
고요한 사립문에 발자국 소리 들리면
마음속 생각들을 편안히 토론하며 낮잠을 깨우리라.

1199 青衿(청금) : 깃이 푸른 옷. 학생. 《魏書, 李崇傳》에 「養黃髮以詢格言, 育青衿而敷典式」.

1200 柳烟(유연) : 버드나무가 무성하여 안개가 자욱이 낀 듯한 정경. 당(唐) 두목(杜牧)의 《汴人舟行答張祜詩》에 「春風野岸名花發, 一道帆墻畵柳烟」.

1201 綠酒(녹주) : 좋은 술. 진(晉) 도잠(陶潛)의 《諸人共遊周家墓柏下詩》에 「淸歌散新聲, 綠酒開芳顔」.

1202 飮聖(음성) : 청주(淸酒)를 마심. 성(聖)은 청주(淸酒)의 별칭. 《太平御覽 844》에 「魏略 : 太祖時禁酒, 故難言酒, 以白酒爲賢人, 淸酒爲聖人」.

[其三]

洞天烟歇送斜陽(동천연헐송사양)
有客淸儀滿座香(유객청의만좌향)
湖水三更明月練(호수삼경명월련)
詩仙千古織雲裳(시선천고직운상)
酒酣且和琴中疊(주감차화금중첩)
夜久頻移竹下床(야구빈이죽하상)
萬樹芝峰君去後(만수지봉군거후)
鶯歌鷰語我懷長(앵가연어아회장)

마을에 연무 걷히며 석양에 노을이 내리는데
맑은 모습으로 반가운 손님 오시니[1203] 자리엔 향기 가득하네.
한밤중 호수에는 밝은 달이 반짝이고
천고의 시선(詩仙)[1204]은 신선의 옷[1205]을 짓고 있겠네.
한창 술기운 오르자 거문고로 화답하고
밤이 깊어지자 대숲 아래 자주 평상을 옮기네.
그대가 떠난 후 지봉(芝峯)의 많은 나무에는
앵무새와 제비가 지저귀며 내 회포를 깊어지게 하네.

1203 有客(유객) : 《詩經, 周頌》의 편명(篇名)의 뜻을 살려 '반가운 손[客]'.

1204 詩仙(시선) : 당(唐) 이백(李白)의 별칭. 시재가 뛰어나 신선의 풍격이 있는 시인. 당(唐) 백거이(白居易)의 《待漏入閣書事奉贈元九學士閣老詩》에 「詩仙歸洞裏, 酒病滯人間」.

1205 雲裳(운상) : 운의(雲衣). 신선의 옷. 《楚辭, 劉向, 九歎, 怨思》에 「遊青霧之颯戾, 服雲衣之披披」.

158 동산에 올라 – 3수
登東山 – 三首

[其一]

屋上靑山翠滴微(옥상청산취적미)
風流回想謝玄暉(풍류회상사현휘)
秧針大野黃牛健(앙침대야황우건)
水鎖長城白鳥飛(수쇄장성백조비)
麥短何嫌侵屐齒(맥단하혐침극치)
壺乾惜未典春衣(호건석미전춘의)
煙霞草樹多多景(연하초수다다경)
要使詩情管領歸(요사시정관령귀)

집 위 청산의 나뭇잎에는 작은 물방울[1206] 지니
사현휘(謝玄暉; 謝朓)의 풍류를 회상하네.
넓은 들의 볏모[1207]를 내는 누렁소들은 건장하고
물에 잠긴 긴 마을에는 흰 새들이 나네.
보리 그루터기가 나막신 굽[1208]을 파고들더라도 어찌 싫어하리
술이 떨어지면 봄옷을 전당 잡혀 술 사는 것도[1209] 아깝지 않으리.
저녁놀 끼인 풀과 나무숲의 정다운 풍경에서
시정(詩情)을 느끼면서 돌아가라 하네.

1206 翠滴(취적) : 나뭇잎에 맺힌 물방울. 명(明) 하석조(夏錫祚)의 《自紫蜆澗至旋螺頂詩》에 「陰陰冷翠滴, 竹色綠人面」.

1207 秧針(앙침) : 갓 자란 볏모. 송(宋) 조사협(趙師俠)의 《小重山, 農人以夜雨晝晴爲夜春詞》에 「積水滿春塍, 綠波翻鬱鬱, 露秧針」.

1208 屐齒(극치) : 나막신의 굽. 《晉書, 王述傳》에 「雞子圓轉不止, 便下牀以屐齒踏之, 又不得」.

1209 典春衣(전춘의) : 여름이 되어 봄옷을 전당 잡힘. 당(唐) 두보(杜甫)의 《曲江詩 2》에 「朝回日日典春衣, 每日江頭盡醉歸」.

[其二]

巷東村北地盤回(항동촌북지반회)
石逕登登眼界開(석경등등안계개)
萬古湖山無主客(만고호산무주객)
一天風月不嫌猜(일천풍월불혐시)
烟沙歷歷鴟眠水(연사역역치면수)
竹樹依依鳳去臺(죽수의의봉거대)
野渡人稀將夕照(야도인희장석조)
殘春收拾一筇來(잔춘수습일공래)

마을 동쪽과 북쪽은 구불구불 빙 도는 길인데[1210]
돌길을 끙끙거리며[1211] 올라가니 눈앞이 훤히 열리네.
만고에 강과 산은 주인과 객이 따로 없으며
온 하늘의 바람과 달도 싫어하거나 시샘하지 않네.
노을 내린 모래엔 갈매기들 줄지어 잠을 자고[1212]
봉황이 깃드니 대숲이 흔들리네.[1213]
들 건너는 사람도 드물고 노을이 비추리니
얼마 남지 않은 봄날에 지팡이 짚고 돌아오네.

1210 盤回(반회) : 구불구불하게 빙 돎. 《漢武帝內傳》에 「宮中嬪御望閣上有丹霞蓊蔚而起, 霞滅, 見赤龍盤回棟間」.

1211 登登(등등) : 의성어. 힘쓸 때 내는 소리. 당(唐) 유우석(劉禹錫)의 《許州文宣王新廟碑》에 「瀷水之瀕, 城池在東, 登登其杵, 坎坎其斧」.

1212 眠水(면수) : '면수(眠睡)'의 오기.

1213 依依(의의) : 연약한 가지가 바람에 한들거림. 《詩經, 小雅, 采薇》에 「昔我王矣, 楊柳依依」.

[其三]

我將招隱賦初成(아장초은부초성)
園竹千竿爽籟鳴(원죽천간상뢰명)
谷口俄聽黃鳥語(곡구아청황조어)
湖心穩結白鷗盟(호심온결백구맹)
酒情每助詩情發(주정매조시정발)
樹影時移月影生(수영시이월영생)
早晩靑雲君莫說(조만청운군막설)
不如閒坐自明誠(불여한좌자명성)

내가 은거시(隱居詩)[1214]를 처음 지으려 할 때
동산의 수많은 대나무들이 퉁소[1215] 되어 울어주었네.
골짜기 입구의 꾀꼬리 울음소리 갑자기 들리고
호수 가운데 흰 갈매기들은 편안하게 모여 있었네.
술 취한 정취는 늘 시심(詩心)을 피어나게 하고
나무 그림자는 시시각각 옮겨가고 달그림자가 비춰주었네.
그대는 어느 때라도[1216] 청운의 뜻을 말하지 마시게
한가로이 스스로 참된 마음을 밝게 하는 것만 못하리니.

1214 招隱賦(초은부) : 초은시(招隱詩). 은자를 찾아서 은거하려 한다는 내용의 시. 진(晉)의 장화(張華)·좌사(左思)·육기(陸機) 등의 시가 있음. 《文選, 左思, 招隱詩, 劉良注》에 「思苦天下溷濁, 故將招尋隱者, 欲以退不仕」.

1215 爽籟(상뢰) : 가락이 일정하지 않은 피리 소리. 《文選, 殷仲文, 南州桓公九井作詩》에 「爽籟警幽律, 哀壑叩虛牝」.

1216 早晩(조만) : 어느 날. 어느 때. 북제(北齊) 안지추(顔之推)의 《顔氏家訓, 風操》에 「嘗有甲設讌席, 請乙爲賓, 而旦於公庭見乙之子, 問之曰, 尊侯早晩顧宅」.

159 소산(笑山; 宋潤萬)이 남덕헌(覽德軒)을 읊은 시에 차운하다 次笑山覽德軒韻

硯池欲化北溟魚(연지욕화북명어)
鳳嶽峨峨問子居(봉악아아문자거)
沂瑟清風千仞下(기슬청풍천인하)
崗梧瑞旭一鳴餘(강오서욱일명여)
盃觴肯讓酬金谷(배상긍양수금곡)
經籍當令校石渠(경적당령교석거)
鍾得丹山元氣會(종득단산원기회)
扁楣覽德雀含書(편미남덕작함서)

작은 웅덩이의 물고기[1217]가 북명(北溟)[1218]의 물고기가 되고자
봉황이 사는 높고 높은 산을 찾아가 그대 사는 곳을 물었네.
기수(沂水)에서 거문고를 타니[1219] 맑은 바람은 천 길 아래로 불어오고
산등성이 오동나무에 상서로운 해가 솟으면 한 번은 (세상을) 울리리라.[1220]
금곡(金谷)에서 마셨다는 벌주(罰酒)를 어찌 사양하리오마는
석거각(石渠閣)의 경서로는 응당 아이들은 가르치리라.
단산(丹山)에서 종(鐘)을 얻은 원기(元氣)가 모여
적작(赤雀)이 물고 온 글[1221]을 편액으로 걸어 덕을 보이는구려.

1217 硯池(연지) : 묵지(墨池). 벼루에 먹물이 담기는 오목한 곳. 극히 작은 물웅덩이로 해석. 당(唐) 두순학(杜荀鶴)의 《題弟姪書堂詩》에 「窗竹影搖書案上, 野泉聲入硯池中」.

1218 北溟魚(북명어) : 곤(鯤). 북쪽 바다에 있다는 큰 고기. 《莊子, 逍遙遊》에 「北冥有魚, 其名爲鯤」.

1219 沂琴(기금) : 기수현가(沂水絃歌). 기수(沂水)에서 거문고를 탐. 때에 맞게 처세하며 유유자적함. 《論語, 先進》에 「曾點曰, 莫春者, 春服旣成, 冠者五六人, 童子六七人, 浴乎沂, 風乎舞雩, 詠而歸」.

1220 一鳴(일명) : 일명경인(一鳴驚人). 한 번 울면 사람을 놀라게 한다는 새. 일을 착수하면 사람을 놀라게 할 큰 사업. 《史記, 滑稽傳》에 「此鳥不飛則已, 一飛冲天, 不鳴則已, 一鳴驚人」.

1221 雀含書(작함서) : 적작함단서(赤雀銜丹書). 천명(天命)을 받은 상서로움. 《史記, 周本紀》에 「生昌, 有聖瑞, 〈張守節正義〉 尙書帝命驗, 季秋之月甲子, 赤雀銜丹書入于酆, 止于昌戶, 其書云, 敬勝怠者吉, 怠勝敬者滅, 義勝欲者從, 欲勝義者凶, 凡事不强則枉, 不敬則不正, 枉者廢滅, 敬者萬世」.

160 형님과 계광(溪狂; 陳錫馨)이 오셔 조촐하게 술자리를 갖다 – 4수
舍伯與溪狂來會小酌 – 四首

[其一]

占取幽居瑞石陽(점취유거서석양)
故人淸範忽翶翔(고인청범홀고상)
芝蘭古塾恒同臭(지란고숙항동취)
梅竹春園更襲香(매죽춘원갱습향)
醉倒夜闌明月約(취도야란명월약)
閒來日似少年長(한래일사소년장)
平湖十里猶殘雪(평호십리유잔설)
君不歸兮去路茫(군불귀혜거로망)

서석산 남쪽 한적한 곳을 정해 살고 있으려니
벗님들이 고결한 풍모[1222]로 문득 날아드시네.[1223]
옛적 글방에서 지란지교 나누며 항상 취향이 같았더니
봄 동산에 핀 매화 대나무의 향기에 다시 젖어드네.
늦은 밤 술에 취해 밝은 달 떠오르기를 기다리니[1224]
한가한 날에 늦도록 젊은 시절처럼 즐기네.
십 리 잔잔한 호수에는 아직 눈이 녹지 않았으니
그대들은 가는 길이 아득하니 돌아가지 마시라.

1222 淸範(청범) : 고결한 풍모. 당(唐) 왕유(王維)의 《爲王常侍祭沙陁鄯國夫人文》에 「懿此淸範, 夫人之則」.

1223 翶翔(고상) : 빙빙 돌며 낢. 유유히 노닒. 《詩經, 齊風, 載驅》에 「魯道有蕩, 載子翶翔」.

1224 醉倒(취도) : 취도산공(醉倒山公). 술에 취함. 형주 자사(荊州刺史) 산계륜(山季倫)이 나들이 때마다 술에 취해 돌아온 고사. 남조 송(南朝宋) 유의경(劉義慶)의 《世說新語, 任誕》에 「山季倫爲荊州, 時出酣暢, 人爲之歌曰, 山公時一醉, 徑造高陽池, 日莫倒載歸, 茗艼無所知」.

[其二]

有友多情到(유우다정도)
新春闢洞天(신춘벽동천)
江深猶剡雪(강심유염설)
地僻夢齊煙(지벽몽제연)
風月皆眞境(풍월개진경)
松篁是福田(송황시복전)
墨溪詩傑士(묵계시걸사)
來作酒中仙(래작주중선)

다정한 벗이 있고
새봄이라 별천지(別天地)[1225]가 열리네.
강은 깊고 아직 눈은 반짝이는데
외진 곳이라 꿈속인 듯 작게 보이네.[1226]
바람과 달은 모두 진경(眞境)이오
솔밭과 대숲은 복전(福田)일세.[1227]
시에 빼어난 문단의 선비들은
취중신선(酒中仙)[1228]이 되리라.

1225 洞天(동천) : 신선이 산다는 별천지(別天地). 경치 좋은 명승지. 송(宋) 진량(陳亮)의 《送中岳二三眞人序》에 「楊仙翁玄默洞天, 賈上士幽棲牝谷」.

1226 齊煙(제연) : 제연구점(齊煙九點). 구주(九州; 中國)가 아홉 줄기의 연기처럼 작게 보임. 당(唐) 이하(李賀)의 《夢天詩》에 「遙望齊州九點烟, 一泓海水杯中瀉」.

1227 福田(복전) : 부처를 섬기면 복덕이 생기는 것이 논밭을 파종하여 곡식 얻는 것에 비유. 진(晋) 도항(道恒)의 《釋駁論》에 「是以知三尊爲衆生福田供養, 自修己之功德耳」.

1228 酒中仙(주중선) : 세속을 초월하여 술을 즐기는 사람. 당(唐) 이백(李白). 당(唐) 두보(杜甫)의 《飮中八仙歌》에서 「李白一斗詩百篇, 長安市上酒家眠, 天子呼來不上船, 自稱臣是酒中仙」.

[其三]

春雨江城餞歲寒(춘우강성전세한)
逢場談笑做閒安(봉장담소주한안)
梅園雪小花生盒(매원설소화생합)
竹牖陽多日上竿(죽유양다일상간)
詩話淸琤摛鳳藻(시화청쟁이봉조)
盤需淡泊酌龍團(반수담박작용단)
溪山到處元無主(계산도처원무주)
剩借遊人歷歷看(잉차유인역력간)

봄비 내리는 강 언덕에서 추운 겨울을 보내고
만나는 곳의 담소는 한가롭고 편안하네.
매화꽃 동산에 눈 녹자 화분의 꽃은 살아나고
대나무 창문에 볕들고 해는 장대 위로 떠오르네.
시 이야기는 맑고 고와 아름다운 문장[1229]이 되고
소반에 담아 드리는 것은[1230] 담박한 용봉차(龍鳳茶)라네.[1231]
도처의 시내와 청산은 원래 주인이 없는 것이고
더구나 노니는 사람만이 빌리는 것이니 똑똑히 보리라.

1229 摛鳳藻(이봉조) : 이조(摛藻)와 봉조(鳳藻). 이조(摛藻)는 문채를 펼침. 봉조(鳳藻)는 아름다운 문장. 한(漢) 반고(班固)의 《答賓戲》에 「雖馳辯如濤波, 摛藻如春華, 猶無益於殿最也」.

1230 盤需(반수) : 소반(小盤)에 담긴 물건. 곧 술안주 등.

1231 龍團(용단) : 상등(上等)의 차(茶). 용봉차(龍鳳茶). 《大觀茶論》에 「本朝之興, 歲修建溪之貢, 龍團鳳餅名冠天下, 而壑源之品, 亦自此而盛」.

[其四]

不負梅花約(불부매화약)
還尋水竹留(환심수죽유)
歲去逢新面(세거봉신면)
春來憶舊遊(춘래억구유)
多情駒縶谷(다정구집곡)
惜別鷺分洲(석별로분주)
願言今夜月(원언금야월)
征轄井中投(정할정중투)

친한 벗은 만나자는 약속[1232]을 저버리지 않고
돌아와 맑고 그윽한 곳[1233]을 찾아왔구려.
세월이 흘러도 새로운 얼굴로 만나고
봄이 오니 옛날 놀던 때를 추억하네.
골짜기에 말을 매어 두고 다정하게 놀다가
해오라기 놀던 모래톱에서 헤어진 것을 애석해하네.
원컨대 오늘 밤에는 달이 뜨려니
수레의 굴대를 빼어 우물에 던져버리게나.

1232 梅花約(매화약) : 친한 벗과의 만날 약속. 송(宋) 진여의(陳如義)의 《次韻張元方春雪》에 「不知來何暮, 遂失梅花約」.

1233 水竹(수죽) : 물과 대나무. 맑고 그윽한 경치. 당(唐) 맹교(孟郊)의 《旅次洛城東水亭詩》에 「水竹色相洗, 碧花動軒楹」.

161 용호(龍湖) 홍○○(洪○○)와 마음껏 이야기하다 – 2수
與龍湖洪○○暢敍 – 二首

[其一]

茶酒殷勤掃榻邀(차주은근소탑요)
笻鞋暇日樂逍遙(공혜가일낙소요)
芝峰月白虛衿夕(지봉월백허금석)
竹樹風淸爽氣朝(죽수풍청상기조)
野老占豊花入麥(야노점풍화입맥)
至人觀物葉成條(지인관물엽성조)
年來未屬騷壇會(연래미속소단회)
瓊珮餘音久寂寥(경패여음구적료)

걸상과 탁자를 소제하고 차와 술로 은근히 맞이하여
한가로운 날 지팡이에 짚신 신고 소요하며 즐기네.
지봉에 달이 하얗게 비추니 담담한[1234] 저녁과
죽수에 바람은 맑고 상쾌한 아침이라네.
들녘 노인들은 보리가 피자 풍년이 되리라 점치고
지극한 학자들은 물상을 보고 잎이 무성한 가지가 되리라고 하네.
올 1년에는 문단의 모임을 잇지 못하였으니
좋은 글에 감동하지 못해 오랫동안 적적하였네.

1234 虛襟(허금) : 마음을 비움. 욕심 없는 담담한 마음. 《晉書, 姚興載記 下》에 「太子詹事王周亦虛襟引士, 樹黨東宮」.

[其二]

欲學當年太史遊(욕학당년태사유)
江湖十里小風流(강호십리소풍류)
大鵬有意將圖海(대붕유의장도해)
黃鳥無端久止邱(황조무단구지구)
巷樹參差明月夕(항수참차명월석)
晴沙的歷暮烟洲(청사적력모연주)
篁闕酒盡詩朋去(황관주진시붕거)
春後林禽且莫愁(춘후임금차막수)

학문을 하려 하던 해에는 사서(史書)[1235]를 배우면서
십 리 강호에 약간의 풍류를 즐겼네.
대붕은 바다를 건너려는 큰 뜻[1236]이 있었고
꾀꼬리는 생각 없이 오래도록 언덕에 머물렀네.
마을 나무들은 달 밝은 저녁에 어지러이 서 있고[1237]
갠 모래톱엔 저녁연기 뚜렷이 피어오르네.
황죽 우거진 고을에 술이 다하고 시 짓는 벗도 떠나자
봄 지난 숲의 새들은 잠시 막수(莫愁)[1238]가 되어 노래 부르네.

【瑞竹堂遺稿 卷之一 終】

1235 太史(태사) : 벼슬 이름. 역사의 기록과 사서(史書)의 편찬 및 문서의 기초를 담당. 본문에서는 사서류(史書類)에 대한 공부.

1236 圖海(도해) : 바다를 건너는 것을 도모함. 넓고 큰 학문의 바다[學海]를 섭렵하는 것.

1237 參差(참치) : 들쭉날쭉하여 가지런하지 아니함. 《詩經, 周南, 關雎》에 「參差荇菜, 左右流之」.

1238 莫愁(막수) : 악부(樂府)에 나오는 전설적인 여자. 금(琴)을 잘 탔다는 삼국 위(三國魏) 무제(武帝) 때의 궁녀. 《樂府詩集, 雜曲歌辭 13, 盧女曲, 郭茂倩題解》에 「盧女者, 魏武帝時宮人也, 故將軍陰升之姊, 七歲入漢宮, 善鼓琴, 至明帝崩後, 出嫁爲尹更生妻」.

瑞竹詩集 卷之二

서죽시집 제2권

162 월곡(月谷)의 서사(書舍)[1]에서 아버님과 석초(石樵; 李章愚), 종형제 어산(魚山; 梁纘永), 금리(林錦; 林仲會)께서 시를 짓는데, 큰형님의 시에 차운하다

月谷書舍家君與李石樵族從魚山纘永林錦里拈韻陪舍伯敬次

梅堂無事養閒心(매당무사양한심)
朱紱爲誰此日臨(주불위수차일임)
敢望陳君先下榻(감망진군선하탑)
已聞單父自彈琴(이문선보자탄금)
黃花淡淡秋容晩(황화담담추용만)
白酒盈盈月露侵(백주영영월로침)
幸陪賢侯年最少(행배현후년최소)
玆遊眞率又淸吟(자유진솔우청음)

매당에 일이 없어 한가롭게 마음을 양생하였더니
이날 주불(朱紱)[2]께서는 누구를 위하여 오셨는가?
먼저 아버님을 탑상 아래에서 감히 우러러뵈니
선보(單父)가 스스로 가야금을 탔다[3]는 말은 이미 알려진 것이리라.
황국은 산뜻하여 가을은 저물어 가는데

---

1 月谷書舍(월곡서사) : 현 전라남도 화순군 도곡면 모산리(茅山里) 후록(後麓)에 있는 삼지재(三芝齋). 건지(乾芝)·곤지(坤芝)·만지(滿芝)의 세 산의 이름을 취하여 삼지재(三芝齋)라 이름하고, 후손들의 영재 육성을 위해 삼지재서계(三芝齋書契)를 창설한 월곡의숙(月谷義塾)을 말함.

2 朱紱(주불) : 예복에 갖추는 붉은 색깔의 슬갑(膝甲)으로 주로 관복을 이르거나 벼슬. 가군(家君)을 의미. 《詩經, 小雅, 斯干》에 「朱芾斯皇, 室家君主」.

3 單父自彈琴(선보자탄금) : 선보금(單父琴). 수령의 치적을 칭송하는 말. 선보(單父)는 비명. 작가의 아버님이신 심학헌(心學軒) 양두영(梁斗永) 공께서 재물을 베풀어 배고픈 사람들을 구휼한 덕으로 아름다운 이름이 인근에 자자하였다는 것을 의미. 진(晉) 반니(潘尼)의 《贈河陽詩》에 「密生化單父, 子奇莅東阿, 桐鄉建遺烈, 武城播弦歌」.

막걸리는 잔에 넘치고 달빛은 이슬에 젖네.
다행히 덕 높으신 분들을 모셨고 나는 나이가 가장 어리니
노닐면서 진솔하고도 청아하게 읊조려보네.

163 이어 오율(五律)로 읊다
續吟五律

松竹東山下(송죽동산하)
使君問爾捿(사군문이서)
菊籬花事業(국리화사업)
詩榻韻高低(시탑운고저)
傾盖雲團戶(경개운단호)
歸程月滿溪(귀정월만계)
興餘壺不罄(흥여호불경)
秉燭坐樓西(병촉좌루서)

솔과 대 우거진 동산 아래에서
수령[4]이 '그대 사는 곳은 어디냐?'고 물었다.
울타리의 국화를 가꾸며 꽃과 더불어 놀고
평상에 앉아 높고 낮게 시를 읊조리지요.
길 가다 만나는 사람들도[5] 집에 들려 덩이차[6]를 마시고
돌아가는 길에는 달빛이 시냇물에 가득하답니다.
흥이 아직 남아 있고 술병이 비지 않았으니
촛불 밝혀 들고 서쪽 다락에 앉는답니다.

---

4 使君(사군) : 지난날 나라의 사명을 받고 온 사신(使臣). 지방의 수령·태수.

5 傾蓋(경개) : 경개여고(傾蓋如故). 길을 가다가 만나 서로 차개(車蓋)를 기울이고 이야기함. 길을 가다가 만나 서로 잠깐 이야기하는 정도의 교분(交分). 《史記, 魯仲連鄒陽傳》에 「諺曰, 白頭如新, 傾蓋如故, 何則, 知與不知也」.

6 雲團(운단) : 덩이차. 송(宋) 매요신(梅堯臣)의 《嘗茶和公儀》에 「都藍攜具向都堂, 蹑破雲團北焙香」.

164 척종(戚從) 지우(芝宇) 정성여(鄭聲汝)와 더불어 읊다 – 3수
與戚從芝宇鄭聲汝吟 – 三首

[其一]

江村籬落負山陽(강촌이락부산양)
我客淸儀滿座香(아객청의만좌향)
數郡風煙驢背墜(수군풍연여배추)
九秋霜露雁聲長(구추상로안성장)
幾多瑞石楓林景(기다서석풍림경)
這箇騷人錦繡腸(저개소인금수장)
佳節幸逢重九日(가절행봉중구일)
黃花美釀細傾觴(황화미양세경상)

강촌은 울타리처럼 두른 산을 등지고 남쪽을 향했는데
거동이 맑고 깨끗하여 객과 함께 앉은 자리에 향기가 가득하네.
여러 고을의 어지러운 속세[7]는 나귀 등 뒤로 떨쳐버리니
구월이라 이슬과 서리에 기러기 울음소리는 멀어지네.
서석산 단풍의 아름다운 경치는 얼마나 많아
시인들에게 많은 아름다운 시를 짓게 하는가?[8]
다행히도 좋은 계절 중구일에 만났으니
황화주(黃花酒) 맛있는 술을 조금씩 기울이시구려.[9]

---

7 風煙(풍연) : 바람과 먼지. 곧 어지러운 속세. 송(宋) 소순흠(蘇舜欽)의 《揚州城南筵賓亭詩》에 「風煙遠近思高適, 豺虎縱橫難息機」.

8 錦繡腸(금수장) : 금수간장(錦繡肝腸). 훌륭한 시문을 잘 지음. 자운선(紫雲仙)이 이백(李白)에게 오장(五臟)이 금수(錦繡)로 가득하여 입만 열면 아름다운 문장을 만들어 낸다고 말한 데서 유래. 당(唐) 이백(李白)의 《冬日於龍門送從弟京兆參軍令問之淮南覲省序》에 「[紫雲仙季]常醉目吾曰, 兄心肝五藏, 皆錦繡也, 不然, 何開口成文, 揮翰霧散」.

9 傾觴(경상) : 술잔을 기울임. 정답게 어울려 술을 마심. 청(淸) 진몽뇌(陳夢雷)의 《寄答李厚庵百韻》에 「已分生死訣, 乍見爲傾觴」.

[其二]

露葭秋色繞江干(노가추색요강간)
我思悠悠酒政寬(아사유유주정관)
窈窕溪村尋逸士(요조계촌심일사)
文章石室學天官(문장석실학천관)
黃花晩節重陽趣(황화만절중양취)
赤壁名亭暇日觀(적벽명정가일관)
禾黍前郊占歲熟(화서전교점세숙)
良宵聊盡主賓歡(양소료진부빈환)

가을빛 완연하고 이슬 내린 갈대는 강변을 둘렀는데
울적하던[10] 심사도 한잔 술에 너그러워지네.
깊은 골짜기[11] 개울가 마을의 은사를 찾아
석실(石室)의 문장으로 천관(天官)[12]을 배우네.
국화꽃 피는 늦가을 중양절의 풍치 속에
적벽(赤壁)의 이름난 정자[13]에 올라 한가로이 바라보네.
앞 들녘의 벼는 익어가니 시절이 풍년임을 알겠고
좋은 밤에 애오라지 주인과 객이 즐거움을 다하네.

10 悠悠(유유) : 우수가 깃든 모양. 《詩經, 邶風, 終風》에 「莫往莫來, 悠悠我思」.

11 窈窕(요조) : 깊은 골짜기. 《文選, 王延壽, 魯靈光殿賦》에 「旋室㛹娟以窈窕, 洞房叫窱而幽邃」.

12 天官(천관) : 천문(天文). 천체의 현상. 길흉을 점치는 데 쓰임. 《易經, 繫辭 上》에 「天垂象, 見吉凶, 聖人象之」.

13 名亭(명정) : 전라남도 화순군 이서면(二西面) 적벽(赤壁)에 있는 물염정(勿染亭).

[其三]

吾人惜別最高秋(오인석별최고추)
鷰去鴻來二水洲(연거홍래이수주)
落木寒風吟宋玉(낙목한풍음송옥)
虛舟滄海夢莊周(허주창해몽장주)
離筵酌酒黃花釀(리연작주황화양)
野渡携笻白露收(야도휴공백로수)
寄汝陽關歌數疊(기여양관가수첩)
寥寥百歲此生浮(요료백세차생부)

우리 헤어지는데 가을은 무르익고
제비 가고 기러기 오며 두 강물은 섬을 끼고 흐르네.[14]
송옥(宋玉)[15]은 낙목한풍(落木寒風)을 읊었고
장주(莊周)는 창해의 빈 배에서 꿈을 꾸었도다.
떠나는 자리에서 국화주를 따르고
들을 건너며 지팡이로 흰 이슬만 털도다.
떠나가는 그대에게 이별 노래를 거듭 부르나니[16]
적막한 평생의 삶이 뜬구름이로구려.

---

14 二水洲(이수주) : 이수(二水)는 진수(秦水)와 회수(淮水). 본문에서는 전라남도 화순군 적벽(赤壁)에 흐르는 강. 당(唐) 이백(李白)의 《登金陵鳳凰臺》에 「三山半落靑天外, 二水中分白鷺洲」.

15 宋玉(송옥) : 전국시대(戰國時代) 초(楚)의 문장가.

16 陽關歌數疊(양관가수첩) : 양관삼첩(陽關三疊). 양관곡(陽關曲). 당(唐) 왕유(王維)가 원이(元二)가 안서(安西) 지방의 사신이 되어 떠날 때 부른 시. 이별을 노래하는 대표적 작품. 《送元二使安西》에 「渭城朝雨浥輕塵, 客舍靑靑柳色新, 勸君更進一杯酒, 西出陽關無故人」.

165 초가을 달밤에 형님과 아우, 송고(松皐) 계광(溪狂; 陳錫馨) 등과 다정하게 모여 짓다 – 3수
新秋月夜舍伯舍弟松皐溪狂雅集 – 三首

[其一]

野笛村謠晩入湖(야적촌요만입호)
淸宵物色照氷壺(청소물색조빙호)
瓊沙十里波回鏡(경사십리파회경)
玉宇三更露下珠(옥우삼경로하주)
浴出盤渦人似鷺(욕출반와인사로)
風餘沂水鳳如吾(풍여기수봉여오)
萬川起看新秋月(만천기간신추월)
疑是先天太極圖(의시선천태극도)

들녘 피리 소리와 촌부들의 노래는 해거름 호수로 들고
맑고 고요한 밤 풍광은 빙호(氷壺)[17]에 비추네.
십 리 옥 같은 모래사장과 반짝이는 물결은 거울이 되고
깊은 밤하늘의 이슬은 구슬 되어 내리네.
반와(盤渦)[18]에서 목욕하니 해오라기 같고,
기수(沂水)에서 바람 쐬는 봉황은 나와 같다 하리.[19]
온갖 냇물들이 일어나 초가을 밝은 달을 바라보니
이것이 선천(先天)의 역(易)[20]인 태극도(太極圖)[21]가 아닌가.

---

17 氷壺(빙호) : 얼음을 넣는 옥으로 만든 병. 마음이 순결함을 형용. 《文選, 鮑照, 白頭吟》에 「直如朱絲繩, 淸如玉壺冰」.

18 盤渦(반와) : 와반(渦盤). 물이 빙빙 돎. 송(宋) 장세남(張世南)의 《遊宦紀聞 7》에 「大洋海中有渦旋處, 龍在其下, 湧出其涎」.

19 5·6구의 내용은 《論語, 先進篇》의 「浴乎沂, 風乎舞雩, 詠而歸」에 의거한 표현. 자연과 시속에 초탈하여 천지의 화육(化育)과 동화한 경지. 때에 맞게 처세하면서 유유자적함.

20 先天(선천) : 복희(伏羲)의 선천 역(易). 송(宋) 나필(羅泌)의 《路史, 發揮 1, 論三易》에 「伏羲氏之先天, 神農易之爲中天, 神農之中天, 皇帝易之爲後天, 豈非易道廣大, 變通不窮, 有非一法之所能盡」.

21 太極圖(태극도) : 송(宋) 주돈이(周敦頤)가 우주 만물의 생성 이치를 제시한 도형.

[其二]

閒來無事不從容(한래무사부종용)
盡日林塘水竹風(진일임당수죽풍)
赤壁逢仙遊月下(적벽봉선유월하)
白雲送客入山中(백운송객입산중)
多多瓊翰詩相贈(다다경한시상증)
厭厭花籌酒不空(염염화주주불공)
儂亦淸秋猶謾興(농역청추유만흥)
平湖留擬洞庭雄(평호유의동정웅)

일 없이 한가로우나 조용하지 않은 것은
종일토록 숲의 연못과 대숲에 부는 바람 때문이리.
적벽에서 신선을 만나 달 아래 놀고
보내는 나그네는 흰 구름 뜬 산속으로 떠나가네.
많은 아름다운 글과 시들을 서로에게 보내며
꽃잎으로 수놓아 헤아리며[22] 마셔도 술병은 비지 않으리.
나 또한 맑은 가을 하늘에 공연히 흥이 나서
잔잔한 호숫가에 머뭇거리노라니 동정호(洞庭湖)의 영웅[23]인가 했네.

22 花籌(화주) : 꽃잎을 따서 마시는 술잔의 수를 헤아림.

23 洞庭雄(동정웅) : 동정호(洞庭湖)의 영웅(英雄). 당(唐) 시성(詩聖) 두보(杜甫).

[其三]

西風消息過南交(서풍소식과남교)
草木秋聲送孟郊(초목추성송맹교)
晴沙月印歸鴻跡(청사월인귀홍적)
鉅竹年深老鳳梢(거죽년심노봉초)
我許全枰詩敵手(아허전평시적수)
君何半世氣顚嘲(군하반세기전조)
人間聚散還多感(인가취산환다감)
鷺宿江湖鷰返巢(로숙강호연반소)

서풍이 남교(南交)[24]를 지나간다는 소식이 전해오고
풀과 나무들은 가을바람 소리로 맹교(孟郊)[25]를 떠나보냈네.
달빛은 맑은 모래사장에 빛나고 돌아가는 기러기 발자국이 남아 있고
해묵은 대나무 끝에는 늙은 봉황이 앉아 있네.
나는 시의 적수들에게 전체 형국을 허락하였는데
그대는 어찌하여 반평생을 호기로 비웃기만 하는가?
사람들은 모였다 흩어지면서 느낀 바가 많아지는데
해오라기는 강호에서 잠들고 제비는 둥지로 되돌아오네.

24 南交(남교) : 교지(交趾). 광동성(廣東省) 이남 지역. 《書經, 堯典》에 「申命羲叔, 宅南交」.
25 孟郊(맹교) : 중당(中唐) 시인. 자는 동야(東野). 시는 심현우아(深玄優雅)하여 한유(韓愈)를 비롯한 당시의 사람들이 칭찬을 받음. 시문집으로 《孟東野集》.

166 계광(溪狂; 陳錫謦)과 더불어 읊다 與溪狂吟

露葭懷想覺蕭條(노가회상각소조)
一鴈飄然下九霄(일안표연하구소)
藥圃淸香餘杞菊(약포청향여기국)
江村時事問漁樵(강촌시사문어초)
仲春虛負觀濤約(중춘허부관도약)
今夜多情與月邀(금야다정여월요)
後院疎篁猶爽籟(후원소황유상뢰)
挽君故不賦河橋(만군고불부하교)

생각에 잠기노라니 이슬 내린 갈대밭은 적막한데[26]
먼 하늘[27] 떠돌던 기러기 한 마리 날아 내리네.
약초밭 맑은 향기는 구기자와 국화 향기요
강촌의 때에 따라 해야 할 일을 어부 초동에게 묻네.
무르익은 봄날 물 구경[28] 하는 것에도 세금을 물린다[29] 하니
오늘 밤에는 다정하게 떠오르는 달이나 맞이하리라.
뒤뜰 성근 황죽은 바람에 부딪쳐 우는데
그대여! 냇가의 다리에 내는 세금일랑 막아보시게.

---

26 蕭條(소조) : 적막함. 《楚辭, 遠遊》에 「山蕭條而無獸兮, 野寂漠其無人」.

27 九霄(구소) : 구천(九天). 하늘의 가장 높은 곳. 아주 멀거나 높은 곳의 비유.

28 觀濤(관도) : 물(결)을 바라봄. 진(晉) 도잠(陶潛)의 《四時詩》에 「春水滿四澤, 夏雲多奇峯, 秋月揚明暉, 冬嶺秀孤松」.

29 虛負(허부) : 허결(虛結). 논밭이 없는 사람에게 논밭을 가진 것으로 되어 있다고 하여 물리는 결세. 《續大典 2, 戶典, 收稅》에 「監官·書員輩, 假作虛負, 分徵民結者, 杖一百流三千里」.

167 새봄에 광헌(廣軒), 현암 경오(玄菴敬五)와 함께 단란하게 모이다 – 3수
新春與廣軒玄菴敬五團會 – 三首

[其一]

江鄉有地起樓臺(강향유지기루대)
我客淸儀不速來(아객청의불속래)
寒後精神風竹語(한후정신풍죽어)
花頭消息雪梅魁(화두소식설매괴)
茅簷可怪蛛先下(모첨가괴주선하)
簾幕無妨鷰爲開(렴막무방연위개)
更縶征驢投井轄(갱집정려투정할)
屠蘇餘釀尙盈盃(도소여양상영배)

강이 흐르는 곳[30]에 좋은 땅이 있어 누를 세웠는데
맑은 자태 우리 손님은 빨리 오지 않네.
추위 간 후 맑은 정신은 대바람 소리로 울리고
꽃 소식은 눈 속에 피는 매화가 으뜸이리.
초가집 처마에 거미가 먼저 내리는 것은 기이하나
발과 휘장은 오는 제비를 위해 열어 놓아도 무방하리.
떠나려는 나귀를 붙잡아 못 가세 말리며[31]
설날 마시던 술[32]이나마 충분하니 잔 가득 따르네.

---

30 江鄉(강향) : 강이나 하천이 많은 곳. 당(唐) 맹호연(孟浩然)의 《晩春臥病寄張八詩》에 「念我平生好, 江鄉遠從政」.

31 投井轄(투정할) : 벗이 떠나지 못하게 수레의 빗장을 뽑아 우물에 던짐.

32 屠蘇(도소) : 도소주(屠蘇酒). 설날에 마시던 약주(藥酒) 이름. 도소산(屠蘇酸)을 넣어서 빚음. 남조 양(南朝梁) 종름(宗懍)의 《荊楚歲時記》에 「[正月一日]長幼悉正衣冠, 以次拜賀, 進椒柏酒, 飮桃湯, 進屠蘇酒 …… 次第從小起」.

[其二]

無巡夜飮醉腸支(무순야음취장지)
簷漏丁東斗柄垂(첨루정동두병수)
詩思近多靑草夢(시사근다청초몽)
塵心都盡紫芝眉(진심도진자지미)
溪邊雪景搖搖棹(계변설경요요도)
簾畔山光點點碁(염반산광점점기)
寄與寒梅詩一首(기여한매시일수)
西湖明月更爲期(서호명월갱위기)

밤술은 순배가 없어 뱃속 곳곳까지 취하는데
처마 낙숫물[33] 지는 소리[34]에 북두칠성이 드리우네.
근래에 시상이 많아 푸른 풀밭에서 꿈을 꾸고
속된 마음 모두 사라지니 덕행이 고결함인가.[35]
시냇가 설경 속으로 흔들리며[36] 노 저어 가니
주렴 밖 산 빛은 바둑판처럼 점점이 검어지네.
한매(寒梅) 읊은 시 한 수를 보내며
서호에 달 밝거든 다시 만나자 약속하네.

---

33 簷漏(첨루) : 첨류(簷溜). 낙수받이. 당(唐) 가도(賈島)의 《郊居卽事詩》에 「葉書傳野意, 簷溜煮胡茶」.

34 丁東(정동) : 정당(丁當). 옥이나 금속 같은 것이 부딪쳐 나는 소리. 풍경(風磬) 같은 것이 울리는 소리. 당(唐) 정우(鄭嵎)의 《津陽門詩》에 「月中秘樂天半閒, 丁璫玉石和塤篪」.

35 紫芝眉(자지미) : 자지미우(紫芝眉宇). 사람의 덕행이 고결함. 《新唐書, 卓行傳, 元德秀》에 「元德秀字紫芝, 河南河南人, 質厚少緣飾, …… 德秀善文辭, 作蹇士賦以自況, 房琯每見德秀, 歎息曰, 見紫芝眉宇, 使人名利之心都盡」.

36 搖搖(요요) : 흔들거리는 모양. 《大戴禮記, 武王踐阼》에 「若風將至, 先必搖搖」.

[其三]

雅契相符十載前(아계상부십재전)
青陽可愛日如年(청양가애일여년)
無瑕白玉逢高士(무가백옥봉고사)
要鍊丹砂學彼仙(요련단사학피선)
太半春心梅下雪(태반춘심매하설)
尋常酒債杖頭錢(심상주채장두전)
懶眠纔醒停柔管(나면재성정유관)
今夕欣然不偶然(금석흔연불우연)

서로 의기투합[37]한 지가 10년 전이니
봄이 되어도[38] 만나지 못해 애석하기 하루가 1년 같았네.
백옥처럼 티 없는 고결한 선비를 만나
단사(丹砂)를 단련하여 신선 되는 법이나 배우리.
기다리던 봄인데도 매화는 아직 반나마 눈에 덮이고
빚진 술값을 갚느라 돈을 지팡이에 걸고 나가네.[39]
게으른 잠에서 잠시 깨어나 유관(柔管)[40]에 눈길이 머무르니
오늘 밤 기쁨은 우연이 아니로세.

---

37 雅契相符(아계상부) : 친분과 우정으로 서로 잘 맞음. 당(唐)나라 왕발(王勃)의 《上明員外啓》에 「垂雅契於長年, 敍情交於累世」.

38 青陽(청양) : 봄. 《尸子, 仁意》에 「春爲青陽, 夏爲朱明」.

39 杖頭錢(장두전) : 장두백전(杖頭百錢). 진(晉) 완수(阮脩)가 외출할 때는 지팡이의 머리에 돈 백 전(百錢)을 걸고 나가 술집에 갔다는 고사. 《晉書, 阮脩傳》에 「性簡任不脩人事, 常步行以百錢卦杖頭, 至酒店便獨酣暢, 雖當世富貴, 而不肯顧, 家無儋石之儲晏如也」.

40 柔管(유관) : 유관(柳管)의 오기. 당(唐) 유종원(柳宗元)의 시문(詩文). 관(管)은 붓. 당(唐) 여온(呂溫)의 《嘲柳州柳子厚詩》에 「柳州柳刺史, 種柳柳江邊, 柳管依然在, 千秋柳拂天」.

168 서성기(徐聖基)와 서로 화답하다 – 2수

與徐聖基唱酬 – 二首

[其一]

江山詩債一驢靑(강산시채일려청)
邂逅逢場任醉醒(해후봉장임취성)
知己人何歌白雪(지기인하가백설)
前身子亦誤黃庭(전신자역오황정)
秋光如練湖西月(추광여련호서월)
夜色森羅斗北星(야색삼라두북성)
絃上峨洋吾有耳(현상아양오유이)
陽關數疊曲中聽(양관수첩곡중청)

강산에서 아직 짓지 못한 시는 당나귀에 실을 만큼인데
오랫만에 만나니 취했다 깨었다 하네.
벗이여, 어찌하여 사람은 고아한 시[41]를 노래하는가?
그대도 역시 전생에 황정경을 잘못 읽었구려.[42]
가을빛은 명주같이 서쪽 호수에 달로 떠오르고
삼라만상 야경(夜景)엔 북두칠성이 빛나네.
낭랑한[43] 거문고 소리는 내 귀에 있으니
거듭거듭 부르는 이별 노래를 듣네.

41 白雪(백설) : 고아(高雅)한 시사(詩詞). 당(唐) 나은(羅隱)의 《秋日有酬詩》에 「腰間印佩黃金重, 卷裏詩裁白雪高」.

42 誤黃庭(오황정) : 황정경(黃庭經)을 잘못 읽음. 도교의 경서. 당(唐) 이백(李白)의 고사. 벗의 시를 이백에 비견. 《唐書, 李白傳》에 「天寶初, 南入會稽, 與吳筠被召, 故白亦至長安, 往見賀知章, 知章見文歎曰, 予謫仙人也, 言於玄宗, 召見金鑾殿, 論當世事, 奏頌一篇, 帝賜食親爲調羹」.

43 峨洋(아양) : 아아양양(峨峨洋洋). 음악이 낭랑하고 거침없음을 형용. 《列子, 湯問》에 「伯牙善鼓琴, 鍾子期善聽, 志在高山, 鍾子期曰, 善哉, 峨峨兮若泰山, 志在流水, 鍾子期曰, 善哉, 洋洋兮若江河」.

[其二]

蘆河之曲和凉州(노하지곡화양주)
驢背長風擬壯遊(여배장풍의장유)
一夢南華渾忘世(일몽남화혼망세)
淸詩東野善鳴秋(청시동야선명추)
素琴自聽幽篁舘(소금자청유황관)
明月經營近水樓(명월경영근수루)
雲樹茫茫分手後(운수망망분수후)
蒼葭白露又中流(창가백로우중류)

노하곡(蘆河曲)에 양주곡(凉州曲)[44]으로 화답하니
한바탕 부는 바람에 나귀 등에 올라 먼 곳을 가려는 듯.[45]
남화진인(南華眞人)은 한바탕 꿈에[46] 세상과 하나가 되었고
맹동야(孟東野; 孟郊)는 청신한 시로 가을을 잘도 노래했네.
나는 그윽한 대숲 집에서 질박한 거문고[47]를 들으며
밝은 달 비추는 물가에 누각을 지었네.
아득히 높은 나무[48] 아래에서 헤어진 후에는
흰 이슬은 푸른 갈대밭이거나 흐르는 강에 내릴 걸세.

44 凉州(양주) : 양주곡(凉州曲). 악부(樂府) 궁조곡(宮調曲)에 속하는 근대곡. 왕한(王翰)의 《凉州詞》에 「葡萄美酒夜光杯, 欲飮琵琶馬上催, 醉臥沙場君莫笑, 古來征戰幾人回」.

45 壯遊(장유) : 장한 뜻을 품고 먼 곳을 유력(遊歷)함. 원(元) 원각(袁桷)의 《送文子方著作受交趾使于武昌二十韻》에 「壯遊詩句豁, 古戍角聲悲」.

46 一夢南華(일몽남화) : 남화진인(南華眞人) 장주(莊周)의 꿈. 호접지몽(胡蝶之夢).

47 素琴(소금) : 장식 없는 질박한 거문고. 《禮記, 喪服》에 「祥之日, 鼓素琴, 告民有終也, 以節制者也」.

48 雲樹(운수) : 구름이 걸릴 만한 높은 나무.

169 월포(月圃; 洪讚汝)와 송호(松湖) 및 여러 종형제들이 비가 내리자 머무르며 함께 읊다 – 2수

月圃松湖及諸從兄弟滯雨共吟 – 二首

[其一]

終宵屋漏報丁東(종소옥루보정동)
瀟灑襟期納晩風(소쇄금기납만풍)
獨坐前春花影裡(독좌전춘화영리)
相逢落日雨聲中(상봉낙일우성중)
池塘有夢吟芳草(지당유몽음방초)
山水知音抱尺桐(산수지음포척동)
十里長湖歸路隔(십리장호귀로격)
離筵更引酒盃同(이연갱인주배동)

밤새 뚫린 지붕에서[49] 떨어지는 빗소리 들려오더니
해 저물녘 부는 바람을 쐬니 마음[50]은 맑고 깨끗하네.
지난해 봄꽃 그림자 속에 혼자 앉아 있다가
저물녘 빗소리 들으며 만났었네.
연못가 둑에 앉아 방초를 읊는 꿈을 꾸노라니
산수 간의 친한 벗이 거문고를 안고 찾아왔었네.
십 리 긴 호수에 돌아갈 길은 아득하니
헤어지는 자리에 술병을 들어 함께 다시 잔을 채우네.

49 屋漏(옥루) : 지붕이 뚫어져서 비가 샘. 남조 송(南朝宋) 유의경(劉義慶)의 《世說新語, 排調》에 「祖廣行恒縮頭, 詣恒南郡, 始下車, 桓日, 天甚晴朗, 祖參軍如從屋漏中來」.

50 襟期(금기) : 금포(襟抱). 금회(襟懷). 마음속의 생각. 마음.

[其二]

無事閒居每賦詩(무사한거매부시)
三春花落我胡爲(삼춘화락아호위)
百年襟契逢靑眼(백년금계봉청안)
一座風儀最白眉(일좌풍의최백미)
乳鷰捿堂渠得樂(유연서당거득락)
蒼蠅穿紙世皆癡(창승천지세개치)
天心不負今宵興(천심불부금소흥)
簷雨冷冷更洗巵(첨우냉냉갱세치)

일이 없어 한가로운데 늘 시를 지으니
피고 지는 꽃 봄 석 달을 난들 어찌하리?
평생 교분 절친한 벗[51]을 반갑게 만나보니
훌륭한 풍채는 한자리에서 으뜸[52]이로세.
제비들은 새끼를 찾아 깃드니 어찌 즐겁지 아니하며
남을 헐뜯는 소인배[53]들은 세상에서 가장 어리석도다.
천심(天心)도 오늘밤의 흥을 저버리지 않으리니
처마에 지는 차가운 낙숫물에 다시 잔을 씻네.

---

51 靑眼(청안) : 애정이나 믿음의 눈길. 마음이 통하는 절친한 벗. 당(唐) 권덕여(權德輿)의 《送盧評事婺州省覲詩》에 「客愁靑眼別, 家喜玉人歸」.

52 白眉(백미) : 흰 눈썹. 형제나 동류 중에서 가장 뛰어난 사람을 비유. 촉한(蜀漢)의 마양(馬良) 오형제 고사. 《三國志, 蜀志, 馬良傳》에 「馬良, 字季常, 襄陽宜城人也, 兄弟五人, 並有才名, 鄕里爲之諺曰, 馬氏五常, 白眉最良, 良眉中有白毛, 故以稱之」.

53 蒼蠅(창승) : 파리. 남을 헐뜯는 소인배. 《詩經, 齊風, 雞鳴》에 「雞旣鳴矣, 朝旣盈矣, 匪雞則鳴, 蒼蠅之聲」.

170 아우들과 만오(晚悟)와 함께 심자(心字) 운을 얻어 짓다
同舍弟與晚悟得心字韻

白沙翠竹一蹊尋(백사취죽일혜심)
澗壑幽深轉午陰(간학유심전오음)
簾外雲光經夜雨(염외운광경야우)
簷前林語下山禽(첨전임어하산금)
瓊篇多少親朋意(경편다소친붕의)
杯酒慇懃老弟心(배주은근노제심)
幾處人間如許地(기처인간여허지)
鯨川爲帶面鰲岑(경천위대면오잠)

흰 모래톱에서 푸른 대숲으로 난 좁은 길을 찾아드니
고요한 골짜기엔 냇물이 흘러 한낮에도 서늘하네.[54]
지난밤 비를 내린 구름은 발 밖으로 흘러가고
숲의 지저귀던 산새들은 처마까지 내려오네.
몇 편 좋은 글에는 벗의 뜻이 담겨 있고
은근한 술잔에는 아우[55]들의 마음이 담겨 있네.
인간에게 허락한 땅은 얼마나 될까?
큰 냇물[56]이 큰 산[57]을 두르고 있구나.

---

54 午陰(오음) : 한낮에 서늘한 곳. 나무 그늘. 송(宋) 소순흠(蘇舜欽)의 《寄題趙叔平嘉樹亭詩》에 「午陰閑淡茶烟外, 曉韻蕭疏睡雨中」.

55 老弟(노제) : 자기보다 젊은 사람들에 대한 애칭. 송(宋) 소식(蘇軾)의 《與蒲傳正書》에 「書畫奇物, 老弟近年視之不啻如糞土也」.

56 鯨川(경천) : 큰 냇물. 큰 하천.

57 鰲岑(오잠) : 큰 산. 《說文新附, 黽部》에 「鼇, 海大鼈」.

171 화강(花岡)과 늦가을 저녁술을 마시며 與花岡秋後晩酌

霜葉風篁夜籟生(상엽풍황야뢰생)
良朋會事喜逢迎(량붕회사희봉영)
江湖自敵三公樂(강호자적삼공락)
几案閒聽五典笙(궤안한청오전생)
虛負重陽花有史(허부중양화유사)
破除萬念酒爲兵(파제만념주위병)
門前鰲嶽攀猶晩(문전오악반유만)
去訪群仙兩腋淸(거방군선양액청):

잎에 서리 내리고 황죽에 부는 바람은 밤들자 퉁소를 불며
좋은 벗님들 모인 만남을 기뻐하며 맞이하네.
강호에서 마음껏 노니[58] 삼공(三公)[59]의 즐거움이오
안석에서 한가로이 오상(五常)의 가르침[60]과 생황(笙篁)을 듣네.
중양화(重陽花; 菊花) 내력을 부질없이 믿으며
온갖 근심은 술을 병사(兵士)로 삼아[61] 깨뜨려 없애네.
문전의 높은 산 오르기에는 너무 늦었지만
뭇 신선들 왔다 가니 겨드랑이엔 맑은 바람 이는 듯.[62]

58 自敵(자적) : 자적(自適). 유유자적(悠悠自適). 속박을 받지 않고 편안히 즐김. 《莊子, 騈拇》에 「夫適人之適, 而不自適其適, 雖盜跖與伯夷, 是同爲淫僻也」.

59 三公(삼공) : 가장 높은 세 가지 벼슬. 태사(太師)·태부(太傅)·태보(太保).

60 五典(오전) : 오륜(五倫). 사람이 지켜야 할 다섯 가지 도리. 《左傳, 文公18年》에 「季文子使太史克對曰……擧八元, 使布五敎于四方, 父義·母慈·兄友·弟恭·子孝, 內平外成」.

61 酒爲兵(주위병) : 술을 병사로 삼음. 술을 병사로 삼아 적(敵; 愁心)을 물리침. 조선(朝鮮) 임제(林悌)의 《愁城誌》에 「復初二年三月日, 雍並雷大都督驅愁大將軍麴襄, 惶恐百拜」.

62 兩腋淸(양액청) : 차[茶]를 찬미. 본문에서 술[酒]을 찬미. 당(唐) 노동(盧仝)의 《走筆謝孟諫議寄新茶詩》에 「一椀喉吻潤, 兩椀破孤悶, …… 七椀喫不得也, 唯覺兩腋習習淸風生」.

172 나그네가 있어 관서(關西)지방의 경치를 한껏 말하다 有客盛說關西景

竹下梅窓晩挹芬(죽하매창만읍분)
洞天近午正陽曛(동천근오정양훈)
優遊宕槖粧奚錦(우유탕탁장혜금)
高手文枰運郢斤(고수문평운영근)
滄海觀來琴在水(창해관래금재수)
名山踏去屐飛雲(명산답거극비운)
行人剩說關西景(행인잉설관서경)
坐我大同千里濆(좌아대동천리분)

대숲 매화 핀 창가에는 철늦은 매화향기 떠오르고
오정 가깝던 고을에는 석양빛이 비추네.
한가롭게 유랑하며 쓴 시(詩) 주머니[63]를 둘러멨는데
글에 대한 고수다운 평판[64]은 영(郢)의 장인이 도끼를 휘두른 듯하네.[65]
푸른 바다를 보고 왔으니 거문고가 물에 있는 듯하고
명산을 걸었으니 나막신은 구름 속을 날았으리.
관서 경치에 대한 많은 이야기를 나그네에게 듣노라니
앉아 있는 나도 함께 천리를 본 듯하네.

➡ 본 작품속의 '나그네'는 김삿갓(金炳淵; 1807～1864)이었을 것으로 추정해본다. 〈김삿갓 유적지 조사 보고서〉, (화순군, 김희태 · 심홍섭 공동 조사, 2007년)에 의하면, 김삿갓은 조선 팔도를 유랑하면서 화순 땅을 세 번 찾아오며, 마지막에는 종명지(終命地)인 화순군 동복면 구암리(龜岩里) 정씨네 사랑채에서 6년여를 머물다가 숨을 거둔다. 김삿갓이 첫 번째 동복을 찾은 것은 35세 때(1841년)로, 광주에서 무등산을 올라 입석대 · 서석대

---

63 奚錦(해금) : 해낭(奚囊). 시낭(詩囊). 아이 종[奚奴]에게 짊어지게 한 비단으로 만든 주머니[錦囊]. 당(唐)나라 시인 이하(李賀) 고사. 당(唐) 이상은(李商隱)의 《李長吉小傳》에 「每旦日出, 與諸公遊, 恒從小奚奴, 騎距驢, 背一古破錦囊, 遇有所得, 卽書投囊中」.

64 文枰(문평) : 글에 대한 형국(形局) 곧 평판(評判).

65 郢斤(영근) : 영장휘근(郢匠揮斤). 영(郢) 땅의 장인(匠人) 석(石)이 도끼를 휘두름. 시문(詩文)의 거장. 《莊子, 徐無鬼》에서 「郢人堊漫其鼻端, 若蠅翼, 使匠石斲之, 匠石運斤成風, 聽而斲之, 盡堊而鼻不傷, 郢人立不失容」.

와 규봉암을 보고 장불재를 넘어 이서면(二西面)으로 들어가, 이서면 적벽(赤壁)과 옹성산(甕城山) 등의 경승지를 보고 가까운 동복 구암리로 가는 경로를 택했을 것으로 추정하며, 두 번째는 44세 때(1850년) 지리산에서 보성을 거쳐 동복으로, 세 번째는 51세 때(1857년) 강진 금곡사(金谷寺)에서 〈쟁계암(爭鷄岩)〉을 짓고, 장흥 보림사(寶林寺)와 용천사(龍泉寺)에 들러 〈과보림사(過寶林寺)〉를 짓고, 해망산(海望山)을 넘어 화순 동복으로 가는 길에 작가가 살고 있는 죽청리(竹靑里) 서죽당(瑞竹堂)에서 하루 이틀 유숙하면서 팔도를 유람한 많은 이야기를 작가에게 했으며, 이에 이야기를 나눈 소감을 시로 쓴 것이 본 작품일 것으로 여겨진다.

김삿갓은 1807년생이고 작가 서죽공은 1827년생으로 김삿갓이 20살 연상이다. 그리고 서죽공이 월곡(月谷; 달아실) 본가에서 죽청리로 분가한 해는 서죽공 28세 때인 1854년으로 마지막 세 번째로 김삿갓이 화순 동복을 찾아 가기 전 호남 일대를 유랑한 연대와 어긋나지 않으며, 무엇보다도 본문 중 '관서(關西) 지방 등을 유랑하며 썼다는 탕탁(宕橐; 마음껏 유랑하며 쓴 글을 넣은 주머니)'이라는 표현과 '글에 대한 식견 높은 평판을 자유자재로 했다'는 표현, '말솜씨가 보통이 아니었음' 등을 감안하면, 보통의 유랑 나그네가 아니었음 등을 감안해 본문의 나그네는 김삿갓이었을 추정해본다.

173 월곡(月谷) 초당에 가서 연시를 짓다[66] – 11수
足月谷草堂聯韻 – 十一首

[其一]

友益眞吾道(우익진오도)
養蒙是聖功(양몽시성공)
東岡春已晩(동강춘이만)
修稧問參同(수계문참동)

벗이 이로운[67] 것은 내 도(道)를 참되게 해주는 것이니
어릴 때 올바름을 기르는 것이 성인이 되는 공부이리.[68]
동강(東岡)[69]에 봄이 저물었으니
수계(修稧)[70]에 함께 참여하기를 묻네.

---

66 모두 11수의 연시(聯詩)로 명기되어 있다. 1~4수까지는 무제(無題)이고, 5~11수까지는 소제목(小題目)이 있어 별개의 작품으로 볼 수 있으나, 원문에 의거 모두 연시 11수로 묶음.

67 友益(우익) : 익자삼우(益者三友). 유익한 벗. 정직한 벗 · 신의(信義)가 있는 벗 · 지식(知識)이 해박한 벗. 《論語, 季氏》에 「益者三友, 損者三友, 友直, 友諒, 友多聞, 益矣, 友便辟, 友善柔, 友便佞, 損矣」.

68 養蒙是聖功(양몽시성공) : 몽매함을 자처하며 정도를 수양함. 《易經, 蒙》에 「蒙以養正, 聖功也」.

69 東岡(동강) : 동향한 산등성이. 《後漢書, 周燮傳》에 「自先世以來, 勳寵相承, 君獨何爲守東岡之陂乎」.

70 修稧(수계) : 음력 3월 상사일(上巳日)에 물가에서 제사 지내 재액(灾厄)을 떨어버리는 행사. 진(晉) 왕희지(王羲之)의 《蘭亭集序》에 「永和九年, 歲在癸丑, 暮春之初, 會于會稽山陰之蘭亭, 修稧事也」.

[其二]

剗山鋪水健毫鋒(잔산포수건호봉)
萬卷詩書不貧胷(만권시서불빈흉)
寄語堂中蛾逑子(기어당중의술자)
痴痴休學鑽窓蜂(치치휴학찬창봉)

날카로운 필봉으로 굳세게 산을 깎고 물을 펼치는
수많은 시서들로 마음은 부족하지 않노라.
집안 아이들에게는 성현의 가르침을 배우라는[71] 말 당부하노니
배움을 쉬는 것은 창문을 뚫으려는 벌만큼이나 어리석은 일이리라.

71 蛾逑(의술) : 의술(蛾術). 어린 개미가 큰 개미의 행동을 본받아서 큰 개밋둑을 이룸, 열심히 공부함을 비유. 《禮記, 學記》에 「蛾子時術之. 〈鄭玄注〉「蛾, 蚍蜉也, 蚍蜉之子, 微蟲耳, 時術蚍蜉之所爲, 其功乃復成大垤」.

[其三]

陳鶯方出谷(진앵방출곡)
漢馬壯遊江(한마장유강)
遺業青氈宅(유업청전택)
嗅醒紅日窓(후성홍일창)
斷金人有二(단금인유이)
如玉士無雙(여옥사무쌍)
勉汝經綸手(면여경륜수)
賓興用我邦(빈흥용아방)

앵무새들은 늘어서서 바야흐로 골짜기를 나서고
수말들은 씩씩하게 강가에 노니네.
청빈한 생활[72]은 전해 오는 가업(家業)인데
덜 갠 술 냄새[73]에 붉은 해는 창문에 뜨네.
단단한 우정으로[74] 맺은 두 사람이 있으니
아름다운 옥 같아서 둘도 없는 선비라 하겠네.
그대는 나라를 다스릴 만한 인재[75]가 되도록 힘써
인재로 뽑혀[76] 나라에 쓰임 되오시라.

---

72 青氈(청전) : 청빈한 사람이나 청빈한 생활. 송(宋) 왕우칭(王禹偁)의 《求致仕第一表》에 「豈期陛下軫念青氈, 重升黃閣」.

73 嗅醒(후성) : 후정(嗅酲). 숙취(宿醉)로 나는 술 냄새.

74 斷金(단금) : 날카롭기가 쇠도 자름. 우정이 깊음. 《易經, 繫辭 上》에 「二人同心, 其利斷金」.

75 經綸手(경륜수) : 나라를 다스릴 만한 인재. 송(宋) 신기질(辛棄疾)의 《水龍吟, 甲辰歲壽韓南澗尙書詞》에 「渡江天馬南來, 幾人眞是經綸手」.

76 賓興(빈흥) : 주대(周代)에 인재를 선발하던 방법의 하나. 《周禮, 地官, 大司徒》에 「以鄕三物敎萬民而賓興之」.

[其四]

韶光欲晩晩吟詩(소광욕만만음시)
十日江南一雨遲(십일강남일우지)
湖曲沙鷗知我者(호곡사구지아자)
春城花鳥主人誰(춘성화조주인수)
思將希瑟隨曾點(사장희슬수증점)
更抱淸琴遇子期(갱포청금우자기)
觴詠無巡團會席(상영무순단회석)
芭蕉窓畔午陰移(파초창반오음이)

봄날 아름다운 경치[77]는 저무는데 해질녘 노래를 읊조리며
강남땅 비는 열흘에 하루 더디 내리네.
호반(湖畔)[78]에서 나를 알아주는 것은 모래톱 갈매기인데
봄이 무르익은 땅[79]의 꽃과 새의 주인은 누구인가?
거문고를 틈틈이 타던 증점(曾點)[80]을 따르다가
다시 청아한 거문고를 안고 종자기(鍾子期)나 만나리라.
술 마시며 흥겹게 노래하는[81] 단아한 자리에
파초꽃 핀 창가에 한낮의 그늘이 옮겨가네.

---

77 韶光(소광) : 아름다운 풍광. 봄 경치. 남조 양(南朝梁) 간문제(簡文帝)의 《與慧琰法師書》에 「五翳消空, 韶光表節」.

78 湖曲(호곡) : 구불구불한 호반. 송(宋) 소철(蘇轍)의 《潁州擇勝亭詩》에 「潁尾甚淸, 湖曲孔幽」.

79 春城(춘성) : 봄날의 성(城). 봄이 무르익은 땅. 당(唐) 왕유(王維)의 《待儲光羲不至詩》에 「晩鐘鳴上苑, 疎雨過春城」.

80 希瑟隨曾點(희슬수증점) : 거문고를 틈틈이 타던 증점(曾點)을 따름. 증점(曾點)은 춘추시대 노(魯)나라 사람. 공자의 제자. 《論語, 先進篇》에 의거한 표현.

81 觴詠(상영) : 술을 마시며 흥겹게 노래함. 진(晉)나라 왕희지(王羲之)의 《蘭亭集序》에 「一觴一詠, 亦足以暢敍幽情」.

[其五] 솔바람 소리[82] / 松濤

松老凌雲◯(송노능운◯)
流聲在翠微(유성재취미)
蒼龍奔壑勢(창룡분학세)
白馬怒潮威(백마노조위)
靜似牙琴聽(정사아금청)
決如禹斧揮(결여우부휘)
樹哉奚取水(수재해취수)
觀變庶知幾(관변서지기)

소나무는 늙어가며 높이 솟은 산봉우리[83]를 능가하니
구성진 솔바람 소리[84]에는 푸른 산기운이 있어라.
늙은 용[85]이 골짜기를 달리는 기세가 있고
백마의 거센 파도 같은 위력이 있어라.
고요하기는 백아(伯牙)의 거문고[86] 소리를 듣는 것 같고
단호하고 과감하기는 우(禹)임금이 휘두르는 도끼 같아라.
뜰 안에 심고 아이에게 물을 주라 시키고
자라나며 변하는 모습을 보며 그 기미를 알아보리라.[87]

---

82 松濤(송도) : 파도 소리 같은 솔바람 소리. 원(元) 조맹부(趙孟頫)의 《宿五華山懷德淸別業詩》에 「一夜松濤枕上鳴, 五華山館夢頻驚」.

83 雲◯(운◯) : 결자(缺字). 문맥상 '높이 솟다'는 의미로 '운봉(雲峯; 높이 솟은 산봉우리)로 해석. 남조 송(南朝宋) 사령운(謝靈運)의 《酬從弟惠連詩》에 「寢瘵謝人徒, 滅迹入雲峰」.

84 流聲(유성) : 구성진 음악 소리. 솔바람 소리. 한(漢) 매승(枚乘)의 《七發》에 「練色娛目, 流聲悅耳」.

85 蒼龍(창룡) : 전설상의 푸른 용[靑龍]. 늙은 용, 곧 노송(老松)을 형용. 《楚辭, 九辯》에 「左朱雀之茇茇兮, 右蒼龍之躍躍」.

86 牙琴(아금) : 백아(伯牙)의 거문고. 백아(伯牙)는 춘추시대 거문고의 명인(名人).

87 觀變庶知幾(관변서지기) : 변화를 보아 거의 그 기미를 앎. 《易經, 賁象》에 「觀乎天文, 以察時變」.

[其六] 바람에 물결치는 보리[88] / 麥浪

南風起浪浪何如(남풍기랑낭하여)
蕩蕩洋洋四月初(탕탕양양사월초)
宛彼中洲歌穗爾(완피중주가수이)
汪如千頃濯纓余(왕여천경탁영여)
桑田滄海曾聞變(상전창해증문변)
盃水芥舟已泛虛(배수개주이범허)
邱上老人觀有術(구상노인관유술)
占豊是歲雨疎疎(점풍시세우소소)

남풍이 물결을 일으키니 물결 모양은 어떠한가?
사월도 초순인데 끝없이 넓은 들에서 나부끼는구나.
그대는 저 섬 가운데서 허리를 구부려 이삭을 노래하고
나는 천 이랑 넓은 물결[89]에 갓끈을 씻으리라.[90]
뽕나무밭이 변해 푸른 바다가 된다는 말은 일찍이 들었지만
잔 속의 물에 작은 배[91]를 띄운다는 것은 이미 빈말이로다.
언덕 위 노인이 방술(方術)을 보았다는데
내린 비에 말쑥한[92] 보리는 올해도 풍년이라고 점치네.

---

88 麥浪(맥랑) : 보리가 물결치듯 바람에 흔들리는 모양. 송(宋) 구양수(歐陽脩)의 《遊太清宮出城馬上口占》에 「鵶鳴日出林光動, 野闊風搖麥浪寒」.

89 汪如(왕여) : 왕연(汪然). 물이 깊고 넓은 모양. 《淮南子, 俶眞訓》에 「天地未剖, 陰陽未判, 四時未分, 萬物未生, 汪然平靜, 寂然淸澄」.

90 濯纓(탁영) : 갓끈을 씻다. 초(楚) 굴원(屈原)의 《漁父詞》에 「滄浪之水淸兮, 可以濯吾纓, 蒼浪之水濁兮, 可以濯吾足」.

91 芥舟(개주) : 겨자씨 같은 작은 배. 《莊子, 逍遙遊》에 「覆杯水於坳堂之上, 則芥爲之舟, 置杯焉則膠, 水淺而舟大也」.

92 疎疎(소소) : 소소(疏疏). 차림새가 말쑥하고 깨끗한 모양. 《韓詩外傳 3》에 「子路盛服以見孔子, 孔子曰, 由疎疎者何也」.

[其七] 봄을 보내며 / 餞春

春事闌珊速我儒(춘사란산속아유)
杜鵑聲裡送陽烏(두견성리송양오)
行尋楊院三三逕(행심양원삼삼경)
觀盡梅窩六六圖(관진매와육육도)
倏忽靑山經鳥夢(수홀청산경조몽)
繽紛紅雨散蜂鬚(빈분홍우산봉수)
未到曉鍾那忍別(미도효종나인별)
殘花野寺訪浮屠(잔화야사방부도)

봄철 농사일이 끝나고[93] 학문을 서두르다가
두견새 울음소리에 하루 해[94]를 보내네.
양원(楊院)[95]에 난 아홉 갈래 길을 찾아 나서고
매와(梅窩)의 육륙도(六六圖)[96]로 점쳐보리라.
청산에 새가 빠르게 날아가는 꿈을 꾸었는데
어지러이 날던 벌의 촉수(觸鬚)도 꽃이 지자[97] 흩어지네.
아직 새벽 종소리 들리지 않았으니 어찌 헤어질 수 있으리오
들녘 절에는 지던 꽃이 아직 있으리니 스님을 찾아가세.

---

93 闌珊(난산) : 한창을 지나 쇠하여 가는 모양. 거의 다함. 당(唐) 백거이(白居易)의 《詠懷》에 「白髮滿頭歸得也, 詩情酒興漸闌珊」.

94 陽烏(양오) : 삼족오(三足烏). 해. 《文選, 左思, 蜀都賦》에 「羲和假道於峻歧, 陽烏迴翼乎高標」.

95 楊院三三逕(양원삼삼경) : 송(宋) 양만리(楊萬里)가 집의 동쪽에 정원을 만들어 아홉 갈래 길을 내고, 아홉 가지의 꽃을 심은 고사. 송(宋) 양만리(楊萬里)의 《三三徑詩序》에 「東園新開九徑, 江梅・海棠・桃・李・橘・杏・紅梅・碧桃・芙蓉九種花木, 各植一徑, 命曰三三徑」.

96 梅窩六六圖(매와육륙도) : 송(宋) 소옹(邵雍)이 창안했다는 점술법(占術法).

97 紅雨(홍우) : 붉은 꽃을 적시는 비. 떨어지는 꽃을 비유. 당(唐) 이하(李賀)의 《將進酒詩》에 「況是靑春日將暮, 桃花亂落如紅雨」.

[其八] 대숲 길에 부는 맑은 바람 / 竹逕淸風

淸風時動竹(청풍시동죽)
百世聞夷齊(백세문이제)
瀟灑居無俗(소쇄거무속)
經尋路不迷(경심로불미)
坐我窓凉北(좌아창양북)
對君氣爽西(대군기상서)
披襟宜嘯詠(피금의소영)
盡日倚笻藜(진일의공려)

맑은 바람이 대나무를 울릴 때면
오랜 세월 본받을[98] 백이(伯夷)와 숙제(叔齊)의 절개를 듣네.
사는 곳이 그윽하고 고결하여 속기가 없으니
경서에서 길을 찾으니 미혹되지 않네.
내가 앉아 있는 창은 서늘한 북쪽에 있고[99]
그대(대나무)를 대하는[100] 서쪽은 시원하고 상쾌하네.
마땅히 흉금을 털어놓고[101] 노래 부르며
하루 종일 명아주지팡이를 짚고 거니네.

---

98 百世(백세) : 백세사(百世師). 백대까지 본받을 만한 스승. 《孟子, 盡心 下》에 「聖人, 百世之師也」.

99 窓凉北(창양북) : 북창(北窓)이 서늘함. 북창은 선비가 기거하는 방.

100 對君(대군) : 그대[君]를 대함. 군은 곧 차군(此君)으로 대나무. 진(晉) 왕휘지(王徽之)의 고사. 《晉書, 王徽之傳》에 「[徽之]嘗寄居空宅中, 便令種竹, 或問其故, 徽之但嘯詠指竹曰, 何可一日無此君邪」.

101 披襟(피금) : 피금해대(披襟解帶). 옷깃을 열어 제침. 흉금을 털어 놓음. 송(宋) 장경성(張景星)의 《秋日白鷺亭詩》에 「開樽屛絲竹, 披襟向蕭籟」.

[其九] 오동나무 뜰의 비 갠 후 뜬 달 / 梧庭霽月

梧雨新晴境漸佳(오우신청경점가)
主翁邀月淨心齋(주옹요월쟁심재)
十尋影子涵秋井(십심영자함추정)
太極精神動夜階(태극정신동야계)
邵老披懷看氣像(소로피회간기상)
莊生據几忘形骸(장생거궤망형해)
桐廬獨坐來相照(동려독좌래상조)
往往知音山水涯(왕왕지음산수애)

오동나무에 내리던 비 개고 점차 아름다워지니
주인옹은 정심재(淨心齋)에 뜨는 달을 맞이하네.
열 길 그림자는 가을 우물에 잠기고
정신이 혼란스러워[102] 밤들자 섬돌을 오르내리네.
소노(邵老; 邵雍)는 마음을 열어[103] 기상을 살폈고
장생(莊生; 莊子)은 안석에 기대어 육신[104]을 잊었네.
동군(桐君)이 여막[105]에 홀로 있을 때는 따라와 비췄으며
때때로 친한 벗이 되어 산수 간의 물가로 찾아주네.

---

102 太極(태극) : 하늘과 땅이 나누어지기 이전 혼돈 상태의 기(氣). 《易經, 繫辭 上》에 「易有太極, 是生兩儀, 兩儀生四象, 四象生八卦」.

103 披懷(피회) : 마음을 활짝 엶. 《文選, 潘岳, 金谷集作詩》에 「投分寄石友」. 〈李善注〉에 「披懷解帶, 投分託意」.

104 形骸(형해) : 사람의 몸뚱이. 육체. 《莊子, 天地》에 「汝方將忘汝神氣, 墮汝形骸, 而庶幾乎」.

105 桐廬(동려) : 동군(桐君)의 여막(廬幕). 동군(桐君)은 전설상 황제(皇帝) 때의 의사. 절강성(浙江省) 동려현(桐廬縣)의 동산에서 약초를 캐며 오동나무 아래에 여막을 짓고 살았음. 남조 양(南朝梁) 도홍경(陶弘景)의 《本草序》에 「又云, 有桐君採藥錄, 說其花葉形色」.

[其十] 봄 지난 모란꽃 / 春後牧丹

牧丹花已老(목단화이로)
春事換葭灰(춘사환가회)
收斂繁華色(수렴범화색)
似嫌造物猜(사혐조물시)
香風移錦帳(향풍이금장)
盆月謝瑤坮(분월사요대)
見汝離披地(견여이피지)
故停康節盃(고정강절배)

모란꽃도 이미 시들었으니
봄 농사는 갈대를 태워 점쳐보네.[106]
온갖 빛깔의 꽃들을 거둬들이니
조물주가 시기하여 싫어한 듯하네.
향기로운 바람은 비단 휘장을 흔드는데
쟁반같이 둥근달은 요대(瑤坮)를 사양한 것이로다.
네가 시들어 어지럽게 떨어진[107] 땅을 바라보며
짐짓 빈 술잔[108]을 멈추네.

---

106 葭灰(가회) : 갈청을 태운 재. 율관(律管) 속에 넣고 재가 날아오르는 것을 보고 절후를 측정하였음. 《後漢書, 律曆志 上》에 「候氣之法, 爲室三重, 戶閉, 塗釁必周, 密布緹縵, 室中以木爲案, 每律各一, 內庳外高, 從其方位, 加律其上, 以葭莩灰抑其內端, 案曆而候之, 氣至者灰動」.

107 離披(이피) : 어지럽게 떨어진 모양. 《楚辭, 九辯》에 「白露既下百草兮, 奄離披此梧楸」.

108 康節盃(강절배) : '강작배(康爵盃)'의 오기. 강작(康爵)은 빈 술그릇. 《詩經, 小雅, 賓之初筵》에 「酌彼康爵, 以奏爾時」.

[其十一] 빗속의 해당화 / 雨中海棠

十里明沙○一隊(십리명사○일대)
花姑冒雨垂環佩(화고모우수환패)
素乏橘香雖有歎(소핍귤향수유탄)
紅於桃臉應無悔(홍어도검응무회)
笑態嫣然坡老吟(소태언연파로음)
睡痕的歷太眞輩(수흔적력태진배)
故許飛鴻含子征(고허비홍함자정)
家家栽得供余愛(가가재득공여애)

명사십리(明沙十里)에 한 무리를 이루고[109]
비 맞은 꽃은 잠시 패옥(佩玉)을 드리운 듯.
평소에 귤 같은 향기는 없다고 한탄할지라도
복사꽃보다 붉은 빰[110]이 있으니 후회는 없으리라.
생긋이 웃는 모습은 소동파(蘇東坡)가 읊었고[111]
곱게 오므라진 모양은 태진(太眞)[112]의 무리로구나.
원래 큰 기러기가 씨를 물고 날아왔다[113]고 하며
집집마다 심어 놓고 나와 함께 받들고 사랑하네.

---

109 ○一隊(○일대) : '○'은 결자(缺字). 문맥상 '성(成)'자를 넣어 해석.

110 桃臉(도검) : 도화검(桃花臉). 복사꽃처럼 아름다운 여자의 얼굴. 당(唐) 한악(韓偓)의 《復偶見三絶 2》에 「桃花臉薄難藏淚, 柳葉眉長易覺愁」.

111 坡老(파노) : 파선(坡仙). 송(宋)의 소동파(蘇東坡). 소동파가 해당화를 읊은 시로는 《寓居定惠院之東 雜花滿山 有海棠花一株 土人不知貴也》가 있음.

112 太眞(태진) : 선녀의 이름. 《雲笈七籤 98》에 「太眞夫人者, 王母之小女也, 年可十六七, 名婉羅, 字勃遂」.

113 飛鴻含子(비홍함자) : 큰 기러기가 씨를 물고 날아옴. 상기 소식(蘇軾)의 해당화 시 중 「寸根千里不易致, 銜子飛來定鴻鵠)」에 의거한 표현.

174 삼가 초당 벽의 시에 차운하다
謹次草堂壁上韻

晩入書廚食火煙(만입서주식화연)
畵中瓊幅適然然(화중경폭적연연)
群蒙學業風三代(군몽학업풍삼대)
太極精神月萬川(태극정신월만천)
南國族親花樹下(남국족친화수하)
東山詩酒草堂前(동산시주초당전)
竹湖驚起桃園夢(죽호경기도원몽)
百五嘉辰欲暮天(백오가신욕모천)

저물녘 서고(書庫)[114]에 들어서니 밥 짓는 연기가 오르는데
그림 속 가장자리의 좋은 글귀[115]는 적당하구나.
몽매한 무리들을 가르치려 학업 가풍은 삼대에 이어지고
혼돈한 정신이 수많은 냇물에 달처럼 빛나네.
남녘땅 족친들은 꽃나무 아래 모여
동산 초당 앞에서 시 짓고 술 마시네.
죽호에서 도원결의[116] 꿈에서 놀라 일어나니
한식(寒食)이라 좋은 날[117]이 저물어가고 있네.

---

114 書廚(서주) : 책을 넣어두는 궤짝. 서고(書庫). 글을 읽는 초당(草堂; 月谷의 三芝齋). 《警世通言, 王安石三難蘇學士》에 「徐倫去後, 東坡見四壁書櫥關閉有鎖, 文几上只有筆硯, 更無餘物」.

115 畵中瓊幅(화중경폭) : 그림을 그리고 난 후 가장 자리에 쓰는 화제(畫題).

116 桃園夢(도원몽) : 도원결의(桃園結義). 《三國演義, 1回》에 「飛曰, 吾莊後有一桃園, 花開正盛, 明日當於園中祭告天地, 我三人結爲兄弟, 協力同心, 然後可圖大事, ……拜玄德爲兄, 關羽次之, 張飛爲弟」.

117 百五嘉辰(백오가신) : 한식(寒食)의 좋은 날. 동지로부터 백오 일 되는 날.

175 화교(華郊; 曺鳳黙)를 따라 차운하다 – 3수
追次華郊韻 – 三首

[其一]

人遐地邇數弓間(인하지이수궁간)
夢裡相思不暫閒(몽리상사불잠한)
一病支離催白髮(일병지리최백발)
七旬康濟駐蒼顔(칠순강제주창안)
黃花酒熟懷元亮(황화주숙회원량)
叢桂歌成憶小山(총계가성억소산)
邂逅襟期何太晩(해후금기하태만)
霽天明月倚江關(제천명월의강관)

땅은 가까워 몇 걸음 사이[118]에 있으나 사람은 멀리 있어
꿈속에서 잠시 잠깐이라도 서로 그리워하지 않았던가.
한 번의 병에 초췌해지고[119] 백발을 재촉하니
칠십 평생 보양했으나 노인 얼굴이 되었네.
황화주가 익으니 원량(元亮; 陶潛)을 생각하고
아름다운 마을[120]에 노랫소리 들리니 소산(小山)[121]을 추억하네.
마음 터놓는 벗과의 만남은 어찌 그리 늦는지
비 갠 강어귀에는 밝은 달이 떠오르네.

---

118 數弓間(수궁간) : 몇 걸음 사이에 있음.

119 支離(지리) : 초췌함. 지침. 《晉書, 郭璞傳》에 「是以不塵不冥, 不驪不騂, 支離其神, 蕭悴其形, 形廢則神王, 跡粗而名生」.

120 叢桂(총계) : 남의 동네를 아름답게 이르는 말. 북주(北周)의 《庾信, 枯樹賦》에 「小山則叢桂留人」.

121 小山(소산) : 회남왕(淮南王) 소산(小山). 한(漢) 왕일(王逸)의 《楚辭, 招隱士, 解題》에 「昔淮南王安博雅好古, 招懷天下俊偉之士, 自八公之徒, 咸慕其德而歸其仁, 各竭才智, 著作篇章, 分造辭賦, 以類相從, 故或稱小山, 或稱大山, 其義猶詩有小雅・大雅也」.

[其二]

鯨郊之北鳳山西(경교지북봉산서)
誰抱瑤絃過玉溪(수포요현과옥계)
白雪高歌人自楚(백설고가인자초)
青州從事客來齊(청주종사객래제)
琴書交錯須朋到(금서교착수붕도)
魚鳥同盟適我捿(어조동맹적아서)
卜築已成三逕趣(복축이성삼경취)
閒中吾亦賦歸兮(한중오역부귀혜)

넓은 들녘 북쪽 봉산의 서쪽에
누가 거문고를 안고 옥계를 지나가는가?[122]
백설곡(白雪曲)[123] 고아한 노래는 초(楚)나라 때부터이고
청주종사(青州從事)[124] 나그네는 제(齊)나라에서 온 것이네.
거문고와 책이 어지러이 섞여 있는데 벗이 당도하니
물고기와 새들이[125] 함께한 곳은 내가 깃든 곳이라네.
땅을 가려 집을 짓고 삼경을 거니는 취미가 있으니
한가로운 가운데 나 또한 글이나 지으며 돌아가리.

122 誰抱瑤絃過玉溪(수포요현과옥계) : 송(宋) 주희(朱熹)의 《讀李賓老玉澗詩偶成詩》에 「獨抱瑤琴過玉溪, 琅然淸夜月明時」라 하였음.

123 백설(白雪) : 백설양춘(白雪陽春). 백설곡(白雪曲)과 양춘곡(陽春曲). 전국 초(楚)나라의 고아한 가곡. 당(唐) 나은(羅隱)의 《秋日有酬詩》에 「腰間印佩黃金重, 卷裏詩裁白雪高」.

124 青州從事(청주종사) : 좋은 술. 남조 송(南朝宋) 유의경(劉義慶)의 《世說新語, 術解》에 「桓公有主簿善別酒, 有酒輒令先嘗, 好者謂青州從事, 惡者謂平原都督, 青州有齊郡, 平原有鬲縣, 從事, 言到臍, 都督, 言在鬲(膈)上住」.

125 魚鳥(어조) : 어조모(魚鳥慕). 물고기와 새. 은둔처의 경물. 물고기는 연못을 새는 숲을 그리워 함. 은거하여 조용히 지내려는 마음. 《隋書, 隱逸傳序》에 「狎玩魚鳥, 左右琴書」.

[其三]

起望停雲竹樹西(기망정운죽수서)
眠鷗睡鶴繞淸溪(면구수학요청계)
一區泉石身閒漢(일구천석신한한)
滿架詩書手整齊(만가시서수정제)
乘興須裝晴夜棹(승흥수장청야도)
索居堪笑碧山捿(삭거감소벽산서)
黃花白酒酬相待(황화백주수상대)
陽月重陽且樂兮(양월중양차락혜)

죽수서원 서쪽[126]에서 벗이 그리워[127] 일어나 바라보니
잠자리 찾는 갈매기와 학만이 맑은 시내를 감도네.
자연의 한 모퉁이에 살아가며 일 없이 빈둥거리다가[128]
시렁 가득한 시서들을 가지런히 해보네.
흥(興)을 타서 채비를 하고 맑은 날 밤 노를 젓노라니
푸른 산속에 쓸쓸히 사는 것이 우습도다.[129]
국화주 막걸리를 주거니 받거니 기다리니
시월[130]이라 중양절(重陽節)이 즐겁기만 하구나.

126 竹樹西(죽수서) : 죽수서원(竹樹書院)의 서쪽.

127 停雲(정운) : 정운낙일(停雲落日). 멈추어 있는 구름과 지는 해. 정운(停雲)은 도잠(陶潛)이 벗을 그리는 내용의 제목. 친구를 그리워함. 진(晉) 도잠(陶潛)의 《停雲詩》에 「靄靄停雲, 濛濛時雨」.

128 閒漢(한한) : 하는 일 없이 빈둥거림. 송(宋) 맹원로(孟元老)의 《東京夢華錄, 飮食果子》에 「更有百姓入酒肆, 見子弟少年輩飮酒, 近前小心供過使令, 買物命妓, 取送錢物之類, 謂之閑漢」.

129 堪笑(감소) : 우스움. 가소로움. 《封神演義, 79回》에 「堪笑徐芳徒逆命, 枉勞心思竟何從」.

130 陽月(양월) : 음력 시월의 이칭.

176 대나무를 노래함
詠竹

伯夷淸也又顔仁(백이청야우안인)
瞻彼猗猗好與鄰(첨피의의호여린)
俗子休言金是土(속자휴언금시토)
此君端合玉如人(차군단합옥여인)
鳳實千竿宜飽德(봉실천간의포덕)
龍兒萬籜愧饞貧(용아만탁괴참빈)
瓊章每報平安字(경장매보평안자)
喚起惺翁寂寞濱(환기성옹적막빈)

백이(伯夷)의 청렴이고 안회(顔回)의 어짊이니[131]
저 푸르고 푸른 모습을 바라보며[132] 이웃과 함께 좋아하네.
속인들은 금인 듯 흙인 듯 말을 못 하고
차군(此君; 竹)은 옥 같은 사람들과 바르게 합하는구나.
많은 대나무 끝 봉실(鳳實)은 은덕을 받음이오
죽순(竹筍)[133]은 탐냄[134]을 부끄러워함이라.
아름다운 문장으로 늘 평안하다고 알려주면서
적막한 물가의 성옹(惺翁)을 일깨워주네.[135]

131 顔仁(안인) : 안회(顔回)의 어짊. 안회(顔回)는 춘추시대 노(魯)나라 사람. 공자(孔子)의 수제자.

132 瞻彼猗猗(첨피의의) : 《詩經, 衛風》의 「瞻彼淇奧 綠竹猗猗)」에서 연유한 표현.

133 龍兒萬籜(용아만탁) : 죽순(竹筍). 죽순의 다른 이름. 당(唐) 노동(盧仝)의 《寄男抱孫詩》에 「竹林吾最惜, 新筍好看守, 萬籜苞龍兒」.

134 饞貧(참빈) : '참탐(饞貪)'의 오기. 탐하다. 욕심내다.

135 喚起惺翁寂寞濱(환기성옹적막빈) : 성성석성성(惺惺惜惺惺)의 표현. 惺翁(성옹)은 상성성(常惺惺)의 의인화된 표현. 곧 총명한 사람이 총명한 사람을 아낌. 원(元) 관한경(關漢卿)의 《普天樂, 崔張十六事曲》에 「遇着風流知音性, 惺惺的偏惜惺惺」.

177 본 고을 목사(牧使) 이교영(李喬榮)과 여러 명승지(名勝地; 松石亭 · 瑞石臺 · 赤壁 · 勿染亭 · 海望山)를 두루 유람하기로 하였는데, 나는 몸이 아파 약속에 나가지 못하였다. 이제 화교(華郊; 曺鳳黙)가 시로써 유람(遊覽)을 이어주기를 청하므로 화답시를 짓다

本倅李喬榮周覽諸名勝松石亭瑞石赤壁勿染海望山余病未赴約矣 今者華郊以詩請續遊因以和之

誰能壯觀盡東西(수능장관진동서)
病枕無聊竹下溪(병침무료죽하계)
虛負風流江左晋(허부풍류강좌진)
滄茫烟月夢中齊(창망연월몽중제)
海山誰唱伯牙操(해산수창백아조)
亭壁難緣仙鶴捿(정벽난연선학서)
弟與二三同志友(제여이삼동지우)
邇時觴詠起余兮(이시상영기여혜)

누가 능히 동서의 장관을 다 볼 수 있으리마는
병들어 대숲 시냇가에 무료하게 누워 있도다.
강좌의 풍류재상이라는 헛된 명성은 진(晉)나라에 있었고[136]
흐릿한 달 같은 허망한 인생은 제물론(齊物論)[137]에 있도다.
바다와 산에 누가 있어 백아(伯牙)의 곡조를 부르리
정자와 기암절벽 오르기 어려운 곳에는 선학이 깃들었도다.
아우들과 두세 명 뜻을 같이하는 벗들은
가까운 날에 술 마시고 시 읊조리자고 나를 일으키는구나.

136 虛負風流江左晋(허부풍류강좌진) : 남조 제(南朝齊) 왕검(王儉)이 진(晉) 사안(謝安)을 이르는 말. 《南齊書, 王儉傳》에 「儉常謂人曰, 江左風流宰相, 唯有謝安, 蓋自此也」.

137 夢中齊(몽중제) : 꿈속의 꿈. 인생의 허망함. 《莊子, 齊物論》에 「方其夢也, 不知其夢也, 夢之中又占其夢焉, 覺而後知其夢也」.

178 이전 운으로 이어 짓다
賡步前韻

我有良朋竹樹西(아유량붕죽수서)
隱於城市逸於溪(은어성시일어계)
也知心學宗師魯(야지심학종사로)
自愧身工號伐齊(지괴신공호벌제)
明月先天圓太極(명월선천원태극)
陽春何日訪寒捿(양춘하일방한서)
瑤琴奏罷峨洋譜(요금주파아양보)
歲暮知音是子兮(세모지음시자혜)

내게는 죽수서원 서쪽에 좋은 벗이 있으니
큰 고을 시냇가에 숨어살고 있다네.
심학(心學)[138]을 알고 노(魯) 공자(孔子)를 받들면서[139]
몸은 딴 일 하는 것[140]을 스스로 부끄러워하도다.
밝은 달은 하늘보다 먼저 떠 있고 태극은 둥그런데
따뜻한 봄볕은 어느 때나 가난한 곳을 비춰줄까?
낭랑한 거문고 한 곡조[141]를 즐겁게 끝내니
세모에 나를 알아주는 벗은 이것뿐이라 하겠네.

---

138 心學(심학) : 심성을 수양하는 학문. 성리유학(性理儒學). 명(明) 송렴(宋濂)의 《六經論》에 「六經皆心學也, 心中之理無不具, 故六經之言無不該, 六經所以筆吾心之理者也」.

139 宗師(종사) : 본받아 스승으로 삼음. 《漢書, 藝文志》에 「儒家者流……祖述堯舜, 憲章文武, 宗師仲尼, 以重其言, 於道最爲高」.

140 號伐齊(호벌제) : 벌제위명(伐齊爲名). 제(齊)의 장수 전단(田單) 고사. 어떤 일을 하는 체하고 속으로는 딴짓을 함.

141 峨洋譜(아양보) : 아아양양(峨峨洋洋)한 악보나 곡조. 음악이 낭랑하고 거침없음을 형용.

179 농가(農家)의 일을 읊다
田家卽事

深秋穡事巷東西(심추색가항동서)
大野擔夫爭渡溪(대야담부쟁도계)
含哺老翁歌白壤(함포노옹가백양)
穰田遺俗富靑齊(양전유속부청제)
兒隨午饁蒼狵後(아수오엽창狵후)
人入申昏宿鳥捿(인입신혼숙조서)
禾稼登場京坻屹(화가등장경지흘)
年年歲歲願豊兮(연년세세원풍혜)

늦가을이라 마을 이곳저곳은 가을걷이가 한창이니
넓은 들녘 지게꾼들은 다투어 시냇물을 건너네.
배불리 먹은 노인들은 백양(白壤)[142]을 노래 부르고
풍속에 풍년 들기를 비는 것[143]은 충성스러운 일이었네.[144]
아이들은 들밥 내가는 데 따르고 흰 삽살개도 뒤따르고
저물녘 사람들은 집으로 들고 새들도 둥지로 날아드네.
수확[145]한 곡식이 산처럼 우뚝 솟으니[146]
원컨대 해마다 풍년 들기를 바라노라.

---

142 白壤(백양) : 흰 토양. 옥토(沃土). 《書經, 禹貢》에 「厥土惟白壤, 厥賦惟上上錯」.

143 穰田(양전) : 풍년이 들도록 신에게 비는 일. 《史記, 滑稽傳》에 「今者臣從東方來, 見道傍有穰田者, 操一豚蹄, 酒一盂, 祝曰, 甌窶滿篝, 汙邪滿車」.

144 靑齊(청제) : 청제(淸濟). 맑은 제수(濟水). 시문에서 흐린 황하(黃河)와 대비되어 충성스럽고 정직한 사람을 비유. 《戰國策, 燕策 1》에 「吾聞齊有淸濟 · 濁河, 可以爲固」.

145 登場(등장) : 곡식을 수확하여 마당에 들여 놓음. 수확을 마침. 당(唐) 백거이(白居易)의 《孟夏思渭村舊居寄舍弟詩》에 「日暮麥登場, 天晴蠶拆簇」.

146 京坻(경지) : 곡식이 산처럼 쌓임. 풍성한 수확. 《詩經, 小雅, 甫田》에 「曾孫之庾, 如坻如京」.

180 책상의 등불
書燈

更漏丁東日已西(경루정동일이서)
清光一點照山溪(청광일점조산계)
架上幢幢星影轉(가상당당성영전)
窓前皎皎月眉齊(창전교교월미제)
爐火將消饑鼠出(노화장소기서출)
銀花耿結亂蛾捿(은화경결난아서)
永宵添酒論衿席(영소첨주논금석)
幾得痴君書畵兮(기득치군서화혜)

물시계[147]가 둥둥 치니 해는 이미 서산에 졌는데
한 줄기 맑고 밝은 빛이 산과 시내를 비추네.
서가에는 별 그림자가 돌고[148]
서창 앞 교교한 달빛은 낮은 책상[149]에 빛나네.
장차 화롯불도 사그라지면 주린 쥐가 나타날 것이고
촛불[150] 밝게 비추면 나방들은 어지럽게 날아들 것이리.
긴 밤에 술 마시고 의논하며 교분을 나누리니
어찌 서화에만 몰두하리오.

---

147 更漏(경루) : 시간을 알려주는 물시계. 당(唐) 이조(李肇)의 《唐國史補》에 「惠遠以山中不知更漏, 乃取銅葉製器, 狀如蓮花, 置盆水之上, 底孔漏水, 半之則沈, 每晝夜十二沈, 爲行道之節, 雖冬夏短長, 雲陰月黑, 亦無差也」.

148 幢幢(당당) : 원을 그리며 빙빙 도는 모양. 《三國志, 魏志, 管輅傳》에 「有飄風高三尺餘, 從申上來, 在庭中幢幢回轉, 息以復起, 良久乃止」.

149 眉齊(미제) : 제미안(齊眉案). 낮은 상. 송(宋) 손적(孫覿)의 《蜀婦新寡從何純中讀左氏戲呈純中詩》에 「一揮斲鼻斤, 便擧齊眉案」.

150 銀花(은화) : 은화화수(銀花火樹). 찬란한 불꽃이나 등불. 청(淸) 이두(李斗)의 《揚州畵舫錄, 城北錄》에 「銀花火樹, 光焰競出」.

181 화교(華郊; 曺鳳黙)의 시에 차운하다 – 2수
次華郊韻 – 二首

[其一]

贏得君詩世慮消(영득군시세려소)
一般淸味月中橋(일반청미월중교)
花開雨潤添新景(화개우윤첨신경)
酒熟朋來是穀朝(주숙붕래시곡조)
口業向時猶小小(구업향시유소소)
心旋無事自搖搖(심선무사자요요)
老槐疎柳滄江曲(노괴소류창강곡)
與子期兮聽野謠(여자기혜청야요)

그대의 시에 감동하니[151] 속된 생각들이 사라지고
달빛 비추는 다리에서 맑고 깨끗한 뜻을 느끼네.
핀 꽃들은 비에 젖어 경치가 새로워지고
술 익고 벗이 오리니 좋은 아침이로다.[152]
지난날 지은 시[153]들은 하잘것없어지고
마음 한 번 돌리니 근심했던[154] 일들마저 사라지네.
늙은 홰나무 성근 버드나무 아래에서 창강곡(滄江曲)
들노래를 그대와 함께 듣자고 약속하네.

---

151 贏得(영득) : (호감 · 동감 따위를) 얻음. 《朱子語類 34》에 「富而可求也一句, 上面自是虛意, 言而可求, 便是富本不可求矣, 因擧君子贏得做君子, 小人枉了做小人之說」.

152 穀朝(곡조) : 곡단(穀旦). 좋은 아침. 날씨가 맑고 좋은 날. 《詩經, 陳風, 東門之枌》에 「穀旦于差, 南方之原」.

153 口業(구업) : 시(詩)를 짓는 일. 당(唐) 백거이(白居易)의 《寄題廬山舊草堂兼呈二林寺道侶詩》에 「漸伏酒魔休放醉, 猶殘口業未抛詩」.

154 搖搖(요요) : 근심 되어 마음이 안정하지 않는 모양. 《詩經, 王風, 黍離》에 「行邁靡靡, 中心搖搖」.

[其二]

妙年志氣不全消(묘년지기불전소)
往往青雲夢洛橋(왕왕청운몽락교)
三月梅猶東閣雪(삼월매유동각설)
前川柳似渭城朝(전천유사위성조)
日斜樵笛尋村入(일사초적심촌입)
雨濕漁舡去櫓搖(우습어강거노요)
癯麥初蘇園菜潤(구맥초소원채윤)
街童傳唱太平謠(가동전창태평요)

젊었을 적[155] 지조와 기개는 완전히 없어지지 않아
가끔 낙교(洛橋)[156]에 가려는 청운의 꿈을 꾸네.
3월의 매화는 동각(東閣)[157]에 내리는 눈 같고,
앞내의 버들은 위성(渭城) 아침 비[158]에 젖은 버들과 비슷하네.
해 저물자 초동의 피리 소리는 마을로 들고
비에 젖은 고깃배는 노 저으면서 떠나가네.
시들던 보리에도 생기가 돌고 동산의 채소도 윤기가 도니
거리의 아이들은 태평요를 이어 부르네.

155 妙年(묘년) : 묘령(妙齡). 방년(芳年). 스무 살 안팎의 꽃다운 젊은 나이. 《三國志, 魏志, 陳思王植傳》에 「終軍以妙年使越」.

156 洛橋(낙교) : 낙양교(洛陽橋). 낙양(洛陽)의 천진교(天津橋)를 이르는 말. 한양(漢陽)의 뜻. 당(唐) 이익(李益)의 《上洛陽詩》에 「何堪好風景, 獨上洛陽橋」.

157 東閣(동각) : 재상(宰相)이 손님을 접대하는 장소. 양(梁) 하손(何遜)의 고사. 당(唐) 두보(杜甫)의 《和裴迪登蜀州東亭送客逢早梅相憶見寄詩》에 「東閣官梅動詩興, 還如何遜在揚州」.

158 渭城朝(위성조) : 위성조우(渭城朝雨). 원이(元二)가 안서(安西) 지방의 사신(使臣)이 되어 떠날 때, 왕유(王維)가 지어 부른 시구. 원명은 〈送元二使安西〉. 중국 시가에서 이별을 노래하는 대표적 작품. 전문은 「渭城朝雨浥輕塵, 客舍青青柳色新, 勸君更進一杯酒, 西出陽關無故人」.

182 읊조리다
卽事

睡起晴牕整四綸(수기청창정사륜)
林霏洞靄滿簾新(임비동애만렴신)
澄江恒近玄暉宅(징강항근현휘택)
明月相思白傅鄰(명월상사백부린)
老竹虛心因作友(노죽허심인작우)
焦桐橫膝和無人(초동횡슬화무인)
暮年漸進文章步(모년점진문장보)
鳳藻翩翾笑楦獜(봉조편표소훤린)

잠 깨어 일어나니 창밖은 개어 사방(四方)[159]이 통랑한데
숲에 이는 연무와 마을 아지랑이는 새로 주렴에 가득하네.
맑은 강은 현휘(玄暉; 謝朓)의 집으로 늘 가까이 흐르고
밝은 달 아래 서로 그리는 것은 백부(白傅; 白居易)와 친함이리라.
겸허한 늙은 대나무를 벗으로 삼고
좋은 거문고[160]를 무릎에 올려 켜도 화답하는 사람 없네.
늙어가며 글 쓰는 걸음걸이는 조금씩 나아가니
아름다우나 급히 쓴 문장의 겉과 속이 다름을[161] 웃을 뿐이네.

---

159 四綸(사륜) : 사륜(四輪). 사방으로 통함. 《戰國策, 趙策 2》에 「趙僅存者, 然而四輪」.

160 焦桐(초동) : 초미금(焦尾琴). 후한(後漢)의 채옹(蔡邕)이 오동나무가 탈 때 나는 소리를 듣고 그 나무를 가져다가 만들었다는 금(琴). 뒤에 좋은 금(琴)을 이름. 《後漢書, 蔡邕傳》에 「吳人有燒桐以爨者, 邕聞火烈之聲, 知其良木, 因請而裁爲琴, 果有美音, 而其尾猶焦, 故時人名曰焦尾琴焉」.

161 楦獜(훤린) : 훤기린(楦麒麟). 나귀에게 기린 형상의 가죽을 씌움. 겉을 속과 다르게 거짓으로 꾸밈을 이름. 《太平廣記 265》에 「朝野僉載:唐衢州盈川縣令楊炯詞學優長, 恃才簡倨, 不用於時, 每見朝官, 目爲麒麟楦許怨, 人問其故, 楊曰, 今餔樂假弄麒麟者, 刻畵頭角, 脩飾毛皮, 覆之驢上, 巡場而走, 及脫皮褐, 還是驢馬, 無德而衣朱紫者, 與驢覆麟皮何別矣」.

183 형님과 운계(雲溪) 유성기(柳聲棊)께서 왕림하시다
舍伯與雲溪柳聲棊枉臨

起把塤篪喜半驚(기파훈지희반경)
故人聯袂又郊行(고인연메우교행)
煙霞繡錯桃花國(연하수착도화국)
臺榭棊鋪竹樹城(대사기포죽수성)
簾外山光凝積翠(렴외산광응적취)
簷端鳥語弄新晴(첨단조어롱신청)
酒餘午睡朦朧罷(주여오수몽롱파)
枕畔時過野笛聲(침반시과야적성)

훈지(壎篪)[162]를 들고 일어나 부니 기쁘고도 놀래면서
벗님들이 어깨를 나란히 하고 들녘을 거니네.
안개와 노을이 수놓은 듯 뒤섞이니[163] 도화국(桃花國)[164]이오
누각과 정자가 널려 있는 곳[165]은 죽수(竹樹) 고을이라네.
주렴 밖 산 빛은 비췻빛이 엉기고
처마 끝 새들의 노래는 갠 날을 희롱하네.
술에 취해 몽롱한 낮잠에서 깨어나니
베갯머리에는[166] 철 지난 들녘 피리 소리 들리네.

---

162 塤篪(훈지) : 훈지(壎篪). 훈(壎)은 흙으로 만든 악기, 지(篪)는 대로 만든 악기. 형제간의 화목과 우애를 비유. 《詩經, 小雅. 何人斯》에 「伯氏吹壎, 仲氏吹篪」.

163 繡錯(수착) : 색채가 뒤섞여 수를 놓은 듯함. 《魏書, 地形志 上》에 「太牙未足論, 繡錯莫能比」.

164 桃花國(도화국) : 도화원(桃花園). 무릉도원(武陵桃源). 진(晉) 도잠(陶潛)이 지은 도화원기(桃花源記)에 나오는 가공의 땅 이름. 《桃花源記》에 「土地平曠, 屋舍儼然, 有良田 · 美池 · 桑竹之屬, 阡陌交通, 雞犬相聞, 其中往來種作, 男女衣著悉如外人, 黃髮垂髫, 并怡然自樂」.

165 棊鋪(기포) : 기포(棊布). 빽빽하게 분포되어 있음. 《關尹子, 三極》에 「道雖絲分, 事則棊布」.

166 枕畔(침반) : 침변(枕邊). 베갯머리. 머리맡. 《南史, 隱逸傳 上, 顧歡》에 「又有病邪者問歡……歡曰, 可取仲尼居置病人枕邊恭敬之, 自差也, 而後病者果愈」.

184 또 오언 율시를 짓다
又拈五律

小塢臨檻外(소오임함외)
逍遙步青春(소요보청춘)
花紅當佳妓(화홍당가기)
酒白逢故人(주백봉고인)
霞襟元不俗(하금원불속)
波襪欲生塵(파말욕생진)
萬物同胞理(만물동포리)
陽和三月仁(양화삼월인)

집 밖[167] 작은 언덕에 올라
푸른 봄 속을 걷노라니,
붉은 꽃이 아름다운 기생이라면
탁주는 오랜 벗과의 만남이라 하리.
휘젓는 도포자락[168]은 원래 속되지 않으나
버선발에 먼지가 일도록 빠르게 걷네.
만물도 동포(同胞)라는 이치로 보니
화창한 봄기운[169] 3월은 만물이 생육하는 인(仁)이라고 하리.

---

167 檻外(함외) : 집 밖.

168 霞襟(하금) : 도사나 은사의 옷. 당(唐) 육귀몽(陸龜蒙)의 《寄茅山何威儀詩 2》에 「身輕曳羽霞襟狹, 髻聳峨煙鹿幘高」.

169 陽和(양화) : 봄의 따뜻한 기운. 《史記, 秦始皇本紀》에 「維二十九年, 時在中春, 陽和方起」.

185 마침 화고(華郊; 靑鳳黙)와 희만(希晩)이 찾아와 회포를 펴다 – 2수
華郊希晩適來暢懷 – 二首

[其一]

交道人間參五倫(교도인간삼오륜)
光陰偏惜似奔輪(광음편석사분륜)
是月流觴修晋禊(시월유상수진설)
今朝投轄憶陳遵(금조투할억진준)
小少薪憂經半夏(소소신우경반하)
近來花事護長春(근래화사호장춘)
相逢不可無詩句(상봉불가무시구)
午日將移酒已巡(오일장이주기순)

사람의 교제하는 도리[170]는 삼강오륜으로 하는데
흐르는 세월은 달리는 수레바퀴[171] 같아 자못 애석해 하네.
이달에는 유상곡수(流觴曲水)하던 진계(晋禊)[172]를 마련하며
오늘 아침에는 벗을 못 가게 잡은 진준(陳遵)[173]을 생각하네.
어린 시절에는 땔나무할 걱정에 여름 나절을 보냈고
근래에는 꽃을 키우느라 긴 봄날을 보내네.
서로 만날 수 없어 시마저 없으니
단옷날에는 술을 가지고 순행하리라.

---

170 交道(교도) : 교제하는 도리. 벗을 사귀는 도리. 《後漢書, 玉丹傳》에 「交道之難, 未易言也」.

171 奔輪(분륜) : 달리는 수레바퀴. 송(宋)나라 소식(蘇軾)의 《次韻述古過周長官夜飮詩》에 「曷不勸公勤秉燭, 老來光景似奔輪」.

172 流觴修晋禊(유상수진설) : 진설(晉禊)은 진계(晋禊)의 오기. 유상곡수를 처음 시작했던 진(晋) 왕희지(王羲之)의 난정계(蘭亭禊)의 모임. 난정회(蘭亭會)는 3월 3일에 왕희지(王羲之)가 난정에서 계연(禊宴)을 베풀며 시를 읊던 모임. 《蘭庭集序》에 「又有淸流激湍, 映帶左右, 引以爲流觴曲水」.

173 陳遵投轄(진준투할) : 진준(陳遵)이 객을 좋아하여 회음(會飮)할 때마다 객이 타고온 수레의 비녀장을 빼어서 우물에 던져 가지 못하게 하였다는 고사.

[其二]

一春三月最芳華(일춘삼월최방화)
暇日笻鞋我客佳(가일공혜아객가)
麥氣染藍經宿雨(맥기염람경숙우)
花容裁錦又蒸霞(화용재금우증하)
金鰲滴滴三分畵(금오적적삼분화)
白鷺飛飛太半沙(백로비비태반사)
數酌清醪君莫拒(수작청료군막거)
歸程不妨步攲斜(귀정불방보기사)

봄 한철 중 3월의 꽃이 가장 향기로우니
한가로울 때 지팡이에 짚신 신고 나그네 되리라.
어젯밤 비에 보리는 더욱 쪽빛으로 물들고
꽃은 비단을 마름질한 듯 구름은 증기처럼 피어오르네.[174]
금오산에 지는 물방울은 그림을 셋으로 나누고
어지러이 나는 백로는 거의가 모래톱에 앉네.
그대는 따르는 몇 잔 맑은 술[175]을 거절하지 말게나.
집으로 돌아가는 걸음걸이가 비틀거리지[176]는 않게 하리니.

174 蒸霞(증하) : 하증(霞蒸). 구름이 증기처럼 피어오르는 모양. 명(明) 신시행(申時行)의 《瑞蓮賦》에 「星敷電發, 霧變霞蒸, 觸景而生態, 隨物而賦形」.

175 清醪(청료) : 맑은 술. 《後漢書, 馬融傳》에 「酒正案隊, 膳夫巡行, 清醪車湊, 燔炙騎將, 鼓駭擧爵, 鐘鳴旣觴」.

176 攲斜(기사) : 비뚤어짐. 한(漢) 육가(陸賈)의 《新語, 懷慮》에 「管仲相桓公, 詘節事君, 專心一意, 身無境外之交, 心無攲斜之慮, 正其國如制天下」.

186 이어 읊다 – 2수
續吟 – 二首

[其一]

朝雨初晴晚靄蒸(조우초청만애증)
長郊十里大江澄(장교십리대강징)
匣塵試拂鳴三尺(갑진시불명삼척)
世事多疑問十朋(세사다의문십붕)
君戒濫觴眞有趣(군계람상진유취)
我除搜句百無能(아제수구백무능)
一逢一別還生瘦(일봉일별환생수)
飯顆山前杜少陵(반과산전두소릉)

아침 비가 개더니 저물녘에는 안개가 오르는데
십 리 넓은 들녘의 큰 강물은 맑기만 하네.
속세의 진애(塵埃)[177]는 잠시 긴 칼[178]로 베어버리고
세상사 숱한 의혹은 많은 벗들에게 물어보리.
그대는 참된 멋에서 벗어나라고[179] 타이르는데
나는 시구(詩句)를 찾느라 아무것도 할 수 없었네.
한 번 만나고 헤어졌을 뿐인데 오히려 (시를 짓느라) 파리해졌으니
반과산(飯顆山)[180] 앞의 두소릉(杜少陵; 杜甫)이라 하겠네.

---

177 匣塵(갑진) : 작은 상자 안의 먼지라는 뜻으로, 하찮은 속세의 진애(塵埃).

178 三尺(삼척) : 삼척검(三尺劍). 길이가 3자 되는 긴 칼. 당(唐) 두보(杜甫)의 《重經昭陵詩》에 「風塵三尺劍, 社稷一戎衣」.

179 濫觴(남상) : 기준이나 틀에서 벗어남. 분수에 넘침. 《明史, 史可法傳》에 「今恩外加恩未已, 武臣腰玉, 名器濫觴, 自後宜愼重」.

180 飯顆山(반과산) : 율시(律詩)의 속박을 싫어하던 이백(李白)이, 반과산(飯顆山)에서 만난 두보(杜甫)가 시작(詩作)에 지나치게 고심하느라 밥도 먹지 못해 야위었다는 내용의 시를 두보에게 보낸 고사. 당(唐) 맹계(孟棨)의 《本事詩, 高逸》에 「(李白)才逸氣高, 與陳拾遺齊名…… 嘗言, 興寄深微, 五言不如四言, 七言又其靡也, 況使束於聲調俳優哉, 故戲杜曰, 飯顆山頭逢杜甫, 頭戴笠子日卓午, 借問何來太瘦生, 總爲從前作詩苦, 蓋譏其拘束也」.

[其二]

君且停盃聽我歌(군차정배청아가)
至今燕趙夕陽多(지금연조석양다)
詩情欲解香山媼(시정욕해향산온)
名利都歸春夢婆(명리도귀춘몽파)
白髮故人淸似鶴(백발고인청사학)
靑襟兒子逑如蛾(청금아자술여아)
良辰花柳眞堪賞(량신화류진감상)
處處江南剪綺羅(처처강남전기라)

그대여! 술잔을 멈추고 내 노래를 들어보시게
나라가 기울어가는 연(燕)·조(趙)에서는 우국지사[181]가 많았다오.
시를 짓는 마음으로 향산(香山) 노인[182]의 뜻을 이해하려 하니
명예와 이익도 모두 춘몽파(春夢婆)[183]로구려.
백발의 벗은 학처럼 맑은데
아이들은 개미처럼 부지런히 학문에 힘쓰네.[184]
꽃 피고 버들가지 늘어진 좋은 시절을 즐기려고
강남땅 곳곳에서는 화려한 비단을 잘라 치장한다네.

---

181 燕趙(연조) : 연조비가사(燕趙悲歌士). 연(燕)과 조(趙)나라의 비분강개하는 지사. 연·조 두 나라에는 우국지사가 많았다고 함. 《文選, 江淹, 詣建平王上書》에 「何以見齊魯奇節之人, 燕趙悲歌之士乎」.

182 香山媼(향산온) : 향산거사(香山居士). 당(唐) 백거이(白居易)의 별호(別號). 《舊唐書, 白居易傳》에 「會昌中, [白居易]請罷太子少傅, 以刑部尙書致仕, 與香山僧如滿結香火社, 每見輿往來, 白衣鳩杖, 自稱香山居士」.

183 春夢婆(춘몽파) : 소동파(蘇東坡)에게 부귀란 한바탕 봄꿈과 같은 것이라고 말했다는 노파. 송(宋) 조영치(趙令畤)의 《侯鯖錄 7》에 「東坡老人在昌化, 嘗負大瓢, 行歌於田間, 有老婦年七十, 謂坡云, 內翰昔日富貴, 一場春夢, 坡然之, 里人呼此媼爲春夢婆」.

184 逑如蛾(술여아) : 의술(蟻術). 어린 개미가 흙을 물어 나르는 기술을 익혀 큰 개밋둑을 쌓는 것처럼, 부지런히 학문에 힘씀을 비유. 《禮記, 學記》에 「蛾子時術之」.

187 아우와 월촌(月村)이 오다
舍弟與月村來到

我愛庭花似愛蓮(아애정화사애련)
磎堂春物正芳姸(계당춘물정방연)
觴吟做得情因吐(상음주득정인토)
窮達須從志益堅(궁달수종지익견)
雨後沙湖淸似練(우후사호청사연)
日斜岸柳綠生煙(일사안유록생연)
相思相見還無語(상사상견환무어)
眞率玆遊勝管絃(진솔자유승관현)

내가 연꽃을 좋아하듯 뜰의 꽃들을 좋아하니
계당 봄날의 물상들은 향기롭고 아름답네.
술 마시고 흥겹게 노래하며 정취를 쏟아내니
곤궁과 영달[185]은 천명을 따르리라는 뜻은 더욱 굳어지네.
비 온 후 호숫가 모래톱은 명주를 누인 듯 맑고
저물녘 언덕 버들에는 푸른 연기가 피어오르네.
서로 그리워하다가 만났으나 도리어 말이 없어도
이리 노는 것도 악기를 타는 것보다 낫다 하겠네.

185 窮達(궁달) : 빈궁(貧窮)과 영달(榮達). 또 출세하지 못함과 현달(顯達).

188 호서(湖西; 尹駟鎭)와 순일(純一) 정재복(鄭在復)과 함께 화답하다 與湖西鄭純一在復暢和

澗畔考槃又在阿(간반고반우재아)
如干詩句入淸哦(여간시구입청아)
人逢熟面風流篤(인봉숙면풍류독)
山欲新春爽氣多(산욕신춘상기다)
有意皎駒歌永夕(유의교구가영석)
何心倦鷺浴淸波(하심권로욕청파)
但願東風寒食節(단원동풍한식절)
前川花柳與君過(전천화류여군과)

시냇가를 다니며 즐기다가[186] 또 언덕에 있으려니
약간[187]의 시구를 맑은 소리로 노래하네.[188]
익히 아는 사람을 만나면 풍류는 도타워질 것이고
새봄의 산에는 상쾌한 기운이 많아지리.
뜻 있는 은사는[189] 이 저녁에 긴 노래를 부르는데
무슨 마음으로 게으른 해오라기는 푸른 물결에 목욕하는가?
다만 원하는 것은 동풍 부는 한식날에
그대와 꽃 피고 버들가지 늘어진 앞 개울가를 걷는 것이라네.

---

186 考槃(고반) : 은거하여 유유자적하게 도를 즐기고 덕을 이룸. 《詩經, 衛風, 考槃》에 「考槃在澗, 碩人之寬」.

187 如干(여간) : 약간(若干). 얼마쯤. 남조 양(南朝梁) 임방(任昉)의 《王文憲集序》에 「是用綴緝遺文, 永貽世範, 爲如干秩, 如干卷」.

188 淸哦(청아) : 청가(淸歌). 맑은 소리로 노래함. 당(唐) 왕발(王勃)의 《三月上巳祓禊序》에 「淸歌繞梁, 白雲將紅塵並落」.

189 皎駒(교구) : 백구(白駒). 흰색의 준마(駿馬). 현인이나 은사를 비유. 《詩經, 小雅, 白駒》에 「皎皎白駒, 食我場苗, 縶之維之, 以永今朝」.

189 오언 율시를 짓다
拈五律

愛吟聊破寂(애음요파적)
耽景不嫌奇(탐경불혐기)
湖練明沙濶(호련명사활)
山含白日遲(산함백일지)
人方青草夢(인방청초몽)
君復雪梅詩(군복설매시)
攜手登高罷(휴수등고파)
短笻任所之(단공임소지)

읊기를 좋아하는 것은 잠시나마 적적함을 풀기 위함이오
경치를 즐기니 기이한 풍광도 싫지 않네.
비단 같은 호수에 흰 모래는 넓게 펼쳐 있고
산은 더디 가는 해를 머금고 있네.
사람들은 바야흐로 청초몽(青草夢)[190]을 꿈꾸는데
그대는 거듭 눈 속의 매화를 읊고 있네.
손잡고 높은 산을 오른 후에
짧은 지팡이에 의지해 가는 대로 맡기리라.

190 青草夢(청초몽) : 젊은 날의 꿈.

190 칠언 율시를 짓다
拈七律

樽酒逢場任放豪(준주봉장임방호)
數聲長篴倚樓高(수성장적의루고)
憐君詞律吟千首(연군사율음천수)
愧我年光到二毛(괴아연광도이모)
竹樹淸風欣拂袂(죽수청풍흔불몌)
芝峰明月已同袍(지봉명월이동포)
新春面面江山畵(신춘면면강산화)
剪出騷壇一快刀(전출소단일쾌도)

만나는 곳에 술이 있으니 의기는 호방하고
몇 곡 장적(長篴)[191] 소리를 높다란 누각에 기대어 듣네.
그대 시의 율격을 사랑해 많은 수를 읊으며
내 나이가 반백(斑白)이 된 것[192]을 부끄러워하네.
죽수성에 부는 맑은 바람이 기쁘게도 소매를 스치고
지봉(芝峰)[193]의 밝은 달은 예전부터 나의 벗이었네.
새봄이라 강산은 면면이 한 폭의 그림이니
잘 드는 칼로 베어 소단(騷壇)[194]에 내어 놓으리.

---

191 長篴(장적) : 장적(長笛). 목관악기. 《太平御覽 580》에 「古歌辭:長笛續矩(短)笛, 長願陛下保壽無極」.

192 二毛(이모) : 반백(斑白). 흰머리카락이 반쯤 섞임. 《左傳, 僖公22年》에 「君子不重傷, 不禽二毛」.

193 芝峰(지봉) : 작가 태어난 전라남도 화순군 도곡면 월곡리(月谷里; 일명 달아실) 부근 후록(後麓)에 있는 건지(乾芝)·곤지(坤芝)·만지(滿芝)의 삼산(三山)을 통칭.

194 騷壇(소단) : 시단(詩壇). 문단(文壇). 명(明) 서복조(徐復祚)의 《投梭記, 折齒》에 「他風流名士壓騷壇, 烏鬼寧同仙鶴班」.

191 화고(華郊; 青鳳黙)가 마침 오다
華郊適至

近夜相思夢每回(근야상사몽매회)
故人來醉濁醪盃(고인래취탁료배)
芳林有約鶯新語(방림유약앵신어)
簾幕無妨鷰爲開(렴막무방연위개)
山靜偏長閒日月(산정편장한일월)
江淸自擅好池臺(강청자천호지대)
紅稀綠暗時猶晩(홍희녹암시유만)
最惜良辰動管灰(최석양신동관회)

근래 밤마다 서로 그리며 꿈을 꾸다가
벗이 왔으니 탁주잔 기울여 술에 취하네.
약속이나 한 듯 봄날 숲[195]에서는 앵무새 노래가 새로우니
주렴과 장막은 제비를 위해 열어 놓아도 무방하리.
산이 고요하니 시절은 자못 한가롭고
강이 푸르니 연못가 다락에서 마음껏[196] 즐기네.
붉은 꽃은 드물고 녹음 짙어 계절이 무르익어가니
가장 애석한 것은 좋은 절기[197]가 바뀌는 것이라네.

195 芳林(방림) : 봄날의 수목(樹木). 삼국 위(三國魏) 조식(曹植)의 《七啓》에 「背洞溪, 對芳林」.

196 自擅(자천) : 제멋대로 주장하거나 행동함. 《資治通鑑, 唐高祖武德元年》에 「今海內分崩, 人思自擅, 强者爲雄」.

197 管灰(관회) : 회관(灰管). 계절의 순서. 절기. 북주(北周) 유신(庾信)의 《周大將軍隴東郡公侯莫陳君夫人竇氏墓誌銘》에 「風霜所及, 灰琯遂侵」.

192 아버님과 연하 임장(淵下林丈)께서 함께 오셔 시를 지으시니 운을 받들어 차운하다
家君與淵下林丈偕臨拈韻奉次

幽居眞趣不求名(유거진취불구명)
活水方塘巨艦輕(활수방당거함경)
老圃晩香花有史(노포만향화유사)
樓坮淸福月惟卿(누대청복월유경)
欣迎杖屨開三逕(흔영장구개삼경)
占取湖山客四明(점취호산객사명)
竹下淸遊無俗染(죽하청유무속염)
何心鷗鷺背人驚(하심구로배인경)

숨어 사는 참다운 아취로 명예를 구하지 않는 것이니
물이 흘러 못에 글면 크나큰 배도 가볍다 하겠네.
오랜 농원의 국화[198]는 화유사(花有史)[199]에도 있고
한가로이 지내노라니 달[200]마저 떠오르네.
지팡이에 짚신 신고 오시니 삼경[201]을 열어 기쁘게 맞이하니
호수와 산을 차지하시니 사명광객(四明狂客)[202]이 되셨구려.
대숲 아래 고상하게 놀며 속된 세상에 물들지 않으니
무슨 마음으로 갈매기와 해오라기를 몰래 놀라게 하리오?

---

198 老圃晩香(노포만향) : 오랜 농원의 국화. 송(宋) 한기(韓琦)의 《九月水閣詩》에 「雖慚老圃秋容淡, 且看寒花晩節香」.

199 花有史(화유사) : 화사(花史). 꽃에 관한 역사책. 원(元) 장자정(蔣子正)의 《山房隨筆》에 「揚州瓊花, 天下祇一本……宋德祐乙亥北師至, 花遂不榮, 趙棠國炎有絶句, 弔曰, 名擅無雙氣色雄, 忍將一死報東風, 他年我若修花史, 合傳瓊妃烈女中」.

200 月惟卿(월유경) : 경월(卿月). 달의 미칭. 《書經, 洪範》에 「王省惟歲, 卿士惟月, 師尹惟日」.

201 三逕(삼경) : 삼경(三徑). 은사의 문정. 진(晉) 조기(趙岐)의 《三輔決錄, 逃名》에 「蔣詡歸鄕里, 荊棘塞門, 舍中有三徑, 不出, 唯求仲・羊仲從之遊」.

202 客四明(객사명) : 사명광객(四明狂客). 당(唐) 하지장(賀知章)의 별호. 《新唐書, 賀知章傳》에 「知章晩節尤誕放, 遨嬉里巷, 自號四明狂客」.

193 다시 오언 율시를 짓다
更拈五律

今年十月望(금년십월망)
暫學蘇仙遊(잠학소선유)
步下剡溪雪(보하섬계설)
併登河上舟(병등하상주)
江報鳴石齒(강보명석치)
野色接沙頭(야색접사두)
杖屨逍遙處(장구소요처)
渾忘永夜悠(혼망영야유)

금년 시월 보름에
잠시 소선(蘇仙; 蘇軾)의 노니는 것을 배웠네.
(戴逵는) 눈 속에 섬계(剡溪)를 걸어 내려가
강가 배에 올랐더니라.[203]
강물은 석치(石齒)[204]를 울려 알리고
들 빛은 모래톱에 이어져 있었네.
지팡이에 신발 신고 거니는 곳에서는
긴 밤 근심들을 아득히 잊어버리네.

203 3, 4구는 진(晉)나라 왕자유(王子猷)가 눈이 내리는 밤에 대규(戴逵)를 만나러 가면서 배를 타고 찾아간 고사를 인용한 표현. 전의되어 은거하여 노닐면서 옛 친구를 방문하는 것을 이름. 남조 송(南朝宋) 유의경(劉義慶)의 《世說新語, 任誕》에 「王子猷居山陰, 夜大雪, 眠覺, 開室, 命酌酒, 四望皎然, 因起仿偟, 詠左思招隱詩, 忽億戴安道, 時戴在剡, 卽便夜乘小船就之, 經宿方至, 造門不前而返, 人問其故, 王曰, 吾本乘興而行, 興盡而返, 何必見戴」.

204 石齒(석치) : 이[齒] 모양의 돌. 돌 사이를 흐르는 물. 금(金) 원호문(元好問)의 《少室南原詩》에 「淸溪鳴石齒, 暖日長藤芽」.

194 화교(華郊; 曺鳳黙)의 시에 차운하고 아울러 부채 두 개를 보내오심에 사례하다 – 3수
追次華郊兼謝二箑 – 三首

[其一]

詩帶青蓮月(시대청련월)
扇淸孤竹風(선청고죽풍)
千載幷二美(천재병이미)
何辭謝華翁(하사사화옹)

보내온 시에는 청련거사(靑蓮居士; 李白)의 달이 떠 있고
부채에는 맑은 고죽(孤竹)[205]의 바람이 불도다.
천년의 두 가지 아름다움을 아울렀으니
무슨 말로 화옹(華翁; 華郊)에게 감사드려야 할지.

---

205 孤竹(고죽) : 백이(白夷) · 숙제(叔齊). 《莊子, 讓王》에 「昔周之興, 有士二人, 處於孤竹, 曰白夷 · 叔齊」.

[其二]

淸風來自故人門(청풍래자고인문)
明月光生近水村(명월광생근수촌)
一幅齊紈呈素彩(일폭제환정소채)
數枝湘竹有斑痕(수지상죽유반흔)
宛是乘鸞逢子晋(완시승란봉자진)
誰能畵鳥戱桓溫(수능화조희환온)
詩豪擊節酣歌夕(시호격절감가석)
幾處飜驚穩睡魂(기처번경온수혼)

고결한 풍격[206]은 벗의 문에서 불어오고
밝은 달빛은 수촌(水村)[207] 가까이에 빛나네.
고운 비단 한 폭에 달빛[208]을 그렸고
상강(湘江) 몇 줄기 대나무의 눈물 자국[209]이라 하겠네.
흡사 난새를 타고 자진(子晋)[210]을 만난 듯
누가 새를 그려 환온(桓溫)[211]을 희롱하리오?
뛰어난 시인도 박자 맞추며 흥에 겨워 노래하는 저녁이니
어느 곳에서 편안히 잠든 새를 놀라게 하리오?

---

206 淸風(청풍) : 맑고 시원한 바람. 고결한 인품이나 풍격. 남조 양(南朝梁) 유협(劉勰)의 《文心雕龍, 誄碑》에서 「標序盛德, 必見淸風之華」.

207 水村(수촌) : 수동리(水洞里). 화교(華郊) 조봉묵(曺鳳黙)의 향리인 전라남도 화순군 능성현(綾城縣) 수동리(水洞里). 작가의 향리인 죽청리와 십 리 정도 떨어진 거리에 있음.

208 素彩(소채) : 흰빛. 또는 달빛. 당(唐) 여온(呂溫)의 《道州敬酬何處士懷郡樓月夜之作》에 「淸質悠悠素彩融, 長川迴陸合爲空」.

209 湘竹有斑痕(상죽유반흔) : 상수(湘水)의 대나무에 얼룩진 눈물 자국. 순(舜)임금의 죽음에 아황(娥皇)과 여영(女英)의 두 비가 슬피 울어 떨어진 눈물이 대나무에 얼룩짐. 당(唐) 이백(李白)의 《怨情詩》에 「美人捲珠簾, 深坐嚬蛾眉, 但見淚痕濕, 不知心恨誰」.

210 子晉(자진) : 주(周) 왕자교(王子喬)의 자. 한(漢) 유향(劉向)의 《列仙傳, 王子喬》에 「王子喬者, 周靈王太子晉也, 好吹笙作鳳凰鳴, 遊伊洛間, 道士浮丘公接上崇高山, 三十餘年後, 求之於山上, 見柏良曰, 告我家, 七月七日待我於緱氏山巓, 至時, 果乘鶴駐山頭, 望之不可到, 擧手謝時人, 數日而去」.

211 桓溫(환온) : 동진(東晋)의 정치가 · 무인(武人). 자는 원자(元子).

[其三]

大手叩椎月下門(대수고퇴월하문)
詩粧便面送江村(시장편면송강촌)
三伏何多蘋末氣(삼복하다빈말기)
千秋怳見草書痕(천추황견초서흔)
機中斑婕裁圓潔(기중반첩재원결)
枕上黃香問凊溫(침상황향문정온)
近夜清談生麈尾(근야청담생주미)
芭窓疎雨惱梅魂(파창소우뇌매혼)

대문장가도 시구(詩句)를 고심하여 다듬었다고 하니[212]
시를 꾸미고 숨겼다가[213] 강촌[水村]에 보냅니다.
삼복더위에 서늘한 바람 기운[214]은 얼마나 많으신가요
긴 세월 동안 초서(草書)의 흔적들을 놀래며 보았습니다.
반첩여(班婕妤)[215]는 베틀에서 둥글고 깨끗하게 마름질했으며
황향(黃香)은 베갯머리에서 서늘함과 따뜻함[216]을 물었습니다.
가까운 저녁에 청담을 나누고 가르침[217]을 들으며
가랑비 속 파초 핀 창가에서 매화의 정기(精氣)를 일으키겠습니다.

---

212 叩椎月下門(고추월하문) : 시문의 자구(字句)를 고심하여 다듬는 일. '추(椎)'는 '퇴(推)'의 오기. 당(唐) 가도(賈島)가 길을 가던 중 '鳥宿池中樹, 僧敲月下門'이란 시구를 구상하고서, 문(門)을 '밀고[推] 들어간다'라고 쓸까, '두드리고[敲] 들어간다'라고 할가 망설였다는 고사.

213 便面(편면) : 얼굴을 가리는 부채 모양의 물건. 《漢書, 張敞傳》에 「然敞無威儀, 時罷朝會, 過走馬章臺街, 使御吏驅, 自以便面拊馬」.

214 蘋末(빈말) : 미풍. 초(楚) 송옥(宋玉)의 《風賦》에 「夫風生於地, 起於青蘋之末」.

215 斑婕(반첩) : 반첩(班婕). 반첩여(班婕妤). 한(漢)나라 부풍(扶風) 안릉(安陵) 사람.

216 黃香凊溫(황향정온) : 황향선침(黃香扇枕)과 하정동온(夏凊冬溫). 어버이 봉양할 때 여름에는 서늘하게 겨울에는 따뜻하게 해 드림. 《禮記, 曲禮 上》에 「凡爲人子之禮, 冬溫而夏凊, 昏定而晨省」.

217 麈尾(주미) : 주미지회(麈尾之誨). 고명한 가르침. 《急就篇 4》에 「麋麈麖麀皮合履」.

195 회포를 적어 화교(華郊; 曺鳳默)에게 드리다 – 2수
寫懷贈華郊 – 二首

[其一]

虛庭脩竹月初生(허정수죽월초생)
古渡蒼葭露亦淸(고도창하로역청)
野竪歌謠豊歲樂(야수가요풍세락)
故人詩債泰山輕(고인시채태산경)
烏石靈源知有味(오석영원지유미)
靑州從事最多情(청주종사최다정)
如何白髮華郊老(여하백발화교로)
醉後吟笻晩倚城(취후음공만의성)

빈 뜨락 키 큰 대나무엔 초승달이 떠오르고
옛 나루터 푸른 갈대엔 이슬 또한 맑네.
들녘 아이들은 풍년을 즐겁게 노래하고
벗에게 지어야 할 시 빚은 태산이 오히려 가볍네.
오석(烏石; 烏城) 후미진 곳[218]에서도 사는 맛을 아니
그중에도 맛 좋은 술[219]은 가장 정겹네.
흰머리 화교(華郊) 노인은 어떠신지
취한 후 읊조리며 지팡이 짚고 해 저문 언덕에 오르네.

---

218 烏石靈源(오석영원) : 오석(烏石)은 오성(烏城) 곧 화순의 옛 지명. 영원(靈源)은 세속에서 멀리 떨어진 지역으로 은자가 사는 곳. 당(唐) 여암(呂巖)의 《浪淘沙詞》에 「我有屋三椽, 住在靈源, 無遮四壁任蕭然, 萬象森羅爲斗栱, 瓦蓋靑天」.

219 靑州從事(청주종사) : 좋은 술[酒]의 이칭. 남조 송(南朝宋) 유의경(劉義慶)의 《世說新語, 術解》에 「桓公有主簿善別酒, 有酒輒令先嘗, 好者謂靑州從事, 惡者謂平原督郵, 靑州有齊郡, 平原有鬲縣, 從事, 言到臍, 督郵, 言在鬲(膈)上住」.

[其二]

古人河朔飮淸醪(고인하삭음청료)
湖上炎天夢想勞(호상염천몽상노)
第待涼生來惠我(제대양생래혜아)
東山暇日聽松濤(동산가일청송도)

옛사람들은 하삭(河朔)에서 맑은 술 마시며 피서를 했다는데[220]
삼복염천 호숫가에서 그대 그리는 꿈을 꾸네.
서늘한 기운 생기기를 기다려 나에게 와주신다면
한가로운 날 동산[221]에서 솔바람 소리[222] 들으리라.

---

220 河朔飮淸醪(하삭음청료) : 하삭음(河朔飮). 여름에 피서하며 술을 마심. 후한말(後漢末)의 유송(劉松)이 원소(袁紹)의 자제들과 여름 달이 뜬 삼복더위에 하삭(河朔)에서 술을 마시며 피서한 일에서 유래. 《初學記 3》에 「典論 : 使光祿大夫劉松, 北鎭袁紹軍, 與紹子弟, 日共宴飮, 常以三伏之際, 晝夜酣飮, 極醉至於無知, 云以避一時暑, 故河朔有避暑飮」.

221 東山(동산) : 은거지. 당(唐) 왕유(王維)의 《戱贈張五弟諲詩 1》에 「吾弟東山時, 心尙一何遠」.

222 松濤(송도) : 송뢰(松籟). 파도 소리 같은 솔바람 소리. 원(元) 조맹부(趙孟頫)의 《宿五華山懷德淸別業詩》에 「一夜松濤枕上鳴, 五華山館夢頻驚」.

196 차운하여 수산(壽山; 鄭祚源)에게 드리다 – 4수
次贈壽山 – 四首

[其一]

詩禮君家積累曾(시례군가적누증)
韻人才子日來登(운인재자일래등)
堂廉七尺淸溪曲(당렴칠척청계곡)
基業千年瑞石層(기업천년서석층)
白傅隣同三逕趣(백부인동삼경취)
玄暉宅近一江澄(현휘택근일강징)
好音懷我瓊琚字(호음회아경거자)
起打慵眠夜剪燈(기타용면야전등)

그대의 집은 자녀들에 대한 교훈[223]이 오래되었으며
재자가인으로 운치 있으니 날이 오면 등과(登科)하리라.
스무 살[224]에 조정(朝庭)[225]에 드니 청계(淸溪)의 노래요
오래된 가훈(家訓)은 서석대(瑞石臺)의 돌처럼 쌓였네.
백부(白傅; 白居易)는 이웃들과 삼경(三逕)을 걷는 아취가 같았고
현휘(玄暉; 謝朓)의 집 근처에는 한 줄기 맑은 강이 흘렀네.
(그대 집의) 좋은 소리는 나에게 아름다운 시를 생각나게 하고
잠자는 게으른 나를 깨워 밤에 등잔을 돋우게 하네.[226]

---

223 詩禮(시례) : 시례지훈(詩禮之訓). 자식이 부친에게서 받은 교훈. 《論語, 季氏》에 「陳亢問於伯魚曰, 子亦有異聞乎, 對曰, 未也, 嘗獨立, 鯉趨而過庭, 曰, 學詩乎, 對曰, 未也, 不學詩無以言, 鯉退而學詩, 他日又獨立, 鯉趨而過庭, 曰, 學禮乎, 對曰, 未也, 不學禮無以立, 鯉退而學禮, 聞斯二者矣, 陳亢退而喜曰, 聞一得三, 聞詩聞禮, 又聞君子之遠其子也」.

224 七尺(칠척) : 나이 스무 살. 《周禮, 地官 , 鄕大夫》에 「國中自七尺以及六十, 野自六尺以及六十有五, 皆征之」.

225 堂廉(당렴) : 궁전의 모퉁이. 궁전의 범칭. 《儀禮, 鄕飮酒禮》에 「設席于堂廉, 東上」.

226 剪燈(전등) : 등잔의 심지를 가위로 자름. 송(宋) 강기(姜夔)의 《浣溪沙詞》에 「春點疏梅雨後枝, 翦燈心事峭寒時, 市橋携手步遲遲」.

[其二]

三秀靈芝萬壽山(삼수영지만수산)
主翁家世奠其間(주옹가세전기간)
明窓淨几惟書癖(명창정궤유서벽)
瑤草奇花又鳥還(요초기화우조환)
暇日邀朋荊榻設(가일요붕형탑설)
閒居無事竹扉關(한거무사죽비관)
暮年淸福元如許(모년청복원여허)
頤養林泉有好顔(이양림천유호안)

영지(靈芝)꽃 피는[227] 만수산(萬壽山)에
주인옹은 조상 대대로 살 곳을 정했네.[228]
밝은 창 아래 정돈된 책상을 놓고 오직 글 읽기를 좋아했고[229]
기화요초를 심으니 새들도 날아왔네.
한가로운 날 벗을 맞이할 때는 형탑(荊榻)[230]을 놓았고
일 없이 한가로이 지낼 때는 대사립은 닫아두었네.
누리는 청복은 늙도록 처음과 같고
자연 속에 보양하니[231] 좋은 얼굴로 있겠구려.

---

227 三秀(삼수) : 지초(芝草). 영지(靈芝)의 이칭. 1년에 세 번 꽃이 피기 때문. 《爾雅翼, 釋草 3》에 「芝, 瑞草, 一歲三華, 故楚辭謂之三秀」.

228 奠其間(전기간) : 전거(奠居). 살 곳을 정함. 송(宋) 이강(李綱)의 《靖康傳信錄 1》에 「於是金人始懼, 遊騎不敢旁出, 而自京師城以南, 民始獲奠居矣」.

229 書癖(서벽) : 글 읽기를 유난히 좋아하는 버릇. 당(唐) 고적(高適)의 《古樂府飛龍曲留上陳左相》에 「公才山吏部, 書癖杜荊州」.

230 荊榻(형탑) : '현탑(懸榻)'의 오기. 현탑은 현인이나 귀중한 손님을 예로써 대우함을 비유. 《後漢書, 徐稺傳》에 「蕃(陳蕃)在郡不接賓客, 唯稺來特設一榻, 去則縣之」.

231 頤養(이양) : 기름. 수양함. 《漢書, 食貨志 下》에 「酒者, 天之美祿, 帝王所以頤養天下, 享祀祈福, 扶衰養疾」.

[其三]

琴書一枕夢顔曾(금서일침몽안증)
喚醒斜陽尺素登(환성사양척소등)
瀟灑芙蓉淸水出(소쇄부용청수출)
轟鏘鐵馬踏氷層(굉장철마답빙층)
松翁古宅風流篤(송옹고택풍류독)
芝友疎襟雪月澄(지우소금설월징)
何日小車花外至(하일소거화외지)
重添盃酒更挑燈(중첨배주갱도등)

거문고 타고 책 읽다가 잠들어 안증(顔曾)[232]을 꿈꾸는데
해가 진다고 부르는 소리에 깨어나 작은 비단 등을 밝히네.
그윽하고 고결한 연꽃은 맑은 물에서 피어나고
쟁그렁 울리는 풍경(風磬) 소리는[233] 두꺼운 얼음을 딛고 가네.
송옹(松翁)[234]의 옛집에서는 풍류가 도타웠고
지우(芝友)의 친한 벗과의 대화는 눈과 달빛의 교영(交映)처럼 빛났네.[235]
어느 날에나 작은 수레를 타고 꽃 피는 교외로 나가
거듭거듭 술을 따르며 다시 등을 밝힐까?

232 顔曾(안증) : 공자의 제자 안회(顔回)와 증삼(曾參). 《朱子語類 64》에 「又問, 顔曾以下皆是致曲. 曰, 顔子體段已具, 曾子却是致曲」.

233 鐵馬(철마) : 철마아(鐵馬兒). 풍경(風磬). 원(元) 왕실보(王實甫)의 《西廂記, 2本 4折》에 「莫不是鐵馬兒簷前驟風」.

234 松翁(송옹) : 송우(松友). 소나무를 벗 삼음. 은거함. 남조 양(南朝梁) 도홍경(陶弘景)의 《解官表》에 「今便滅影桂庭, 神交松友」.

235 雪月澄(설월징) : 눈빛과 달빛이 서로 맑게 빛남. 당(唐) 이상은(李商隱)의 《無題詩》에 「如何雪月交光夜, 更在瑤臺十二層」.

[其四]

門外沙明屋上山(문외사명옥상산)
閒區占得百年間(한구점득백년간)
園深脩竹平安報(원심수죽평안보)
雪後寒梅信息還(설후한매신식환)
酒熟新春逢野友(주숙신춘봉야우)
詩成明月動江關(시성명월동강관)
座香尙襲瓊章續(좌향상습경장속)
更似蒲團喜對顔(갱사포단희대안)

문 앞에는 눈부신 모래사장 집 뒤에는 푸른 산이 있으니
한적한 곳에 한평생 살리라 정했네.
키 큰 대나무[236] 아래 뜰은 깊어 평안하다는 소식을 전하니
눈 속 한매(寒梅)가 핀다는 소식[237]이 돌아오네.
새봄에 춘주(春酒)[238]가 익거든 야외에서 벗을 만나
밝은 달 아래 시를 지어 강남(江南) 땅[239]에 울리리라.
아직 남은 자리의 향기는 좋은 문장으로 잇고
다시 포단(蒲團)에 앉아 기쁜 얼굴을 마주하리라.

---

236 脩竹(수죽) : 높이 자란 대나무. 한(漢) 매승(枚乘)의 《梁王菟園賦》에 「脩竹檀欒夾池水, 旋菟園, 並馳道」.

237 信息(신식) : 신음(信音). 편지. 송(宋) 주방언(周邦彦)의 《解連環詞》에 「怨懷無託, 嗟情人斷絶, 信音遼邈」.

238 酒熟新春(주숙신춘) : 겨울에 빚어 봄에 익는 술. 《詩經, 豳風, 七月》에 「爲此春酒, 以介眉壽」.

239 江關(강관) : 강남(江南) 곧 작가가 기거하는 남녘. 청(淸) 공자진(龔自珍)의 《寒月吟》에 「江關斷消息, 生死知無因」.

197 날이 갠 것을 기뻐한 수산(壽山; 鄭祚源)의 시에 차운하다 次壽山喜晴韻

玉宇崢嶸雨過初(옥우쟁영우과초)
蒼葭秋色滴簾疎(창가추색적렴소)
至人入夢清癯嶋(지인입몽청구도)
遺我多情尺素魚(유아다정척소어)
幾夜相思三逕月(기야상사삼경월)
一詩全勝十年書(일시전승십년서)
瑤絃獨抱凉生節(요현독포양생절)
枉駕何時竹下廬(왕가하시죽하려)

음침하던[240] 하늘에 처음으로 비가 개니
가을빛 역력한 푸른 갈대와 주렴에 성글게 물방울이 지네.
꿈에 야위고 수척한[241] 지인(至人)[242]이 나타나
나에게 작은 편지[243]를 다정스레 건네주네.
몇 날 밤 서로를 그리며 달빛 아래 삼경(三逕)을 걸었던가요?
(보내주신) 한 편의 시가 10년간의 편지보다 확실히 낫습니다.
홀로 거문고 안고 있노라니 계절은 서늘한 기운이 생기는데
어느 때나 대숲 오두막을 왕림하실는지요?

---

240 崢嶸(쟁영) : 음침함. 《文選, 鮑照, 蕪城賦》에 「崩榛塞路, 崢嶸古馗. 白楊早落, 塞草前衰」.

241 清癯嶋(청구도) : 청구(淸癯)는 청수(淸瘦). 몸이 야위고 수척함. 당(唐) 한유(韓愈)의 《遊青龍寺詩》에 「南山逼冬清瘦, 刻劃圭角出崖竅」.

242 至人(지인) : 세속을 초탈하여 무아(無我)의 경지에 이른 사람. 《莊子, 齊物論》에 「至人神矣, 大澤焚而不能熱, 河漢沍而不能寒, 疾雷破山・風振海而不能驚」.

243 尺素魚(척소어) : 물고기 뱃속에 들어 있는 편지. 《文選, 古樂府, 飮馬長城窟行》에 「客從遠方來, 遺我雙鯉魚, 呼童烹鯉魚, 中有尺素書」.

198 뜰 앞의 꽃은 계당(溪堂)[244]에서 나누어 보내와 심었는데 후에 수산(壽山; 鄭祚源)이 시를 보내 (꽃과 나무에 대해) 물어보니, 그 시에 차운하여 감사하는 마음으로 보답함

庭前花木自溪堂分植後壽山寄詩探問輒次報謝

一花一草品題均(일화일초품제균)
數月茅堂坐了春(수월모당좌료춘)
若知太極生生理(약지태극생생리)
子亦濂溪舊主人(자역렴계구주인)

한 송이 꽃 한 포기의 풀일지라도 그 품제[245]는 고른 것이니
봄이 다 지나도록 몇 달간을 초가집에 앉아 있네.
만약 만물이 끊임없이 생겨나는[246] 태극의 이치를 안다면
그대 또한 염계(濂溪)[247]의 옛 주인이리라.

244 溪堂(계당) : 전라남도 담양 지실마을에 있는 송강(松江) 정철(鄭澈)이 즐겨 걷던 만수명산로에 송강의 4남 정홍명이 지은 초당.

245 品題(품제) : 논평하여 우열을 매김. 당(唐) 이백(李白)의 《與韓荊州書》에 「今天下以君侯爲文章之司命, 人物之權衡, 一經品題, 便作佳士」.

246 生生(생생) : 만물이 끊임없이 생겨남. 《易經, 繫辭 上》에 「生生之謂易」. 〈孔穎達疏〉에 「生生, 不絶之辭, 陰陽變轉, 後生次于前生, 是萬物恒生謂之易也」.

247 濂溪(염계) : 주돈이(周敦頤). 염계(濂溪)는 호. 자는 무숙(茂叔). 북송(北宋)의 유학자. 송학(宋學)의 시조로 일컬어짐. 집이 염계(濂溪)에 있어 붙여진 호.

199 수산(壽山; 鄭祚源)이 조롱한 것을 해명하며[248] 차운하다 次壽山解嘲

篁林瀟灑磵泉廉(황림소쇄간천렴)
偶得名花錦上添(우득명화금상첨)
一錢風月太嫌薄(일전풍월태혐박)
雲樹春天空竚瞻(운수춘천공저첨)

대숲은 깨끗하며 산골 샘물[249]은 좁다란데
이름난 꽃을 함께 얻으니 금상첨화일세.
풍월을 한 푼으로 산다면 매우 싫어하며 홀대할지니
봄철에 멀리 있는 벗[250]을 오래도록 서서 바라보네.

248 解嘲(해조) : 해조(解謿). 남의 조소(嘲笑)에 대해 스스로 해명함. 《漢書, 揚雄傳 下》에 「時雄方草太玄, 有以自守, 泊如也, 或謿雄以玄尙白, 而雄解之, 號曰解謿」.

249 磵泉(간천) : 간천(澗泉). 산골짜기에 있는 샘. 당(唐) 현종(玄宗)의 《早登太行山中言志詩》에 「澗泉含宿凍, 山草帶餘霜」.

250 雲樹(운수) : 친구 간에 멀리 떨어져 있음. 두보(杜甫)가 멀리 있는 이백(李白)을 그리며 지은 춘일억이백(春日憶李白)에서 유래. 당(唐) 이백(李白)의 《春日憶李白詩》에서 「渭北春天樹, 江東日暮雲」.

200 삼가 식영정(息影亭)[251] 중수(重修)를 읊은 것에 차운하다
謹次息影亭重修韻

瑞石千年護一亭(서석천년호일정)
雲煙蒼翠別般生(운연창취별반생)
近聞知舊風流足(근문지구풍류족)
夙仰前賢吏隱名(숙앙전현리은명)
嶺月潭花皆活畵(영월담화개활화)
春絃夏誦各新聲(춘현하송각신성)
簷楹軒豁仍重搆(첨영헌활잉중구)
南國詩豪假善鳴(남국시호가선명)

서석대(瑞石臺)는 천년을 한 정자를 지켜냈으니
푸른 연기와 구름이 별다르게 살고 있네.
근래에 듣자하니 오랜 친구가 풍류를 즐기고 있다 하니
일찍이 선현을 우러르며 관직에 있으나 은자처럼[252] 이름을 숨겼으리.
영마루 달과 연못의 꽃들은 모두 살아 있는 그림이고
봄날의 거문고와 여름의 시를 읊으니[253] 참신한 음악일러라.
높다란 처마 밑에서 거듭거듭 시[254]를 쓴다 하니
남국의 빼어난 시인으로 아름다운 이름을 알리리라.[255]

---

251 息影亭(식영정) : 전라남도 담양군 남면에 있는 정자. 1560년에 김성원(金成遠)이 장인인 임억령(林億齡)을 위해 지음. 《호남누정기초목록》(전남대학교 호남한문고전연구실, 2015).

252 吏隱(이은) : 관직(官職) 속에 숨음. 직무가 한가하고 중요하지 않은 관직에 있으면서 은자처럼 처신하는 관리. 당(唐) 송지문(宋之問)의 《藍田山莊詩》에 「宦遊非吏隱, 心事好幽偏」.

253 春絃夏誦(춘현하송) : 춘송하현(春誦夏弦). 봄에는 시가(詩歌)를 외우고, 여름에는 금슬(琴瑟)을 익힘. 《禮記, 文王世子》에 「春誦夏弦, 大師詔之」.

254 搆(구) : 작품. 시(詩)를 의미. 청(淸) 평보청(平步靑)의 《霞外攟屑, 斠書, 好雲樓初集》에 「臨川李小湖廷尉, 好雲樓初集中, 詩文佳搆頗多」.

255 假善鳴(가선명) : 세상에 아름다운 이름을 날림. 당(唐) 한유(韓愈)의 《送孟東野序》에서 「樂也者, 鬱於中, 而泄於外者也, 擇其善鳴者而假之鳴, 金石絲竹匏土草木八者, 物之善鳴者也」.

201 다시 이전 운을 따라 짓다 – 2수
更步前韻 – 二首

[其一]

霽月初明八月初(제월초명팔월초)
庭梧園竹影扶疎(정오원죽영부소)
簷端雲宿知還鳥(첨단운숙지환조)
楹外湖平率性魚(영외호평솔성어)
獨我沈吟長夏病(독아침음장하병)
教兒能讀故人書(교아능독고인서)
風蟬露鶴鳴相應(풍선로학명상응)
盡日幽懷溪上廬(진일유회계상려)

팔월이라 초순 처음으로 비 갠 후 달이 밝은데
뜰의 오동나무와 동산 대나무의 무성한[256] 그림자가 드리우네.
구름 잠든 처마 끝에 새들도 돌아오고
집 앞 잔잔한 호수의 물고기들은 천성대로[257] 노니네.
나만 홀로 읊조리고 길고 긴 여름날에 병을 앓으며
아이들을 가르치며 옛사람의 책을 읽네.
바람 속 매미와 학[258]은 우짖어 서로 어울리는데
시냇가 오두막에서 종일토록 생각에 잠기네.

---

256 扶疏(부소) : 나뭇가지가 무성하게 뻗은 모양. 《呂氏春秋, 任地》에 「樹肥無使扶疏, 樹墝不欲專生而族居, 肥而扶疏則多粃, 墝而專居則多死」.

257 率性(솔성) : 천성(天性)을 좇음. 《禮記, 中庸》에 「天命之謂性, 率性之謂道」.

258 露鶴(노학) : 학(鶴). 이슬방울이 떨어지는 소리에도 놀라서 운다고 하여 이르는 말. 송(宋)나라 소식(蘇軾)의 《正輔既見和復次韻慰鼓盆勸學佛》에 「由來驚露鶴, 不羨攝蚤鷂」.

[其二]

望中瑞石立亭亭(망중서석입정정)
襟抱朝來爽氣生(금포조래상기생)
處世莫如守愚拙(처세막여수우졸)
背時還似傲功名(배시환사오공명)
分畦課植春無限(분휴과식춘무한)
聯幅咀英畵有聲(연폭저영화유성)
一雨南天連晦朔(일우남천연회삭)
枕泉能作大江鳴(침천능작대강명)

우뚝 솟은 서석산(瑞石山)을 바라보노라니
아침이 오면서 가슴속 상쾌한 기운이 일어나네.
처세에는 우졸(愚拙)[259]보다 지킬 만한 것이 없다는데
시의에 맞지 않으니[260] 도리어 공명으로 거만하게 되었네.
밭두둑을 만들고 씨앗을 심느라 봄철은 끝이 없는데
여러 편의 시(詩)[261]를 음미해보네.[262]
그믐과 초하루마다 남녘에는 한 차례씩 비가 내리니
샘이 깊은 물은 능히 큰 강을 이루어 흘러가리라.

---

259 愚拙(우졸) : 어리석고 졸렬함. 《韓非子, 用人》에 「如此則上無私威之毒, 而下無愚拙之誅」.

260 背時(배시) : 시의(時宜)에 맞지 않음. 진(晉) 장협(長協)의 《七命》에 「蓋聞聖人不卷道而背時, 智士不遺身而匿迹」.

261 畵有聲(화유성) : 유성화(有聲畵). 소리가 있는 그림. 곧 시(詩). 원(元) 방회(方回)의 《丹陽道中大雪詩》에 「此是老夫有聲畵, 丹陽道中大雪詩」.

262 咀英(저영) : 함영저화(含英咀華). 꽃을 맛보는 것. 문장의 요점을 음미함. 당(唐) 한유(韓愈)의 《進學解》에 「沈浸醲郁, 含英咀華, 作爲文章, 其書滿家」.

202 회옹(晦翁)의 시에 차운하여 수산(壽山; 鄭祚源)에게 드리다
拈晦翁韻次呈壽山

忘形好契又忘年(망형호계우망년)
舊誼新姻不偶然(구의신인불우연)
水石幽情隨境取(수석유정수경취)
蘭芝淸馥滿庭傳(난지청복만정전)
有時默會詩中面(유시묵회시중면)
何計能從物外緣(하계능종물외연)
之子玉音知不遠(지자옥음지불원)
秋宵爲誦白駒篇(추소위송백구편)

좋게 만나 허물없이 나이를 잊고 사귀었더니
예전 정의로 혼인을 하니[263] 우연이 아니었네.
수석 같은 고상한 마음으로 상황을 따라 취하였으니
난초 지초의 맑은 향기가 뜰에 가득 전하리라.
이따금 시(詩) 속에서나 마음으로 깨달을[264] 때가 있기는 하였으나
어찌 세속을 초탈한[265] 인연을 따를 수 있다 헤아리기나 하였으리오?
이 자식의 좋은 소식을 안 것이 오래지 않았으니
가을밤에 백구편(白驅篇)[266]을 외워보네.

---

263 新姻(신인) : 새로이 혼인을 함. 작가의 맏아들 승묵(升默)과 수산(壽山) 정조원(鄭祚源)의 딸을 혼인시키고 사돈관계를 맺은 것. 《濟州梁氏學圃公長子秉節公派譜, 卷之一》에 「[升默]配는 延日鄭氏니 祚源의 女요 海觀孫이요 松江澈后요 蔚山金栢煥外孫」.

264 默會(묵회) : (묵상하는 중에) 속으로 깨달음. 명(明) 방효유(方孝孺)의 《醫原》에 「術之精微可以言語授, 而非言語所能盡, 可以度數推, 而非度數所能窮, 苟不默會於心, 而欲持昔人一定之說, 以應無涯之變, 其不至於遺失者寡矣」.

265 物外(물외) : 세속을 초탈함. 한(漢) 장형(張衡)의 《歸田賦》에 「苟縱心於物外, 安知榮辱之所如」.

266 白驅篇(백구편) : 《詩經. 小雅, 鴻雁之什》의 편명(篇名). 주(周) 선왕(宣王)이 어진 선비를 머무르게 만류하는 노래. 「皎皎白駒, 食我場苗, 縶之維之, 以永今朝, 所謂伊人, 於焉逍遙)」.

203 화고(華郊; 曺鳳黙)와 기쁘게 술을 마시며 차운하다
次華郊喜酌韻

麯生搜得錦腸來(국생수득금장래)
水色山光畵境開(수색산광화경개)
晩蟬幽鳥淸余想(만선유조청여상)
斜日簾旋竹底擡(사일렴선죽저대)

술[267]은 빼어난 시구(詩句)[268]를 찾게 하고
산수의 경색(景色)[269]은 그림의 경계를 여네.
철 늦은 매미 울음[270]과 그윽한 새소리는 마음을 맑게 하는데
해가 기우니 대나무 발을 들어 올리네.

---

267 麯生(국생) : 국선생(麴先生). 술을 의인화한 칭호. 송(宋) 육유(陸游)의 《烹茶詩》에 「麴生可論交, 正自畏中聖」.

268 錦腸(금장) : 금심수장(錦心繡腸). 시문(詩文)에 뛰어난 재주가 있음. 송(宋) 양염정(楊炎正)의 《滿江紅詞》에 「寸寸錦腸渾欲斷, 盈盈玉淚應偸滴」.

269 水色山光(수색산광) : 산광수색(山光水色). 산수의 경치. 당(唐) 이백(李白)의 《魯郡堯祠送竇明府薄華還西京賦》에 「笑誇故人指絶境, 山光水色靑於藍」.

270 晩蟬(만선) : 제철이 지나서 우는 매미. 당(唐) 두보(杜甫)의 《秋日夔府詠懷詩》에 「局促看秋燕, 蕭疎聽晩蟬」.

204 화고(華郊; 曺鳳黙)가 보내온 시지(詩紙)[271]를 보이자 차운하다 次華郊寄示楮生韻

主翁仙表絶纖塵(주옹선표절섬진)
詩與楮生一一新(시여저생일일신)
楮生爲我傳君信(저생위아전군신)
風月何曾讓與人(풍월하증양여인)

주인옹의 신선의 풍모[272]는 작은 속세의 티끌[273]도 끊었으니
시와 시를 쓴 종이가 날날이 새롭구나.
시 쓴 종이는 나를 위해 전해 준 그대의 소식인데
어떻게 바람과 구름을 더하여 내 소식을 전해줄까?

---

271 楮生(저생) : 저선생(楮先生). 종이를 의인화 호칭. 당(唐) 한유(韓愈)의 《毛穎傳》에 「穎與絳人陳玄・弘農陶泓及會稽楮先生友善, 相推致, 其出處必偕」.

272 仙表(선표) : 선표(仙標). 신선의 풍채와 품격. 당(唐) 이백(李白)의 《春陪商州裴使君遊石娥溪詩》에 「裴公有仙標, 拔俗數千丈」.

273 纖塵(섬진) : 아주 작은 티끌이나 먼지. 당(唐) 장약허(張若虛)의 《春江花月夜詩》에 「江天一色無纖塵, 皎皎空中孤月輪」.

205 형님과 시산(詩山; 徐元七) 및 계광(溪狂; 陳錫馨)께서 쓴 시를 받들어 차운하다 – 2수
敬次舍伯與詩山徐元七及溪狂拈韻 – 二首

[其一]

野勢平圍帶碧江(야세평위대벽강)
峨洋數調和中腔(아양수조화중강)
俄來芳草人三五(아래방초인삼오)
飛下晴沙鷺一雙(비하청사로일쌍)
倏爾淸風鳴竹榭(숙이청풍명죽사)
少焉明月影芭窓(소언명월영파창)
更看麥浪占豐歲(갱간맥랑점풍세)
詩滿花箋酒滿缸(시만화전주만항)

푸른 강은 평탄한 들판을 두르고
입안의 낭랑한[274] 몇 마디 곡조는 조화를 이루네.
향기로운 풀을 밟고 잠깐 사이에 3~5인이 오시니
비 갠 모래톱에 백로 한 쌍이 날아 내리는 듯.
홀연[275] 청풍이 불어 대숲 정자를 울리고
잠시 후 밝은 달은 파초 그림자를 창문에 드리우네.
바람에 일렁이는 보리 물결[276]을 바라보며 풍년을 점치니
시는 예쁜 종이에[277] 가득하고 술은 항아리에 가득하네.

---

274 峨洋(아양) : 아아양양(峨峨洋洋). 음악이 낭랑하고 거침없음을 형용. 송(宋) 소식(蘇軾)의 《山坡陁行》에 「余行詰曲兮欲知余者稀, 峨峨洋洋, 余方樂兮, 譬余繫舟於水, 魚潛鳥擧亦不知」.

275 倏爾(숙이) : 숙연(倏然). 어느새. 갑자기. 진(晉) 간보(干寶)의 《搜神記 18》에 「[靑衣小兒]乃發聲而泣, 倏然不見」.

276 麥浪(맥랑) : 보리가 물결치듯 바람에 흔들리는 모양. 송(宋) 구양수(歐陽脩)의 《遊太淸宮出城馬上口占》에 「鵶鳴日出林光動, 野闊風搖麥浪寒」.

277 花箋(화전) : 시전(詩箋). 시를 적은 용지. 남조 진(南朝陳) 서릉(徐陵)의 《玉臺新詠序》에 「三臺妙迹, 龍伸蠖屈之書, 五色花箋, 河北・膠東之紙」.

[其二]

逢別君何恨(봉별군하한)
鷰西鷺又東(연서로우동)
春歸禽鳥語(춘귀금조어)
江近鯉魚風(강근리어풍)
鵑酒停雲白(견주정운백)
蠶桑績女紅(잠상적녀공)
詩筵還自笑(시연환자소)
麥是是年豐(맥시시연풍)

그대와 만나고 헤어지는데 무엇을 원망하리오?
제비는 서쪽으로 백로는 동쪽으로 나는데.
새는 봄이 되면 돌아오리라고 노래하고
가을바람[278]은 강에서 불어오네.
두견주(杜鵑酒)[279]를 따르니 벗이 생각나고[280]
누에 치고 뽕나무를 기르던 여인네는 길쌈을 하네.
시연(詩筵)을 베풀며 스스로 웃는 것은
올해도 보리가 풍년이기 때문이라네.

---

278 鯉魚風(이어풍) : 음력 9월에 부는 바람. 가을바람. 남조 양(南朝梁) 간문제(簡文帝)의 《豔歌篇》에 「燈生陽燧火, 塵散鯉魚風」.

279 鵑酒(견주) : 두견주(杜鵑酒). 중양절(重陽節)에 담가 이듬해 두견이가 울 무렵에 먹는 술. 《福建志書, 平陽縣》에 「九月重陽造酒, 留至開歲杜鵑時始佳, 謂之杜鵑酒」.

280 停雲(정운) : 멈추어 있는 구름. 친구를 그리워하는 뜻으로 전의됨. 진(晉) 도잠(陶潛)의 《停雲詩》에 「靄靄停雲, 濛濛時雨」. 〈自序〉에 「停雲, 思親友也」.

206 외종(外從) 임동보(林同甫)에게 주다 – 2수
贈外從林同甫 – 二首

[其一]

君何數載玉音慳(군하수재옥음간)
邂逅初筵拭眼看(해후초연식안간)
湖海行裝風滿袂(호해행장풍만메)
樓臺夜色月如盤(누대야색월여반)
春來宜詠庭梅瘦(춘래의영정매수)
野處先占水石寒(야처선점수석한)
麥飯葱湯餘氣味(맥반총탕여기미)
終宵穩討此心丹(종소온토차심단)

그대는 몇 년이나 옥음(玉音)[281]을 간직하고 있었는가?
처음 시연(詩筵)에서 만났을 때 눈을 닦고 보았네.
행장 꾸려 사방 각지[282]를 돌아다닐 때 소매는 바람에 나풀거렸고[283]
누대의 밤경치에 달은 쟁반같이 둥글었으리라.
봄에는 의당 뜰의 시든 매화를 읊었을 것이고
산야에 머물 때는 자연의 쓸쓸한 곳을 먼저 차지했으리라.
보리밥과 팟국[284]에도 맛은 좋았으리니
정성스러운 마음으로 밤을 새워 차분하게 토론하네.

---

281 玉音(옥음) : 남의 말에 대한 높임말. 좋은 시문(詩文). 진(晉) 도잠(陶潛)의 《讀山海經詩 7》에 「靈鳳撫雲舞, 神鸞調玉音」.

282 湖海(호해) : 호해(湖澥). 사방 각지. 당(唐) 이기(李頎)의 《送綦毋三謁房給事詩》에 「惜哉湖海上, 曾校蓬萊書」.

283 風滿袂(풍만메) : 소매에 바람이 가득히 나풀거림. 당(唐) 백거이(白居易)의 《和微之詩, 和寄樂天》에 「風袂去時揮, 雲帆望中失」.

284 葱湯(총탕) : 팟국.

[其二]

親親況復弟兄親(친친황부제형친)
好伴東風信息眞(호반동풍신식진)
海國初寬詩眼目(해국초관시안목)
溪山盡入筆精神(계산진입필정신)
人逢蘭室淸香襲(인봉난실청향습)
夜適篁林皓月新(야적황림호월신)
留待前川花柳節(류대전천화류절)
一觴一詠共尋春(일상일영공심춘)

친족을 사랑하기[285]를 형제와 같이 하니[286]
동풍과 좋은 짝이 되어 전해오는 소식은 변함이 없네.
바다에서는 시에 대한 안목이 너그러워졌을 것이고
시냇물 흐르는 산에서는 글 쓰느라 정신이 빠졌으리라.
난향 그윽한 방[287]에서 만나는 사람에게는 맑은 향이 젖어들고
밤 깊어 대숲에 들면 밝은 달이 새로웠으리라.
앞내에 꽃 피고 버들 푸른 절기를 기다려
한잔 술에 시 한 수로 봄날의 경치를 즐기리라.[288]

285 親親(친친) : 자기의 친속(親屬)을 친애함. 《詩經, 小雅, 伐木序》에 「親親以睦友, 友賢不棄, 不遺故舊, 則民德歸厚矣」.

286 況復(황부) : 황부(況復). 마치 …과 같음. …과 비슷함. 당(唐)나라 한산(寒山)의 《詩 134》에 「呼之廻面視, 況復不相識」.

287 蘭室(난실) : 지란지실(芝蘭之室). 지초와 난초의 방. 군자의 거처를 비유. 《孔子家語, 六本》에 「與善人居, 如入芝蘭之室, 久聞而不知其香, 卽與之化矣」.

288 尋春(심춘) : 봄 경치를 찾아 완상함. 당(唐) 진자앙(陳子昂)의 《晦日宴高氏林亭詩》에 「尋春遊上路, 追宴入山家」.

207 형님과 난석(蘭石; 朴昌壽), 소죽(小竹; 梁憲默), 삼오(三梧; 梁在洙)께서 멋스럽게 모여 앉아 재밌게 농담하며 밤새워 술을 마시다
舍伯與蘭石小竹三梧雅集陪坐歡謔仍成終宵之飮

吾輩俱生是海東(오배구생시해동)
分離十載始今同(분리십재시금동)
停雲洛社滄茫裏(정운낙사창망리)
傾盖湖村寂寞中(경개호촌적막중)
李白風流餘酒白(이백풍류여주백)
桃紅玉帶勝花紅(도홍옥대승화홍)
索居固陋緣何事(삭거고루연하사)
竹樹城南一畝宮(죽수성남일묘궁)

우리들은 이 해동 땅에 함께 태어나
10년을 헤어졌다가 이제야 비로소 함께 모였네.
벼슬에서 물러나[289] 창망한 가운데 서로 그리워하다가
적막한 호숫가 마을에서 잠시 만났네.[290]
이백(李白)의 풍류는 주백(酒白)[291]의 남김이었고
옥대(玉帶)의 복사꽃 붉은빛은 꽃잎보다 나았으리.
쓸쓸하게 사니 완고하고 좁은 식견(識見)[292]에 무슨 인연 있으리오
죽수성 남쪽 밭이랑 장원(牆垣)에 살고 있다오.

---

289 洛社(낙사) : 낙양사(洛陽社)의 준말. 벼슬에서 은퇴한 자가 거처하는 곳. 진(晉) 갈홍(葛洪)의 《抱朴子, 雜應》에서 「洛陽有道士董威輦常止白社中, 了不食, 陳子敍共守事之, 從學道」.

290 傾盖(경개) : 경개(傾蓋). 길을 가다가 서로 수레의 덮개[車蓋]를 기울이고서 이야기함. 《史記, 魯仲連鄒陽傳》에 「諺曰, 白頭如新, 傾蓋如故, 何則, 知與不知也」.

291 酒白(주백) : 백주(白酒). 탁주. 뒤에 좋은 술을 두루 이르는 말. 이백(李白)과 유사음으로 배열하여 희학적(戲謔的) 효과를 거둠. 《太平御覽 844》에 「魏略 : 太祖時禁酒, 而人竊飮之, 故難言酒, 以白酒爲賢人, 淸酒爲聖人」.

292 固陋(고루) : 고집이 있고 성행(性行)이 비루함. 완고(頑固)하고 문견(聞見)이 좁음.

208 형님과 석남(石南) 이공서(李公瑞) 및 유초(酉樵; 監役 梁敎默), 우담(愚潭; 高鎭台), 삼오(三梧; 梁在洙)께서 단란하게 모이다 – 4수
舍伯與石南李公瑞及酉樵愚潭三梧團會 – 四首

[其一]

郊行十里踏秋容(교행십리답추용)
臨水登山滿袖風(임수등산만수풍)
大鵬氣勢元無外(대붕기세원무외)
司馬文章亦此中(사마문장역차중)
繞村綠竹庭爲實(요촌녹죽정위실)
盈砌黃花酒不空(영체황화주불공)
敵手詩枰逢李杜(적수시평봉이두)
前江爭似洞庭雄(전강쟁사동정웅)

십 리 들녘 가을 경치를[293] 밟고
산에 오르고 물가에 이르니 옷소매 가득한 가을바람.
대붕 같은 기세는 본디부터 끝이 없었고[294]
사마(司馬; 白居易) 같은 문장도 또한 이 가운데 있었네.
푸른 대나무는 마을을 두르고 뜨락엔 열매가 맺히는데
국화는 섬돌에 가득하고 술동이는 비지 않았네.
시평[295]의 맞수인 이백(李白)과 두보(杜甫)가 만났으니
앞 강가에서 동정호(洞庭湖)의 영웅[296]처럼 다투네.

---

293 秋色(추색) : 추용(秋容). 가을의 경치나 분위기. 당(唐) 이하(李賀)의 《追和何謝銅雀妓》에 「佳人一壺酒, 秋容滿千里」.

294 無外(무외) : 끝이 없음. 《管子, 版法解》에 「天覆而無外也, 其德無所不在」.

295 詩枰(시평) : 시평(詩評). 시에 대한 평론.

296 洞庭雄(동정웅) : 동정호(洞庭湖)의 영웅(英雄). 곧 이백(李白)과 두보(杜甫).

[其二]

篁林小屋倚江天(황림소옥의강천)
樵笛漁歌斷復連(초적어가단부련)
大野秋晴生穀氣(대야추청생곡기)
孤村日落起炊烟(고촌일락기취연)
淸詩每得佳朋作(청시매득가붕작)
好會端宜活畵傳(호회단의활화전)
秋夜挑燈秋水讀(추야도등추수독)
虛襟相對等虛舡(허금상대등허강)

대숲 아래 작은 집은 강가에 가깝고
초동의 피리 소리 어부의 노래는 끊기는 듯 이어지네.
쾌청한 가을 넓은 들엔 곡식의 정기[297]가 살아나고
해 저무는 외로운 촌락엔 밥 짓는 연기가 피어오르네.
늘 좋은 벗이 지은 참신한 시[298]를 얻으니
단아하고 좋은 만남을 살아 있는 그림[詩]으로 전하리라.
가을 밤 등불 돋우고 맑은 눈빛으로[299] 읽노라니
담담한 마음이 욕심 없는 마음[300]을 상대하는 것이리라.

---

297 穀氣(곡기) : 곡물의 정기(精氣). 《後漢書, 方術傳 下, 華佗》에 「人體欲得勞動, 但不當使極耳, 動搖則穀氣得銷, 血脈流通, 病不得生」.

298 淸詩(청시) : 아름답고 참신한 시. 진(晉) 부함(傅咸)의 《贈崔伏二郞詩》에 「人之好我, 贈我淸詩」.

299 秋水(추수) : 추모(秋眸). 맑고 깨끗한 눈빛. 당(唐) 백거이(白居易)의 《宴桃源詞》에 「凝了一雙秋水」. 당(唐) 이상은(李商隱)의 《河陽詩》에 「可惜秋眸一臠光, 漢陵走馬黃塵起」.

300 虛舡(허강) : 허주(虛舟). 마음에 욕심이 없고 활달하여 구애받지 않음. 《莊子, 山木》에 「方舟而濟於河, 有虛船來觸舟, 雖有惼心之人不怒」.

[其三]

南國詩朋邂逅初(남국시붕해후초)

一壺濁酒一盤蔬(일호탁주일반소)

野稻登場秋强半(야도등장추강반)

籬花繞屋地猶餘(이화요옥지유여)

老去陶辭吟倦鳥(노거도사음권조)

年來馮鋏歎無魚(연래풍협탄무어)

江樓高會多今夜(강루고회다금야)

一語丁寧勝十書(일어정녕승십서)

남국에서 시 짓는 벗을 처음으로 만났으니

한 단지 막걸리와 한 소반 푸성귀 안주라.

들녘 벼를 거두어들였으니[301] 가을은 절반이나 지났고

집을 두른 국화는 남김없이 피었네.

늙은 도잠(陶潛)의 글에서는 날다 지친 새를 읊었고[302]

여러 해 풍환(馮驩)은 밥상에 고기가 없음을 한탄했네.[303]

여러 명 모인 오늘 밤 강가 누각의

한 마디 말이 열 권의 책보다 정녕 낫다 하겠네.

---

301 登場(등장) : 곡식을 수확하여 마당에 들여놓음. 수확을 마침. 수(隋) 왕통(王通)의 《中說, 天地》에 「子藝黍登場, 歲不過數石」.

302 陶辭吟倦鳥(도사음권조) : 도사(陶辭)는 도잠(陶潛)의 〈귀거래사(歸去來辭)〉. 〈귀거래사〉 중에서 「새는 날다가 지쳐서 다시 산으로 돌아올 줄을 아는구나(雲無心以出岫, 鳥倦飛而知還)」. '지친 새[倦鳥]'는 벼슬을 그만두고 집으로 돌아온 도연명(陶淵明) 자신.

303 馮鋏歎無魚(풍협탄무어) : 풍협(馮鋏)은 풍환탄협(馮驩彈鋏). 전국시대 제(齊)의 풍환(馮驩)이 맹상군(孟嘗君)의 식객이 되어 좋은 대우를 받지 못하자[無魚], 칼집을 두드리며[彈鋏] 노래한 고사. 《戰國策, 齊策 4》에 「長鋏歸來乎, 食無魚……長鋏歸來乎, 出無車……長鋏歸來乎, 無以爲家」.

[其四]

葭露爲霜洞靄晴(가로위상동애청)
晩秋奇觀計前程(만추기관계전정)
獨我沈吟湖一曲(독아침음호일곡)
憑君贈語酒三行(빙군증어주삼행)
赤壁仙人初入夢(적벽선인초입몽)
黃花處士已藏名(황화처사이장명)
鯉塘勝會非無約(이당승회비무약)
纔渡前川是別情(재도전천시별정)

갈댓잎의 이슬이 서리가 되고 마을의 아지랑이가 걷히니
늦가을의 기이한 경관 속에 앞길을 헤아려보네.
나는 홀로 굽은 호반(湖畔)[304]에서 낮게 읊조리다가
그대와 말을 나누며 세 순배 술잔을 돌리네.[305]
적벽선인(赤壁仙人; 蘇軾)은 비로소 (술에 취해) 꿈에 들었고[306]
황화처사(黃花處士; 陶潛)는 (벼슬을 버리고) 이름을 감추었네.[307]
이당(鯉塘)[308]에 모여 성대한 모임을 갖자는 약속이 있었으니
잠시 앞개울을 건너는 것은 이별의 정이라 하겠네.

---

304 湖一曲(호일곡) : 한 번 굽어진 호반. 송(宋) 소철(蘇轍)의 《潁州擇勝亭詩》에 「潁尾甚淸, 湖曲孔幽」.

305 三行(삼행) : 술잔을 세 번 돌림. 한(漢) 양웅(揚雄)의 《法言, 修身》에 「賓主百拜, 而酒三行, 不已華乎」.

306 入夢(입몽) : 소식(蘇軾)이 밤에 적벽에서 뱃놀이를 하다가 술에 취해 배 위에서 잠든 것.

307 藏名(장명) : 도연명(陶淵明)이 벼슬을 그만두고 〈귀거래사(歸去來辭)〉를 지으며 귀향한 것.

308 鯉塘(이당) : 잉어가 모이는 연못. 유생들이 학문을 강론하는 강당. 《後漢書, 楊震傳》에 「後有冠雀銜三鱣魚, 飛集講堂前, 都講取魚進曰, 蛇鱣者, 卿大夫服之象也, 數三者, 法三台也. 先生自此升矣」.

209 늦봄에 회계(晦溪) 조병만(曺秉萬)을 만나다 – 2수
暮春逢晦溪曺秉萬 – 二首

[其一]

江湖相忘又經年(강호상망우경년)
今日欣然不偶然(금일흔연불우연)
雲樹花岡勞夢想(운수화강노몽상)
琴書芝塾舊夤緣(금서지숙구인연)
春來惠我襟懷敍(춘래혜아금회서)
別後期君尺素傳(별후기군척소전)
滿袖瓊章皆活畵(만수경장개활화)
何宵虹月載歸舡(하소홍월재귀강)

강호에서 서로를 잊고 지낸 지 여러 해였더니
오늘 기쁘게 만난 것은 우연이 아니네.
높은 나무 아래 꽃 핀 언덕에서 몽상에 잠겼고
지란실(芝蘭室)[309]에서 오래도록 금서(琴書)를 함께했었네.[310]
봄이 오자 나에게 글을 써서 마음을 펼치더니
만나자 기약하고 헤어진 후 서신[311]을 전해왔네.
옷소매 가득 담아온 옥 같은 문장은 모두가 살아 있는 그림이니
어느 날 밤배에 무지개와 달을 가득 싣고 그대에게 돌아갈까?

---

309 芝塾(지숙) : 지란지교(芝蘭之交)를 나누던 글방.

310 夤緣(인연) : 끊임없이 죽 이어짐. 당(唐) 이백(李白)의 《愁陽春賦》에 「演漾兮夤緣, 窺靑苔之生泉」.

311 尺素(척소) : 척서(尺書). 편지나 서신 등을 쓰던 작은 폭의 명주. 간단한 편지. 한(漢) 조엽(趙曄)의 《吳越春秋, 句踐歸國外傳》에 「越王悅兮忘罪除, 吳王歡兮飛尺書」.

[其二]

老去交情不負初(노거교정불부초)
盤鹽留客摘春蔬(반염유객적춘소)
庭花識面經年後(정화식면경년후)
巷柳生顔宿雨餘(항류생안숙우여)
茅屋晝閒相襯鷰(모옥주한상츤연)
湖梁波闊且觀魚(호량파활차관어)
安得源源隣里接(안득원원린리접)
從遊述作與同渠(종유술작여동거)

늙어가며 사귀면서 초심(初心)의 정을 저버리지 않았으니
손님 위해[312] 봄 채소 따서 쟁반 위에 음식을 차리네.
여러 해 지난 후에도 뜰의 꽃들을 잘 알아보며
간밤에 내린 비에 거리의 버드나무도 생기가 도네.
한낮의 초가집이 한가로우니 제비들은 서로 어울리고
물결 잔잔한 호수 다리에서 물고기를 구경하네.[313]
마을이 이웃해 있으니 어찌하면 사귐이 계속 이어져
서로 왕래하며[314] 저술과 창작[315]을 함께할 수 있을까?

---

312 留客(유객) : 손님을 붙잡아 머무르게 함. 손님을 초대함. 《史記, 滑稽傳》에 「豹曰, 廷椽起矣, 狀河伯留客之久, 若皆罷去歸矣」.

313 觀魚(관어) : 물고기를 구경함. 춘추시대 노(魯) 은공(隱公)의 고사. 《左傳, 隱公5年》에 「五年春, 公將如棠觀魚者」.

314 從遊(종유) : 학덕 있는 사람을 좇아 함께 지냄. 서로 왕래함. 《史記, 酈生陸賈傳》에 「酈生見謂之曰, 吾聞沛公慢而易人, 多大略, 此眞吾所願從遊」.

315 述作(술작) : 저술과 창작. 《禮記, 樂記》에 「作者之謂聖, 述者之謂明, 明聖者, 述作之謂也」.

210 새 책력 – 2수
新曆 – 二首

[其一]

四序成功寂若無(사서성공적약무)
閒中日月便忘吾(한중일월편망오)
丹蓂好帶寒梅信(단명호대한매신)
喚起江村一懶夫(환기강촌일나부)

네 계절의 순환은 없는 것같이 고요한데
한가로운 세월 속 문득 나를 잊고 사네.[316]
붉은 명협(蓂莢)[317]을 곱게 두르고 추위 속 매화 소식은
강촌의 게으른 한 사내를 불러일으키네.

---

316 忘吾(망오) : 자신을 망각함. 송(宋) 소식(蘇軾)의 《客位假寐詩》에 「豈惟主忘客, 今我亦忘吾」.

317 丹蓂(단명) : 붉은 명협(蓂莢). 명협은 요(堯)임금 때 났다는 전설상의 상서로운 풀. 이것으로 날짜를 계산했으므로 역협(曆莢)이라고도 함. 《竹書紀年, 上》에 「有草夾階而生, 月朔始生一莢, 月半而生十五莢, 十六日以後, 日落一莢, 及晦而盡, 月小, 則一莢焦而不落, 名曰蓂莢, 一曰歷莢」.

[其二]

五十年來事業無(오십년래사업무)
江湖浪跡縱遊吾(강호랑적종유오)
願挽唐虞千歲曆(원만당우천세력)
烟花壽域樂夫夫(연화수역락부부)

50여 년을 살면서 특별히 하는 일 없고
자연에서 마음대로 유랑하며[318] 노닐었네.
원하는 것은 당우(唐虞)의 천세력을 당겨 놓고
장부가 되어[319] 태평성대[320] 봄날의 경치[321]를 즐기는 것이라네.

---

318 浪跡(낭적) : 낭적부종(浪跡浮蹤). 정처 없이 떠돌아다님. 《文選, 江淹, 雜體詩, 效張綽雜述, 李善注》에 「浪跡潁湄, 棲景箕岑」.

319 夫夫(부부) : 장부(丈夫). 한(漢) 채옹(蔡邕)의 《釋誨》에 「夫夫有逸群之才, 人人有優瞻之智, 童子不問疑於老成, 瞳矇不稽謀些先生」.

320 壽域(수역) : 사람마다 천수(天壽)를 누린다는 태평성세. 《漢書, 禮樂志》에 「願與大臣延及儒生, 述舊禮, 明王制, 驅一世之民, 濟之仁壽之域, 則俗何以不若成康, 壽何以不若高宗」.

321 烟花(연화) : 아름다운 봄 경치. 당(唐) 이백(李白)의 《黃鶴樓送孟浩然之廣陵詩》에 「故人西辭黃鶴樓, 煙花三月下揚州」.

211 정월 보름날 밤에 혼자 앉아 – 3수
元夜獨坐 – 三首

[其一]

踏踏江橋望月兒(답답강교망월아)
鳳城鼓角暮煙時(봉성고각모연시)
華友應多今夜興(화우응다금야흥)
戲吟短律寄相思(희음단율기상사)

쿵쿵쿵[322] 강 위 다리에 올라 달[323]을 바라보며
저물녘 연기가 오르면 봉성(鳳城)[324]에는 풍악이 울리리라.
오늘 밤에 화우(華友; 華郊 曺鳳默)는 응당 흥이 많으려니
서로 그리워하는 마음으로 장난삼아 짧은 시를 보내리.

---

322 踏踏江橋(답답강교) : 답답(蹋蹋). 쿵쿵쿵 강 위의 다리를 밟다. 답교(踏橋; 다리밟기)놀이의 묘사. 전촉(前蜀) 관휴(貫休)의 《輕薄篇 2》에 「誰家少年, 馬蹄蹋蹋」. 우리나라 다리밟기[踏橋]는 음력 정월 보름날 밤에 그 해의 각질(脚疾)을 물리치기 위하여 다리를 밟고 거니는 놀이. 《東國歲時記, 正月, 上元》에 「都人士女, 傾城而出, 聽夕鍾於閱雲街鐘閣, 散至諸橋往來, 達夜不絶, 謂之踏橋. 或云, 橋, 方言, 與脚同釋音. 俗說, 如是則終年無脚疾. 大小廣通橋及水標橋最盛, 人海人城, 簫鼓喧轟」.

323 月兒(월아) : 월량(月亮). 달. 조선(朝鮮) 《釋語類解 上, 天文》에 「月兒, 둘」.

324 鳳城(봉성) : 서울의 미칭. 당(唐) 심전기(沈佺期)의 《奉和立春遊苑迎春》에 「歌吹銜恩歸路晚, 棲烏半下鳳城來」.

[其二]

華翁齒髮似童兒(화옹치발사동아)
梅雪湖牕入夢時(매설호창입몽시)
新年詩夢無多得(신년시몽무다득)
落句梅花終未思(낙구매화종미사)

화옹(華翁; 華郊 曺鳳默)의 이와 머리카락은 어린아이 같아
꿈마다 호숫가 창가에 활짝 핀 흰 매화꽃[325]으로 나타나네.
신년에 아름다운 시의 꿈[326]을 많이 얻지 못해
낙구(落句)[327]의 매화는 끝내 생각해내지 못했네.

325 梅雪(매설) : 활짝 핀 매화꽃. 당(唐) 나업(羅鄴)의 《南行詩》에 「臘晴江煖鸊鵜飛, 梅雪香黏越女衣」.

326 詩夢(시몽) : 시와 같은 꿈속의 세계. 송(宋) 정해(程垓)의 《南歌子詞》에 「曲沼通詩夢, 幽窗淨俗塵」.

327 落句(낙구) : 율시(律詩)의 일곱째 구와 여덟째 구. 미련(尾聯).

[其三]

水竹湖村寂寞濱(수죽호촌적막빈)
賴君多日不孤隣(뇌군다일불고린)
交情去去人惟舊(교정거거인유구)
我思悠悠歲與新(아사유유세여신)
梅月裁詩經上臘(매월재시경상랍)
花辰謀酒待中春(화진모주대중춘)
平安二字何相晩(평안이자하상만)
爲報今年信息眞(위보금년신식진)

호숫가 마을 그윽한 경치[328]는 적막하기만 한데
이웃한 그대에게 의지하니 많은 날들이 외롭지 않다오.
사귀는 정은 해가 갈수록 묵은 인연이 되나[329]
(그대 생각하는) 내 마음은 오랠수록 세월과 함께 새로워진다오.
4월에 짓기로 한 시(詩)[330]가 (짓지 못하고) 12월[331]이 지났으니
술이나 마시려고 꽃피는 봄날을 기다린다오.
평안하시라는 (안부의) 두 글자는 어찌 그리 늦었는지
금년에는 참으로 소식 드리겠습니다.

328 水竹(수죽) : 물과 대나무. 맑고 그윽한 경치. 당(唐) 맹교(孟郊)의 《旅次洛城東水亭詩》에 「水竹色相洗, 碧花動軒楹」.

329 人惟舊(인유구) : 인유구구(人惟求舊). 사람은 (사귄 지) 오래된 사람을 구함. 《書經, 盤庚上》에 「人惟求舊, 器非求舊, 惟新」.

330 裁詩(재시) : 시를 지음. 당(唐) 두보(杜甫)의 《江亭詩》에 「故林歸未得, 排悶强裁詩」.

331 上臘(상납) : 음력 12월 상순.

212 매화 한 그루를 화서(華瑞)의 집에서 구해 집에 옮겨 심고, 사운(四韻; 律詩)을 지어 보내다 – 2수

一株梅乞於華瑞家移植堂前因寄四韻 – 二首

[其一]

筮得觀梅物理新(서득관매물리신)
君家曾許一枝春(군가증허일지춘)
今夕黃昏來影子(금석황혼래영자)
大冬晴雪孕精神(대동청설잉정신)
鐵笛徘徊尋月下(철적배회심월하)
玉人消息向江濱(옥인소식향강빈)
雨餘移植花階上(우여이식화계상)
李白桃紅未亂眞(이백도홍미란진)

관매(觀梅)의 점법(占法)[332]으로 사물의 이치를 터득하였더니
일찍이 그대 집에서 매화 한 그루[333]를 주셨네.
오늘 저녁 황혼 속에 (매화) 그림자가 비치더니
한겨울 눈이 그치니 생기가 살아나네.
달 아래 배회하며 은자의 피리 소리[334]를 찾다가
강가에서 사모하는 사람의 소식을 기다리네.
흡족히 내린 비에 화단으로 옮겨 심으니
흰 오얏나무 꽃이나 붉은 복사꽃과 어렵지 않게 구별한다네.[335]

---

332 觀梅(관매) : 송(宋) 소옹(邵雍)이 창안한 점법(占法)인 매화수(梅花數)의 별칭. 청(淸) 이본랑(易本烺)의 《雲杜故事》에서 「屈縣丞亨, 解康節梅花數, 爲諸生時, 以此箸名」.

333 一枝春(일지춘) : 매화(梅花). 남조 송(南朝宋) 성홍지(盛弘之)의 《荊州記》에 「陸凱與范曄相善, 自江南寄梅花一枝, 詣長安與曄, 並贈花詩曰, 折花逢驛使, 寄與隴頭人. 江南無所有, 聊贈一枝春」.

334 鐵笛(철적) : 쇠로 만든 피리. 주로 은자나 고사(高士)가 부는 피리. 송(宋) 주희(朱熹)의 《武夷精舍雜詠, 鐵笛亭詩序》에 「[武夷山中之隱者劉君]自放山水之閒, 善吹鐵笛, 有穿雲裂石之聲」.

335 亂眞(난진) : 가짜와 진짜. 《宋史, 米芾傳》에 「芾畫山水人物, 自名一家, 尤工臨移, 至亂眞不可辨」.

[其二]

陽春先到故人家(양춘선도고인가)
松竹園中一徑斜(송죽원중일경사)
萬種樓坮前面樹(만종루대전면수)
百花水陸上頭葩(백화수륙상두파)
每逢蘭友金相斷(매봉란우금상단)
只恐梅兄玉爾遐(지공매형옥이하)
繞砌逍遙因自愛(요체소요인자애)
草堂顏色倍生華(초당안색배생화)

따뜻한 봄별은 벗의 집에 먼저 이르렀고
솔과 대는 굽은 오솔길[336]에 어우러졌네.
동산 다락 앞 수많은 나무와
물과 뭍의 온갖 꽃들은 가지마다 꽃이 피었네.
난우(蘭友)[337]를 만나면 예리함이 쇠도 자를 수 있다하나[338]
매형(梅兄)[339]에게 두려운 것은 옥에도 티가 있다는 것이네.[340]
둘러싼 섬돌을 거닐며 스스로 좋아하니
얼굴빛은 매화 핀 초당 앞에서는 곱절로 피어나네.

---

336 徑斜(경사) : 구불구불한 오솔길. 당(唐) 양형(楊炯)의 《和石待御山莊》에 「闊塹防斜徑, 平隄夾小渠」.

337 蘭友(난우) : 난교(蘭交). 난초의 향기 같은 아름다운 사귐. 마음이 서로 통하는 친구.

338 金相斷(금상단) : 서로 통하는 마음이 쇠도 자른다. 《易經, 繫辭 上》에 「二人同心, 其利斷金, 同心之言, 其臭如蘭」.

339 梅兄(매형) : 매화의 미칭. 송(宋) 황정견(黃庭堅)의 《王充道送水仙花五十枚欣然會心爲之作詠》에 「含香體素欲傾城, 山礬是弟梅是兄」.

340 玉遐(옥하) : 옥하(玉瑕). 옥에 티. 아주 작은 결점. 《淮南子, 說林訓》에 「若珠之有纇, 玉之有瑕, 置之而全, 去之而虧」.

213 족손(族孫) 백향(伯香; 梁在春)과 우담(愚潭; 高鎭台)이 와서 하룻밤 자면서 이야기하다

族孫伯香在春與愚潭來宿敍話

纔叙寒暄輒述文(재서한훤첩술문)
邇來消息杳無聞(이래소식묘무문)
鬓邊白髮愁潘岳(빈변백발수반악)
案上玄經夢子雲(안상현경몽자운)
楊月三更同我趣(양월삼경동아취)
荷湖一曲與君分(하호일곡여군분)
溪堂近日開詩社(계당근일개시사)
接下誰人才出群(접하수인재출군)

잠깐 만나 안부를 묻다가[341] 문득 글을 지었었는데
그때 이후로 아득하여 들은 소식이 없었네.
반악(潘岳)[342]은 희어진 귀밑머리를 근심하였고
책상 위 태현경(太玄經)[343]에서는 자운(子雲)[344]을 꿈꾸었네.
10월[345] 한밤중에 나도 취미를 같이하니
하호일곡(荷湖一曲)을 부르며 그대와 헤어지네.
근일에 계당(溪堂)에서는 시사(詩社)를 열었다 하니
모인 사람 가운데 어느 누가 출중(出衆)하던가?

---

341 寒暄(한훤) : 차가움과 따뜻함. 서로의 안부를 물음. 《漢武帝內傳》에 「[王母]下車登牀, 帝跪拜, 問寒暄畢, 立, 因呼帝共坐」.

342 潘岳(반악) : 진대(晉代)의 문인. 자는 안인(安仁). 32세에 흰머리가 났다고 하여 반빈(潘鬢) 또는 반악빈(潘岳鬢)으로 통칭.

343 玄經(현경) : 태현경(太玄經). 한(漢) 양웅(揚雄)이 지은 책.

344 子雲(자운) : 태현경(太玄經)을 지은 양웅(揚雄)의 자.

345 楊月(양월) : '양월(陽月)'의 오기. 음력 10월의 이칭. 한(漢) 동중서(董仲舒)의 《雨雹對》에 「十月, 陰雖用事, 而陰不孤立, 此月純陰, 疑於無陽, 故謂之陽月」.

214 공상(供床)[346]을 읊다
詠供床

良材只合做天眞(양재지합주천진)
四脚軒然數尺身(사각헌연수척신)
闕足猶嫌楊料匠(궐족유혐양료장)
冶容還笑竹夫人(야용환소죽부인)
便作書丌經傳疊(편작서기경전첩)
時兼衣架枕衾因(시겸의가침금인)
且當高處撑而立(차당고처탱이립)
需用家家汝最親(수용가가여최친)

다만 질 좋은 목재를 합해서 자연스럽게 만들었으니
의기양양한 네 다리에 몸체는 몇 척이나 되네.
그 다리는 오히려 양료장(楊料匠)도 싫어하였고
단장한 얼굴은 도리어 죽부인(竹夫人)[347]도 비웃었네.
문득 서대(書臺)로 삼아 경전을 쌓아두거나
때때로 횃대[348]나 베개와 이불을 올려놓으리라.
마땅히 높은 곳에 버티고 서 있게 하여
집집마다 너를 가장 친하게 여겨 필요한 용도로 쓰리라.

346 供床(공상) : 공상(供牀). 신불(神佛) 앞에 공물(供物)을 진설하는 상. 금(金) 동해원(董解元)의 《西廂記諸宮調 1》에 「佛前的供牀金間玉, 香煙裊裊噴瑞獸」.

347 竹夫人(죽부인) : 죽궤(竹几). 대오리로 엮어 여름에 더위를 식히기 위하여 안고 잠. 송(宋) 소식(蘇軾)의 《送竹几與謝秀才詩》에 「留我同行木上坐, 贈君無語竹夫人」.

348 衣架(의가) : 옷걸이. 횃대. 당(唐) 심전기(沈佺期)의 《七夕曝衣篇》에 「朝霞散彩羞衣架, 晚月分光劣鏡臺」.

215 나한산(羅漢山)[349] 송대(松臺)에서 자다 宿羅漢山松臺

千仞高坮百尺松(천인고대백척송)
胡僧喚客立雲中(호승환객입운중)
笻遊兜𤣥三淸月(공유도솔삼청월)
袖拂滄溟萬里風(수불창명만리풍)
絶壑懸崖兼石白(절학현애겸석백)
茂林蘩葉間花紅(무림번엽간화홍)
雲門往蹟誰能記(운문왕적수능기)
羅漢千年入海東(나한천년입해동)

매우 높은 대에 백 척 소나무가 서 있는데
스님은 어찌하여 객을 불러 구름 속에 서 있게 하는가?
지팡이 짚고 삼월 맑은 달 아래 도솔천(兜𤣥天)[350]에 노닐며
멀리 트인 바다에서 불어오는 바람에 옷소매를 날리네.
깊은 골짜기와 낭떠러지의 돌은 하얗고
무성한 숲 산흰쑥 잎[351]에는 꽃이 붉네.
누가 이 절 다녀간 자취를 기록에 남길 것인가?
천년 나한(羅漢)[352]은 해동으로 들어갔으니.

---

349 羅漢山(나한산) : 현 전라남도 화순군 화순읍 동구리 소재 만연사(萬淵寺)가 있는 만연산(萬淵山)의 옛 이름. 만연사의 현판에 '나한산만연사(羅漢山萬淵寺)'로 되어 있음.

350 兜𤣥(도솔) : 도솔천(兜率天). 욕계(欲界) 육천(六天)의 제4천(第四天). 《法華經, 勸發品》에 「若有人受持讀誦, 解其義趣, 是人命終……卽往兜率天上彌勒菩薩所」.

351 蘩葉(번엽) : 산흰쑥[白蒿]의 잎.

352 羅漢(나한) : 범어(梵語) Arhat[阿羅漢]의 준말. 소승 불교에서 가장 높은 경지에 오른 이. 당(唐) 현장(玄奘)의 《大唐西域記, 縛喝國》에 「故諸羅漢, 將入涅槃, 示現神通」.

216 서석산(瑞石山)에 오르다
登瑞石山

唐虞舊物至今同(당우구물지금동)
瑞石層剛碧玉叢(서석층산벽옥총)
華嶽三峰潘閬畵(화악삼봉반랑화)
雲霄一路葉僊虹(운소일로엽선홍)
蒼茫海眼羅星宿(창망해안라성숙)
咫尺人聲逼帝宮(지척인성핍제궁)
風穴曬巾乘月下(풍혈쇄건승월하)
如干詩句付奚僮(여간시구부해동)

당우(唐虞)시대의 옛 물건은 지금도 같으니
상서로운 돌을 층층이 쌓고 깎은 푸른 옥을 모았네.
화악(華嶽)의 세 봉우리는 반낭(潘閬)[353]의 그림이고
하늘 끝 한길의 길섶은 신선이 건너는 무지개네.[354]
넓고 먼 아득한 샘[355]에는 별들이 늘어서 있고
지척의 사람 소리는 천제의 궁이 가깝다 하겠네.
풍혈(風穴)[356]에서 두건을 쬐고 달을 타고 내려오니
어지간한 시구(詩句)는 어린 종[357]의 (錦囊에) 넣겠구나.

353 潘閬(반낭) : 송(宋) 대명(大名) 사람. 시재(詩才)로 국자박사(國子博士)에 임명됨.

354 僊虹(선홍) : 신선이 건너는 무지개다리. 무등산의 담양 부근에 있는 신선대(神仙臺).

355 海眼(해안) : 샘물이 솟는 구멍. 서석산에서 나는 샘물을 묘사. 당(唐) 두보(杜甫)의 《太平寺泉眼詩》에 「石澗見海眼, 天畔縈水府」.

356 風穴(풍혈) : 전설상의 동굴 이름. 서석산 동쪽 사면에 있는 입석대(立石臺)・서석대(瑞石臺)・삼존석(三尊石) 등과 함께 서석산 기암괴석의 명소인 풍혈대(風穴臺)를 의미.

357 付奚僮(부해동) : 해동(奚童). 아이 종 등의 금낭(錦囊)에 지게 함. 무등산에 올라 많은 시를 지었음을 의미. 청(淸) 조익(趙翼)의 《錦囊詩》에 「怕人笑我詩才盡, 特遣奚童背錦囊」.

217 원효암(元曉菴)[358]에 도착하다
到元曉菴

孤菴縹渺入雲浮(고암표묘입운부)
紅綠交開麥已秋(홍록교개맥이추)
千仞振衣風穴頂(천인진의풍혈정)
五更聽磬月明樓(오경청경월명루)
廖廖法界兼天淨(요요법계겸천정)
落落疎松又水流(낙낙소송우수류)
幸遇印師尋製作(행우인사심제작)
舟航麗藻錦囊收(주항려조금낭수)

높고 멀리 있는[359] 외로운 암자는 구름 속에 떠 있고
붉고 푸른 꽃들은 어울려 피고 보리는 이미 익었네.[360]
옷깃을 떨치며 천 길 높이 풍혈대(風穴臺) 꼭대기에 오르고
월명루(月明樓)에서 한밤중 풍경 소리를 듣네.
외롭고 쓸쓸한[361] 불법의 세계는 깨끗한 하늘까지 겸했는데
우뚝 솟은 성근 소나무 사이로 물이 흐르네.
다행히 법덕(法德) 높은 스님은 시를 찾아서
훌륭한 스님[362]의 아름다운 문장을 금낭(錦囊) 속에 담네.

358 元曉庵(원효암) : 광주 무등산에 있는 증심사(證心寺)와 함께 대표적인 사찰.

359 縹渺(표묘) : 멀어서 분명하지 아니한 모양. 《文選, 木華, 海賦》에 「羣仙縹眇, 餐玉淸涯」.

360 麥已秋(맥이추) : 보리가 이미 익다. 맥추는 보리가 익는 음력 4, 5월. 《禮記, 月令》에 「[孟夏之月]靡草死, 麥秋至」.

361 寥寥(요료) : 외롭고 쓸쓸한 모양. 당(唐) 송지문(宋之問)의 《溫泉莊臥疾寄楊七炯詩》에 「移疾臥玆嶺, 寥寥倦幽獨」.

362 舟航(주항) : 세상을 구제할 훌륭한 인재. 《晉書, 劉弘陶侃等傳贊》에 「長沙勤王, 擁旆戎場, 任隆三事, 功宣一匡, 緊賴之重, 匪伊舟航」.

218 물염정(勿染亭)[363]에 올라
登勿染亭

瀟灑林亭在澗濱(소쇄임정재간빈)
披襟上坐倏淸新(피금상좌숙청신)
山環水帶氷壺色(산환수대빙호색)
石齒岩屛畵筆神(석치암병화필신)
此地烟霞渾絶俗(차지연하혼절속)
主翁仁智不孤隣(주옹인지불고린)
年來我亦江湖客(연래아역강호객)
爲贈荒詩未逼眞(위증황시미핍진)

숲속 정자는 맑고 깨끗한 계곡의 물가에 있으니
올라 앉아 옷깃을 헤치니 잠깐 사이 정신이 맑아지네.
물을 두르고 산을 둘렀으니 얼음 담은 옥단지 빛이고
나란한 바위들은 깎아지른 듯 솟아[364] 신이 그린 그림인 듯.
이곳은 내와 안개가 섞여 속세와 끊겼으나
어질고 지혜로운 주인옹은 외롭지 않으리라.
근간에 나 또한 강호에 나그네 되어
미처 실경(實景)[365]에는 먼 거친 시일망정 써 보내리라.

---

363 勿染亭(물염정) : 전라남도 화순군 이서면(二西面) 적벽(赤壁)에 있는 정자.

364 石齒石屛(석치석병) : 나란한 바위들이 병풍처럼 깎아지른 듯 높이 솟은 모양.

365 逼眞(핍진) : 진실에 거의 가까움. 또는 실물과 매우 흡사함. 북위(北魏) 역도원(酈道元)의 《水經注, 沔水 2》에 「又有白馬山, 山石似馬, 望之逼眞」.

219 적벽정(赤壁亭)[366]의 원운(原韻)에 차운하다 赤壁亭次原韻

芒鞋穿入洞中天(망혜천입동중천)
千古黃崗一福川(천고황강일복천)
造化有權揮霹靂(조화유권휘벽력)
江山無處較風烟(강산무처교풍연)
漁郎擧網銀鱗錯(어랑거망은린착)
韻士登亭畫墨懸(운사등정화묵현)
吾與東坡皆逆旅(오여동파개역려)
主翁眞是赤松僊(주옹진시적송선)

짚신 신고 별천지(別天地)[367]로 가는 구멍을 들어가니
천고의 황강(黃崗)에 한 줄기 복천(福川)[368]이 흐르고 있네.
조화옹(造化翁)이 힘껏 벼락을 쳐서
강산에 빼어난 풍광이 되었구나.
어부는 그물을 던져 은잉어를 잡고
시인은 정자에 올라 시를 써서 매달았구나.
나와 동파(東坡; 蘇軾)는 모두 역려자(逆旅者)[369]라 하겠고
주인옹은 참으로 적송선(赤松僊)[370]이로구나.

---

366 赤壁亭(적벽정) : 전라남도 화순군 적벽에 있었다고 전하는 정자. 현존하지 않음. 《호남누정기초목록》(전남대학교 호남한문고전연구실 간, 2015) 참고.

367 洞中天(동중천) : 동천(洞天). 도교에서 신선이 산다는 별천지. 당(唐) 진자앙(陳子昂)의 《送中岳二三眞人序》에 「楊仙翁玄黙洞天, 賈上士幽棲牝谷」.

368 福川(복천) : 전라남도 화순군 이서면 적벽에 흐르는 동복천(同福川).

369 逆旅(역려) : 객지살이를 함. 잠깐 머물렀다가 떠나간다는 뜻으로 인생의 덧없음을 비유. 진(晉) 도잠(陶潛)의 《自祭文》에서 「陶子將辭逆旅之館, 永歸於本宅」.

370 赤松僊(적송선) : 적송자(赤松子). 고대 신선의 이름. 《史記, 留侯世家》에 「願弃人間事, 欲從赤松子游耳」. (注)에 「索隱曰, 別仙傳, 赤松子, 神農時雨師也, 能入火自燒, 崑崙山上隨風雨上下也」.

220 화교(華郊; 曺鳳默)의 매화를 읊은 시[371]에 차운하다 次華郊梅花韻

城中萬樹幾人家(성중만수기인가)
紅白難形獨自斜(홍백난형독자사)
誰信和羹能有實(수신화갱능유실)
且從殘雪早開葩(차종잔설조개파)
常愁玉笛吹長短(상수옥적취장단)
何惜氷香播邇遐(하석빙향파이하)
月夕巡簷堪一笑(월석순첨감일소)
最奇百卉上頭華(최기백훼상두화)

마을의 많은 나무 중 (매화가 있는) 집은 몇 집이나 될까?
붉고 흰 꽃들과는 함께하기 어려워 홀로 비스듬히 기울었네.
열매로 양념의 간을 잘 맞출 줄[372]은 누가 알았으며
또 봄눈 녹기를 기다려 맨 먼저 꽃봉오리가 피어나는 줄을.
늘 옥피리 소리의 길고 짧음만 근심하였으니
어찌 매화의 향기[373]가 멀고 가까이 퍼지는 것을 애석해 하였으리오?
달 뜨는 저녁이면 처마 밑을 거닐며 빙그레 웃으니
온갖 풀과 꽃[374] 중에서 가장 기이하고 으뜸이 되는 꽃이라네.

---

371 華郊梅花(화교매화) : 화교(華郊) 조봉묵(曺鳳默)이 매화를 읊은 시. 《華郊集, 卷一, 梅花四疊》에 4편의 매화를 읊은 시가 있음. 그중 제1수를 소개하면 다음과 같다. 「我屋雲橋一逕斜, 當年多意種梅花, 東君偏許春光早, 競向群芳不肯誇」.

372 和羹(화갱) : 화갱염매(和羹鹽梅). 소금은 짜고 매실은 시큼하니, 소금과 매실로 여러 가지 양념을 하고 간을 맞춤. 《書經, 說命 下》에 「若作和羹, 爾惟鹽梅. 〈孔傳〉 鹽, 鹹, 梅, 醋. 羹須鹹醋以和之」.

373 氷香(빙향) : 암향(暗香). 매화의 향기. 매화는 한겨울에 향기로운 꽃을 피우기 때문. 《竹坡詩話》에 「氷肌玉骨淸無汗, 水殿風來暗香滿, 此詩爲花蕊夫人作」.

374 百卉(백훼) : 온갖 풀이나 꽃. 《詩經, 小雅, 四月》에 「秋日凄凄, 百卉具腓」.

221 화교(華郊; 曺鳳默)가 (나의) 「신력(新曆)」[375]에 차운한 것[376]에 감사하며 따라 짓다 – 2수

追次謝華郊新曆韻 – 二首

[其一]

春到新年曆到無(춘도신년력도무)
光陰荏苒齒加吾(광음임염치가오)
農人告以西疇事(농인고이서주사)
早晩時期議老夫(조만시기의노부)

신년이라 봄이 이르렀으니 역서(曆書)는 속임이 없고[377]
흐르는[378] 세월은 나에게 나이를 더해주네.
농부는 (봄이 왔으니) 서쪽 밭에서[379] 해야 할 일을 알려주니
조만간에 늙은 농부에게 (농사일을) 의논하여 보리라.

---

375 新曆(신력) : 상게시에 〈新曆-2수〉가 제시됨.

376 《華郊集, 卷一》 목차에는 〈奉呈竹瑞新曆〉으로 기재되어 있는 바, '죽서(竹瑞)'는 '서죽(瑞竹)'의 오기. 《화교집》의 해당 시는 다음과 같다. 「歲月流如水, 曆書又見新, 陰窮三雪臘, 陽動萬花春, 芝谷留仙債, 雲橋謝俗塵, 玉簪相許意, 龍夢在何人」.

377 到無(도무) : 속임이 없음. 《史記, 韓世家》에 「不如出兵以到之. 〈司馬貞索隱〉 到, 欺也」.

378 荏苒(임염) : 시간이 점점 흘러감. 진(晉) 도잠(陶潛)의 《雜詩 5》에 「荏苒歲月頹, 此心稍已去」.

379 西疇(서주) : 서쪽에 있는 전지(田地). 진(晉) 도잠(陶潛)의 《歸去來辭》에서 「農人告余以春及, 將有事於西疇」.

[其二]

天時人事兩違無(천시인사양위무)
曆制伊誰敬受吾(역제이수경수오)
三百六旬多小日(삼백육순다소일)
未知憂樂在斯夫(미지우락재사부)

천시(天時)[380]와 인사(人事)[381] 둘은 서로 어그러짐이 없으니
어느 누구라도[382] 역법에서 정한 것을 공경히 받아들이는 것이리라.
삼백육십 일 많고 작은 나날의
미처 알 수 없는 근심과 즐거움도 이것에 있는 것이리.

380 天時(천시) : 천도 운행의 규칙. 사계절의 순서. 《易經, 乾》에 「先天而天弗違, 後天而奉天時」.
381 人事(인사) : 사람의 일. 《孟子, 告子 上》에 「雖有不同, 地有肥磽, 雨露之養, 人事之不齊也」.
382 伊誰(이수) : 누구. 어떤 사람. 《詩經, 小雅, 何人斯》에 「伊誰云從, 維暴之云」.

222 정월 보름날 밤[383]에 – 3수
元夜 – 三首

[其一]

元宵月朗動街兒(원소월랑동가아)
南郭烟花柝罷時(남곽연화탁파시)
一年閒興多今夕(일년한흥다금석)
說與詩人幸共思(설여시인행공사)

대보름 밤이라 달이 밝으니 거리의 아이들은 뛰놀고
남쪽 성곽의 불꽃놀이에는 시간 맞춰 치는 딱따기도 중지하네.[384]
일 년 중 오늘 밤이 제일 한가롭고
시인과 더불어 이야기 나누며 생각이 같음을 기뻐하네.

383 元夜(원야) : 원소(元宵). 원석(元夕). 상원(上元). 정월 보름날 밤. 송(宋) 섭적(葉適)의 《運使直閣郎中王公墓誌銘》에 「會慶節禮畢, 吏利例白留山棚, 元夕張燈可就用也」.

384 柝罷(탁파) : 파탁(罷柝). 딱따기 치는 일을 중지함. 경계를 해제하거나 야경(夜警) 도는 일을 폐지함. 당(唐) 양형(楊烱)의 《原州百泉縣令李君神道碑》에 「示之以文德, 陳之以武功, 所以夜戶不扃, 所以重門罷柝」.

[其二]

江湖虛老此男兒(강호허노차남아)
萬事無成慨歎時(만사무성개탄시)
呼童酌酒三盃飮(호동작주삼배음)
行踏東橋正有思(행답동교정유사)

강호에 헛되이 늙은[385] 사람은 바로 이 남자이니
아무것도 이루지 못한 것을 개탄할 때에
아이 불러 술을 따라 석 잔을 마시고
동쪽 다리를 건너노라니 생각만[386] 많네.

---

385 虛老(허로) : 헛되이 늙음. 전촉(前蜀) 이순(李珣)의 《中興樂詞》에 「暗思量, 忍孤前約, 敎人花貌, 虛老風光」.

386 有思(유사) : 뜻이 있음. 생각이 있음. 송(宋) 소식(蘇軾)의 《水龍吟, 次韻章質夫楊花詞》에 「抛家傍路, 思量却是, 無情有思」.

[其三]

東之城郭北湖濱(동지성곽북호빈)
脉脉相看未共隣(맥맥상간미공린)
楚峀淸儀來夢結(초수청의래몽결)
吳州明月入懷新(오주명월입회신)
江橋已踏遊元夜(강교이답유원야)
竹軒留期坐一春(죽헌유기좌일춘)
自有人生和氣地(자유인생화기지)
花容看後始知眞(화용간후시지진)

동쪽은 마을이요 북쪽은 호수인데
서로 말없이 바라보면서[387] 아직 함께 이웃하지 못했네.
초수(楚峀)의 신녀[388]는 맑고 깨끗한 뜻[389]으로 꿈속에서 맺었고
오주(吳州)[390]의 명월은 새로이 가슴속에 들었네.
대보름날 밤 강다리는 이미 밟고 놀았으니
죽헌(竹軒; 瑞竹堂)[391]에 앉아 봄 한 철을 기약하네.
자유로이 살아가노라니 화기가 감도는 곳
꽃을 본 후에야 비로소 봄의 참모습을 알리라.

---

387 脉脉(맥맥) : 응시하는 모양. 당(唐) 두목(杜牧)의 《題桃花夫人廟詩》에 「細腰宮裏露桃新, 脈脈無言幾度春」.

388 楚峀(초수) : 무산(巫山). 무산지몽(巫山之夢). 남녀가 만나 즐겁게 노는 곳. 당(唐) 황보매(皇甫枚)의 《三水小牘, 步飛烟》에 「所恨洛川波隔, 賈午墻高, 連雲不及於秦臺, 薦夢尙遙於楚峀」.

389 淸儀(청의) : 맑고 깨끗한 뜻. 진(晉) 노섬(盧諶)의 《答魏子悌詩》에 「妙詩申篤好, 淸義貫幽賾」.

390 吳州(오주) : 청(淸)나라 육순(陸舜)의 자.

391 竹軒(죽헌) : 작가의 집. 향리인 전라남도 화순군 도곡면 죽청리(竹靑里)에 있으며, 부친 양두영(梁斗永)의 호인 심학헌(心學軒; 또는 瑞南)을 당호(堂號)로 함.

223 화교(華郊; 靑鳳黙)가 보내온 시를 보고 차운하다 – 2수
次華郊寄示韻 – 二首

[其一]

短杖徒勞陟彼山(단장도로척피산)
歸來却羡故人閒(귀래각이고인한)
不出囂塵吟白首(불출효진음백수)
更將沆瀣洗蒼顔(경장항해세창안)
竹樹風烟湖十里(죽수풍연호십리)
琴書棊酒屋三間(금서기주옥삼간)
門前辜負相尋約(문전고부상심약)
暮雨泥程悵獨還(모우니정창독환)

헛되이[392] 짧은 지팡이 짚고 산에 올랐다가
돌아오며 도리어 벗의 한가로움을 부러워하네.
시끄러운 세상[393]에 나가지 않고 늙어가며 읊조리다가
다시 밤새 내린 이슬[394]로 창백해진 얼굴을 씻네.
죽수(竹樹) 고을 바람과 연기는 십 리 호수에 퍼지고
초가삼간에는 거문고와 서책과 바둑과 술이라네.
서로 찾기로 하고 저버린[395] 문전의 약속에
저물녘 비에 진흙탕 길을 원망하며 홀로 돌아오네.

---

392 徒勞(도로) : 보람 없이 애씀. 헛수고함. 《後漢書, 朱浮傳》에 「尙書令侯霸奏浮敗亂幽州, 構成寵罪, 徒勞軍師, 不能死節, 罪當伏誅」.

393 囂塵(효진) : 시끄럽고 먼지가 많음. 어지럽고 소란한 인간 세상. 남조 제(南朝齊) 사조(謝朓)의 《之宣城出新林浦向版橋詩》에 「囂塵自玆隔, 賞心於此遇, 雖無玄豹姿, 終隱南山霧」.

394 沆瀣(항해) : 선인이 마신다는 밤사이에 내린 맑은 이슬. 《楚辭, 遠遊》에 「餐六氣而沆瀣兮, 漱正陽而含朝霞」.

395 辜負(고부) : 저버림. 또는 위배함. 송(宋) 왕우칭(王禹偁)의 《舍人院竹詩》에 「西垣不宿還堪恨, 辜負夜窗風雨聲」.

[其二]

屋下晴川屋上山(옥하청천옥상산)
百年占得一區閒(백년점득일구간)
想君暮歲蕭然髮(상군모세소연발)
知我平生不以顔(지아평생불이안)
合席風流觴詠裡(합석풍류상영리)
緣溪雪月往來門(연계설월왕래문)
庭蘭漸茁牕梅早(정란점촬창매조)
留待陽春好伴還(유대양춘호반환)

집 아래는 갠 냇가요[396] 집 위에는 푸른 산이니
평생 살 만한 한 곳을 점쳐서 얻었도다.
세모를 지내며 그대를 생각하노니 머리털이 성글어졌으리[397]
내 얼굴도 평생토록 그러리란 것을 알겠네.
함께 앉아 풍류를 즐기며 술 마시고 시 읊고
눈 내리고 달 뜨는 푸른 시냇가와 서로의 대문을 드나들었네.
뜰의 난초는 점점 싹이 나고 창가의 매화는 일찍이 피었으니
따뜻한 봄날에는 사이좋게 짝을 지어 돌아가리라.

396 晴川(청천) : 갠 하늘 아래 있는 강의 수면. 진(晉)나라 원교지(袁嶠之)의 《蘭亭詩 2》에 「四眺華林茂, 俯仰晴川渙」.

397 蕭然(소연) : 드묾. 성김. 또는 텅 빔. 송(宋)나라 섭적(葉適)의 《題林秀文集》에 「鬢髮蕭然, 奔走未已, 可嘆也」.

224 신력(新曆)[398]에 차운하다
次新曆韻

思君不見歲隆寒(사군불견세융한)
強對枯樽獨自寬(강대고준독자관)
丹莫每伴新梅使(단명매반신매사)
更把瓊章仔細看(경파경장자세간)

만나지 못한 그대 생각에 추위는 더욱 심한데[399]
짐짓 텅 빈 술동이를 앞에 두고 홀로 너그러워지네.
남쪽 먼 곳에서[400] 갓 핀 매화 소식을 함께 보내오니
다시 (보내주신) 주옥 같은 글을 자세히 살펴보네.

398 新曆(신력) : 이 시 또한 화교(華郊) 조봉묵(曹鳳默)의 〈제신력(題新曆)〉이란 작품에 차운한 것이다. 《華郊集, 卷之一, 題新曆》에 「冬至夜回子, 春來歲建寅, 會當元上甲, 正驗一初辛, 六訣難知壬, 三彭勉守申, 詩情老不已, 花柳又佳辰」.

399 隆寒(융한) : 몹시 추움. 삼국 위(三國魏) 조조(曹操)의 《土不同詩》에 「鄉土不同, 河朔隆寒」.

400 丹莫(단명) : '단명(丹冥)'의 오기. 남쪽의 아주 먼 곳. 《文選, 張協, 七命》에 「丹冥投烽, 青徼釋警」.

225 동현(東賢)의 시에 차운하여 회포를 적어 보내다
次東賢詩寄懷

水回村僻去來無(수회촌벽거래무)
可奈時人子與吾(가내시인자여오)
虛室精神俄見白(허실정신아견백)
古書點竄更硏朱(고서점찬갱연주)
黃華酒熟空相對(황화주숙공상대)
明月詩成謾自娛(명월시성만자오)
安得峽田三數畝(안득협전삼수무)
渭鄰同作老耕夫(위린동작노경부)

강물만이 후미진 마을을 돌아 흐르고 오가는 사람은 없으니
어찌 나와 함께할 이 시대의 사람이 있겠는가?
욕심 없는 텅 빈 마음[401]에 갑자기 도심(道心)이 우러나
옛 서책의 글을 지우고 고치고[402] 다시 연구하며 붉은 점을 찍어보네.
국화주 익었으나 함께 마실 사람도 없으니
밝은 달 아래 시를 지어 부질없이 스스로 즐기네.
어느 두메산골 서너 이랑 밭고랑을 얻어
위수(渭水) 가[403]에서 늙은 농부와 함께 밭이나 갈아볼까.

---

401 虛室(허실) : 허실생백(虛室生白). 욕심이 없는 텅 빈 마음에서 저절로 도심(道心)이 우러남. 《莊子, 人間世》에 「瞻彼闋者, 虛室生白, 吉祥止止」.

402 點竄(점찬) : 점찬(點攛). 글을 지우고 고침. 문장의 자구를 고쳐 씀. 《三國志, 魏志, 武帝紀》에 「他日, 公又與遂書, 多所點竄」.

403 渭鄰(위린) : 위빈(渭濱). 위수(渭水)의 물가. 주 문왕(周文王)이 이곳에서 낚시하던 태공망(太公望) 여상(呂尙)을 발탁한 까닭에, 강태공(姜太公)을 가리키는 말. 《韓非子, 喩老》에 「文王擧太公於渭濱者, 貴之也」.

226 새벽 산을 읊다
詠曉山

暗去明來歲不淹(암거명래세불엄)
依然岳色鬱乎尖(의연악색울호첨)
霧中初謂全形隱(무중초위전형은)
月下纔看半黛纖(월하재간반대섬)
斷續林風摩詰句(단속임풍마힐구)
有無薇曲伯夷廉(유무미곡백이렴)
鄰鷄三唱開門扇(인계삼창개문선)
分付柴丁董役嚴(분부시정동역엄)

어둠이 가고 밝음이 오니 세월은 머무르지 않고
산 빛은 전과 다름없이 울창하고 뾰족하네.
안개 속이라 처음에는 모습이 숨었다고 말하나
달빛 아래 잠깐 보니 검푸른 듯 곱다 하겠네.[404]
그쳤다가 이어지는 숲속 바람은 때 묻지 않은[405] 시구(詩句)이고
채미가(采薇歌)[406]야 있건 없건 백이(伯夷)는 청렴했네.
이웃집 닭이 세 번 울자 사립문 열고
나무하는 하인에게 감독[407]을 엄히 하도록 분부하네.

---

404 黛纖(대섬) : 검푸르게 곱다.

405 摩詰(마힐) : [佛]깨끗하거나 전혀 때가 묻지 않은 것을 이르는 유마힐(維摩詰:vimalakirti)의 준말. 송(宋) 소식(蘇軾)의 《謝人惠千葉牧丹詩》에 「天女要知摩詰病, 銀瓶滿送洛陽春」.

406 薇曲(미곡) : 미가(薇歌). 채미가(采薇歌). 백이(伯夷)와 숙제(叔齊)가 수양산에 숨어서 고비[薇]를 채취하여 먹다가 아사할 때 지은 노래. 명(明) 하양승(夏良勝)의 《中庸衍義 16, 三重之義》에 「采薇歌曰, 登彼西山兮, 采其薇矣, 以暴易暴兮, 不知其非矣. 神農虞夏, 忽焉沒兮, 我安適歸矣, 吁嗟徂兮, 命之衰矣, 臣良勝曰, 按史記, 武王滅商, 伯夷叔齊恥食周粟, 隱於首陽山, 采薇而食之, 乃作此歌」.

407 董役(동역) : 동역(董役). 공역(工役)을 감독함. 송(宋) 손승(孫升)의 《孫公談圃, 中》에 「丁之董役也, 晝夜不息, 每晝一拱, 燃蠟炬一枝」.

227 술을 금하다
禁酒

寄語長安衆少年(기어장안중소년)
杖頭不復掛靑錢(장두불부괘청전)
悔心莫及醒然後(회심막급성연후)
樂意無窮醉以前(낙의무궁취이전)
酒誥誠宜稱妹土(주고성의칭매토)
衛詩猶合戒賓筵(위시유합계빈연)
菊叢欲綻東籬下(국총욕탄동리하)
屬此嘉辰孰手搴(속차가진숙수건)

장안의 뭇 소년배들에게 말 전하노니
지팡이 머리에 다시는 푸른 돈을 걸지 말라 하겠네.[408]
술에서 깨어난 후에 후회하는 마음이 막급하려니와
취하기 전에는 즐기려는 마음 무궁하였으리라.
주고(酒誥)[409]에서 매[妹] 땅의 술을 경계하라는 것은 마땅하였고
손님을 청한 자리에는 오히려 위시(衛詩)[410]가 경계로는 합당하리.
동쪽 울타리 아래에는 총총한 국화꽃이 피려 하고
이를 잇는 좋은 때에 누가 손을 들겠는가?

---

408 杖頭不復掛靑錢(장두불부괘청전) : 지팡이에 술 살 돈을 걸지 않다. 청전(靑錢)은 청동으로 만든 푸른 돈. 송(宋) 소식(蘇軾)의 《山村五絶詩》의 「杖藜裏飯去忽忽, 過眼靑錢轉手空」.

409 酒誥誠宜稱妹土(주고성의칭매토) : 주공(周公)이 강숙(康叔)으로 하여금 옛 주왕(紂王)이 남기고 간 악습 가운데 특히 술에 탐닉하는 버릇을 송두리째 뽑아 버리고 위(衛)를 잘 다스리라고 명한 내용. 《書經, 康誥序》에 「成王旣伐管叔・蔡叔, 以殷餘民封康叔, 作康誥・酒誥・梓材」. 《書經, 酒誥, 傳》에 「康叔監殷民, 殷民化紂嗜酒. 故以戒酒誥」.

410 衛詩(위시) : 은사의 즐거움을 노래. 《詩經, 衛風, 考槃》에 「考槃在澗, 碩人之寬, 獨寐寤言, 永矢弗諼, 考槃在阿, 碩人之薖, 獨寐寤歌, 永矢弗過, 考槃在陸, 碩人之軸, 獨寐寤宿, 永矢弗告」.

228 염낙(濂洛)[411]과 횡거(橫渠; 張載)[412]의 시에 차운하다 次濂洛橫渠韻

我居瀟灑竹爲名(아거소쇄죽위명)
滌盡塵衿事事輕(척진진금사사경)
山水遺音琴是友(산수유음금시우)
樓坮淸福月惟卿(누대청복월유경)
逢君顔面經三載(봉군안면경삼재)
有客疎狂愧四明(유객소광괴사명)
占得西湖多少景(점득서호다소경)
忘機魚鳥不須驚(망기어조불수경)

내가 사는 곳은 맑고 깨끗하여 대나무를 이름으로 하였고[413]
속된 생각 말끔히 씻었으니 일마다 가볍구나.
산수자연에 전해 오는 음악과 거문고로 벗을 삼고
누대에 올라 깨끗한 복을 누리니 조정의 고관[414]이라 하겠네.
그대의 얼굴 본 지 3년이나 지났는데
호방한 나그네이시니 사명광객(四明狂客; 賀知章)도 부끄러워하겠구려.
서호에 정한 거처가 다소 경치가 좋아
담박한 마음으로 숨어살려 하니[415] 놀라게 하지나 마소서.

---

411 濂洛(염락) : 염락육군자(濂洛六君子). 송(宋) 신종(神宗) · 철종(哲宗) 때의 염계(濂溪; 周敦頤)와 낙양(洛陽)의 여섯 사람의 석유(碩儒). 명(明) 서위(徐渭)의 《送通府王公序》에 「其他支裔不可勝數, 濂洛所不敢輕, 而關汾所不能窺也」.

412 橫渠(횡거) : 장재(張載). 장횡거(張橫渠). 송대(宋代)의 유학자.

413 竹爲名(죽위명) : 대를 이름으로 삼다. 곧 작가의 향리가 전라남도 화순군 죽청리(竹靑里).

414 月惟卿(월유경) : 월경(月卿). 조정의 고위 관리. 《書經, 洪範》에 「王省惟歲, 卿士惟月, 師尹惟日」.

415 魚鳥(어조) : 어조모(魚鳥慕). 물고기는 연못을, 새는 숲을 그리워함. 은거하며 조용히 지냄. 《南史, 隱逸傳 上, 宗測》에 「而今鬢已白, 豈容課虛責有, 限魚鳥慕哉」.

229 소춘(小春)[416] 밤에 술을 마시며
小春夜酌

人遐地通玉音慳(인하지통옥음간)
秋盡霜林歲已寒(추진상림세이한)
洛社優遊風滿袂(낙사우유풍만몌)
江樓相對月如盤(강루상대월여반)
園中老竹龍腰曲(원중노죽용요곡)
屋上名山鳳頂丹(옥상명산봉정단)
沙鳥湖雲晴夜景(사조호운청야경)
倚牕不厭好看看(의창불염호간간)

땅은 통하나 사람이 멀리 있으니 소식은 드물고
가을도 다 가니 숲에 서리 내리고 날씨는 이미 추워졌네.
시우(詩友)들 모여[417] 한가로이 노닐 때 바람은 옷깃에 가득했고
강가 누대에서 쟁반같이 둥근 달을 대했었네.
뜰 안의 늙은 대는 용처럼[418] 굽었고
집 위 명산은 봉황새 머리의 붉은 벼슬이라.
모래톱의 새들과 호수에 오르는 구름과 맑게 갠 밤 풍경은
창가에 기대어 보고 또 보아도 좋고도 싫지 않네.

---

416 小春(소춘) : 음력 10월의 별칭. 남조 양(南朝梁) 종늠(宗懍)의 《荊楚歲時記》에 「十月, 天氣和暖似春, 故曰小春」.

417 洛社(낙사) : 송(宋)의 구양수(歐陽脩) · 매요신(梅堯臣) 등이 낙양(洛陽)에서 조직한 시사(詩社). 송(宋) 구양수(歐陽脩)의 《酬孫延仲龍圖詩》에 「洛社當年盛莫加, 洛陽耆老至今誇」.

418 龍腰(용요) : 용의 몸. 송(宋) 소식(蘇軾)의 《同王勝之遊蔣山詩》에 「龍腰蟠故國, 鳥瓜寄層巔」.

230 화교(華郊; 曺鳳黙)의 시에 차운하다
次華郊韻

陰梅春夢未曾遐(음매춘몽미증하)
隔野相看十里家(격야상간십리가)
湖上山明新過雨(호상산명신과우)
門前花積已蒸霞(문전화적이증하)
詩中活畵仍堪賞(시중활화잉감상)
物表幽情不自誇(물표유정불자과)
忽覺蘭亭觴詠日(홀각란정상영일)
霏霏煙草滿堤斜(비비연초만제사)

겨울 매화[419]에서 봄을 꿈꾼 지가 얼마 되지 않았는데
들을 사이에 두고 10리에 있는 집[420]을 서로 바라보네.
호수에 비친 산은 뚜렷해지고 새롭게 봄비가 지나가니
문 앞에는 꽃잎이 쌓이더니 벌써 더운 (봄날의) 안개가 끼네.
(보내온) 시 속의 살아 있는 듯한 그림을 거듭 감상하노라니
물상들은 조용한 마음을 드러낼 뿐 스스로 자랑하지 않는구려.
문득 난정(蘭亭)에서 술 마시며 시를 읊조리던 날을 생각하니
자욱한 안개 속 우거진[421] 수풀에 노을만 가득하여라.

---

419 陰梅(음매) : 겨울에 피는 매화.

420 十里家(십리가) : 작가가 살고 있는 전라남도 화순군 도곡면 죽청리와 화교(華郊)의 집이 있는 화순군 능주면 수동리는 들과 내를 사이에 두고 십 리쯤 떨어져 있음.

421 霏霏(비비) : 풀이 우거진 모양. 《楚辭, 九章, 涉江》에 「霰雪紛其無垠兮, 雲霏霏而承宇」.

231 송학재(松鶴齋)에 차운하다
次松鶴齋韻

心如屋柱意如城(심여옥주의여성)
日月峰前講道明(일월봉전강도명)
歌轉春吟鶯谷樹(가전춘음앵곡수)
詩多棊手鶴樓枰(시다기수학루평)
玉惟不琢難成器(옥유불탁난성기)
琴到無絃亦有聲(금도무현역유성)
先輩良箴猶在壁(선배양잠유재벽)
遲遲澗翠晩陰生(지지간취만음생)

마음의 집은 기둥같이 우뚝하고 뜻은 성같이 단단하리니
일월봉을 앞에 두고 밝은 도(道)를 익혔구나.
봄노래는 골짜기 앵무새에 옮겨지니
많은 시는 학루(鶴樓; 松鶴齋)의 바둑판 기수(棊手)에서 나왔구나.
옥도 다듬지 않으면 그릇 이루기 어려우려니[422]
가야금은 줄이 없어도 소리는 있다 하겠네.
선현들의 어진 잠언(箴言)은 아직 벽에 붙어 있고
계곡의 푸른빛은 노을에 느릿느릿[423] 뿌옇게 피어오르네.[424]

---

422 玉惟不琢難成器(옥유불탁난성기) : 옥은 다듬지 않으면 그릇을 이루기 어렵다. 자질이 뛰어나도 기르지 않으면 훌륭한 인재가 될 수 없음. 《禮記. 學記》에 「玉不琢, 不成器, 人不學, 不知道」.

423 遲遲(지지) : 느릿느릿 가는 모양. 《詩經, 邶風, 谷風》에 「行道遲遲, 中心有違」.

424 晩陰(만음) : 저녁 무렵 뿌연 하늘. 당(唐) 송지문(宋之問)의 《嵩山天門歌》에 「晩陰兮足風, 夕陽兮赩紅」.

232 누대(樓臺)에 올라 차운하다 – 2수
次登樓韻 – 二首

[其一]

竹下相思柳外城(죽하상사유외성)
岸花領得此心明(안화영득차심명)
百年托契琹中水(백년탁계금중수)
一世藏名橘裡枰(일세장명귤리평)
卯醉難醒多鱉飮(묘취난성다별음)
午眠慵起忽禽聲(오면용기홀금성)
良辰邂逅玆奇事(양진해후자기사)
謾使烟波雨後生(만사연파우후생)

대숲 아래에서 서로 그리워하는데 성 밖 버들은 푸르고
둔덕에 핀 꽃은 밝은 마음을 받아들이리.
평생을 거문고에 의탁하여 마음을 맞추고[425]
한평생 바둑의 즐거움에[426] 이름을 숨겼네.
묘주(卯酒)에 취하니 깨기 어렵고 별음(鱉飮)으로 마시다가[427]
게으른 낮잠에서 일어나니 문득 새소리 들리네.
이 기이한 일로 좋은 날에 만나니
비 그친 수면 위에 아스라이 안개가 끼네.

---

425 托契琹中水(탁계금중수) : 거문고 소리에 의탁하여 탄주자(彈奏者)의 마음을 맞춤. 청(淸) 주양공(周亮工)의 《托素齋文集序》에 「曩遊八閩, 一時文字交, 惟媿曾托契最深, 嘗以詩見質, 請序于予」.

426 橘裡枰(귤리평) : 귤나무 열매 속의 바둑판. 귤중지락(橘中之樂). 바둑의 즐거움. 파공(巴邛)이 뜰의 큰 귤을 따서 가르자, 그 안에서 두 노인이 바둑을 두며, 귤 속의 즐거움이 상산(商山)에 못지않다고 한 전설. 당(唐) 우승유(牛僧孺)의 《玄怪錄, 巴邛人》에 「巴邛人, 家有橘園, 霜後橘盡收斂, 有大橘, 如三斗盎, 巴人異之剖開, 每橘二叟, 鬚眉皤然, 肌體紅明, 皆相對象戲, 談笑自若, 一叟曰, 橘中之樂, 不減商山, 但不得深根固蔕, 爲愚人摘下耳」.

427 鱉飮(별음) : 술을 마실 때 하는 놀이. 송(宋) 심괄(沈括)의 《夢溪筆談, 人事 1》에 「[石曼卿]每與客痛飮, 露髮跣足, 著械而坐, 謂之囚飮, 坐木杪, 謂之巢飮, 以藁束之, 引首出飮, 復就飮, 謂之鼈飮」.

[其二]

詩中寒食鳳凰城(시중한식봉황성)
想像花陰鬢雪明(상상화음빈설명)
雨霽懷人看野渡(우제회인간야도)
泥深阻客歛楸枰(이심조객감추평)
分畦課植春無限(분휴과식춘무한)
聯幅咀英畵有聲(연폭저영화유성)
共惜良辰期挹酒(공석양신기읍주)
春波灩瀲鴨頭生(춘파염염압두생)

시에서 봉황성(鳳凰城; 京城)의 한식(寒食)을 노래했으니
꽃그늘 아래에서 하얗고 뚜렷한 (그대의) 귀밑머리[428]를 떠올리네.
비 그친 후 멀리 있는 사람을 그리워하며 나루터를 바라보다가
진흙탕에 길이 막힌 나그네와 바둑[429]이나 두려 하네.
밭두둑 나누고 씨앗 심느라 봄철은 끝없이 바쁜데
여러 폭 글을 음미하노라니[430] 그림 속에 소리가 있네.
좋은 날에 마시기로 한 술 약속을 아쉬워하는데
넘실거리는 봄 물빛[431]이 피어오르네.

---

428 鬢雪(빈설) : 살쩍이(귀밑머리) 눈처럼 흼. 당(唐) 백거이(白居易)의 《別行簡詩》에 「漠漠病眼花, 星星愁鬢雪」.

429 楸枰(추평) : 바둑판. 당(唐) 온정균(溫庭筠)의 《觀棋詩》에 「閑對楸枰傾一壺, 黃華坪上幾成盧」.

430 咀英(저영) : 저화(咀華). 문장의 요점을 음미함. 당(唐) 한유(韓愈)의 《進學解》에 「沈浸醲郁, 含英咀華, 作爲文章, 其書滿家」.

431 鴨頭(압두) : 물빛을 형용. 물오리의 머리가 물빛을 띤다고 하여 이르는 말. 당(唐) 이하(李賀)의 《同沈駙馬賦得御溝水詩》에 「繞堤龍骨冷, 拂岸鴨頭香」.

233 아버님의 가르침을 받는 자리[432]에서 동성(東城)의 시에 차운하다 鯉池席上次東城韻

岸柳林花欲暮春(안류임화욕모춘)
良辰行樂最關身(양신행락최한신)
偶占竹樹淸閒地(우점죽수청한지)
自作江湖好主人(자작강호호주인)
三尺峨洋猶有耳(삼척아양유유이)
一生文字未通神(일생문자미통신)
相思相見還無語(상사상견환무어)
離合人間倘有因(이합인간상유인)

언덕의 버드나무와 숲의 꽃에 봄이 저무는데
좋은 날에 즐기는 것은 이 몸과 가장 관계있는 일이리라.
우연히 차지한 죽수 고을은 맑고 한가로운 땅이라
스스로 강호 주인된 것을 좋아하네.
석 자 가야금[433]의 낭랑한 음악 소리는 지금도 귀에 들리나
일생의 학문은 아직도 비범하지[434] 못하네.
서로 그리워하다가 만났으나 도리어 말이 없는 것은
인간의 만남과 헤어짐에는 원인이 있기 때문이리라.

---

432 鯉池(이지) : 이정(鯉庭). 아들이 아버지의 가르침을 받음을 이르는 말. 공자(孔子)의 아들 이(鯉)가 뜰을 지나갈 때, 공자가 그를 불러 시(詩)와 예(禮)를 배워야 한다고 훈계한 데서 유래. 당(唐) 양여사(楊汝士)의 《宴楊僕射新昌里第詩》에 「文章舊價留鸞掖, 桃理新陰在鯉庭」.

433 三尺(삼척) : 삼척동(三尺桐). 삼척고동(三尺枯桐). 3자 길이의 오동나무. 곧 가야금이나 거문고를 이르는 말. 송(宋) 소식(蘇軾)의 《戴道士得四字代作詩》에 「賴此三尺桐, 中有山水意」.

434 通神(통신) : 신령함과 통함. 재주나 능력이 비범함을 형용. 한(漢) 왕연수(王延壽)의 《魯靈光殿賦》에 「非夫通神之俊才, 誰能剋成乎此勳」.

234 수산(壽山; 鄭祚源)의 시에 차운하다
次壽山韻

鷰語鶯歌物物新(연어앵가물물신)
痴心每欲駐長春(치심매욕주장춘)
牕外梅靑猶晩節(창외매청유만절)
夢中李白忽傳神(몽중이백홀전신)
寒食東風虛度後(한식동풍허도후)
流觴是月寂寥濱(유상시월적료빈)
良朋幸勿良辰負(양붕행물양신부)
遊戲江天任爾眞(유희강천임이진)

제비 지저귀고 앵무새 노래하니 물물마다 새롭고
어리석은 마음에 바라는 것은 봄이 오래 머무는 것이라네.
창밖 매화가 푸르니 철은 응당 늦었고
문득 이백(李白)의 모습을 꿈속에 그려보네.[435]
한식 봄날[436]을 헛되이 보낸 후에
이달에 유상곡수(流觴曲水)[437] 하렸더니 물가마저 적막하네.
어진 벗님께서 다행히 좋은 날의 약속을 저버리지 않으신다면
강가에서 자연에 내맡기고[438] 마음껏 놀아보리라.

435 傳神(전신) : 초상화(肖像畵). 송(宋) 장사정(張師正)의 《括異志, 許偏頭》에 「成都府畵師許偏頭者, 忘其名, 善傳神, 開畵肆於觀街, 一日, 有貧人, 弊衣憔悴, 約四十許, 負布囊, 詣許求傳神」.

436 東風(동풍) : 봄날. 당(唐) 나은(羅隱)의 《綿谷回寄蔡氏昆仲詩》에 「一年兩度錦城遊, 前值東風後值秋」.

437 流觴(유상) : 유상곡수(流觴曲水). 굽어 흐르는 물에 술잔을 띄워 그 잔이 자기에게 오기 전에 시를 짓는 일. 진(晉) 왕희지(王羲之)의 《蘭亭集序》에 「又有淸流激湍, 映帶左右, 引以爲流觴曲水」.

438 任爾眞(임이진) : 임진(任眞). 자연에 내맡김. 진솔하게 행동하고 외면을 꾸미지 않음. 진(晉) 도잠(陶潛)의 《連雨獨飮詩》에 「天豈去此哉, 任眞無所先」.

235 간단하게 한잔 마시며 – 3수

小酌 – 三首

[其一]

五更江閣一燈斜(오경강각일등사)
多謝良朋不棄遐(다사양붕불기하)
詞賦相傳鳴以楚(사부상전명이초)
湖山遠闢大於巴(호산원벽대어파)
眈盃達士偏號竹(탐배달사편호죽)
臥雪何人更畫芭(와설하인갱화파)
弄月吟風今夕可(농월음풍금석가)
詩惟君唱酒吾賒(시유군창주오사)

새벽 무렵 강가 누각에 켠 등잔의 심지는 기울어 가는데[439]
좋은 벗이 (나를) 저버리지 않음에 고맙다고 인사하네.
서로 전하는 사부(詞賦)는 초객(楚客)[440]을 울리겠고
멀리 열린 호수와 산은 파촉(巴蜀)[441]보다 크겠네.
통달한 선비는 술잔을 바라보며 자못 퉁소를 부는데
청고하게 살며[442] 파초를 그린 사람은 누구였던가?
오늘 저녁에는 음풍농월이 가하니
그대는 시를 읊느라 나에게 술 따르는 것도 더디군요.

---

439 燈斜(등사) : 사등(斜燈). 측면에서 비추는 등불. 본문에서는 등불의 심지가 기울어 가는 모습. 남조 양(南朝梁) 간문제(簡文帝)의 《倡婦怨情二十韻》에 「斜燈入錦帳, 微煙出玉牀」.

440 楚(초) : 초객(楚客). 초(楚)나라 나그네. 굴원(屈原)을 이르는 말. 당(唐) 이백(李白)의 《愁陽春賦》에 「明妃玉塞, 楚客楓林, 試登高而望遠, 痛切骨而傷心」.

441 巴(파) : 파촉(巴蜀). 진한(秦漢) 시대에 둔 파군(巴郡)과 촉군(蜀郡). 《後漢書, 光武帝紀 上》에 「公孫述稱王巴蜀, 李憲自立爲淮南王」.

442 臥雪(와설) : 안빈 청고(安貧淸高)함을 이르는 한(漢)나라 원안(袁安)과 삼국시대 위(魏)나라 초선(焦先)의 전고(典故). 진(晉) 황보밀(皇甫謐)의 《高士傳, 焦先》에 「後野火燒其廬, 先因露寢, 遭冬雪大至, 先袒臥不移, 人以爲死, 就視如故」.

[其二]

鯨水洋洋鳳岳青(경수양양봉악청)
客來時喚故人醒(객래시환고인성)
開筵幸得瓊琚手(개연행득경거수)
處世難逃土木形(처세난도토목형)
五夜淸光湖上雪(오야청광호상설)
百年雅契酒中星(백년아계주중성)
荒詩醉墨任題畢(황시취묵임제필)
猶勝高樓鋟梓銘(유승고루침재명)

넓은 물은 끝이 없고 봉악(鳳岳)은 푸른데
나그네가 와서 부르니 비로소 술에서 깨어났다오.
술자리 마련하여 다행히 아름다운 시를 얻었고
세상에 살면서 도망가기 어려우니 꾸밈없이[443] 살리라.
새벽녘 맑은 빛은 호숫가의 눈이오
평생의 우정[444]은 술잔에 잠긴 새벽별[445]이라.
술에 취해 거친 시를 쓰고 마음대로 제목을 붙이니
높은 누각에 걸어 놓은 현판[446]보다는 낫다하겠네.

---

443 土木形(토목형) : 토목형해(土木形骸). 흙이나 나무처럼 생긴 대로 두고 몸을 꾸미지 않은 모습. 《晉書, 嵇康傳》에 「康早孤, 有奇才……有風儀, 而土木形骸, 不自藻飾, 人以爲龍章鳳姿, 天質自然」.

444 雅契(아계) : 의기투합함. 의정. 친분. 당(唐)나라 왕발(王勃)의 《上明員外啓》에 「垂雅契於長年, 叙情交於累世」.

445 中星(중성) : 이십팔수 중 해가 질 때나 돋을 때 하늘의 정남쪽에 보이는 별. 《書經, 堯典》에 「曆象日月星辰, 〈孔傳〉星, 四方中星」.

446 鋟梓(침재) : 판목에 새겨 인쇄함. 흔히 가래나무를 판목으로 사용한 데서 일컫는 말. 원(元) 위거안(韋居安)의 《梅磵詩話, 上》에 「眉山史學齋繩祖內子著錦官百詠, 鋟梓於柯山倅廨」.

[其三]

霽雪前川小棹回(제설전천소도회)
寒天竹牖爲君開(한천죽용위군개)
琴中流水探牙譜(금중유수탐아보)
簾畔靑山滴鈞坮(렴반청산적조대)
爲暢衿懷投井轄(위창금회투정할)
飜驚歲色動葭灰(번경세색동가회)
故人幸伴陽春到(고인행반양춘도)
起傍寒梅筮地雷(기방한매서지뢰)

눈 그친 앞개울에 작은 배 타고 돌아오시니
날씨는 추워도 그대를 위해 대나무 창[447]을 열어 놓으리.
낭랑하게 거문고 타기[448] 위해 아름다운 악보[449]를 찾노라니
주렴 밖 청산의 낚시터[450]에는 물방울이 듣네.
속마음 펼쳐 놓으라고 떠나지 못하게 정중히 만류하고
세상 돌아가는 형편에 자주 놀라니 점을 쳐보네.[451]
다행히도 벗은 따뜻한 봄과 함께 오셨고
한매(寒梅)가 곁에서 피어나니 집터를 점쳐보리라.

---

447 竹牖(죽용) : '죽유(竹牖)'의 오기.

448 琴中流水(금중유수) : 거문고에 흐르는 물. 거문고로 아아양양(峨峨洋洋)하게 연주함.

449 牙譜(아보) : '아보(雅譜)'의 오기. 기품이 높고 우아한 운율(韻律)의 악보.

450 鈞坮(균대) : '조대(釣坮)'의 오기. 조어대(釣魚臺; 낚시터). 주(周)의 강태공(姜太公)이 낚시하던 곳.

451 葭灰(가회) : 갈대의 줄기 속에 들어 있는 갈청을 태운 재를 율관(律管)에 넣고 밀폐한 방에 두어 그 재가 날아오르는 것을 보고 절후를 측정함. 송(宋) 소식(蘇軾)의 《內中御侍已下賀皇太后冬至詞語》에 「伏以候氣葭灰, 喜律筒之已應」.

236 안경
眼鏡

瑁飾銀粧象矩規(모식은장상구규)
睫坮高揭好風儀(첩대고게호풍의)
蛾眉宛轉雙輪月(아미완전쌍륜월)
鶴膝交開兩節枝(학슬교개양절지)
燭下明回蝌蚪字(촉하명회과두자)
湖心濯出玉氷姿(호심탁출옥빙자)
天光炯照方塘鑑(천광형조방당감)
爲誦滄洲去後詩(위송창주거후시)

대모(玳瑁)[452]와 은으로 장식하고 구규(矩規)[453] 모양을 하였는데
눈썹 가까이에 높이 거니 풍모와 의취가 좋기도 하구나.
두리번거리는 아름다운 두 눈은 둥그런 달 같고
엇갈리게 벌려진 두 다리[454]는 두 매듭의 가지로구나.
촛불 아래에서 흐릿하던 과두(蝌蚪) 글자[455]가 밝게 보이고
호수의 맑고 깨끗한 자태는 씻은 듯이 솟아나는구나.
지혜의 광채가 피어나 밝게 비춰 네모진 연못을 보며
창주(滄洲)[456]로 들어가서 시를 외우리로다.

---

452 모(瑁) : 대모(玳瑁). 거북의 일종. 한(漢) 사마상여(司馬相如)의 《子虛賦》에 「其中則有神龜蛟鼉, 玳瑁鼈黿」.

453 矩規(구규) : 곱자와 걸음쇠. 《玉篇, 矢部》에 「矩, 圓曰規, 方曰矩」.

454 鶴膝(학슬) : 댓가지. 본문에서는 안경다리를 의미. 송(宋) 유극장(劉克莊)의 《鵲橋仙, 足痛詞》에 「此兒害跛, 羣兒拍手, 次第加公九錫, 不消長塵短轅車, 但乞取一枝鶴膝」.

455 蝌蚪字(과두자) : 과두문자(蝌蚪文字). 글자체의 한 가지. 청(淸) 요내(姚鼐)의 《篆秋草堂歌贈錢獻之》에 「魯壁再傳蝌蚪書, 相傳竟斷衞伯儒」.

456 滄洲(창주) : 물가에 있는 지역. 주로 은자가 사는 곳. 삼국 위(三國魏) 완적(阮籍)의 《爲鄭冲勸晉王箋》에 「然後臨滄洲而謝支伯, 登箕山而揖許由」.

237 학고(鶴皐) 이여집(李汝楫)이 내방하다
鶴皐李汝楫來訪

痴坐江天掩竹扉(치좌강천엄죽비)
多情笻屐趁斜暉(다정공극진사휘)
故人宅畔青山靜(고인택반청산정)
我客歌中白雪飛(아객가중백설비)
酒爲通宵斟暖屋(주위통소짐난옥)
衣將卒歲促寒機(의장졸세촉한기)
光陰苒苒徒添齒(광음염염도첨치)
堪愧蘧瑗四十非(감괴거원사십비)

강가에 대사립을 닫고 멍하니 앉아 있노라니[457]
다정하게 대지팡이에 나막신 신고 노을을 따라오셨네.
벗이 사는 집은 청산의 언덕에 고요하리니
나그네가 된 우리들의 노래는 흰 눈 속에 날리네.
밤새도록[458] 술을 따른데 방안은 따뜻한데
한 해를 보내며 (새해의) 옷을 짓느라 (아낙들은) 추운 밤 베틀[459]을 재촉하네.
세월은 흐르고 흘러 헛되이 나이만 더하니
거원(蘧瑗)이 50세에 49년간의 잘못 깨달았음을[460] 부끄러워하네.

457 痴坐(치좌) : 멍청히 앉아 있음. 금(金) 원호문(元好問)의 《醉猫圖, 何尊師畵宣和內府物詩》에 「窟邊癡坐費工夫, 側輥橫眠却自如」.

458 通宵(통소) : 밤새도록. 당(唐) 정선지(丁仙芝)의 《京中守歲詩》에 「守歲多然燭, 通宵莫掩扉」.

459 寒機(한기) : 추운 밤의 베틀. 남조 송(南朝宋) 포조(鮑照)의 《和王義興七夕詩》에 「寒機思孀婦, 秋堂泣征客」.

460 蘧瑗四十非(거원사십비) : 거원지비(蘧瑗知非). 거원은 춘추시대 위(衛)나라 사람. 거원이 50세에 49년 동안의 과오를 깨달았다는 고사. 《論語, 憲問》에 「蘧伯玉使人於孔子, 孔子與之坐而問焉, 曰, 夫子何爲, 對曰, 夫子欲寡其過而未能也, 使者出, 子曰, 使乎使乎」.

238 죽포(竹圃; 安楨)를 만나 간소하게 한잔하다
逢竹圃小酌

日來膠擾送殘春(일래교요송잔춘)
好話逢君滌洗塵(호화봉군척세진)
髮白都休天下事(발백도휴천하사)
眼青猶喜意中人(안청유희의중인)
懷珍經籍無求世(회진경적무구세)
養拙林泉自在身(양拙임천자재신)
樽席休言忙去路(준석휴언망거로)
江城旣雨更淸新(강성기우갱청신)

지난 며칠 동안 남은 봄을 보내느라 혼란스러웠는데[461]
그대 만나 좋은 이야기를 나누니 먼지가 씻어지네.
머리털이 희어지니 세상일은 그만두었는데
눈 크게 뜨고[462] 기다리던 사람 만났음을 기뻐하네.
경적(經籍)에 관한 재주가 있으면서도[463] 구함이 없고
재능이 부족하다고 자연에서 한가롭고[464] 편안히 지내는구려.
술자리에서는 아무 말 하지 않고 갈 길에 마음 조급해하니
강촌에는 비가 내리다가 다시 맑아지네.

---

461 膠擾(교요) : 혼란함. 송(宋) 정구(程俱)의 《過方子通惟深詩》에 「塵中等膠擾, 念此將焉從」.

462 眼靑(안청) : 눈을 크게 뜸. 마음이 흥분됨을 형용. 명(明) 이지(李贄)의 《三叛記》에 「楊胖平日好瞌睡, 不知此夜何忽眼靑, 無乃上事, 欣然而笑」.

463 懷珍(회진) : 회재(懷才). 재능 있음. 한(漢) 이릉(李陵)의 《答蘇武書》에 「卒使懷才受謗, 能不得展」.

464 養拙(양졸) : 재능이 부족하여 한가로이 지냄. 은사(隱士)의 겸사. 진(晉) 반악(潘岳)의 《閑居賦》에 「仰衆妙而絶思, 終優遊而養拙」.

239 외척 풍호(楓湖) 임(林○○)이 와서 함께 짓다 – 2수
外戚楓湖林○○見訪共賦 – 二首

[其一]

三年蟄伏守山家(삼년칩복수산가)
何幸跫音不我遐(하행공음불아하)
淡抹山容經宿雨(담말산용경숙우)
澄明湖色繞晴沙(징명호색요청사)
閒來得友經營酒(한래득우경영주)
老來耽春事業花(노래탐춘사업화)
錦里綾鄉如何接(금리능향여하접)
烟朝月夕數相過(연조월석삭상과)

3년을 칩거하며[465] 산집을 지키다가
발자국 소리 들리니 나를 멀리하지 않음은 무슨 행운인가?
지난 밤 내린 비로 산은 담박하고 말쑥한데
호수의 물빛은 맑고 밝게 갠 모래톱을 둘렀네.
평소엔 벗을 얻으면 술을 마련하였고
늘그막엔 봄을 즐기느라 꽃을 키웠네.
비단같이 아름다운 고을[466]을 어떻게 가까이하리오?
인개 피는 아침 달 뜨는 저녁에 자주 지나지는 것을.

465 蟄伏(칩복) : 사람이 칩거(蟄居)함을 이르는 말. 진(晉) 갈홍(葛洪)의 《抱朴子, 嘉遁》에 「蟄伏於盛夏, 藏華於當春」.

466 錦里綾鄉(금리능향) : 비단같이 아름다운 고을이나 마을. 금리(錦里)는 금관성(錦官城; 成都의 별칭)으로 비단 짜던 일을 관장하던 관서가 있었던 데서 붙여진 이름.

[其二]

探春笻屐過江隣(탐춘공극과강린)
三月東風物物新(삼월동풍물물신)
時雨停雲懷想切(시우정운회상절)
奇花異草品題均(기화이초품제균)
湖山與我當眞面(호산여아당진면)
文酒酬朋樂此身(문주수붕락차신)
數疊陽關皆絶唱(수첩양관개절창)
聯床語笑且津津(연상어소차진진)

대지팡이에 나막신 신고 봄 찾아 강가를 지나노라니
춘삼월 풍경이 물물마다 새롭네.
때맞추어 내리는 비와 멈춰 선 구름[467]에 그리는 정은 간절한데
기화이초(奇花異草)들의 품제(品題)[468]는 똑같다하겠네.
호수와 산은 나와 함께 참모습이니
글벗 술벗들에게 술이나 따르며 이 한 몸 즐기리라.
거듭거듭 부르는 이별 노래[469]는 모두가 절창이오
상을 마주하고 나누는 담소 또한 무척이나 재미있네.[470]

467 停雲(정운) : 멈추어 있는 구름. 후세에는 친구를 그리워하는 뜻으로 전의됨. 진(晉) 도잠(陶潛)의 《停雲詩》에 「靄靄停雲, 濛濛時雨」.

468 品題(품제) : 품평에 대한 화제나 내용. 《後漢書, 許劭傳》에 「劭與靖俱有高名, 好共覈論鄕黨人物, 每月輒更其品題, 故汝南俗有月旦評焉」.

469 數疊陽關(수첩양관) : 양관삼첩(陽關三疊). 옛 악곡의 이름으로 이별할 때 부르는 노래.

470 津津(진진) : 기쁨과 즐거움이 충만한 모양. 송(宋) 범성대(范成大)의 《吳船錄, 上》에 「寺有唐畵羅漢一板, 筆跡超妙, 眉目津津, 欲與人語」.

240 월곡(月谷)에서 형님을 모시고, 아우들과 계광(溪狂; 陳錫馨)이 나란히 지팡이를 짚고 집으로 돌아오는 도중에 짓다 – 2수
自月谷陪舍伯還第舍弟與溪狂聯筇途中作 – 二首

[其一]

四筇十里路(사공십리로)
萬物一元春(만물일원춘)
江雁還如我(강안화여아)
沙鷗自近人(사구자근인)
月西桼柘舊(월서엽자구)
郡北水篁新(군북수황신)
況與墨溪友(황여묵계우)
詠觴親復親(영상친복친)

네 사람이 지팡이를 짚고 십 리 길을 걷노라니
계절은 만물의 시초인 봄이로구나.
강 기러기는 나를 따르고
모래톱 갈매기는 사람들과 가까워지네.
달 지는 서쪽의 엽자(桼柘; 扶桑)[471]는 예와 같고
군의 북쪽 물가의 황죽이 새롭네.
더구나 묵색(墨峉) 계광(溪狂)과 함께하여
술 마시고 흥겹게 노래하니 거듭 친하다 하겠네.

---

471 桼柘(엽자) : 상자(桼柘). 상자(桼柘)는 산뽕나무. 부상(扶桑)의 뜻으로 해가 뜨는 곳. 《楚辭, 九歌, 東君》에 「暾將出兮東方, 照吾檻兮扶桑」.

[其二]

新春好伴故人還(신춘호반고인환)
三十年來住此間(삼십년래주차간)
腔調平生和白雪(강조평생화백설)
詩肩突兀立靑山(시견돌올입청산)
蔣詡攸居開竹逕(장후유거개죽경)
何戡依舊唱陽關(하감의구창양관)
良辰幸勿催歸路(양신행물최귀로)
苒苒紅潮未上顔(염염홍조미상안)

새봄에 친한 벗과 좋은 짝이 되어 돌아와
30여 년 이곳에 살았었다오.
평생 백설에 응하며 시를 지었고
시를 짓느라 고심해도[472] 청산처럼 우뚝했네.
장후(蔣詡)[473]처럼 태연하게 살며 대숲 길을 가꾸었으니
어찌 예전처럼 양관(陽關) 땅 이별가를 부르리.[474]
좋은 때에 만나 돌아가는 길 서두르지 말라는 것은
아직 술 마신 얼굴이 붉어지지도[475] 않았기 때문이라오.

---

472 詩肩(시견) : 시견수(詩肩瘦). 가난과 고음(苦吟)으로 앙상해진 시인의 어깨. 좋은 시를 짓기 위해 고심하는 모습을 형용. 송(宋) 소식(蘇軾)의 《是日宿水陸寺寄北山淸順僧詩 2》에 「遙想後身窮賈島, 夜寒應聳作詩肩」.

473 蔣詡(장후) : 한(漢) 두릉(杜陵) 사람. 자는 원경(元卿). 일찍이 집 앞에 삼경(三徑; 松徑 · 竹徑 · 菊徑)을 열어 놓고 본인과 중양(仲羊) · 중종(仲從)과 놀았다는 고사.

474 唱陽關(창양관) : 양관삼첩(陽關三疊)의 이별 노래를 부름. 왕유(王維)의 《送元二使安西》.

475 紅潮(홍조) : 취하거나 부끄러워하여 붉어진 얼굴. 명(明) 양신(楊愼)의 《小春紅梅效徐庾體詩》에 「鮮粧呈粉艶, 醉頰湧紅潮」.

241 이전 시의 운(韻)을 좇아 차운함
追次前韻

何處逍遙客(하처소요객)
覓來竹里春(멱래죽리춘)
每逢詩上士(매봉시상사)
自愧飮中人(자괴음중인)
生理簞瓢樂(생리단표락)
心懷釰筑新(심회일축신)
團欒今夕話(단란금석화)
況復弟兄親(황부제형친)

어느 곳을 소요하던 나그네건대
대숲 우거진 고을의 봄을 찾아오셨는가.
빼어난 시인[476]을 만날 때마다
보통사람[477]들은 술 마시며 부끄러워한다네.
살아가는 이치는 단사표음(簞食瓢飮)[478]을 즐기고
생각은 무딘 축(筑)[479]이나마 새롭게 켜려 하네.
오늘 밤엔 이야기 나누며 단란하게 즐기리니
한층 더 형제의 친밀함을 나누어보세.

---

476 上士(상사) : 덕(德)이 높고 훌륭한 선비. 《老子 42》에 「上士聞道, 勤而行之」.

477 中人(중인) : 상인(常人). 중등의 자질을 지닌 사람. 《論語, 雍也》에 「中人以上, 可以於上也, 中人以下, 不可以於上也」.

478 簞瓢(단표) : 단사표음(簞食瓢飮). 대그릇에 담긴 밥과 표주박에 담긴 물. 안빈낙도하는 생활. 《論語, 雍也》에 「一簞食, 一瓢飮, 在陋巷, 人不堪其憂, 回也不改其樂, 賢哉回也」.

479 筑(축) : 고대 현악기의 이름. 5현 · 13현 · 21현 등의 설이 있음.

242 화교(華郊; 曺鳳默)의 눈을 노래한 시[480]를 따라 지어 보내다 – 2수
追步詠雪韻寄華郊 – 二首

[其一]

萬樹瓊花一草堂(만수경화일초당)
陽春舊譜和音長(양춘구보화음장)
活畫江天誰獨釣(활화강천수독조)
深屛夜燭最宜觴(심병야촉최의상)
瀟灑園林氷蘖色(소쇄원림빙얼색)
虛明簾箔水晶光(허명렴박수정광)
臘前三白占豊稔(납전삼백점풍임)
但願年年迄用康(단원연년흘용강)

초가집 수많은 나무에 눈꽃이 피어나니
옛 악보에서 조화롭고 고아한[481] 음률을 오래도록 켜보네.
그림 같은 경치 속 강가에서 홀로 낚시하는 사람은 누구인가
촛불 켠 밤 병풍을 두르고 술 마시는 것이 가장 마땅한 일이리라.
맑고 깨끗한 원림에는 얼음 속 그루터기에 새싹이 빛나고
맑고 밝은 대나무 발은 수정처럼 반짝이네.
납일(臘日) 전 두세 번 내리는 눈[482]에 풍년을 점쳐보니
다만 원하는 것은 해마다 편안한 것이라네.[483]

---

480 《華郊集, 卷一》에 〈雪〉이 있음.

481 陽春(양춘) : 양춘백설(陽春白雪). 초(楚)나라의 우아한 가곡. 《文選, 宋玉, 對楚王問》에 「其爲陽阿・薤露, 國中屬而和者數百人, 其爲陽春・白雪, 國中屬而和者不過數十人而已」.

482 臘前三白(납전삼백) : 납설(臘雪). 납일(臘日) 전에 두세 번 내리는 눈. 송(宋) 양만리(楊萬里)의 《上元前大雪卽晴詩》에 「臘前三白已奇絶」.

483 迄用康(흘용강) : 거의 편안하게 다스려짐. 《漢書, 元帝紀》에 「詩不云虖, 民亦勞止, 迄可小康, 惠此中國, 以綏四方」.

[其二]

歲律居然蟋在堂(세율거연실재당)
層凌雪色海山長(층릉설색해산장)
塵編可惜三餘日(진편가석삼여일)
宿債何辭百罰觴(숙채하사백벌상)
興逸飄乎蘇赤壁(흥일표호소적벽)
人高巋若魯靈光(인고규약노영광)
新蓂好伴寒梅信(신명호반한매신)
認是殘年也濟康(인시잔년야제강)

편안하게 한 해가 저무는데[484] 귀뚜라미는 방에 들고
층층이 쌓인 눈빛에 바다와 산은 광활하네.
오래된 책들을 한가한 날[485]에 다 보지 못했음을 애석해 하노니
미처 짓지 못한 시에 어찌 백 잔의 벌주를 사양하리오.
흥이 빠른 것은 가벼이 뜬[486] 소동파(蘇東坡)의 적벽부(赤壁賦)라 하겠고
사람이 높은 것은 크고 우뚝 선 노영광전(魯靈光殿)[487]이라 하겠네.
새 책력과 한매가 피었다는 소식은 좋은 짝이 되었으니
남은 생애에는 백성을 편안히 구제하리란 것을 알겠네.

---

484 歲律(세율) : 세율기모(歲聿其莫). 한 해가 저물어 감. 《詩經, 唐風, 蟋蟀》에 「蟋蟀在堂, 歲聿其莫, 今我不樂, 日月其除, 無已大康, 職士其居, 好樂無荒, 良士瞿瞿」.

485 三餘(삼여) : 책 보기에 좋은 세 때의 겨를. 한가한 때. 겨울과 밤과 비 오는 날. 《三國志, 魏志, 王肅傳》에 「明帝時大司農弘農·董遇等, 亦歷注經傳, 頗傳於世」.

486 飄乎(표호) : 표표호(飄飄乎). 가벼이 떠 있는 모양. 송(宋) 소동파(蘇東坡)의 《赤壁賦》에 「浩浩乎如憑虛御風而不知其所止, 飄飄乎如遺世獨立, 羽化而登仙」.

487 魯靈光(노영광) : 노영광전(魯靈光殿). 한 대(漢代)의 궁전. 한(漢) 왕연수(王延壽)의 《魯靈光殿賦序》에 「魯靈光殿者, 蓋景帝程姬之子恭王餘之所立也……遭漢中微, 盜賊奔突, 自西京未央·建章之殿, 皆見隳壞, 而靈光巋然獨存」.

243 형님과 아우들이 와서 모이다
舍伯舍弟來會

楓林丹渥露葭淸(풍림단악로가청)
剝啄庭扉倒屣迎(박탁정비도사영)
天連秋水無塵累(천연추수무진루)
野頌豊年有笑聲(야송풍년유소성)
壎篪迭唱湛和樂(훈지질창담화락)
琹酒相酬故舊情(금주상수고구정)
詩榻不須愁暮景(시탑불수수모경)
陰雲蔽日又非輕(음운폐일우비경)

단풍 숲은 짙은 홍색이고[488] 이슬 맞은 갈대는 맑은데
사립문 두드리는 소리[489]에 짚신에 넘어질 듯 달려가 맞이하네.
하늘은 가을 강물에 닿아 진세에 얽매이지 않고
들녘에서는 풍년의 노래와 웃음소리.
훈지(壎篪)[490]를 번갈아 부르며 화목하고 편안하게 즐기니
거문고 타고 술을 권하니 본래의 옛정이네.
시에서는 저무는 경치를 애달파하지 않을 것이나
간신이 임금의 덕을 가림에는[491] 어찌 너그럽겠는가.[492]

---

488 丹渥(단악) : 짙은 홍색. 당(唐) 유우석(劉禹錫)의 《百花行》에 「滿庭蕩魂魄, 照廡成丹渥」.

489 剝啄(박탁) : 의성어. 똑똑. 딱딱. 방문객의 발소리나 문을 두드리는 소리. 당(唐) 한유(韓愈)의 《剝啄行》에 「剝剝啄啄, 有客至門」.

490 壎篪(훈지) : 질나팔과 저. 훈지상화(壎篪相和). 형은 질나팔을 불고 아우는 이에 화답하여 저를 분다는 뜻으로 형제가 서로 화목함.

491 蔽日(폐일) : 해를 가림. 본문의 '음운폐일(陰雲蔽日)'은 시대를 고뇌하는 내용으로 '간신[陰雲]이 임금의 덕을 가림의 뜻. 《楚辭, 九章, 涉江》에 「山峻高以蔽日, 下幽晦以多雨」.

492 非輕(비경) : 어찌 너그럽지 아니하였는가?

244 중양절이 이미 지났는데 단풍과 국화가 아직 남아 있기로 동지들과 간소하게 한잔 마시다
重陽已過楓菊猶存與同志小酌

偃息幽軒少與談(언식유헌소여담)
時時夢踏白雲菴(시시몽답백운암)
得友還嫌如水淡(득우환혐여수담)
抱孫猶可弄飴甘(포손유가롱이감)
古逕梅篁尋蔣詡(고경매황심장후)
芳園文藻遇羅含(방원문조우라함)
淸樽滿酌黃花釀(청준만작황화양)
更續重陽興不堪(경속중양흥불감)

고즈넉한 집에 누워 쉬면서 말을 적게 하는데
가끔씩 꿈에 백운암에 갔었네.
벗 사귐을 꺼려하는 것은 담박하기가 물과 같음이고
손자를 품에 안는 것은 단 엿을 즐기는 것 같다네.
매화와 황죽이 어우러진 옛길에서 장후(蔣詡)를 생각하다가
향기로운 꽃밭에서 문채 좋은 시를 지어 나함(羅含)[493]을 만나리라.
잔 가득 따른 맑은 술은 국화주이니
다시 중양절이 이어지는 것 같아 흥을 참지 못하겠네.

493 羅含(나함) : 중국 진(晉)나라 사람. 문조지몽(文鳥之夢)의 고사. 나함이 어느 날 낮잠을 자다가 무늬[文采]가 아름다운 새가 입속으로 들어가는 꿈을 꾸었는데, 이 말을 들은 어떤 사람이 나함은 후에 반드시 문명(文名)이 있을 것이라고 예언하더니 이 말이 후에 과연 적중하였다는 고사. 《晉書 92》.

245 국화를 읊다
詠菊

日夕餐英夢屈平(일석찬영몽굴평)
百花零落一叢生(백화영락일총생)
人世頹齡猶可刷(인세퇴령유가쇄)
夜霜肅氣不須驚(야상숙기불수경)
色爛黃金疑我富(색란황금의아부)
香凝白酒與君傾(향응백주여군경)
幽芳孰愛陶然後(유방숙애도연후)
晋史千年露挹淸(진사천년로읍청)

날마다 저녁에는 국화를 먹었다[494]는 굴평(屈平)을 꿈꾸는데
무더기로 난 온갖 꽃들은 하나같이 시들어 떨어지네.
인간 세상에서 노쇠[495]해지는 것은 닦아낼 수 있으니
밤 서리 쌀쌀한 기운[496]은 놀랄 일도 아니리라.
황금빛 찬란한 색은 나를 부자로 여기게 하고[497]
백주에 엉긴 향은 그대와 술잔을 기울이게 하네.
상쾌한 향기를 즐겨 사랑한 사람은 도연명 이후 누구던가?
천년 진(晉)나라 역사에 맺힌 맑은 이슬[菊花酒]을 술잔에 따르네.

---

494 餐英(찬영) : 국화를 먹음. 은거하여 고결하게 사는 삶을 이르는 전고. 초(楚) 굴원(屈原)의 《楚辭, 離騷》에 「朝飮木蘭之墜露兮, 夕餐秋菊之落英」.

495 頹齡(퇴령) : 노쇠한 나이. 진(晉) 도잠(陶潛)의 《九日閑居詩》에 「酒能祛百慮, 菊爲制頹齡」.

496 肅氣(숙기) : 숙살지기(肅殺之氣). 매섭고 살벌한 기운. 늦가을과 초겨울의 기운. 《漢書, 禮樂志》에 「西顥沆碭, 秋氣肅殺」.

497 色爛黃金疑我富(색란황금의아부) : 국화의 황금색 빛의 찬란함을 강조. '陶朱猗頓之富'의 고사. 도주(陶朱)는 월왕(越王) 구천(句踐)의 신하 범엽(范蠡)의 변명(變名)으로, 축재(蓄財)의 재주로 세 차례 천금을 치부하였고, 의돈(猗頓)은 춘추시대 노국(魯國)의 거부(巨萬).

246 형님과 난석(蘭石; 朴昌壽) 유초(酉樵; 梁敎默)가 나란히 모여 이야기하다
舍伯與蘭石酉樵齊話

人事奔忙世事悠(인사분망세사유)
忽然傾蓋耀江樓(홀연경개요강루)
淸班玉筍金門曉(청반옥순금문효)
晩節黃花老圃秋(만절황화노포추)
濠上游魚眞境趣(호상유어진경취)
霞邊孤鶩夕陽浮(하변고목석양부)
壎篪迭唱峨洋和(훈지질창아양화)
永夜疎簾月上鉤(영야소렴월상구)

인간사는 분망하고 세상사는 아득하기만 한데
문득 처음 만나 사귐에도 강가 누각이 빛나는구나.
재주 빼어난[498] 청렴한 벼슬아치들은[499] 금문(金門)에서 빛나고
황국화는 가을 농원[500]에서 만년의 절개를 지키는구나.
해자(垓子) 안에 노는 물고기[501]는 깨끗한 곳에서 헤엄치고
저녁놀 피어나는 강가의 외로운 오리[502]는 석양에 떠 있네.
훈지(壎篪)를 번갈아 부르며 아아양양(峨峨洋洋) 화답하니
긴 밤 성근 주렴 사이로 조각달이 떠오르네.

---

498 玉筍(옥순) : 옥순반(玉筍班). 뛰어난 인재가 많음을 비유. 당(唐) 정곡(鄭谷)의 《九日偶懷寄左省張起居詩》에 「渾無酒泛金英菊, 漫道官趨玉筍班」.

499 淸班(청반) : 청관(淸官). 고귀한 관직. 청렴한 벼슬아치. 본문에서는 난석 박창수(蘭石朴昌壽)가 승지(承旨)를, 유초 양교묵(酉樵梁敎默)이 감역(監役) 벼슬을 하고 있음을 표현.

500 晩節黃花老圃秋(만절황화노포추) : 황국화는 농원에서 만년의 절개를 지키고 있다. 벼슬을 하지 않은 작가 자신을 지칭. 송(宋) 한기(韓琦)의 《九月水閣詩》에 「雖慚老圃秋容淡, 且看寒花晩節香」.

501 濠上游魚(호상유어) : 해자(垓字; 성을 둘러싼 못)에 노는 물고기. 본문에서는 조정에서 벼슬하는 관리, 곧 난석 박창수(蘭石朴昌壽)와 유초 양교묵(酉樵梁敎默)을 이름.

502 霞邊孤鶩(하변고무) : 저물녘 강가의 외로운 오리. 초야에 숨어사는 은자. 곧 작가 자신을 지칭.

247 화교(華郊; 曺鳳黙)의 시에 화답하다
答華郊韻

幽居涔寂夢初廻(유거잠적몽초회)
客到柴門剝啄開(객도시문박탁개)
近日逍遙三逕竹(근일소요삼경죽)
故人信息一枝梅(고인신식일지매)
東風寒食佳辰卜(동풍한식가신복)
曲水流觴是月來(곡수유상시월래)
漆室餘憂生白屋(칠실여우생백옥)
那將民物共春臺(나장민물공춘대)

궁벽한 곳에 살아 고요한 가운데 꿈꾸노라니
객이 와서 사립문을 똑똑 두드리며 여네.
요 며칠 사이에 삼경의 대숲 길을 소요하였더니
벗이 보내온 소식은 한 줄기 매화로세.
동풍 부는 한식 좋은 날로 점치노라니
유상곡수(流觴曲水)[503]하는 달이 다가오는구나.
초가집[504]에 앉아 있는 서생의 외람된 근심은[505]
어찌하면 백성과 물상이 태평성대[506]에 살까 하는 것이라네.

---

503 曲水流觴(곡수유상) : 유상곡수(流觴曲水). 굽이쳐 흐르는 물에 잔을 띄우며 시를 짓고 놂.

504 白屋(백옥) : 백모(白茅)로 지붕을 이은 집. 평민이나 한사(寒士)의 집. 《尸子, 郡治》에 「人之言君天下者瑤臺九纍, 而堯白屋」.

505 漆室餘憂(칠실여우) : 칠실지우(漆室之憂). 신분에 지나친 근심. 한(漢) 유향(劉向)의 《列女傳, 魯漆室女》에 「漆室女子, 魯漆室邑女也, 過時未適人, 當穆公時, 君老太子幼, 女倚柱而嘯……吾憂魯君老, 太子幼」.

506 春臺(춘대) : 봄 경치를 구경할 수 있는 곳. 성(盛)한 세상의 비유. 《老子, 二十》에 「衆人熙熙, 如享太牢, 如春登臺」. 반악(潘岳)의 《秋興賦》에 「登春臺之熙熙兮, 珥金貂之炯炯」.

248 화교(華郊; 靑鳳黙)를 만나 시를 주고받다 – 2수
逢華郊酬唱 – 二首

[其一]

賓筵淡泊絶塵喧(빈연담박절진훤)
花滿庭階酒滿樽(화만정계주만준)
三月芳辰曾有約(삼월방신증유약)
二年荊榻便忘言(이년형탑편망언)
君應却老嘗丹液(군응각노상단액)
我欲診痾訪素門(아욕진아방소문)
石塢詩朋期不到(석오시붕기불도)
佇瞻春樹暮雲飜(佇첨춘수모운번)

담박한 손님 모신 자리에 속세의 번잡한 일[507]을 끊으니
섬돌에는 꽃이 가득 술동이에는 술이 가득.
춘삼월 좋은 날에 만나자 일찍이 약속했으나
지난 2년간 시를 지을 때[508]에는 문득 할 말을 잊었네.
그대께서는 장생불사약을 드시어 젊어졌으니[509]
나도 의원(醫院)[510]을 방문하여 병을 진찰하리라.
시 벗 석오(石塢)는 기약한 날에 도착하지 않았으니
날리는 서녁 구름을 봄 나무에 기대어 우두커니 바라보네.

---

507 塵喧(진훤) : 훤진(喧塵). 세상의 시끄럽고 귀찮은 일. 속세의 번잡함. 남조 양(南朝梁) 간문제(簡文帝)의 《大同十年十月戊寅詩》에 「喧塵是時息, 靜坐對重巒」.

508 荊榻(형탑) : 시를 짓기 위해 앉아 있는 의자가 가시방석이었음을 비유. 《後漢書, 徐穉傳》에 「蕃在郡不接賓客, 唯穉來特設一榻, 去則懸之」.

509 却老(각로) : 늙음을 물리침. 곧 젊어짐. 《史記, 孝武本紀》에 「是時而李少君亦以祠竈・穀道・卻老方見上, 上尊之」.

510 素門(소문) : 한미한 가문. 본문에서는 약방(藥房) 또는 의원(醫院)으로 풀이. 《宋書, 后妃傳, 孝懿蕭皇后》에 「孝皇陵墳本用素門之禮, 與王者制度奢侈不同」.

[其二]

良辰邂逅興無邊(양신해후흥무변)
白髮蒼顔入畵仙(백발창안입화선)
踏踏靑山携謝屐(답답청산휴사극)
洋洋綠水抱牙絃(양양녹수포아현)
瓊章酬唱三千首(경장수창삼천수)
風骨康寧八十年(풍골강녕팔십년)
莫抱陽關吟別疊(막포양관음별첩)
壺乾當復辦靑錢(호건당복판청전)

좋은 시절에 만났으니 흥은 끝이 없었고
백발에 창백한 얼굴은 그림에 담긴[511] 신선이었네.
사영운(謝靈運)의 나막신[512]을 들고 청산을 뚜벅뚜벅 걷고[513]
백아(伯牙)의 거문고를 안고 넓고 넓은 물을 켜네.
아름다운 시 주고받기는 삼천 수(首)요
건강하고 편안한 나이는 팔십 세네.
양관삼첩(陽關三疊) 이별 노래는 적당치 않으니
술병이 비었으니 응당 술 살 돈[514]을 마련하리라.

---

511 入畵(입화) : 그림에 담음. 당(唐) 한악(韓偓)의 《冬日詩》에 「景狀入詩兼入畵, 言情不盡恨無才」.

512 謝屐(사극) : 사공극(謝公屐). 사영운(謝靈運)의 나막신. 《宋書, 謝靈運傳》에 「尋山陟嶺, 必造幽峻, 巖嶂十重, 莫不備盡. 登躡常著木履, 上山則去其前齒, 下山去其後齒」.

513 踏踏(답답) : 답답(蹋鞜). 의성어. 말발굽 소리. 발걸음 소리. 전촉(前蜀) 관휴(貫休)의 《輕薄篇 2》에 「誰家少年, 馬蹄蹋鞜」.

514 靑錢(청전) : 청동전(靑銅錢). 청동으로 만든 엽전. 본문에서는 술 살 돈. 당(唐) 두보(杜甫)의 《偪側行贈畢四曜》에 「速宜相就飮一斗, 恰有三百靑銅錢」.

249 지파(芝坡)를 만나다
逢芝坡

策黎涉險溯風寒(책려섭험소풍한)
新歲相尋舊誼看(신세상심구의간)
短律酬朋梅咏紐(단율수붕매영뉴)
薄醪欵客菜登盤(박료의객채등반)
人情但願占豊稔(인정단원점풍임)
倭擾誰能措泰安(왜요수능조태안)
景物湖村聊可賞(경물호촌료가상)
一群沙鳥下淸湍(일군사조하청단)

맞바람[515]은 차가운데 험한 길 걷느라 힘든데[516]
새해에는 서로 찾아보며 예전의 정의를 보내리라.
시를 주고받던 벗은 매화 읊은 짧은 시를 묶어 내놓고
손님을 정성스레 대접하느라[517] 박주산채일망정 소반에 올리네.
인정으로 다만 원하는 것은 풍년뿐인데
왜국(倭國)이 소란을 피운다 하니 누가 막아서 태평하게 할 것인가?
호숫가 고을의 경물은 애오라지 완상할 만하니
모래톱 한 무리 새들은 맑은 여울[518]에 날아 내리네.

---

515 溯風(소풍) : 소풍(遡風). 맞바람을 맞음. 《詩經, 大雅, 桑柔》에 「如彼遡風, 亦孔之僾」.
516 策黎(책려) : '책려(策勵)'의 오기. 자신의 마음을 다잡아 힘씀. 《後漢書, 第五倫傳》에 「素性駑怯, 位尊爵重, 拘迫大義, 思自策厲, 雖遭百死, 不敢擇地, 又況親遇危言之世哉」.
517 欵客(관객) : 관객(款客). 손님을 정성스레 대접함.
518 淸湍(청단) : 맑은 여울물. 진(晉) 육기(陸機)의 《日出東南隅行》에 「遺芳結飛飆, 浮景映淸湍」.

250 소춘(小春; 十月) 6일에 화교(華郊; 曺鳳默)와 석문(石門; 鄭潢) 두 벗이 방문하였는데, 서리 맞은 국화가 아직 피어 있음을 보고, 이로 인해 중구일(重九日)에 모였다는 파옹(坡翁; 蘇東坡)의 고사를 엮어 노래함 – 2수

小春六日華石二友委訪見霜菊猶存因爲重九會屬坡翁故事 – 二首

[其一]

軒然步屧任飄輕(헌연보섭임표경)
二老登堂四座傾(이노등당사좌경)
落木千山天際闊(낙목천산천제활)
澄江一道鏡中明(징강일도경중명)
匣琴試拂聲相和(갑금시불성상화)
銅鉢纔鳴語欲驚(동발재명어욕경)
十月黃花重九會(십월황화중구회)
坡仙以後屬余名(파선이후속여명)

나막신 신고 의기양양[519] 가볍게 걷다가
두 노인이 당에 오르니 사방에 앉았던 사람들이 술을 따르네.
온 산에 낙엽 지니 하늘이 훤히 트이고
한 줄기 맑은 강물은 거울인 듯 밝네.
갑 속의 거문고를 시험 삼아 울리니 고르게 어울리고
잠시 동발(銅鉢)[520]을 울리니 놀랄 듯하네.
국화꽃 핀 시월 중구일(重九日)에 모였다는
파선(坡仙; 蘇東坡) 이후 내가 그 이름을 잇고자 하네.

---

519 軒然(헌연) : 의기양양한 모양. 당(唐)나라 원진(元稹)의 《告畬三陽神文》에 「軒然神功, 坐受嘉粟」.

520 銅鉢(동발) : 중이 근행(勤行)할 때 치는 구리로 만든 바릿대 모양의 악기. 《宋書, 文五王禕》에 「禕使左右徐虎兒以金合一枚, 餉幼文, 銅鉢二枚, 餉祖珍, 隆伯 · 幼文具奏其事」.

[其二]

淡雲輕靄掃蒼空(담운경애소창공)
筇屐聯翩溯晚風(공극연편소만풍)
待客香樽斟露菊(대객향준짐로국)
故人淸律落江楓(고인청율낙강풍)
光陰頓覺如雷霎(광음돈각여뢰삽)
離合偏憐似鷰鴻(이합편련사연홍)
却羡自家康濟術(각이자가강제술)
蒼然仙髮渥顏童(창연선발악안동)

열게 낀 구름과 안개[521] 걷힌 푸른 하늘 아래
대지팡이에 나막신 신고 저물녘 맞바람을 쐬며 걷네.
손님을 기다리며 향기로운 술동이의 국화주를 따르노라니
벗의 맑은 음률[522]에 강가의 단풍은 지네.
세월은 잠깐의 우레와 같다는 것을 문득 깨달으니
헤어졌다가 만나고 귀여워함도 제비와 기러기[523] 비슷하리.
자신의 집을 편안하게 구제하는[524] 방법을 마침내 부러워하노라니[525]
신선 같은 머릿결에 쇠한 얼굴이 더욱 젊어 보이네.

---

521 淡雲輕靄(담운경애) : 열게 낀 구름과 안개. 당(唐) 유의지(劉禕之)의 《酬鄭沁州詩》에 「寒山斂輕靄, 霽野澄初旭」.

522 淸律(청률) : 맑은 음률. 《晉書, 石季龍載記 上》에 「魏始建九品之制, 三年一淸定之, 雖未盡弘美, 亦縉紳之淸律, 人倫之明鏡」.

523 鷰鴻(연홍) : 제비와 기러기. 가고 오는 것이 반대여서 잠시 만남을 비유. 청(淸) 방문(方文)의 《蕪陰送錢旣白遊太湖詩》에 「我方來爾邑, 爾復去吾鄕, 交錯如鴻鷰. 拼飛爲稻粱」.

524 康濟(강제) : 안무(按撫)하고 구제함. 《書經, 蔡仲之命》에 「康濟小民, 率自中」.

525 却羡(각이) : '각선(却羨)'과 통용. 마침내 부러워함.

251 감산(橄山) 정진사(鄭進士) 석순(錫淳)가 방문하다
橄山鄭進士錫淳見訪

一夜霜風愶九鐘(일야상풍협구종)
寒暄叙罷意重重(한훤서파의중중)
玩世南華回夢蝶(완세남화회몽접)
併時東野禊雲龍(병시동야계운룡)
秋後奇觀紅樹岸(추후기관홍수안)
天晴爽氣白雲峰(천청삽기백운봉)
籬邊露菊淸香早(이변로국청향조)
且釀深盃琥珀濃(차양심배호박농)

하룻밤 서릿바람이 구종(九鐘)[526]을 으르는데
서로의 안부를 주고받는[527] 따뜻한 마음은 도탑기만 하네.
세상에 즐겁게 놀던 남화(南華)[528]는 호접지몽(胡蝶之夢)에서 돌아왔는데
같은 때에 시골[529]에서는 구름과 용에게 제사 지냈네.
가을 지난 기이한 장관은 산기슭 붉게 물든 나무이고
하늘이 삽상한 것은 산봉우리에 피어오르는 흰 구름이라네.
아침 일찍 울타리에 맑은 국화향기 퍼지면
짙게 익은 호박주(琥珀酒)[530] 한잔을 가득히 마시네.

---

526 九鐘(구종) : 아홉 개의 종. 전설상의 종으로 풍산(豐山)에 있는데 서리가 내리면 운다고 함. 《山海經, 中山經》에 「[豐山]有九鐘焉, 是知霜鳴」.

527 寒暄叙(한훤서) : 서한온(敍寒溫). 날씨의 춥고 더운 것을 말함. 안부를 물음. 청(淸) 적호(翟灝)의 《通俗編, 時序, 敍寒溫》에 「世說, 謝混與王齊王睹, 敍寒溫數語畢, 還與羊孚談賞」.

528 南華(남화) : 남화진인(南華眞人). 장자(莊子)의 다른 이름.

529 東野(동야) : 동교(東郊). 시골. 《晉書, 庾峻傳》에 「知足如疏廣, 雖去列位而居東野」.

530 琥珀(호박) : 호박주(琥珀酒). 《城南亭花詩》에 「北堂珍重琥珀酒, 庭前列肆茱萸席」.

252 아직 병이 낫지 않았는데 화교(華郊; 靑鳳黙)와 만나다 – 3수
病餘逢華郊 – 三首

[其一]

淸風吹我故人留(청풍취아고인유)
荏苒光陰水共流(임염광음수공류)
火宿茗爐煎半夏(화숙명로전반하)
葉飄梧井覺新秋(엽표오정각신추)
白髮偏憐潘岳賦(백발편련반악부)
靑年空負子長遊(청년공부자장유)
詩癖不磨湖海氣(시벽불마호해기)
對君疑是一虛舟(대군의시일허주)

맑은 바람이 부는데 벗을 머무르라 붙들고
세월은 끊임없이 물과 함께 흐르네.
차 화로에 지난밤 잿불로[531] 반하초(半夏草)[532]를 끓이는데
우물에 날리는 오동잎에 초가을이 왔음을 알겠네.[533]
늙어서는 반악(潘岳)의 시를 지나치게 사랑하고
젊어서는 자장(子長)[534]의 공부를 헛되이 하였네.
시벽(詩癖)은 있으나 다듬지 못해 호걸의 기풍[535]만 있었는데
한 척의 허주(虛舟)[536]인 듯한 그대를 대하네.

---

531 火宿(화숙) : 숙화(宿火). 지난밤부터 남아 있는 불. 송(宋) 섭적(葉適)의 《送陳彦群詩》에 「火宿無餘烟, 果實甘衆口」.

532 半夏(반하) : 반하초. 《禮記, 月令》에 「[仲夏之月]鹿角解, 蟬始鳴, 半夏生, 木堇榮」.

533 葉飄梧井覺新秋(엽표오정각신추) : 학문을 이루지도 못하고 헛되이 늙었음을 영탄. 주문공(朱文公)의 《偶吟》에서 「少年易老學難成, 一寸光陰不可輕, 未覺池塘春草夢, 階前梧葉已秋聲」.

534 子長(자장) : 춘추시대(春秋時代) 제(齊)나라 공야장(公冶長)의 자. 《論語, 公冶長》.

535 湖海氣(호해기) : 호걸의 기풍. 《三國志, 魏志, 陳登傳》에 「陳元龍湖海之士, 豪氣不除」.

536 虛舟(허주) : 부리는 사람이 없는 배. 마음에 욕심이 없고 활달하여 구애받지 않음을 비유. 《莊子, 山木》에 「方舟而濟於河, 有虛船來觸舟, 雖有偏心之人不老」.

[其二]

逢場未易別筵輕(봉장미이별연경)
雲樹蒼茫眼幾傾(운수창망안기경)
鄙吝復萌懷叔度(비린복맹회숙도)
座香猶襲憶慈明(좌향유습억자명)
生蒭今欲谷駒縶(생추금욕곡구집)
短律何妨澗鳥驚(단율하방간조경)
後夜江天晴雪後(후야강천청설후)
煖寒一會亦宜情(난한일회역의정)

만나기는 어려운데 이별은 쉬우니
아득히 높다란 나무만 얼마나 우러러보는가.
다랍고 인색한 마음이 싹트면 숙도(叔度)[537]를 생각하고
앉은자리 향내가 젖어드니 자명(慈明)[538]을 기억하네.
골짜기의 망아지에게 싱싱한 풀[539]을 먹이노니
짧은 노래를 부른다한들 어찌 계곡의 새를 놀래게 하리오.
자정이 지난 강가에 눈이 갠 후에
난한회(煖寒會)[540]를 베푸는 것이 마땅한 정이리라.

---

537 叔度(숙도) : 숙도피호(叔度陂湖). 숙도는 후한(後漢) 황헌(黃憲)의 자. 사람의 도량이 관대함을 비유. 《後漢書, 黃憲傳》에 「叔度汪汪, 若千頃陂, 澄之不淸, 淆之不濁, 不可量也」.

538 慈明(자명) : 자명무쌍(慈明無雙). 형제나 동년배 중에서 가장 뛰어난 사람. 자명은 후한(後漢) 순상(荀爽)의 자. 《後漢書, 荀淑傳》에 「有子八人 儉・緄・靖・燾・汪・肅・旉 並有名稱, 時人謂之八龍」.

539 生蒭(생추) : 생추(生芻). 마르지 않은 싱싱한 풀. 현인을 공경하고 예우하는 소박한 예(禮). 《詩經, 小雅, 白駒》에 「生芻一束, 其人如玉」.

540 煖寒一會(난한일회) : 난한회(煖寒會). 큰 눈이 내린 날에 손님을 맞이하여 주연(酒筵)을 베풀던 풍속. 오대(五代) 왕인유(王仁裕)의 《開元天寶遺事, 掃雪迎賓》에 「巨豪王元寶, 每冬月大雪之際, 令僕夫自本家, 坊巷口掃雪爲徑路, 躬親立於坊巷前, 迎揖賓客, 親就本家, 具酒炙宴樂之, 爲煖寒之會」.

[其三]

跫音的歷入虛空(공음적력입허공)
灑落衿期尙古風(쇄락금기상고풍)
待客香樽醅露菊(대객향준배로국)
故人淸律動江楓(고인청률동강풍)
百年聲氣鳴陰鶴(백년성기명음학)
一點痕踪印雪鴻(일점흔종인설홍)
從此源源非卜日(종차원원비복일)
酒謀於婦又茶童(주모어부우다동)

뚜렷한 발자국 소리가 인적 없는 곳으로 들어와
맑은 마음으로 서로를 허락하니 아직도 옛 모습 그대로구려.
손님을 기다리는 향기로운 술동이에 국화를 띄우니
벗의 맑은 노랫소리는 강가 단풍나무를 흔드네.
벗으로 평생토록 취미가 같았으니[541] 그늘에 우는 학이오[542]
남은 자취 눈 위의 찍힌 기러기 발자국[543]이리라.
이어져 온 것을 따른다면 좋은 날을 점치지 않더라도
부인과 다동(茶童)에게 술을 내오라고 하리라.

---

541 聲氣(성기) : 친구 간의 같은 취미나 기호. 《鬼谷子, 中經》에 「聞聲和音, 謂聲氣不同, 則恩愛不接」.

542 鳴陰鶴(명음학) : 명학지응(鳴鶴之應). 성실 돈독한 마음으로 서로 호응함을 비유. 성신(誠信)하면 어두운 곳에 있어도 명성이 밖에 알려져서 동류가 호응한다는 주역(周易) 중부괘(中孚卦)애서 유래. 《易經, 中孚》에 「鳴鶴在陰, 其子和之, 我有好爵, 吾與爾靡之」.

543 雪鴻(설홍) : 설니홍조(雪泥鴻爪). 눈 위에 난 기러기 발자국. 일이 지난 뒤 남은 흔적. 송(宋) 소식(蘇軾)의 《和子由澠池懷舊》에 「人生到處知何似, 應似飛鴻踏雪泥, 泥上偶然留指爪, 鴻飛那復計東西」.

253 늦봄에 몇 사람이 모이다 – 3수
暮春小會 – 三首

[其一]

風裾獵獵短筇飜(풍거엽렵단공번)
二老儀容七尺軒(이노의용칠척헌)
嫩葉殘花何代謝(눈엽잔화하대사)
良辰樂事喜頻煩(양신낙사희빈번)
細論素抱仍詩話(세론소포잉시화)
可愛衰顔帶酒痕(가애衰안대주흔)
十里溪山相望裡(십리계산상망리)
筇鞋從此正源源(공혜종차정원원)

바람에 옷자락을 펄럭이고[544] 지팡이를 바삐 휘두르며 가는
두 노인의 모습은 칠 척 헌헌장부라 하리.
지다 남은 꽃에서 나오는 파릇한 새잎[545]은 무엇을 대신[546]함인가
좋은 날 즐거운 일이 자주 있음을 기뻐하네.
평소의 포부로 시에 대한 이야기를 자세히 의논하노라니
술 자국[547]이 얼룩진 여윈 얼굴을 사랑할 만하네.
내와 산으로 떨어진 십 리 밖에서 서로 바라보고 있었는데
지팡이 소리 신발 소리가 끝없이 이어지리.

---

544 獵獵(엽렵) : 바람에 나부끼는 모양. 남당(南唐) 진도(陳陶)의 《海昌望月詩》에 「獵獵谷底蘭, 搖搖波上鷗」.

545 嫩葉(눈엽) : 파릇파릇한 새잎. 남조 양(南朝梁) 강엄(江淹)의 《雜詞, 愛遠詞》에서 「香枝兮嫩葉, 翡累兮翠疊」.

546 代謝(대사) : 신진대사(新陳代謝). 낡은 것이 새로운 것으로 교체됨. 《文子, 自然》에 「[道]輪轉無窮, 象日月之運行, 若春秋之代謝」.

547 酒痕(주흔) : 술에 얼룩진 자국. 당(唐) 잠삼(岑參)의 《奉送賈侍御史江外詩》에 「荊南渭北難相見, 莫惜衫襟著酒痕」.

[其二]

庭花宜上老人頭(정화의상노인두)
四座高吟一小樓(사좌고음일소루)
流水聲從琴裡聽(유수성종금리청)
碧山影倒盃中浮(벽산영도배중부)
蕭疎鬢髮如癯鶴(소소빈발여구학)
痼癖詩書但汗牛(고벽시서단한우)
支枕斜陽餘趣味(지침사양여취미)
有時牧笛和村謳(유시목적화촌구)

뜰의 꽃을 노인의 머리에 올려드리고
작은 다락에 둘러앉아 높은 소리로 읊조리네.
흐르는 물소리는 거문고 소리에 섞여 들리고
푸른 산 그림자는 술잔 가운데 거꾸로 떠 있네.
성긴 구레나룻은 여윈 학 같고
시서(詩書)에 대한 고집으로[548] 책들은 많기만 하네.[549]
그 밖의 취미는 석양에 베개 베고 눕는 것인데
때마침 목동은 풀피리를 불어 화답하네.

---

548 痼癖(고벽) : 오래되어 고치기 어려운 버릇. 원(元) 반음(潘音)의 《反北山嘲詩》에 「煙霞成痼癖, 聲價藉巢由」.

549 汗牛(한우) : 한우충동(汗牛充棟). 수레에 실으면 소가 땀을 흘리고 쌓으면 마룻대까지 찬다는 뜻으로, 저작(著作)이나 소장 도서가 매우 많음. 당(唐) 유종원(柳宗元)의 《文通先生陸給事墓表》에 「其爲書, 處則充棟宇, 出則汗牛馬」.

[其三]

林霏洞靄破春寒(임비동애파춘한)
好友名花不厭看(호우명화불염간)
更挹離樽何所謝(갱읍이준하소사)
憑人每報竹平安(빙인매보죽평안)

숲과 골짜기의 운무(雲霧)에 봄추위가 그치니
좋은 벗과 이름난 꽃들도 보기 싫지 않아라.
이별의 술잔[550]을 다시 잡으니 어찌 사양하리
인편으로 집안은 늘 평안하다는 글을 전해오네.[551]

---

550 離樽(이준) : 이별의 술잔. 당(唐) 낙빈왕(駱賓王)의 《在袞州餞宋五之問詩》에 「別路青驪遠, 離樽綠蟻空」.

551 報竹平安(보죽평안) : 죽보평안(竹報平安). 집안이 평안하다는 가서(家書)를 이르는 말. 북도(北都) 동자사(童子寺)의 중이 매일 대나무에게 평안함을 알린 데서 유래. 당(唐) 은성식(殷成式)의 《酉陽雜俎續集, 支植 下》에 「衛公(李德裕)言北都惟童子寺有竹一窠, 纔長數尺, 相傳, 其寺綱維, 每日報竹平安」.

254 화수회(花樹會) – 12수
花樹會 – 十二首

[其一]

百年花樹一根同(백년화수일근동)
子滿春枝綠映紅(자만춘지녹영홍)
庭訓洋洋詩禮在(정훈양양시례재)
兒孫宜述古家風(아손의술고가풍)

한평생 하나의 뿌리로 같은 동족(同族)들의 모임이니
봄 가지에 푸른 잎 붉은 꽃이 서로 덮이듯 자손은 창성하리라.
가정의 가르침에는 길이 이어지는 시례(詩禮)[552]가 있으니
아들과 손자들도 의당 고가(古家)의 풍모를 이으리라.

552 詩禮(시례) : 시례지훈(詩禮之訓). 자식이 부친에게서 받은 교훈.

[其二]

暮去仍朝會(모거잉조회)
欣同好客逢(흔동호객봉)
短篇情可叙(단편정가서)
薄酒興猶濃(박주흥유농)
虛室淸如水(허실청여수)
疎簾翠滴峰(소렴취적봉)
箇中無外事(개중무외사)
譚笑亦從容(담소역종용)

어둠이 가시고 아침에 모이니
좋은 손님들로 만나 함께 기뻐하는구나.
짧은 글로나마 뜻을 펼 수 있으니
맛없는 술에도 흥은 오히려 짙어지네.
욕심 없는 마음[553]은 맑기가 물과 같고
성긴 발 사이로 푸른 물방울 맺힌 산봉우리가 있네.
그중에 일이 없으니
조용히 담소하고 웃네.

---

553 虛室(허실) : 허실생백(虛室生白). 욕심이 없는 텅 빈 마음에서 저절로 도심(道心)이 우러남. 《莊子, 人間世》에 「瞻彼闋者, 虛室生白, 吉祥止止」.

[其三]

顔髮頹然臥北牕(안발퇴연와북창)
文章何事老東邦(문장하사노동방)
煩襟不耐三庚暑(번금불내삼경서)
濯足常思萬里江(탁족상사만리강)
酒政無論揚觶飮(주정무론양치음)
騷壇肯較竪幡降(소단긍교수번강)
庭陰向晩淸風至(정음향만청풍지)
蟬噪千林鷰語雙(선조천림연어쌍)

흐르는 세월 속[554] 술에 취해[555] 북창에 쓰러져 누워
무슨 일로 글을 짓는다며 동방에서 늙었는가.
세사에 시달리니 삼복더위도 견디지 못하고
늘 생각하는 것은 만 리(萬里)의 강에 발을 씻는[556] 것이었네.
주정(酒政)[557]에도 아랑곳하지 않고 술잔을 높이 들어[558] 마시고
시인들의 모임에서는 기꺼이 깃발을 오르내리며 시를 겨루었네.
뜰에 그늘 내려 날이 저무는데 청풍은 불어오고
온 숲에 들리는 매미 소리와 쌍쌍이 날아드는 제비들.

---

554 顔髮(안발) : 세월. 송(宋) 소순흠(蘇舜欽)의 《江寧府溧陽令蘇府君墓誌銘》에 「自爾效官, 十有三考, 蹉跌顔髮, 淚嗌寒餓」.

555 頹然(퇴연) : 술에 취해 쓰러지는 모양. 당(唐) 유종원(柳宗元)의 《始得西山宴游記》에 「引觴滿酌, 頹然就醉, 不知日之入」.

556 濯足(탁족) : 발을 씻음. 곧 세속의 때를 씻고 고결함을 지킴을 비유. 《孟子, 離婁 上》에 「滄浪之水淸兮, 可以濯我纓, 滄浪之水濁兮, 可以濯我足」.

557 酒政(주정) : 술의 단속에 관한 정령(政令). 송(宋) 장단의(張端義)의 《貴耳集, 下》에 「袁彦純尹京, 專一留意酒政」.

558 揚觶(양치) : 잔을 높이 듦. 술을 건너는 예절. 《禮記, 鄕飮酒義》에 「盥洗揚觶, 所以致絜也」.

[其四]

碧樹皆春色(벽수개춘색)
朱曦正夏時(주희정하시)
書猶千古近(서유천고근)
命亦五旬知(명역오순지)
山水供絃◯(산수공현◯)
風烟入硯池(풍연입연지)
但覺修齊道(단각수제도)
諸凡任便宜(제범임편의)

푸르러가는 나무들은 모두가 봄빛이더니
붉은 해[559] 비치니 어느덧 한여름이로다.
서책은 마땅히 옛날부터 가까이했으며
나이 또한 오십이니 지천명(知天命)이로다.
산과 물이 들려주는 노랫소리[560]에 읊조리는데
어지러운 세상사[561]를 글로 남겨보네.
다만 수신제가(修身齊家)의 도를 깨우쳐
모든 것을 편의(便宜)[562]에 맡기세.

---

559 朱曦(주희) : 주희(朱羲). 해. 태양. 당(唐) 이백(李白)의 《登黃山凌歊臺送族弟赴華陰詩》에 「炎赫五月中, 朱曦爍河堤」.

560 絃◯(현◯) : 원문에 결자(缺字). 문맥상 '현악기의 가락에 맞추어 시를 읊조림, 《禮記, 文王世子》에 「春誦・夏弦」.

561 風煙(풍연) : 어지러운 세속. 세속. 송(宋) 소순흠(蘇舜欽)의 《揚州城南延賓亭詩》에 「風煙遠近思高遁, 豺虎縱橫難息機」.

562 便宜(편의) : 규정이나 명령에 얽매이지 않고 스스로 사태에 따라 적절하게 판단하여 처리하는 일. 《史記, 廉頗藺相如傳》에 「以便宜置吏, 市租皆輸入莫府, 爲士卒費」.

[其五]

爛爛奎躔近小微(난란규전근소미)
閒來詩社闢山扉(한래시사벽산비)
有時鶯語回嬌舌(유시앵어회교설)
無數蜻蜓弄晩暉(무수청정롱만휘)
觴詠何如看博奕(상영하여간박혁)
林泉且喜曬巾衣(임천차희쇄건의)
世間榮辱都抛却(세간영욕도포각)
賢聖篇中我與歸(현성편중아여귀)

반짝반짝 빛나는 별의 운행[563]은 가까이 있는데
시사(詩社)가 열리자 한적한 산집의 사립문이 열리네.
이따금씩 아름다운 앵무새 소리 들려오고
수많은 잠자리[564]들은 저녁 햇살[565]을 희롱하네.
술 마시고 읊조리며 바둑 두는 모습을 보고
숲속 샘에서 두건과 옷을 햇빛에 말리며 기뻐하네.
세간의 영욕을 모두 내팽개치고[566]
나와 더불어 성현의 글 속으로 돌아가세.

---

563 奎躔(규전) : 별이 도는 궤도. 별이 운행하는 길.

564 蜻蜓(청정) : 청령(蜻蛉). 잠자리.

565 晩暉(만휘) : 만조(晩照). 석조(夕照). 저녁 때 비추는 불그레한 햇빛. 당(唐) 이가우(李嘉祐)의 《至七里灘作詩》에 「萬木迎秋序, 千峯駐晩暉」.

566 抛却(포각) : 내버림. 내팽개침. 당(唐) 이복언(李復言)의 《續玄怪錄, 楊敬眞》에 「守眞詩曰, 共作雲山侶, 俱辭世界塵, 靜思前日事, 抛却幾年身」.

[其六]

十里溪山繞我居(십리계산요아거)
晩來浪跡伴漁樵(만래랑적반어초)
閱視陰晴天自在(열시음청천자재)
分排花竹地猶餘(분배화죽지유여)
白髮偏憐潘岳賦(백발편련반악부)
靑年虛負子長書(청년허부자장서)
頑雲漸捲長霖歇(완운점권장림헐)
人坐東林爽氣初(인좌동림상기초)

십 리 시내와 산들이 내 집을 둘렀는데
이리저리 소요하다가[567] 어부 초동과 짝하여 돌아오네.
뜻을 얻음과 잃음[568]은 하늘에 달려 있는 것인데
꽃과 대나무를 나누어 줄 맞춰 심고도 땅은 오히려 남았네.
늙어서 반악(潘岳)의 시를 지나치게 사랑하였으나
젊어서는 자장(子長)의 글을 헛되이 읽었네.[569]
짙게 깔린 구름[570] 점차 걷히고 긴 장맛비 그치니
사람들은 동쪽 숲속에 앉아 비로소 시원한 기운을 느끼네.

---

567 浪跡(낭적) : 낭적부종(浪迹浮蹤). 정처 없이 떠돌아다님. 《文選, 江淹, 雜體詩, 效張綽雜述, 李善注》에 「浪迹潁湄, 棲景箕岑」.

568 陰晴(음청) : 음지와 양지. 뜻을 얻음과 잃음을 비유하는 말. 원(元) 증서(曾瑞)의 《哨遍, 村居, 套曲》에 「人爲功名苦戰爭, 徒然競, 百年身世, 數度陰晴」.

569 5·6구는 작품 번호 252의 《病餘逢華郊, 三首》 중 其1의 5·6구인 「白髮偏憐潘岳賦(백발편련반악부) 靑年空負子長遊(청년공부자장유)」와 '虛負 → 空負, 子長書 → 子長遊'의 두 글자만 다르고, 의미는 동일한 것이어서 작가가 일부러 반복한 것으로 여겨짐.

570 頑雲(완운) : 짙게 깔린 먹구름. 당(唐) 육구몽(陸龜蒙)의 《奉酬襲美苦雨見寄》에 「頑雲猛雨更相欺, 聲似虓號色如墨」.

[其七]

禿髮癯容儼老夫(독발구용엄노부)
無端感慨引觴壺(무단감개인상호)
古梅脩竹開三逕(고매수죽개삼경)
白石淸溪卜一區(백석청계복일구)
座上閒談紛鉅屑(좌상한담분거설)
詩中敵手並鑣驅(시중적수병표구)
煌煌夜燭明吾道(황황야촉명오도)
千載河南有二珠(천재하남유이주)

민둥머리[571]에 야윈 얼굴의 의젓한 늙은이가
까닭도 없이 감개하여 술단지를 당기네.
오래된 매화와 키 큰 대나무는 삼경으로 통하는데
맑은 개울가 흰 바위 위에 거처 하나를 마련했네.
둘러앉아 한담하며 크고 작은 이야기들을 뒤섞어 나누다가
시의 적수와 나란히 말을 몰 듯[572] 빠르게 쓰네.
밤에도 등불을 밝게 켜고[573] 내 길을 밝혀주니
천년 하남 땅에 두 개의 진주가 있었구료.

571 禿髮(독발) : 머리카락이 빠짐. 민둥머리. 송(宋) 심료(沈遼)의 《寄慶復允中詩》에 「坐想故人應見憶, 如今禿髮不勝斑」.

572 鑣驅(표구) : 구표(驅鑣). 말을 몰아 내달림. 시로 대적(對敵)하며 시를 빨리 지음을 이름. 남조 양(南朝梁) 왕승유(王僧孺)의 《爲蕭監利求入學启》에 「竊以矯首伺飛, 不如修弋, 踠足念遠, 莫若驅鑣」.

573 煌煌(황황) : 환하게 빛나는 모양. 찬란함. 《詩經, 陳風, 東門之楊》에 「昏以爲期, 明星煌煌」.

[其八]

桑梓依依竹樹西(상재의의죽수서)
郊居每憶故山棲(교거매억고산서)
三盃罰酒酬金谷(삼배벌주수금곡)
一曲瑤琴過玉溪(일곡요금과옥계)
歲暮將雛陰鶴和(세모장추음학화)
雨餘迎婦鵓鴣啼(우여영부발고제)
奚僮驢子還多事(해동려자환다사)
景物隨時好品題(경물수시호품제)

고향집[574]과 차마 멀어지기 아쉬워[575] 죽수(竹樹) 고을 서쪽
고을 밖에 살면서 늘 고향에서 살던 때를 생각하네.
금곡(金谷)에서는 시를 짓지 못하면 석 잔의 술로 벌주를 삼았다 하니[576]
옥계(玉溪)를 지나려거든 거문고 한 곡조는 타야만하리.
한 해가 저무는데 어린 학은 어미를 따라 화답하고[577]
비가 그친 뒤 신부(新婦)를 맞이하는 산비둘기가 따라 우네.
아이에게 나귀를 끌게 하고 많은 일들을 돌아보니
철따라 달라지는 경물들은 시서(詩書)의 좋은 품제(品題)로구나.

574 桑梓(상재) : 뽕나무와 가래나무. 고향. 작가가 25세(1852년)에 향리인 전라남도 화순군 도곡면 월곡(月谷; 일명 달아실)에서 죽청리로 분가하였으므로, 고향 마을 월곡(月谷)을 지칭함. 《詩經, 小雅, 小弁》에 「維桑與梓, 必恭敬止」.

575 依依(의의) : 사모하는 모양. 《韓詩外傳 2》에 「其民依依, 其行遲遲」.

576 三盃罰酒酬金谷(삼배벌주수금곡) : 금곡주수(金谷酒數) 고사. 진(晉) 석숭(石崇)이 금곡(金谷)에 빈객을 회동하고 잔치를 베풀고 시를 짓지 못하면 벌주 술 서 말을 마시게 한 고사.

577 陰鶴和(음학화) : '명학재음 기자화지(鳴鶴在陰 其子和之)'의 줄인 표현. 학이 그늘에서 울어도 그 새끼가 따라 옮. 덕이 있는 자는 세상에 자연히 알려지는 것을 비유. 《易經, 中孚, 九二》에 「鳴鶴在陰, 其子和之, 我有好爵, 吾與爾靡之」.

[其九]

秋氣澄明境復佳(추기징명경복가)
瀟然巾服步庭街(소연건복보정가)
烏遷兎缺駸駸景(오천토결침침경)
露白葭蒼渺渺懷(노백가창묘묘회)
吾道千年追洛建(오도천년추락건)
天官一部在江淮(천관일부재강회)
幽居偃息無餘事(유거언식무여사)
處世何妨與俗偕(처세하방여속해)

맑고 밝은 가을 기운에 곳곳이 다시 아름다워
시원한[578] 옷차림으로 뜰과 한길을 걷네.
흐르는 세월[579]에 경물은 내닫는 말처럼 빠르고[580]
푸른 갈대 잎에 흰 이슬 내리니 생각은 아련하네.
내 도는 천년의 낙양(洛陽)을 세웠던 것을 쫓는 것인데
천관(天官)[581]의 일부는 회수(淮水)에 있네.
세상을 피해 누워 쉬며 다른 일이 없으니
속세와 함께해도 처세에 무엇을 거리낄 것인가?

---

578 瀟然(소연) : 맑고 서늘한 모양. 명(明) 풍유민(馮惟敏)의 《黃羅歌, 椿林堂觀雨曲》에 「絲絲點點成甘露, 荷沾濡瀟然無暑」.

579 烏遷兎缺(오천토결) : 해[烏]는 가고 달[兎]은 이지러짐. 세월이 흐름. 오토(烏免)는 해와 달. 진(晉) 좌사(左思)의 《吳都賦》에 「籠烏兎於日月, 窮飛走之棲宿」.

580 駸駸(침침) : 말이 빨리 내달리는 모양. 《詩經, 小雅, 四牡》에 「駕彼四駱, 載驟駸駸」.

581 天官(천관) : 관직을 두루 이르는 말. 《禮記, 曲禮 下》에 「天子建天官, 先六大」.

[其十]

天時節物兩相催(천시절물양상최)
大火西流斗柄廻(대화서류두병회)
世事消磨鬢添雪(세사소마빈첨설)
夏工全廢硯生苔(하공전폐연생태)
好將桃竹溪山約(호장도죽계산약)
留待楓林錦繡裁(류대풍림금수재)
卒歲逍遙聊復爾(졸세소요요부이)
一杯一詠詠而杯(일배일영영이배)

자연 현상과 철따라 변하는 물상이 서로 재촉하니
여름이 가고 가을이 오는구나.
세상일을 세월 속에 보내니 귀밑털만 희어지고
여름 공부를 전폐하니 벼루에는 이끼만 끼네.
도죽(桃竹)[582] 우거진 계산(溪山)에서 만나자는 좋은 약속을
비단으로 마름질한 듯 단풍 숲에서 기다리네.
소요하며 한 해를 보내더라도 잠시 그렇게 할 뿐인 것은[583]
술 한잔에 시 한 수를 읊고 또 잔을 드네.

582 桃竹(도죽) : 대나무의 한 품종. 《隋書, 北狄傳, 西突厥》에 「帝取桃竹白羽箭一枝以賜射匱」.

583 聊復爾(요부이) : 요부이이(聊復爾耳). 부족하나마 잠시 이렇게 할 뿐임. 당분간 그대로 둠. 남조 송(南朝宋) 유희경(劉希慶)의 《世說新語, 任誕》에 「阮仲容步兵居道南, 諸阮居道北, 北阮皆富, 南阮貧……答曰, 未能免俗, 聊復爾耳」.

[其十一]

今日做遨遊(금일주오유)
開筵欣笑對(개연흔소대)
農形百穀登(농형백곡등)
滋味千篇在(자미천편재)
邱壑豈吾緣(구학기오연)
炎凉多俗態(염량다속태)
家謨何所貽(가모하소이)
百世主恩愛(백세주은애)

오늘은 놀기로 하고
잔치를 열고 기쁜 웃음으로 대하네.
농촌에서는 백곡이 익어가고
모든 음식은 맛이 있네.
은자가 사는 곳이[584] 어찌 나의 인연이리오
염량[585]이 많은 것이 속세의 모습이려니.
집안 (生計의) 계책은 어디에서 준 것인가?
주군(主君; 家君)이 주신 오랜 세대의 은총과 사랑이라네.

---

584 邱壑(구학) : 깊은 산과 으슥한 골짜기. 은자가 사는 곳. 송(宋) 여조겸(呂祖謙)의 《臥遊錄》에 「顧長康畫謝幼輿在巖石裏, 人問其所以, 顧曰, 謝云一邱一壑, 自謂過之, 此子宜置邱壑中」.

585 炎凉(염량) : 염량세태(炎凉世態). 인정의 후함과 박함. 인정이 이랬다저랬다 한결같지 않음을 비유. 남조 양(南朝梁) 간문제(簡文帝)의 《倡婦怨十二韻》에 「含涕坐度日, 俄傾變炎凉」.

[其十二]

哄堂笑語滿腔春(홍당소어만강춘)
應說罇筵少一人(응열준연소일인)
得月襟期多灑落(득월금기다쇄락)
爭秋詩格倍淸新(쟁추시격배청신)
良朋可愛心如玉(양붕가애심여옥)
志士那堪髮已銀(지사나감발이은)
養拙年來無雜念(양拙연래무잡념)
半江魚鳥好爲隣(반강어조호위린)

우스갯소리하며 크게 웃고[586] 봄노래[587] 가득하니
모두가 술자리를 응당 기뻐하는데 한 사람이 생각나는구나.[588]
달이 뜨면 만나자던 기약은 자주 흩어졌는데[589]
다투어 노래한 가을 시는 갑절이나 아름답고 참신하겠지요.
좋은 벗을 사랑하는 마음은 옥과 같은데
뜻 있는 선비라도 흰머리는 어찌 감당하리오.
근년에 한가로이 지내며[590] 잡념이 없어졌으니
강 가운데 물고기 새들과 좋은 이웃이 되리라.

586 哄堂(홍당) : 여럿이 함께 크게 웃는 일. 당(唐) 조린(趙璘)의 《因話錄》에 「唐制, 御史有臺院·殿院·察院, 一人知雜事, 名雜端, 公堂會食, 皆絶笑, 左右不可忍, 雜端笑, 而三院皆笑, 遂謂哄堂」.

587 腔春(강춘) : 봄을 노래하는 가락, 곡조. 강(腔)은 시문(詩文)의 성률(聲律)과 격조(格調).

588 少一人(소일인) : 한 사람이 없음. 이 자리에 없는 한 사람을 생각한다는 뜻. 당(唐) 왕유(王維)의 《九月九日憶山東兄弟》에서 「遙知兄弟登高處, 徧挿茱萸少一人」.

589 灑落(쇄락) : 흩어져 떨어짐. 진(晉) 반악(潘岳)의 《秋興賦》에 「庭樹槭以灑落兮, 勁風戾而吹帷」.

590 養拙(양졸) : 재능이 부족하여 한가로이 지냄. 흔히 은사(隱士)의 겸사로 쓰임. 진(晉) 반악(潘岳)의 《閑居賦》에 「仰衆妙而絶思, 終優遊以養拙」.

255 초사(草史; 梁相衡)를 만나 막힌 회포를 풀다 – 2수
逢草史叙阻懷 – 二首

[其一]

鵲噪俄休鶴保先(작조아휴학보선)
逢場詩酒半成仙(봉장시주반성선)
馬卿多病沈文苑(마경다병침문원)
蘇子生涯富硯田(소자생애부연전)
老竹虛心看晩節(노죽허심간만절)
新梅饒笑是芳年(신매요소시방년)
團欒夜話良非偶(단란야화양비우)
叙盡彛倫保性天(서진이륜보성천)

까치가 지저귀더니[591] 한참 후 앞선 학을 따르는데
만나서 시를 읊고 술을 마시니 반나마 신선이 되었네.
병이 많은 마경(馬卿)[592]은 글쓰기에 침잠했고
소자(蘇子; 蘇東坡)는 일생 동안 많은 글을 썼었네.[593]
속이 빈 오래된 대나무에서 만년의 절조를 보겠고
넉넉하게 웃는 갓 핀 매화는 한창 젊은 나이로구나.
밤에 나누는 단란한 이야기는 진정 배우자가 아닐지라도
지켜야 할 도리[594]를 다하여 펼치니 천성을 보전하리로다.

---

591 鵲噪(작조) : 까치가 지저귀는 소리. 상서로운 조짐. 《禽經》에 「鵲噪兆喜」.

592 馬卿多病(마경다병) : 마경(馬卿)은 한(漢) 사마상여(司馬相如)의 별칭. 사마상여는 평생 소갈병(消渴病; 당뇨병의 일종)을 앓았다고 함. 수(隋) 설도형(薛道衡)의 《老氏碑》에 「尙寢馬卿之書, 未允梁松之奏」.

593 硯田(연전) : 벼루. 벼루를 전지에 비유하여 문필로 생활함을 이름. 송(宋) 당경(唐庚)의 《次泊頭詩》에 「硯田無惡歲, 酒國有長春」.

594 彛倫(이륜) : 사람으로서 항상 지켜야 할 도리. 일정불변한 인륜. 《書經, 洪範》에 「王乃言曰, 嗚呼, 箕子, 惟天陰騭下民, 相協厥居, 我不知其彛倫攸敍」.

[其二]

雨戱天公會事爲(우희천공회사위)
留君今日景光隨(유군금일경광수)
寒食東風花似錦(한식동풍화사금)
騷人南國髮如絲(소인남국발여사)
老去生涯謀酒婦(노거생애모주부)
閒來事業讀書兒(한래사업독서아)
奚童且莫歸程促(해동차막귀정촉)
西日含山未了詩(서일함산미료시)

하늘[595]이 비를 가지고 장난침[596]을 알 수 있으니[597]
오늘 그대는 머무르며 날씨[598]를 따르게나.
한식날 불어오는 동풍에 꽃은 비단같이 아름답고
남국 시인의 머릿결은 명주실같이 희구려.
늙어가며 한평생 술 마시기를 꾀했고
한가로우면 하는 일은 아이들에게 글을 읽히는 것이었네.
아이야! 돌아가는 길을 재촉하지 마라
해는 서산에 지는데 시는 미처 짓지 못했구나.

595 天公(천공) : 하늘 또는 천제(天帝). 《尙書大傳 5》에 「煙氛郊社, 不修山川, 不祝風雨, 不時霜雪, 不降責於天公」.

596 雨戱(우희) : 비를 가지고 놂. 곧 비가 내렸다 그치기를 반복하는 모습.

597 會事(회사) : 일을 앎. 사리에 밝음. 송(宋) 모방(毛滂)의 《踏莎行, 中秋玩月詞》에 「行雲會事不飛來, 長空一片琉璃淺」.

598 景光(경광). 광경(光景). 정황(情況). 곧 하늘이 비를 내려 떠나지 못하게 함을 따르라는 뜻. 당(唐) 유우석(劉禹錫)의 《問大鈞賦》에 「抗陛級乎重霄兮, 異人間之景光」.

256 4월 열엿새 날에 화교(華郊; 曺鳳黙)를 만나다 – 2수
四月既望逢華郊 – 二首

[其一]

雨餘佳氣露倪端(우여가기로예단)
四座團欒會二難(사좌단란회이난)
樽酒適因良友熟(준주적인양우숙)
澗槃要學碩人寬(간반요학석인관)
簾前日永槐陰厚(염전일영괴음후)
野外風薰麥氣寒(야외풍훈맥기한)
案軌塵生詩久廢(안뉴진생시구폐)
荒辭未了一篇完(황사미료일편완)

비가 그치니 기운은 청아하고[599] 이슬은 풀 끝에 맺혔는데
좌중이 단란하게 모여도 현주(賢主)와 가빈(嘉賓)은 모이기 어렵다네.[600]
좋은 벗이 오는 때를 맞춰 술동이의 술이 익었으니
골짜기 시냇가[601]에서 덕 높은 선비의 너그러움을 배우리로다.
해는 길어지고 주렴 앞 홰나무 그늘은 짙어지니
들녘 훈풍에 보리 익는 냄새[602]도 시들해지네.
속세의 길을 따르니[603] 시를 폐한 지 오래되어
거친 말로도 시 한 편을 끝내지 못하는구려.

---

599 佳氣(가기) : 청아한 기상. 당(唐) 두보(杜甫)의 《枯柟詩》에 「涷雨落流膠, 衝風奪佳氣」.

600 二難(이난) : 현주(賢主; 훌륭한 주인)와 가빈(嘉賓; 아름다운 손님)은 동시에 함께 얻기 어려움. 당(唐) 왕발(王勃)의 《滕王閣詩序》에 「四美具, 二難幷, 窮睇盼(眄)於中天, 極娛遊於暇日」.

601 澗槃(간반) : 산골짜기 시내의 굽이진 곳. 명(明) 당순지(唐順之)의 《次韻贈薛仲常》에 「山林鐘鼎性俱安, 官舍寧非在澗槃」.

602 麥氣(맥기) : 보리가 익을 때 나는 향기. 남조 양(南朝梁) 하손(何遜)의 《車中見新林分別甚盛詩》에 「於時春未歇, 麥氣始淸和」.

603 案軌(안궤) : 큰길을 따라 나아감. 당(唐) 상관의(上官儀)의 《勸封禪表》에 「詔雨師以先路, 命風伯以淸塵, 六飛案軌, 九旗齊列」.

[其二]

白首忻然不偶然(백수흔연불우연)
南風遲日草堂前(남풍지일초당전)
持心有道年顔少(지심유도연안소)
交契關情夜夢牽(교계관정야몽견)
熟手分枰難琢玉(숙수분평난탁옥)
新醅滿酌不論錢(신배만작불논전)
逢別無常堪可惜(봉별무상감가석)
將敎歸路踏村煙(장교귀로답촌연)

흰머리를 즐거워하는 것도 우연은 아닐지니
봄날이라[604] 초당에는 남풍이 부네.
나이 어린 한창 때에는[605] 도에 마음을 두었고
벗은 우의에 마음이 끌려[606] 꿈속에서도 끌었네.
형세를 구별하는[607] 노련한 사람도 옥을 쪼기 어려웠을 것이니
새로 빚은 술을 잔 가득 따를지니 술값은 헤아리지 않겠노라.
만나고 헤어짐이 무상하니 애석함을 감내하고
돌아가는 길에는 마을 밥 짓는 연기 속으로 걸어가리라.

---

604 遲日(지일) : 봄날. 봄에 해가 늦게 진다고 하여 이름. 《詩經, 豳風, 七月》에 「春日遲遲」.

605 年顔(연안) : 나이와 얼굴빛. 당(唐) 백거이(白居易)의 《途中感秋詩》에 「節物行搖落, 年顔坐變衰」.

606 關情(관정) : 마음이 동요됨. 마음이 움직임. 당(唐) 육구몽(陸龜蒙)의 《又酬襲美次韻》에 「酒香偏入夢, 花落又關情」.

607 分枰(분평) : 분평기(分枰棊). 바둑판의 형세를 구별함. 국면이나 판세. 세상 돌아가는 형편. 송(宋) 주밀(周密)의 《齊東野語, 賈相壽詞》에 「陳惟善合寶鼎詞云……算當日枰棊如許, 爭一着吾其袵左」.

257 백암동(白巖洞)[608] 문우(文友)의 시에 차운하다[609] – 3수
次白巖洞文友詩 – 三首

[其一]

華緘珍重春丁卯(화함진중춘정묘)
宿債支離歲戊辰(숙채지리세무진)
八域謳歌亭日午(팔역구가정일오)
一門福祿自天申(일문복록자천신)
寒潭日照蓮君子(한담일조연군자)
晩圃秋登粒我辛(만포추등입아신)
喫緊工夫要識未(끽긴공부요식미)
光陰如駛餞賓寅(광음여사전빈인)

정묘년(丁卯年) 봄에 귀한 편지를 보내오셨는데
무진년(戊辰年)까지 묵은 시 빚을 얼버무렸네.
사방에서 들리는 한낮 정자의 노랫소리는
한 가문의 복록이니 하늘에서 베풀어준 것이리라.
차가운 연못에 해가 비추니 연꽃이 피고
가을 들녘 여문[610] 낟알들은 (농부들의) 고생이었네.[611]
공부는 매우 중요하니 알기를 원했으나 아직 그러지 못했고
세월은 말처럼 빠르니 공경하며[612] 떠나보내네.

---

608 白巖洞(백암동) : 현 전라남도 화순군 능주면 백암리(白巖里).

609 이 편의 3수 모두 각 구의 끝에 10간(干)과 12지(支)의 글자를 배치하며 지은 작품으로 희필적(戲筆的) 성격이 없지 않으나 고심한 흔적이 묻어난다.

610 秋登(추등) : 가을에 곡식이 여묾. 남조 송(南朝宋) 안연지(顔延之)의 《赭白馬賦》에 「至於露滋月肅, 霜戾秋登, 王于興言, 闡肆威稜」.

611 粒我辛(입아신) : 입립신고(粒粒辛苦). 낟알이 모두 농부의 고생의 결정임. 곡식의 소중함. 당(唐) 이신(李紳)의 《憫農詩》에 「鋤禾日當午, 汗滴禾下土, 誰知盤中飧, 粒粒皆辛苦」.

612 賓寅(빈인) : 공경하여 인도함. 《書經, 堯典》에 「分命羲仲, 宅嵎夷曰暘谷, 寅賓出日」.

[其二]

臨水登山思與子(임수등산사여자)
同人盛會遇良辰(동인성회우양신)
師門孟訓陪章丑(사문맹훈배장축)
需世周楨降甫申(수세주정강보신)
益友相過花影午(익우상과화영오)
豊年只願穀祈辛(풍년지원곡기신)
比來顔髮徒添甲(비래안발도첨갑)
革變何時霧裡寅(혁변하시무리인)

물가에 이르고 산에 오를 때마다 함께했던 것을 생각하니
좋은 때에 동인들은 성대하게 모였었지.
스승의 문하에서 맹자(孟子)의 가르침을 밤늦도록 북돋았고
주(周)나라 정간(楨幹)[613]처럼 세상에 크게 쓰이기를 바랐네.
유익한 벗이 한낮 꽃 그림자 아래에서 서로 왕래하니
다만 풍년을 비는 제사[614]를 새롭게 올리네.
요즈음 세월이 갈수록 전쟁[615]이 심하니
어느 때나 변혁의 안개 속을 벗어나리오.

613 周楨(주정) : 주(周)나라의 정간(楨幹). 담을 칠 때, 담의 두 끝에 세우는 나무의 양쪽에 있는 기둥. 전하여 근본·기초의 뜻. 인재(人材)에 비유. 《詩經, 周頌》에 「維周之楨」.

614 穀祈(곡기) : 풍년을 기원하는 제례. 《禮記, 月令》에 「[孟春之月]天子乃以元日祈穀于上帝」.

615 徒添甲(도첨갑) : 도갑(徒甲). 보병과 갑사(甲士). 전쟁. 《司馬法, 嚴位》에 「位逮徒甲, 籌以輕重, 振馬譟, 徒甲畏, 亦密之跪坐」.

[其三]

芳隣咫尺有知己(방린지척유지기)
每憶淸風明月辰(매억청풍명월신)
吾道經綸傳二酉(오도경륜전이유)
朋埸酒令亦三申(붕장주령역삼신)
年光可惜降花甲(연광가석강화갑)
物性須看薑桂辛(물성수간강계신)
高着衣冠稱士子(고착의관칭사자)
人文宣朗肇生寅(인문선랑조생인)

가까이에 좋은 이웃과 나를 알아주는 벗이 있으니
청풍 불고 밝은 달 뜰 때마다 생각하네.
세상을 경륜하는 나의 도는 이유(二酉)[616]에 전하고
벗과 만나는 곳에서 주령(酒令)은 세 번 되풀이하네.
흐르는 세월 속 가장 애석한 것은 떨어지는 꽃이오
물성으로 매운 것은 모름지기 강계(薑桂)[617]에서 보겠네.
의관을 빼어나게 차려입은 사람들을 선비라 불러도
인문을 처음 밝게 드러내는 것은 동료(同僚)들과 함께라야 한다네.[618]

---

616 二酉(이유) : 대유산(大酉山)과 소유산(小酉山). 호남성(湖南省) 원릉현(沅陵縣) 북서쪽에 있으며, 소유산의 동굴 속에는 장서 1천 권이 있다고 함. 전의되어 많은 장서를 이름. 진(晉) 원산송(袁山松)의 《郡國志》에 「大酉山, 在辰漢山下, 有洞, 名大酉洞, 小酉山, 在辰州府, 又名鳥速山, 在酉溪口. 山下有石穴, 中有書千卷, 舊云, 秦人避地, 隱學於此, 自酉溪北口十餘里, 與大酉山相連, 故曰二酉」.

617 薑桂(강계) : 강계지성(薑桂之性). 생강(生薑)과 육계(肉桂)는 오래 둘수록 맛이 매워지므로, 늙어서 더욱 강해지는 성질. 한(韓) 유향(劉向)의 《新序, 雜事 5》에 「夫薑桂因地而生, 不因地而辛」.

618 生寅(생인) : 인생(寅生). 함께 벼슬하는 동료(同僚). 명(明) 심덕부(沈德符)의 《野獲編, 吏部 1, 吏部堂屬》에 「唯國子監……爲卿相而屬吏爲冗散外僚, 亦稱舊寅生, 終身不易. 蓋師儒重地, 非他曹傳舍可比. 此却最爲雅道, 與銓司冷熱迥別矣」.

258 학고(鶴皐; 李汝楫)의 시에 차운하다 次鶴皐韻

泉石居然茅數間(천석거연모수간)
烏城百里一區閒(오성백리일구한)
棊聲白觀曾聞水(기성백관증문수)
玉立靑宮始見山(옥립청궁시견산)
書帶生庭知鄭氏(서대생정지정씨)
芝歌入谷是商顔(지가입곡시상애)
九皐鳴鶴非君否(구고명학비군부)
前路誠關也一攀(전로성관야일반)

산수간 몇 칸 초가집에 편안히 살자하니
오성(烏城)[619] 땅 백 리의 한가로운 곳이로다.
바둑 두는 소리를 듣다가 물소리를 들으며
청궁(靑宮)처럼 아름다운 산을 비로소 보겠네.
뜰의 책을 지닌 학생은 (장차) 정씨(鄭氏)[620]가 되리란 것을 알겠고
지초(芝草) 노래를 부르며 골짜기로 드는 사람은 상애(商顔)[621]로다.
구고(九皐)에서 우는 학이 그대는 아니지 않는가?[622]
나아갈 길이 확실히 잠겼더라도 한 번은 더위 잡고 올라보리라.

---

619 烏城(오성) : 현 전라남도 화순(和順)의 옛 이름. 《新增東國輿地勝覽 40, 全羅道, 和順》.

620 鄭氏(정씨) : 정씨군호(鄭氏羣虎). 오대시대 정창(鄭昌)의 여덟 아들. 모두 문학으로 이름이 높았음. 송(宋) 섭정규(葉廷珪)의 《海錄碎事, 人事》에 「五代閩中鄭昌有八子, 皆以詞學聞, 號鄭氏羣虎」.

621 商顔(상애) : 상원(商原). 청(淸) 화장발(華長發)의 자. 강희(康熙) 연간에 시사(詩詞)를 잘 지었고 행서(行書)와 초서(草書)에 능함.

622 九皐鳴鶴非君否(구고명학비군부) : 구고는 구불구불 깊고 먼 늪. 이 구는 수창의 대상인 이여즙(李汝楫)의 호 학고(鶴皐)와 시경(詩經)의 구절인 '명학우구고(鳴鶴于九皐)'에서 집자(集字)하여 상대방(이여즙)을 대비하여 지은 것으로 여겨짐.

259 수산(壽山; 鄭祚源)의 시에 차운하다
次壽山韻

綠暗紅稀感物新(녹암홍희감물신)
粘膠那得住長春(점교나득주장춘)
一生酒債難酬友(일생주채난수우)
五夜詩心忽見神(오야시심홀견신)
佳節今年虛過了(가절금년허과료)
短絃流水寂廖濱(단현유수적료빈)
良辰便是朋來日(양신편시붕래일)
游戲江天任爾眞(유희강천임이진)

녹음이 짙어지자 붉은 꽃은 드물어 만물이 새로워짐을 느끼니
어찌 긴 봄날을 붙들어 머물게 할 수 있으리오.
외상 술값은 일생 동안 있으니 술친구 사귀기도 어렵고
밤새도록 시를 짓고 싶은 마음에 문득 신령(神靈)을 보는구나.
올해도 좋은 계절을 쓸데없이 보내며
흐르는 물에 짧게 읊으니 물가가 적료하네.
문득 벗이 찾아오는 좋은 계절에는
강가에 놀면서 자연에 맡기리라.[623]

623 任爾眞(임이진) : 임진(任眞). 천연이나 자연 그대로 내버려 둠. 진솔하게 행동하고 외면을 꾸미지 않음. 진(晉) 도잠(陶潛)의 《連雨獨飮詩》에 「天豈去此哉, 任眞無所先」.

260 학고(鶴皐; 李汝楫)의 오율(五律)에 이어 짓다
次鶴皐五律

鶴皐九仞上(학고구인상)
之子之攸廬(지자지수려)
守分鷦捿足(수분초서족)
貽謀鷰翼餘(이모연익여)
鴒原和昆仲(영원화곤중)
烏几貯詩書(오궤저시서)
伴彼邱隅止(반피구우지)
鳥兮人亦如(조혜인역여)

학이 사는 언덕[624] 칠십이 척[625] 높은 곳이
이 사람이 사는 오두막이 있는 곳이라네.
분수를 지키는 뱁새는 보금자리에 든 것을 만족하니[626]
조상이 자손을 도와 편안하게 해주신 것이라오.[627]
들판의 할미새처럼[628] 형제간에 화목하고
좋은 책상에는 시서(詩書)가 쌓여 있다네.
저 언덕에 짝하여 머무르니
새들도 역시 사람들과 같으리라.

---

624 鶴皐(학고) : 학이 사는 언덕. 학고(鶴皐)가 이여즙(李汝楫)의 호이기도 하므로 중의적 표현.

625 九仞(구인) : 아홉 길. 매우 높거나 깊음. 《書經, 旅獒》에 「爲山九仞, 功虧一簣」.

626 守分鷦捿足(수분초서족) : 뱁새가 보금자리에 깃을 든 것에 만족함. 사람은 각각 자기 분수에 만족하여야 함. 《莊子, 逍遙遊》의 「鷦鷯巢林 不過一枝, 偃鼠飮河 不過滿腹)」.

627 貽謀燕翼(이모연익) : 조상이 자손에게 끼친 계책(計策). 자손의 장래를 위하여 계획함. 《詩經. 大雅. 文王有聲》에 「詒厥孫謀, 以燕翼子. (注) 燕, 安, 翼, 敬也」.

628 鴒原(영원) : 척령재원(鶺鴒在原). 형제가 급한 일을 당하여 서로 도움. 당(唐) 두보(杜甫)의 《贈韋左丞丈濟詩》에 「鴒原荒宿草, 鳳沼接亨衢」. 《詩經, 小雅, 常棣》에 「脊令在原, 兄弟急難」.

261 **일찍이 풍패관(豊沛舘)[629]을 떠나다** – 임신년(壬申年)[630] 시월(十月)에 전주(全州) 경기전(慶基殿)[631]에 □[632]태조(太祖; 李成桂)의 영정(影幀)을 고쳐 그려 봉안(奉安)하고,[633] 이것을 기념하여 과거(科擧)가 있다는 것을 듣고 마침내 갔으나 부득이 헛되이 돌아올 수밖에 없어, 몇 군데의 명승지를 두루 돌아본 것을 적어 훗날에 산중고사(山中故事)로 삼아 짓다

早發豊沛舘 – 壬申十月日 聞全州改摹我□太祖影幀 奉安于慶基殿 仍有科試 遂作行不得意未免虛還 歷覽幾處名勝紀行 以倣他日山中故事

芒鞋竹杖路西東(망혜죽장로서동)
浪說槐期又捕風(낭설괴기우포풍)
我邦文物今鄒魯(아방문물금추노)
□原廟丹靑古沛豊(□원묘단청고패풍)
半世棲遲同李白(반세서지동이백)
內藏留約賞楓紅(내장유약상풍홍)
朝霜滿濕行人袖(조상만습행인메)
葦嶺如天入望中(위령여천입망중)

짚신에 대지팡이 짚고 동서로 길을 잡은 것은
과시(科試)[634]가 있다는 낭설이었으니 또한 헛된 일이었다.[635]

---

629 豊沛舘(풍패관) : 전라북도 전주에 있는 태조(太祖) 이성계(李成桂)의 어진(御眞)을 보관하던 경기전(慶基殿)의 객사(客舍).

630 壬申年(임신년) : 1872년(高宗 9). 작자의 나이 46세.

631 慶基殿(경기전) : 조선 건국 후 1410년에 어용전(御容殿)을 지어 완산(完山) · 계림(鷄林) · 평양(平壤) 등 3곳에 태조의 영정을 봉안했는데, 전주에 있는 것을 경기전이라 함.

632 □ : 공격(空隔)의 표시. 임금 등의 성명이나 시호 등 해당 단어 앞에 공경(恭敬)의 뜻을 나타내기 위해 한 글자를 띄어 쓰는 표시. 줄을 바꾸는 대두(擡頭) 대신 쓴 것.

633 影幀奉安(영정봉안) : 전주의 경기전은 임진왜란 때 소진되었으나 영정은 묘향산 보현사(普賢寺)에 옮겨 보관할 수 있었다. 1614년(광해군 6)에 관찰사 이경동(李慶仝)이 다시 영정을 봉안하기 위해 중건한 후 봉안한 것으로 여겨진다.

634 槐期(괴기) : 과거 시험의 시기. 괴화(槐花)의 뜻으로 과시(科試)에 응시하는 것. 송(宋) 소식(蘇軾)의 《景純復以二篇仍次其韻 2》에 「燭燼已殘終夜刻, 槐花還似昔年忙」.

635 捕風(포풍) : 포풍착영(捕風捉影). 바람과 그림자를 잡는다는 뜻으로, 곧 허황된 일이나 근거 없는 억측을 비유. 《漢書, 郊祀志 下》에 「聽其言, 洋洋滿耳, 若將可遇, 求之, 盪盪如係風捕景.

지금 우리나라의 문물은 추노(鄒魯)이니[636]
원묘(原廟)[637]의 단청은 옛 (중국의) 패풍(沛豊)이라네.[638]
반평생을 이백(李白)과 함께 시를 짓고 놀며 지냈으니[639]
내장산(內藏山)[640]에 머무르기로 약속하였으니 단풍이나 완상하리라.
아침 서리가 길손의 옷깃을 흠뻑 적시는데
갈대꽃 핀 하늘에 높은 영마루가 눈에 들어오네.

終不可得」.

636 鄒魯(추노) : 추(鄒)는 맹자(孟子), 노(魯)는 공자(孔子)의 출생지이므로 공맹(孔孟)의 이칭.

637 原廟(원묘) : 원 종묘(宗廟). 으뜸되는 종묘. 본문에서는 경기전(慶基殿)을 말함.

638 沛豊(패풍) : 패궁(沛宮). 패(沛)에 있는 궁전(宮殿). 패는 한(漢)나라 고조(高祖) 유방(劉邦)의 향리. 본문에서는 조선 태조 이성계(李成桂)의 고조(高祖)인 목조(穆祖)의 향리인 완주(完州; 현 전라북도 전주)를 한 고조의 향리에 비유한 것. 《漢書, 高帝紀 下》에 「十二年冬十月, 上破布軍于會缶, 布走, 令別將追之, 上還過沛, 留置酒沛宮, 悉召故人父老子弟佐酒, 發沛中兒得百二十人, 敎之歌, 酒酣, 上擊筑, 自歌曰, 大風起兮雲飛揚, 威加海內兮歸故鄕, 安得猛士兮守四方」. 《漢書, 禮樂志》에 「以沛宮爲原廟」.

639 棲遲(서지) : 노닐며 쉼. 《詩經, 陳風, 衡門》에 「衡門之下, 可以棲遲」.

640 內藏(내장) : 내장산(內藏山). 전라북도 정읍에 있는 산.

262 내장사(內藏寺)에서 노닐다 – 2수
翫內藏寺 – 二首

[其一]

山是楚山樹九江(산시초산수구강)
畵屛紋繡耀禪牕(화병문수요선창)
洞裏石門行不二(동리석문행불이)
海東楓嶽見無雙(해동풍악견무쌍)
蓮菴晩結仙師約(연암만결선사약)
椒路依俙道士跫(초로의희도사跫)
領畧風光難盡意(영약풍광난진의)
雄詞安得筆如杠(웅사안득필여강)

산은 초산(楚山)[641]이요 물은 구강(九江)인데[642]
수를 놓은 듯 병풍 같은 그림 속에 선방(禪房)의 창이 빛나네.
골짜기 안 석문은 두 사람이 다닐 수 없이 좁고
우리나라 단풍 산 중 아름답기로는 짝이 없다네.
벽련암(碧蓮菴)[643]에는 선사가 동안거(冬安居) 결사를 하고[644]
산초 우거진 길에는 도사(道士)의 발자국 소리 들리네.
산마루 외길의 풍광은 감탄도 다하기 어려우니
어찌 장내 같은 붓을 얻어 웅건한 글[645]을 지으리오.

---

641 楚山(초산) : 초(楚) 지역의 산. 《文選, 顔延之, 北使洛詩》에 「振檝發吳州, 秣馬陵楚山」.
642 樹九江(수구강) : 수구강(水九江). 수(樹)는 수(水)의 오기. 동정호(洞庭湖)의 옛 이름.
643 蓮菴(연암) : 벽련암(碧蓮菴). 내장사에 소속된 산내 암자.
644 晩結仙師約(만결선사약) : 스님들이 동안거(冬安居) 결사에 들어감.
645 雄詞(웅사) : 웅문(雄文). 내용이 깊고 웅건한 시문. 당(唐) 왕발(王勃)의 《秋晩入洛於畢公宅別道王宴詩》에 「雄筆壯詞, 煙霞照灼」.

[其二]

內藏風景最佳時(내장풍경최가시)
客杖臨行故故遲(객장임행고고지)
物表名山鰲骨立(물표명산오골립)
造翁活畵虎頭痴(조옹활화호두치)
緗林錦繡屛羅艶(상림금수병라염)
蒼壁丹崖鏟疊奇(창벽단애산첩기)
湖海十年漫浪跡(호해십년만랑적)
且敎林鳥假鳴詩(차교림조가명시)

내장사 풍경이 가장 아름다운 시절이니
길손의 지팡이가 자주자주 더디구나.
속세를 벗어난[646] 명산은 오산(鰲山)의 형상으로 우뚝 서 있고[647]
조물주의 생기 있는 그림은 호두(虎頭)[648]처럼 천진스럽구나.
담황색 숲은 수를 놓은 병풍처럼 벌려 있고
푸른 절벽 붉은 벼랑은 대패로 깎은 듯 첩첩이 기이하구나.
10년 만에 사방 각지[649]를 자유롭게 돌아다니면서
숲속 새 울음소리를 빌려 시를 지었노라.

646 物表(물표) : 물외(物外). 세상의 바깥. 속세에서 벗어남. 한(漢) 장형(張衡)의 《歸田賦》에 「苟縱心於物外, 安知榮辱之所如」.

647 鰲骨立(오골립) : 오봉(鼇峯). 오산(鰲山)의 형상으로 우뚝 서 있음. 오산(鼇山)은 큰 자라의 등에 얹혀 있다고 하는 바닷 속의 산. 신선이 산다는 곳.

648 虎頭(호두) : 동진(東晋)의 문인화가(文人畵家) 고개지(顧愷之)의 자.

649 湖海(호해) : 사방 각지. 당(唐) 이기(李頎)의 《送綦毋三謁房給事詩》에 「惜哉湖海上, 曾校蓬萊書」.

263 백양사(白羊寺)[650]에 들어서며 入白羊寺

絶壑懸崖狹路微(절학현애협로미)
行笻犖确挾仙飛(행공낙각협선비)
三盃酒後仍豪氣(삼배주후잉호기)
千仞岡頭喜振衣(천인강두희진의)
石出白羊山卽是(석출백양산즉시)
洞尋靑鶴世皆非(동심청학세개비)
遠公欲挽遊人袂(원공욕만유인몌)
竹逕還隨暮鳥歸(죽경환수모조귀)

깊은 계곡과 허공에 걸린 벼랑 사이로 길은 좁은데
지팡이를 끼고 솟아난 기암괴석[651] 사이를 신선처럼 날아가네.
석 잔의 술을 마신 후에야 호기가 생겨
천 길 산등성이에서 기뻐하며 옷자락을 흩날리네.
솟아난 돌이 흰 양의 뿔이라면 산이 곧 양일 터인데
학을 찾아 골짜기로 들어섰으나 세상이 모두 학은 아니네.
원공(遠公)[652]은 길손의 옷소매를 당기려는데
길손은 대숲 길로 따라가고 저물녘 새도 돌아가네.

---

650 白羊寺(백양사) : 전라남도 장성군에 있는 사찰. 원이름은 정토사(淨土寺)였는데 환양(喚羊)이 중건하면서 매일 〈법화경〉을 독송하니 흰 양이 경 읽는 소리를 듣고 몰려오는 일이 많아 절 이름을 백양사라 개칭하고 승려의 이름도 환양(喚羊)이라 하였다 함.

651 犖确(낙각) : 기암괴석이 비쭉비쭉 솟아난 모양. 당(唐) 한유(韓愈)의 《山石詩》에 「山石犖确行徑微, 黃昏到寺蝙蝠飛」.

652 遠公(원공) : 진(晋) 고승(高僧) 혜원(慧遠). 여산(廬山)의 동림사(東林寺)에서 백련사(白蓮社)를 창설. 맹호연(孟浩然)의 《晩泊潯陽望香爐峯詩》에 「嘗讀遠公傳, 永懷塵外蹤」.

264 약사암(藥師庵)[653] 등 여러 암자(庵子)로 향하며
轉向藥師諸庵

地勝千年古(지승천년고)
庵危百丈垂(암위백장수)
紅林題句我(홍림제구아)
翠壁着名誰(취벽착명수)
攀磴還重足(반등환중족)
看山始展眉(간산시전미)
白羊如可畵(백양여가화)
鰲背十洲湄(오배십주미)

오랜 천년 빼어난 지세에
암자는 위태롭게 매우 높이 드리웠네.
붉게 물든 단풍은 날더러 글을 지으라 하는데
푸른 벽에 새겨진 이름은 누구인가?
비탈길을 부여잡고 올라 사방을 둘러보니 매우 두려운데[654]
산을 바라보니 비로소 근심이 사라지네.[655]
만약 백양사를 그림으로 그린다면
자라가 등에 얹혀 있는 선경(仙境)[656]이 되리라.

---

653 藥師庵(약사암) : 백양사에 소속된 산내 암자.

654 重足(중족) : 중족병기(重足屛氣). 두 발을 모으고 나아가지 못함. 두려워하는 모습. 한(漢) 환관(桓寬)의 《鹽鐵論, 周秦》에 「死者相枕席, 刑者相望, 百姓側目重足, 不寒而慄」.

655 展眉(전미) : 기뻐서 찌푸렸던 눈살을 폄. 근심이 사라짐. 당(唐) 원진(元稹)의 《三遺悲懷詩 3》에 「唯將終夜長開眼, 報答平生未展眉」.

656 十洲(십주) : 신선이 산다는 바다 가운데에 있는 열 곳의 섬. 전의되어 선경(仙境). 《海內十洲記》에 「漢武帝旣聞王母說八方巨海之中有祖洲 · 瀛洲 · 玄洲 · 炎洲 · 長洲 · 元洲 · 流洲 · 生洲 · 鳳麟洲 · 聚窟洲. 有此十洲, 乃人跡所稀絶處」.

265 운문암(雲門菴)[657]에 올라
登雲門菴

萬嶽千巖重復重(만악천암중복중)
雲門軒豁蕩衿胷(운문헌활탕금흉)
遠眼湖開千里鏡(원안호개천리경)
惺心山戞五更鐘(성심산알오경종)
客到晩紅吟落葉(객도만홍음낙엽)
僧居太白記栽松(승거태백기재송)
從此金剛妙香去(종차금강묘향거)
竹桃愼勿化爲龍(죽도신물화위룡)

수많은 산과 봉우리들이 겹치고 겹쳐졌는데
운문암에서 바라본 탁 트인 정경[658]은 가슴을 말끔히 씻어주네.
멀리 보이는 열린 호수는 천리경이오
마음 일깨워주며 산을 울리는 오경의 종소리 듣네.
길손이 이르러 늦가을 붉은 낙엽을 읊조리는데
스님이 소나무를 심었다고 태백기(太白記)에 쓰여 있네.
이 산을 따라 금강산(金剛山) 묘향사(妙香寺)로 가볼거나
대나무 복숭아나무가 변하여 용이 되는 것을 두려워하지는 않으리.

657 雲門菴(운문암) : 고려시대부터 있어온 백양사에 소속된 8개의 암자 중 대표적인 암자.
658 軒豁(헌활) : 크고 탁 트임. 당(唐) 한유(韓愈)의 《南海神廟碑》에 「乾端坤倪, 軒豁呈露」.

266 운문암(雲門庵)에서 자고 여러 암자로 걸어 내려가다 宿雲門步下諸庵

霧鬱雲興疊嶂皐(무울운흥첩장고)
湖南千里也周遭(호남천리야주조)
脚下羊山危石角(각하양산위석각)
衿前鵬海落濤波(금전붕해낙도파)
太古靈泉依佛力(태고영천의불력)
九秋風物任詩豪(구추풍물임시호)
桑門宿願分堪惜(상문숙원분감석)
西鷰何心東伯勞(서연하심동백로)

짙은 안개와 구름 속의 산봉우리와 언덕은 첩첩한데
호남 땅 둘레가 천리로구나.
발아래는 백양산(白羊山)의 뾰쪽한 돌 모서리가 위태로운데
옷자락 앞 넓은 호수[659]의 파도는 잔잔하네.
태고부터 영천(靈泉)[660]은 불력(佛力)에 의지했고
구월이라 가을 풍물은 뛰어난 시인에게 맡겼네.
불가(佛家)[661]의 숙원은 아픈 마음을 나누어 함께하는 것이나
벗과 이별하는 심정은 어찌하리오?[662]

---

659 鵬海(붕해) : 남해에 있다는 큰 바다. 본문에서는 백양산 아래 있는 호수. 송(宋) 풍경(馮京)의 《謝鄂倅南宮城詩》에 「嘗思鵬海隔飛鱗, 曾得天風送羽翰」.

660 靈泉(영천) : 영천굴(靈泉窟). 백양사의 산내 암자.

661 桑門(상문) : 승려. 사문(沙門). 《後漢書, 楚王英傳》에 「其還贖, 以助伊蒲塞桑門之盛饌」.

662 西鷰何心東伯勞(서연하심동백로) : 백로비연(伯勞飛燕)의 고사. 서쪽으로 나는 제비와 동쪽으로 나는 때까치[伯勞]라는 뜻으로, 이별하는 벗이나 친척을 이르는 말. 《玉臺新詠, 古詞, 東飛伯勞歌》에 「東飛伯勞西飛燕, 黃姑織女時相見」.

267 세모에 우담(愚潭; 高鎭台)과 짤막한 이야기를 나누다 歲暮與愚潭小話

相逢歲暮喜源源(상봉세모희원원)
人晦其身木晦根(인회기신목회근)
山樵水釣堪同樂(산초수조감동락)
史馥經腴可與言(사복경수가여언)
蔣詡園深閒卜築(장후원심한복축)
淵明宅近載忻奔(연명택근재흔분)
如有常時來訪我(여유상시래방아)
月夕霞朝不掩門(월석하조불엄문)

한 해가 기우는데 서로 만나니 기쁨은 끝이 없는데
사람은 몸이 시들고 나무는 뿌리가 시드는구나.
나무하고 낚시하며 함께 즐거움을 누렸고
사서(史書)의 덕망(德望)과 경서(經書)의 맛[663]을 더불어 말했었네.
장후(蔣詡)[664]는 원림 깊숙이 한적한 집을 지었고
연명(淵明)은 수레를 타고 기뻐하며 집으로 달려갔네.[665]
만약 그대가 언제든지 나를 찾아준다면
달 뜨는 저녁이나 안개 낀 아침에라도 문을 닫지 않으리.

663 史馥經腴(사복경수) : 사복경유(史馥經腴). 사서(史書)와 경서를 읽어 깨우치는 맛.

664 藏詡(장후) : 한(漢) 두릉(杜陵) 사람 장후(蔣詡)가 청렴강직하여 병을 핑계로 사직하고 은둔했다는 고사. 진(晉) 조기(趙岐)의 《三輔決錄, 逃名》에 「蔣詡歸鄕里, 荊棘塞門, 舍中有三徑, 不出, 唯求仲・羊仲從之遊」.

665 진(晉) 도연명(陶淵明)이 팽택령(彭澤令)이 되었다가 벼슬을 팽개치고 〈귀거래사〈歸去來辭)〉를 읊으며 고향으로 돌아간 것을 의미.

268 흑원(黑猿)[666] 중추(仲秋)에 여러 벗들과 계당(溪堂)[667]으로 가서 만수동(萬壽洞)[668]에 모여 '동(東)'을 운으로 하여 짓다

黑猿仲秋作溪堂行與諸益會萬壽洞拈得東字

芝宇群賢摠意中(지우군현총의중)
班荊匝坐水西東(반형잡좌수서동)
枕石漱嵌聆竹籟(침석수감령죽뢰)
脫巾露頂曬松風(탈건로정쇄송풍)
重到溪山眞面熟(중도계산진면숙)
久思詩句別歧窮(구사시구별기궁)
安將鏟却千尋岳(안장산각천심악)
瑞石臺前一路通(서석대전일로통)

여러 어진 선비[669]들이 마음을 모아
길에서 만나 싸리를 깔고[670] 빙 둘러앉았는데 물은 동서로 흐르네.
돌을 베개로 삼고 골짜기에서 양치하며[671] 퉁소 소리를 듣고
두건 벗고 정수리를 드러내어 솔바람을 쐬네.
거듭 계당의 산으로 들어가니 참모습이 눈에 익었는데
오랫동안 생각한 시구가 갈림길에서 막히는구나.
찾아 나선 수많은 산들을 어찌 깎아낼 수 있으리오
서석대 앞에서는 한길로 통하는 것을.

---

666 黑猿(흑원) : 임신년(壬申年). 1872년(高宗 9). 작가 46세.

667 溪堂(계당) : 전라남도 담양 창평현에 송강(松江) 정철(鄭澈; 1536～1593)의 4남 기암(畸庵) 정홍명(鄭弘溟)이 1616년에 아버지를 위해 지은 집.

668 萬壽洞(만수동) : 계당(溪堂)이 있는 만수동 계곡.

669 芝宇群賢(지우군현) : 여러 어진 선비. 《新唐書, 元德秀傳》에 「房琯每見德秀, 歎息曰, 見紫芝眉宇, 使人名利之心都盡」.

670 班荊(반형) : 반형도구(班荊道舊). 길에서 옛 친구를 만나 싸리를 깔고 앉아 정담을 나눔. 진(晉) 도잠(陶潛)의 《飮酒詩 15》에 「班荊坐松下, 數斟已復醉」.

671 枕石漱嵌(침석수감) : 돌을 베개로 삼고 골짜기에서 양치함. 은거하는 삶. 전촉(前蜀) 두광정(杜光庭)의 《大王初修葛仙化告眞詞》에 「熊經鳥申之士, 抗步不還, 漱流枕石之人, 拂衣長往」.

269 겨울에 수산(壽山; 鄭祚源)이 앞선 시의 운을 써서 시를 보내와, 이것을 따라 화답 시를 지어 보내다 – 2수
冬壽山用前韻寄示追和以呈 – 二首

[其一]

輕驂熟路往還中(경참숙로왕환중)
時序居然斗轉東(시서거연두전동)
所樂山山皆水水(소요산산개수수)
餘懷雨雨更風風(여회우우갱풍풍)
養生可學庖丁妙(양생가학포정묘)
步極何論竪亥窮(보극하론수해궁)
瑞石蒼嵐來眺望(서석창람래조망)
鯉書一幅點犀通(이서일폭점서통)

가벼운 수레를 타고 익숙한 길을 따라 돌아오는데
시절은 편안하고 계절은 바뀌려 하네.[672]
산은 산이요 물은 물인 것을 즐기는데
끝없는 그리움은 비로 내리다가 다시 바람으로 부네.
양생(養生)을 위해 포정(庖丁)의 재주[673]를 배울 수 있다면
수해(竪亥)가 먼 거리를 걸어갔다 하더라도[674] 어찌 멀다 하리오.
서석대에 이는 푸른 아지랑이를 바라보니
한 폭 이서(鯉書)[675]의 뜻이 조금씩 통함을 알겠네.

---

672 斗轉東(두전동) : 두전삼횡(斗轉參橫). 북두성이 방향을 바꿈. 계절이 바뀌고 있음. 청(淸) 《歐陽氏姑婦節孝家傳》에 「節母則先鷄鳴而興, 豫其未至, 後斗轉而息」.

673 庖丁妙(포정묘) : 포정해우(庖丁解牛) 고사. 기술이 교묘함을 칭찬하는 말. 《莊子, 養生主》에 「庖丁爲文惠君解牛, 手之所觸, 肩之所倚……族庖月更刀, 折也, 今臣之刀十九年矣, 所解數千牛矣, 而刀刃若新發於硎」.

674 步極竪亥(보극수해) : 수해(竪亥)는 하(夏) 우왕(禹王)의 신하로 북극에서 남국까지 걸어감. 《淮南子, 墜形訓》에 「使竪亥步自北極, 至於南極, 二億三萬三千五百里七十五步」.

675 鯉書(이서) : 어서(魚書). 잉어의 뱃속에 있었다는 편지. 《古樂府, 飮馬長城窟行》에 「客從遠方來, 遺我雙鯉魚, 呼兒烹鯉魚, 中有尺素書, 長跪讀素書, 書中意如何」.

[其二]

懷緖多牽寂寞中(회서다견적막중)
如何相距限西東(여하상거한서동)
司馬姸辭曾賦雪(사마연사증부설)
圖鵬遠勢擬搏風(도붕원세의박풍)
天下有三君子樂(천하유삼군자락)
人間非一丈夫窮(인간비일장부궁)
盆梅數朶催殘臘(분매수타최잔랍)
喚起奴星信息通(환기노성신식통)

적막한 가운데 그리움에 얼마나 끌렸는가?
서로 떨어진 거리는 동서를 경계로 하였구려.
사마천(司馬遷)은 아름다운 글귀를 써주면서 씻어냈고
남명(南冥)을 향한 원대한 계획[676]은 바람을 차며 날아오를 듯했네.
천하의 군자에게는 세 가지 즐거움이 있으니
인간세상 한 장부로서 하나라도 다하지 아니하리오.[677]
화분에 늘어진 몇 가지 매화는 세밑[678]을 재촉하니
노성(奴星)[679]을 불러 소식을 전하네.

---

676 圖南(도남) : 도남붕익(圖南鵬翼). 포부가 원대함. 당(唐) 두보(杜甫)의 《泊岳陽城下詩》에 「圖南未可料, 變化有鵾鵬」.

677 5·6구는 《論語, 學而》에서 「벗이 있어 먼 곳으로부터 찾아오니 이 또한 즐겁지 아니한가(有朋自遠方來, 不亦樂乎)」를 뜻함.

678 殘臘(잔랍) : 세밑. 당(唐) 이빈(李頻)의 《湘口送友人詩》에 「零落梅花過殘臘, 故園歸去又新年」.

679 奴星(노성) : 당(唐) 한유(韓愈)의 노복(奴僕)의 이름. 한유(韓愈)의 《送窮文》에 「主人使奴星結柳作車, 縛草爲船」. (注)에 「孫曰, 星, 公之奴名」.

270 북쪽 언덕을 수산(壽山; 鄭祚源)과 가기로 했는데 눈비가 내려서 가지 못하고, 다만 시 한 수를 부쳐왔으므로 이에 집으로 돌아와 화답시를 지어 보내다

作北崖行與壽山期會彼爲雨雪所閡只寄一律乃歸家和呈

朔風吹臘雪(삭풍취납설)
幽興傍梅牕(유흥방매창)
欲報瓊琚字(욕보경거자)
呼兒剪夜缸(호아전야항)

삭풍(朔風) 불고 납설(臘雪)[680] 내리니
매화 핀 창가에 그윽한 흥취[681]가 있네.
보내주신 아름다운 글에 보답하고자
아이 불러 등잔의 심지를 자르게 하네.[682]

---

680 臘雪(납설) : 납일(臘日)에 내리는 눈. 당(唐) 유우석(劉禹錫)의 《送陸侍御歸淮南使府詩》에 「泰山呈臘雪, 隋柳布新年」.

681 幽興(유흥) : 심오한 지취(旨趣). 그윽하고 품위 있는 흥취. 진(晉) 혜원(慧遠)의 《形盡神不滅》에 「失其流統, 故幽興莫尋, 微言遂淪于常教, 令談者資之以成疑」.

682 剪缸(전항) : 전등(剪燈). 등불의 심지를 자름. 송(宋) 강기(姜夔)의 《浣溪沙詞》에 「春點疏梅雨後枝, 剪燈心事峭寒時, 市橋攜手步遲遲」.

271 수산(壽山; 鄭祚源)이 시를 부쳐 와서, 그 시의 운을 써서 학고(鶴皐; 李汝楫)·사유(士裕)와 더불어 화답시를 짓다[683]

壽山寄詩來用其韻與鶴皐士裕唱和

水回村僻去來無(수회촌벽거래무)
中谷沈吟隱似壺(중곡침음은사호)
南旺詩懷梅友少(남국시회매우소)
西園幽趣竹君孤(서원유취죽군고)
醉魂蝶化蘧蘧枕(취혼접화거거침)
歲月駒奔促促途(세월구분촉촉도)
安得峽田三數畝(안득협전삼수무)
渭隣同作老耕夫(위린동작노경부)

물 감돌아 흐르는 궁벽진 시골이라 오가는 이도 없으니
호공(壺公)[684]처럼 골짜기에 숨어 시에 골몰하네.[685]
남녘 시인의 시심(詩心)에 매화는 드물고
서쪽 동산의 그윽한 흥취에 대나무는 외롭네.
취한 마음에 호랑나비가 되어 여유롭게[686] 누워보니
세월은 바쁘게도 길을 재촉하네.
어찌하면 서너 이랑 골짜기의 밭을 얻어
위수(渭水) 물가[687]의 늙은 농부가 되어 함께 밭을 갈까?

---

683 이 작품은 목차에는 빠져 있으나 본문에는 있음.
684 壺(호) : 호공(壺公). 전설상 선인 이름.
685 沈吟(침음) : 시 짓기에 골몰함. 《古詩, 十九首, 東城高且長》에 「馳情整中帶, 沈吟聊躑躅」.
686 蘧蘧(거거) : 자득(自得)한 모양. 여유롭고 만족한 모양. 《莊子, 齊物論》에 「昔者莊周夢爲胡蝶, 栩栩然胡蝶也, 自喩適志與, 不知周也, 俄然覺, 則蘧蘧然周也」.
687 渭隣(위린) : 위빈(渭濱). 위수(渭水)의 물가. 태공망(太公望) 여상(呂尙)이 낚시하던 곳. 《韓非子, 喩老》에 「文王擧太公於渭濱者, 貴之也」.

272 형님과 아우, 운계(雲溪; 柳聲棊), 삼오(三梧; 梁在洙), 매곡(梅谷; 李友憙)이 와서 모이다 – 3수
舍伯舍弟雲溪三梧梅谷來會 – 三首

[其一]

玉人有約早春時(옥인유약조춘시)
梅下吟笻竹下移(매하음공죽하이)
底故湘南鳴玦佩(저고상남명결패)
聲華洛北抱環琦(성화낙북포환기)
萬錢不足雙淸價(만전부족쌍청가)
一咏何辭百罰巵(일영하사백벌치)
最喜鴒原酬唱席(최희영원수창석)
皎駒永夕縶維之(교구영석칩유지)

사랑하는 사람들과 이른 봄에 만나기로 약속했으니
매화 아래에서 읊다가 대나무 아래로 옮겨가네.
무슨 까닭으로 상수(湘水)의 남쪽에서 결패(玦佩)[688]를 울렸으며
낙수(洛水)의 북쪽에서는 명성을 날리며 환기(環琦)[689]를 안았는가?
속되지 않은 시는[690] 만전(萬錢)으로도 부족하리니
시 한 수에 백 잔의 벌주(罰酒)[691]라도 어찌 사양하리오?
형제들이[692] 한자리에서 술 따르고 노래하여 매우 기쁘니
밤새 가지 못하게 흰 망아지를 잡아매두네.

---

688 玦佩(결패) : 고리 모양의 한쪽이 트인 허리에 차는 옥. 결단(決斷)이나 절연(絶緣)의 뜻. 한(漢) 유향(劉向)의 《說苑, 貴德》에 「鄭子産死, 鄭人丈夫舍玦佩, 婦人舍珠珥, 夫婦巷哭三月, 不聞竽琴之聲」.

689 環琦(환기) : 고리 모양의 옥. 벽(璧)의 일종으로 부신(符信)이나 장식품에 쓰임.

690 雙淸(쌍청) : 생각과 행위가 속되지 않음. 당(唐) 두보(杜甫)의 《屛迹詩 2》에 「杖藜從自首, 心跡喜雙淸」.

691 百罰巵(백벌치) : 여러 번 받는 벌주(罰酒)의 술잔. 당(唐) 두보(杜甫)의 《樂遊園歌》에 「數莖白髮那抛得, 百罰深杯亦不辭」.

692 鴒原(영원) : 척령재원(鶺鴒在原). 형제간의 돈독한 우애. 당(唐) 두보(杜甫)의 《贈韋左丞丈濟詩》에 「鴒原荒宿草, 鳳沼接亭衢」.

[其二]

促席回燈夜話微(촉석회등야화미)
壺乾亦可典春衣(호건역가전춘의)
千秋濠濮誰同趣(천추호복수동취)
早日田園已賦歸(조일전원이부귀)
下界謫仙今宵是(하계적선금소시)
上元明月近年稀(상원명월근년희)
相將白髮憑欄坐(상장백발빙란좌)
何事淸狂與世違(하사청광여세위)

등불에 가까이 둘러앉아[693] 나누는 밤 이야기는 나지막한데
술병이 비었으니 또한 봄옷을 (술값으로) 전당 잡히리라.
긴 세월 아취를 같이하며 누구와 한가하게 소요하리오[694]
지난날 이미 전원으로 돌아가자는 시를 지었도다.
적선(謫仙; 李白)이 하계로 내려온 것은 오늘 밤이려니
근년에는 정월 대보름 밝은 달도 드물었구려.
함께 늙어가며 난간에 기대어 앉았으니
무슨 일로 제멋대로 행동하며[695] 세상을 멀리하리오?

---

693 促席(촉석) : 가까이 앉음. 《文選, 左思, 蜀都賦》에 「合樽促席, 引滿相罰, 樂飮今夕, 一醉累月」.

694 濠濮(호복) : 호복한상(濠濮閒想). 한가하게 소요하며 아무런 욕심이 없는 맑고 깨끗한 생각. 남조 송(南朝宋) 유의경(劉義慶)의 《世說新語, 言語》에 「簡文入華林園, 顧謂左右曰, 會心處不必在遠, 翳然林木, 便自有濠濮閒想也. 覺鳥獸禽魚, 自來親人」.

695 淸狂(청광) : 제멋대로 행동함. 진(晉) 좌사(左思)의 《魏都賦》에 「僕黨淸狂, 怵迫閩濮」.

[其三]

卯醉纔醒坐午陰(묘취재성좌오음)
山回江抱窈而深(산회강포요이심)
靑雲難力催人老(청운난력최이노)
白玉無瑕見子心(백옥무하견자심)
文苑一生消渴病(문원일생소갈병)
樂窩閒日打乖吟(낙와한일타괴음)
探花掠草名樓約(탐화약초명루약)
到處源源昨又今(도처원원작우금)

해장술에 취했다가[696] 겨우 깨어나 한낮의 서늘한 곳에 앉아보니
강은 산을 휘돌아 안아 그윽하고 깊도다.
청운의 꿈은 이루기 어렵고 늙기를 재촉하는데
백옥같이 흠 없는 그대의 마음을 바라보네.
문원(文苑; 司馬相如)도 한평생 소갈병(消渴病)을 앓았으니[697]
움집에서 한가로운 날들을 즐기면서 적당히[698] 시나 읊으리라.
꽃과 새를 감상하며[699] 이름난 누각에 오르자고 약속했는데
가는 곳마다 어제의 모습이 또 오늘의 모습이라네.

---

696 卯醉(묘취) : 묘주(卯酒)에 취함. 묘주는 아침 여섯시 경에 마시는 술. 송(宋) 팽승(彭乘)의 《墨客揮犀 4》에 「上皇登沈香亭詔妃子, 妃子時卯醉未醒, 命力士使侍兒扶腋而至」.

697 文苑一生消渴病(문원일생소갈병) : 문원병(文園病). 문원령(文園令)을 지낸 사마상여는 늘 소갈병(消渴病; 일종의 당뇨병)을 앓았음. 송(宋) 하주(賀鑄)의 《羅敷歌詞 2》에 「河陽官罷文園病, 觸緒蕭然」.

698 打乖(타괴) : 임기응변함. 송(宋) 사마광(司馬光)의 《酬邵堯夫見示安樂窩中打乖吟》에 「料非閑處打乖客, 乃是淸朝避世人」.

699 探花掠草(탐화약초) : 꽃과 새를 감상함. 당(唐) 피일휴(皮日休)의 《春雨詩》에 「野客正閒移竹園, 幽人多病探花稀」.

273 우담(愚潭; 高鎭台)과 추석에 간단히 한잔하다
與愚潭仲秋小酌

高秋詞氣入雲凌(고추사기입운릉)
玉宇崢嶸洗鬱蒸(옥우쟁영세울증)
近日南州陳榻解(근일남주진탑해)
百年北學魯堂升(백년북학노당승)
知我沙鴟盟碧水(지아사치맹벽수)
愛君鐵馬踏層氷(애군철마답층빙)
華簪乍合旋分袂(화잠사합선분메)
後約丁寧夜月乘(후약정녕야월승)

글의 기세는 맑고 높은 가을 하늘 같아 속세를 떠났고[700]
높은 천제(天帝)의 집에 오르니 무더위를 씻어낸 듯하구려.
근간에 남녘에서는 서치(徐穉) 같은 빈객으로 공경하니[701]
평생 북학(北學)을 하더니 노당(魯堂)에 올랐구려.[702]
나를 알아주는 것은 모래톱의 솔개이니 은둔을 맹세하였고[703]
애군(愛君)은 철마 타고 층층의 얼음을 오르는 것처럼 어려우리.
잠시 높은 관직에 올라[704] 헤어져 돌아가는 것이라 하면서
달 뜨는 밤에 만나자고 훗날의 약속을 재삼 간절히도 하네.

---

700 雲凌(운릉) : 능운(凌雲). 구름에 닿을 듯이 높이 솟음. 속세를 떠나려는 마음. 《史記, 司馬相如傳》에 「相如既奏大人之頌, 天子大說, 飄飄有凌雲之氣, 似游天地之閒意」.

701 陳榻解(진탑해) : 진번하탑(陳蕃下榻)의 고사. 빈객(賓客)을 공경함. 당(唐) 장구령(張九齡)의 《候使登石頭驛樓作詩》에 「自守陳蕃榻, 嘗登王粲樓」.

702 魯堂升(노당승) : 노당(魯堂)에 오름. 노당은 공자(孔子)의 전당. 학문을 닦아 심오한 경지에 이르게 됨. 송(宋) 범중엄(范仲淹)의 《南京書院題名記》에 「由是風乎四方, 士也如狂, 望兮梁園, 歸於魯堂」. 《論語, 先進》에 「由也升堂矣, 未入於室也」.

703 沙鴟盟碧水(사치맹벽수) : 맹구(盟鷗). 갈매기와 물가에서 함께 살기로 맹세함. 초연한 풍류의 사귐. 송(宋) 육유(陸游)의 《雨夜懷唐安詩》에 「小閣簾櫳頻夢蝶, 平湖烟水已盟鷗」.

704 華簪(화잠) : 관모(冠帽)의 화려한 비녀. 높고 중요한 관직. 진(晉) 도잠(陶潛)의 《和郭主簿1》에 「此事眞復樂, 聊用忘華簪」.

274 허수아비
偶人

軒軒七尺立郊西(헌헌칠척입교서)
巾服隨風仰復低(건복수풍앙복저)
草魄丁寧招爾漢(초백정녕초이한)
土形何事笑于齊(토형하사소우제)
丹江多押臥龍矢(단강다압와룡시)
黃野能驅群鳥捿(황야능구군조서)
盡日程門泥塑坐(진일정문이소좌)
渾然和氣感渠兮(혼연화기감거혜)

칠 척 큰 키로 서쪽 들녘에 우뚝 서서
두건과 의복을 바람에 나부끼며 하늘을 우러르고 땅을 굽어보네.
풀로 만든 몸으로 간절히 한(漢)나라를 부르더니
토우(土偶) 주제에 무슨 일로 제(齊)나라의 웃음거리가 되었는가?[705]
단강(丹江)에서는 와룡선생(臥龍先生; 諸葛孔明)과 중요한 맹세를 하고
황야에서는 깃든 뭇 새들을 몰아낼 수 있었네.
정문(程門)에서는 종일토록 토우처럼 명상에 잠겨 있다가도[706]
사람과 하나가 되어[707] 화기 가득하니 깊고 넓은 모습에 감탄하네.

---

705 土形(토형) : 토우인(土偶人). 《戰國策, 齊策》에 「今者臣來過於淄上, 有土偶人與桃梗相與語」.

706 程門泥塑坐(정문이소좌) : 정문(程門)은 정자(程子)의 문하(門下)이자 정호(程顥)를 지칭. 정호(程顥) 선생이 명상에 잠길 때는 토우처럼 움직이지 않고 조용히 있었다는 고사. 송(宋) 주희(朱熹)의 《近思錄, 觀聖賢》에 「謝顯道曰, 明道先生坐如泥塑人, 接人則渾是一團和氣」.

707 渾然(혼연) : 한 덩어리로 엉키어 나눌 수 없는 모양. 당(唐) 육지(陸贄)의 《興元論續從賊中赴行在官等狀》에 「周詩美文王之德曰, 不識不知, 順帝之則, 是皆覆育萬物, 渾然大同, 無好無惡, 不忌不克之謂也」.

275 이전 운을 써서 회포를 펴다
用前韻叙懷

邀我嘉賓坐水西(요아가빈좌수서)
少焉明月洞天低(소언명월동천저)
詩書讀盡才猶魯(시서독진재유노)
李杜名高恨未齊(이두명고한미제)
葭露三秋翔鴈下(가로삼추상안하)
篁林一處足鷦捿(황림일처족초서)
夜深酒醒還涔寂(야심주성환잠적)
佳句淸(장)忽起兮(가구청(　)홀기혜)

나를 귀한 손님으로 맞이하여 물가의 서쪽에 앉히니
잠깐 사이 밝은 달이 동천(洞天)[708] 아래에서 떠오르네.
시서를 모두 읽었어도 재주가 오히려 노둔하니
이백과 두보의 명성과 나란히 하지 못함을 한스러워하네.
이슬 맺힌 9월 갈대밭에 기러기는 날아 내리고
뱁새는 대숲 가지 하나면 깃들기에 충분하리.[709]
술에 깨어 깊은 밤 다시 고요 속에 잠기니
좋고도 맑은 글귀가 문득 생각나네.

708 洞天(동천) : 신선이 산다는 별천지. 당(唐) 진자앙(陳子昂)의 《送中岳二三眞人序》에 「楊仙翁玄黙洞天, 賈上士幽棲牝谷」.

709 足鷦捿(족초서) : 초료심(鷦鷯心). 자족(自足)한 사람. 《莊子, 逍遙遊》에 「鷦鷯巢於深林, 不過一枝」.

276 길쌈 방의 등불

績燈

大火西流潦盡潭(대화서류료진담)
燃松幾處女工探(연송기처여공탐)
歲暮手忙鮫織婦(세모수망교직부)
天寒情結犢褌男(천한정결독곤남)
架似懸星今袴五(가사현성금고오)
機無虛月已繅三(기무허월이소삼)
燈前紅女笑相語(등전공녀소상어)
夏爾漚麻春爾蚕(하이구마춘이잠)

한여름 무더위도 가고 못에 내리던 장맛비도 그치면
가까운 곳에서 관솔불 밝히고 여공들은 일을 찾네.
한 해가 기울어가면 베 짜는 아낙들의[710] 일손은 바빠
추운 날씨에도 남정네들의 쇠코잠방이를[711] 사랑으로 지어내네.
이제 시렁에는 하늘의 별처럼 바지들이 넉넉히[712] 걸리지만
베틀에서는 한가할 틈이 없으니 세 번은 누에고치를 켜야 한다네.
등불 앞 여공들은 서로 웃으며 말을 하지만
여름에는 삼을 물에 담가 불리고[713] 봄에는 누에를 쳤다오.

---

710 鮫織婦(교직부) : 교직부(絞織婦). 베 짜는 아낙네.

711 犢褌(독곤) : 독비곤(犢鼻褌). 쇠코잠방이. 한(漢) 조엽(趙曄)의 《吳越春秋, 句踐入臣外傳》에 「越王服犢鼻, 着樵頭」.

712 袴五(고오) : 오고(五袴). 부유(富裕)함. 《後漢書, 廉范傳》에 「[范]建初中, 遷蜀郡太守……范乃毁削先令, 但嚴使儲水而已. 百姓爲便, 乃歌之曰, 廉叔度, 來何暮, 不禁火, 民安作, 平生無襦今五袴」.

713 漚麻(구마) : 삼을 물에 담가 불림. 《詩經, 陳風, 東門之池》에 「東門之池, 可以漚麻」.

277 형님과 학고(鶴皐; 李汝楫)께서 함께 말을 타고 오시어 시를 짓자, 그 운을 받들어 화답시를 짓다
舍伯駕臨與鶴皐奉和其韻

散步淸宵月(산보청소월)
相逢白日雲(상봉백일운)
人老迎新歲(인로영신세)
兒勤讀古文(아근독고문)
酒筵多舊侶(주연다구려)
詩社掃凡群(시사소범군)
未了鴒原句(미료영원구)
悵然鷰鷺分(창연연로분)

맑고 고요한 밤이라 달빛 아래 산보하다가
대낮의 구름처럼 서로 만났네.
사람은 늙어가고 새해를 맞이하는데
아이들은 부지런히 옛글을 읽네.
술자리에 옛 친구[714]는 많으니
시사(詩社)[715]에서 범상한 무리들은 제외하리라.
형제간의 우애 읊은 시[716]도 아직 마치지 못했는데
원망스럽게도 제비와 해오라기처럼 헤어져야 하네.

---

714 舊侶(구려) : 옛 친구. 오랜 친구. 남조 송(南朝宋) 사령운(謝靈運)의 《晩出西射堂詩》에 「覊雌戀舊侶, 迷鳥懷故林」.

715 詩社(시사) : 시인들이 모여 음영(吟詠)하는 일.

716 鴒原句(영원구) : 척령재원(鶺鴒在原)의 시구. 형제가 서로 돕는 것을 노래한 시구. 당(唐) 두보(杜甫)의 《贈韋左丞丈濟詩》에 「鴒原荒宿草, 鳳沼接亨衢」.

278 화고(華郊; 曺鳳黙)의 초장(椒漿)[717]을 읊은 시에 차운하다 次華郊椒漿韻

含口熱中足禦寒(함구열중족어한)
手調細抹釰相彈(수조세말일상탄)
資用水鹽方漉素(자용수염방록소)
爛炊金粒轉成丹(난취금립전성단)
甕閉戒兒投瓦礫(옹폐계아투와력)
盤升嘗客聚衣冠(반승상객취의관)
食如無是還爲淡(식여무시환위담)
椒苦漿甘要與干(초고장감요여간)

입을 다물고 시린 발의 추위를 막느라 열중하며
손으로는 치밀하게 서로 타는 무딘 거문고 음률의 조화를 맞추네.
물과 소금으로 금방 떠오르는 하얗게 뜬 물을 걸러내고
쇠 알갱이가 무르도록 불을 때야 단사(丹砂)가 된다네.
물독에 빠지면 조약돌을 던져 독을 깨뜨리라고 아이에게 경계하고[718]
반상에 나가 음식 먹는 손님의 의관을 받아주라고 하네.
음식은 담박함만 같은 것이 없으니
산초 맛은 쓰고 장(漿)[719] 맛은 다니 어지간해야 한다네.

717 椒漿(초장) : 초주(椒酒). 산초(山椒)에 기타 약재를 섞어 담근 술. 신에게 제사 지낼 때 씀. 《楚辭, 九歌, 東皇太一》에 「蕙肴蒸兮蘭藉, 奠桂酒兮椒漿」.

718 甕閉戒兒投瓦礫(옹폐계아투와력) : 파옹구아(破甕求兒). 돌을 던져 물 항아리에 갇힌 아이를 구하라고 경계함. 송(宋) 사마광(司馬光)이 어렸을 적 돌을 던져 물항아리에 빠진 어린아이를 구한 고사. 《宋史, 司馬光傳》에 「羣兒戱於庭, 一兒登甕, 足跌沒水中, 衆皆棄去, 光持石擊甕破之, 水迸, 兒得活」.

719 장(漿) : 본문에서는 과일 따위에서 짜낸 약채를 말함.

279 경과(慶科)[720]의 시제(試題)에 차운하다
次慶科韻

晟運東方屬泰陽(성운동방속태양)
天門試士耀文章(천문시사요문장)
鹿鳴歌曲肄三雅(녹명가곡이삼아)
鴻唱名聲第一郎(홍창명성제일랑)
日下朱衣垂鑑藻(일하주의수감조)
風前皀帶襲爐香(풍전조대습로향)
群雄盡入吾王彀(군웅진입오왕구)
射策春坮擬穿楊(석책춘대의천양)

동방의 왕성한 기운으로 태평성대가 이어지니
대궐에서 과거 보는 선비들의 문장은 빛나도다.
과거급제 축하 잔치[721] 노래에 이어 석 잔의 술[722]을 따르니
명성이 크게 울리니 제일인자로다.
천하에 시어사(侍御史)가 급제를 승낙하고[723] 감별한 문장을 드리우니
바람받이 관리의 띠가 향로의 향에 젖는구나.
일세의 뭇 영웅들이 궁궐로 들어가
춘당대(春塘臺)에서 답안을 쓰니[724] 모두가 백발백중[725]인 것 같도다.

---

720 慶科(경과) : 경거(慶擧). (韓)나라에 경사가 있을 때 보는 과거.

721 鹿鳴(녹명) : 녹명지연(鹿鳴之宴). 군신과 빈객의 연회 때 썼던 악가.

722 三雅(삼아) : 한(漢) 유표(劉表)가 가지고 있었다는 세 가지 술잔. 《太平御覽 845》에 「典論:劉表有酒爵三, 大曰伯雅, 次曰仲雅, 小曰季雅. 伯雅容七升, 仲雅六升, 季雅五升」.

723 朱衣(주의) : 주의점두(朱衣點頭). 과거에 응시한 문장이 선(選)에 들어 급제를 승낙의 뜻으로 고개를 끄덕임.

724 射策(석책) : 한 대(漢代)에 시행한 과거 시험의 하나.

725 穿楊(천양) : 버드나무 잎을 백보 밖에서 쏘아 맞추는 것. 기예가 매우 빼어남을 비유. 《戰國策, 西周策》에 「有養由基者, 善射, 去柳葉者百步而射之, 百發百中」.

280 다시 이전의 운에 차운하다
更次前韻

詩情多感問暄寒(시정다감문훤한)
數曲峨洋手自彈(수곡아양수자탄)
谷口鳴騶吟皎皎(곡구명추음교교)
簷前飛鳳下丹丹(첨전비봉하단단)
幸逢佳節忙穿屩(행봉가절망천교)
每對良朋喜岸冠(매대양붕희안관)
春事向闌馳夢想(춘사향란치몽상)
華郊誰隱孑旄干(화교수은혈모간)

다감한 시정(詩情)으로 안부를 여쭈며
낭랑한 노래 몇 곡을 손수 켜봅니다.
골짜기 입구에 귀인이 행차하며[726] 읊는 소리는 분명한데
처마 앞에 나는 봉황은 단단(丹丹)[727]으로 갔습니다.
다행히 좋은 계절에 만나 짚신이 헤지도록 바삐 다녔으며
매번 좋은 벗을 만날 때면 소탈한 옷차림으로[728] 기뻐하였습니다.
봄철 농사일이 거의 끝나가고 꿈에도 생각하는 것은
꽃이 핀 들녘에 우뚝한 모간(旄干)[729]을 숨기고 찾아올 사람은 누구입니까.

726 鳴騶(명추) : 귀인(貴人)의 행차를 수종(隨從)하며 길을 비키라고 외치는 기졸(騎卒). 남조제(南朝齊) 공치규(孔稚珪)의 《北山移文》에 「及其鳴騶入谷, 鶴書起隴, 形馳魄散, 地變神動」.

727 丹丹(단단) : 나라 이름. 기다리던 사람이 오지 않고 다른 곳으로 감. 《南史, 夷貊傳》에 「丹丹國王遣使奉表送牙像及畵塔二軀, 幷獻火齊珠古具雜香藥」.

728 岸冠(안관) : 안건(岸巾). 갓이나 두건을 젖혀 올려 이마를 드러냄. 곧 소탈한 옷차림. 당(唐) 유숙(劉肅)의 《大唐新語, 極諫》에 「中宗愈怒, 不及整衣履, 岸巾出側門」.

729 旄干(모간) : 간모(干旄). 검은 소의 꼬리를 깃대에 꽂아 꾸민 기(旗). 의장에 사용하는 대부(大夫)의 기. 《詩經, 鄘風》에 「孑孑干旄 在浚之郊 素絲紕之 良馬四之 彼姝者子 何以畀之」.

281 회포(懷抱)를 쓰다
寄懷

鷰子南來鴈北歸(연자남래안북귀)
百花時節萬家肥(백화시절만가비)
一春勝事方脩禊(일춘승사방수계)
千仞高岡喜振衣(천인고강희진의)
庭砌疎篁隣白傅(정체소황린백부)
池塘芳草夢玄暉(지당방초몽현휘)
閒宵每誦江干句(한소매송강간구)
期與漁舟上小磯(기여어주상소磯)

제비가 남에서 날아오니 기러기는 북으로 돌아가고
온갖 꽃이 피는 계절에 모든 집들도 평안합니다.
봄철에 하기 좋은 일은 봄놀이[730]와
높은 산에 올라 기뻐하며 옷자락을 휘날리는 일입니다.
뜰 안 섬돌의 성긴 황죽은 백부(白傅; 白樂天)와 이웃하였고
지당(池塘)의 향기로운 풀은 현휘(玄暉; 謝朓)를 꿈꾼 것입니다.
늘 한가로운 밤이면 강 언덕에서[731] 시구를 외우며
물가 자갈밭 고깃배에서 만나기를 기약해 봅니다.

730 脩禊(수계) : 수계(修禊). 음력 3월 초에 행하는 봄놀이. 송(宋) 장원간(張元幹)의 《燕集葉尙書蕊香堂賞海棠詞》에 「脩禊當日蘭亭, 羣賢弦管裏, 英姿如許」.

731 江干(강간) : 강가. 강 언덕. 남조 양(南朝梁) 범운(范雲)의 《之零陵郡次新亭詩》에 「江干遠樹浮, 天末孤烟起」.

282 화고(華郊; 曺鳳默)의 시에 차운하다 – 3수
次華郊韻 – 三首

[其一]

菊砌隣花塢(국체인화오)
要爲隱姓名(요위은성명)
歲華何苒苒(세화하염염)
物理自生生(물리자생생)
村僻竹籬短(촌벽죽리단)
雪深蓽戶晴(설심필호청)
新蓂伴瓊律(신명반경율)
多感故人情(다감고인정)

섬돌에는 국화가 피고 가까이에는 우묵한 꽃밭인데[732]
이름을 숨기어 남이 알지 못하게[733] 하는구나.
어찌하여 세월[734]은 점점 흘러가고
스스로 끊임없이 생겨나는 것이 만물의 이치란 말인가?[735]
궁벽한 시골이라 대울타리는 낮고
사립문에 눈이 쌓였는데 하늘은 맑게 개었네.
새 달력[736]과 함께 아름다운 시를 보내주시니.
다정도 하시도다, 벗님의 인정이여!

---

732 花塢(화오) : 사방이 높아 가운데가 우묵한 꽃밭. 남조 양(南朝梁) 무제(武帝)의 《子夜四時歌, 春歌 4》에 「花塢蝶雙飛, 柳隄鳥百舌」.

733 隱姓名(은성명) : 은성매명(隱姓埋名). 성명을 숨김. 원(元)나라 장수경(張壽卿)의 《紅梨花, 4折》에 「他不是別人, 則他便是謝金蓮, 着他隱姓埋名, 假設做王同知的女兒」.

734 歲華(세화) : 세월. 남조 양(南朝梁) 심약(沈約)의 《却東西門行》에 「歲華委徂貌, 年霜移暮髮」.

735 生生(생생) : 만물이 끊임없이 생겨남. 《易經, 繫辭 上》에 「生生之謂易」.

736 新蓂(신명) : 신명협(新蓂莢). 새 달력.

[其二]

林泉無俗念(임천무속념)
花卉有嘉名(화훼유가명)
鐵竹移倭産(철죽이왜산)
玉梅自漢生(옥매자한생)
蕙蘭香晩節(혜란향만절)
桃杏媚新晴(도행미신청)
偏愛四時景(편애사시경)
靜觀群物情(정관군물정)

자연 속에 살면서 속된 생각이 없더니
꽃들에게는 아름다운 이름이 있구나.
철쭉[鐵竹][737]은 일본에서 옮겨왔고
옥매(玉梅)는 중국에서 난 것이로다.
혜초(蕙草) 난초(蘭草)의 향기는 만년(晩年)의 절개요
도화(桃花) 행화(杏花)는 갓 갠 하늘의[738] 아름다운 자태로다.
네 계절의 경물을 유달리 사랑하면서
뭇 물상의 이치와 사람의 정리를 자세히 살펴보네.[739]

---

737 鐵竹(철죽) : 척촉(躑躅; 철쭉).
738 新晴(신청) : 하늘이 갓 갬. 진(晉) 반악(潘岳)의 《閑居賦》에 「微雨新晴, 六合淸朗」.
739 靜觀(정관) : 자세히 살핌. 당(唐) 왕유(王維)의 《酬諸公見過詩》에 「靜觀素鮪, 俯映白沙」.

[其三]

湖氷山雪歲隆寒(호빙산설세융한)
已暮光陰指一彈(이모광음지일탄)
棐几披書宜引白(비궤피서의인백)
茗爐活火也應丹(명로활화야응단)
每逢故友欣傾屣(매봉고우흔경사)
虛負芳年渺弱冠(허부방년묘약관)
晴夜偶吟招隱操(청야우음초은조)
月中孤棹倚江干(월중고도의강간)

호숫가 얼고 산에 눈이 쌓여 날씨는 몹시 추운데
한 해가 이미 저물어 가니 세월은 짧기만 하네.[740]
궤탁(几卓)을 바로 하고[741] 서책을 펴면서 술잔을 당기니[742]
화롯불로 달인 차는 아마도 단약(丹藥)일 것이로다.
옛 벗을 만날 때마다 기뻐서 바삐 신발을 끌었고
젊은 나이를 헛되이 보냈으니 약관의 나이는 아득하도다.
맑게 갠 밤에 뜻밖에 은둔하려는 뜻을[743] 읊조리며
달밤에 홀로 배[744]를 띄워 강가에 의지하네.

740 指一彈(지일탄) : 탄지(彈指). 손가락을 한 번 튀기는 정도의 극히 짧은 시간. 당(唐) 왕유(王維)의 《六祖能禪師碑銘》에 「飯食訖而敷坐, 沐浴畢而更衣, 彈指不流, 水流燈焰, 金身永謝, 薪盡火滅」.

741 棐几(비궤) : 비자나무로 만든 궤탁(几卓). 《晉書, 王羲之傳》에 「嘗詣門生家, 見棐几滑淨, 因書之, 眞草相半」.

742 引白(인백) : 술잔을 당기다. 백(白)은 벌주용(罰酒用) 술잔이나 술잔을 두루 이르는 말. 《漢書, 敍傳》에 「設宴飮之會, 及趙・李諸侍中皆引滿擧白. 談矣大噱」.

743 隱操(은조) : 물러나 지조를 지킴. 《南齊書, 高逸傳, 褚伯玉》에 「伯玉, 少有隱操, 寡嗜慾」.

744 孤棹(고도) : 고도(孤櫂). 하나의 노. 곧 홀로 떠 있는 배. 당(唐) 장손좌보(長孫佐輔)의 《杭州秋日別故友詩》에 「獨隨孤棹去, 何處更同衾」.

283 매곡(梅谷; 李友憙)의 방문을 받고 비속에 심심풀이로 쓰다 梅谷委訪破涔寂

客望京華夢日邊(객망경화몽일변)
筇鞋委訪路蹊穿(공혜위방로혜천)
青雲故友三千里(청운고우삼천리)
白雪高歌五十年(백설고가오십년)
大野風前嘉麥熟(대야풍전가맥숙)
小庭春後惜花眠(소정춘후석화면)
臨離相贈源源意(임리상증원원의)
槐火煎茶汲石泉(괴화전차급석천)

손님께서는 서울을 바라보고 왕을 좌우에서 모시기를[745] 꿈꾸며
지팡이에 좁은 길로 찾아다니기에 신은 구멍이 났구려.
벗의 청운의 꿈은 삼천리를 다니고
고아(高雅)한 시[746]는 오십 년간 큰 소리로 부르리.
넓은 들녘에서 바람 맞는 보리는 아름답게 익어가고
작은 마당에서 봄 지나 시들어가는 꽃은 안타깝네.
이별에 임하여 서로의 뜻을 연달아 일러 보내며
석천(石泉)의 물을 긷고 회화나무 불[747]을 지펴 차를 끓이네.

---

745 日邊(일변) : 왕성(王城)에 가까운 곳. 또는 제왕의 좌우(左右). 당(唐) 조하(趙嘏)의 《送裴延翰下第歸覲滁州詩》에 「江上詩書懸素業, 日邊門戶倚丹梯」.

746 白雪(백설) : 고아(高雅)한 시사(詩詞). 당(唐) 나은(羅隱)의 《秋日有酬詩》에 「腰間印佩黃金重, 卷裏詩裁白雪高」.

747 槐火(괴화) : 회화나무로 일으킨 불. 《周禮, 夏官, 司爟》에 「四時變國火, 以救時疫」. 〈鄭玄注〉에 「鄭司農說以鄹子曰, 春取楡柳之火, 夏取棗杏之火……冬取槐檀之火」.

284 선달 그믐날 밤 – 2수
除夕 – 二首

[其一]

斗杓旋斡屬春寒(두표선알속춘한)
千古昭文試一彈(천고조문시일탄)
夜爛葭灰催玉律(야란가회최옥율)
年深簟舗歎金丹(연심운포탄금단)
誰知世事如欹器(수지세사여의기)
自拊身心更正冠(자부신심경정관)
酌罷屠蘇仍不寐(작파도소잉불매)
村燈如市接欄干(촌등여시접난간)

북두칠성이 돌아 봄추위가 이어지니
오래된 자연의 조화[748]로 세월의 빠름을 시험하는 것이리.
갈대를 태워 밤을 밝히며 좋은 시를 재촉하니
오랜 시간 대돗자리를 펴놓고 금단(金丹)이 되기를 한탄하네.
엎질러지기 쉬운 물그릇[749] 같은 세상의 일을 누가 알리오?
몸과 마음을 어루만지며 다시 관을 올바로 하네.
도소주(屠蘇酒)[750] 마시기를 끝냈으나 잠을 이룰 수 없어
촌락의 등불을 저자처럼 난간에 걸어 밝히네.

---

748 昭文(소문) : 조화로운 자연 현상. 《左傳, 桓公2年》에 「火・龍・黼・黻, 昭其文也」.

749 欹器(의기) : 기울어져 엎어지기 쉽게 생긴 물그릇. 《荀子, 宥坐》에 「孔子觀於魯桓公之廟, 有欹器焉. 孔子問於守廟者曰, 此爲何器. 守廟者曰, 此蓋爲宥坐之器」.

750 屠蘇(도소) : 도소주(屠蘇酒). 설날에 먹으면 사기(邪氣)를 물리친다고 이르는 술. 남조 양(南朝梁) 종름(宗懍)의 《荊楚歲時記》에 「[正月一日]長幼悉正衣冠, 以次拜賀, 進椒柏酒, 飮桃湯, 進屠蘇酒……次第從小起」.

[其二]

挑燈痴坐小堂寒(도등치좌소당한)
一局仙碁竹下彈(일국선기죽하탄)
靜夜疑生虛室白(정야의생허실백)
流年願付壽民丹(유년원부수민단)
堪憐村叟歌無褐(감린촌수가무갈)
稍喜庭兒屬勝冠(초희정아속승관)
羡爾殘年雄健筆(이이잔년웅건필)
吹噓直與漢霄干(취허직여한소간)

등잔의 심지를 돋우고 멍하니 앉아 있노라니 작은 초당은 추운데
신선놀음 바둑 한 판을 두고 대숲 아래에서 거문고를 타네.
고요한 밤 무욕(無欲)의 도심(道心)이 우러나는가[751] 싶어
일 년 운수[752]에 백성을 복되게 하는 단약(丹藥)을 부탁하네.
시골 늙은이의 털옷 없다는 노래를 안타깝게 여기다가
뜨락의 아이가 성년이 된 것[753]을 조금 기뻐하네.
늘그막에도 필력이 웅건함을 부러워하며
높은 벼슬자리에[754] 곧바로 천거해보리.[755]

---

751 生虛室白(생허실백) : 허실생백(虛室生白). 욕심이 없는 마음에 저절로 도심(道心)이 우러남.

752 流年(유년) : 사람의 한 해의 운수. 송(宋) 소식(蘇軾)의 《次韻子由東亭》에 「到處不妨閑卜築, 流年自可數期頤」.

753 勝冠(승관) : 관례(冠禮)를 올릴 만한 성년. 《史記, 萬石張叔列傳》에 「子孫勝冠者在側, 雖燕居必冠, 申申如也」.

754 漢霄(한소) : 소한(霄漢). 왕도(王都) 부근이나 왕의 측근을 비유. 당(唐) 두목(杜牧)의 《書懷寄中朝往還詩》에 「霄漢幾多同學伴, 可憐頭角盡卿材」.

755 吹噓(취허) : 남의 장처(長處)를 추켜세워 추천함. 《宋書, 沈攸之傳》에 「卵翼吹噓, 得升官秩」.

285 화고(華郊; 靑鳳黙)의 시에 차운하다 – 4수
次華郊韻 – 四首

[其一]

高臥雲山枕碧江(고와운산침벽강)
十年棐几一明牕(십년비궤일명창)
深村竹老風霜骨(심촌죽로풍상골)
晩圃花開錦繡腔(만포화개금수강)
宿契斷金人有二(숙계단금인유이)
淸標如玉士無雙(청표여옥사무쌍)
也知百練屠龍手(야지백련도룡수)
一筆重於九鼎扛(일필중어구정강)

구름 낀 산이 푸른 강을 베고 높이 누우니
10년간 밝은 창 아래 비자나무 책상을 놓았네.[756]
궁벽한 시골 대나무는 세상의 간난을 겪으며 늙어가고
저물녘 꽃밭은 아름다운 시가(詩歌)의 가락이라네.[757]
깊은 우정으로 맺은 오랜 언약은 두 사람이라야 되나
옥같이 용모와 재지(才智)를 지닌 선비가 한 쌍일 수는 없다네.
백 번 단련하면 도룡수(屠龍手)가 되는 줄이야 알지만
한 자루의 붓이 구정(九鼎)[758]을 드는 것보다 무겁다네.

---

756 棐几一明牕(비궤일명창) : 명창정궤(明牕淨几). 밝은 창 밑에 놓은 깨끗한 책상. 송(宋) 구양수(歐陽脩)의 《試筆, 學書爲樂》에 「蘇子美嘗言, 明窗淨几, 筆硯紙墨皆極精良, 亦自是人生一樂, 然能得此樂者甚稀, 其不爲外物移其好者, 又特稀也」.

757 錦繡腔(금수강) : 아름다운 문장. 강(腔)은 시가(詩歌)의 가락.

758 九鼎扛(구정강) : 구정(九鼎)을 듦. 하(夏) 우왕(禹王)이 주조한 솥. 《史記, 封禪書》에 「禹收九牧之金, 鑄九鼎, 皆嘗亨鬺上帝鬼神, 遭聖則興, 鼎遷于夏商, 周德衰, 宋之社亡, 鼎乃淪沒, 伏而不見」.

[其二]

西風葭露溯中江(서풍가로소중강)
明月松篁映半牕(명월송황영반창)
仙鶴淸癯君白髮(선학청구군백발)
靈犀通澈爾丹腔(영서통철이단강)
夔翁卜宅潭花百(기옹복택담화백)
梅老吟詩峽桂雙(매노음시협계쌍)
向日相逢談笑席(향일상봉담소석)
鴳杯鸕酌幾番扛(안배노작기번강)

서풍은 이슬 맺힌 갈대에서 일어 강을 거슬러 불어가고
명월은 솔과 대나무 사이에서 떠올라 반쯤 열린 창을 비추네.
맑게 야윈 선학처럼 그대는 백발이 되어
마음이 통해[759] 참된 시를 짓는구려.
기옹(夔翁)[760]의 복택(卜宅) 깊은 못에는 온갖 꽃이 피었고
매노(梅老)[761]는 골짜기 두 그루 계수나무 아래에서 시를 읊었네.
지난번 서로 만나 담소하던 자리에서
안배(鴳杯)[762]와 노작(鸕酌)[763]을 몇 번이나 들었던가?

759 靈犀通澈(영서통철) : 영서일점통(靈犀一點通). 마음이 서로 통함을 비유. 당(唐) 이상은(李商隱)의 《無題詩 1》에 「身無彩鳳雙飛翼, 心有靈犀一點通」.

760 夔翁(기옹) : 요순(堯舜) 시대에 음악을 맡았던 사람. 《書經, 舜典》에 「帝曰, 夔, 命汝典樂, 敎冑子」.

761 梅老(매노) : 매복(梅福). 한(漢) 구강군(九江郡) 사람. 은거하여 신선이 되었다 함. 남조 송(南朝宋) 사령운(謝靈運)의 《會吟行》에 「范蠡出江湖, 梅福入城市」.

762 鴳杯(안배) : 안배(鴳杯). 메추라기를 새긴 술잔.

763 鸕酌(노작) : 노자작(鸕鶿杓). 가마우지를 새긴 술잔. 당(唐) 이백(李白)의 《襄陽歌》에 「鸕鶿杓, 鸚鵡杯, 百年三萬六千日, 一日須傾三百杯」.

[其三]

玄暉古宅繞澄江(현휘고택요징강)
靖節淸風倚北牕(정절청풍의북창)
詩句對君難下手(시구대군난하수)
峨洋許我和中腔(아양허아화중강)
黃昏古渡靑驢一(황혼고도청려일)
點雪晴沙白鷺雙(점설청사백로쌍)
憐爾詞垣盈寸筆(연이사원영촌필)
龍門萬斛不勞扛(용문만곡불노강)

현휘(玄暉; 謝脁)의 옛집은 맑은 강이 둘렀고
정절(靖節; 陶潛) 선생은 맑은 바람 불어오는 북창에 기댔네.
그대를 마주하고 시를 짓노라면 착수하기는 어려우나
아양곡(峨洋曲)을 연주할라 치면 음률에 맞게 조화를 이루네.
황혼에 말을 타고 옛 나루터를 건너노라니
갠 모래톱에 눈은 송이송이 날리고 백로는 쌍쌍이 나네.
사원(詞垣)[764]의 글에는 한 치도 같지 못해 안타까우나
많은[765] 명망 높은 인물[766]은 떠받들 수 있으리라.

---

764 詞垣(사원) : 사신(詞臣)의 관서. 문장을 장악하는 신하. 송(宋) 송상(宋庠)의 《送石舍人賜告還鄕詩》에 「幾日詞垣棲健筆, 九秋朝橐冒征塵」.

765 萬斛(만곡) : 매우 많은 분량. 당(唐) 두보(杜甫)의 《夔州歌 7》에 「蜀麻吳鹽自古通, 萬斛之舟行若風」.

766 龍門(용문) : 명망 높은 사람을 비유. 남조 송(南朝宋) 유의경(劉義慶)의 《世說新語, 德行》에 「李元禮風格秀整, 高自標持, 欲以天下敎是非爲己任. 後進之士, 有升其堂者, 皆以爲登龍門」.

[其四]

醉後詩翁頹玉山(취후시옹퇴옥산)
奇花千樹草三間(기화천수초삼간)
雲晴谷口禽聲樂(운청곡구금성락)
月到湖心鷺夢閒(월도호심노몽한)
肯謝烟霞成痼疾(긍사연하성고질)
飜將沆瀣洗衰顔(번장항해세쇠안)
華郊處士相思苦(화교처사상사고)
石路崎嶇不憚還(석로기구불탄환)

시 짓던 늙은이는 술에 취해 쓰러지고[767]
초가삼간에 꽃은 피고 나무는 서 있네.
골짜기에 구름 걷히니 새들의 노래는 즐겁고
호수에 달 비추니 해오라기의 꿈은 한가로워라.
산수자연을 좋아하는 것이 고질병이 되어[768]
맑은 밤이슬[769]로 야윈 얼굴을 씻네.
화교 처사와는 서로 몹시도 그리워하니
울퉁불퉁한 돌길을 꺼리지 않고 걸어가네.

767 頹玉山(퇴옥산) : 옥산붕(玉山崩). 용모가 수려한 사람[玉山]이 몹시 술에 취하여 몸을 가누지 못함. 삼국 위(魏) 혜강(嵇康)의 술 취한 모습을 형용한 말에서 유래. 남조 송(南朝宋) 유의경(劉義慶)의 《世說新語, 容止》에 「其醉也, 傀俄若玉山之將崩」.

768 烟霞成痼疾(연하성고질) : 연하고질(煙霞痼疾). 지나칠 정도로 산수를 사랑하는 성벽(性癖). 《新唐書, 隱逸傳, 田游巖》에 「臣泉石膏肓, 煙霞痼疾, 旣逢聖代, 幸得逍遙」.

769 沆瀣(항해) : 선인(仙人)이 마신다는 밤사이 내린 맑은 이슬. 《楚辭, 遠遊》에 「餐六氣而飮沆瀣兮, 漱正陽而含朝霞」.

286 이호(梨湖)에서 집으로 돌아오다
自梨湖還第

湖海風光領畧歸(호해풍광령약귀)
松鱸初發石魚肥(송노초발석어비)
庫馬院邊斟白酒(고마원변짐백주)
柱龍津上引黃衣(주용진상인황의)
數郡江山如夢境(수군강산여몽경)
百年行樂惜春暉(백년행락석춘휘)
一壺佳釀詩三疊(일호가양시삼첩)
與子期兮竹下磯(여자기혜죽하기)

호수와 바다의 풍광을 둘러보고[770] 돌아오는데
농어[771]는 이제 자라기 시작하고 조기[772]는 살이 올랐네.
고마원(庫馬院) 근처에서 백주(白酒; 막걸리)를 따르고
주룡진(柱龍津) 가에서 황의주(黃衣酒)[773]를 마셨네.
여러 군의 강산이 꿈속의 경치인 듯
한평생 즐겁게 놀며 봄빛을 아까워하네.
좋은 술 한 병에 세 수의 시를 읊으며
그대와 대숲 아래 강가에서 만나기를 기약하네.

---

770 領畧(영략) : 이해함. 감상함. 송(宋) 주휘(周煇)의 《淸波雜志 3》에 「凡山南佳處, 領畧粗遍」.
771 松鱸(송로) : 송강로(松江鱸). 강소성(江蘇省) 송강(松江)에서 나는 농어. 《後漢書, 方術傳 下, 左慈》에 「操從容顧衆賓客曰, 今日高會, 珍羞略備, 所少吳松江鱸魚耳」.
772 石魚(석어) : 석수어(石首魚). 조기. 《與猶堂全書, 雅言覺非》에 「蹯水魚, 謂之石魚(俗名曹基)」.
773 黃衣(황의) : 황의주(黃衣酒). 보리를 껍질째 갈아서 반죽하여 만든 누룩으로 빚은 술.

287 수산(壽山; 鄭祚源)이 부쳐온 시를 따라 차운하다
追次壽山寄示韻

淸詩來自月明宵(청시래자월명소)
喚我惺憽鄙吝消(환아성총비린소)
白玉無瑕長蘊櫝(백옥무하장온독)
靑雲難力謾題橋(청운난력만제교)
便稀二字相思久(편희이자상사구)
人隔參商却望遙(인격삼상각망요)
彌歲沈痾因習靜(미세침아인습정)
江鄕時事問漁樵(강향시사문어초)

밝은 달밤에 지은 청신한 시는
나를 정신 차리게 하여 다랍고 인색한 것을 사라지게 하네.
티 없는 백옥은 오래도록 간직하는[774] 것이고
은둔의 뜻[775]으로 원대한 포부[776]를 업신여길 수는 없으리.
곧 '상사(相思)'라고 오래 그리워하기는 드물 것이니
사람들은 이별하고[777] 멀어져 바라만 보는 것이리라.
일 년 내내 지병(持病)으로 조용히 지낸 까닭에
강남(江南) 땅 여러 세상일을 어부와 초동에게 묻는다네.

---

774 蘊櫝(온독) : 궤 안에 쌓아 둠. 《論語, 子貢》에 「有美玉於斯, 韞匵而藏諸, 求善價而沽諸」.

775 靑雲(청운) : 속세를 떠난 은일(隱逸). 《南史, 齊衡陽王鈞傳》에 「身處朱門, 而情遊江海, 形入紫闥, 而意在靑雲」.

776 題橋(제교) : 제교주(題橋柱). 한(漢) 사마상여(司馬相如)가 성도(成都)의 북쪽 승선교(昇仙橋)에 썼다는 출세의 뜻을 나타낸 글. 공명(功名)에 대한 원대한 포부. 원(元) 관한경(關漢卿)의 《玉鏡臺 4折》에 「偏不肯好頭好面到城都, 憋的我沒牙沒口題橋柱」.

777 參商(삼상) : 삼성(參星)과 상성(商星). 삼성은 서방에 상성은 동방에 떠 있는 별. 절친한 친구가 떨어져 만날 수 없음. 삼국 위(三國魏) 조식(曹植)의 《與吳季重書》에 「面有逸景之速, 別有參商之闊」.

288 중양절(重陽節)이 지난 다음 죽포(竹圃; 安楨)와 함께 또 짓다 – 2수 重陽後與竹圃有作 – 二首

[其一]

梅窩高士訪筠軒(매와고사방균헌)
三載相逢一笑言(삼재상봉일소언)
起聽牙琴流水曲(기청아금유수곡)
强鳴希鼓和雷門(강명희고화뢰문)
黃花晩節凌霜傑(황화만절능상걸)
白髮希年倂德尊(백발희년병덕존)
底事閒居消遣日(저사한거소견일)
賓朋在座酒盈樽(빈붕재좌주영준)

매화나무집 덕 높은 선비가 대나무집을 찾아오시니
삼 년 만에 서로 만나 한바탕 웃고 말을 나누네.
고수(高手)[778]가 켜는 유수곡(流水曲)[779]을 일어나 듣더니
뇌문(雷門)[780]의 북[781]처럼 강하게 울리기를 바라네.
황화(黃花)의 철 늦은 절개는 서리를 능멸하며 빼어나고
고희(古稀)의 백발에 덕성과 명망을 아우르셨도다.
한가로이 지내며 무슨 일로 소일하느냐고 묻노라니
친구인 듯 손님인 듯 앉아 계시니 가득히 술을 따릅니다.

---

778 牙琴(아금) : 백아(伯牙)의 거문고. 후대에는 고수(高手)가 거문고를 연주하는 것을 이름. 청(淸) 임즉서(林則徐)의 《杭嘉湖三郡觀風告示》에 「如賞牙琴, 更親聽乎操縵, 喩觀基射, 再目睹乎穿楊」.

779 流水曲(유수곡) : 고산유수(高山流水). 유수고산(流水高山). 금곡(琴曲)의 이름.

780 雷門(뇌문) : 뇌문고(雷門鼓). 뇌문(雷門)은 옛 회계성(會稽城)의 성문 이름. 성문에 매달아 놓은 대고(大鼓)로 우레처럼 소리가 컸음. 《漢書, 王尊傳》에 「尊曰, 毋持布鼓過雷門」.

781 希鼓(희고) : 포고(布鼓; 베로 만든 북).

[其二]

暮年康濟自家身(모년강제자가신)
短律纔成酒幾巡(단율재성주기순)
老竹虛心恒作友(노죽허심항작우)
焦桐橫膝和無人(초동횡슬화무인)
靑山長近玄暉宅(청산장근현휘택)
明月相思白傅隣(명월상사백부인)
晩秋時景猶堪話(만추시경유감화)
紅葉黃花一半春(홍엽황화일반춘)

백성을 편안하게 하다가[782] 늘그막에야 집에 있으니
잠깐 짧은 시를 짓는 사이 술은 몇 순배나 돌았던가?
항상 겸허하게[783] 늙은 대나무를 벗으로 삼고
거문고[784]를 켜나 화답하는 사람 없네.
청산은 늘 현휘(玄暉; 謝朓)의 집 가까이 있고
명월은 백부(白傅; 白居易)의 이웃에 있어 서로 생각나게 하네.
늦가을 경치를 어찌 말로 하리오?
붉게 물든 단풍과 노란 국화로 봄이 한창이라오.

---

782 康濟(강제) : 백성을 편안하게 구제함. 벼슬에 있었음을 뜻함. 《北齊書, 武帝紀》에 「君有康濟才, 終不徒然」.

783 虛心(허심) : 허기(虛己). 자만(自滿)하지 않음. 겸허(謙虛)함. 《莊子, 漁父》에 「[孔子]曰, 丘少而脩學, 以至於今, 六十九歲矣, 無所得聞至敎, 敢不虛心」.

784 焦桐(초동) : 초미금(焦尾琴). 거문고의 이칭. 후한(後漢) 채옹(蔡邕)이 이웃 사람이 밥을 짓느라고 때는 오동나무가 타는 소리를 듣고 좋은 나무인 줄을 알아 그 타다 남은 나무를 얻어 거문고를 만든 고사에서 유래한 말. 당(唐) 장호(張祜)의 《思歸人》에 「焦桐彈罷絲自絶, 漠漠暗魂愁夜月」.

289 임신년(壬申年) 입춘에 석문(石門; 鄭瀩)이 방문했는데, 형님과 계광(溪狂; 陳錫馨)이 함께 자리에 계시다

壬申立春石門見訪舍伯與溪狂聯榻

梅階竹欖動春陽(매개죽람동춘양)
可愛明牕日線長(가애명창일선장)
水石窈深居已僻(수석요심거이벽)
賓朋團會座生光(빈붕단회좌생광)
衿期元白同三逕(금기원백동삼경)
詩手曺劉倚短墻(시수조유의단장)
待客杯樽太嫌薄(대객배준태혐박)
陳茶魯酒未堪嘗(진다노주미감상)

매화 핀 뜰에 대나무 감람나무는 봄빛에 움이 트고
밝은 창에 오래 비추는 햇살이 사랑스럽네.
그윽한 외딴곳에 사노라니
손님과 벗들이 단란하게 모인 자리가 빛나네.
마음 통하는 원진(元稹)과 백거이(白居易)가 삼경(三逕)을 걷는 듯
시 쓰는 조식(曹植)과 유정(劉楨)이 낮은 담장에 기댄 듯.
손님을 기다리는 술이 박주(薄酒)라서 매우 싫어할지라도
묵은 차와 맛없는 술[785]일지언정 감히 아직 맛보지 않았다오.

785 魯酒(노주) : 노(魯)나라에서 나는 맛없고 싱거운 술. 노주박 한단위(魯酒薄邯鄲圍) : 전국시대 노(魯)・조(趙) 두 나라가 술을 초(楚)나라에 바칠 때 노나라의 술은 싱겁고 조나라의 술은 독하므로 노나라의 사자가 술을 바꾸어 놓은 것을 초왕이 알지 못하고 조나라의 술이 싱겁다하여 조나라의 서울 한단을 포위한 고사. 《莊子, 胠篋》에 「魯酒薄而邯鄲圍」.

290 계명(季鳴)과 종형제들이 단란하게 모이다
與季鳴從兄弟團會

暇日相尋誼更深(가일상심의경심)
春園花樹入清吟(춘원화수입청음)
衿期洞澈方塘鏡(금기통철방당경)
詞律鏘鳴擲地金(사율장명척지금)
倦鷺如人甘做夢(권로여인감주몽)
老篁爲友自虛心(노황위우자허심)
鯉池不遠牛鳴地(이지불원우명지)
留待斜陽淺淺斟(유대사양천천짐)

겨를 있는 날에 서로를 찾으니 정은 더욱 깊어
봄 동산의 꽃과 나무 사이로 청아하게 읊으며 들어가네.
마음이 통하니 맑고 투명하기가 연못의 거울 같고
읊는 소리는 아름다고[786] 운치도 훌륭하네.[787]
날다 지친 해오라기는 사람같이 단 꿈을 꾸고
늙은 대나무를 벗으로 삼으니 스스로 겸허함이로다.
잉어 노는 연못은 가까이 있으니[788]
저물기를 기다리며 천천히 술잔을 기울이고 나직이 읊조리네.[789]

---

786 鏘鳴(장명) : 장금명옥(鏘金鳴玉). 금이나 옥이 부딪혀 소리가 남. 음절이 유창하고 시구가 아름다움. 당(唐) 낙빈왕(駱賓王)의 《帝京篇》에 「繡柱璇題粉壁映, 鏘金鳴玉王侯盛」.

787 擲地金(척지금) : 척지금성(擲地金聲). 문장이 매우 아름다움을 형용. 청(淸) 황주성(黃周星)의 《補張靈崔瑩合傳》에 「童子遂進毫楮, 靈卽書云, 勝跡天成說虎丘, 可中亭畔足酣遊, 吟詩豈讓生公法, 頑石如何不點頭, 遂併毫楮擲地, 曰, 佳哉, 擲地金聲也」.

788 牛鳴地(우명지) : 우명(牛鳴). 소 우는 소리가 들릴 만한 곳. 비교적 가까운 거리. 송(宋) 왕안석(王安石)의 《招呂望之使君詩》에 「潮溝直下兩牛鳴, 十畝漣漪一草亭」.

789 淺斟(천짐) : 천짐저창(淺斟低唱). 천천히 술잔을 기울이며 나지막하게 노래함. 유유자적하며 즐기는 모습을 형용. 송(宋) 도곡(陶穀)의 《淸異錄, 釋族》에 「李煜乘醉, 大書石壁曰, 淺斟低唱, 偎紅倚翠」.

291 형님과 옥강(玉岡)이 오시어 염락(濂洛)[790]의 운으로 짓다
舍伯與玉岡來會拈濂洛韻

一江晴景又春時(일강청경우춘시)
杖屨逍遙竹下歸(장구소요죽하귀)
沙上鶺鴒懷小杜(사상척령회소두)
池邊芳草夢玄暉(지변방초몽현휘)
同庚舊誼摻君袂(동경구의삼군메)
飮脯餘情典我衣(음포여정전아의)
十里湖山詩料遠(십리호산시료원)
疎簾滴滴翠微微(소렴적적취미미)

맑게 갠 강에 봄이 오니
지팡이에 가죽신 신고 거닐다가 대숲으로 돌아오네.
모래톱 할미새는 소두(小杜; 杜牧)를 생각케 하고
못가의 향기로운 풀은 현휘(玄暉; 謝朓)를 꿈꾸게 하네.
같은 나이[791]에 오랜 정의(情誼)로 소매를 잡아끌며
저물녘까지 마시며[792] 정취가 넘쳐 옷을 전당 잡혔네.
십 리 호수와 산에 시작(詩作)은 요원한데
성근 발에 물방울 지니 푸른 산기운은 그윽하네.[793]

---

790 濂洛(염락) : 송대(宋代) 이학(理學)의 두 학파인 염계(濂溪)의 주돈이(周敦頤)와 낙양(洛陽)의 정호(程顥)·정이(程頤).

791 同庚(동경) : 동갑(同甲). 나이가 같음. 송(宋) 주희(朱熹)의 《元范別後寄惠佳篇詩》에 「歲月幸同庚, 詩書復同道」.

792 飮脯(음포) : 저물녘까지 술을 마심. 포(脯)는 포(晡; 申時, 오후 네 시 전후 해질 무렵).

793 微微(미미) : 그윽하고 고요한 모양. 《文選, 張衡, 南都賦》에 「章陵鬱以青葱, 清廟肅以微微」.

292 이어 짓다
續吟

寂廖俄隱几(적료아은궤)
情話忽肥家(정화홀비가)
坐夜徘徊月(좌야배회월)
問春頃刻花(문춘경각화)
江廬留浪跡(강려유랑적)
書庫富生涯(서고부생애)
收拾良宵景(수습양소경)
華箋品類加(화전품류가)

고요한 가운데 잠깐 궤안(几案)에 기대었는데[794]
문득 정다운 이야기 소리가 집안에 가득하네.
달빛 아래 배회하며 꼬박 밤을 새고[795]
봄이 왔느냐고 묻는 사이에 꽃이 피었네.
강가 오두막엔 유랑한 자취가 남았는데
서고(書庫)는 내 삶을 부유하게 하네.
아름다운 밤[796]의 정경을 시 속에 거두어들여
보내주신 가지가지 편지[797]에 더하여 적네.

---

794 隱几(은궤) : 궤안(几案)에 기대거나 엎드림. 《孟子, 公孫丑 下》에 「有欲爲王留行者, 坐而言, 不應, 隱几而臥」.

795 坐夜(좌야) : 밤을 꼬박 샘. 《西遊記, 52回》에 「又有些該班坐夜的, 滌滌托托, 梆鈴齊響」.

796 良宵(양소) : 아름다운 밤. 당(唐) 황보염(皇甫冉)의 《秋夜宿嚴維宅詩》에 「世故多離別, 良宵詎可逢」.

797 華箋(화전) : 화전(華牋). 남의 편지를 높여 이르는 말. 송(宋) 왕안석(王安石)의 《謝夏噩察推啓》에 「敢圖高明, 不自重貴, 親存弊館, 申貺華箋, 切觀以思, 懼恐且愧」.

293 위학산(魏鶴山)[798]의 운을 들어 짓다 拈魏鶴山韻

唐突林泉任月評(당돌임천임월평)
吟哦十載愧儒名(음아십재괴유명)
起居湖曲琴心寓(기거호곡금심우)
臥曝朝陽酒暈生(와폭조양주훈생)
萬樹花風禽早得(만수화풍금조득)
一春雷雨蟄先驚(일춘뇌우칩선경)
詩社問君西笑日(시사문군서소일)
鹿鳴歌詠擬新榮(녹명가영의신영)

당돌하게도 자연 속에서 자연을 노래하는[799] 일을 맡아
시를 읊조린 지 10년에 유가(儒家)의 이름을 부끄럽게 하였네.
호반에 살아 마음을 거문고에 부쳐[800] 의지하고
누워 아침 햇볕을 쬐니 발그레한 술기운이 얼굴에 나타나네.
수많은 나무에 꽃바람 부니 새들도 일찍이 날고
봄철 우레 치며 내리는 비에 겨울잠 자던 벌레들이 놀라네.
그대에게 시사(詩社)를 물으니 서쪽 해를 향해 웃고[801]
술자리[802]의 노래는 새로 과거에 급제한 영광에 비기겠구려.

---

798 魏鶴山(위학산) : 송(宋)의 위요옹(魏了翁). 학산(鶴山)은 호. 정주학(程朱學)을 연구하여, 정주학의 중흥에 크게 공헌.

799 月評(월평) : 월단평(月旦評). 인물에 대한 품평(品評). 본문에서는 '자연을 노래한다'는 뜻. 《後漢書, 許劭傳》에 「初, 劭與靖俱有高名, 好共覈論鄕黨人物, 每月輒更其品題」.

800 琴心(금심) : 마음을 거문고 소리에 부침. 《史記, 司馬相如傳》에 「是時, 卓王孫有女文君新寡, 好音, 故相如繆與令相重, 而以琴心挑之」.

801 西笑日(서소일) : 서쪽의 해를 향하여 웃음. 서쪽은 한(漢)의 수도인 장안(長安)이 있는 쪽으로, 제왕이 있는 도읍을 우러러 사모함. 한(漢) 환담(桓譚)의 《新論, 祛蔽》에 「人聞長安樂, 則出門西向而笑, 肉味美, 對屠門而嚼」.

802 鹿鳴(녹명) : 녹명지연(鹿鳴之宴). 군신(群臣) · 가빈(嘉賓)을 위하여 여는 주연(酒宴).

294 삼오(三梧; 梁在洙)와 성산(星山) 정성여(鄭惺汝)가 함께 오다 三梧與星山鄭惺汝同來

樽前相別已多年(준전상별이다년)
驢肯青衿忽賁然(려긍청금홀비연)
今日不謀同硯樂(금일불모동연락)
前身應亦宿桑緣(전신응역숙상연)
百里湖山簾外豁(백리호산렴외활)
三人談笑畵中傳(삼인담소화중전)
良宵幸得江南友(양소행득강남우)
泛泛清流月一舡(범범청류월일강)

술동이 앞에서 이별한 지가 벌써 여러 해 전인데
공부할 때[803] 나귀를 타던 모습은 문득문득 빛났었네.[804]
오늘은 동문(同門)의 즐거움을 꾀하지 않으려니
전생의 인연이자 고향의 오래된 인연이었네.
백 리의 호수와 산은 주렴 밖에 넓게 펼쳐지고
세 사람의 담소하는 모습은 그림 속에 전해지리.
맑게 갠 밤에 다행히 강남의 벗을 얻었으니
흐르는 맑은 물은 달과 함께 띄워 보내리라.[805]

803 青衿(청금) : 푸른 깃의 옷. 고대 학생이나 명청(明淸) 시대 수재(秀才)의 평상복. 학생을 이르는 말.
804 賁然(비연) : 빛나는 모양. 《詩經, 小雅, 白駒》에 「皎皎白駒, 賁然來思」.
805 泛泛(범범) : 물 위에 뜬 모양.

295 화교(華郊; 曺鳳黙)께서 보내온 새 달력에 차운하다
次華郊送新曆韻

故人信息伴春還(고인신식반춘환)
麗藻丹蓂取次攀(려조단명취차반)
爲賀稀齡康濟術(위하희령강제술)
依然鶴髮駐蒼顔(의연학발주창안)

친구 소식이 봄과 함께 돌아오니
아름다운 글[806]에 정성스런 달력[807]도 얻었네.
희년(稀年)과 백성을 편안하게 했던[808] 일도 경하 드리니
전과 다름없이 흰머리에 창백한 얼굴이시리라.

【瑞竹堂遺稿 卷之二 終】

806 麗藻(여조) : 화려한 문장. 진(晉)나라 육기(陸機)의 《文賦》에 「遊文章之林府, 嘉麗藻之彬彬」.
807 丹蓂(단명) : 단성명협(丹誠蓂莢). 지극한 정성 어린 달력.
808 康濟(강제) : 백성을 편안하게 구제함.

瑞竹詩集 卷之三

서죽시집 제3권

◤書

001 석문(石門) 정석(鄭潚)에게 답함
答鄭石門潚

年前返旆與歲俱 往春初賀狀與歲俱 新今我八域昇平 三陽泰廻 孰不蒙敷錫之福 而足下之爲人祈美 何其侈也 然先蔭蒙滋 後孫不淂辭簡簡之降 而至若[ ]菜孔朱之言 茶飯蘇黃之文 先嘗滋味者誰歟 石門外人 但執糟粕之空殼而已 巫咸之告 上帝之勅 果若眞境則是 乃富貴自來逼我也 梁子何慙之有仰粲 仰粲第觀 詞意律體 實非鏤氷畫葫者 所可彷佛也 然而雷門之下 不可以布鼓不鳴 故投瓊之日 報之以李 諒之焉 仰審正元靜體百福胤玉年與智長 充健善茁慰賀 恒省節逢 新依舊同氣無故 是爲一樂耳

수년 전도 세월과 함께 돌아갔고,[1] 지난 초봄의 연하장(年賀狀)도 세월과 함께 돌아갔습니다. 지금 우리 조선 팔도는 새롭게 태평하고 새해를 맞이했으니[2] 누군들 베풀어 주신 복[3]을 입지 않겠습니까? 그대께서는 됨됨이가 아름다움을 구하시니 어찌 그리 화려하십니까? 그리고 선조의 음덕을 더하여 입으시니 후손들은 내려주시는 성대한[4] 복을 마다할 수는 없을 것입니다. 공자(孔子)와 주자(朱子)의 글을 캐며, 소식(蘇軾)과 황정견(黃庭堅)[5]의 글을 다반사로 쓰며 먼저 재미를 맛본 자가 누구이겠습니까? 석문(石門) 이외의 사람들은 다만 술지게미[6]

---

1 返旆(반패) : 반귀(返歸). 원래 있던 곳으로 되돌아감. 《敦煌變文集, 維摩詰經講經文》에 「恐伊返歸正眞心, 總遣修行不退轉」.

2 三陽泰廻(삼양태회) : 삼양개태(三陽開泰). 삼양교태(三陽交泰). 삼양(三陽)은 주역(周易)의 괘(卦)를 이루는 세 개의 양효(陽爻). 곧 건괘(乾卦). 새해를 칭송하는 덕담. 주역(周易)의 태괘(泰卦)는 삼양이 아래 있어 정월에 해당. 《易經, 需》에 「有不速之客三人來, 敬之終吉」.

3 敷錫(부석) : 베풀어 줌. 《書經, 洪範》에 「斂時五福, 用敷錫厥庶民」.

4 簡簡(간간) : 성대한 모양. 《詩經, 周頌, 執競》에 「降福穰穰, 降福簡簡」.

5 蘇黃(소황) : 송(宋)나라 시인 소식(蘇軾)과 황정견(黃庭堅). 《宋史, 文苑傳 6, 黃庭堅》에 「庭堅於文章尤長於詩, 蜀・江西君子以庭堅配軾, 故稱蘇黃」.

6 糟粕(조박) : 술지게미. 거친 음식. 쓸모없는 사물을 비유. 한(漢) 유향(劉向)의 《新序, 雜事

의 빈 껍질만 붙들 뿐입니다. 무함(巫咸)[7]의 가르침이나 상제(上帝) 칙령(勅令)의 참다운 경지와 과연 같겠습니까? 곧 이것은 부귀가 스스로 나에게 가까이 다가오는 것입니다. 우리 양가(梁家)의 자손들이 저택과 누관(樓觀)[8]의 아름다움을 우러르고 우러르더라도 어찌 부끄럽게 여기겠습니까? 문사(文辭)의 함의(含意)와 율시(律詩)의 체제(體制)는 실제 남의 것을 모방하는 것[9]입니다만 헛수고[10]는 아니고 비슷하다 할 것입니다. 그러나 우레 같은 북소리[11] 아래에서도 뻐꾸기[12]는 울지 않을 수 없으니, 은혜를 베풀어주시는 날에 오얏[李]으로 보답 드리오니[13] 양찰(諒察)하여 주십시오. 새해 첫날을 맞이하시어 옥체 편안하시며[14] 많은 복을 누리시옵소서. 아울러 자손들도 지혜롭게 자라고 충실하고 튼튼하니 위로와 경하를 드립니다. 항상 절약하고[15] 새것을 만날 때에는 옛것에 의지하며, 형제간이 무고하니, 이것이 한 가지 즐거움이 될 뿐입니다.

2》에 「凶年飢歲, 士糟粕不厭, 而君之犬馬有餘穀粟」.

7 巫咸(무함) : 주관(周官) 서인(簭人) 구서(九簭)의 하나. 민중이 기뻐하고 있는지의 여부에 대한 점.

8 第觀(제관) : 저택과 누관(樓觀). 궁전 따위의 높고 큰 건물. 《後漢書, 馬防傳》에 「防兄弟貴盛, 奴婢各千人已上, 資産巨億, 皆買京師膏腴美田, 又大起第觀, 連閣臨道, 彌亙街路」.

9 畫葫(화호) : 의양화호로(依樣畫葫蘆). 본(本)에 따라 조롱박을 그림. 창의성 없이 남의 것만을 본뜸. 송(宋) 위태(魏泰)의 《東軒筆錄》에 「陶穀文翰爲一時冠, 人或薦之, 太祖笑曰, 頗聞翰林草制, 皆檢前人舊本, 改換詞語, 此俗所謂依樣畫葫蘆爾, 穀乃作詩曰, 堪笑翰林陶學士, 年年依樣畫葫蘆」.

10 鏤氷(누빙) : 얼음에 조각함. 헛수고함을 비유. 한(漢) 환관(桓寬)의 《鹽鐵論, 殊路》에 「故內無其質而外學其文, 雖有賢師良友, 若畫脂鏤氷, 費日損功」.

11 雷門(뇌문) : 옛 회계성의 성문 이름. 성문에 매달아 놓은 북이 우레처럼 소리가 커 붙여진 이름. 《漢書, 王尊傳》에 「尊曰, 毋持布穀過雷門」.

12 布穀(포곡) : 뻐꾸기. 뻐꾹(布穀) 뻐꾹하며 파종(播種) 때 울기 때문에 붙여진 이름. 《後漢書, 襄楷傳》에 「臣聞布穀鳴於孟夏, 蟋蟀吟於始秋」.

13 《시경(詩經)》의 「나에게 모과를 던져 오기에, 어여쁜 패옥으로 갚아 주었지(投我以木瓜, 報之以瓊琚)」. 본문에서는 반대로 상대방의 은혜(좋은 글)에 제대로 보답하지 못함(좋지 못한 글로)을 강조.

14 靜體(정체) : 몸을 안정시킴. 《後漢書, 禮儀志 中》에 「冬至前後, 君子安身靜體, 百官絶事, 不聽政, 擇吉辰而後省事」.

15 省節(생절) : 절약함. 송(宋) 범중엄(范仲淹)의 《奏爲陝西西路入中糧草及支移二稅》에 「旣糧草錢帛皆是定額, 自然各務省節」.

002 석문(石門) 정석(鄭潟)에게 주다
與鄭石門

年前惠書 病未修謝殆用穎結 不意玆者 頫賜慰問 辭意悬惻說出 人意中事 黙有相契 感慨之餘 便覺宿疴去身 今夏亢旱 挽古罕有審震艮加護庇節貞泰慰荷 相恒沈痼之中 奄見女息之慘於離家 數月之間 驚愕慘怛 已無可言 而容音行止 尙在耳目 渠之平生 不過二十四歲 未有一箇血屬 悠悠斯世 蹤跡如掃 雖使上智當之 不無疚懷 女兒操行 實有可記者, 自稱知人事 孝友根天 父母有疾 飮食之節 藥餌之物 必欲竭力供進 恒言兩親年老 女則晩生 喜懼之心 有倍於他姊妹 兄弟之間 一無較計之事 至於婢僕輩 無不歡悅心腹 及其出嫁 善事重堂舅姑 人無間言 必敬必愼 無違夫子 家間苦事 甘心擔當 勞悴之狀 不形於色 至於女工等節 不讓於他人家用之不贍 期於服勤 調過數年來 一者往見 則渾室和樂 氣像甚好 婿郞祖父爲余言 孫婦實叶 所望吾其無憂矣 以上數條 皆是老査頓之言也 今此兄敎 實符我心 嘗見林滄溪集 早年喪配 亦有請狀於朴玄石 而其曰 十年居室 竟欠一息 閨門儀範 頗有可稱惜 其泯滅於後 故如是仰稟 李相公濡之殤女 墓誌亦此意 則前輩之事 大槩見矣 哀此女息無愧於古之淑女而沒後無稱 實爲可惜 所謂狀錄 在此中 商量裁製 永爲不朽之蹟 且副區區之望 如何如何

연전에 서찰을 주셨는데 병이 아직 낫지 않아 감사의 말씀을 드리지 못했는데, 또 뜻하지 않게 위문의 말씀을 내려주시니 뜻이 정성스럽고 간절한[16] 말씀들이시니, 사람의 의중의 일이 묵묵한 가운데 서로 맺은 인연에 감개할 따름이며, 문득 오랫동안 앓아 온 병[17]이 나았다는 것을 깨닫습니다. 올 여름은 가뭄이 극심합니다.[18] 옛날에도 드물게 진괘(震卦)[19]와 간괘(艮卦)[20]를 살펴서 절괘(節

---

16 悬惻(간측) : 정성스럽고 간절함. 한(漢) 채옹(蔡邕)의 《上封事陳政要七事》에 「又元和故事, 復申先典, 前後制書, 推心懇惻」.

17 宿疴(숙아) : 숙아(宿痾). 오랫동안 앓아 온 병. 송(宋) 왕안석(王安石)의 《賀生皇子表》에 「臣嘗汚近司, 備叨殊奬, 以宿痾而自困, 欲旅進以無階」.

18 亢旱(항한) : 대한(大旱). 극심한 가뭄. 《後漢書, 楊賜傳》에 「夫女謁行則讒夫昌, 讒夫昌則苞苴

卦)[21]와 정괘(貞卦)[22]를 감싸면서[23] 넉넉하게 위로해 은덕을 펼쳤습니다.

저는 고질병[24]이 깊은 가운데 갑자기 (시집간) 딸이 슬프게도 시댁으로 떠난지 몇 달 사이에 놀랍고도 비통하게 되었으니, 할 말도 없습니다만 (여식의) 모습과 말소리와 행동은 아직도 귀와 눈에 선합니다. 그 여식이 살아온 평생은 24세에 불과하며 아직 일 점 혈육도 없이 이 세상을 멀리 저버렸습니다. 종적은 비로 쓴 듯이 없어졌으니 비록 성현(聖賢)[25]이라도 이것을 당한다면 상심(傷心)[26]이 없지 않을 것입니다. 여식의 품행에는 실로 기록에 남길 만한 것이 있으니, 스스로 조금씩 효도와 우애로써 사람을 섬길 줄 알았으니 천성에 뿌리를 둔 것이었습니다. 부모가 병을 앓으면 음식을 절도 있게 하고 약으로 드릴 물건에는 반드시 힘을 다해 공손하게 올렸습니다. 항상 말하기를, '두 부모가 연로하시고 자신이 오래 살면 기쁘면서도 송구스러운[27] 마음이라'고 하면서 다른 자매나 형제들보다 배나 더했습니다. 그리고 한 번도 잘잘못을 따지는 일[28]이 없어 남녀 하인들에 이르기까지 마음으로 기뻐하지 않음이 없었습니다.

또한 그 여식이 출가해서는 시조부모(媤祖父母)[29]님과 시부모(媤父母)님을 잘

通, 故殷湯以之自戒, 終濟亢旱之災」.

19 震(진) : 진괘(震卦). 팔괘(八卦)의 하나. 괘 모양은 ☳. 육십사괘(六十四卦)의 하나. 괘 모양은 ䷲.

20 艮(간) : 간괘(艮卦). 팔괘(八卦)의 하나. 괘 모양은 ☶. 육십사괘(六十四卦)의 하나. 괘 모양은 ䷳.

21 節卦(절괘) : 육십사괘(六十四卦)의 하나. 괘 모양은 ䷻.

22 貞卦(정괘) : 주역(周易)의 내괘(內卦). 괘의 여섯 효(爻) 중 아래 세 효를 말함.

23 護庇(호비) : 비호함. 편들어서 감싸줌. 《二刻拍案驚奇 33》에 「司理曉得他是法術人, 有心護庇他」.

24 沈痼(침고) : 침고(沈錮). 오래 묵어 치료하기 어려운 병. 고치기 어려운 누습(陋習)이나 적폐(積弊)를 비유. 한(漢) 유정(劉楨)의 《贈五官中郎將詩 2》에 「余嬰沈痼疾, 竄身清漳濱」.

25 上智(상지) : 상지(上知). 지혜가 뛰어난 사람. 곧 성현(聖賢). 《後漢書, 王暢傳》에 「以明府上智之才, 日月之曜, 敷因惠之政, 則海內改觀」.

26 疚懷(구회) : 상심함. 우려함. 남조 송(南朝宋) 사장(謝莊)의 《月賦》에 「陳王初喪, 端憂多暇, 綠苔生閣, 芳塵凝榭, 悄然疚懷, 不怡中夜」.

27 喜懼(희구) : 기쁘면서도 송구스러움. 한(漢) 채옹(蔡邕)의 《讓高陽鄉侯章》에 「稽首受詔, 怔營喜懼」.

28 較計(교계) : 따짐. 문제 삼음. 《古詩源, 孤兒行》에 「六月收瓜, 將是瓜車, 來到還家, 瓜車反覆, 助我者少, 啗瓜者多, 願還我蔕, 獨且急歸, 兄與嫂嚴, 當興較計」.

29 重堂(중당) : 할아버지와 할머니를 높여 부르는 말. 본문에서는 시조부모(媤祖父母). 《古文書集成(海南尹氏篇) 28, 簡札類 185》에 「伏問日來, 重堂體內萬安, 堂候如何, 兒輩依遣耶」.

섬기니 비난하는[30] 사람이 없었으며, 반드시 공경하고 삼가며 지아비의 뜻을 어김이 없었으며, 집안에 어려운 일이 있을 때에도 달게 여기고[31] 떠맡아 감당하면서 힘써도 초췌한 기색을 낯빛에 나타내지 않았습니다. 아녀자들이 해야 하는 일들에도 절도(節度)가 있어 남들에게 넘겨주지 않았으며, 집안 살림이 넉넉하지 않아도 맡은 일을 부지런히 하여 기일을 지나치지 않도록 지켰습니다. 몇 년 전에 한 번 가서 본즉 온 집안이 화락하니 마음씨와 모습이[32] 매우 좋았습니다. 사위의 조부께서 나에게 말하기를,

"손주 며느리는 내가 바라는 바대로 성실하고 화합하여 근심할 것이 없다."

고 하였습니다. 이상 몇 가지는 연로하신 사돈의 말씀입니다. 이제 와 보니 이것은 형께서 실제로 가르쳐주신 것들이라는 것이 제 마음입니다.

일찍이 임영(林泳)의 창계집(滄溪集)[33]를 보니, 젊은 나이에 부인을 잃자 또한 (부인의) 행장(行狀)을 현석(玄石) 박세채(朴世采)[34]에게 청하였으니, 그 글에 이르기를,

"10년을 살면서도 끝내 한 순간도 규문(閨門)의 의범(儀範)에 부족하지 않았으니, 자못 훗날에 그의 자취와 행적이 없어져버리는 것[35]이 애석하다 할 수 있습니다. 그러므로 이와 같이 (행장을) 내려주시기를 앙망하옵니다."

라고 했고, 상공(相公) 이유(李濡)[36]도 여식이 일찍 죽자 묘지(墓誌)를 쓴 것은 역시 이와 같은 뜻인즉, 선배들의 일에서 큰 개요를 본 것입니다. 이 여식(의

---

30 間言(간언) : 이간하는 말. 비난. 남조 제(南朝齊) 왕검(王儉)의 《褚淵碑文》에 「孝敬淳深, 率由斯至, 盡歡朝夕, 人無間言」.

31 甘心(감심) : 달게 여김. 《詩經, 衛風, 伯兮》에 「願言思伯, 甘心首疾」.

32 氣像(기상) : 기개(氣槪)와 도량(度量). 곧 사람이 타고난 올곧은 마음씨와 겉으로 드러난 모양.

33 林滄溪集(임창계집) : 창계(滄溪) 임영(林泳)의 문집 창계집(滄溪集). 임영(1649(인조 27)~1696(숙종 22))은 조선 후기의 문신. 그의 문집 《滄溪集》 17권에 〈亡室安人曹氏行狀〉이란 글이 실려 있음.

34 朴玄石(박현석) : 현석(玄石) 박세채(朴世采). 1631(인조 9)~1695(숙종 21). 호는 현석(玄石), 남계(南溪). 조선 중기의 학자·정치가. 과거를 단념하고 김장생(金長生) 등에게 수학하였고, 많은 저술 가운데 예학에 관한 저술이 많아 예학의 대가라 칭함. 문집으로는 《남계집(南溪集)》이 있다.

35 泯滅(민멸) : 끊어짐. 아주 없어짐. 삼국 위(三國魏) 종회(鍾會)의 《檄蜀文》에 「往者漢祚衰微, 率土分崩, 生民之命, 幾於泯滅」.

36 李相公濡(이상공유) : 상공(相公) 이유(李濡). 1645(인조 23)~1721(경종 1). 조선 후기의 문신. 호는 녹천(鹿川). .

죽음)을 슬퍼하는 것은 옛 숙녀들에 비해서 부끄럽지 않은 것이며 죽은 후에 칭송하는 바가 없다면 실로 애석할 수 있기 때문입니다. 소위 행장과 실록이라 일컫는 것이 이 가운데 있사오니, (품행을) 헤아리고 (행장을) 지어주시어 길이 행적이 오래도록 없어지지 않게 해주십시오. 아울러 잘단 소망입니다만, 어찌 하시겠습니까? 어찌하시겠습니까?

003 응교(應教)[37] 정희(鄭禧)에게 답함
答鄭應教禧

溪榭靑燈 達曙酬唱 碧堂黃華 竟日吟賞 古之竹林蘭亭風斯下矣 轉眄之頃 已屬陳跡秖 今獨坐窮廬 孤露摧殘 已非昔時 而故人淸標邈 不可攀篁籬明月 徒結耿耿之懷耳 幸於閏四念間兒也 自那邊還 爲言獲拜于軒屛氣貌動靜無異乎 昔云 聞甚健羡矣 不意玆者 俯惠壽帖四韻 並序十行 紫微鴻筆 白屋生輝 長跪朗讀 奚翅牙頰生香 而今日翰墨之場 彷彿元老之克壯矣 夙昔儲蓄之力 自然有 不可掩者 曷勝欽嘆 而賀喜哉 瓊函謹當藏之於家 永爲子孫之美觀矣 伊後隨阻晩炎比熾 伏惟辰下頤養體 事更何如 計神相德履 益淸迪矣 服第弟近以濕熱之祟 彌朔叫苦 莫非殘劣之致奈何嗟 大壽山翁遽作 千古人樂 善好義世 不易得安得 不長吁而相弔乎棘人所遭聞 甚悶惻這間爻象間 當歸正 而姑未聞知紆菀 紆菀惠韻 忘拙搆呈 以爲一噓之資 如何

시냇가 정자에서 청등을 밝히고 새벽이 될 때까지[38] 시를 주고받았으며, 벽당(碧堂)[39]에 황국화가 필 때에는 종일토록 읊조리며 즐겨 감상했었네. 옛날 죽림(竹林)[40]과 난정(蘭亭)[41]에서 불던 바람이 이곳으로 불어 내려오는데, 눈 깜짝할 사이에[42] 벼는 이미 옛날처럼[43] 익기 시작하네. 오늘은 궁벽진 오두막에 홀로 앉아 있노라니 외톨이[44]가 되어 지다 남은 꽃이나 꺾고[45] 있으려니, (시절은) 이미

---

37 應教(응교) : 조선시대 홍문관・예문관에 두었던 정4품 문관직.

38 達曙(달서) : 달단(達旦). 이튿날 새벽에 이름. 《漢書, 劉向傳》에 「夜觀星宿, 或不寐達旦」.

39 碧堂(벽당) : 도관(道觀). 또는 신선의 거처를 이르는 말. 본문에서는 자신의 거처를 이름. 당(唐) 전기(錢起)의 《夕遊覆釜山道士觀因登玄元廟詩》에 「露月懸琪樹, 明星映碧堂」.

40 竹林(죽림) : 하남성(河南城)에 있던 절. 진대(晉代)의 죽림칠현(竹林七賢)이 노닐던 곳.

41 蘭亭(난정) : 절강성(浙江省) 소흥시(紹興市) 남서쪽 난저산(蘭渚山)에 있는 정자. 진(晉) 왕희지(王羲之)가 사안(謝安) 등과 노닐면서 난정집서(蘭庭集序)를 지은 곳.

42 轉眄(전면) : 전안(轉眼). 눈을 돌림. 매우 짧은 시간. 당(唐) 두보(杜甫)의 《曉發公安詩》에 「出門轉眄已陳迹, 藥餌扶吾隨所之」.

43 陳跡(진적) : 지난날의 묵은 자취. 《莊子, 天運》에 「夫六經, 先王之陳跡也, 豈有所以迹哉」.

44 孤露(고로) : 외톨이여서 감싸주거나 도와줄 사람이 없음. 곧 아버지나 어머니를 모두 여읜 사람. 삼국 위(三國魏) 혜강(嵇康)의 《與山巨源絶交詩》에 「少加孤露, 母兄見驕, 不涉經學」.

옛날이 아니고 벗은 재주가 빼어나나[46] 멀리 있네. 황죽(篁竹) 울타리에 떠오르는 명월을 더위잡을 수는 없어 쓸데없이 잊지 못하는 마음[47]뿐이라네.

다행스럽게도 지난 윤사월 즈음에 우리 아이가 그곳[48]으로부터 돌아와 말을 하기를 '섬돌 옆 담장[49]에서 절을 드렸는데, 겉모습과 동정이 평상시와 다름이 없었고, 옛날을 매우 부러워한다.'고[50] 하였습니다. 그런데 이번에 뜻밖에도 은혜롭게 수첩(壽帖)[51] 4수와 아울러 서문(序文) 10행을 내려주시니 자미원(紫微垣)[52]의 훌륭한 문장[53]을 받은 듯하여 가난한 선비의 집[54]에 빛이 발하는 듯합니다. 반듯하게 꿇어앉아[55] 낭독하니 다만 입[56]에서 향기가 날 뿐 아니라, 오늘 문장가들이 모인 곳[57]에서 원로들(의 글)과 방불하고 능가하는 것 같아서 장합니

---

45 摧殘(최잔) : 최잔화(摧殘花). 곧 떨어지려는 꽃을 꺾음. 북주(北周) 유신(庾信)의 《和宇文內史入重陽閣》에 「舊蘭憔悴長, 殘花爛漫舒」.

46 淸標(청표) : 용모나 재지가 빼어남. 남조 송(南朝宋) 유의경(劉義慶)의 《世說新語, 容止》에 「此神仙中人」. 〈劉孝標注〉에 「杜弘治淸標令上, 爲後來之美」.

47 耿耿之懷(경경지회) : 경경어심(耿耿於心). 잊지 못하고 마음에 둠. 송(宋) 문천상(文天祥)의 《賀前人正》에 「某迹縻俗駕, 心遶賀星, 遙指於軫中, 拳拳公壽, 雪立於門外, 耿耿于懷」.

48 那邊(나변) : 그곳. 저곳. 그쪽. 조선(朝鮮) 《朴通事諺解, 下》에 「於本家那邊跳墻入來家內」.

49 軒屛(헌병) : 당(堂) 섬돌 옆에 쌓은 담장. 《文選, 潘岳, 秋興賦》에 「熠燿粲於階闥, 蟋蟀鳴乎軒屛」.

50 健羨(건선) : 몹시 부러워함. 또는 매우 사모함. 당(唐) 봉연(封演)의 《封氏見聞記, 壁記》에 「朝廷百事諸廳, 皆有壁記……原其作意, 蓋欲著前政履歷, 而發將來健羨焉」.

51 壽帖(수첩) : 회갑을 맞이해서 축하하며 장수를 기원하는 글귀. 작가가 수연(壽宴)을 맞이한 해는 1887년(고종 24)이다. 이때의 축하 수첩(壽帖) 시문은 최근 가장(家藏) 문고에서 발견하여 별책 〈수첩(壽帖)〉 따로 실었음.

52 紫微(자미) : 자미원(紫微垣). 큰곰자리를 중심으로 1백 70개의 별로 이루어진 별자리. 태미원(太微垣)・천시원(天市垣)과 함께 삼원(三垣)이라 불리며, 흔히 제왕의 자리를 비유. 《史記, 天官書》에 「中亦有與之相當的星官, 惟名稱・星數不同」.

53 鴻筆(홍필) : 홍필여조(鴻筆麗藻). 시문(詩文)의 필력이 웅건하고 문체가 화려함. 당(唐) 원직심(源直心)의 《議釋道不應拜俗狀》에 「樞紐經典, 疇咨故實, 理例鋒穎, 詞韻膏腴, 則司戎之稱, 鴻筆麗藻矣」.

54 白屋(백옥) : 평민이나 한사(寒士). 한(漢) 순열(荀悅)의 《漢紀, 宣帝紀 1》에 「將軍輔翼幼君, 將流大火, 是以天下之士延頸企踵, 爭願自効, 今士見者皆露索・挾持, 恐非周公輔相成王之禮, 致白屋之意也」.

55 長跪(장궤) : 허리를 꼿꼿이 세우고 꿇어앉음. 경의를 표시하는 행동. 《戰國策, 魏策 4》에 「秦王色撓, 長跪而謝之曰, 先生坐, 何至於此, 寡人諭矣」.

56 牙頰(아협) : 이와 뺨. 또는 입. 본문에서는 입의 뜻. 당(唐) 육구몽(陸龜蒙)의 《寒泉子對秦惠王》에 「秦亦厭戰, 雖鼓牙頰, 未能吞諸侯」.

57 翰墨之場(한묵지장) : 한묵림(翰墨林). 붓과 먹의 숲. 곧 문장가들이 모인 곳. 남조 송(南朝宋) 사첨(謝瞻)의 《張子房詩》에 「濟濟屬車士, 粲粲翰墨場」.

다. 오래전부터 쌓아온 힘이 자연스럽게 시문(詩文)에 나타나 있는 것이어서 가릴 수도 없는 것입니다. 어찌 아름다움을 칭찬하지 않겠으며 경하 드리지 않겠습니까? 좋은 함 속에 삼가 간직하여 집안의 자손들이 길이 아름답게 보도록 할 것입니다. 이후로도 곧 머지않아 (문장이) 불꽃처럼 왕성할[58] 것입니다.

바라옵건대, 이런 때에 몸을 보양하는 일[59]은 어떻습니까? 정신을 살피시고 덕을 헤아리시니 더욱 맑게 행하실 것입니다.

마음이 울적하고 답답한[60] 아우[弟; 작가]는 습열(濕熱)[61]이 빌미가 되어 한 달 내내 괴로워서 서러워하였으니[62] 쇠잔하고 용렬하기[63]까지 하였으니, 어찌할까요? 어찌할까요? 탄식할 뿐입니다. 저 수산옹(壽山翁; 鄭祚源)께서는 갑자기 시를 짓기를, '먼 옛날부터 사람들은 선을 즐기고 의로운 세상을 좋아하나, 쉽게 얻을 수 없으니 어찌 얻으리?'라고 하였으니, 길지 않은 탄식을 하고 서로 조문(弔問)은 하였으나, 부모상(父母喪)을 당한 사람[64]이니 만나는 곳에서 매우 울적해 한다는 것을 듣고 측은하였습니다. 근간에 육효(六爻) 형상[65]의 사이가 당연히 바름으로 돌아서는데, 아직 '우원(紆菀)'의 자구(字句)는 듣지 못해 알지 못한데 운자(韻字)로 주신 우원(紆菀)은 잊어버리고 서툴러서 이해를 못하고 한 번 탄식했던 것을 드리니 어찌할까요?

---

58 炎比熾(염비치) : 치염(熾炎). 치염(熾焰). 기운이나 세력이 불꽃처럼 왕성함.

59 頤養(이양) : 기름. 보양함. 《漢書, 食貨志 下》에 「酒者, 天之美祿, 帝王所以頤養天下, 享祀祈福, 扶衰養疾」.

60 服(픽) : 마음이 울적하여 맺힌 모양. 가슴이 답답하게 막힌 모양. 愊(픽)과 통용. 《集韻, 職韻》에 「愊, 愊臆, 意不泄貌. 或作服」.

61 濕熱(습열) : 습기(濕氣)와 열(熱)이 결합된 나쁜 기운. 또는 그 기운으로 생기는 병. 명(明) 이시진(李時珍)의 《本草綱目, 草7, 防己》에 「[發明]杲曰, 能瀉血中濕熱, 通其滯塞」.

62 叫苦(규고) : 괴로움을 호소함. 서러워함. 금(金)나라 동해원(董解元)의 《西廂記諸宮調 1》에 「諕殺那諸僧和寺主, 氣喘不迭叫苦」. 조선(朝鮮) 《譯語類解, 氣息》에 「叫苦, 셜웨라」.

63 殘劣(잔열) : 쇠잔하고 용렬함. 《朝鮮燕山君日記 12, 2年 2月壬申》에 「文炯, 殘劣無能, 而殿下以爲無過, 孝江, 驕縱奸猾, 而殿下以爲無罪」.

64 棘人(극인) : 매우 슬픔에 잠긴 사람. 부모 상중(喪中)에 있는 사람이 자신을 일컫는 말. 《詩經, 檜風, 素冠》에 「庶見素冠兮, 棘人欒欒兮, 勞心慱慱兮」.

65 爻象(효상) : 주역(周易) 중의 육효(六爻)가 서로 어울려 괘(掛)를 이루어서 나타내는 사물의 형상. 《易經, 繫辭 下》에 「爻象動乎內, 吉凶見乎外」.

004 가문(家門)의 족장(族長)께 올림 上門長

經年失候 居常悵慕料襮 伏承下書感荷 曷極謹審 淸和靜養體 度一享萬旺 庇節均善伏庸慰賀 區區之忱 族侄素抱奇疾 昏惰度日 私悶柰何 下示宗會事 大體二字 卽是義理也 一門譜事 極爲難重 而主張大義 不失綱紀 事理當然 至於德音 派一遵舊譜 有誰筆削 而今此怪擧出於分帙之後 則非但有忝於先規 獨不愧於他人乎 若以有異於他族云 則國中大賢栗谷愼齋之裔 尙此守分 豈不欽仰哉 侄雖甚無似 何必爲執滯之事 但言義理之如何耳 窃想門議 雖云肯諾 心口不一全 以模糊爲主 故至於此極 卽聞擧狀巡營 必有爻象云 伏望幸加財 商善喩族人俾無爭 梗若何如萬書 不能盡意 若此不備

한 해를 지내면서 문후(問候) 드리지 못했습니다. 평상시에 안타깝게도 그리는 마음의 대체를[66] 나타냈습니다만 내려주신 서신을 삼가 받아 감사드리며[67] 지극한 마음으로 살펴봅니다. 조용하고 평화롭게[68] 몸과 마음을 안정하며[69] 몸을 휴양하니 한 번 왕성한 기운을 누리시는 가운데, (族長께서) 모든 가문의 일을[70] 고르게 잘 처리하시니 부지런히 힘쓰시는 정성[71]을 엎드려 위로하고 경하 드리옵니다. 저 족질(族姪; 작가 자신)은 평소에 기이한 병이 있어 어리석고 게으른[72]

---

66 慕料(모료) : 대체로 대강. 한(漢) 왕충(王充)의 《論衡, 別通》에 「夫通人猶富人, 不通者猶貧人也, 俱以七尺爲形, 通人胸懷百家之言, 不通者空腹一牒之誦……慕料貧富不相如, 則夫通與不通不相及也」.

67 感荷(감하) : 감사함. 고마워함. 남조 송(南朝宋) 포조(鮑照)의 《拜侍郎上疏》에 「祇奉恩命, 憂愧增灼, 不勝感荷屛營之情」.

68 淸和(청화) : 조용하고 평화로움. 태평한 상태. 한(漢) 채옹(蔡邕)의 《文範先生陳仲弓銘》에 「君膺皇靈之淸和, 受明哲之上姿」.

69 靜養(정양) : 몸과 마음을 안정하여 휴양함. 명(明) 장거정(張居正)의 《給假治疾疏》에 「[臣]須靜養半月二十日, [病]乃得除根」.

70 庇節(비절) : 서간문에서 상대방을 높이어 그 집안 식구들의 기거동작을 이르는 말. 《古文書集成(海南尹氏篇) 28, 簡札類 8》에 「伏問暮春, 外內分氣力萬康, 左右庇節一安」.

71 區區(구구) : 부지런히 힘쓰는 모양. 《漢書, 竇田灌韓傳論》에 「兇德參會, 待時而發, 藉福區區其間, 惡能救斯敗哉」.

72 昏惰(혼타) : 어리석고 게으름. 《宋史, 宋庠傳》에 「旣而與副使程戡不協, 戡罷, 而御史言庠昏

나날을 보내고 있으니 사사로운 번민을 어찌하겠습니까?

내려 보내 보여주신 종회(宗會) 일에 대한 큰 줄거리의 두 글자는 곧 의리(義理)일 것입니다. 한 가문의 족보를 만드는 일은 지극히 어렵고도 중요한 일이니 대의를 주장하며 기강을 잃지 않는 것이 일의 이치여야 당연히 좋은 평판[73]을 듣게 될 것입니다. 지파(支派)에서 한 가지 옛 족보를 따라서 누군가는 필삭(筆削)[74]하는 사람이 있는 것이어서 지금의 이 괴이한 거동들은 등급의 차례를 나눈 후에 나타난 것인즉, 비단 선조들의 법규를 더럽힐 뿐만 아니라 어찌 남들에게도 부끄러운 일이 아니겠습니까? 만약 다른 집안과의 다른 점이 있다고 말한다면, 나라 안의 대현인(大賢人)인 율곡(栗谷) 선생은 신재(愼齋)의 후예(後裔)이지만, 아직도 이 분수를 지키니, 어찌 우러러 공경하지 않는가요? 조카(작가 자신)는 비록 전혀 비슷한 것도 없는데 하필이면 고집[75]을 피우겠습니까? 다만 의리(義理)가 어떤가를 말할 뿐입니다. 가만히 생각해보건대 문중의 논의가 비록 옳다고 말하더라도, 마음과 입이 하나 같지 않아 모호한 것을 주장했기 때문에 이러한 지극한 상태에 이른 것인즉, 모든 실상을 돌아다니면서 다스린다면 반드시 길(吉)하고 흉(凶)한[76] 것이 있을 것이라고 말씀드립니다.

엎드려 바라건대, 더욱더 헤아리시어 가문(家門)의 족인(族人) 사람들로 하여금 다툼이 없도록 잘 깨우쳐주시기 바랍니다. 대략의 경개가 이와 같으니, 아무리 글로 쓰더라도 저의 뜻을 다할 수 없습니다. 이와 같이 이만 줄이겠습니다.

惰」.

73 德音(덕음) : 좋은 말. 착한 말. 덕에 부합되는 말. 《國語, 楚語 上》에 「忠信以發之, 德音以揚之」.

74 筆削(필삭) : 글을 쓰거나 지우고 고침. 남조 양(南朝梁) 원제(元帝)의 《金樓子序》에 「夕望湯池, 觀仰月之勢, 朝瞻美氣, 眺非烟之色, 替於筆削」.

75 執滯(집체) : 집착함. 고집함. 《舊唐書, 陸贄傳》에 「卿所奏陳, 雖理體甚切, 然時運必須小有改變, 亦不可執滯」.

76 爻象(효상) : 길흉(吉凶). 《易經, 繫辭 下》에 「爻象動乎內, 吉凶見乎外」.

005 집안의 아우 초사(草史) 양상형(梁相衡)에게 답함
答族弟草史相衡

仲秋 數宵團話 洗滌十年塵 肚中心之好 何日可忘 料外轉便惠書 見及開緘 疾讀灑然一暢 況又壽帖詩序 叙事精絶 韻格鍊熟 筆下無一點俗氣 平日涵養之力自有 不可掩者 可不欽哉 但語涉過贊 余何敢承 及見伯氏壽筵之贊 一篇節目 已足於十載 窮經遵考 訓一句中 而子孫之昌盛 長幼之次序 獻壽禮節 天倫樂事與 夫揖讓酬酌 冲和氣像 席捲於寸 穎之末 梯級於九層之上 節節奇觀 句句好辭 眞可謂文中有畵 畵中有詩也 猗歟盛哉 使此見文者 亦不知手之舞足之踏 自然有興感矣 有此主翁之壽福 兼此賢弟之奇筆 可謂兩得 而專美矣 欽歎曷已 當珍襲篋笥 永爲子孫之美觀矣 甲韻和呈 而藻思短澁 未副萬一可歎可歎 書後月已 再易歲 且云暮 恪詢此時棣候 增休造詣日高 掌上雙珠 歧嶷善茁 向風馳義 日益勤止 族從周甲之年 亦非不足 而百病交侵 無一善狀 自顧孱劣生 無益於宗門 沒無稱於鄕黨 假使延剩中上之壽 只一酒飯囊而已 壽何爲哉 瑞石之約 當以暮春爲期 山高風寒故也 趂期惠然 則庶當周旋 諒之焉

중추를 맞이해서 여러 날 밤 모여 이야기 나누노라니 10년 묵은 속기(俗氣)를 씻어내는 듯하여, 뱃속과 마음까지가 좋아졌으니 언젠들 잊을 수 있겠습니까? 그리고 뜻밖에[77] 귀한 편지를 인편으로 전해오니, 보자마자 봉한 편지를 뜯어 빠르게 읽어보니 마음이 시원하고 상쾌해져서[78] 좋았습니다. 하물며 또 제 환갑(還甲)을 축하하는 시첩(詩帖)과 서문(序文)을 주셨는데,[79] 사실을 적은 것이 정묘하고 더할 나위 없이 뛰어나며,[80] 시문의 율격이 정련되고 익숙하여 글 속에

---

77 料外(요외) : 요표(料表). 생각 밖. 《義禁府謄錄, 英祖壬辰6月初10日》에 「判付內……噫, 幾十載臨御, 誠若孚於諸臣, 豈有今日合辭, 中夜靜思, 非特惜其人, 自歎誠未孚, 噫, 爲大官若此, 況其下者乎, 噫, 彼合辭中人, 誠是千千萬萬料表, 一猶異也, 況二乎」.

78 灑然(쇄연) : 시원하고 상쾌함. 갑자기 기분이 좋아지거나 통증이 사라짐을 형용. 송(宋)나라 소순흠(蘇舜欽)의 《處州照水堂記》에 「遂構廣廈, 且以照水題之, 庨豁虛明, 坐視千里, 雖甚盛暑, 灑然如秋」.

79 초사(草史) 양상형(梁相衡)이 보낸 환갑을 축하하는 시첩(詩帖)과 서문(序文)은 별책 〈수첩(壽帖)〉에 있음.

일점 속기가 없으니, 평일에 기르고 닦은 힘이 스스로 있어 가릴 수 없음이니 공경하지 않을 수 없었습니다. 다만 지나치게 과찬의 말씀을 하시니 제가 어찌 감히 받들 수 있겠습니까?

또한 큰형님(伯氏; 梁相鼎)의 환갑잔치에 주신 축하하는 한 편 글에도 조목조목이 잘 갖추어져 있으니 10년 동안 경서(經書)를 깊이 연구하고 선인들을 고찰하고 좇으면서 가르치려는 한 구절에도 자손의 창성함과 장유의 차례를 지키는 헌수(獻壽)의 예절과 천륜을 즐기는 일이라니. 대저 주인과 손님으로 만나 예의를 지키며[81] 술잔을 따르니, 중화(中和)의 기상[82]이 아주 짧은 순간에도 자리를 휘감으니, 구층 높이에서 급수는 끝이라 하더라도 글의 마디마디가 훌륭하고 구절구절이 좋은 말이니 참으로 글 속에 그림이 있고, 그림 속에 시가 있다고 일컫을 수 있었으니, 아름답도다![83] 필력(筆力)의 왕성함이여! 이 글을 보는 사람으로 하여금 자신도 모르게 손을 들어 춤을 추고 발을 디뎌 들썩이게 하여 자연히 흥취와 감동이 일어나리니, 이 주인옹의 장수와 함께 어진 아우의 기이한 필력 두 가지를 얻었다고 일컫을 수 있으리니. 아름다운 명성을 독차지했으니[84] 아름다운 탄상(歎賞)을 어찌 그만두겠는가? 응당 소중히 잘 갈무리해[85] 상자에 넣어두고 길이 자손들이 아름답게 보게 하리라.

첫째 운(韻)에 화답하여 드렸으나 글 짓는 재주가[86] 부족하고 껄끄러워 만에 하나도 아직 버금도 못 되니 탄식하고 탄식할만할 뿐입니다. 서찰을 받은 후 한 달이 지나고 다시 두 달이 되니 해가 기우는데, 이러한 때에 삼가 형님의 안부를[87] 공손하게 묻습니다. 한가롭고 해가 높이 뜰 때에 찾아뵙겠습니다.

---

80 精絕(정절) : 정묘하고 더할 나위 없이 뛰어남. 또는 매우 정묘함. 당(唐)나라 사공도(司空圖)의 《書屛記》에 「或草或隸, 尤爲精絕」.

81 揖讓(읍양) : 삼읍삼양(三揖三讓). 읍하고 사양함. 주인과 손님이 서로 만나보는 예의. 《周禮, 秋官, 司儀》에 「司儀掌九儀之賓客擯相之禮」.

82 沖和(충화) : 담박하고 화평함. 곧 덕성이 중용을 잃지 아니한 상태를 말함. 진(晉)나라 원굉(袁宏)의 《後漢紀, 靈帝紀》에 「此子神氣沖和, 言合規矩, 高才妙識, 罕見其倫」.

83 猗歟(의여) : 감탄사. 아름다움을 칭송할 때 내는 소리. 《詩經, 周頌, 潛》에 「猗歟漆沮, 潛有多魚」.

84 專美(전미) : 미명(美名)을 독점함. 《書經, 說命 下》에 「爾尚明保予, 罔俾阿衡, 專美有商」.

85 珍襲(진습) : 소중히 잘 갈무리함. 명(明) 송렴(宋濂)의 《恭題御書賜蘄春侯卷後》에 「乃命良工用黃綾玉軸裝潢成卷, 珍襲以示子孫」.

86 藻思(조사) : 글 짓는 재주. 진(晉) 육기(陸機)의 《文賦》에 「或藻思綺合, 淸麗千眼」.

87 棣候(체후) : 서간문에서, 손위 형제의 안부를 묻는 말. 《寒暄箚錄 1, 氣候》에 「棣候 · 棣履 ·

사랑스러운 두 아이들이[88] 어린 나이에[89] 총명하게 잘 자라서 덕과 학문을 앙모(仰慕)하고[90] 의(義)를 사모하니[91] 날마다 더욱 부지런히 노력합니다. 이 아우가 환갑을 맞이하는 해에도 또한 부족한 것은 아니나, 온갖 병이 번갈아 들고 하나의 좋은 행적도[92] 없으며 나약하고 졸렬하게 살아왔으니, 스스로 돌아보니 종가의 문중에 보탬이 된 것이 없고 향당(鄕黨)에서도 칭송받을 것이 하나 없습니다. 설령 지금까지 중상급(中上級)의 목숨[93]을 살아왔다고 치면 다만 한 가지 술과 밥만 축내는 것뿐이었으니, 오래 살아서 무엇 하리오?[94]

서석(瑞石; 瑞石臺)에서 늦봄에 만나자고한 기약은 산이 높고 바람이 차기는 하나 기일에 맞추어[95] 따르며[96] 마땅히 하겠습니다. 가서 뵙겠으니 살펴보아주십시오.

棣況・棣歡・僉候・僉履・僉況・僉侍」.

88 掌上雙珠(장상쌍주) : 장상명주(掌上明珠). 손바닥 위의 두 개의 구슬. 사랑을 받는 사람이나 부모의 귀여움을 독차지하는 자식을 비유. 송(宋) 신기질(辛棄疾)의 《永遇樂, 送陳光宗知縣詞》에 「落魄東歸, 風流贏得, 掌上明珠去」.

89 岐嶷(기억) : 어린 나이에 총명함. 《詩經, 大雅, 生民》에 「克岐克嶷, 以就口食」.

90 向風(향풍) : 그 사람의 덕이나 학문을 앙모하는 일. 남조 양(南朝梁) 육수(陸倕)의 《石闕銘》에 「於是天下學士, 靡然向風, 人識廉隅, 家知禮讓」.

91 馳義(치의) : 의를 사모하여 달려옴. 신복(臣服)함. 《漢書, 陳湯傳》에 「呼韓邪單于見郅支已誅, 且喜且懼, 鄕風馳義, 稽首來賓」.

92 善狀(선상) : 좋은 행적. 송(宋) 소순(蘇洵)의 《史論 上》에 「所褒莫見其善狀, 所貶弗聞其惡實」.

93 中上之壽(중상지수) : 중등에서 상등까지의 등급으로 살아온 목숨. 곧 꽤 오래 삶.

94 酒飯囊(주반낭) : 반낭주옹(飯囊酒甕). 밥자루와 술항아리. 놀고먹는 사람을 비유. 북제(北齊) 안지추(顏之推)의 《顏氏家訓, 誡兵》에 「今世士大夫, 但不讀書, 卽稱武夫兒, 乃飯囊酒甕也」.

95 趁期(진기) : 기한에 대다. 당(唐) 진자앙(陳子昂)의 《上君國機要事》에 「縱倍程趁期, 亦恐不及」.

96 惠然(혜연) : 혜이(惠而). 따르는 모양. 순한 모양. 《詩經, 邶風, 北風》에 「惠而好我, 携手同行」.

006 수산(壽山) 정조원(鄭祚源)에게 답함
答鄭壽山祚源

夏初惠韻 留作案頭之珎 而有時朗讀於風簷之下 眼豁神惺 頓覺宿痾去身 冲淡韻格 疏散風味 便是做得於陶柳門庭矣 且筆力清健 到老愈醇 仰想其閒居修養之效也 爲之健羨 益覺欽歎矣 其時忽擾失 便趑未修謝難孤盛念 今纔書呈 所謂刻畫無塩 唐突西施覽後覆瓿如何

초여름 보내주신 좋은 시를 책상 위에 보물로 놓아두고 때때로 바람 부는 처마 밑에서 읽으니, 눈이 열리고 정신이 맑아진 듯하니 문득 오랫동안 앓아 온 병[97]이 나아지는 것을 깨닫습니다. 시 운율의 격식은 질박하고 고요하며[98] 소탈하여 얽매이지 않는[99] 멋스러움은 문득 도연명(陶淵明)과 유종원(柳宗元)의 뜰에 있는 듯이 여겨집니다. 또한 필력(筆力)은 참신하고 강건하니[100] 노년(老年)에 접어든 한유(韓愈)처럼 순후(醇厚)합니다. 우러러 그 한가로운 동안에 수양하신 효과라고 생각하며 몹시 부러워하고 더욱 흠모하고 감탄함을 깨닫습니다. 그때는 (시를) 받고도 모두 잊어버려서 감사의 글을 미처 짓지 못하고 엄두도 내기 어려웠습니다. 이제야 겨우 글을 드리나, 이른바 추부(醜婦)는 아무리 잘 그려도 미인에 비교할 수 없고[101] 무례하게도 서시(西施)를 본 후이니 (제 글은) 항아리 덮개[102]로나 쓰일 것이니 어찌하리오.

97 宿痾(숙아) : 오랫동안 앓아 온 병. 송(宋) 왕안석(王安石)의 《賀生皇子表》에 「臣嘗汚近司, 非叨殊奬, 以宿痾而自因, 欲旅進以無階」.

98 冲淡(충담) : 시가(詩歌)의 표현이 질박하며 뜻이 한가롭고 고요함. 당(唐) 교연(皎然)의 《詩式, 詩有六迷》에 「以虛誕而爲高古, 以緩慢而爲冲淡」.

99 疏散(소산) : 한가롭고 자유로움. 소탈하여 예속(禮俗)에 얽매이지 않음. 남조 송(南朝宋) 사령운(謝靈運)의 《過白岸亭詩》에 「榮悴迭去來, 窮通成休戚, 未若長疏散, 萬事恒抱樸」.

100 清健(청건) : 말이나 글이 참신하고 강건함. 송(宋) 위태(魏泰)의 《臨漢隱居詩話》에 「至如永叔之詩, 才力敏邁, 句亦清健, 但恨其少味爾」.

101 刻畫無監(각화무염) : 추부(醜婦)는 아무리 잘 그려도 미인에 비교할 수 없음.

102 覆瓿(부부) : 부장부(覆醬瓿). 항아리의 덮개. 저서가 가치가 없거나 남들에게 주목받지 못함을 비유.

007 화고(華郊) 조봉묵(曺鳳默)에게 답함
答曺華郊鳳默

余嘗聞 秦少遊愈疾於輞川之圖 曺孟德蘇病於陳琳之書 言近誕幻 尙未盡信矣 去月重陽之節 余作省楸之行 中路得病 歸而沈吟 幾滿一朔 索寞之餘 滿幅瓊琚 忽墜於枕上 揩眼披閱 認是華郊老友 牙轆與心劃也 句法淸[장]筆精瘦硬 有如郢匠之斤斲 堊無痕矍鑠之將 智謀克壯 可想其文雅天性少小蓄積 老且益工也 令人發省 曷勝興歎哉 至於無等遊記 一山全體 豁然呈露 瑞石立石布列於屛帳 上峰主峰措置於几案 磅礴怪奇氣像萬千將軍 堅旗之臺 道僧智空之磧 異事徃跡 采摭無遺 其餘東西嶽瀆 遠近風煙 淋漓於筆下 都歸於眼前 吾從今入此山 不爲生面客矣 涔寂之中巨靈詞伯 喚起惺翁 昔疾今愈 矧覺華郊之老鍊手筆 全勝於輞川陳琳之書畫矣 病餘僅搆數聯 便是依様畵葫南華仙 所謂少年不及大年者 其非至言乎

내 일찍이 들으니, 진소유(秦少遊)[103]는 망천(輞川)을 그린 그림[104]을 보고 병이 나았으며, 조맹덕(曺孟德; 曹操)은 진임(陳琳)[105]의 글을 읽고 병이 회복되었다는 말은 황당하고 미덥지 않아 오히려 아직 다 믿지 않았습니다. 그런데 지난달 중양절에 내가 성묘(省墓)[106]를 갔다가 도중에 병을 얻어 돌아와 병이 깊어졌습니다.[107] 거의 한 달 동안을 실의하여 의기소침하였는데, 한 폭 가득 (보내주신)

---

103 秦少遊(진소유) : 송(宋) 진관(秦觀). 소유(少遊)는 자. 시(詩) · 부(賦) · 책론(策論) · 사(詞) 등에 두루 능하여 소문사학사(蘇文四學士) 중의 한 사람으로 꼽힘.

104 輞川之圖(망천지도) : 망천(輞川)은 섬서성(陝西省) 남전현(藍田縣)에 있는 하천. 여러 물줄기가 수레바퀴 모양으로 모여든 데서 붙여진 이름. 당(唐) 왕유(王維)가 이곳에 별장을 두고 망천(輞川) 별장 20승경(勝景)을 그린 그림. 당(唐) 주경현(朱景玄)의 《唐朝名畫錄》에 「[王維]畫輞川圖, 山谷鬱盤, 雲水飛動, 意出塵外, 怪生筆端, 嘗自題詩云, 當世謬詞客, 前身應畫師, 其自負也如此, 秦太虛云, 余臥病, 高符仲攜輞川圖示予曰, 閱此可以癒病, 予甚喜, 恍然若與摩詰入輞川, 數日而疾癒」.

105 陳琳(진임) : 후한(後漢) 광릉(廣陵) 사람. 건안칠자(建安七子)의 한 사람으로 장표(章表)와 서기(書記)에 뛰어났음.

106 省楸(성추) : 성묘(省墓). 《儒胥必知, 所志, 以奴名山訟事所志》에 「上典作省楸之行, 詳審局內, 則曾所未見之塚, 在於靑龍肩甲」.

107 沈吟(침음) : 병세 따위가 깊어짐. 명(明) 탕현조(湯顯祖)의 《牧丹亭, 鬧殤》에 「今夕中秋佳節,

아름다운 시(詩)가 홀연히 베갯머리에 떨어지니 눈을 닦고[108] 열어보니 늙은 벗 화교(華郊; 曺鳳黙)의 상아로 곱게 싼 글씨[109]임을 알았습니다. 시구를 만드는 방법이 청신하고 웅장하며, 글씨는 정묘하고 가늘면서도 단단하니[110] 영장(郢匠)[111]이 숙련된 도끼로 코끝의 백토를 깎아내도 흔적이 없는 듯하니,[112] 왕성한 정신력[113]은 노인 중 으뜸이며, 슬기로운 계책(計策)도 매우 장대(壯大)[114]하시니, 그 글이 아름다운 것은 천성적으로 어려서부터 조금씩 축적된 것이 늙어가면서 더욱 공교로워진 것이라고 생각할 수 있습니다. (글을) 열어서 살펴보면[115] 어찌 감탄하지 않으리오? '무등유기(無等遊記)'[116]에 이르러서는 한 산 전체가 환하게 드러나니, 서석(瑞石; 瑞石臺)과 입석(立石; 立石臺)이 병풍장막(바위)에 펼쳐져 나열되고 상봉(上峯)과 주봉(主峯)은 안석과 책상 위에 놓았으며, 한없이 높고 큰 괴이하고 기이한 형상들은 천만 장군이 깃대를 세워놓은 대인 듯, 도승(道僧) 지공(智空)의 너덜바위[117]의 기이한 모습 등 지난 행적을 남김없이 뽑아 가려내었으며,[118] 그 밖의 동서의 산천[119]과 원근의 경치가 붓끝 아래에서 성대하고 풍

風雨蕭條, 小姐病轉沈吟, 待我扶他消遣」.

108 揩眼(개안) : 개개안(揩揩眼). 눈을 닦음. 조선(朝鮮) 《譯語類解, 上, 動靜》에 「揩揩眼, 눈 슷다」.

109 心劃(심획) : 심화(心畫). 글씨. 한(漢) 양웅(揚雄)의 《法言, 問神》에 「言, 心聲也, 畫, 心畫也. 聲畫形, 君子小人見矣」.

110 瘦硬(수경) : 글씨가 필획이 가늘면서도 빳빳함. 당(唐) 두보(杜甫)의 《李潮八分小篆歌》에 「苦縣光和尙骨立, 書貴瘦硬方通神」.

111 郢匠(영장) : 영(郢) 땅의 뛰어난 장인(匠人) 석(石). 전의되어 시문(詩文)의 거장.

112 斤斲(근착) : 영장휘근(郢匠揮斤). 고도로 숙련된 기예를 이르는 말. 영(郢) 땅의 장인(匠人) 석(石)이 사람의 코끝에 달라붙은 백토를 자귀를 휘둘러 코는 조금도 상하지 않고 깎아내었다는 장자(莊子)의 우언에서 유래. 《莊子 , 徐無鬼》에 「郢人堊慢其鼻端若蠅翼, 使匠石斲之, 匠石運斤成風, 聽而斲之, 盡堊而鼻不傷, 郢人立不失容, 宋元君聞之, 召匠石曰, 嘗試爲寡人爲之, 匠石曰, 臣則嘗能斲之, 雖然, 臣之質死久矣, 自夫子之死也, 吾无以爲質矣, 吾无與言之矣」.

113 矍鑠(확삭) : 노인의 눈동자가 초롱초롱하고 정신력이 왕성한 모양. 당(唐)나라 유우석(劉禹錫)의 《贈致仕滕庶子詩》에 「矍鑠據鞍時騁健, 殷勤把酒尙多情」.

114 克壯(극장) : 강성(强盛)함. 매우 장대(壯大)함.

115 發省(발성) : 개봉하여 검토함. 열어서 살펴봄. 《三國志, 吳志, 太史慈傳》에 「曹公聞其名, 以篋封之, 發省無所道, 而但貯當歸」.

116 無等遊記(무등유기) : 조봉묵(曺鳳黙)의 문집 《華郊集, 卷2》의 〈유무등산기(遊無等山記)〉.

117 智空之磧(지공지적) : 지공선사(智空禪師)가 만든 너덜바위. 무등산 중턱에 거력(巨礫; 큰 바윗돌)들이 약 2Km에 걸쳐 깔려 있어 암해(巖海)를 이루는데, 이곳을 '지공터널' 또는 '지공너덜'이라 부름.

118 采摭(채척) : 뽑아서 가려냄. 또는 글의 일부를 따서 적음. 한(漢) 동중서(董仲舒)의 《春秋繁

성하게 그려져 모두 안전에 돌아옵니다. 나는 오늘부터 이 산에 들어가서는 낯선 나그네가 되지 않을 것입니다. 고요한 가운데[120] 큰 시문의 대가(大家)께서 늙은이를 불러일으켜 깨닫게 하니, 지난날 앓아 오던 병이 이제 막 나았고, 하물며 화교(華郊) 노인의 노련한 글씨는 망천(輞川)과 진임(陳琳)의 글과 그림보다 온전히 낫다는 것을 깨닫습니다. 병이 나은 후 겨우 몇 연(聯)의 시를 엮었으나 남녘의 아름다운 신선[121]의 글을 본떴을[122] 뿐이니, 이른바 '나이가 어린 아이는 나이가 많은 어른에 미칠 수 없다는 것이 지극히 당연한 말이[123] 아니겠습니까?

露, 盟會要》에 「采摭托意, 以矯失禮」.

119 嶽瀆(악독) : 오악(五嶽)과 사독(四瀆). 또는 산천(山川). 본문에서는 후자의 뜻. 《文選, 蔡邕, 陳太丘碑文》에 「徵士陳君稟嶽瀆之精, 苞靈曜之純」.

120 涔寂(잠적) : 음침하고 고요함. 《秋官志 3, 考律部, 大典修明》에 「承旨多事, 晝雖難閱, 而夜則公事之暇, 亦可破涔寂矣」.

121 南華仙(남화선) : 남녘의 아름다운 신선. 상대인 화교(華郊) 조봉묵(曺鳳黙)의 글을 칭송하는 표현.

122 依樣畫葫(의양화호로) : 의양화호로(依樣畫葫蘆). 본(本)에 따라 조롱박을 그림. 창의성이 없이 남의 것만을 본뜨는 것을 비유. 송(宋) 위태(魏泰)의 《東軒筆錄》에 「陶穀文翰爲一時冠, 人或薦之, 太祖笑曰, 頗聞翰林草制, 皆檢前人舊本, 改換詞語, 此俗所謂依樣畫葫蘆爾, 穀乃作詩曰, 堪笑翰林學士, 年年依樣畫葫蘆」.

123 至言(지언) : 지극히 고명한 언론. 가장 훌륭한 언론. 《莊子, 天地》에 「是故高言不止於衆人之心, 至言不出, 俗言勝也」.

◤序

001 죽호(竹湖)[124]에 새 거처를 마련하고[125] 쓴 자서(自序)
竹湖新居自敍

余於甲寅之冬 承家君之命 自月鋪移于竹湖 月乃吾世居 而閭井稠疊 槐楡蒼老 擧一坊皆吾一家也 根葉繁衍 基地陝隘 來余于竹 是所然矣 水盈則流 樹密則移理也 而於余心不以理裁 抑者自居于此 萊服之誠 或曠姜衾之樂 間闊地不甚 遠而古人 望雲之懷 未嘗不切 於臥起也 然家君命宅于此者 以其地美 而里仁地之名竹者 取其不俗 庭實尤美也 六逸之溪 七賢之林 亦如今之竹湖耶 竹之風土 開門而出 閑門而隱 城府在眼 樓坮相望 山林在背 樵牧爲隣 二水合流于前沿 而大野鋪而明沙 秔稻菱芡足以供樂 生蔬筍魚鱉足 以餽賓朋 晴晝開簾 金鰲飛鳳 楣宇相接欣然 若不速之友 亦寂寞之一慰矣 玆土之爲俗也 近古者三 而本於力穡 暇而習書 其於入孝 出恭之方 自有遺風矣 且日吉辰良 親堂之杖屨 或臨伯仲之塤箎迭唱 三樂中之一樂 窃有得焉 而守青氊於詩書之訓 敎幼穉於日月之將 紅綠紛葩之節 水落石出之際 遠近同志來欸山扉 琴酒間嵇阮也 詩律上陶謝也 又或與村秀隣老藉草 而詢生涯 呼酒而致慇懃 顧吾江廬中七尺不豈有風塵 表思想耶 土之美如 此俗之淳如 此家君命宅以此 而親題詩有曰 庭花仍手種 留待萬家春 使兒孫之居于斯 長于斯者 其能繼堂搆之志也夫.

나는 갑인년(甲寅年)[126] 겨울에 아버님의 명을 받들어 월포(月鋪; 月谷)에서 죽호(竹湖; 竹青)로 이사했다. 월포는 우리가 여러 대에 걸쳐 살아온 곳으로 집들이[127] 빽빽하게 들어서 있고 오래된 홰나무와 느릅나무가 있는 한 동네가 모두

---

124 竹湖(죽호) : 현 전라남도 화순군 도곡면 죽청리(竹青里).

125 新居(신거) : 장가들어 새로 분가(分家)했음을 뜻함.

126 甲寅(갑인) : 갑인년(甲寅年). 1854년(철종 5). 작가 28세.

127 閭井(여정) : 가옥과 우물 따위의 건축물. 남조 송(南朝宋) 하승천(何承天)의 《安邊論》에 「猋

우리 한 집안이다. 뿌리와 잎(자손들)이 번성하여 많아지고 땅이 좁으니 내가 죽호로 옮겨 살게 된 것이다. 물이 가득차면 넘쳐흐르고 나무가 빽빽하면 옮기는 것이 이치이기는 하나, 내 마음에는 이치라고 여겨지지 않는다. 옮겨서 또한 이곳에 살면 부모님을 즐겁게 해드리는[128] 정성과 아우들과 한 이불을 덮는[129] 즐거움이 멀어질 것이니, 거리가 그리 멀지는 않으나 옛사람들이 객지에서 고향과 부모를 그리워했다는[130] 것을 아닌 게 아니라 일상에서 끊지 못할 것이리라.

그러나 아버님의 명령으로 집을 이곳으로 한 것은 그 땅이 아름답고 마을이 자애롭기 때문이다. 이름에 대나무[竹]인 것은 그것이 속되지 않음을 취했으니, 뜰에 심으면 더욱 아름다워, 세속에 초연하게 여섯 사람이[131] 살았던 시내와 일곱 현인(賢人)[132]이 살았던 숲이 또한 지금의 죽호이리라. 죽호의 풍토는 문을 열면 나가고 문을 닫으면 은거하고, 마을에는 누대(樓坮)[133]가 있어 눈 안에 들어와 있어 서로 마주보며, 숲이 뒤에 있어 초동목수(樵童牧竪)들과 이웃하며, 두 냇물이 앞내에서 합류하여[134] 흐르며, 넓은 들이 펼쳐 있고 맑은 모래톱이 있으

騎蟻聚, 輕兵鳥集, 竝踐禾稼, 焚爇閭井, 雖邊將多略, 未審何以禦之」.

128 萊服(내복) : 내의(萊衣). 색동옷이나 아이들의 옷을 이르는 말로, 춘추(春秋)시대에 초(楚)의 노래자(老萊子) 고사. 남당(南唐) 이중(李中)의 《獻中書湯舍人詩》에 「鑾殿對時親舜日, 鯉庭過處着萊衣」.

129 姜衾(강금) : 강굉공피(姜肱共被). 후한(後漢)의 강굉(姜肱)이 아우인 중해(仲海) · 계강(季江)과 한 이불을 덮고 자며 우애로웠다는 고사. 《後漢書, 姜肱傳》에 「姜肱, 字伯淮, 彭城廣戚人也, 家世名族, 肱與二弟仲海 · 季江, 俱以孝行著聞, 其友愛天至, 常共臥起」.

130 望雲之懷(망운지회) : 객지에서 고향이나 부모를 그리워하는 마음. 당(唐) 두보(杜甫)의 《客堂詩 2》에 「老馬終望雲, 南雁意在北, 別家長兒女, 欲起慚筋力」.

131 六逸(육일) : 죽계육일(竹溪六逸). 당(唐) 개원(開元) 말에 태안부(泰安府) 조래산(徂徠山) 아래 죽계(竹溪)에서 시사(詩社)를 만들고 술을 마시며 즐기던 이백(李白) · 공소보(孔巢父) · 한준(韓準) · 배정(裵政) · 장숙명(張叔明) · 도면(陶沔) 등 탈속(脫俗)의 경지에서 초연한 생활을 한 여섯 사람. 《新唐書, 文藝傳 中, 李白》에 「然喜縱橫術, 擊劍, 爲任俠, 輕財重施, 更客任城, 與孔巢父 · 韓準 · 裵政 · 張叔明 · 陶沔居徂徠山, 日沈飮, 號竹溪六逸」.

132 七賢(칠현) : 춘추시대의 백이(伯夷) · 숙제(叔齊) · 우중(虞仲) · 이일(夷逸) · 주장(朱張) · 유하혜(柳下惠) · 소련(少連). 《論語, 微子》에 「逸民, 伯夷 · 叔齊 · 虞仲 · 夷逸 · 朱張 · 柳下惠 · 少連, 子曰, 不降其志, 不辱其身, 伯夷 · 叔齊與, 謂柳下惠 · 少連, 降志辱身矣, 言中倫, 行中慮, 其斯而已矣, 謂虞仲 · 夷逸, 隱居放言, 身中淸, 廢中權, 我則異於是, 無可, 無不可」.

133 樓坮(누대) : 만괴정(晩槐亭). 전라남도 화순군 도곡면 죽청리 뒷산에 있었던 정자로 1980년대까지 있었음. 창건자는 이경호(李京鎬)이며, 기축옥사(己丑獄事; 1591년)를 피해 은거한 이대립(李大立)의 은거처를 기리기 위해 후손 이경호가 지은 누정. 이경호의 기문 및 조규만(曺圭萬) 등의 시문이 있었다고 하나 지금은 허물어지고 주춧돌만 남아 있음. 참고 《호남누정기초목록》(전남대학교 호남한문고전연구실 간행, 2015).

며, 메벼와 마름과 가시연밥은[135] 함께 즐기기에 족하며, 채소와 죽순과 물고기와 자라는 손님 같은 벗들에게 보내기에 충분하네. 맑게 갠 날에는 발을 걷으면 금오산(金鰲山)과 비봉산(飛鳳山)은 문지방에 서로 접하고 있고, 만약 뜻밖의 벗들이 불쑥 찾아오면[136] 기쁠 것이니 또한 적막한 가운데 한 가지 위로가 되리라. 검은 흙(기름진 땅)은 백성(농민)을 위한 것이고, 오래지 않은 옛날부터 세 가지에 근본하니, 농사에 힘쓰고 겨를이 있으면 글을 익히고 집에 들어와서는 효도를 하고 문밖을 나가면 공손히 하는 법도가 전해오는 가풍(家風)이라. 또 좋은 날에 양친 부모님께서 다정하게 왕래하시거나[137] 혹은 형님과 아우들이 훈(塤)과 지(篪)를 번갈아 부른다면 세 가지 즐거움[138] 중에서 하나의 즐거움을 얻는 것이리라. 또 청빈한 생활[139]을 지키며 시서(詩書)의 가르침으로 아이들을 교육시켜 살아가면서 받들게 하리라. 그리고 붉고 푸른 꽃이 활짝 피어나고[140] 물이 잦아들어 바위가 드러날 즈음에는[141] 원근의 동지들이 산가의 사립문을 두드리고 찾아오면, 곧 거문고와 술로는 혜강(嵇康)과 완적(阮籍)[142]이며 시로는 도연명(陶淵明)과 사령운(謝靈運)[143]이리라. 또 간혹 마을의 빼어난 젊은이나 이웃 노인들과

---

134 二水合流(이수합류) : 새로 집을 지은 전라남도 화순군 도곡면 죽청리 앞 들녘에 화순의 화순천과 능주의 능주천이 합류하는 영산강 상류인 지석천이 됨.

135 菱芡(능검) : 마름과 가시연밥. 《周禮, 天官, 籩人》에 「加籩之實, 菱芡㮚脯」.

136 不速之友(불속지우) : 불속지객(不速之客). 초대하지 않았는데도 찾아온 손님. 《易經, 需》에 「有不速之客三人來, 敬之, 終吉」.

137 杖屨(장구) : 장구왕환(杖屨往還). 노년에 다정하게 왕래하며 지내는 일. 송(宋) 소식(蘇軾)이 《答錢濟明書》에 「此行决往常州居住……若遂此事, 與公杖屨往還, 樂此餘年」.

138 三樂(삼락) : 맹자(孟子)가 말한 삼락(三樂)으로, 첫째는 부모가 생존하시고 형제가 무고하여 집안이 단란한 일, 둘째는 하늘을 우러러보고 땅을 굽어보아도 부끄러움이 없는 일, 셋째는 천하의 영재(英才)를 얻어 교육하는 일. 《孟子, 盡心 上》에 「孟子曰, 君子有三樂, 而王天下不與存焉, 父母俱存, 兄弟無故, 一樂也, 仰不愧於天, 俯不怍於人, 二樂也, 得天下英才而教育之, 三樂也」.

139 靑氈(청전) : 청빈한 생활. 송(宋) 왕우칭(王禹偁)의 《求致仕第一表》에 「豈期陛下軫念靑氈, 重升黃閣」.

140 紛葩(분파) : 활짝 열린 모양. 《文選, 嵇康, 琴賦》에 「霍濩紛葩」.

141 水落石出(수락석출) : 수위(水位)가 낮아져서 바위가 드러남. 곧 여름이 지나고 가을이 옴을 의미. 송(宋)나라 구양수(歐陽脩)의 《醉翁亭記》에 「野芳發而幽香, 佳木秀而繁陰, 風霜高潔, 水落而石出者, 山間之四時也」.

142 嵇阮(혜완) : 삼국시대 위(魏)의 혜강(嵇康)과 완적(阮籍).

143 陶謝(도사) : 진(晉)나라 도잠(陶潛)과 송(宋)나라 사영운(謝靈運). 당(唐) 두보(杜甫)의 《夜聽許十一誦詩愛而有作詩》에 「陶謝不枝梧, 風騷共推激」.

풀을 깔고 앉아 살아가는 것을 묻고, 술을 불러 마시면서 은근하게 칠 척에 불과한 나의 강가의 오두막을 돌아보노라면, 어찌 객지라 하여 고생을 겪을 것이라는, 내 생각을 드러내리오? 흙이 기름진 것은 이곳 백성들이 순박하기가 이와 같은 것이니, 아버님께서 명을 내려 이곳에 집을 짓고 또 친히 시를 지으셨으니 가로되,

"뜰에 꽃을 손수 심고
만가춘(萬家春)[144]이 익기를 기다리네."[145]

라 하시고 이 아이(작가 자신)를 이 빼어난 곳에 살게 한 것은 부업(父業)을 계승할[146] 수 있게 하시려는 뜻이셨다.

144 萬家春(만가춘) : 술 이름. 송(宋) 소식(蘇軾)의 《和陶己酉歲九月九日》에 「持我萬家春, 一酬五柳陶」.

145 부친 서남(瑞南) 양두영(梁斗永)이 아들 서죽(瑞竹) 상항(相恒)을 분가시키면서 지은 시 전문은 앞 부분 사진으로 제시하였음,

146 堂構(당구) : 아들이 아버지의 설계에 따라 집터를 다듬고 집을 지음. 아들이 부업(父業)을 계승하는 것을 비유. 《書經, 大誥》에 「若考作室, 旣底法, 厥子乃弗肯堂, 矧肯構」.

002 친족(親族) 교리(校理) 상○(相○)의 환갑잔치에 쓴 시의 서문(序文)
族○校理相○晬宴韻序

余於校理從周甲之辰 一則賀壽 一則感興而贊曰 富貴在天 壽夭有命 此是千古不易之論也 是以壽者未必貴 貴者未必壽 壽且貴而多子孫者 尤未必有也 亦豈有老親在堂 而榮養一時者乎 孔夫子曰 立身揚名 以顯父母 孝之終也孝哉 斯翁早服鯉庭之訓 竟占龍頭之選 淸要光于先業 恩典被于親闈 人事之大節 孰過於是耶 天眷斯翁壽考榮祿 非倖也固宜也 至若綵舞繽紛 壎篪迭唱 頣指兒孫餘慶綿綿 情話親戚 和氣瀜瀜 人世百福萃于一門 惟我祖先 積累餘蔭 下墜於地 黙佑於冥冥者矣 可不欽祝哉 余亦與翁 同庚義均 天倫賀喜之情 宜倍於餘人 今欲泚筆以賀 萬一而非但筆路荒蕪 賢弟子平之序與詩寫 逼眞境蔑有加矣 余何更多述焉.

내가 교리(校理)[147]의 환갑 잔칫날에 갔으니, 하나는 장수를 축하한 것이고, 다른 하나는 감흥이 있음이니 찬문(贊文)을 지어 말하기를,

"부귀는 하늘에 있고 장수와 요절(夭折)은 운명에 있으니, 이것은 천고에 바꿀 수 없는 질서이다. 이러한 까닭으로 장수한 사람이라도 반드시 귀한 것이 아니며, 귀한 사람이라고 해서 반드시 장수하는 것은 아니다. 장수하고 귀하며 자손이 많은 사람은 더욱이 반드시 그렇지 않음이 있는 것이다. 또한 늙으신 부모가 집안에 계시더라도 어찌 잘 봉양하겠는가?[148] 그래서 공자(孔子)께서 말씀하시기를, '수양하여 도리에 맞게 처신하여 이름을 드날리어 부모를 빛나게 하는 것이 효도의 마침이다.'"[149]
라고 하셨다.

이 노인[校理]은 아버님의 가르침[150]을 일찍이 깨닫더니,[151] 마침내 과거(科擧)

---

147 校理(교리) : 조선시대, 집현전(集賢殿) · 홍문관(弘文館)의 정5품 벼슬.

148 榮養(영양) : 좋은 옷과 음식으로 부모를 잘 봉양함. 《晉書, 文苑傳, 趙至》에 「[至]聞父耕叱牛聲, 投書而泣, 師怪問之, 至曰, 我小未能榮養, 使老父不免勤苦, 師甚異之」.

149 《孝經, 開宗明義》에 「立身行道, 揚名於後世, 以顯父母, 孝之終也」.

150 鯉庭之訓(이정지훈) : 아들이 아버지의 가르침을 받음을 이르는 말. 공자(孔子)의 아들 이(鯉)가 뜰을 지나갈 때, 공자가 그를 불러 시(詩)와 예(禮)를 배워야 한다고 훈계한 데서 유래. 당(唐) 양여사(楊汝士)의 《宴楊僕射新昌里第詩》에 「文章舊價留鸞掖, 桃李新陰在鯉庭」.

에서 장원(壯元)[152]으로 뽑히고 중요한 정무(政務)[153]를 맡아 선대의 유업을 빛나게 하시었습니다. 부모님께는[154] 나라에서 베푸는 은전(恩典)을 입게 하시었으니, 사람이 하는 일로는 큰일이었으니,[155] 누가 이보다 더 낫겠습니까? 이 노인의 장수는 하늘이 보살핀[156] 것이오. 명예와 녹봉(祿俸)을 살펴보면 요행이 아니었고 참으로 마땅한 것이었습니다. 색동옷을 입고 어버이 앞에서 노래를 하고 춤을 추어[157] 즐겁게 하며, 형제들이 훈지(壎篪)를 번갈아 부르고, 자손들은 표정으로도[158] 가르치니, 자손들이 받는 복이 길게 이어지며 친척들과 정답게 이야기하니, 화목한 기운이 깊고 넓습니다. 인간세상의 온갖 복이 한 집안에 모였으니, 오로지 우리 선조들이 자손에게 남긴 은택이 땅에 떨어지지 않도록 저승에서도 말없이 도와주시는 것이니, 공경하고 축하하지 않을 수 있겠습니까? 나 또한 이 노인과 동갑이고 뜻이 조화를 이루니, 천륜으로 경하하고 기뻐하는 정이 마땅히 다른 사람보다 갑절이나 더합니다. 지금 이 글을 써서[159] 조금이라도 하례하고자 하니, 그러나 다만 필법(筆法)이 비루하고 졸렬하므로[160] 어진 아우들이 이 서문을 바로잡아 주면 시 속에 그리고자 한 참다운 경지에 가까워져 없어지지[161] 않고 보탬이 될 것입니다. 내가 어찌 다시 많은 글을 짓겠습니까?

---

151 早服(조복) : 일찍 깨달음. 《老子》에 「治人事天, 莫若嗇, 夫唯嗇, 是謂早服, 早服謂之重積德」.

152 龍頭(용두) : 장원(壯元)의 별칭. 당(唐) 황도(黃滔)의 《輒吟七言四韻攀寄翁文堯拾遺詩》에 「龍頭龍尾前年夢, 今日須憐應若神」.

153 清要(청요) : 고귀하고 중요한 정무(政務). 《三國志, 吳志, 王蕃賀邵等傳評》에 「賀邵厲志高潔, 機理清要」.

154 親闈(친위) : 부모가 있는 내실. 전의되어 부모나 시부모를 이르는 말로도 쓰임. 송(宋) 증공(曾鞏)의 《洪州謝到任表》에 「撫臨便郡, 獲奉于親闈, 總制屬城, 實兼于故里」.

155 大節(대절) : 존망(存亡)과 안위(安危)에 관계되는 큰 일. 《論語, 泰伯》에 「臨大節而不可奪也」.

156 天眷(천권) : 하늘의 보살핌. 《書經, 大禹謨》에 「皇天眷命, 奄有四海, 爲天下君」.

157 繽紛(빈분) : 노래와 춤이 함께 어우러짐. 《漢書, 司馬相如傳 上》에 「鄢郢繽紛, 激楚・結風」.

158 頤指(이지) : 턱으로 지시함. 표정으로 의사를 나타냄. 《漢書, 賈誼傳》에 「今陛下力制天下, 頤指如意」.

159 泚筆(체필) : 붓을 먹물에 적심. 곧 글을 씀. 《新唐書, 岑文本傳》에 「或策令叢遽, 敕吏六七人泚筆待, 分口占授, 成無遺意」.

160 荒蕪(황무) : 학식이 비루하고 졸렬함을 비유. 당(唐) 백거이(白居易)의 《偶以拙詩數首寄呈裴少尹侍郎蒙以盛制四篇一時酬和重投長句美而謝之》에 「投君之文甚荒蕪, 數篇價值一束蒭」.

161 蔑有(멸유) : 없음. 《左傳, 昭公元年》에 「封疆之削, 何國蔑有」.

003 회갑날에 쓴 시의 자서(自序)
回甲自序

是歲丁亥 正陽之晦 卽余之周甲晬辰 而程夫子所訓 當倍悲痛者 以此劬勞之日也 自丙戌之秋慘禍 稠仍萬念無況 而兒輩以志喜之心 略設酒肴穩城一會 兄弟親戚 老少賓朋 團欒良話 此豈非人世間滋味耶 第以虞憂之餘 頓沒意思於吟咏之間 而四座詩友 拈韻迭唱 余亦不可無和 故强起效嚬 庶爲日後子孫之遺觀矣.

금년 정해년(丁亥年; 1887년, 고종 24) 음력 4월[162] 그믐날은 곧 내가 예순한 살로 회갑이 되는 생일날이다. 정부자(程夫子; 程顥・程頤)께서 가르치신 바대로 슬픔이 배나 되는 것이 당연한 것은, 이날이 부모님께서 나를 힘들게 낳으신 날이기[163] 때문이리라. 병술년(丙戌年; 1886년, 고종 23) 가을 참화 때부터 거듭되는 온갖 생각으로 아무것도 이루지 못했는데,[164] 아이들의 뜻이 기뻐하는 마음으로 간략히 술과 안주자리를 마련하고, 편안하게 한 번 모여 형제 친척과 노소의 좋은 친구들이 단란하게 모여 유익한 이야기를 나누니, 이것이 어찌 인간세상의 재미가 아니겠는가? 잠시 두려워하고 걱정했던[165] 생각들이 시를 읊는 사이에 문득 남김없이 사라지고, 사방에 둘러앉은 시우(詩友)들은 운(韻)을 잡고 번갈아 읊으니,[166] 나 역시 화답이 없을 수 없었다. 그러므로 억지로 흉내를 낸[167] 것이니 훗날에 자손들이 남긴 것을 보기 바란다.

【瑞竹堂遺稿 卷之三 終】

---

162 正陽(정양) : 음력 4월. 《左傳, 莊公25年》에 「唯正月之朔, 慝未作」. 〈杜預注〉에 「正月, 夏之四月, 周之六月, 謂正陽之月」.

163 劬勞之日(구로지일) : 구로지은(劬勞之恩)의 날. 곧 자식을 힘들게 길러준 부모님의 은혜를 생각하는 날. 《詩經, 小雅, 蓼莪》에 「哀哀父母, 生我劬勞」.

164 無況(무황) : 아무것도 이룬 것이 없음. 송(宋) 소순흠(蘇舜欽)의 《松江長橋觀魚詩》에 「我本宦游無況者, 擬來隨爾帶笭箵」.

165 虞憂(우우) : 우우(憂虞). 걱정하고 두려워함. 《易經, 繫辭 上》에 「悔吝者, 憂虞之象也」.

166 작가의 회갑 날 친척과 시우(詩友)들이 읊은 장수를 축하하고 기원하며 지은 시첩(詩帖).

167 效嚬(효빈) : 효빈(效顰). 남의 결점을 덩달아 모방하여 나쁘게 됨.

瑞竹詩集 附錄 卷之一

서죽시집 부록 제1권

諸公唱酬

001 서죽당(瑞竹堂)에 머무르며 – 난석(蘭石) 박창수(朴昌壽)
留瑞竹堂 – 蘭石(朴昌壽)

一群詩伴興悠悠(일군시반흥유유)
瀟灑園林出小樓(소쇄원림출소루)
叢菊碧梧高士宅(총국벽오고사택)
疎雲落葉晚江秋(소운낙엽만강추)
輕嵐淡與雲痕滴(경람담여운흔적)
明漢光連霽色浮(명한광연제색부)
酬到夜分正酣暢(수도야분정감창)
不嫌風露下簾鉤(불혐풍로하염구)

한 무리 시 벗들의 흥은 끝없이 이어지고
한가롭고 편안한[1] 원림에 작은 다락이 솟아 있네.
무리진 국화와 푸른 오동나무는 고결한 선비 집에 있고
성긴 구름 아래 낙엽이 지는 늦가을 강가라네.
엷은 산안개는 옅은 구름과 함께 맑게 방울지고
밝은 은하수는 맑게 갠 날빛에[2] 이어 떠오르네.
시를 주고받으며 한밤중까지 즐겁게 술을 마시니[3]
바람과 이슬이 내걸린 발에 내려도 싫지 않네.

---

1 瀟灑(소쇄) : 한가롭고 편안함. 명(明) 고반룡(高攀龍)의 《與卞子靜書》에 「兀坐家中無事, 襟懷雖得瀟灑, 而觸目民艱, 未免時復攢眉」.

2 霽色(제색) : 맑게 갠 하늘 빛. 당(唐) 원진(元稹)의 《飮致用神鞠酒三十韻》에 「雪映烟光薄, 霜涵霽色冷」.

3 酣暢(감창) : 술을 즐겁게 마음껏 마심. 남조 송(南朝宋) 유의경(劉義慶)의 《世說新語, 任誕》에 「阮宣子常步行, 以百錢挂杖頭, 至酒店, 便獨酣暢」.

002 초가을 밤에 월파(月坡; 梁相鼎) · 학운(學雲; 梁相謙) · 송고(松皐) · 계광(溪狂; 陳錫馨) 등과 흥겹게 모여 – 3수. 난석(蘭石) 박창수(朴昌壽)

新秋月夜與月坡學雲松皐溪狂齊會 – 三首. 蘭石 朴昌壽

[其一]

青竹村前一帶湖(청죽촌전일대호)
剩活佳釀十千壺(잉활가양십천호)
空懸明月無烟燭(공현명월무연촉)
露滴蒼葭不貫珠(노적창가불관주)
清淨襟期同與子(청정금기동여자)
虛靈心界便忘吾(허령심계편망오)
靜觀金浪潾潾處(정관금랑인린처)
誰掛恒河活佛圖(수괘항하활불도)

푸른 대나무 우거진 마을 앞에는 호숫가 둘렀는데
더구나 갓 익은 술이 만 병이나 있네.
하늘에는 밝은 달이 걸려 있어 연기 나는 화톳불은 없고
푸른 갈대 잎에 맺힌 이슬방울은 꿰지도 못하는 구슬이로구나.
맑고 깨끗하게 그대와 함께 마음을 터놓으니
잡되지 않은 신령스러운[4] 생각 속에 문득 나를 잊네.
금빛 물결 반짝이는 곳을 고요히 바라보노라니[5]
누가 항하(恒河)[6]의 활불도(活佛圖)[7]를 걸어 놓았는가?

---

4 虛靈(허령) : 허령불매(虛靈不昧). 잡되지 않고 신령하여 어둡지 아니함. 《大學, 經一章》에 「大學之道, 在明明德, 在親民, 在止於至善」.

5 靜觀(정관) : 자세히 살핌. 무한한 현상계에 있는 불변의 본체의 것을 심안(心眼)으로 바라봄. 당(唐) 왕유(王維)의 《酬諸公見過詩》에 「靜觀素鮪, 俯映白沙」.

6 恒河(항하) : Ganges의 음역. 인도의 갠지즈강. 《金剛經, 無爲福勝分》에 「但諸恒河尙多無數, 何況其沙」.

7 活佛圖(활불도) : 자비심이 많은 사람이나 법력(法力) 높은 고승을 그린 그림. 원(元) 상중현(尙仲賢)의 《氣英布, 1折》에 「怎不敎我登時殺壞他, 便敎我做活佛, 活佛怎定奪」.

[其二]

近來身病不相容(근래신병불상용)
一上高樓灑晩風(일상고루쇄만풍)
山影叅差篔欖外(산영참차균람외)
禽聲撩亂夕陽中(금성요란석양중)
名區遊去詩還瘦(명구유거시환수)
浮世歸來髮欲空(부세귀래발욕공)
立熾何人鳴鼓角(입치하인명고각)
騷壇自有老詞雄(소단자유노사웅)

근래에 몸이 아파 서로 얼굴을 보지 못했더니
높은 다락 위에는 저물녘 한 줄기 바람이 부네.
산 그림자는 들쭉날쭉[8] 대나무 감람나무 밖에 드리워지고
새소리는 석양 중에 어지럽네.[9]
명승지에서 노닐다가 지은 시는 도리어 빈궁해지고
덧없는 세상에 돌아오는 것은 성글어진 머릿결이네.
누가 횃불을 밝혀 세우고 고각을 부는가?
시단(詩壇)에는 늙고 글 잘 짓는 걸출한 인물이[10] 있는 것을.

8 叅差(참치) : 들쭉날쭉하여 가지런하지 아니함. 《詩經, 周南, 關雎》에 「參差荇菜, 左右流之」.

9 撩亂(요란) : 어지러움. 엉킴. 당(唐) 위응물(韋應物)의 《答重陽詩》에 「坐使驚霜鬢, 撩亂已如蓬」.

10 詞雄(사웅) : 사걸(詞傑). 사장(詞章)을 잘 짓는 걸출한 인물. 당(唐) 이화(李華)의 《含元殿賦序》에 「宮殿之賦, 論者以靈光爲宗, 然諸侯之遺事, 蓋務恢張飛動而已. 自玆已降, 代有詞傑」.

[其三]

湖上開樽集遠交(호상개준집원교)
能詩不獨孟寒郊(능시부독맹한교)
幾時雨過芭蕉葉(기시우과파초엽)
一夕秋生桂樹梢(일석추생계수초)
暗投明月還招怒(암투명월환초노)
晩踏青雲每見嘲(만답청운매견조)
浮世光陰何忽忽(부세광음하홀홀)
鷦林未定一枝巢(초림미정일지소)

호숫가에서 술동이 열고 멀리 있던 벗들이 모였으니
시에 능한 사람이 맹교(孟郊)[11]만은 아니리라.
잠시 파초 잎에 비가 지나가더니
하룻저녁 가을 기운에 계수나무 가지는 시드네.
어둠 속에 던져진 밝은 달이[12] 도리어 성화를 불러내는 것은
은거하며 해 저물녘 거닐 때마다 조롱당하기 때문이라네.
덧없는 세상에 세월은 어찌 그리 빠른가?[13]
숲속의 뱁새는 보금자리도 아직 정하지 못했는데.

---

11 孟寒郊(맹한교) : 당(唐) 시인 맹교(孟郊). 송(宋) 소식(蘇軾)의 《祭柳子玉文》에 「郊寒島瘦, 元輕白俗」.

12 暗投明月(암투명월) : 명주암투(明珠暗投). 명주를 어두운 밤에 남에게 내던짐. 재능 있는 사람이 중용되지 못함. 《史記, 魯仲連鄒陽傳》에 「臣聞明月之珠, 夜光之璧, 以闇投人於道路, 人無不按劍相眄者, 何則, 無因而至前也」.

13 忽忽(홀홀) : 빠른 모양. 《楚辭, 離騷》에 「欲少留此靈瑣兮, 日忽忽兮其將暮」.

003 월파(月坡; 梁相鼎) · 소죽(小竹; 梁憲默)과 함께 서죽당(瑞竹堂)에 노닐면서 – 난석(蘭石) 박창수(朴昌壽)
與月坡小竹遊瑞竹堂 – 蘭石 朴昌壽

北遊纔返又遊東(북유재반우유동)
暇日溪亭雅會同(가일계정아회동)
沙渚鷺飛山影裡(사저노비산영리)
竹樓人倚水聲中(죽루인의수성중)
村烟野靄連空冷(촌연야애연공냉)
巷樹茅簷落照紅(항수모첨낙조홍)
周覽江湖猶聖賜(주람강호유성사)
夢魂夜夜繞瓊宮(몽혼야야요경궁)

북쪽에서 놀다가 방금 되돌아와 또다시 동쪽에서 노닐며
한가로운 날 시냇가 정자에서 풍아롭게 모였네.
물가 모래톱 해오라기는 산 그림자 속으로 날아가고
물소리 들으며 사람들은 대나무 다락에 기대네.
마을 밥 짓는 연기와 들녘 아지랑이는 허공의 찬 기운으로 이어지니
골목 나무들과 초가집 처마에는 석양이 붉게 비추네.
두루 둘러보는[14] 강과 호수는 옥황상제께서 베풀어주신 것이리니
밤마다 꿈길의 혼은 경궁(瓊宮)[15]을 감싸고도네.

---

14 周覽(주람) : 두루 살펴봄. 전국 초(戰國楚) 송옥(宋玉)의 《登徒子好色賦》에 「臣少曾遠游, 周覽九土, 足歷五都」.

15 瓊宮(경궁) : 천궁(天宮)이나 도교(道教)의 사원. 한(漢) 장형(張衡)의 《思玄賦》에 「叫帝閽使闢扉兮, 覿天皇于瓊宮」.

004 죽호(竹湖)에서 월파(月坡; 梁相鼎)・유초(酉樵; 梁敎黙)와 자유롭게 짓다[16] – 난석(蘭石) 박창수(朴昌壽)

竹湖上與月坡酉樵拈韻 – 蘭石 朴昌壽

驢路笻鞋野轉悠(여로공혜야전유)
渡溪還合笑登樓(도계환합소등루)
霜淸赤葉皆飛樹(상청적엽개비수)
冬暖黃花獨殿秋(동난황화독전추)
濶別三年靑眼在(활별삼년청안재)
江光一帶白烟浮(강광일대백연부)
相將素髮依欄興(상장소발의란흥)
如水靑天月半鉤(여수청천월반구)

나귀 탄 사람과 지팡이에 짚신 신은 사람들이 들에서 멀어지다가
시내를 건너면서 다시 합해지자 웃으면서 다락에 오르네.
맑은 가을 물에[17] 떠 흐르는 붉은 잎들은 모두 날아온 나뭇잎이고
따뜻한 겨울이라 국화가 피었는데 오직 전각만이 가을이로구나.
3년간 헤어져[18] 있다가 만나 반가운 눈길로 바라보는데[19]
강의 풍광은 한 줄기 흰 연기가 피어오르네.
함께 백발로 난간에 기대어 감흥에 젖노라니
물같이 푸른 하늘엔 하얀 반달이 떴네.

---

16 拈韻(점운) : 시를 지을 때 마음 가는 대로 운자(韻字)를 뽑는 것. 청(淸) 이어(李漁)의 《奈何天, 逼嫁》에 「拈韻做來的詩, 不足取言, 敎他限個韻來」.

17 霜淸(상청) : 가을 물의 깨끗하고 맑음. 당(唐) 장구령(張九齡)의 《赴使瀧峽詩》에 「霜淸百丈水, 風落萬重林」.

18 濶別(활별) : 서로 멀리 떨어짐. 또는 오랫동안 헤어짐. 진(晉) 왕희지(王羲之)의 《問慰諸帖 下 12》에 「濶別稍久, 眷與時長」.

19 靑眼(청안) : 애정이나 믿음의 눈길. 당(唐) 두보(杜甫)의 《短歌行, 贈王郎司直》에 「仲宣樓頭春色深, 靑眼高歌望吾子」.

005 서죽당(瑞竹堂)에서 월파(月坡; 梁相鼎)·난석(蘭石; 朴昌壽)과 함께 짓다 – 유초(酉樵) 양교묵(梁敎默)

瑞竹堂與月坡蘭石拈韻 – 酉樵

行行十里路悠悠(행행십리노유유)
舊竹淸閑近水樓(구죽청한근수루)
戛玉講音如昨日(알옥강음여작일)
採蘭雅操已殘秋(채란아조이잔추)
斜程轉覺靑驢蹇(사정전각청려건)
冷渚應眠白鷺浮(냉저응면백로부)
皓首相逢談笑處(호수상봉담소처)
假鳴燕筑和吳鉤(가명연축화오구)

걷고 걷는 십 리 길이 멀기만 하더니
옛 대숲은 깨끗하고 조용하며 물 가까이엔 다락이 있네.
맑고 아름다운 소리로[20] 책 읽던 날이 어제 같은데
빼어난 노래를 찾다보니[21] 노년(老年)[22]이 되었네.
비탈진 길에서 등 푸른 말이 다리 저는 것을 알겠고
차가운 물가의 백로들은 아마도 물에 떠서 잠을 자리라.
머리 희어 서로 만나 웃으며 이야기하는 곳에
잠시 거문고[筑][23]를 울려 초저녁 반달[24]에 화답하네.

---

20 戛玉(알옥) : 구슬을 부딪침. 맑고 아름다운 소리. 신라(新羅) 최치원(崔致遠)의 《石峰詩》에 「點蘇寒影粧新雪, 戛玉淸音噴細泉」.

21 採蘭(채란) : 풀 속에서 난초를 캠. 선인들의 좋은 시를 찾아 수첩(手帖)에 모아 적음을 의미. 《晉書, 皇甫謐傳》에 「陛下披榛採蘭, 幷及蒿艾, 是以皐陶振褐, 不仁者遠」.

22 殘秋(잔추) : 남은 가을. 늦가을. 인생의 황혼기. 당(唐) 심전기(沈佺期)의 《餞唐郎中洛陽令詩》에 「郊筵乘落景, 亭傳理殘秋」.

23 筑(축) : 고대 현악기의 이름. 거문고. 《說文, 竹部》에 「筑, 以竹曲, 五弦之樂也」.

24 吳鉤(오구) : 구부정한 칼. 초저녁에 뜬 반달. 당(唐) 노은(盧殷)의 《長安親故詩》에 「楚蘭不佩佩吳鉤, 帶酒城頭別舊遊」.

006 서죽(瑞竹)을 방문하고 집에 돌아온 후 회포를 써서 부치다 – 2수. 석문(石門) 정석(鄭澳)

訪瑞竹而歸嫁後寄懷 – 二首. 石門

[其一]

湖上春風暫駐行(호상춘풍잠주행)
聯珠山色對官城(연주산색대관성)
故人居處無塵涴(고인거처무진완)
盡日吾伊徹曙明(진일오이철서명)
眼閃東西雙璧燦(안섬동서쌍벽찬)
心函今古一壺淸(심함금고일호청)
依然執手忘形地(의연집수망형지)
未暇分疎身外名(미가분소신외명)

호숫가 봄바람에 잠시 가던 길을 멈추니
연주산(聯珠山)[25] 산빛은 관성(官城)[26]을 마주하고 있네.
벗이 사는 곳은 한 점 티끌 더러움도 없고
하루 종일 글 읽는 소리가[27] 새벽동이 틀 때까지 들렸네.
눈빛이 빛나며 동서로 우열을 가르기 어렵고
예나 지금이나 마음에는 하나의 별천지가[28] 있었구려.
손잡고 서로 그리워하노라니 빼어난 경치도 잊었고
내 몸 밖의 (산천경개의) 이름들을 설명할 겨를도 없었네.[29]

---

25 聯珠山(연주산) : 연주산(連珠山)의 오기. 전라남도 화순군 능주면 관영리에 있는 산. 산 아래로 지석강(능주천)이 흐르고 옆에는 영벽정(映碧亭)이 있음.

26 官城(관성) : 관성(貫城)의 오기. 현 전라남도 화순군 능주면 관영리(貫永里).

27 吾伊(오이) : 이오(伊吾). 이오(咿唔). 글을 읽는 소리. 송(宋) 황정견(黃庭堅)의 《考試局與孫元忠博士竹間對窓戲作竹枝歌三章和之》에 「南窓讀書聲吾伊, 北窓見月歌竹枝」.

28 壺淸(호청) : 호중천(壺中天). 별천지나 선경. 한대(漢代)에 선인(仙人) 호공(壺公)이 항아리 속의 선계(仙界)에 살았다는 고사.

29 分疎(분소) : 일의 시비(是非)를 조목조목 설명하거나 해명함. 《北齊書, 祖珽傳》에 「珽自分疎, 並云與元海素相嫌, 必是元海譖臣」.

[其二]

幾度經營此裏行(기도경영차리행)
臨歧惘惘愁仍城(임기망망수잉성)
山當去轄遙還近(산당거할요환근)
雨逗征衫黯忽明(우두정삼암홀명)
賦離未有文通慧(부리미유문통혜)
袪悋湏仍叔度清(거린회잉숙도청)
笑我風情非少月(소아풍정비소월)
碧亭雲屨未留名(벽정운구미유명)

몇 번이나 이곳에 오려고 했던가
갈림길에서 넋을 잃고[30] 근심스러운데 더구나 고개마저 있네.
산길에서는 응당 수레의 비녀를 뽑아야 먼 길도 가까우리니
비 그치자 검었던 나그네 옷깃이[31] 홀연 밝아지네.
글 짓는 재주도 문학에 통달한 지혜도 아직 없으니
지나치게 넓은 생각과 숙도(叔度)의 호수 같은 맑음도[32] 버리리라.
고상한 정취는 나를 보고 비웃는 잠시 비추는 달이 아니고
벽정(碧亭; 映碧亭)의 높은 누각[33]에 이름을 남기지 못한 것이라네.

---

30 惘惘(망망) : 황급하여 갈피를 잡지 못하는 모양. 슬픔에 빠진 모양. 《楚辭, 九章, 悲回風》에 「撫珮衽以案志兮, 超惘惘而遂行」.

31 征衫(정삼) : 나그네의 옷. 송(宋) 누약(樓鑰)의 《水漲乘小舟詩》에 「一番凍雨洗郊丘, 冷逼征衫四月秋」.

32 叔度清(숙도청) : 숙도피호(叔度陂湖). 숙도의 도량이 호수와 같음. 사람의 도량이 관대함을 비유. 숙도(叔度)는 후한(後漢) 황헌(黃憲)의 자. 《後漢書, 黃憲傳》에 「叔度汪汪, 若千頃陂, 澄之不清, 淆之不濁, 不可量也」.

33 雲屨(운구) : '운루(雲樓)'의 오기. 하늘을 찌를 듯이 높이 솟은 누각. 진(晉) 곽박(郭璞)의 《山海經圖贊, 琅邪臺》에 「琅邪嶕嶢, 屹若雲樓」.

007 삼가 하서(河西; 金麟厚)[34]와 석천(石川; 林億齡)[35]의 시에 차운하여 서죽(瑞竹)에게 부치다 – 4수. 석문(石門) 정석(鄭潚)

敬次河西石川唱酬之什寄瑞竹 – 四首. 石門

[其一]

偃息在一房(언식재일방)
經春遲出洞(경춘지출동)
躭痴觚翰操(탐치고한조)
忍飢短褐擁(인기단갈옹)
馮鋏寧思彈(풍협영사탄)
商歌時自動(상가시자동)
何繇浮世生(하요부세생)
汩沒醯鷄甕(골몰혜계옹)
所以晋白眼(소이진백안)
往往哭之痛(왕왕곡지통)
悴榮縱多塗(췌영종다도)
變滅駕蝃蝀(변멸가체동)
聘望空千古(빙망공천고)
胷氣騰而踴(흉기등이용)
暝色橫簷隙(막색횡첨극)
有誰寄聲送(유수기성송)

방 한구석에 누워 쉬다가
봄이 지나 늦게야 동구 밖으로 나왔네.

---

34 河西(하서) : 김인후(金麟厚)의 호. 1510년(중종 5)~1560년(명종 15). 조선 중기의 유학자·문신. 성균사마시에 합격하여 성균관에 입학하고 이황(李滉)과 교분이 두터웠음. 을사사화(乙巳士禍)가 일어나자 병을 이유로 고향 장성으로 돌아가 은거함. 문집은 《하서집(河西集)》, 시호(諡號)는 문정(文正).

35 石川(석천) : 임억령(林億齡)의 호. 1496년(연산군 2)~1568년(선조 1). 천성적으로 도량이 넓고 청렴결백하였으며, 해남에 은거함. 사장(詞章)에 탁월하였고 문집으로 《석천집(石川集)》이 있음.

미련스러울 만치 시문(詩文)[36]을 탐내다가
굶주림과 거친 베옷[37] 입는 것도 참아냈네.
풍환(馮驩)은 칼집 두드리며 노래 부르는 것을 어찌 생각해냈으며[38]
영척(甯戚)은 슬픈 노래를 불러[39] 스스로 대부가 되었구나.
덧없는 세상살이에 무슨 노래를 부르겠는가?
초파리나 사는 좁은 세상에서[40] 골몰하는 것을.
진(晉)나라 완적(阮籍)은 세상사를 업신여긴 까닭으로
이따금씩 통곡하며 아프게 울었도다.
시들고 꽃핀 것들이 비록 많기도 하려니와
변하였다가 없어지는 무지개에[41] 오른 것이라네.
오랜 옛날부터 근거 없는 것을[42] 찾는 것인데도
가슴속 기세는 뛰어오르는구나.
처마 틈새엔 어둠이 내리는데
누가 있어 말을 전해달라고 부탁하겠는가?[43]

---

36 觚翰操(고한조) : 고한조(觚翰藻). 고한(觚翰)과 한조(翰藻)의 뜻으로, 문사(文辭)나 시문(詩文)의 문채(文彩). 한(漢) 왕찬(王粲)의 《硯銘》에 「墨運翰藻, 榮辱是若」.

37 短褐(단갈) : 거친 베로 짧게 만든 옷. 《墨子, 非樂 上》에 「昔者齊康公, 興樂萬, 萬人不可衣短褐, 不可食糟糠」.

38 馮鋏寧思彈(풍협녕사탄) : 풍환(馮驩)은 칼집 두드리는 것을 어찌 생각해냈는가? 풍환탄협(馮驩彈鋏)의 고사. 전국시대 제(齊)의 풍환(馮驩)이 맹상군(孟嘗君)의 식객(食客)이 되어 좋은 대우를 받지 못하자, 칼집을 두드리며 노래한 고사. 전의되어 재주가 있으면서 불우하거나 재능 있는 사람이 예우를 받기를 원함을 이르는 말로 쓰임. 《戰國策, 齊策 4》에 「長鋏歸來乎, 食無魚……長鋏歸來乎, 出無車……長鋏歸來乎, 無以爲家」.

39 商歌(상가) : 비통한 노래의 가락. 춘추시대 진(晉)의 영척(甯戚)이 지은 반우가(飯牛歌)를 말하며, 영척은 이 노래를 불러 제(齊) 환공(桓公)의 대부로 등용된 일. 전의되어 남이 알아주기를 바라는 뜻에서 부르는 노래. 《淮南子, 道應訓》에 「甯戚飯牛車下, 望見桓公而悲, 擊牛角而疾商歌, 桓公聞之, 撫其僕之手曰, 異哉, 歌者非常人也, 命後車載之」.

40 醯鷄甕(혜계옹) : 초파리가 사는 항아리. 좁은 세상. 원(元) 장우(張宇)의 《閑述詩》에 「何如剖破醯鷄甕, 看取人間大有天」.

41 螮蝀(체동) : 무지개[虹]의 별칭. 《詩經, 鄘風, 蝃蝀》에 「蝃蝀在東, 莫之敢指」.

42 望空(망공) : 아무런 근거가 없음. 원(元) 일명씨(佚名氏)의 《貨郎旦, 4折》에 「那婆娘舌剌剌挑茶斡刺, 百枝枝花兒葉子, 望空裏揣與他箇罪名兒」.

43 寄聲(기성) : 남에게 부탁하여 말을 전함. 《漢書, 趙廣漢傳》에 「界上亭寄聲謝我, 何以不爲致問」.

[其二]

梁子生秉介(양자생병개)
落落拔俗人(낙락발속인)
車馬滿長安(거마만장안)
望望不可親(망망불가친)
而我一相遘(이아일상구)
肝膽逾比隣(간담유비린)
被酒同霜屋(피주동상옥)
搜詩到澗濱(수시도간빈)
好語如其貌(호어여기모)
徃徃爲余陳(왕왕위여진)
此焉諒匪易(차언양비역)
澹交還有神(담교환유신)
曷日可罔思(갈일가망사)
忘肉非韶勻(망육비소균)
尺鯉憑阿戎(척리빙아융)
怳惚在夢眞(황홀재몽진)

양자(梁子; 瑞竹堂)는 공정하고 지조가 굳은[44] 가문에서 태어나
속인들 사이에 탁월하게[45] 빼어났으니
수레와 말이 가득한 한양에는
미련이 없고[46] 사람들과 친했네.
그대와 나는 한 번 만난 후
서로 마음 털어놓으니 점점 이웃이 되어

---

44 秉介(병개) : 병공(秉公; 마음가짐이 공정함)과 개결(介潔; 지조가 굳고 고결함). 명(明) 장거정(張居正)의 《謝召見疏》에 「而人臣之道, 必秉公爲國」.

45 落落(낙락) : 도량이 넓고 포부가 큰 모양. 북주(北周) 유신(庾信)의 《謝趙王示新詩啓》에 「落落詞高, 飄飄意遠」.

46 望望(망망) : 미련 없이 떠나는 모양. 《孟子, 公孫丑 上》에 「推惡惡之心, 思與鄕人立, 其冠不正, 望望然去之, 若將浼焉」.

지붕에 서리 내릴 때까지 함께 술에 취했으며[47]
시를 찾아 계곡과 시냇가로 갔었네.
시문(詩文)은 그의 행동처럼 아름다웠으며[48]
때때로 나를 위해 펼쳐 보여주었으니
이것이 어찌 참으로 쉬운 일이겠는가
담박한 사귐에 도리어 신(神)의 도움이 있음이라.[49]
어느 날인들 헛된 생각을 할 수 있으며
고기 맛도 잃게 하는[50] 아름다운 음악은[51] 아니지만
키 작은 이(鯉)[52]에게 아융(阿戎)[53]이 들러붙듯
황홀하여 참으로 꿈속에 있는 듯하네.

---

47 被酒(피주) : 술에 취함. 《史記, 高祖本紀》에 「高祖被酒, 夜徑澤中, 令一人行前」.

48 好語(호어) : 호어사주(好語似珠). 시문(詩文)의 글귀가 구슬처럼 아름다움. 송(宋) 소식(蘇軾)의 《次韻答子由》에 「好語似珠穿一一, 妄心如膜退重重」.

49 有神(유신) : 신의 도움이 있음. 재기(才氣)와 신운(神韻)이 넘침을 비유. 당(唐) 두보(杜甫)의 《奉贈韋左丞丈二十二韻》에 「讀書破萬卷, 下筆如有神」.

50 忘肉(망육) : 고기 맛을 잊다. 공자(孔子)께서 제(齊)나라에 계실 적에 소악(韶樂)을 들으시고 (배우는) 3개월 동안 고기 맛을 모르시며 '음악을 만든 것이 이러한 경지에 이를 줄은 생각하지 못했다.'고 한 전고(典故). 《論語, 述而》에 「子在齊聞韶, 三月不知肉味, 曰, 不圖爲樂之至於斯也」.

51 韶匀(소균) : 소균(韶鈞). 소악(韶樂; 舜임금의 음악)과 균천광악(鈞天廣樂; 천상의 음악). 뛰어나고 아름다운 음악. 송(宋) 증공(曾鞏)의 《郊祀慶成詩》에 「還宮動前蹕, 喜氣入韶鈞」.

52 이(鯉) : 이정(鯉庭). 아들이 아버지에게 가르침을 받음을 이르는 말. 공자(孔子)의 아들 이(鯉)가 뜰을 지나갈 때, 공자가 그를 불러 시(詩)와 예(禮)를 배워야 한다고 훈계한 데서 유래. 당(唐) 양여사(楊汝士)의 《宴楊僕射新昌里第詩》에 「文章舊價留鸞掖, 桃李新陰在鯉庭」.

53 阿戎(아융) : 진(晉)의 왕융(王戎). 남의 아들을 칭찬하는 말. 남조 송(南朝宋) 유의경(劉義慶)의 《世說新語, 雅量》에 「王戎七歲, 嘗與諸小兒遊. 看道邊李樹多子折枝, 諸兒競走取之, 唯戎不動, 人問之, 答曰, 樹在道邊而多子, 此必苦李, 取之信然」.

[其三]

庭梧纔尋丈(정오재심장)
柯葉自成吟(가엽자성음)
綠陰布婀娜(녹음포아나)
黃鳥流其音(황조유기음)
永言有所思(영언유소사)
終朝不鼓琴(종조불고금)

뜰의 오동나무가 잠깐 사이에 열 자가량[54] 자라더니
가지와 잎이 스스로 노래를 이루네.
녹음이 아름답게[55] 우거지니
꾀꼬리는 노래 부르네.
나도 생각하는 바 있어 읊조리느라[56]
종일토록 거문고도 타지 못하네.

---

54 尋丈(심장) : 여덟 자에서 열 자의 길이. 《管子, 明法》에 「有尋丈之數者, 不可差以長短」.

55 婀娜(아나) : 발랄하고 아름다운 모양. 삼국 위(三國魏) 조식(曹植)의 《洛神賦》에 「含辭未吐, 氣若幽蘭, 華容婀娜, 令我忘餐」.

56 永言(영언) : 말을 길게 끌면서 함. 곧 읊조림. 《書經, 舜典》에 「詩言志, 歌永言」.

[其四]

不爲剡溪雪(불위섬계설)
因憶山陰戴(인억산음대)
黝岡孤月吐(유강고월토)
灌木幷禽對(관목병금대)
傍疇淸我臆(방주청아억)
逝濯塵與滓(서탁진여재)
攻藻畏雕胃(공조외조위)
揮觴防痺肺(휘상방비폐)
起看斗南旁(기간두남방)
燁燁紫騰彩(엽엽자등채)
九有何芒芒(구유하망망)
幾處投鍼芥(기처투침개)
汗顏步高韻(한안보고운)
何以比前輩(하이비전배)

섬계(剡溪)에 내린 눈은 아니나
내린 눈으로 산음(山陰)의 대규(戴逵)를 생각하네.[57]
검푸른 산등성이에 쓸쓸한 달이 떠오르고
한 떨기 숲에서는 모여든 새들이 대꾸하네.
밭두둑에 다가서니 가슴이 상쾌해져
세상사 잡다한 일[58] 흐르는 물에 씻어 보내네.
아름다운 글 쓰려 하면서도 고심(苦心)하기는[59] 두려워하니

---

57 剡溪雪～山陰戴(섬계설～산음대) : 진(晉)의 왕자유(王子猷)가 눈이 내리는 밤에 산음(山陰)의 대규(戴逵)를 찾아간 고사. 남조 송(南朝宋) 유의경(劉義慶)의 《世說新語, 任誕》에 「王子猷居山陰, 夜大雪, 眠覺, 開室, 命酌酒, 四望皎然, 因起仿偟, 詠左思招隱詩, 忽億戴安道, 時戴在剡, 卽便夜乘小船就之, 經宿方至, 造門不前而返, 人問其故, 王曰, 吾本乘興而行, 興盡而返, 何必見戴」.

58 塵滓(진재) : 세간의 잡다한 일. 북제(北齊) 안지추(顏之推)의 《顏氏家訓, 養生》에 「而望遁跡山林, 超然塵滓, 千萬不遇一爾」.

59 雕胃(조위) : 조간(雕肝). 고심하며 생각하기를 비유. 《晉書, 李玄盛傳》에 「微臣所以叩心絶

술잔을 들면서도 속마음은 막막하네.
일어나 북두칠성의 남쪽을[60] 바라보니
번쩍번쩍 빛을 내며 날아오르는 붉은 빛.
온 천지는[61] 어찌 그리 아득한가?
몇 곳에나 마음을 붙이고 의기투합하리오?[62]
쩔쩔매며[63] 고상한 운치를 밟아 보고자하나
어찌 선배들과 견주리오?

氣, 忘寢與食, 雕肝焦慮, 不遑寧息者也」.

60 斗南(두남) : 북두칠성 남쪽. 천하. 《新唐書, 狄仁傑傳》에 「狄公之賢, 北斗以南, 一人而已」.

61 九有(구유) : 구주(九州). 중국 전토를 나눈 아홉 주(州). 전의되어 온 나라, 천하. 《詩經, 商頌, 玄鳥》에 「方命厥后, 奄有九有」.

62 投鍼芥(투침개) : 침개상투(針芥相投). 자석은 바늘을 끌어당기고 호박은 티끌을 끌어당김. 서로 마음이 잘 맞거나 의기가 투합함. 《三國志, 吳志, 虞翻傳》에 「虞翻字仲翔, 會稽餘姚人也. 〈裴松之注〉 虎魄不取腐芥, 磁石不受曲鍼」.

63 汗顔(한안) : 얼굴에 진땀이 남. 일이 서툴러서 쩔쩔맴을 형용. 당(唐) 한유(韓愈)의 《祭柳子厚文》에 「不善爲斲, 血指汗顔」.

008 서죽(瑞竹)께 부치다 – 석문(石門) 정석(鄭潟)

寄瑞竹 – 石門

經旬壹鬱雨漫峰(경순인온우만봉)
絃上牙音待汝鍾(현상아음대여종)
眼底風花消一半(안저풍화소일반)
夢邊雲樹際千重(몽변운수제천중)
久無白雪傳神譜(구무백설전신보)
誰有黃金駐鬢容(수유황금주빈용)
少友當門詒約去(소우당문이약거)
松坮嘉月起疎慵(송대가월기소용)

한 열흘 안개 자욱하고[64] 산봉우리마다 비 흩뿌리는데
거문고 일곱 음을[65] 타며 그대가 종 울리기를 기다렸었지.
부는 바람에 눈앞에 핀 꽃은 한 절반 졌는데
꿈결에 헤어진 벗은[66] 너무나 멀리 떨어져 있네.
오래도록 아름다운 시문을[67] 정리한 기록이 없으니
누가 있어 (시문을 정리하느라) 검은 머리털을 희지 않게[68] 하리오?
젊은 친구가 문전에 당도했으니 만나자 약속하고
시절 좋은 봄철이라 소나무 언덕에 올라 게으름을 피워보네.

---

64 壹鬱(인온) : 안개나 연기가 자욱함. 청(淸) 모양(冒襄)의 《影梅庵憶語 2》에 「時晚壹鬱, 固與友覓舟去虎畷夜遊」.

65 牙音(아음) : 칠음(七音). 기본을 이루는 일곱 음계(音階). 《左傳, 昭公20年》에 「聲亦如味, 一氣, 二體, 三類, 四物, 五聲, 六律, 七音, 八風, 九歌, 以相成也」.

66 雲樹(운수) : 친구 간에 멀리 떨어져 있음을 비유. 두보(杜甫)가 이백(李白)을 그리며 지은 시에서 유래. 당(唐) 두보(杜甫)의 《春日憶李白詩》에 「渭北春天樹, 江東日暮雲」.

67 白雪傳神(백설전신) : 백설(白雪)과 전신(傳神)은 모두 고아한 시문. 당(唐) 나은(羅隱)의 《秋日有酬詩》에 「腰間印佩黃金重, 卷裏詩裁白雪高」.

68 駐鬢(주빈) : 주발(駐髮). 검은 머리털을 유지함. 남조 양(南朝梁) 강엄(江淹)의 《麗色賦》에 「尋楚訪蔡, 不觀其容, 亦可駐髮還質, 驂星馭龍」.

009 서죽(瑞竹; 梁相恒)을 방문하고 – 석문(石門) 정석(鄭湙)
訪瑞竹 – 石門

白頭懷友趁靑陽(백두회우진청양)
初地翩翩佳氣長(초지편편가기장)
興逸飄乎蘇赤壁(흥일표호소적벽)
人高巋若魯靈光(인고규약노영광)
雪消槎入蒹葭岸(설소사입겸가안)
雨濕苔侵薜荔墻(우습태침벽려장)
卽席相逢須盡醉(즉석상봉수진취)
一樽明月共誰嘗(일준명월공수상)

봄날이라 늙어가며 벗을 생각하노라니
좋은 땅이[69] 이어져 상서로운 기운이 자라나는 곳이었네.
세속을 초탈한 흥취는 소동파의 적벽부(赤壁賦)보다 느긋하고[70]
높고 우뚝한 인품은 노영광전(魯靈光殿)[71] 같았네.
눈 녹자 갈대[72] 우거진 언덕에 뗏목을 대노라니
비 맞아 축축한 이끼가 은사의 담장을[73] 침노한 것이리라.
서로 만나 즉석에서 모름지기 한껏 취하노라니
밝은 달 아래 한 동이의 술을 누구와 함께 마시리오?

---

69 初地(초지) : 환희지(歡喜地). 절. 사찰. 서죽당(瑞竹堂)이 있는 곳. 당(唐) 왕유(王維)의 《登辨覺寺詩》에 「竹逕從初地, 蓮峯出化城」.

70 飄(표) : 표표(飄飄). 세속을 초월한 모양. 송(宋) 소동파(蘇東坡)의 《赤壁賦》에 「浩浩乎如憑虛御風而不知其所止, 飄飄乎如遺世獨立, 羽化而登仙」.

71 魯靈光(노영광) : 노영광전(魯靈光殿). 한대(漢代)의 궁전 이름. 명(明) 왕사임(王思任)의 《留別山僧詩序》에 「諸僧舊俱已隔世, 無復存者, 獨幻林上人如魯靈光殿也」.

72 蒹葭(겸가) : 갈대. 다른 곳에 있는 친구를 그리워함. 《詩經, 秦風, 蒹葭》에 「蒹葭蒼蒼, 白露爲霜, 所謂伊人, 在水一方」.

73 薜荔墻(벽려장) : 은사가 사는 집. 벽려(薜荔)는 잎이 큰 상록의 덩굴식물. 당(唐) 맹교(孟郊)의 《送豆盧策歸別墅詩》에 「身披薜荔衣, 山陟莓苔梯」.

010 서죽당(瑞竹堂)에서 마음 내키는 대로 짓다 – 금리(錦里) 임중회(林仲會)
瑞竹堂拈韻 – 錦里

寸膽平生向是誰(촌담평생향시수)
始尋仙境好風追(시심선경호풍추)
軒臨大野疎衿闊(헌림대야소금활)
酒到情人舊誼推(주도정인구의추)
稚鵠滿庭如嶽屹(치곡만정여악흘)
老龍吟水恐珠遺(노룡음수공주유)
看花不厭看山坐(간화불염간산좌)
落日渾忘去路遲(낙일혼망거로지)

자그마한 마음에 평생 우러른 사람은 누구였던가?
비로소 선경을 찾아 상쾌한 바람을 따르네.
집은 넓은 들에 임하였으니 마음이 트여 유쾌해지고[74]
술이 이르자 정든 벗은 오랜 정으로[75] 술잔을 내미네.
어린 학이[76] 뜰에 가득하니 큰 산속인 듯
노룡(老龍)이[77] 물을 노래하다가 진주를 잃을세라.[78]
꽃구경을 하다가 앉아서 산을 보아도 못내 싫지 않으니
해가 지도록 정신이 아득하여 돌아가는 길이 더디네.

---

74 疎衿(소금) : 유쾌한 마음. 당(唐) 두보(杜甫)의 《上後園山脚詩》에 「曠望延駐目, 飄颻散疎襟」.

75 舊誼(구의) : 오래전부터 사귀어 온 친분. 조선(朝鮮) 《彰善感義錄》에 「侍郎曰, 分明其寄吾書也, 吾與其父友善矣, 書中首稱舊誼, 而皮封云, 濟南府前吏部侍郎尹大人座前, 豈不分明乎」.

76 稚鵠(치곡) : 어린 학(鶴). 곡(鵠)은 학(鶴)과 통용.

77 老龍(노룡) : 노자(老子). 《史記, 老子韓非傳》에 「至於龍吾不能知, 其乘風雲而上天, 吾今日見老子, 其猶龍邪」.

78 珠遺(주유) : 진주를 잃어버림. 《莊子, 天地》에 「黃帝遊乎赤水之北, 登乎崑崙之丘, 而南望還歸, 遺其玄珠」.

011 이어 읊다 – 금리(錦里) 임중회(林仲會)

續吟 – 錦里

詩中來坐酒中身(시중내좌주중신)
永日賞春興不貧(영일상춘흥불빈)
竹水仙庄稱別界(죽수선장칭별계)
芝山童學夢前塵(지산동학몽전진)
百年書釰先生座(백년서일선생좌)
一樣梅花處士隣(일양매화처사인)
此去陽關芳草路(차거양관방초로)
逢人輒說主人仁(봉인첩설주인인)

시 지으러 왔다가 술에 취해 앉아서
온종일 봄을 즐기는데도 흥은 모자라지 않네.
죽수리(竹水里; 竹樹里) 선인(仙人)의 농막을 별세계라 부르는데
지산(芝山)[79]의 아이들은 (先人들이) 꿈꾸었던 지난 일을[80] 배우네.
평생 닦고 익힐 학문과 무예를[81] 가르치실 선생은
처사와 이웃하여 매화처럼 한 모습으로 앉아 있네.
이제 이별하고 먼 길[82] 떠나갈 향기로운 풀길에서
문득 만나는 사람마다 주인을 어진 사람이라 하네.

---

79 芝山(지산) : 현 전라남도 화순군 도곡면 모산리(茅山里)에 있는 삼지재(三芝齋)를 말함. 지산(芝山)은 이곳에 있는 건지(乾芝) · 곤지(坤芝) · 만지(滿芝)의 삼산(三山)을 말함.

80 前塵(전진) : 지난 일. 지난 자취. 송(宋) 구양수(歐陽脩)의 《歸田錄 2》에 「故景仁贈余云澹墨題名第一人, 孤生何幸繼前塵也」.

81 書釰(서인) : 서검(書劍). 글을 배우고 검술을 익힘. 당(唐) 맹호연(孟浩然)의 《自洛之越詩》에 「遑遑三十載, 書劍兩無成」.

82 陽關(양관) : 양관은 관(關) 이름. 옥문관(玉門關) 남쪽에 있어 붙여진 이름. 먼 지방을 이르는 말. 《漢書, 地理志 下》에 「燉煌郡……龍勒, 有陽關 · 玉門關, 皆都尉治」.

012 다시 이전 시의 운으로 작별 인사를 하다 – 금리(錦里) 임중회(林仲會)
更步前韻叙別 – 錦里

幽居勝狀早聞名(유거승상조문명)
纔到晴牕眼忽明(재도청창안홀명)
南闢靑綾知有地(남벽청릉지유지)
西遊白髮愧無聲(서유백발괴무성)
榴梅映袖三分畫(류매영수삼분화)
金玉成章一座傾(금옥성장일좌경)
怊悵落花分路後(초창낙화분로후)
那堪明月夜樓盈(나감명월야루영)

아름다운 경치에서[83] 은거하는 빼어난 명성은 일찍이 들었는데
잠깐 사이 창문이 개니 홀연 눈이 밝아지네.
남쪽으로 푸른 휘장을[84] 여니 농토가 있고
서쪽에서 노닐면서 백발이 되도록 부끄러워 침묵하네.
석류꽃과 매실이 옷소매에 비추니 셋으로 나뉘는데
아름다운 문장 이루어 사람들의 귀를 기울이게 하네.
지는 꽃을 슬퍼하며[85] 헤어진 후
밝은 달이 다락 가득 비추는 밤엔 어찌 감당하시려오?

---

83 勝狀(승상) : 매우 아름다운 경치. 송(宋) 범중엄(范仲淹)의 《岳陽樓記》에 「予觀夫巴陵勝狀, 在洞庭一湖」.

84 靑綾(청릉) : 옷이나 휘장 따위를 이르는 말. 송(宋) 서현(徐鉉)의 《賀殷游二舍人入翰林江給事拜中丞詩》에 「靑綾對覆蓬壺晩, 赤棒前驅道路開」.

85 怊悵(초창) : 낙담하는 모양. 슬퍼하는 모양. 《楚辭, 九辯》에 「心搖悅而日幸兮, 然怊悵而無冀」.

013 서죽(瑞竹)께 부치다 – 2수. 수산(壽山) 정조원(鄭祚源)
寄瑞竹 – 二首. 壽山

[其一]

松桂空山感暮年(송계공산감모년)
初醒大夢坐怊然(초성대몽좌초연)
容身猶窄三千地(용신유착삼천지)
翹首還高九萬天(교수환고구만천)
有志空嘆招隱賦(유지공탄초은부)
不才能讀出師篇(부재능독출사편)
浩歌擊節終無用(호가격절종무용)
欲把中情欲遠傳(욕파중정욕원전)

소나무 계수나무 우거진 인적 없는 빈산에 한 해가 기우는데
긴 꿈에서 갓 깨어나 실의에 빠져 멍하니 앉아 있네.
이 몸 하나 의탁하기엔 삼천리 땅도 오히려 좁고
간절히 바라는 것은[86] 구만리장공보다 높다하리.
뜻이 있어 공연히 초은부(招隱賦)[87]를 한탄하고
재능도 없는데 출사편(出師篇)[88]을 읽는다네.
큰 소리로 노래 부르며 박자를 맞춰보나 끝내 쓸데없고
진실된 마음을[89] 잡아 멀리 전하고자 하네.

---

86 翹首(교수) : 머리를 들고 바라봄. 주로 바라거나 생각하는 것이 간절함을 비유. 삼국 위(三國魏) 완적(阮籍)의 《秦記詣蔣公》에 「羣英翹首, 俊賢抗足」.

87 招隱賦(초은부) : 초은시(招隱詩). 은자를 찾아서 은거하려 한다는 내용의 시. 《文選, 左思, 劉良注》에 「思苦天下溷濁, 故將招尋隱者, 欲以退不仕」.

88 出師篇(출사편) : 출사표(出師表). 촉한(蜀漢)의 제갈공명(諸葛孔明)이 출병할 때, 후주(後主) 유선(劉禪)에게 올린 표문(表文).

89 中情(중정) : 진실된 마음. 《墨子, 尚同 下》에 「今天下王公大人士君子, 中情將欲爲仁義」.

[其二]

繞屋青山靜(요옥청산정)
當簷白日長(당첨백일장)
洞邃人罕到(동수인한도)
琴書一筠床(금서일균상)

집을 두르고 있는 청산은 고요하고
처마 밑 한낮은 길기만 한데
마을이 깊숙하니 찾아오는 사람 드물고
거문고와 서책만 대나무 침상 위에[90] 가지런하네.

---

90 筠床(균상) : 대나무 침상. 송(宋) 육유(陸游)의 《伏中官舍極凉戲作詩》에 「曉來秋色起, 肅肅滿筠床」.

014 서죽(瑞竹)께 보내다 – 수산(壽山) 정조원(鄭祚源)
寄贈瑞竹 – 壽山

葭露蒼蒼又送年(가로창창우송년)
白頭怊悵泬寥天(백두초창혈요천)
山重水複懷人遠(산중수복회인원)
月落參橫歸夢懸(월락삼횡귀몽현)
數畝疎篁常貯雨(수무소황상저우)
一村桑柘晩生烟(일촌상자만생연)
西風起我淸秋興(서풍기아청추흥)
何處期君共一邊(하처기군공일변)

흰 이슬 갈잎에 내리니[91] 또 한 해를 보내며
희어진 머리를 슬퍼하는데 하늘은 맑고 드넓네.[92]
겹쳐진 산에 물은 감돌아 흐르는데 그리운 사람 멀리 있더니
달 지고 밤 깊어지자[93] 돌아와 꿈속에 나타나네.
몇 이랑 밭과 성근 황죽(篁竹)은 늘 비를 기다리는데
농사와 양잠으로[94] 바쁜 촌락에는 저녁연기가 피어오르네.
서풍이 나에게 맑은 가을 흥취를 일으키니
어느 곳에서 만나자고 기약하여 그대와 함께할까?

---

91 蒼蒼(창창) : 회백색. 《北齊書, 盧文偉傳》에 「詢祖初聞此言, 實懷恐懼, 見丈人蒼蒼鬢, 差以自安」.

92 泬寥(혈료) : 맑고 드넓은 모양. 《楚辭, 九辯》에 「泬寥兮天高而氣淸, 寂漻兮收潦而水淸」.

93 參橫(삼횡) : 삼성(參星)이 하늘에 가로놓임. 밤이 깊음. 삼국 위(三國魏) 조식(曹植)의 《善哉行》에 「月沒參橫, 北斗闌干」.

94 桑柘(상자) : 뽕나무와 산뽕나무. 농사와 양잠. 당(唐) 한유(韓愈)의 《縣齋有懷詩》에 「惟思滌瑕垢, 長去事桑柘」.

015 이어 절구(絶句) 한 수를 보내다 – 수산(壽山) 정조원(鄭祚源)
續贈一絶 – 壽山

歲晏南郵木葉流(세안남우목엽류)
十分秋色九分秋(십분추색구분추)
黃花不負伊人遠(황화불부이인원)
幾入相思夢裡遊(기입상사몽리유)

한 해가 저물어가니 남녘에도 나뭇잎은 지고
온통 가을빛으로 물드니 가을도 깊어졌네.
황국은 이 사람을 저버려 멀리 떠나지 않았으니
서로를 그리워하며 몇 번이나 꿈속에서 놀았던가?

016 서죽(瑞竹)을 찾아가서 – 2수. 수산(壽山) 정조원(鄭祚源)

訪瑞竹 – 二首. 壽山

[其一]

竹湖勝景我聞曾(죽호승경아문증)
占盡烟霞此一登(점진연하차일등)
碧水寒光來滾滾(벽수한광래곤곤)
晩山秀色立層層(만산수색입층층)
浮雲去鳥天俱遠(부운거조천구원)
明月淸風境更澄(명월청풍경갱징)
中有高人仍管領(중유고인잉관령)
暫留歸客夜懸燈(잠유귀객야현등)

죽호(竹湖)의 빼어난 경치는 내 일찍이 들었는데
놀과 안개가 차지한 곳을 한 번 올라보았네.
쓸쓸한 달빛[95] 아래 푸른 물은 끊임없이 이어지고
해질 무렵 산들의 빼어난 경치는[96] 층층이 서 있네.
떠가는 구름과 날아가는 새는 하늘과 함께 멀어지는데
밝은 달과 시원한 바람에 경치는 또다시 맑아지네.
떠도는 나그네를[97] 은사는[98] 맞아들여
잠시 머무는 나그네를 위해 밤 되자 등불을 달아주네.

---

95 寒光(한광) : 쓸쓸한 달빛. 《樂府詩集, 橫吹曲辭, 木蘭詩》에 「朔氣傳金柝, 寒光照鐵衣」.

96 秀色(수색) : 수색가찬(秀色可餐). 빼어난 경치나 용모. 진(晉) 육기(陸機)의 《日出東南隅行》에 「鮮膚一何潤, 秀色若可餐」.

97 中有(중유) : 중유지려(中有之旅). 저승의 나그넷길. 본문에서는 떠도는 나그네. 《往生十因》에 「形無常住, 只有守屍之鬼, 神無常家, 獨跰中有之旅, 悲哉冥冥獨逝」.

98 高人(고인) : 뜻과 품행이 고상한 사람. 은사나 수도자. 《晉書, 邵續傳》에 「續旣爲勒(石勒)所執, 身灌園鬻菜, 以供衣食, 勒屢遣察之, 歎曰, 此眞高人矣, 不如是, 安足貴乎」.

[其二]

君居於水我居山(군거어수아거산)
趣味惟同伯仲間(취미유동백중간)
日煖江天漁釣下(일煖강천어조하)
雪消岩逕牧樵還(설소암경목초환)
抱道何傷人未識(포도하상인미식)
息交堪喜世無關(식교감희세무관)
兩家生子才相似(양가생자재상사)
且教詩書學孔顔(차교시서학공안)

그대는 물가에 살고 나는 산에 살면서
취미 또한 같아 우열 가르기 힘드네.
날씨 따뜻한 날엔 강에서 낚시하고
바윗길 눈 녹으면 꼴 베고 땔나무를 해서 돌아오지.
정도 지켜 사는 것을[99] 남들이 모른다 하여 어찌 상심하리
교제 끊고 세상과 관계하지 않아도 기쁘기 그지없네.
두 집안이 자식 재주 또한 서로 비슷하니
시서(詩書)를 가르치고 공자(孔子)와 안연(顔淵)을[100] 배우네.

---

99 抱道(포도) : 정도(正道)를 지킴. 《三國志, 魏志, 管寧傳》에 「寧抱道懷貞, 潛翳海隅, 違命不至」.

100 孔顔(공안) : 공자(孔子)와 그의 제자 안연(顔淵). 《魏書, 肅宗紀》에 「來歲仲陽, 節和氣潤, 釋尊孔顔, 乃其時也」.

017 여름밤 달 아래에서 서죽(瑞竹)을 생각하며 – 수산(壽山) 정조원(鄭祚源)
夏夜對月懷瑞竹 – 壽山

懷君多在月明宵(회군다재월명소)
只惱三魂暗半消(지뇌삼혼암반소)
罩砌林篁開畵帖(조체임황개화첩)
跨波喬樹影虛橋(과파교수영허교)
書中寫意情何盡(서중사의정하진)
夢裡做歡睡亦遙(몽리주환수역요)
於世逸民知不易(어세일민지불이)
吾生端合老漁樵(오생단합노어초)

달 밝은 밤이면 그대 생각을 자주 하노니
다만 넋만[101] 괴로워하며 한밤을 보내네.
쌓인 섬돌과[102] 황죽 우거진 숲은 화첩을 펼친 듯하고
파도 가로지른 높다란 나무[103] 그림자는 빈 다리에 드리웠네.
서찰로 뜻을 전한들 정을 어찌 다하리
꿈속에 만나 기뻐하려 하나 잠 또한 멀어지네.
세상에 은거한다는 것이[104] 쉬운 일이 아닌 줄을 아니
고기 잡고 땔나무하며 살다 늙는 것이 딱 맞는 것이리라.

---

101 三魂(삼혼) : 삼혼칠백(三魂七魄). 사람의 넋을 통틀어 이르는 말. 진(晉) 갈홍(葛洪)의 《抱朴子, 地眞》에 「欲得通神, 當金水分形, 形分則自見其身中之三魂七魄」.

102 罩砌(조체) : (물고기 잡는) 가리나 통발처럼 생긴 섬돌. 본문에서는 '쌓인 섬돌'.

103 喬樹(교수) : 교목(喬木). 매우 큰 나무. 《詩經, 周南, 漢廣》에 「南有喬木, 不可休思」.

104 逸民(일민) : 세상을 등지고 은거하는 사람. 《論語, 微子》에 「逸民, 伯夷・叔齊・虞仲, 夷逸・朱張・柳下惠・少連」.

018 집 앞 꽃을 서죽당(瑞竹堂)에 나누어 보내다[105] – 시와 함께 서문을 쓰다.

수산(壽山) 정조원(鄭祚源)

堂前花木分送瑞竹堂 – 詩並序. 壽山

[序]

花者草木之華也 青有艴碧 黑有點黖 或黃或蘼 紅殷白淡類 各千萬有 秋以華夏以華冬以華 盖春華者尤多焉 萬和敷暢 林林叢叢 披離若錦繡 畵圖時爲好事者之輪蹄相尋 豪 富巨族 翫以爲遊讌之政 惟山林屛跡 培之得養心之妙 其趣則逈 然相殊而其愛之也同否 吾固曰不同 余之溪上東坡 有十數種名花 曾經吾先子之手澤者也 梁友相恒卽世好連楣之家 而丁卯春 爲其子委禽 始登余之堂 見其花方忻忻 向榮愛玩之向 余言分作兩家 春遂分其叢 折其柢苴 以若干種遺之 築小塢 第其序列裁焉 翌年春擧皆繁而華 以序若律 謝余詩文 骨骼模出諸家価 將與隋珠趙璧相侔焉 余謂移養花之理 得養心之妙 眞與物同 春者也 仍序其事 和其韻 以效醜女之嚬 準備異日山中故事足矣

[서(序)]

꽃은 풀과 나무의 정화(精華)이니[106] 푸른빛 속에 검푸른 색[107]이 있고, 검은빛 속에도 얼룩진 검은색이 있으며, 누른빛이거나 혹은 누런빛이며, 짙붉거나 엷은 흰색의 종류가 천만 가지나 있다. 가을에 피는 꽃, 여름에 피는 꽃, 겨울에 피는 꽃이 있으나, 대개 봄에 피는 꽃들이 더욱 많으니, 온갖 꽃들이 서로 화답하며 널리 퍼져[108] 빽빽이 모여 있거나 뿔뿔이 흩어져[109] 비단에 수를 놓은 듯하다. 그

105 화훼(花卉)를 노래한 10편의 시는 정운오(鄭雲五)의 문집 《碧棲遺稿》(1978)의 부록에 실린 〈迎日鄭氏世稿拾遺〉 중 〈壽山公; 鄭祚源의 號〉 조(條)에도 서문(序文)을 제외하고 실려 있다. 수산공(壽山公)의 많은 시문들은 화재로 소실되었다고 함. 벽서(碧棲) 정운오(鄭雲五)는 수산(壽山) 정조원(鄭祚源)의 아들이다.

106 화(華) : 정화(精華). 사물의 가장 순수하고 뛰어난 부분. 한(漢) 유향(劉向)의 《九歎, 惜賢》에 「揚精華以炫燿兮, 芳鬱渥而純美」.

107 艴碧(정벽) : 검푸른 색. 《玉篇, 色部》에 「艴, 艴䒟, 青黑色」.

108 敷暢(부창) : 널리 전파함. 《舊唐書, 禮儀志 3》에 「約文申義, 敷暢厥旨, 庶幾有補於將來」.

109 披離(피리) : 뿔뿔이 흩어지는 모양. 《文選, 宋玉, 風賦》에 「至其將衰也, 披麗披離, 衝孔動楗」.

림을 그릴 때에는 호사가들의 수레가 서로 찾아들며, 부호와 거가대족들이 즐겨 놀며 잔치를 벌인다. 오직 산림 속에 숨어 사는 사람들은[110] 꽃나무를 북돋우면서 마음을 수양하는 묘술(妙術)을 터득하니 그 취향이 원대하다. 그러나 그 사랑하는 것이 서로 달라 같기도 하고 다르기도 하나, 나도 짐짓 같지 않다. 나의 시냇가 동쪽 언덕에는 수십 종의 이름난 꽃들이 있는데, 일찍이 내 돌아가신 아버지께서[111] 남기신 유품(遺品)이다.[112]

벗 양상항(梁相恒)은 대대로 사귀어 오고[113] 인척으로 맺어진 집안인데,[114] 정묘년(丁卯年)[115] 봄에 그의 아들이 장가들어[116] 처음 나의 집에 왔는데, 그 꽃들이 막 활짝 핀 것을[117] 보고 가까이 두고 즐기려 하는 것이었다. 그때 나는 (꽃을) 두 집안에 나누어 기르도록 하겠다고 말했었다. 봄이 되자 마침내 꽃 무더기들을 쪼개거나 그 뿌리는 나누어 싸고,[118] 약간의 씨를 보내어 작은 둔덕(화단)을 만들어 차례대로 싹을 틔우게 심도록 했다. 이듬해 봄에 거의 모두가 번식하고 꽃을 피웠다. 이에 서문과 약간의 시로써 사례하였다.

내 시문(詩文) 뼈대의[119] 본보기는 제가들(의 시문)에서 나왔으니, 어찌 수후(隋侯)의 야광주(夜光珠)[120]나 조씨(趙氏)의 박옥(璞玉)[121]과 함께 맞먹을 수 있으

---

110 屛跡(병적) : 자취를 감춤. 숨어 삶. 당(唐) 현장(玄奘)의 《大唐西域記, 婆羅痆斯國》에 「有一隱士於此池側, 結廬屛跡, 博習伎術, 究極神理」.

111 先子(선자) : 망부(亡父). 죽은 아버지. 《孟子, 公孫丑 上》에 「曾西蹵然曰, 吾先子之所畏也」.

112 手澤(수택) : 선인이 남긴 유묵이나 유품. 《禮記, 玉藻》에 「父沒而不能讀父之書, 水澤存焉爾」.

113 世好(세호) : 세교(世交). 대대로 사귀어 온 교분. 송(宋) 육유(陸游)의 《送子虞赴金壇丞詩》에 「汝雖登門晚, 世好亦牽聯」.

114 連楣之家(연미지가) : 연가(連家). 인척 관계가 맺어진 집안. 《大東野乘 60, 默齋日記》에 「蓋雲衢卽公子時白妻娚也, 公以爲若避連家之嫌, 恝視無辜枉死, 而不爲一言」.

115 丁卯(정묘) : 정묘년(丁卯年). 1867년. 고종 4. 양상항(梁相恒) 41세.

116 委禽(위금) : 혼례에서 신랑집이 신부집에 납폐(納幣)의 예로 기러기를 보내는 일. 곧 장가드는 것을 말함. 본문에서는 양상항의 장자 승묵(升默; 字는 學魯, 호는 眉湖)과 정조원(鄭祚源)의 여식이 혼인한 것을 말함. 《左傳, 昭公元年》에 「鄭徐吾犯之妹美, 公孫楚聘之矣, 公孫黑又使强委禽焉」.

117 忻忻(흔흔) : 활기찬 모양. 왕성한 모양. 한(漢) 초공(焦贛)의 《易林, 損之節》에 「春陽成長, 萬物華實, 福利所鍾, 忻忻過日」.

118 柢苴(저저) : 뿌리를 캐어 흰 풀에 싸는 것. 《隷釋, 漢費亭侯曹騰碑陰》에 「其遺費亭侯之國, 〈洪适釋〉 高帝約, 非有功不侯, 自和帝封鄭衆, 而苴茅裂土者相踵至, 有同日十九侯者」.

119 骨骼(골격) : 골격(骨格). 시문(詩文)이나 기타 사물의 뼈대나 주체. 당(唐) 원진(元稹)의 《唐故工部員外郎杜君墓係銘序》에 「律切則骨格不存, 閑暇則纖穠莫備」.

120 隋珠(수주) : 수후지주(隋侯之珠). 수후(隋侯)의 구슬. 한동(漢東)의 제후인 수후가 상처 입은

리오? 나는 '꽃을 옮겨 심는 이치는 마음을 수양하는 묘술(妙術)을 얻는 것이니, 참으로 물건과 같은 것이다.'라고 일컬으며, 봄을 맞이해서 거듭 그 일의 서문을 쓰고 그 시에 화답하였으나, 추녀(醜女)가 얼굴 찡그린 것을 본받은 것이니,[122] 다른 날에 산중의 고사(故事)[123]로 족할 뿐이다.

뱀을 치료해 주었는데, 나중에 그 뱀이 야광주(夜光珠)를 물어다 주어 은혜를 갚았다는 고사. 《淮南子, 覽冥訓》에 「隋侯之珠, 和氏之璧, 得之者富, 失之者貧」.

121 趙璧(조벽) : 조씨벽(趙氏璧). 화씨벽(和氏璧)의 별칭. 전국시대 조(趙)의 인상여(藺相如)가 진(秦)나라에서 화씨벽을 그대로 되찾아 온 고사. 남조 송(南朝宋) 사령운(謝靈運)의 《永初三年七月十六日之郡初發都詩》에 「空班趙氏璧, 徒乖魏王瓠」.

122 醜女之嚬(추녀지빈) : 서시봉심(西施捧心) 고사. 춘추시대 월(越)나라의 미인 서시(西施)가 가슴앓이로 인하여 가슴에 손을 대고 찌푸리던 것을 흉내내는 사람이 생겼다는 고사. 《莊子, 天運》에 「故西施病心而矉其里, 其里之醜人見而美之, 歸亦捧心而矉其里, 其里之富人見之, 堅閉門而不出, 貧人見之, 挈妻子而去之走. 彼知矉美, 而不知矉之所以美」.

123 山中故事(산중고사) : 본문에서는 은사(隱士)들의 교우(交友)에 관한 이야기.

[其一] 영산홍(映山紅)

一株花發一堂紅(일주화발일당홍)
返照青山影更籠(반조청산영갱롱)
幽人自愛金封凸(유인자애금봉철)
佇立東風細雨中(저립동풍세우중)

한 그루 나무에 꽃이 피어 온 집안이 붉더니
되비친[124] 청산의 그림자가 다시 휘덮네.
은사는 금빛으로 물든 불룩한 언덕을 좋아하여
동풍 부는 가랑비 속에 우두커니 서 있네.[125]

---

124 返照(반조) : 빛이 되비침. 반사함. 청(淸) 포송령(蒲松齡)의 《夏客稷門僦居湖樓詩》에 「湖光返照青連屋, 荷氣隨風香入樓」.

125 佇立(저립) : 오래 서 있음. 우두커니 서 있음. 《詩經, 邶風, 燕燕》에 「瞻望弗及, 佇立以泣」.

[其二] 홍백옥매(紅白玉梅)

爾類非梅若謂梅(이류비매약위매)
殘紅深白向門開(잔홍심백향문개)
依稀明月寂廖夜(의희명월적료야)
玉立疑君訪我來(옥립의군방아래)

너희 같은 종류는 매화가 아닌데도 매화라 일컬으니
순백의 남은 꽃이[126] 열린 문을 향해 피어 있으리.
적막한 밤 밝은 달 아래 흐릿하고도[127]
우뚝한 모습은[128] 그대가 나를 찾아온 듯하네.

---

126 殘紅(잔홍) : 지지 않고 남아 있는 꽃. 당(唐) 왕건(王建)의 《宮詞 90》에 「樹頭樹底覓殘紅, 一片西飛一片東」.

127 依稀(의희) : 흐릿함. 남조 송(南朝宋) 사령운(謝靈運)의 《行田登海口盤嶼山詩》에 「依稀採菱歌, 彷佛含嚬容」.

128 玉立(옥립) : 우뚝한 모습. 우뚝 솟음. 당(唐) 심아지(沈亞之)의 《古山水障賦》에 「翠參差以玉立, 俱竦竦以攢攢」.

[其三] 왜철쭉(倭鐵竹)

躑躅倭傳鐵竹名(척촉왜전철죽명)
孤根深托背岩生(고근심탁배암생)
山翁移以爲庭實(산옹이이위정실)
時有幽禽上下聲(시유유금상하성)

철쭉[129]은 왜국(倭國)에서 전해져 철죽(鐵竹)[130]이라 부르니
외따론 뿌리를 바위에 깊이 의지하고 살아
산에 사는 늙은이가 뜰에 가득 옮겨 놓으니
때때로 울음소리 그윽한 새가[131] 오르내리며 우네.

---

129 躑躅(척촉) : 철쭉. 당(唐) 백거이(白居易)의 《題元十八溪居詩》에 「晩葉尙開紅躑躅, 秋房初結白芙蓉」.

130 鐵竹(철죽) : 왜철죽(倭鐵竹). 왜척촉(倭躑躅). 《物名考 4. 無情類, 木, 杜鵑》에 「倭紅, 樹如杜鵑而葉大花晩, 色朱黃, 亦呼倭鐵竹」.

131 幽禽(유금) : 울음소리가 그윽한 새. 당(唐) 가도(賈島)의 《光州王建使君水亭作詩》에 「極浦淸相似, 幽禽到不虛」.

[其四] 산단화(山丹花)[132]

嫋嫋數條徑臈寒(요뇨수조경랍한)
誰將彩筆抹臙丹(수장채필말연단)
一花一葉何稠疊(일화일엽하조첩)
却使閒人耐一看(각사한인내일간)

가늘고 고운[133] 가지 몇 줄기로 선달 추위를[134] 지내니
누가 여러 채색으로 연지 같은 붉은 빛을 칠했는가?
꽃잎 하나하나 잎사귀 하나하나가 어찌 그리 빽빽하여[135]
문득 한가한 사람들이 한 번쯤 바라보게 하는구나.

132 山丹花(산단화) : 백합과에 속하는 다년초. 당(唐) 왕건(王建)의 《宮詞 41》에 「收得山丹紅蕊粉, 鏡前洗却麝香黃」.

133 嫋嫋(요뇨) : 요뇨(褭褭). 가늘고 고운 모양. 남조 양(南朝梁) 왕대경(王臺卿)의 《陌上桑詩 4》에 「鬱鬱陌上桑, 褭褭機頭絲」.

134 徑臈寒(경납한) : 납(臈)은 납(臘)과 소. 음력 12월 곧 선달의 추위를 지내다. 《碧棲遺稿, 迎日鄭氏世稿拾遺, 壽山公〉에는 '경납한(經臘寒)'으로 표기되어 있으나 뜻은 같음.

135 稠疊(조첩) : 빽빽하게 중첩됨. 당(唐) 두보(杜甫)의 《八哀詩, 故司徒李公忠弼》에 「三軍晦光彩, 烈士痛稠疊」.

[其五] 목필화(木筆花)[136]

莘荑花種紫蕉傍(신이화종자초방)

無數尖尖滿架香(무수첨첨만가향)

我有新詩饒詩筆(아유신시요시필)

不愁從此詠青陽(불수종차영청양)

길게 움트는 꽃을 자줏빛 파초 옆에 심었더니

무수히 뾰족한[137] 꽃들의 빼어난 향기가 가득하네.

나에게 새로이 지은 시가 있어 목필(木筆; 紫木蓮)[138]에게 더하리니

이 꽃을 따라 봄을[139] 노래하며 시름겨워하지 않으리.

---

136 木筆花(목필화) : 자목련(紫木蓮)의 별칭. 꽃봉오리의 끝이 붓 모양을 하고 있기 때문에 붙여진 이름. 당(唐) 백거이(白居易)의 《營閑事詩》에 「暖變牆衣色, 晴催木筆花」.

137 尖尖(첨첨) : 뾰족하고 날카로운 모양. 당(唐) 장효표(章孝標)의 《僧院小松詩》에 「還似天台新雨後, 小峯雲外碧尖尖」. 《碧棲遺稿, 迎日鄭氏世稿拾遺, 壽山公〉에는 '총총(叢叢)'으로 표기 되어 있음.

138 詩筆(시필) : 목필(木筆)의 오기. 《碧棲遺稿, 迎日鄭氏世稿拾遺, 壽山公》에 '목필(木筆)'로 표기됨.

139 青陽(청양) : 봄. 《尸子, 仁意》에 「春爲青陽, 夏爲朱明」.

[其六] 장미화(薔薇花)

繞庭紅白錦屛奢(요정홍백금병사)
正色偏憐百種花(정색편련백종화)
無數金錢掛長杪(무수금전괘장초)
遽然春到富貧家(거연춘도부빈가)

붉고 하얀 꽃이 뜰을 두르니 비단병풍을 친 듯 사치스러운데
온갖 꽃들의 순연한 색[140]을 특별히 귀여워하네.[141]
무수한 황금 돈들이 긴 가지 끝에 걸렸으니
봄 되자 가난한 집들이 갑자기 부자가 되었네.

140 正色(정색) : 청(靑)·적(赤)·황(黃)·백(白)·흑(黑)의 간색(間色)이 아닌 순수한 다섯 가지 색. 《禮記, 玉藻》에 「衣正色, 裳間色」.

141 偏憐(편련) : 특별히 귀여워함. 당(唐) 원진(元稹)의 《遣悲懷詩 1》에 「謝公最小偏憐女, 嫁與黔婁百事乖」.

[其七] 자형화(紫荊花)[142]

淸齋無事掩荊扉(청재무사엄형비)
坐惜群芳就次飛(좌석군방취차비)
最羨君家常棣蕚(최이군가상체악)
滿林韡韡映相輝(만림화화영상휘)

아무 일 없는 집을 깨끗이 청소하고 사립문 닫고
앉아서 뭇 꽃들이 차례로 지는 것을 애석해 하네.
그대 집에서 가장 아름다운 것은 산앵도나무 꽃이[143]
숲 가득 밝고 아름답게[144] 서로 비추며 빛나는 것이라네.[145]

---

142 紫荊花(자형화) : 박태기나무. 형제를 비유. 한 대(漢代) 전진(田眞) 3형제의 고사. 명(明) 이시진(李時珍)의 《本草綱目, 木3, 紫荊》에 「[釋名]紫珠, 皮名肉紅・內消, 時珍曰, 其木似黃荊而色紫, 故名, 其皮色紅而消腫, 故瘍科呼爲肉紅, 又曰內消」.

143 常棣蕚(상체악) : 상체(常棣)는 산앵두나무[郁李]로 형제를 비유. 《詩經, 小雅, 常棣》에 「常棣之花, 鄂不韡韡」.

144 韡韡(화화) : 위위(韡韡). 밝고 아름다운 모양. 《詩經, 小雅, 常棣》에 「常棣之花, 鄂不韡韡」.

145 滿林韡韡映相輝(만림화화영상휘) : 《碧棲遺稿, 迎日鄭氏世稿拾遺, 壽山公》에는 '만재엽엽영상휘(滿材燁燁暎相輝)'라고 표기되어 있으며, 임(林)과 재(材)의 차이를 제외하면 표현에는 큰 차이가 없음.

[其八] 홍벽도(紅碧桃)[146]

臨水桃花種碧紅(임수도화종벽홍)
春來全壑畵圖中(춘래전학화도중)
瑤池何在武陵是(요지하재무릉시)
盡日逍遙滿磵風(진일소요만간풍)

물가에 붉고 푸른 복숭아를 심었더니
봄이 오자 온 산골짜기가 그림 속인 듯
요지(瑤池)[147]는 어딘가? 무릉(武陵)[148]이 여기로구나
종일토록 계곡의 개울 가득 불어오는 바람 속을 거니네.

146 紅碧桃(홍벽도) : 홍도나무와 벽도나무를 접붙인 복숭아나무의 한 변종. 꽃은 붉으며 열매는 없음.

147 瑤池(요지) : 곤륜산(崑崙山)에 있다는 전설상의 연못. 《史記, 大宛傳論》에 「崑崙其高二千五百餘里, 日月所相避隱爲光明也, 其上有醴泉·瑤池」.

148 武陵(무릉) : 무릉도원(武陵桃源). 진대(晉代)에 도연명(陶淵明)이 지은 〈도화원기(桃花源記)〉에 나오는 별천지. 당(唐) 송지문(宋之問)의 《宿淸遠峽山寺詩》에 「寥寥隔盡事, 何異武陵源」.

[其九] 혜란(蕙蘭)[149]

名花盡入古人騷(명화진입고인소)
蕙蘭淸香品最高(혜란청향품최고)
趣味由來同楚叜(취미유래동초수)
時時紉珮上東皐(시시인패상동고)

이름난 꽃들은 모두 고인들의 시 속에 들어 있는데
혜란의 맑은 향은 품평(品評)에서 최고라네.
취미의 유래는 초(楚)나라 늙은이[150]와 같아
때때로 (蕙蘭을) 허리에 차고[151] 동쪽 언덕을 오르네.

---

149 蕙蘭(혜란) : 난초(蘭草)의 일종. 《古詩十九首, 冉冉孤生竹》에 「傷彼蕙蘭花, 含英揚光輝」.
150 楚叜(초수) : 초수(楚叟). 초(楚)나라의 늙은이. 굴원(屈原).
151 紉珮(인패) : 몸에 차서 패물로 삼음. 《楚辭, 離騷》에 「紉秋蘭以爲佩」.

[其十] 국화(菊花)

採採寒葩遠贈人(채채한파원증인)
惟君淸操正堪隣(유군청조정감인)
料得金錢籬下色(요득금전리하색)
秋來分作兩家春(추래분작양가춘)

추운 날 피는 꽃[152]을 캐고 또 캐내어[153] 멀리 있는 사람에게 보내노니
오로지 그대의 고상한 절조[154]와 바로 이웃이 될 만하니
울타리 아래 심어 금화(金貨)로 아셨다가[155]
가을이 오면 두 집안의 봄을 나누어 가꾸십시다.

---

152 寒葩(한파) : 추운 날 피는 꽃. 《藝文類聚 87》에 「安成郡庭枇杷樹賦 : 肇寒葩於結霜, 成炎果乎纖露」.

153 採採(채채) : 캐고 또 캠. 남조 제(南朝齊) 도공조(陶功曹)의 《採菱曲》에 「採採詎盈匊, 還望空延佇」. 《碧棲遺稿, 迎日鄭氏世稿拾遺, 壽山公》에는 '채채(采采)'로 표기되어 있음. 《詩經, 秦風, 蒹葭》에 「蒹葭采采, 白露未已」.

154 淸操(청조) : 고상한 절조. 《後漢書, 尹勳傳》에 「宗族多居貴位者, 而勳獨持淸操」.

155 料得(요득) : 헤아려 앎. 당(唐) 두보(杜甫)의 《杜鵑行》에 「蒼天變化誰料得, 萬事反覆何所無」.

019 서죽(瑞竹)을 찾아가 흉금을 털어놓고 이야기하다 – 3수. 초사(草史) 양상형(梁相衡)

訪瑞竹暢敍 – 三首. 草史

[其一]

秋郊十里路三斜(추교십리로삼사)
竹下淸風自一家(죽하청풍자일가)
樂在山林能不改(낙재산림능불개)
知優經傳到無涯(지우경전도무애)
松牕近水先看月(송창근수선간월)
石塢長春別種花(석오장춘별종화)
老大免他科宦累(노대면타과환루)
還將白首笑相誇(환장백수소상과)

십 리 가을 들길은 세 번이나 굽었는데
대숲 아래 맑은 바람이 한 집에서 불어오네.
(그대의) 즐거움은 자연에 있으니 고칠 수 없으나
경전(經傳)의 끝없는[156] 훌륭함은 잘 알고 있으리.
물가 소나무 창문에서 달을 바라보다가
긴 봄날 돌무더기 언덕에 특별한 꽃을 심었구려.
나이 많아[157] 벼슬에[158] 묶였던 것도 벗어버리고
다만 흰머리 날리며 서로 웃고 큰소리쳐보네.

---

156 無涯(무애) : 다함이 없음. 끝이 없음. 당(唐) 당언겸(唐彦謙)의 《中秋夜玩月詩》에 「一夜高樓萬景奇, 碧天無際水無涯」.

157 老大(노대): 나이가 많음. 《樂府詩集, 相和歌辭 5, 長歌行》에 「少壯不努力, 老大徒傷悲」.

158 科宦(과환) : 과거에 급제한 벼슬아치.

[其二]

餘生疇若樂爲天(여생주약낙위천)
華髮相看兩鬂邊(화발상간양빈변)
之子慧衿淸水月(지자혜금청수월)
奚奴古錦飽風烟(해노고금포풍연)
黃花可愛重陽節(황화가애중양절)
白雪高歌已暮年(백설고가이모년)
數疊陽關還惜別(수첩양관환석별)
銷魂無語却悽然(소혼무어각처연)

여생도 예전처럼 기꺼이 천명을 따르면서[159]
두 늙은이가 서로 희어진 귀밑머리를 바라보네.
자식들은 슬기로운 수재[160]로 물속의 달처럼 맑은데[161]
남녀종들은 경치 쓴 시구를 금낭에 가득 넣는구나.
노란 국화는 중양절엔 사랑할 만했었는데
소리 높여 백설을 노래하니 한 해도 이미 저무는구나.
거듭 이별 노래로[162] 다시 헤어짐을 애석해하고
넋이 나가[163] 말도 못 하고 문득 슬퍼하네.

---

159 樂爲天(낙위천) : 낙천(樂天). 천명을 기꺼이 따름. 《禮記, 哀公問》에 「不能安土, 不能樂天, 不能樂天, 不能成其身」.

160 慧衿(혜금) : 지혜로운 청금(靑衿). 수재(秀才). 청(淸) 정관응(鄭觀應)의 《盛世危言, 禁烟上》에 「如逾限未戒, 官則削職, 士則褫衿」.

161 水月(수월) : 물속의 달그림자. 맑고 깨끗함. 당(唐) 태종(太宗)의 《大唐三藏聖敎序》에 「松風水月, 未足比其淸華, 仙露明珠, 詎能方其朗潤」.

162 數疊陽關(수첩양관) : 양관삼첩(陽關三疊). 옛 악곡의 이름. 후대에 악부(樂府)에 들어 송별하는 곡이 됨. 송(宋) 소식(蘇軾)의 《仇池筆記, 陽關三疊》에 「舊傳陽關三疊, 今歌者每句再疊而已」.

163 銷魂(소혼) : 넋이 나감. 슬픔. 남조 양(南朝梁) 강엄(江淹)의 《別賦》에 「黯然銷魂者, 唯別而已矣」.

[其三]

怡怡一笑叙倫天(이이일소서륜천)
華髮相看較鬂邊(화발상간교빈변)
愛子淸談流似水(애자청담유사수)
令吾世累薄於烟(영오세루박어연)
名區每遇臨江地(명구매우임강지)
晩節曾知種菊年(만절증지종국년)
莫道松關無客到(막도송관무객도)
南山瑞石對悠然(남산서석대유연)

화목하게[164] 한 차례 웃고 친족의 서열을 따져보며[165]
늙은이들이 귀밑 흰머리를 서로 비교하네.
사랑스런 자식들의 고상한 이야기는 물처럼 흘러
세속의 번잡한 일과[166] 풍진(風塵)에서[167] 멀어지게 하네.
물가의 명승지에서 매번 만나니
만년의 지조는 국화를 심던 해에 일찍이 알았도다.
사립문[168]에 오는 손님 없다고 말하지 마시고
남산의 서석대나 한가롭게 바라보시게.

164 怡怡(이이) : 형제끼리 화목한 모양. 《論語, 子路》에 「朋友切切偲偲, 兄弟怡怡」.

165 叙倫天(서윤천) : 천륜(天倫)의 순서나 차례를 매김. 《穀梁傳, 隱公元年》에 「兄弟, 天倫也」.

166 世累(세루) : 속세의 번거로운 일. 삼국위(三國魏) 혜강(嵇康)의 《六言, 東方朔至淸詩》에 「不爲世累所攖, 所欲不足無營」.

167 烟(연) : 풍연(風煙). 어지러운 세속. 송(宋) 소순흠(蘇舜欽)의 《揚州城南延賓亭詩》에 「風煙遠近思高遁, 豺虎縱橫難息機」.

168 松關(송관) : 사립문. 당(唐) 맹교(孟郊)의 《退居詩》에 「日暮靜歸時, 幽幽扣松關」.

020 과거에 급제하여 진사가 되어 양서죽(梁瑞竹)을 찾다 – 이하(梨下)
進士新恩訪梁瑞竹 – 梨下

如今萬事與心違(여금만사여심위)
隨分無妨抱蘊輝(수분무방포온휘)
嵐氣侵簾雲影轉(람기침렴운영전)
樹陰入戶夕陽稀(수음입호석양희)
鵑何有恨隔林訴(견하유한격림소)
鴟亦忘機穿柳飛(치역망기천류비)
一雨支離留遠客(일우지리유원객)
錦西歸夢正依依(금서귀몽정의의)

만약 지금 모든 일이 마음먹은 것과 어그러진다면
본성을 따라[169] 거리낌 없이 마음속 품은 포부를[170] 빛내리라.
푸르스름한 이내 주렴에 스며들면 구름 그림자 구르고
나무 그늘은 집에 들어 석양빛이 희미해지네.
두견새는 무슨 한이 있어 숲에서 울어 하소연하며
솔개는 세상일에 개의치 않는 듯[171] 버들 숲에서 솟구쳐 나는가?
한바탕 지리한 비는 먼 길 떠나는 나그네를 붙드니
금서산(錦西山)으로 돌아가려는 꿈만[172] 그리워하네.

---

169 隨分(수분) : 본성을 따름. 본분을 따름. 《易經, 坤》에 「君子以厚德載物. 〈孔穎達疏〉 言君子者, 亦包公卿諸侯之等, 但厚德載物, 隨分多少, 非如至聖載物之極也」.

170 抱蘊(포온) : 온포(蘊抱). 마음속에 포부를 품음. 원(元) 유훈(劉壎)의 《隱居通議, 雜錄》에 「今天下方聞之士, 素所蘊抱, 有志當世」.

171 忘機(망기) : 잔꾀나 지혜를 쓰려는 마음을 없애버림. 담박한 마음가짐으로 세상일에 개의치 않음. 당(唐) 왕발(王勃)의 《江曲孤鳧賦》에 「爾乃忘機絶慮, 懷聲弄影」.

172 錦西歸夢(금서귀몽) : 금포선(錦袍仙)의 꿈. 당(唐) 이백(李白)이 황제에게 주팔선인(酒八仙人)과 함께 산으로 돌아가기를 간청하자, 황제가 비단도포를 내려 주면서 돌아가게 한 고사. 《新唐書, 文藝傳 中, 李白》에 「白自知不爲親近所容, 益驁放不自脩, 與知章・李適之・汝陽王璡・崔宗之・蘇晉・張旭・焦遂爲酒八仙人. 懇求還山, 帝賜金放還, 白浮游四方, 嘗乘月……著宮錦袍坐舟中, 旁若無人」.

021 서죽(瑞竹)의 시에 화답하다 – 죽포(竹圃) 안정(安楨)
和瑞竹韻 – 竹圃

處世亦如彼鳥棲(처세역여피조서)
人非天性稟昏迷(인비천성품혼미)
黃鍾調律旋回柄(황종조율선회병)
白玉無瑕恐沒泥(백옥무하공몰니)
貴不爲仙朝士老(귀불위선조사로)
生何勞母夜兒啼(생하노모야아제)
倫情誰識心交重(윤정수식심교중)
求友試看出谷鸝(구우시간출곡리)

세상에 처하는 것은 저 새가 둥지에 깃드는[173] 것과 같아서
천성으로 하늘에서 받고 태어나는 것에 혼미하지 않으리.
황종(黃鍾)[174]으로 조율한 다음에라야 근본으로 돌아가는 것이니
티 없는 백옥이 진흙 속에 묻힐까 두렵도다.
귀하다고 신선 되는 것도 아닌데 조정의 관리로[175] 늙어가며
살면서 어찌 어미를 힘들게 하고 아이를 밤에 울게 하리오?
인륜의 정에서 마음으로 사귄 친구가 소중하다는 것을 누가 알리오
친구를 찾아 벼슬에서 승진한 친구[176]를 시험 삼아 바라보네.

---

173 鳥棲(조서) : 새가 둥지에 깃들어 사는 것처럼 굳게 지킴. 《晏子春秋, 外篇, 上11》에 「若此而不得, 則身請輓尸車而寄之于國門外宇溜之下, 身不敢飮食, 擁轅執輅, 木乾鳥栖, 袒肉暴骸, 以望君愍之」.

174 黃鍾(황종) : 십이율(十二律)의 첫째 율(律). 황종조(黃鍾調)로 기본음을 잡은 악곡(樂曲). 《禮記, 律令》에 「[季夏之月]其日戊巳, 其帝黃帝, 其神后土, 其蟲倮, 其音宮, 律中黃鍾之宮」.

175 朝士(조사) : 조정의 관리. 한(漢) 육가(陸賈)의 《新語, 懷慮》에 「戰士不耕, 朝士不商, 邪不奸直, 圓不亂方」.

176 出谷鸝(출곡리) : 출곡앵(出谷鶯). 골짜기를 벗어난 새. 벼슬이 승진한 사람을 비유. 당(唐) 이백(李白)의 《荊門浮舟望蜀江詩》에 「雪照聚沙雁, 花飛出谷鶯」.

022 능성(綾城; 綾州)에서 십 년간 귀양살이하다 사면(赦免)을 받아 돌아가면서 서죽(瑞竹)을 찾아가 이별하다 – 매곡(梅谷)

謫綾城十年蒙赦歸訪瑞竹爲別 – 梅谷

弊靴南柁九霜多(폐화남타구상다)
榕窖悠悠夢覺俄(용교유유몽각아)
心筑幾年藏異調(심축기년장리조)
情舟一片泛同波(정주일편범동파)
酣頹竹浦青眸酒(감퇴죽포청모주)
唱發炎天白雪歌(창발염천백설가)
互惜餘生詩矢贈(호석여생시시증)
顒音自戒玉攻佗(옹음자계옥공타)

해진 신발로 남쪽으로 뱃머리를 돌린[177] 9년은 길기도 한데
용(榕)나무[178] 움집의 뒤숭숭한 꿈에서 소스라쳐 깨어나기도 했네.
몇 년이나 마음속 축(筑)에 다른 곡조(曲調)를 간직하며
한 조각 정다운 배를 같은 파도에 띄웠던가.
죽포(竹浦; 竹樹里)의 청모주(靑眸酒)[179]에 취해 쓰러지기도 하고
뜨거운 삼복염천에 백설가(白雪歌)도 불렀었네.
남은 생애를 서로 아쉬워하며 시를 주고받기로 맹세하며[180]
성중한 말씀은 경계로 삼으며 다른 날에 옥을 다듬듯 글로 쓰리라.

---

177 南柁(남타) : 남쪽으로 키를 돌리다. 본문에서는 남녘땅 능성(綾城)으로 귀양살이 감을 의미.

178 榕(용) : 용수(榕樹). 작은잎모람. 용나무. 진(晉) 혜함(嵇含)의 《南方草木狀, 榕》에 「榕樹, 南海桂林多植之, 葉如木麻, 實如冬青, 樹幹拳曲……其蔭十畝, 故人以爲息焉. 而又枝條既繁, 葉又茂細, 軟條如藤, 垂下漸漸及地, 藤梢入土, 更生根節」.

179 青眸酒(청모주) : 청모주(青麰酒). 청모주(青麰酒)는 술 이름인 듯. '청모죽(青麰粥)'에 대해서는 '쪄서 말린 풋보리[青麰]를 물에 담갔다가 찧어서 멥쌀가루를 섞어 쑨 죽'인 것으로 보아, 이와 같은 방법으로 만든 술로 여겨짐. 《林園十六志, 鼎俎志 2, 炊餾之類, 粥》에 「青麰粥方, 米麰未黃熟時, 帶青收刈取粒, 臼中漬水搗爛, 和硬米粉煮熟, 調塩食之, 色味俱佳」.

180 詩矢贈(시시증) : 시를 써주기로 맹세함. 시(矢)는 시심(矢心)으로 맹세의 뜻. 명(明) 하경명(何景明)의 《別思賦》에 「皎秋日以矢心, 指寒歲以爲期」.

023 이어 읊다 – 매곡(梅谷)
續吟 – 梅谷

苦覔湖飧已十年(고멱호손이십년)
雪霜風雨過居然(설상풍우과거연)
自詩能酒曾非佛(자시능주증비불)
思子戀妻不是仙(사자연처불시선)
挾袖斜陽傾素肚(협수사양경소두)
脫盆今日覩青天(탈분금일도청천)
似難此地淸筵再(사난차지청연재)
千里留期贈一篇(천리유기증일편)

입에 풀칠할[181] 것을 찾느라 이미 지낸 10년을
눈서리 비바람에도 편안하게[182] 보냈네.
시 쓰고 술도 마실 수 있었으니 부처는 아니었으며
자식 생각하고 아내를 그리워했으니 신선도 아니었도다.
기우는 석양에 팔짱 끼고 서서 생각에 잠겼다가
오늘은 억울한 처지를 벗어버리고[183] 파란 하늘을 바라보네.
이곳에서 가졌던 고상한 모임을[184] 다시 하기 어려운 듯하니
천릿길 떠나기 전 머물며 시 한 편을 써서 드리노라.

---

181 湖飧(호손) : 호손(糊飧). 호구지책(糊口之策). 귀양지에서의 어려움을 표현.

182 居然(거연) : 안온함. 《詩經, 大雅, 生民》에 「不康禋祀, 居然生子」.

183 脫盆(탈분) : 탈분하(脫盆下). 분하(盆下)에서 벗어남. 억울한 처지에서 벗어남. 당(唐) 유장경(劉長卿)의 《罪所上御史惟則詩》에 「斗間誰與看寃氣, 盆下無田見太陽」.

184 淸筵(청연) : 청연(淸宴). 고상한 모임이나 연회. 당(唐) 맹교(孟郊)의 《嚴河南詩》에 「何必紅燭嬌, 始言淸晏闌」.

024 서죽(瑞竹)을 찾아가 읊다 – 5수. 소산(笑山) 송윤만(宋潤萬)
訪瑞竹有吟 – 五首. 笑山

[其一]

白鳩飛去水聲長(백구비거수성장)
霽色淸凉滿一堂(제색청량만일당)
牕外日遲諸葛夢(창외일지제갈몽)
山陰春暮右軍觴(산음춘모우군상)
隣芳竹掩通條路(인방죽엄통조로)
庭小花多譜衆香(정소화다보중향)
半世君猶湖海友(반세군유호해우)
也應漁釣共難忘(야응어조공난망)

백구는 날아가고 물소리는 아련한데
맑게 갠 하늘[185]과 청량한 기운이 집안에 가득하네.
창밖의 해가 더디 가니 제갈몽(諸葛夢)[186]을 꾸다가
늦봄 산그늘[山陰][187]에서 왕희지(王羲之)[188]의 술잔을 드네.
대숲에 가린 향기로운 꽃 사이로 좁다란 길이 통하고
작은 뜰의 많고도 가지런한 꽃들에서는 갖가지 향기가 나네.
반생 동안 그대는 지금껏 호수의 벗이 되었으니
응당 어부들과 함께 잊기 어려우리.

---

185 霽色(제색) : 맑게 갠 하늘빛. 당(唐) 원진(元稹)의 《飮致用神麴酒三十韻》에 「雪映烟光薄, 霜涵霽色冷」.

186 諸葛夢(제갈몽) : 제갈량(諸葛亮)의 꿈. 곧 군주를 도와 천하를 평정하려 했던 꿈.

187 山陰(산음) : '산그늘' 또는 지명(地名)인 '산음(山陰)'. 산음(山陰)은 이어지는 우군(右軍; 王羲之)이 벼슬을 그만두고 여생을 즐긴 곳.

188 右軍(우군) : 진(晉)의 왕희지(王羲之). 그가 우군 장군(右軍將軍)을 지냈기 때문. 만년에 우군 장군 등의 벼슬을 그만두고 회계(會稽)의 산음(山陰)에서 청담(淸淡)을 즐김. 당(唐) 고적(高適)의 《途中寄徐錄事詩》에 「空多篋中贈, 長見右軍書」.

[其二]

林下徜徉午睡餘(임하상양오수여)
湖村時事問樵漁(호촌시사문초어)
一春容易風花老(일춘용이풍화로)
雙鬢蹉跎雲髮疎(쌍빈차궤운발소)
詩因好友頻酬唱(시인호우빈수창)
興逐閒雲任捲舒(흥축한운임권서)
曷不勸君勤秉燭(갈불권군근병촉)
隙駒光陰是諸居(극구광음시제거)

숲에서 한가로이 거닐다가[189] 낮잠을 늘어지게 자고
호숫가 마을 농사일을[190] 초동과 어부에게 묻네.
봄 한철 바람에 지는 꽃은 시들고
좌정한 두 노인의 귀밑머리[191]는 성글기만 하네.
좋은 시로 벗이 되어 자주 주고받고 부르니
시흥(詩興)은 말렸다 펼쳐지는 한가로운 구름에 맡기네.
(밤이 되니) 어찌 그대에게 애써 촛불을 켜지 못하게 하리오
살아 있는 것들의 세월은 너무나도 빠르게 지나가는 것을.

189 徜徉(상양) : 편안하고 한가로운 모양. 배화(徘徊)함. 《淮南子, 人間訓》에 「翱翔乎忽荒之上, 徜徉乎虹蜺之間」.

190 時事(시사) : 시절에 맞추어 해야 할 일. 주로 농사철의 농사일. 《周禮, 地官, 遂師》에 「[遂師] 巡其稼穡, 而移用其民, 以救其時事」.

191 雙鬢(쌍빈) : 양쪽의 귀밑머리. 당(唐) 왕유(王維)의 《秋夜獨坐詩》에 「獨坐悲雙鬢, 空堂欲二更」.

[其三]

爲客於焉一望餘(위객어언일망여)
蔬膓來醒野人漁(소장내성야인어)
平看山色簷茅短(평간산색첨모단)
罅漏江聲巷竹疎(하루강성항죽소)
半世風霜令我老(반세풍상영아로)
百年心事向君舒(백년심사향군서)
歸家誓必傾囊橐(귀가서필경낭탁)
買得芳隣共卜居(매득방린공복거)

나그네 된 지 어언 보름 남짓
채소만 먹던 뱃속이 어부의 고기반찬에 놀라네.
바로 보이는 산 빛과 낮은 초가집들
벽 틈으로[192] 들리는 강물 소리와 거리의 성근 대나무.
반평생 세상살이의 고난은 나를 늙게 하는데
일평생 마음에 먹은 바를 그대에게 펼쳐보네.
집에 돌아가면 모든 재산을 털어[193]
좋은 집을 사서 이웃[194]과 함께 살리라.

---

192 罅漏(하루) : 갈라진 틈과 구멍. 송(宋) 소식(蘇軾)의 《颶風賦》에 「補茅屋之罅漏, 塞牆垣之隤缺」.

193 傾囊橐(경낭탁) : 가진 것을 모두 내놓음. 《詩經, 大雅, 公劉》에 「迺裹餱糧, 于橐于囊」.

194 芳隣(방린) : 이웃에 대한 미칭. 당(唐) 왕발(王勃)의 《秋日登洪府滕王閣餞別序》에 「非謝家之寶樹, 接孟氏之芳隣」.

[其四]

二老相逢世慮空(이노상봉세려공)
十年今日醉吟同(십년금일취음동)
至人脫畧形骸外(지인탈략형해외)
群物咸熙雨露中(군물함희우로중)
曲水流觴宜是月(곡수유상의시월)
沂壇希瑟想淸風(기단희슬상청풍)
浮生離合終堪惜(부생이합종감석)
燕子西飛白鷺東(연자서비백로동)

서로 만난 두 노인이 부질없이 세상 걱정을 하다가
오늘은 10년 만에 만났다고 함께 취하고 노래하네.
지인(至人)[195]은 몸 이외의 것에는 초탈하리니[196]
(德은) 비와 이슬을 맞는 모든 물상들에게 널리 퍼지리.[197]
마땅히 곡수유상(曲水流觴)[198]은 이달에 하는 것이니
때에 맞게 처세하고 유유자적하며[199] 맑은 바람 쐬리라.
헤어지고 만나는 덧없는 인생의 애석함은 감내하리니
제비는 서쪽으로 백로는 동쪽으로 날아가네.

---

195 脫畧(탈략) : 대수롭지 않게 여겨 구애되지 않음. 《文選, 江淹, 恨賦》에 「脫略公卿, 跌宕文史」.

196 至人(지인) : 학문·수양이 높은 경지의 사람. 《荀子, 天論》에 「故明於天人之分, 則可謂至人矣」.

197 咸熙(함희) : 모두에게 널리 퍼짐. 《書經, 堯典》에 「允釐百工, 庶績咸熙」.

198 曲水流觴(곡수유상) : 유상곡수(流觴曲水). 삼짇날, 둥글게 굽이쳐 흐르는 물가에 둘러앉아 물에 술잔을 띄우고 술을 마시면 재액을 물리친다고 믿었던 풍속. 진(晉) 왕희지(王羲之)의 《蘭庭集序》에 「又有淸流激湍, 映帶左右, 引以爲流觴曲水」.

199 沂壇希瑟(기단희슬) : 기수현가(沂水絃歌). 기수(沂水)에서 목욕하고 무우(舞雩)에서 바람 쐼. 때에 맞게 처세하면서 유유자적함. 《論語, 先進》에 「浴乎沂, 風乎舞雩」.

[其五]

晩歲菟裘自不空(만세토구자불공)
輞川若霅古今同(망천약삽고금동)
巷通鳥道難天上(항통조도난천상)
水似鴻溝割野中(수사홍구할야중)
麥氣均添前夜雨(맥기균첨전야우)
花香半減暮春風(화향반감모춘풍)
誰家老墓雙翁仲(수가노묘쌍옹중)
應證吾遊最海東(응증오유최해동)

늙어서 도구(菟裘)에 은거하는[200] 것도 덧없지만은 않으리니
물소리 출렁이는 망천(輞川)[201]도 예나 지금이나 같으리라.
마을 안 골목길은 좁은 산길로 통하나 하늘에 오르기는 어렵고
큰 봇도랑[202] 같은 물은 흐르면서 들판을 갈라놓네.
지난 밤 비는 익어가는 보리 향기를 골고루 적시고
늦봄이라 부는 바람의 꽃향기는 절반이나 줄었네.
두 사람 중 누구의 집이거나 오래된 무덤 두 개의 비석[203]에는
우리의 사귐이 해동에서 최고였다고 응당 증명하리라.

---

200 菟裘(도구) : 산동성(山東省) 사수현(泗水縣)의 지명. 늙어서 사직하고 은거하는 곳. 송(宋) 육유(陸游)의 《暮秋遣興詩》에 「買屋數間聊作戲, 豈知眞用作菟裘」.

201 輞川(망천) : 섬서성(陝西省)의 하천. 여러 물줄기가 수레바퀴 모양으로 모여든 데서 붙여진 이름으로, 당(唐) 왕유(王維)가 별장을 둔 곳. 《新唐書, 文藝傳, 王維》에 「別墅在輞川, 地奇勝, 有華子岡・欹湖・竹里館・柳浪・茱萸沜・辛夷塢, 與裴迪游其中, 賦詩相酬爲樂」.

202 鴻溝(홍구) : 하남성(河南城)에 있던 운하. 초(楚)와 한(漢)이 천하를 양분할 때의 경계. 《史記, 項羽本紀》에 「項王乃與漢約, 中分天下, 割鴻溝以西者爲漢, 鴻溝而東者爲楚」.

203 翁仲(옹중) : 진시황(秦始皇)이 임조(臨洮)에서 만났다는 거인의 동상(銅像). 본문에서는 비석. 《三國志, 魏志, 明帝紀》에 「景初元年十二月, 〈裴松之注〉 大發銅, 鑄銅人二, 號曰翁仲, 列坐於司馬門外」.

025 서죽(瑞竹)을 방문하여 흉금을 털어놓고 이야기하다 – 3수. 호서(湖西) 윤일진(尹馹鎭)

訪瑞竹暢敍 – 三首. 湖西

[其一]

聞君來在竹青阿(문군내재죽청아)
主掌湖山已盡哦(주장호산이진아)
只看牕梅春意細(지간창매춘의세)
又傾壺酒夕陽多(우경호주석양다)
山如太古安閒地(산여태고안한지)
水抱中和活潑波(수포중화활발파)
江左詩聲君獨在(강좌시성군독재)
來人不敢一題過(내인불감일제과)

그대의 소문을 듣고 대나무 푸른[204] 언덕에 이르렀더니
호수와 산을 도맡고 있어 이미 놀라움을 다했도다.
창가의 매화를 보니 봄기운은[205] 아직 여리고
다시 술병을 기울이노라니 저녁노을이 짙네.
산은 옛산이니 편안하고 한가로운 땅이며
물은 바르고 부드러움을[206] 안았고 물결은 생기 있네.[207]
강좌(江左)에서[208] 시의 명성으로는 그대가 홀로 우뚝하니
찾아온 사람들은 감히 한 수도 짓지 못하고 그냥 지나치네.

---

204 竹青阿(죽청아) : 대나무가 푸른 언덕. 서죽당(瑞竹堂)이 있는 죽청리(竹青里).

205 春意(춘의) : 봄기운. 봄의 화창한 기상. 남조 양(南朝梁) 강엄(江淹)의 《臥疾怨別劉長史詩》에 「始懷未迴歎, 春意秋方驚」.

206 中和(중화) : 바르고 부드러움. 《荀子, 王制》에 「公平者, 職之衡也, 中和者, 聽之繩也」.

207 活潑(활발) : 생기 있고 힘참. 청(淸) 정린(程麟)의 《此中人語, 祝少瀛》에 「活潑春光, 唐虞化日」.

208 江左(강좌) : 중국의 강동(江東) 지역. 장강(長江)의 하류 지역. 본문에서는 남쪽 호남지방.

[其二]

好說繁華事(호설번화사)
湖山盡地奇(호산진지기)
竹靑經雪後(죽청경설후)
梅老得春遲(매로득춘지)
白髮何嫌酒(백발하혐주)
黃昏又覓詩(황혼우멱시)
若餘無限景(약여무한경)
明日一筇之(명일일공지)

온갖 꽃 가꾼 얘기하기를 좋아하는데
호수와 산은 기이함을 다했구나.
푸른 대나무에 눈이 내린 후이니
늙은 매화나무에 봄소식이 더디네.
백발이라 하여 어찌 술을 싫어하리?
황혼이 오자 다시 시를 지으려 하네.
남은 무한한 경치가 있다면
내일은 지팡이 짚고 찾아가리라.

[其三]

我輩浮生太半豪(아배부생태반호)
一燈耿耿夜談高(일등경경야담고)
踏來山水皆踪跡(답래산수개종적)
老去英雄悵鬢毛(노거영웅창빈모)
酒怕病餘多少酌(주파병여다소작)
衣嫌春暖揔新袍(의혐춘난양신포)
男兒豈作書生伴(남아기작서생반)
起舞長歌快活刀(기무장가쾌활도)

우리들은 덧없는 인생 태반을 호탕하게 지내면서
등불 밝게 켜고[209] 밤에도 고담청론을 나누었네.
모든 산수자연을 다니며 종적을 남겼던
영웅들도 늙어가며 흰 귀밑머리를 슬퍼했으리라.
채 낫지 않은 병에 꺼려지는 술을 조금 따르고
따뜻한 봄이라 겹옷이 싫어 새 핫옷으로 갈아입네.
남자아이들은 어찌 서생들과 짝을 지어
일어나 장가를 부르며 쾌활도(快活刀)를 휘두르는가?

209 耿耿(경경) : 밝은 모양. 빛나는 모양. 《文選, 謝朓, 暫使下都夜發新林至京邑贈西府同僚詩》에 「秋河曙耿耿, 寒渚夜蒼蒼」.

026 월파(月坡; 梁相鼎) · 취은(醉隱)과 함께 서죽당(瑞竹堂)에서 노닐며

— 석남(石南) 이공서(李公瑞)

與月坡醉隱遊瑞竹堂 — 石南

秋盡江南畵此容(추진강남화차용)
不堪情緒步西風(불감정서보서풍)
姸姸白鷺明沙畔(연연백로명사반)
遠遠青山大野中(원원청산대야중)
落葉經霜千樹靜(낙엽경상천수정)
寒花泛酒一庭空(한화범주일정공)
高枰讓與諸詩伴(고평양여제시반)
愧我非才敢較雄(괴아비재감교웅)

가을 끝나가는 강남땅의 아름다운 모습을 그림으로 그리고
마음에 일어나는 감흥을 이길 수 없어 서풍 속을 걷네.
백로는 맑은 모래톱에 예쁘게[210] 날아 내리고
아득한 청산은 넓은 들녘 가운데 있네.
서리 맞은 낙엽이 떨어지니 나무들은 고요하고
국화를 술잔에 띄우니 뜨락이 비었네.
시평(詩評)[211]을 여러 시우들에게 맡겨보며
자웅을 견주어 보려 하나 재주 없음을 부끄러워하네.

【瑞竹堂遺稿 附錄 卷之一終】

---

210 姸姸(연연) : 아름다움. 예쁨. 금(金)나라 왕약허(王若虛)의 《失子詩》에 「姸姸掌中兒, 舍我一何遽」.

211 高枰(고평) : 고평(高評). 남의 평론이나 평가를 높인 말.

瑞竹詩集 附錄 卷之二

서죽시집 부록 제2권

挽詞

001 서죽(瑞竹)을 애도함 – 초사(草史)
挽瑞竹 – 草史

江宵無寐聽哀鴻(강소무매청애홍)
徃事悠悠一夢同(왕사유유일몽동)
芝句共題篔壁上(지구공제운벽상)
羽觴幾醉李園中(우상기취이원중)
寂寞黃花前處士(적막황화전처사)
依然明月古長公(의연명월고장공)
賴有欒欒三孝子(뇌유란란삼효자)
承家不墜謹勤風(승가불추근근풍)

강물 소리에 잠 못 이루고 기러기 슬픈 울음소리 듣노라니
같은 꿈을 꾸었던 지난 일이 그리워지네.
지란실(芝蘭室)에서 함께 지었던 시를 대나무 벽에 걸어두고
오얏나무 뜰에서 우상(羽觴)[1]의 술에 몇 번이나 취했던가?
처사(處士)[2] 앞에 놓인 황국은 적막하기만 하고
장공(長公)[3]은 돌아가셨는데 밝은 달은 예나 지금이나 다름없네.
슬픔에 몸이 야윈[4] 세 효자들에[5] 힘입어
가업을 이어 부지런히 힘써 가훈을 추락시키지 않으리라.

---

1 羽觴(우상) : 좌우에 새 날개 모양의 손잡이가 달린 술잔. 《楚辭, 招魂》에 「瑤漿蜜勺, 實羽觴些」.

2 處士(처사) : 망자(亡者) 양상항(梁相恒).

3 長公(장공) : 항렬이 맏이라는 뜻. 작가와 망자와의 관계. 《漢書, 夏侯勝傳》에 「夏侯勝字長公」.

4 欒欒(난란) : 몸이 야윈 모양. 《詩經, 檜風, 素冠》에 「庶見素冠兮, 棘人欒欒兮」.

5 三孝子(삼효자) : 양상항(梁相恒)의 세 아들인 승묵(升黙) · 혜묵(惠黙) · 연묵(淵黙).

002 서죽(瑞竹)을 애도함 – 죽산(竹山) 안철환(安澈煥)
挽瑞竹 – 竹山 安澈煥

覿公天質稟和溫(적공천질품화온)
第一湖南種德門(제일호남종덕문)
七十年惟爲己學(칠십년유위기학)
百千事可對人言(백천사가대인언)
從玆無復賢師友(종자무복현사우)
嗣後能兼好子孫(사후능겸호자손)
夢拜音容旋覺罷(몽배음용선각파)
竹青樓畔月黃昏(죽청루반월황혼)

공(公; 瑞竹公)을 보건대 천성이 온순하고 부드러워[6]
호남에서 제일가는 덕 있는 가문이었네.[7]
칠십 평생 오로지 위기지학(爲己之學)[8]을 하였으니
사람들과 인간사 온갖 일들을 말할 수 있었네.
스승과 벗으로 삼을 만한 어진 사람은 더 이상 없으며
그의 뒤를 잇는 좋은 자손들이 함께 있네.
꿈속인 듯 그의 음성을 듣고 모습을 보며 절하고 깨어나니
죽청리(竹青里) 누각 언덕 위로 황혼의 달이 뜨네.

---

6 和溫(화온) : 온화. 온순하고 부드러움. 《漢書, 王莽傳 下》에 「后誼明, 母道得, 溫和慈惠之化也」.

7 德門(덕문) : 덕 있는 가문. 《南史, 謝靈運傳論》에 「然謝氏自晉以降, 雅道相傳, 景恒·景仁以德素傳美, 景懋·景先以節義流譽……可謂德門者矣」.

8 爲己學(위기학) : 위기지학(爲己之學). 자기 자신을 수양하는 학문. 《論語, 憲問》에 「古之學者, 爲己, 今之學者, 爲人」.

003 서죽당(瑞竹堂)을 애도함 – 족질(族侄) 호묵(虎黙)
挽瑞竹堂 – 族侄虎黙

自先敦誼荷偏深(자선돈의하편심)
欽服一生慕盡心(흠복일생모진심)
河隴近隣因省謁(하롱근린인성알)
月村聚族序倫尋(월촌취족서윤심)
曾門士子懷香辨(증문사자회향변)
姜枕弟兄泣大衾(강침제형읍대금)
萬古靑山歸不返(만고청산귀불반)
如公賢德復無今(여공현덕복무금)

선부(先父)로부터 받은 도타운 사랑이 유달리 깊었으니
일생 동안 (아버님을) 존경하고 따르며[9] 사모하는 마음을 다하였네.
물 건너고 언덕 넘는[10] 가까운 곳이라 날마다 뵙고 문안드리고
월촌(月村; 月谷)에 모여 사는 친족들과도 늘 인륜을 세웠네.
일찍이 가문의 선비들도 마음으로 아름답다 칭송했으며
한 이불 덮고 자던[11] 우애 깊은[12] 형제들도 슬프게 우는구나.
만고청산으로 돌아가 되돌아오지 않으리니
공과 같은 어진 덕은 이제 다시없으리라.

---

9 欽服(흠복) : 진심으로 존경하고 따름. 송(宋) 왕당(王讜)의 《唐語林, 賞譽》에 「魏公曰, 文武之道, 備見之矣, 其欽服形於辭色也」.

10 河隴(하롱) : 중국 하서(河西)와 농우(隴右). 본문에서 하(河)는 도곡면 들녘을 가로질러 흐르는 지석천(芝石川), 농(隴)은 지석천을 건너 월곡(月谷; 달아실)으로 들어가는 달구재고개.

11 姜枕(강침) : 강굉공피(姜肱共被). 후한(後漢)의 강굉(姜肱) 고사. 《後漢書, 姜肱傳》에 「姜肱, 字伯淮, 彭城廣戚人也, 家世名族, 肱與二弟仲海 · 季江, 俱以孝行著聞, 其友愛天至, 常共臥起」.

12 大衾(대금) : 대금장침(大衾長枕). 큰 이불과 긴 베개. 침구를 같이하는 형제간의 우애. 《新唐書, 讓皇帝憲傳》에 「初帝五子列第東都積善坊, 號五王子宅, 及賜第上都慶隆坊, 亦號五王宅, 玄宗爲太子, 嘗製大衾長枕, 將與諸王共之, 睿宗知, 喜甚」.

祭文

001 서죽(瑞竹) 양형(梁兄)을 조문하는 글 – 석문(石門) 정석(鄭湊)
祭瑞竹梁兄文 – 石門鄭湊

惟靈 天植直方 持已端潔 亢不膠古 卑不循俗 無忝厥紹 俾後可績 識子之初 瀟園溪夕 維時九秋 露菊霜檑 樽西硯北 作者六七 壽山追到 有誰攙掇 其儀如玉 忽我傍側 行之言外 非亶目擊 再選北里 我則儐席宵燭 抵年落木圍室 窺其蘊素 長河不渴 於是源源 不計以年 侃侃壽翁 子之所賢 率爾盍簪 辨欲忘焉 旣而遇境 宮商迭宣 炯然冥契 蘭芬石堅 丙戌之冬 嗟失壽翁 飛書攄愕 涕滋心恫 誰謂今日子又徃從 踽踽斯世 煢然一窮 人亦有言 絃斷鍔折 敎兒搜得 遺札盈篋 未死之日 替作顔面 天錫爾錄 子女蕃衍 詩禮有述 裘箕罔僭 孌兮兄女 視我父事 逮玆㾓闕薄言 臨止告余 明發攪余 土木荒荒 兩輪丸跳箭激 泉下之期 非朝伊暮 靈兮不昧 徯我一吐 癃病昏妄 臨紙萬漏 嗚呼哀哉

아! 돌아가신 분께서는 심지(心志)[13]가 정직하고 방정하시며, 몸가짐이 곧고 청렴하시며, 군세나 옛것에 얽매이지 않으며, 겸손하나 세속을 좇지 않으며, 이어받은 것[家風]을 욕되게 하지 않으며, 후손으로 하여금 이어가야 하는 것을 자식에게 가르치는 것이었습니다.

9월 가을이었지요. 소쇄원(瀟園; 瀟灑園)의 시냇가에 저녁이 되어 국화에는 이슬이 내리고 등나무엔 서리가 내리는데, 술동이를 서쪽에 두고 6~7인의 시인들이 글을 지을 때[14] 수산공(壽山公; 鄭祚源)과 함께 뒤따라온 누군가가 있어 (글짓기를) 부추기는데[15] 그 모습이 옥같이 아름다웠습니다. 문득 내 곁에서 말

---

13 天植(천식) : 마음. 심지(心志). 곧 하늘이 인간에게 심어준 것. 《管子, 版法解》에 「故曰凡將立事, 正彼天植, 天植者, 心也. 天植正, 則不私近親, 不孼疎遠」.

14 硯北(연북) : 책상을 남쪽으로 향해 놓았을 때 벼루의 북쪽에 앉음. 곧 저작(著作)함을 이름. 송(宋) 장방기(張邦基)의 《墨莊漫錄 10》에 「唐殷成式書云, 杯宴之餘, 常居硯北」.

15 攙掇(납철) : 부추김. 권함. 조선(朝鮮) 《譯語類解補, 瑣說》에 「攙掇, 부쵹이다」.

은 하지 않고 시를 짓는데, 단지 바라볼 뿐이었는데 거듭 좋은 문장[16]으로 뽑혔습니다. 나는 손님들의 자리에 섞여 있었는데 밤이 되자 촛불을 밝혔지요. 어느 해였던가요, 잎 떨어진 나무들이 집을 에워싸고 있었는데, 평소에 간직하고 있는 지은 시문들을 보았는데 긴 강처럼 마르지 않고 끊임없이 이어져 햇수를 헤아릴 수 없었습니다. 강직한[17] 수옹(壽翁; 瑞竹公)의 자제들은 어질었고, 격식에 얽매이지 않고[18] 벗들과 어울리면[19] 문득 분별하는 것도 잊었고, 벗들과 만나면 시[20]를 번갈아 읊어 은연중 의기가 투합하여[21] 밝게 빛났으니, 난초처럼 향기롭고 돌처럼 굳었습니다.[22]

병술년(丙戌年) 겨울에, 아! 수옹(壽翁)을 잃어버렸습니다. 급히 날아온 문서[訃告][23]를 받고 놀라고 눈물이 흐르며 마음이 아팠습니다. 누군가가 일컫기를, '금일 그대 죽었으니 이 세상 홀로[24] 의지할 데 없는 사람이 되어 외롭다.'라고 하고, 또 다른 사람은 말하기를, '거문고 줄이 끊어지고 칼날이 부러졌도다.'라고 했습니다. 아이들을 시켜 상자에 가득 찬 (壽翁이) 남긴(보내준) 서찰[25]을 찾으니, 모습과 함께 죽어도 없어지지 않을 날들의 하늘이 내려준 문서들입니다.[26] 자녀들이 번성하고 시례(詩禮)[27]의 가르침이 이어지며, 조상 대대로 이어온 가업

---

16 北里(북리) : 은(殷) 주왕(紂王) 때 무악(舞樂). 본문에서는 썩 빼어난 글. 《史記, 殷本紀》에 「帝紂……好酒淫樂, 嬖於婦人, 愛妲己, 妲己之言是從, 於是使師涓作新淫聲, 北里之舞, 靡靡之樂」.

17 侃侃(간간) : 강직한 모양. 《論語, 鄕黨》에 「朝, 與下大夫言, 侃侃如也」.

18 率爾(솔이) : 편한 대로 행동하여 얽매이지 않음. 《晉書, 文苑傳, 袁宏》에 「謝尙時鎭牛渚, 秋夜乘月, 率爾與左右微服泛江」.

19 盍簪(합잠) : 벗끼리의 모임. 《易經, 豫》에 「勿疑, 朋盍簪」.

20 宮商(궁상) : 오음(五音) 중 궁음(宮音)과 상음(商音). 음악이나 악곡 또는 음률. 특히 시(詩). 《韓詩外傳 5》에 「人有六情, 目欲視好色, 耳欲聽宮商」.

21 冥契(명계) : 서로 말은 주고받지 아니하지만 은연히 마음과 마음이 들어맞음. 《晉書, 慕容垂載記》에 「寵踰宗舊, 任齊懿藩, 自古君臣冥契之重, 豈甚此邪」.

22 蘭芬石堅(난분석견) : 난석(蘭石). 난초처럼 향기롭고 돌처럼 굳음. 절조(節操)의 고상함. 《隸續, 漢冀州從事郭君碑》에 「懿矣君, 純淑淸, 性蘭石, 履珪瑩」.

23 飛書(비서) : 편지를 화살에 묶어 쏘아 보냄. 긴급한 문서. 본문에서는 부고(訃告). 《晉書, 樂志 下》에 「吳人放命, 馮海阻江, 飛書告諭, 響應來同」.

24 踽踽(우우) : 홀로 걷는 모양. 혼자서 길을 가는 모양. 《詩經, 唐風, 杕杜》에 「獨行踽踽」.

25 遺札(유찰) : 유서. 또는 죽은 사람이 남긴 서찰. 당(唐) 백거이(白居易)의 《唐故虢州刺史贈禮部尙書崔公墓誌銘》에 「況奉遺札, 託爲斯, 且慚且陋, 不敢辭讓」.

26 天錫(천석) : 하늘이 내려줌. 《書經, 仲虺之誥》에 「天乃錫王勇智, 表正萬邦」.

27 詩禮(시례) : 시경(詩經)과 삼례(三禮). 유가의 경전. 본문에서는 시례전가(詩禮傳家)의 뜻으

(家業)[28]을 이어감에 빠뜨림이 없고, 형제자매들은 아름다우며, 나를 아버지처럼 받들어 섬기며,[29] 천박한 말에는 관계하거나 나아가지도 않았습니다.[30]

아침이 되자[31] 나에게 내 무덤과 널[32]을 알려주었는데 어지러운 듯, 서두르는 해와 달은[33] 탄환처럼 빠르고 쏘아 놓은 화살처럼 스쳐가니, 황천(黃泉)에 갈 기약이 아침이 아니면 곧 저녁일 것이리라.[34] 명덕(明德)은 잡되지 않고 신령하여 어둡지 않으니[35] 내가 마음에 품은 것을 토로할[36] 때까지 기다려 주었으나, 노쇠하고 병이 들어[37] 정신이 혼미하고 망령이 들었으니 글을 쓰려 종이를 대했으나 한없는 눈물이 흐를 뿐입니다. 오호! 슬픕니다!

로 유가의 경전이나 그 도덕규범을 대대로 전함을 의미. 《莊子, 外物》에 「傳以詩・禮發冢」.

28 裘箕(구기) : 기구(箕裘). 대장장이의 아들은 갖옷 만드는 일부터 배우고 조궁장(造弓匠)의 아들은 키 만드는 일부터 배워 본업을 익혀감. 조상 대대로 내려 온 가업(家業). 《禮記, 學記》에 「良冶之子, 必學爲裘, 良弓之子, 必學爲箕」.

29 父事(부사) : 아버지처럼 받들어 섬김. 《禮記, 曲禮 上》에 「年長以倍, 則父事之」.

30 靡關(마관) : 미관(靡關). 관계하지 않음.

31 明發(명발) : 새벽. 여명(黎明). 《詩經, 小雅, 小宛》에 「明發不寐, 有懷二人」.

32 土木(토목) : 무덤과 널. 남조 송(南朝宋) 안연지(顏延之)의 《庭誥》에 「柔麗之身, 亟委土木, 剛清之才, 遽爲丘壤」.

33 兩輪(양륜) : 양명(兩明). 해와 달. 남조 양(南朝梁) 간문제(簡文帝)의 《南郊頌》에 「故以熊熊灼灼, 炫兩明而仰七曜, 紛紛沐沐, 承五煙而帶三靈」.

34 非朝伊暮(비조이모) : 비조즉석(非朝則夕). 아침이 아니면 저녁이라는 뜻으로, 시기(時期)가 임박함. 《松南雜識(林氏本), 李, 方言類, 近取篇》에 「非朝則夕」.

35 靈兮不昧(영혜불매) : 잡되지 않고 신령하여 어둡지 아니함. 《大學, 經1章》에 「大學之道, 在明明德, 在親民, 在止於至善. 〈朱熹章句〉明德者, 人之所得乎天, 而虛靈不昧, 以具衆理而應萬事者也」.

36 一吐(일토) : 마음에 품은 것을 토로함. 당(唐) 한유(韓愈)의 《代張籍與李浙東書》에 「今去李中丞五千里, 何由致其身於其人之側, 開口一吐出胸中之奇乎」.

37 癃病(융병) : 노쇠하고 병이 듦. 《周禮, 地官, 小司徒》에 「以辨其貴賤老幼廢疾. 〈鄭玄注〉 廢疾謂癃病也」.

002 둘째 아우 치구(穉久; 瑞竹公의 字)를 조문하는 글 – 가형(家兄) 월파(月坡) 양상정(梁相鼎)

祭仲弟穉久文 – 家兄月坡翁

嗚呼痛哉 君之逝矣 何其奄忽 當寒喘咳 衰境例祟 意謂時序 向暄自然痊減 豈料一夕遽至於大化之境耶 惟我年長八歲 恒嬰二竪 不至溘然 猶幸無故一樂 君胡棄我先逝 啣恤痛悼 無地可洩 君之平生 修齊也 識見也 至於族戚知舊 無不稱譽 今焉已矣 聲音莫聆 容儀安覿 痛矣痛矣 此何一別 遽作千古 嗟君享年周甲有五 雖未中壽 三子嶷然 六孫英英 身後繼蹟 莫此慰也 及玆閒暇 安歸眞宅 復何憾焉 窀穸在卽 緘辭寄 哀神荒心怛 不能盡意 余亦朝暮 只待符到 寧欲同歸 奠此一觴 撫柩永訣 君靈不昧 知我之衷情耶 嗚呼哀哉.

오호! 마음이 아프구나. 그대가 저세상으로 가다니. 어찌 그리 갑자기 가버리는가? 추위를 당해 숨을 헐떡거리며 기침을 하더니,[38] 노쇠한 것이 빌미가 된 것이고 날씨 탓이니 따뜻해지면 병세가 가벼워질 것이라고[39] 여겼는데, 환절기(換節期)[40]에 이르러 어찌 하룻저녁에 갑자기 가리라고 생각이나 했겠는가? 생각해보니 내 나이가 여덟 살이나 많고 상항(相恒; 穉久)은 갓난 아이 때부터 병마(病魔)에[41] 시달렸으나 죽지는[42] 않았으며, 오히려 다행스럽게 형제가 탈이 없는 첫 번째의 즐거움이었는데,[43] 그대는 어찌하여 나를 버리고 먼저 가는가? 구

---

38 喘咳(천해) : 숨을 헐떡거리며 기침을 함. 《素問, 藏氣法時論》에 「肺病者喘咳逆氣」.

39 痊減(전감) : 병세가 가벼워짐. 청(淸) 포송령(蒲松齡)의 《聊齋志異, 醫術》에 「比至郡, 都邑醫工, 已先施治, 並未痊減」.

40 大化之境(대화지경) : 인생의 중요한 변화 또는 생명. '날씨가 크게 변화하는 시기' 곧 환절기(換節期). 《列子, 天瑞》에 「人自生至終, 大化有四, 嬰孩也, 少壯也, 老耄也, 死亡也」.

41 二竪(이수) : 병마(病魔). 춘추시대 진 경공(晉景公)의 꿈에 질병이 두 아이로 변하여 고황(膏肓) 사이에 숨었다는 고사. 《左傳, 成公10年》에 「晉侯疾病, 求醫於秦, 秦伯使醫緩爲之, 未至, 公夢, 疾爲二竪子曰, 彼良醫也, 懼傷我, 焉逃之, 其一曰, 居肓之上, 膏之下, 若我何, 醫至曰, 疾不可爲也, 在肓之上膏之下, 攻之不可, 達之不及, 藥不至焉, 不可爲也. 公曰, 良醫也, 厚爲之禮而歸之」.

42 溘然(합연) : 갑자기 죽음. 남조 양(南朝梁) 간문제(簡文帝)의 《與劉孝儀令》에 「所賴故人, 時相媲偶, 而此子溘然, 實可嗟痛」.

43 無故一樂(무고일락) : 맹자(孟子)의 삼락(三樂) 가운데서 첫 번째의 낙. 곧 부모가 살아계시

심을 품고 괴로워하며 슬퍼하는 원통함을 털어놓을 여지가 없구나.

그대는 한평생 수신제가하며 학식과 견문에 힘썼으니, 친족과 인척 그리고 오랜 친구들에 이르기까지 칭송하고 기리지 않는 사람이 없었으며, 오늘에 이르기까지 그러했도다. 음성을 들으면 대개가 덕스러웠고 용모와 행동거지는 편안한 모습이었는데, 애통하고 애통하도다. 이 어찌 한 번의 이별이 갑자기 영원한 이별이[44] 되는 것인가? 아! 그대의 나이는 이제 65세이니 아직 70세도[45] 못 되었으나 세 아들이 우뚝하고 여섯 손자가 걸출하여 사후(死後)의 훌륭한 업적을 본받아 이을 것이니 이 또한 대충 위안이 될 것이리라. 또 한가한 겨를에 진택(眞宅)[46]으로 편안하게 돌아가니 무엇을 한스러워 하리오마는, 그대를 묻으면서[47] 슬퍼하는 글을 써서 부쳐 보내려 하나 정신이 황량하고 마음이 쓰라려 뜻을 다 쓰지 못하겠네.

나 역시 아침저녁으로 저승에서 잡아오라는 문서가 이르기를[48] 기다리는 몸이니, 차라리 함께 죽기를[49] 바라네. 이제 한잔의 술을 따르며 그대의 관을 어루만지며 영원히 결별하노니, 그대의 혼령은 암매하지 않으니 나의 충정(衷情)을 알리라. 오호! 슬프구나!

고 형제가 무고한 것. 《孟子, 盡心 上》에 「父母俱存, 兄弟無故, 一樂也」.

44 千古(천고) : 영원한 이별. 죽은 사람을 애도하는 말. 《新唐書, 薛收傳》에 「卒, 年三十三. 王哭之慟, 與其從兄子元・敬書曰, 吾與伯褒共軍旅間, 何嘗不驅馳經略, 款曲襟抱, 豈期一朝成千古也」.

45 中壽(중수) : 중간 정도의 수명(壽命). 90세, 80세, 70세, 60세 등을 두루 지칭하는 뜻. 본문에서는 70살. 《淮南子, 原道訓》에 「凡人中壽七十歲」.

46 眞宅(진택) : 사람이 죽은 뒤에 돌아가는 진정한 집. 《列子, 天瑞》에 「鬼, 歸也, 歸其眞宅」.

47 窀穸(둔석) : 매장(埋葬)함. 《左傳, 襄公13年》에 「若以大夫之靈, 獲保首領以歿於地, 惟是春秋窀穸之事, 所以從先君於禰廟者, 請爲靈若厲, 大夫擇焉」.

48 符到(부도) : 구인장(拘引狀)이 도달함. 부(符)는 곧 저승에서 잡아오라는 문서나 신표(信標)의 뜻.

49 歸奠(귀전) : 전(奠)은 제사상에 놓는 제물. 죽음으로 돌아감.

行狀

烏川鄭友源

公姓梁氏 諱相恒 字穉久 自號瑞竹 以其攸廬竹青里 瑞石爲鎭山也 在昔良高夫乙那三神人 降于濟州之毛興穴 後改良爲梁 東國之梁 皆本於此歷羅麗多顯官 入□本朝數世 有惠康公諱彭孫 際□靖陵己卯 與靜菴諸賢自任以堯舜君民 俄而蟲篆禍 作罷斥還鄕 以終 □長陵庚午 以沙溪金先生倡論 配享于靜菴之竹樹書院 在□憲哲兩朝贈秩易名 世所謂稱學圃先生是也 歷三世而諱仁容 號松石亭 武僉正 昏朝棄官 讀書終身 子諱渭南號九峰 以孝授寢郞旌閭 受業于牛溪 從遊沙溪及安隱峰 甲子丁卯 並傳檄而募兵擧義 尹明齋行狀 朴玄石銘碣 又三世而諱復夏無子 以弟僉樞泰夏之子 子之諱命龜 無諂無怨 而起家累鉅萬 又能散而周急 至今湖南數慈善必先屈指焉 壽陞同中樞寔公曾大父也 祖諱濟觀 文學孝友 朴公宗冕誌其墓 考諱斗永 號心學軒有詩集 妣坡平尹氏舜奎女 八松先生後无 育羅州林氏東里墇(瑋) 後考曰沂遠 □純廟丁亥四月三十日 生于綾州月谷里第 自學圃卜居地也 公生而岐嶷 幼而與群兒 遊動止超凡 稍長孝友 天植省定之節 承順之道 儼若成人 於昆弟 少無拂戾 纔入學 文藝日就 不煩課督 與兄月坡相鼎 弟學雲相謙 就三芝齋及天台寺 同劬工焉 公生長美衣食厭飫輕肥 而食淡攻苦 有若素性 然而生平亦如之 學軒公謂此子力量 能行巨家 凡節不宜混處於同堂 閥閱之中 別立門戶可也 甲寅治第于竹青 而使柝箸焉 至於作詩 曉之有庭花 仍手種留待萬家春之句公初以不忍離膝 難之末 乃遵命揭詩于楣 足以自敍終身羹墻 距月第越大川十里 强可謂日覲 否則伻候 必供旨物 雖有故未嘗三日 曠以親命爲門戶 計治功令業 嘗觀光于鄕圍 奉券如執玉 揖而呈之見屈也 乃曰 此於得失 不無動心 且關節之獘 奔競之累 士子所不忍 爲遂廢擧 用工於實地孜孜不怠 而且汎濫諸家周漢唐宋之史 屈斑韓蘇之文 罔不涉獵 談經奧義 不讓學問之士評 文格調深 得文章之體 自是戶屨常滿皆同省 及嶺湖善士也 至於釃酒獵鮮 或登高吟哦 竟日忘歸 鄕子弟出入門庭者 諄諄敎

誨 讀書之暇 使風浴江雩 亦知沂水之樂 庚申丁外憂 不御酒肉 遵禮終制 丙子遭內艱 年已衰而亦如前喪 所居背負山 前臨湖 且連平野 通豁爽塏 頗饒勝槩 眞高人逸士 盤旋之地 公俯仰逍遙 左右圖書 階砌花石 不知老之將至 至聞外國人 恣行都城 慨然作詩曰 滄茫家國愁千種 慷慨男兒血一腔 末路風塵知不遠 安將寄傲倚南牕 有時酒後 打壺發歌 有千古不平之氣 凡於遊賞對景 必有吟詠述懷瀉情者多 然而水榭山亭 未嘗有請求者副焉 韓侯致肇之涖 本牧也 重修映碧亭 謁記而終不應 深自謙 牧而不衒 殆有意於傳 所謂不見知 而不悔者也歟 素疆無疾 以寒嗽 考終于第 卽□高宗辛卯十二月十二日某甲也 壽六十五 用翌年二月日 葬于本州春陽面大峙里 圓峰下 負乾之原新兆也 輓誄塡路 路僾巷哭相屬不絕而曰 仁人逝矣 吾輩安仰公生質超異 目瞭神朗 氣宇軒昻 長身偉骨 頴悟出人 通經史習詩文不勞 而早成 晩 乃用力於爲己之學 不由淵源師承 自覺道備於吾性 而其說 具在方冊 苟能篤志 無不得之 盖其平日言行 一以古人爲法 雖造次之間 無疾遽之態望之也 儼知其爲有德君子 卽之也 溫亦服其忠厚 長者所以修身 而身修理家 而家理事親 而親安友于而昆弟睦 交際而朋友信也 歲某甲直指使某公 以學行薦啓而不施 此於公無所損益 而至若操人柄而銓衡者 終不得辭其責矣 有遺稿若干卷藏于家 配礪山宋氏 某甲生監役仁萬進士周純 父若祖也 婦德咸備 至如常食 雖未充期 存餘飧 以待鄰婦之乏食者 於流丐之不具者 特使加意 此盖微細事 而於當行類推也 歿後公十六年丁未某月日 墓道谷面茅山村後艮坐 擧三男升默惠默淵默 二女迎日鄭海徵 蔚山金堯昉 孫在冕在熙 女迎日鄭雲東 長房出在京在駿在敏 女忠州朴夏亮 羅州林鍾旵 高靈申杰仲 房出在聲在杰在昊在錫 羅州林衡圭 季房出甲源碩源鼎源 竹山安思淳 鄭婿子若壻金妻早 夭无育曾玄男女方三十餘人 而未艾姑不錄 嗚呼友源以晩生 一未得拜床 聞所聞則多矣 及見我祖免祖持齋公諱奭之多年往復酬唱也 益信其文識之富贍 言行之忠篤 而又祭公文曰 天植直方 持已端潔 亢不膠 古卑不循俗 又曰 窺其蘊素 長河不竭 且如柏下梁公相衡曰 孝友敦睦 訥言敏行 承家風而修實地 槐陰李公都事奎永曰 種學績文 樹立裕後 綠室鄭公海晩曰 聞道孔瀜望如 郭泰 竹圃安公楨曰 靑雲力致不如性命之全 此皆當時長德 不阿其所好者必矣 乃者在聲在熙 抱所述狀 來請修色 余以

人文卑下辭 辭固請愈勤 且祖免弟鼎源從傍力懇 不獲已 撮其槪如右 豈可曰盡公之所蘊也 若嗣後立言君子採擇 而欲其詳觀諸本狀.

오천(烏川) 정우원(鄭友源)

공의 성은 양씨(梁氏)요 휘(諱)는 상항(相恒)이다. 자(字)는 치구(穉久), 자호(自號)를 서죽(瑞竹)이라 하였다. 그는 죽청리(竹靑里)에 집을 짓고 서석산(瑞石山; 無等山)을 진산(鎭山)[50]으로 삼았다. 옛날에 양을나(良乙那) 고을나(高乙那) 부을나(夫乙那)의 세 신인이 있어 제주(濟州) 모흥혈(毛興穴; 三姓穴)에 강림하였다. 뒤에 양(良)을 양(梁)으로 고쳤다. 동국(東國)의 양씨(梁氏)는 이곳을 본관으로 한다. 신라와 고려를 거치면서 많은 사람이 높은 벼슬에 올랐고, □본조(本朝; 朝鮮)에 들어 여러 해 전에 혜강공(惠康公)이 있었으니 휘(諱)는 팽손(彭孫)이다.[51] □정릉(靖陵; 中宗) 기묘년(己卯年; 1519)에 정암(靜菴; 趙光祖)과 여러 현신들과 더불어 요순군민(堯舜君民)을 자임하였는데, 얼마 있다가 충전(蟲篆)의 화(禍)[52]가 일어나 (벼슬에서) 파면되어 물러나 고향으로 돌아가 생을 마쳤다. □장릉(長陵; 仁祖) 경오년(庚午年; 1630)에 사계(沙溪) 김선생(金先生)[53]의 창론(倡論)으로 정암(靜菴; 趙光祖)의 죽수서원(竹樹書院)[54]에 배향되었고, 헌종(憲宗) 철종(哲宗) 양조(兩朝) 때에는 질명(秩名)을 증직(贈職)하니,[55] 세상에서

---

50 鎭山(진산) : 도읍지나 각 고을의 가장 크고 중요한 산으로, 그곳을 진호(鎭護)하여 주는 주산(主山). 송(宋) 강기(姜夔)의 《饒歌吹曲, 沅之 上》에 「岧岧鎭山, 火德之紀, 眞人方興, 百神仰止」.

51 梁彭孫(양팽손) : 1488년(성종 19)~1545년(인종 1). 조선 중기의 문신. 자는 대춘(大春), 호는 학포(學圃). 시호(諡號) 혜강(惠康).

52 蟲篆禍(충전화) : 기묘사화(己卯士禍) 때 조광조(趙光祖) 일파를 몰아내기 위하여 궁중의 나뭇잎에다가 꿀로 '주초위왕(走肖爲王; 走肖는 조광조의 성씨 趙의 破字로 조광조가 왕이 된다)'이라고 써서 벌레가 갉아먹게 한 뒤, 그 문자의 흔적을 왕(중종)에게 보여 신진사류를 제거한 일.

53 沙溪金先生(사계김선생) : 사계(沙溪) 김장생(金長生). 1548년(명종 3)~1631년(인조 9). 조선 중기의 학자·문신. 자는 희원(希元),

54 竹樹書院(죽수서원) : 전라남도 화순군 한천면 모산리에 있는 서원. 1570년(선조 3)에 지방 유림의 공의로 조광조(趙光祖)의 학문과 덕행을 추모하기 위해 창건하여 위패를 모심. 같은 해에 '죽수(竹樹)'라고 사액되었으며, 1630년(인조 8)에 양팽손(梁彭孫)을 추가 배향함.

일컫는 바 학포선생(學圃先生)이 이분이시다. 삼세(三世)를 지나 휘(諱) 인용(仁容)은 호를 송석정(松石亭)[56]이라 하니 무과(武科)로 첨정(僉正)을 지내셨는데, 혼조(昏朝; 光海君) 때라 하여 벼슬을 버리고 독서를 하며 여생을 마치셨다. 그 아드님 휘 위남(渭南)은 호는 구봉(九峰)인데, 효행으로 침랑(寢郎)[57]을 받고 정려(旌閭)를 세웠고, 우계(牛溪) 선생[58]에게 수학하였는데, 갑자괄란(甲子适亂)[59]과 정묘호란(丁卯胡亂) 때에는 사계(沙溪; 金長生)와 안은봉(安隱峰)[60]을 따라 격문(檄文)을 전하고 아울러 군대를 모집하여 의병을 일으켰다. 윤명재(尹明齋) 선생이[61] 행장을 짓고 박현석(朴玄石) 선생[62]이 비갈(碑碣)을 썼다. 또 삼세손(三世孫) 휘(諱) 복하(復夏)께서는 아드님이 없으시니, 아우 첨추(僉樞) 태하(泰夏)의 아드님으로 (대를) 이으니 그 아드님의 휘(諱)는 명구(命龜)이시다. 아부하지 않고 원망도 사지 않으시더니 큰 재산을 쌓아 집안을 일으키고, 또 능히 재물을 나누어 주위의 급한 사람에게 나누어 주니 지금도 호남에서는 자선(慈善)한 사람을 세는 데에는 반드시 먼저 첫 번째로 꼽는다. 수직(壽職)으로[63] 동중추(同中樞)[64]

---

55 1844년(헌종 10)에 호남의 유생들이 상소하여 시전(諡典)을 청하니, '혜강(惠康)'이라 시호한 것을 말함. '1846년에 시장(諡章)이 이루어지니, 부지런하고 사(私)가 없으므로 혜(惠)라 하고, 연원(淵源)이 유통(流通)하므로 강(康)이라 한다.'고 함.

56 仁容號松石亭(인용호송석정) : 양인용(梁仁容). 1555년(명종 10)~1615년(광해군 7). 송석정(松石亭)은 호이자 정자. 정자는 전라남도 화순군 이양면 강성리에 있음. 광해군을 입시하여 '군주는 나라의 어버이시며 만백성의 사표로서 살제폐모(殺弟廢母)의 폐륜과 문란한 정사를 지양하시고 정인홍(鄭仁弘)과 이이첨(李爾瞻) 등을 파직하여 왕도를 바로잡아 전은(全恩)을 내리소서.'라고 충간하였으나, 받아들여지지 않고 삭탈관직하여 귀향하여 전라남도 화순군 용암산 산록 용두암에 정자를 짓고 은거함.

57 寢郎(침랑) : 조선 시대 종묘(宗廟), 침릉(陵寢), 원(園)의 영(令), 참봉(參奉) 등의 총칭.

58 牛溪先生(우계선생) : 우계(牛溪) 성혼(成渾). 1535년(중종 30)~1598년(선조 31). 조선 중기의 성리학자. 같은 고을의 이이(李珥)와 사귀면서 평생지기가 됨. 문집으로 《牛溪集》.

59 甲子适亂(갑자괄란) : 1624년(인조 2) 갑자년(甲子年)에 일어난 이괄(李适)의 난. 인조반정(仁祖反正)의 공훈(功勳)에 불만을 품은 이괄이 일으킨 난.

60 安隱峰(안은봉) : 은봉(隱峰) 안방준(安邦俊). 1573년(선조 6)~1654년(효종 5). 자는 사언(士彦), 은봉은 호. 조선 중기의 학자. 우계(牛溪) 성혼(成渾)의 문인으로 임진왜란이 일어나자 의병을 일으켰고, 보성에 은거하면서 호남 성리학으로 명성을 떨침. 시문집 《隱峯全書》 등 많은 저술이 있음.

61 尹明齋(윤명재) : 명재(明齋) 윤증(尹拯). 1629년(인조 7)~1711년(숙종 37). 조선 후기의 학자. 자는 자인(子仁). 명재는 호. 여러 차례 벼슬을 거절하고 학문에 전념. 시호는 문성(文成).

62 朴玄石先生(박현석선생) : 현석(玄石) 박세채(朴世采). 1631년(인조 9)~1695년(숙종 21). 조선 중기의 학자·정치가. 자는 화숙(和叔), 현석은 호.

에 오르시니, 이 공(公)이 증대부(曾大父)이시다. 조부(祖父)의 휘(諱)는 제관(濟觀)이시니 문학이 높고 효우하셨으니, 박종면(朴宗冕) 공께서 그 산소의 묘지(墓誌)를 쓰다. 아버지는 휘(諱) 두영(斗永)이시고 호는 심학헌(心學軒)이시며 시집(詩集)이 있고, 부인은 파평 윤씨(坡平尹氏) 순규(舜奎)의 따님이신데, 팔송선생(八松先生)[65]이 후손이 없었는데, 나주 임씨(羅州林氏) 동리(東里)[66]에게서 자랐는데, 후에 아버지가 입양한 것[67]이라 하였다.

순묘(純廟; 純祖 丁亥年, 1827) 4월 30일에 능주(綾州) 월곡리(月谷里; 달아실) 집에서 태어났으니, (그곳은) 학포공(學圃) 때부터 복거(卜居)하시던 땅이다. 공(公; 梁相恒)은 태어나 어려서부터 재주와 지혜가 총명하였고,[68] 어려서 여러 아이들과 노는데 있어 행동거지가 범상하지 않았다. 점점 자라매 효도하고 우애하며 타고난 혼정성신(昏定省辰)[69]의 예절로 하고, 도를 따랐으며, 근엄하기가 어른과 같아 형제들에 비해 조금도 어김이[70] 없었다. 어려서 배움에 들어서자 문예가 날마다 진보하고, 독려하기를 번거롭게 여기지 않았으니, 형 월파(月坡) 상정(相鼎), 아우 학운(學雲) 상겸(相謙)과 더불어 삼지재(三芝齋)[71]와 천태사(天台寺)에 나아가 함께 공부에 힘썼다.

---

63 壽陞(수승) : 수직(壽職). 노인직(老人職)에 오름. 조선시대, 나이 많은 노인에게 임금이 내리던 가자(加資). 《經國大典 1, 吏典, 老人職》에 「年八十以上, 勿論良賤, 除一階, 元有階者, 又加一階, 堂上官, 有旨乃授」.

64 同中樞(동중추) : '동지중추부사(同知中樞府事)'의 준말. 조선시대, 중추부(中樞府)의 종2품 벼슬.

65 八松先生(팔송선생) : 팔송(八松) 윤황(尹煌). 1572년(선조 5)~1639년(인조 17).

66 林氏東里(임씨동리) : 동리(東里) 임위(林瑋). 1597년(선조 30)~1668년(현종 9). 조선 후기의 학자. 자는 평중(平仲), 호는 무민당(無悶堂). 본관은 회진(會津).

67 沂遠(기원) : 근원이 먼 곳, 곧 양녀를 혈손이 아닌 먼 곳에서 입양함.

68 岐嶷(기억) : 총명한 모양. 또는 어린 나이에 총명하고 뛰어남. 《詩經, 大雅, 生民》에 「誕實匍匐, 克岐克嶷」.

69 省定之節(성정지절) : 혼정신성(昏定晨省)의 예절. 저녁에는 이부자리를 펴드리고, 아침에는 편안히 주무셨는지를 살핌. 《禮記, 曲禮 上》에 「凡爲人子之禮, 昏定而晨省」.

70 拂戾(불려) : 어김. 거스림. 한(漢) 마융(馬融)의 《長笛賦》에 「牢剌拂戾, 諸賁之氣也」.

71 三芝齋(삼지재) : 현 전라남도 화순군 도곡면 모산리(茅山里) 후록에 있음. 원래는 만석암(万石菴)이었으나, 건지(乾芝)·곤지(坤芝)·만지(滿芝) 삼산(三山)의 이름을 취하여 명명하였다. 학포(學圃) 양팽손(梁彭孫)의 7세손인 경하(景夏)·석하(錫夏)·익하(翊夏) 등 일곱 사람이 영재육성을 목표로 '삼지재서계(三芝齋書契)'를 창설하여 '월곡의숙(月谷義塾)'을 개설. 현 '도곡중앙초등학교(道谷中央初等學校)'의 전신. 삼지재족보청 간행, 양현승 역, 《제주양씨세적(濟州梁氏世蹟)》(월인, 2007) 참조.

공께서는 자라남에 고운 옷과 음식을 배불리 먹고 호화로운 생활을[72] 싫어하며, 음식을 담백하게 하면서 어려움 속에서도 학문 연구하기를 타고난 천성처럼 하는데, 평상시에도 또한 이와 같이 하였다. (心)학헌공(學軒公; 父 斗永)께서 이르시기를,

"이 아들의 역량은 능히 거가대족(巨家大族)의 범절을 지켜야 하는 한 집에서 뒤섞여 있기에는 마땅치 않으므로, 집의 벌열(閥閱)한 중에서 따로 집안을 세워야 한다."

라고 하면서, 갑인년(甲寅年)[73]에 죽청리(竹青里; 현 전라남도 화순군 도곡면 죽청리 406번지)에 집을 지어 분가(分家)[74]시켰다. 새벽의 뜰에 있는 꽃을 시로 짓기도 하고, 손수 꽃을 심고 살면서 집의 봄꽃을 노래한 시가 매우 많다. 공께서는 처음에 차마 부모의 곁을 떠날 수 없어 근심하였으나, (아버님의) 명령을 따르면서 시로 써서 처마에 걸고 죽을 때까지 스스로 쓴 것으로 만족하였다.[75] (어버이를) 경모(敬慕)[76]함에 월곡(月谷; 달아실) 집까지의 거리는 큰 내를 건너서 십 리가 넘는데도 끝내 건너가 날마다 뵈었으며, 하루라도 뵙지 못하면 하인을 시켜 문후(問候)[77]하고 반드시 맛있는 음식을 바쳤다. 비록 다른 일이 있더라도 일찍이 3일을 넘기지 않았다. 아버지의 가르침을 집안을 꾸려가는 밝은 계책으로 삼아 가업을 다스려갔다. 향리(鄕里; 竹青里)의 주위를 유람하면서 책을 받들어 보기를 옥(玉)을 잡듯이 하고 공손히 하며 몸을 굽혀 보였다. 말하기를,

"얻고 잃음에 마음 움직임이 없지 않고, 또 세력 있는 관리에게 뇌물로 매수하는 폐단(弊端)[78]과 다툼이 쌓이니 선비가 참을 수 없는 바이다."

---

72 輕肥(경비) : 경구비마(輕裘肥馬). 가볍고 따뜻한 갖옷과 살진 말. 뒤에 부귀하여 호화롭게 생활함을 형용하는 말. 《論語, 雍也》에 「赤之適齊也, 乘肥馬, 衣輕裘」.

73 甲寅年(갑인년) : 1854년(哲宗 5). 공의 나이 28세 때.

74 柝箸(탁저) : 석저(析箸). 젓가락을 나누어 가짐. 분가(分家)함. 명(明) 주원필(朱元弼)의 《猶及篇》에 「沈益川騰蛟者, 憲副秦川公伯子也. 憲副晩而更置室, 生子騰龍, 析箸別居」.

75 분가한 죽청리(竹靑里)의 사랑채 당호(堂號)와 기거하는 방 문미(門楣)에 아버님 두영(斗永)의 호인 '심학헌(心學軒)'과 '서남(瑞南)'을 써서 각각 '심학당(心學堂)'과 '소서남(小瑞南)'이라 현액(懸額)하였고, 이에 대한 시를 써서 또한 판각(刻板)하여 걸음.(그림 참조).

76 羹牆(갱장) : 선배를 추모하거나 성현을 앙모함. 《後漢書, 李固傳》에 「昔堯殂之後, 舜仰慕三年, 坐則見堯於牆, 食則覩堯於羹」.

77 伻候(평후) : 사람을 시켜 안부를 물음. 종이나 하인을 시켜 문후(問候)함.

78 關節之弊(관절지폐) : 몰래 뇌물을 먹여 관리를 매수하는 일의 폐단. 암암리에 행하는 내통이나 청탁의 폐단. 당(唐) 소악(蘇鶚)의 《杜陽雜編, 上》에 「瑤英善爲巧媚, 載惑之, 怠於塵務,

하고 드디어 과거 공부를 폐하고 실용에 힘쓰기를[79] 부지런히 하여 게으름을 피우지 않고, 제자백가(諸子百家)와 주(周)・한(漢)・당(唐)・송(宋)의 사서(史書)를 널리 섭렵하여 몰입하고,[80] 굴원(屈原)・반고(班固)・한유(韓愈)・소식(蘇軾) 등의 글을 섭렵하지 않음이 없었다. 경서의 심오한 뜻을 담론하고, 학문하는 선비들과 글을 평할 때에는 양보하지 않아 격조(格調) 있는 문체(文體)를 깊이 있게 터득하였다. 이에 집안에는 항상 (찾아온 손님들의) 신발로 가득 찼는데, 모두 같은 향리의 사람들과 영・호남의 빼어난 선비들이었다. 술을 거르고 물고기를 잡거나, 혹은 높은 곳에 올라 읊조리다가 해가 저물어도 고향에 돌아가는 것을 잊었다.

자제들이 문과 뜰을 출입할 때는 곡진하게 타일러 신신당부하며[81] 가르치고, 독서하는 여가에는 바람을 쐬고 무우(舞雩)의 강에서 즐기니,[82] 또한 기수(沂水)[83]의 즐거움을 알았던 것이다.

경신년(庚申年; 1860년, 哲宗 11. 나이 34세) 부친상(父親喪)[84]을 당하니, 술과 고기를 먹지 않고 예로써 상을 마치고, 또 병자년(丙子年; 1876년, 高宗 13. 나이 50세)에 어머니 상(喪)을 당하니,[85] 나이가 많아 이미 몸이 쇠약하였으나, 또한 전날의 아버지의 상사(喪事)와 같이 하였다.

거처하는 곳은 뒤에는 산을 등지고, 앞에는 호수에 임하였으며, 또 넓은 들녘과 이어져 앞이 넓게 트이고 밝으니, 기름진 곳이어서 풍치가 참으로 빼어난 곳

而瑤英之父曰宗木, 兄曰從義, 與趙娟遞相出入, 以構賄賂, 號爲關節」.

79 孜孜(자자) : 부지런히 힘씀. 《書經, 益稷》에 「予何言, 予思日孜孜」.

80 汎濫(범람) : 널리 섭렵하여 책 속에 몰입함. 남조 양(南朝梁) 소통(蕭統)의 《與何胤書》에 「[余]每鑽閱六經, 汎濫百氏, 硏尋物理, 顧略淸言」.

81 諄諄(순순) : 거듭 타이르고 신신당부하는 모양. 《詩經, 大雅, 抑》에 「誨爾諄諄, 聽我藐藐」.

82 風浴江雩(풍욕강우) : 풍우(風雩). 기수무우(沂水舞雩). 무우(舞雩)에서 서늘한 바람을 맞고 기수(沂水)에서 목욕한다는 뜻으로, 벼슬에 뜻이 없음을 말함. 또는 때에 맞게 처세하면서 유유자적함을 이름. 《論語, 先進篇》에 「浴乎沂, 風乎舞雩」.

83 沂水(기수) : 산동성(山東省) 곡부시(曲阜市) 남동쪽의 니산(尼山)에서 발원하여 자양현(滋陽縣)을 지나 사수(泗水)와 합류하는 강. 《論語, 先進編》에 「[曾點]曰 暮春者 春服旣成 冠者五六人 童子六七人 浴乎沂水 風乎舞雩 詠而歸」.

84 丁外憂(정외우) : 정부우(丁父憂). 아버지의 상사(喪事)를 당함. 《魏書, 李彪傳》에 「伏見朝臣丁父憂者, 假滿赴職, 衣錦乘軒, 從郊廟之祀」.

85 內艱(내간) : 내우(內憂). 어머니의 죽음. 당(唐) 양형(楊炯)의 《原州百泉縣令李君神道碑》에 「君年十一, 丁內艱」.

으로, 덕망이 높고 빼어난 선비들이 거닐기에 좋은 땅이다. 공은 하늘을 우러르고 땅을 굽어보며 소요하고, 좌우에는 책들을 놓고, 계단과 섬돌의 기암괴석에는 화초를 기르며 늙는 줄을 모르더니, 얼마 있다가 외국인(外國人)들이 한양 도성을 방자하게 횡행한다는 끔직한 소식을 듣고 분개하면서 시 짓기를,

滄茫家國愁千種(창망가국수천종)
慷慨男兒血一腔(강개남아혈일강)
末路風塵知不遠(말로풍진지불원)
安將寄傲倚南牕(안장기오의남창)

집안과 나라의 앞일 아득하니 온갖 근심이 일어나
비분강개한 남아는 한입 가득 피를 머금네.
끝내 병란(兵亂)이 오래지 않아 일어남을 알겠으니
어찌 남쪽 창에 기대어 맡겨두고만 있으리?

라고 하면서, 때마침 술이 있어 마신 후에는 술병을 두드리고 노래하며, 천고에 불평하였다. 무릇 경치를 보며 노닐어 즐기면서도 반드시 (나라의 근심에 대한) 정회를 쏟아낸 것이 매우 많았으니, 물가의 정자나 산 위의 정자에 올라서 지은 시에도 일찍이 나라 구하기를 청한 것이 다음으로 많았으니, 한후(韓侯)[86]가 다스림에 임한 근본처럼 백성을 기름에 있는 것이었다.

영벽정(映碧亭)[87]을 중수(重修)하고도 알기(謁記)[88]에 끝내 응하지 않은 것도 매우 스스로 몸을 낮춘 것이요, 기르면서도 스스로를 자랑하지 않은 것이니 거의 경전(經傳)에 있는 뜻과 가까운 것이요, 소위 앎을 나타내지 않으나 그러나 후회하지 않는 것이 아니겠는가?

본디 건강하여 병이 없더니 추위에 감기를 앓다가 집에서 돌아가신 것은 □ 고종(高宗) 신묘년(辛卯年; 1891년, 고종 28) 12월 12일이다. 나이는 65세이고

---

86 韓侯(한후) : 한(漢)나라 회음후(淮陰侯)를 지낸 한신(漢信).
87 映碧亭(영벽정) : 현 전남 화순군 능주면 연주산 아래 지석강(芝石江) 가에 있는 정자.
88 謁記(알기) : 중수(重修) 내력을 적은 기록.

이듬 해 2월에 본주(本州; 和順郡) 춘양면(春陽面) 대치리(大峙里) 원봉(圓峰) 아래 서북간에 새로 무덤을 만들어 장사(葬事) 지내다. 죽음을 애도하는 만장(輓章)과 뇌사(誄辭)[89]가 길을 메우고, 노전(路奠; 路祭)을 지낼 때에는 고을 사람들의 울음소리가 서로 이어져 그치지 않으니, 이르기를,

"어진 사람이 돌아갔으니 어떻게 우러러보리오?"

라고 하였다. 공께서는 나면서부터 자질이 뛰어나게 다르고, 눈빛이 맑고 정신이 밝고, 기개와 도량이 비범하며,[90] 큰 키에 신체가 장대했다. 뛰어나고 총명하게 태어난 사람이니, 경서와 사서를 통람(通覽)하고, 시문을 익히는 데 힘들이지 않고 일찍이 이루었다. 나이를 먹어서는 위기지학(爲己之學)에 힘쓰고 스승의 학문에 연원(淵源)을 두지 않고 스스로 깨우치니 도는 자신의 천성에 이미 갖추어져 있었고, 그의 말들은 바야흐로 책에 모두 있는 것이었으니, 참으로 뜻을 돈독하게 하니 깨닫지 못함이 없었던 것이다. 그의 평상시의 말과 행실에는 하나라도 고인을 법으로 삼으니, 비록 황급한[91] 순간에도 군색한 모습은 볼 수 없었다. 그가 하는 것의 공근함을 알면 덕 있는 군자인 것이다. 어른에게는 충후(忠厚)하고 온순하며 또한 따르니, 이는 몸을 닦으니 몸이 닦이고, 집안을 다스리니 집안이 다스려지고, 어버이를 섬기니 어버이가 편안하시고, 형과 아우들과 우애하며 교제를 화목하게 하니 벗들에게 믿음이 있는 까닭이다. 어느 해인가 직지사(直指使; 暗行御史의 별칭) 아무개 공이 학행으로 추천하는 장계(狀啓)를 올렸으나 (조정에서는) 벼슬을 내리지 않으니 이것은 공에게는 손해도 이익될 바도 없었고, 사람을 부림에 지극히 자약(自若)하게[92] 하니, 권세를 잡아 벼슬에 있는 사람이 끝내 그 책임을 마다할 수 없었다. 유고(遺稿) 약간 권이 있어 집에서 간직하고 있다.

부인은 여산(礪山) 송씨(宋氏)니 아무 날에 났으니, 감역(監役) 인만(仁萬)과

89 誄辭(뇌사) : 뇌문(誄文). 죽은 이를 애도하는 글. 송(宋) 손광헌(孫光憲)의 《北夢瑣言 6》에 「詔下之日, [陸龜蒙]病終, 光化三年, 贈右補闕, 吳侍郎融傳貽史, 右補闕韋莊撰誄文」.

90 氣宇軒昂(기우헌앙) : 기개와 도량이 비범한 모양. 송(宋) 채조(蔡絛)의 《鐵圍山叢談 3》에 「林中書彦振攎氣宇軒昂」.

91 造次之間(조차지간) : 조차전패(造次顚沛). 엎어지고 자빠지는 매우 황급한 때. 매우 위급하고 중대한 순간. 《論語, 里仁》에 「君子無終食之間違仁, 造次於必是, 顚沛於必是」.

92 自若(자약) : 태연자약(泰然自若). 어떤 일에도 흔들리지 않고 본래의 모습을 유지함. 《國語, 越語 下》에 「自若以處, 以度天下, 待其來者而正之, 因時之所宜而定之」.

진사(進士) 주순(周純)이 아버지이고 또 할아버지이시다. 부덕(婦德)을 모두 갖추셨으니 평상시의 음식을 지극히 하고, 비록 충분하지 않을 때라도 반찬을 남겨 이웃 부녀자들로 음식 굶는 사람들을 대비하였으며, 돌아다니는 거지와 불구자들에게는 특별히 온정의 뜻을 더하니, 이것은 대개 하찮고 작은 일이나 당시의 행했던 것을 헤아릴 수 있다. 공이 죽은 십육 년 후인 정미년(丁未年; 1907년, 純宗 1) 모일에 돌아가시니, 묘는 도곡면(道谷面) 모산촌(茅山村) 뒤 간좌(艮坐; 東北쪽)에 있다. 승묵(升默)・혜묵(惠默)・연묵(淵默) 세 아드님을 낳고, 두 따님은 영일(迎日) 정해징(鄭海徵), 울산(蔚山) 김요방(金堯昉)이다. 손자는(升默의 子) 재면(在冕), 재희(在熙)이고, 손녀는 영일(迎日) 정운동(鄭雲東)이다. 큰아들 다음(惠默의 子)은 재경(在京), 재준(在駿), 재민(在敏)이고 따님은 충주(忠州) 박하량(朴夏亮), 나주(羅州) 임종력(林鐘劦), 고령(高靈) 신걸중(申杰仲), 다음(淵默의 子)은 재성(在聲), 재걸(在杰), 재호(在昊), 재석(在錫)이고, 따님은 나주(羅州) 임형규(林衡圭)이다. 막내 아우는 갑원(甲源), 석원(碩源), 정원(鼎源)이고, 딸은 죽산(竹山) 안사순(安思淳)이고, 정(鄭)씨 사위는 김(金)씨 처인데 일찍 요절하였다. 먼 남녀까지 무릇 30여 인이 있으나 아직 죽지 않아 기록하지 않는다.

오호라! 저 우원(友源)은 늦게 태어나서 아직 한 번도 제사상에 배례(拜禮)를 드리지 못했으나 소문으로 들은 것이 많았으며, 나의 고조부(高祖父)의 친형제[93] 이신 지재공(持齋公) 휘(諱) 석(濊)께서는 여러 해 동안 오가며 시가(詩歌)를 주고 받으셨으니, 더욱 그(梁公相恒)의 글과 학식이 풍부하며[94] 말과 행실이 충직하고 독실하신 것을 믿겠고, 또 상사(喪事)에 조문(弔問)한 여러 선비들[95]의 글에 가로되,

"타고난 천품이 정직하고 방정하며, 몸가짐이 단정하고 정결하며 뜻이 굳세나 옛것에 머무르지 않고, 몸가짐을 낮추나 속된 것을 따르지 않았다."

---

93 袒免祖(단문조) : 오복친(五服親; 다섯 가지의 喪服) 이외의 친척. 《禮記, 大傳》에 「五世袒免, 殺同姓也」.

94 富贍(부섬) : 문재나 학식이 풍부함. 남조 송(南朝宋) 유의경(劉義慶)의 《世說新語, 言語》에 「道壹道人好整飾音辭, 〈劉孝標注〉 沙門題目曰, 道壹文鋒富贍」.

95 祭公(제공) : 제공모부(祭公謀父). 서주(西周) 사람. 주공 단(周公旦)의 손자. '상사(喪事)에 조문(弔問)한 여러 선비들'의 뜻. 《竹書紀年, 下》에 「[穆王]十三年春, 祭公帥師從王西征, 次于陽紆」.

라고 하고, 또 가로되,

"그의 평소에 닦아 놓은 수양과 학문[96]을 볼 것 같으면 긴 강물처럼 마르지 않는다."

라고 하였으며, 또 돌아가신[97] 양상형(梁相衡) 공께서는 가로되,

"부모님께 효도하고 형제간에 우애하며, 정이 두텁고 화목하며, 말은 느리나 실제 행동은 재빠르고 능란하며,[98] 가풍을 잇고 실질을 닦았다."

라고 하며, 도사(都事)[99] 괴음(槐陰) 이규영(李奎永) 공은 가로되,

"학식을 배양하고 문재(文才)를 쌓았으며, 후손을 복되게[100] 하였다."

라고 하였으며, 녹실(綠室) 정해만(鄭海晩) 공은 가로되,

"공융(孔融)[101]의 도를 듣고 곽태(郭泰)[102]를 바라보는 듯이 했다."

라고 하였으며, 죽포(竹圃) 안정(安楨) 공은 가로되,

"청운의 꿈을 힘들여 이루는 것은 인성과 천명이 완전함만 같지 않으니, 이것은 모두 당시에 덕(德)을 기르면서 아부(阿附)하지 않음이니, 그것을 좋아하는 사람들은 반드시 그렇게 하는 것이었다."

라고 하였다.

이전에 (양)재성(梁在聲)과 (양)재희(梁在熙)가 (양상항 공께서) 저술한 문서를 안고 와서 글[行狀]을 지어달라고 청한 바, 글이 비천(卑賤)하고 말이 낮은 사람이라고 사양하였으나 한결같이 청하기를 더욱 열심히 하고, 또 고조부(高祖父) 종형제 아우 정원(鼎源)이 곁에서 힘들여 간절하게 따르라고 하니, 그만두지 못하고 그 개략을 이상과 같이 썼으나, 어찌 공이 평소에 닦은 수양과 학문

---

96 蘊素(온소) : 소온(素蘊). 소양(素養). 평소에 닦아 놓은 수양이나 학문. 《漢書, 李尋傳》에 「馬不伏歷, 不可以趨道, 士不素養, 不可以重國」.

97 柏下(백하) : 백하인(柏下人). 묘지에 묻혀 있는 사람. 묘지에 측백나무를 많이 심기 때문. 진(晉) 도잠(陶潛)의 《諸人共遊周家墓柏下詩》에 「感彼柏下人, 安得不爲歡」.

98 訥言敏行(눌언민행) : 말은 느리나 행동은 빠름. 《論語, 里仁篇》에 「君子欲訥於言而敏於行」.

99 都事(도사) : 조선시대 의금부(義禁府)에 딸린 한 벼슬. 품계는 처음에 종5품. 《大典會通 1, 吏典, 京官職, 義禁府》에 「都事五員(從六品)」.

100 裕後(유후) : 후손을 복되게 함. 《朝鮮世祖實錄 10, 3年12月丙午》에 「玆蓋至仁裕後, 大度包蒙」.

101 孔融(공융) : 후한(後漢) 노(魯) 땅 사람. 공자의 후손. 학교를 세우고 유술(儒術)을 숭상함.

102 郭泰(곽태) : 곽태(郭太). 후한(後漢) 태원(太原) 계휴(界休) 사람. 벼슬에 나아가지 않고 향리에서 제자를 가르쳐 그 수가 수천 명에 이르렀음. 《後漢書 98》.

을 모두 썼다고 말할 수 있으리오? 만약 이후에[103] 군자(君子; 梁相恒)에 대해서 후세에 교훈이 될 만한 글을 채택하고자 하면 모든 원본(原本)의 글들을 자세히 보아야 할 것이다.

---

103 嗣後(사후) : 그 뒤. 이후. 장래. 명(明) 당순지(唐順之)의 《答俞敎諭書》에 「嗣後更望時惠盡言, 此僕之所汲汲而求也」.

家狀

三房孫在聲謹撰

祖考府君 諱相恒 字穉久 號瑞竹 以所居爲瑞石山南 而里竹青也 我梁肇出乇羅 歷羅麗爲名族 入□本朝惠康公學圃先生 當中宗己卯 與靜沖諸賢彙征大猷 禍作罷斥南歸 □贈吏判 配享竹樹書院 是生諱應箕校尉□贈戶參 諱山立僉正 諱仁容號松石亭 昏朝棄官 與朴松堂英齊 名九峰諱渭南 進士孝除參奉旌閭 受業于成牛溪門 從金沙溪安隱峰 遊甲子丁卯並擧義 章甫議俎豆 寔府君七世以上也 高祖諱復夏 無嗣取弟僉樞泰夏子 子之諱命龜 創家興基 著湖南種德 名閥壽同中樞 追榮三世 尹明齋撰行狀是爲 曾大父諱濟觀 朴公宗冕誌墓 稱華國文學 傳家孝友大父也 考諱斗永 文行德望世濟其美 號心學軒 有詩集二卷 妣坡平尹氏八松煌後 舜奎其父无育 羅州林氏東里埠後 沂遠其考 府君以□純祖丁亥四月三十日[ ]時生于月谷第 目睟神朗 在乳岐嶷 超異凡兒 知學藝業日就 孝爲天植日必定省 志行如老成人 與伯兄月坡相鼎弟學雲相謙 同劬工于三芝齋及天台佛宇 學軒公敎有度 府君未弱冠 博雅宏深 文名屈儕輩 時稱梁門三鳳 時甲第素封 梁肉可厭 而府君服食僅比寒士 麥飯土醬喫淡 攻苦洞屬 以奉親旨惟以刊 華實踐力學修行爲事 甲寅學軒公謂 此子有大家氣度 器局恢弘多大節 顧月谷閭井稠疊 不可拘縶 當別設新庄以居之 遂治第于兩連江上竹青里 實鍾駕山東麓 瑞石南望之陝也 錫土田臧獲將 移植府君 府君不忍離違 無意就僑 學軒公躬率以往 作詩曉之 有庭花仍手種 留待萬家春之句 三年然後歸月舖 府君遵命 揭詩于楣 終身孺慕 著新居自叙萊衣姜衾之曠 望雲之懷 切於臥起 距家庭爲十里 大江橫野 日必溫柔還侍 或有疾故未行 供旨物伻問 未嘗有三日闕 學軒公杖屨時 臨伯仲季塤篪躬造 府君歌南陔和 常棣迭唱交奏 以爲天下一樂 瀟灑新宅 湖山納勝 風景呈美 左右圖書滿壁 花石分砌互映 府君終日坐古籍 中心遊周漢唐宋史 口哦屈宋韓柳家 爲文近義理 外麗纈賦詩 逼情境省藻華 筆力遒勁有筋骨 臨池揮灑 玉索鐵繩 璀瓌玲瓏於眼前 一時名碩 如梁上舍

晚羲進永 李侯石樵章愚 鄭渠史奭 諸公許以南州高士 庚申丁外艱 柴毁骨立 不御酒肉 丙子遭內憂 禮戚如前喪 嘗有徬冊 少年懷忮求私念 以薄物望厚償遍 一鄉要之無違者最後又於府君 府君摽其奴 出諸大門 外責之曰 州官許私屬行悖理事 吾恐政體有損 其人不敢復言 國家名器不重使富民 一齊應命任內寺勤[ ] 八方郡國人心大擾 府君歎曰 逢迎之臣 誣上行私 一至此哉 不問農之子賈豎雇兒 惟富是擧蒙授假官 視古爵人於朝何如也 雖然堂堂大夫家宦寺何敢焉 吾輩無憂 人 或疑府君過言 果自內寺錄 府君及昆弟有服 親名殆六七家還復停止 有山陽鄭某承內寵 出入禁闥見而語之人 始服府君語 府君嘗觀光試圍 奉劵如執玉 鞠躬進納觀者稱敦厚 丈人有罄折爲禮而知名者 及聞倭書行 慨然作詩有 蒼茫家國愁千種 慷慨男兒血一腔 末路風塵知不遠 安將寄傲倚南牕 又言 伊川被髮未百年 必有陸渾之化戎 自是杜門廢科與伯氏 雖迭有道繡啓薦 皆不屑焉 撫松盤桓自謂 無懷葛天之民 酒後擊缶 浩歌有千古不平之想 遂教授生徒 扶持世道 反以求之詩書六藝之文 諄諄曉譬 湖西嶺湖二南 親戚賓友 陸續來訪 釃酒獵鮮 登高作賦 竟日忘歸鄉 子弟出入門庭 薰化漸染 因材成就 讀書之餘 使風浴江雩 期得沂水之樂 時有農工作役于堂下子弟在庭臨時 府君曰 勞心者治人 勞力者治於人 汝輩無勞心 治人之責而袖手觀之 不幾於閒 遊漫浪子乎 命分其勞 閨門之內 斬斬如朝廷 闃無人聲 値荒年 里閈菜色 間日授餐 而全活之 內堂常有餘食 夫人宋氏不許撤去 以待隣婦來食 丐乞者亦使之 加護救死 其德性有素 亦見 府君刑于攸屆也 子壻在書室 若有戲慢語必 招責之有出 而還必問謁 某丈聞何語交何人有甚事 因其語而誘之 使曉義 是以先考伯仲季 人稱有父風 一家內外 上下婦人不敢以華美服 惰慢容見于前婢僕 使令男女百口 事主之誠忠 篤無僞曰 生無忘恩 死無背德 不然吾輩獲戾于天 祝願之聲載路 至今其子孫 服役者能念渠 父祖言而相戒盡心 里中長少 自知有行悖乞 不使府君知之 或隱避 不敢前曰 某公行次 吾不敢見 被其陰德 頌歌其恩感禱後祿 是以伯祖月坡公 對小子輩 撫頂歎曰 吾四家中 汝祖享福必多其孝弟詩禮 品行之卓卓 吾不可及求之先輩 亦罕其儔 子孫必昌 又曰 吾文不如仲弟 筆不如叔弟 富不如季弟 豈其不如也 謙以勗之多此類也 府君素養無疾 臨年患咳漱 當寒尤欲 以□高宗辛卯十二月十二日 考終于

瑞竹堂 壽六十五 以禮月葬于綾之春陽面大峙里 圓峰下麓 乾坐之原 挽祭塞路 車馬百具 會者甚衆 巷哭相聞 皆曰 仁人逝矣 吾輩安仰焉 有詩集二卷 方編校營印 配礪山宋氏 監役仁萬 進士周純其父祖 婦德咸備 有古女風 後府君十六年夃 墓道谷面茅山村後艮坐 擧三男二女 男升黙惠黙淵黙 女適迎日鄭海徵 蔚山金堯昉 孫長房二男 在冕在熙 一女適迎日鄭雲東 二房三男在京在駿在敏 三女適忠州朴夏亮 羅州林鍾畗 高靈申杰 三房四男在聲在杰在昊在錫 一女適羅州林衡圭 鄭海徵男甲源碩源鼎源 女竹山安思淳 金妻早夭无育 曾玄男女總三十餘人 不能盡錄.

삼방손(三房孫) 재성(在聲) 근찬(謹撰)

돌아가신 할아버지의 휘(諱)는 상항(相恒)이요, 자는 치구(穉久), 호는 서죽(瑞竹)이시다. 사셨던 곳은 서석산(瑞石山; 無等山) 남쪽 마을 죽청리다. 우리 양씨의 시조는 탁라(乇羅)[104]에서 나와서 신라와 고려를 거치면서 이름난 종족이 되었다. □본조(本朝; 朝鮮王朝)에 들어와서 혜강공(惠康公) 학포(學圃; 梁彭孫) 선생께서 중종(中宗) 기묘년(己卯年; 1519)에 정암(靜庵; 趙光祖)・충암(冲菴; 金淨) 등 여러 현인들과 함께 등용되어[105] 큰 공적을 세웠는데, 기묘사화(己卯士禍)가 일어나 파면되고 물리치자[106] 남쪽으로 돌아왔다.[107] □이판(吏判)에 증직(贈職)되고[108] 죽수서원(竹樹書院)[109]에 배향되다. 아들(장자) 휘 응기(應箕)는 교위(校

---

104 乇羅(탁라) : 탁라국(乇羅國). 나라 이름. 고대에 제주도(濟州道)에 있었음. 《朝鮮英祖實錄 24, 5年9月辛卯》에 「濟州儒生高漢俊等上疏言, 耽羅, 卽古乇羅國也」.

105 彙征(휘정) : 훌륭한 인재를 등용함. 《易經, 泰》에 「初九, 拔茅茹, 以其彙, 征吉」.

106 罷斥(파척) : 파면하여 물리침. 송(宋) 섭몽득(葉夢得)의 《石林燕語 10》에 「公嘗疾士大夫交通權近, 至是, 亦有僞作公乞罷斥宦官章傳播者」.

107 南歸(남귀) : 1519년 10월 기묘사화가 일어나자, 조광조・김정 등을 위하여 소두(疏頭)로서 항소하였다. 이 일로 인하여 삭직되어 고향인 능주로 돌아와 중조산(中條山) 아래 쌍봉리(雙鳳里)에 학포당(學圃堂)을 짓고 후학 양성과 시서화(詩書畵) 및 독서로 소일함.

108 贈吏判(증이판) : 선조(宣祖) 8년(1575)에 이조참판(吏曹參判)에 증직됨. 공식적 증직 명칭은 '가선대부이조참판겸홍문관제학동지경연의금부춘추관성균관사(嘉善大夫吏曹參判兼弘文館提學同知經筵義禁府春秋館成均館事)'.

109 竹樹書院(죽수서원) : 현 전라남도 화순군 모산리 15-3에 소재하고 있으며, 전라남도 문화재자료 제130호. 죽수(竹樹)는 능주(綾州)의 별칭. 선조 3년(1570)에 사액서원(賜額書院)으로

尉)[110]로 □호참(戶參; 戶曹參判)에 증직되었다. 휘 산립(山立)은 첨정(僉正)을 지냈으며, 휘 인용(仁容)의 호는 송석정(松石亭)으로 혼조(昏朝; 光海君) 때라 벼슬을 버리고 송당(松堂) 박영제(朴英齊) 선생과 함께하였으며, 호가 구봉(九峰)[111]인 휘 위남(渭南)은 진사(進士)를 지내시고 효행(孝行)으로 참봉(參奉)을 제수하고 정려(旌閭)를 받들었다.[112] 우계(牛溪) 성선생(成先生; 成渾)[113]에게 수업하고 사계(沙溪) 김장생(金長生)[114]과 은봉(隱峰) 안선생(安先生)[115]의 문하에 공부하다가 갑자괄란(甲子适亂)[116]과 정묘호란(丁卯胡亂)[117] 때에는 의병을 일으켜 유생(儒生)[118]으로서 제향(祭享)에 모신 것이다.[119] 이상이 부군(府君; 相恒)의 7세 이상의 가장(家狀)이다.

고조 휘 복하(復夏)께서는 후사(後嗣)가 없어 아우 첨추(僉樞) 태하(泰夏)의 아들을 (양자로) 취하셨으니, 아들의 휘는 명구(命龜)로 집안의 기반을 크게 일으켜 호남에서 은덕을 뚜렷하게 펼쳐[120] 집안의 높은 명성과 장수로 동지중추부사(同知中樞府事)[121]를 지내시니 3세에 걸쳐 (선조에게) 은영(恩榮)을 더하게 했

건립되어 기묘사화(己卯士禍) 때 희생당한 조광조 선생을 배향하였는데, 인조 8년(1630)에 혜강공 양팽손을 추가 배향. 고종 5년(1868)에 훼철되어 제단만 남았던 것을 1971년 도곡면 월곡리 학포부조묘 옆에 지었다가 1991년에 현재의 위치에 복원하였음.

110 校尉(교위) : 조선시대, 정5품에서 종6품까지의 장교를 두루 이르는 말.

111 名九峰(명구봉) : 명(名)은 호(號)의 오기. 휘 위남(渭南)의 호는 구봉(九峰)임.

112 奉旌閭(봉정려) : 위남(渭南)의 의병과 효행으로 천거되어 기축년(己丑年, 1709)에 나라에서 정려문(旌閭門)을 세움.

113 成牛溪(성우계) : 우계(牛溪) 성혼(成渾). 1535년(중종 30)~1598년(선조 31). 조선 중기의 성리학자.

114 金沙溪(김사계) : 사계(沙溪) 김장생(金長生). 1548년(명종 3)~1631년(인조 9). 조선 중기의 학자·문신.

115 安隱峰(안은봉) : 은봉(隱峰) 안방준(安邦俊). 1573년(선조 6)~1654년(효종 5). 조선 중기의 학자. 호는 은봉(隱峰)·우산(牛山).

116 갑자(甲子) : 갑자괄란(甲子适亂). 갑자년(甲子年, 1624. 인조 2)에 일어난 이괄(李适)의 난(亂).

117 丁卯胡亂(정묘호란) : 1627년(인조 5)에 일어난 후금(後金; 뒤의 淸)의 침입.

118 章甫(장보) : 은(殷)나라 때의 예관(禮冠)을 지칭. 유자(儒者)의 관을 두루 지칭하는 말로 유생(儒生)을 의미. 《禮記, 儒行》에 「丘少居魯, 衣逢掖之衣, 長居宋, 冠章甫之冠」.

119 俎豆(조두) : 조(俎)와 두(豆)는 모두 제기(祭器)로, 제향(祭享)에 모심. 《論語, 衛靈公》에 「俎豆之事, 則嘗聞之矣, 軍旅之事, 未之學也」.

120 種德(종덕) : 은덕을 남에게 베풂. 《書經, 大禹謨》에 「皐陶邁種德, 德乃降, 黎民懷之」.

121 同中樞(동중추) : '동지중추부사(同知中樞府事)'의 준말. 조선 시대 중추부(中樞府)의 종2품 벼슬.

으니[122] 윤명재(尹明齋)[123] 선생께서 가장(家狀)을 찬술(撰述)하였다. 증대부[曾祖] 휘는 제관(濟觀)이니 박종면(朴宗冕) 공께서 묘지(墓誌)를 지어 나라를 빛낸 문학(文學)[124]이라 칭송하였으며, 효우(孝友)를 가문에 전하신 대부이시다. 선고(先考)의 휘는 두영(斗永)이시니 문장과 덕행, 덕망은 대대로 이어받은[125] 아름다움이었다. 호는 심학헌(心學軒)이며 시집 2권이 있다. 부인은 파평 윤씨(坡平尹氏) 팔송(八松) 황(煌)[126]의 후손이며, 순규(舜奎)가 그의 아버지인데 자손이 없었고, 나주 임씨(羅州林氏)의 동리(東里) 위(瑋)가 후에 입양한 것이라 한다.

부군께서는 □순조(純祖) 정해년(丁亥年, 1827) 4월 30일 모시(某時)에 월곡(月谷; 달아실) 집에서 태어났는데, 눈빛이 맑고 정신이 밝으며 어려서부터 재주와 지혜가 총명하여 다른 아이들보다 월등하게 달랐다. 학예를 배움이 날로 이루어졌으며, 효행은 타고난 것이어서 날마다 반드시 혼정신성(昏定晨省)하였고, 포부와 품행이 나이 많은 덕 있는 사람처럼 하니, 큰형님 월파 상정(月坡相鼎)과 아우 학운 상겸(學雲相謙)과 삼지재(三芝齋)와 천태불우(天台佛宇; 天台寺)에서 함께 공부에 힘쓰니, 학헌공(心學軒公)께서 자녀교육을 하심에 법도가 있었던 것이다. 약관의 나이도 안되어 학식이 넓고 성품이 단아하며[127] 넓고 깊으니 글을 잘하는 명성이 동류들보다 빼어났으니, 당시에 양씨가문의 세 봉황[128]이라 칭송하였다. 당시에 으리으리한 저택[129]에 부유하게 잘 살아[130] 양씨 집안에서는 고기가 가득 찼으나 부군의 의복과 음식은 가난한 선비에 견줄 수 있으니,

---

122 追榮三世(추영삼세) : 3세에 걸쳐 죽은 (소상) 사람에게 은영(恩榮; 임금의 은덕)을 더해 줌. 《北齊書, 楊愔傳》에 「追榮之盛, 古今未之有也」.

123 尹明齋(윤명재) : 명재(明齋) 윤증(尹拯). 1629년(인조 7)~1711년(숙종 37). 조선 후기의 학자.

124 華國(화국) : 나라를 빛냄. 《周禮, 春官, 典路》에 「凡會同軍旅, 弔于四方, 以路從」.

125 世濟(세제) : 대대로 이어받음. 《左傳, 文公18年》에 「世濟其美, 不隕其名」.

126 尹氏八松煌(윤씨팔송황) : 팔송(八松) 윤황(尹煌). 1572년(선조 5)~1639년(인조 17). 조선 중기 문신. 자는 덕요(德耀). 호는 팔송(八松)·노곡(魯谷).

127 博雅(박아) : 학식이 넓고 성품이 단아함. 한(漢) 공안국(孔安國)의 《尙書序》에 「若好古博雅君子, 與我同志, 亦所不隱也」.

128 三鳳(삼봉) : 세 사람의 수재(秀才), 수재 삼형제(三兄弟)를 일컫는 말. 《新唐書, 薛收傳》에 「元敬與收及族兄, 德音齊名, 世稱하동삼봉」.

129 甲第(갑제) : 으리으리한 저택. 명문가의 저택. 《史記, 孝武本紀》에 「賜列侯甲第, 僮千人」.

130 素封(소봉) : 관작이나 봉읍이 없으면서도 봉읍을 가진 귀족에게 비길 정도로 부유한 사람. 《史記, 貨殖傳》에 「今有無秩祿之奉, 爵邑之入, 而樂與之比者, 命曰素封」.

보리밥과 된장국으로 담백하게 먹으면서 어려움을 참고 공부하여 밝게 살피고 어버이의 생각을 받들어 모시며 책을 찍어내니, 실천하고 힘들여 배우고 수행하는 일들이 아름다웠다.

갑인년(甲寅年; 1854. 哲宗 5. 府君 28세)에 학헌공께서 말씀하시기를,

"이 아들은 대가의 기량과 법도가 있으며 재능과 도량이 넓고 기개가 큰데, 월곡은 마을 사람들이 빽빽하고 집들이 연달아 있어[131] 얽매이게 할 수 없으니, 새 전장(田庄)을 지어 살게 하는 것이 당연하다."

하고, 드디어 두 강이 합류하는[132] 강가 죽청리에 집을 지었으니 종가산(鍾駕山)[133] 동쪽 산록이며 서석산 남쪽에 담을 쌓고, 농토와 밭 그리고 하인[134]을 나누어 주고 부군을 옮기도록 했다. 부군은 차마 부모 곁을 떠날 수 없고 타관살이 할 뜻이 없자, 학헌공이 몸소 데리고 가서 시를 지어 깨우쳐 주고 뜰의 꽃을 손수 심으셨다. 만가춘(萬家春)[135]이 익기를 기다리며 시구를 지으시고 3년 후에 월포(月鋪; 月谷)로 돌아가시니, 부군은 (아버님의) 명령을 따라 시를 지어 문설주에 걸어두고 평생토록 부모님을 그리워하고,[136] 새로 지은 집에 부모님께 효도하고 형제간에 우애할[137] 것을 스스로 써서 밝히니, 부모님을 그리워하는[138] 생각

131 稠疊(조첩) : 빽빽하게 중첩됨. 당(唐) 두보(杜甫)의 《八哀詩, 故司徒李公忠弼》에 「三軍晦光彩, 烈士痛稠疊」.

132 죽청리 앞 들녘에서 능주천(綾州川)과 화순천(和順川)이 합류한 영산강 상류 지석강(芝石江).

133 鍾駕山(종가산) : 소재지는 전라남도 화순군 화순읍 원화리. 일명 종괘산(鍾掛山; 해발 374m)이라고도 하며, 《대동여지도(大東輿地圖)》에는 종가산(鍾笳山)이라 표기.

134 臧獲(장획) : 노예를 두루 이르는 말. 《荀子, 王霸》에 「大有天下, 小有一國, 必自爲之然後可, 則勞苦耗顇莫甚焉, 如是, 則雖臧獲不肯與天子易埶業」.

135 萬家春(만가춘) : 만가춘주(萬家春酒). 술 이름. 송(宋) 소식(蘇軾)의 《和陶己酉歲九月九日》에 「持我萬家春, 一酬五柳陶」.

136 孺慕(유모) : 아이가 부모를 그리워하듯이 어버이를 애도하며 추모함. 《禮記, 檀弓 下》에 「有子與子游立, 見孺子慕者, 有子謂子游曰, 予壹不知夫喪之踊也, 予欲去之久矣, 情在于斯, 其是也夫」.

137 萊衣姜衾(내의강금) : 내의(萊衣)는 노래의(老萊衣). 노래자(老萊子) 고사. 어버이를 효성으로 봉양함을 비유하고, 강금(姜衾)은 강굉공피(姜肱共被)의 고사로 형제간 우애의 고사. 《藝文類聚 20》에 「列女傳:老萊子孝養二親, 行年七十嬰兒自娛, 著五色采衣, 嘗取漿上堂, 跌仆, 因臥地爲小兒啼, 或弄烏鳥於親側」. 《後漢書, 姜肱傳》에 「姜肱, 字伯淮, 彭城廣戚人也, 家世名族, 肱與二弟仲海·季江, 俱以孝行著聞, 其友愛天至, 常共臥起」.

138 望雲(망운) : 망단백운(望斷白雲). 객지에서 고향이나 부모를 그리워함. 당(唐) 적인걸(狄仁傑)이 멀리 구름에 가린 고향을 바라보며 부모를 그린 데에서 유래. 《新唐書, 狄仁傑傳》에

을 눕거나 일어서는 동안 모두 다한 것이었다. (월곡) 집까지의 거리가 십여 리쯤 되니 큰 강을 건너고 들을 가로질러서 반드시 날마다 온화하고 유순하게 돌아가서 모시었고, 혹 병이 있어 가지 못하면 맛있는 음식을 하인을 시켜 드리면서 문후하되 3일을 거르지 않았다. 학헌공께서 다정하게 오시면[139] 큰형님[相鼎]과 두 아우들[相謙・相灌]과 함께 질나발과 퉁소[140]를 몸소 만들고, 부군께서는 남해가(南陔歌)[141]를 불러 화답하면 형제[142]들은 번갈아 서로 주고받으며 연주하니, 이를 천하의 즐거움 중의 하나로 여겼다. 한가롭고 편안한 새 집은 호수와 산의 빼어난 경치를 받아들였으니 풍경이 아름답고, 도서들은 좌우의 벽에 가득하며 꽃과 돌은 섬돌에 서로 비치니, 부군은 종일토록 앉아서 고적을 읽으며 마음에 주(周)・한(漢)・당(唐)・송(宋)나라 역사에 노닐고, 굴원(屈原)과 송옥(宋玉), 한유(韓愈)와 유종원(柳宗元) 등 제가들의 시를 읊조리며, 글을 지으면 의리를 가까이하면서, 겉으로는 아름다운 부(賦)와 시(詩)들은 정경을 다하면서도 문식(文飾)이 아름다우면서도 힘이 넘친[143] 필력에는 글자의 골격과 짜임새가[144] 있어, 서법(書法)[145]은 자유자재로와 안전에서 붓을 움직임이면서도[146] 옥으로 만든 줄과 쇠사슬같이 광채가 찬란하고[147] 영롱하니, 한 순간에 저명한 석학

「親在河陽, 仁傑在太行山, 反顧, 見白雲孤飛, 謂左右曰, 吾親舍其下, 瞻悵久之, 雲移乃得去」.

139 杖屨(장구) : 장구왕환(杖屨往還). 지팡이를 짚고 한가하게 거닒. 노년에 서로 다정하게 왕래하며 지냄. 송(宋) 소식(蘇軾)의 《答錢淸明書》에 「此行決往常州居住……若遂此事, 與公杖屨往還, 樂此餘年」.

140 塤篪(훈지) : 훈지(壎篪). 훈(壎)은 흙으로 만든 악기, 지(篪)는 대로 만든 악기. 이 둘을 합주하면 소리가 잘 어울려 형제간에 화목하고 우애가 돈독함의 비유. 《詩經, 小雅, 何人斯》에 「伯氏吹壎, 仲氏吹篪」.

141 南陔(남해) : 《詩經, 小雅》의 편명. 효자가 서로 경계하여 어버이를 봉양할 것을 읊음. 《詩經, 小雅, 南陔序》에 「南陔, 孝子相戒以養也, 白華, 孝子之契白也, 華黍, 時和歲豊, 宜黍稷也」.

142 常棣(상체) : 산앵도나무[郁李]. 형제의 비유. 《詩經, 小雅, 常棣》에 「常棣之花, 鄂不韡韡, 凡今之人, 莫如兄弟」.

143 遒勁(추경) : 힘을 쏟음. 당(唐) 사공도(司空圖)의 《送草書僧歸越》에 「僧生于東越, 雖幼落於佛, 而學無不至, 故逸跡遒勁之外, 亦恣爲謌詩, 以導江湖沉鬱之氣, 是佛首而儒其業者也」.

144 筋骨(근골) : 서법(書法)에서 글자의 골격과 짜임새. 송(宋) 미불(米芾)의 《海岳名言》에 「世人多寫大字時用力捉筆, 字愈無筋骨神氣」.

145 臨池(임지) : 서법(書法). 또는 글씨 쓰기를 배워 익힘. 후한(後漢)의 장지(張芝)가 연못가에서 열심히 글씨를 익혀 못물이 온통 먹빛으로 변했다는 고사. 《晉書, 衛恆傳》에 「漢興而有草書……弘農張伯英者, 因而轉精甚巧, 凡家之衣帛, 必書而後練之, 臨池學書, 池水盡黑」.

146 揮灑(휘쇄) : 붓을 휘둘러 먹물을 뿌림. 붓을 자유자재로 움직임을 형용. 당(唐) 두보(杜甫)의 《寄薛三郎中璩詩》에 「賦詩賓客間, 揮灑動八埏」.

이 되신 것이다. 상사(上舍; 進士) 만희(晩羲) 양진영(梁進永), 후작(侯爵) 석초(石樵) 이장우(李章愚), 거사(渠史) 정석(鄭濆) 등 여러분들이 서죽공(瑞竹公)을 '남주고사(南州高士)'[148]라고 인정하였다.

경신년(庚申年; 1860년, 작가 34세)에 아버님 상[149]을 당하니, 지나치게 슬퍼하여 뼈만 앙상하고[150] 술과 고기를 가까이하지 않았고, 병자년(丙子年; 1876년, 작가 50세)에 어머님 상[151]을 당해서도 상례(喪禮)와 슬퍼함이 전날의 아버님 상을 당했을 때와 같이하였다. 일찍이 관아(官衙)[152]의 사무를 보는 소년이 탐욕스럽고[153] 사심(私心)이 많아 보잘것없는 물건으로[154] 후한 변상을 원하니, 그것이 두루 한 고을에 미쳐 어긋남이 없기를 원했다. 그러다가 또 마지막에 부군에게 이르렀는데, 부군이 그 노비를 대문 밖으로 내치면서 꾸짖어 말하기를,

"고을 관아의 노비[155]가 일을 처리하면서 행패 부리도록 허락한다면, 나는 나라의 다스림의 요체를 잃을까 두렵다."

라고 하니, 그 사람이 감히 다시는 말하지 못했다. 국가의 동량(棟梁)[156]은 백성

---

147 璀璨(최찬) : 광채가 찬란함. 한(韓) 왕연수(王延壽)의 《魯靈光殿賦》에 「汨磑磑以璀璨, 赫燡燡而爥坤」.

148 南州高士(남주고사) : 남쪽 지방의 고결한 선비. 후한(後漢)의 서치(徐穉)를 지칭. 본문에서는 부군(府君; 梁相恒)의 자(字)가 치구(穉久)임을 상기하면, 인품을 후한의 서치에 비견했음을 의미. 명(明) 하완순(夏完淳)의 《放歌贈吳錦雯兼訊武林諸同志詩》에 「逢人便下南州榻, 滿座還開北海樽」.

149 丁外艱(정외간) : 정부우(丁父憂). 아버지의 상사(喪事)를 당함. 《魏書, 李彪傳》에 「伏見朝臣丁父憂者, 假滿赴職, 衣錦乘軒, 從郊廟之祀」.

150 柴毁骨立(시훼골립) : 거상(居喪) 중에 지나치게 슬퍼하여 뼈만 앙상함. 《晉書, 孝友傳, 許孜》에 「俄而二親沒, 柴毁骨立, 杖而能起」.

151 內憂(내우) : 내간(內艱). 어머니의 상사(喪事)를 당함. 당(唐) 양형(楊炯)의 《原州百泉縣令李君神道碑》에 「君年十一, 丁內艱」.

152 衙冊(아책) : 지방 관아에서 원의 비서 사무를 맡아 보는 책방(冊房). 《古文書集成(海南尹氏篇) 28, 簡札類 523》에 「完判與戶裨許, 有本官及衙冊之札, 而聞本官之言, 兄與完判及戶裨, 必有熟面云, 納書之方, 兄必指導, 勿有見拂如何. 且聞衙冊之言, 則若有一數之所伴於戶裨, 則可以易成云」.

153 忮求(기구) : 구기(求忮). 시기심이 많고 탐욕스러움. 《詩經, 邶風, 雄雉》에 「不忮不求, 何用不臧」.

154 薄物(박물) : 변변치 못한 물건. 《三國史記 14, 高句麗大武神王本紀》에 「寡人愚昧, 獲罪於上國, 致令將軍師百萬之軍, 暴露弊境, 無以將厚意, 輒用薄物, 致供於左右」.

155 私屬(사속) : 집안의 노복이나 가신(家臣). 《左傳, 宣公17年》에 「郤子至, 請伐齊, 晉侯弗許, 請以其私屬, 又弗許」.

156 名器(명기) : 대기(大器). 국가의 동량(棟梁)을 비유. 《魏書, 崔寬傳》에 「衡擧李沖·李元愷·

으로 하여금 부자가 되게 하는 것이 중요한 것이 아니라, 모두가 함께 명령에 따라 왕명으로 맡겨진 일에 힘써야 하는데, 모든 곳의 고을과 나라의 인심이 크게 어지러우니 부군이 탄식하며 말하기를,

"아첨하는[157] 신하들이 임금에게 사실을 왜곡하고 사사로이 행하면서 하나같이 이 지경에 이르렀도다. 농사꾼 자식이거나 장사꾼,[158] 품앗이꾼을 불문하고 오직 부자가 되면 가짜 벼슬[159]이라도 받으려고 하니, 옛날에 조정에서 관직을 받는 것을 볼 것 같으면 어떠하였던가? 비록 그러하더라도 당당한 대부들의 집에서 어찌 감히 환시(宦寺)[160]를 하겠는가?"

라고 하였다. 우리들은 남의 일은 걱정하지 않고 혹 부군의 말이 지나치다고 할 수 있으나, 내시록(內寺錄)에도 과연 그렇게 써 있다. 부군과 형님, 아우들이 부모님의 상중(喪中)에 있을 때[161] 거의 6~7명이 집으로 돌아왔다가 그만두었던 관직으로 돌아갔는데, 산의 남쪽에 살던 정모(鄭某)[162]도 임금의 사랑을 받아 궁궐[163] 출입한 것에 대해 다른 사람들이 말한 것이었다. 처음 부군이 아버님의 (分家의) 명을 받들 때를 사람들이 말하기를, 부군이 관광하며 주위를 살펴보고 책 받들기를 옥을 잡듯이 하며, 허리와 몸을 굽혀 공경하며,[164] 손님이 오면 나아가 받아들이니 보는 사람들이 성실 소박하고 관후하다고 칭송하였고, 장인께서도 공손하고 겸허한 태도[165]의 예가 있다고 하시니, 이름이 널리 알려졌다. 왜

程駿等, 終爲名器, 世以是稱之」.

157 逢迎(봉영) : 영합함. 아첨함. 《孟子, 告子 下》에 「逢君之惡其罪大」.

158 賈竪(고수) : 장사꾼. 상인을 낮잡아 이르는 말. 《史記, 魏其武安侯傳》에 「今人毁君, 君亦毁人, 譬如賈竪女子爭言, 何其無大體也」.

159 假官(가관) : 가짜 벼슬아치. 청(淸) 대명세(戴名世)의 《左忠毅公傳》에 「巡視中城, 搜獲假官・假印・假文卷以百數, 吏胥宿蠹爲之一淸」.

160 宦寺(환시) : 환관(宦官). 궁중에서 황제와 그 가족들을 모시는, 성(性) 기능을 제거한 남자 내관(內官). 《漢書, 惠帝紀》에 「宦官尙食比郎中」.

161 有服(유복) : 상중(喪中)에 있음. 거상(居喪)함. 《史記, 魏其武安侯傳》에 「吾欲與仲孺過魏其侯, 會仲孺有服」.

162 山陽鄭某(산양정모) : 산양(山陽)은 회양(淮陽), 정모(鄭某)는 《史記, 汲鄭列傳》의 급암(汲黯)과 정당시(鄭當時) 중 정당시를 말하며, 정당시의 자는 장(莊)으로 여러 벼슬을 역임하면서 천하명사들과 교유하면서도 천자에 대한 직언과 청렴결백으로 유명.

163 禁闥(금달) : 궁궐이나 조정. 《史記, 汲鄭傳》에 「臣常有狗馬病, 力不能任郡事, 臣願爲中郎, 出入禁闥, 補過拾遺, 臣之願也」.

164 鞠躬(국궁) : 공경하며 삼가고 조심하는 모양. 《儀禮, 聘禮》에 「執圭, 入門, 鞠躬焉, 如恐失之」.

인(倭人)들이 침노한다는 문서가 횡행하자 분개하면서 시를 지었으니,

滄茫家國愁千種(창망가국수천종)
慷慨男兒血一腔(강개남아혈일강)
末路風塵知不遠(말로풍진지불원)
安將寄傲倚南牕(안장기오의남창)

집안과 나라의 앞일이 아득하니 온갖 근심이 일어나
남아는 비분강개하여 한입 가득 피를 머금네.
끝내 병란(兵亂)이 오래지 않아 일어남을 알겠으니
어찌 남쪽 창에 기대어 맡겨두고만 있으리오?

또 말하기를,
"이천(伊川) 선생께서[166] 머리를 풀어헤치고 세상을 피해[167] 산 지 아직 백 년도 안 되었는데, 반드시 오랑캐[168]의 화가 있을 것이다."
라고 하고, 이로부터 문을 닫고 과거공부를 폐하니, 형님께서 비록 번갈아 좋은 말씀으로 깨우치고 천거하여도 모두 달갑게 여기지 않았다. 소나무를 어루만지며 배회하다가[169] 스스로 말하기를,
"무회(無懷)와 갈천(葛天)의 백성[170]이로다."
하고, 술을 마신 후 항아리를 두드리면서 큰 소리로 노래 부르니 천고에 불평하

---

165 罄折(경절) : 경쇠 모양으로 몸을 굽힘. 공손하고 겸허한 태도. 한(漢)나라 동중서(董仲舒)의 《春秋繁露, 五行相生》에 「升降揖讓, 般伏拜謁, 折旋中矩, 立而罄折, 拱則抱鼓」.

166 伊川(이천) : 이천선생(伊川先生). 송(宋)나라 성리학자 정이(程頤)의 호.

167 被髮(피발) : 피발양광(被髮佯狂). 머리를 풀어헤치고 미친 체함. 세상을 피해 안전을 도모함. 《韓詩外傳 6》에 「比干諫而死, 箕子曰, 知不用而言, 愚也, 殺身以彰君之惡, 不忠也, 二者不可, 然且爲之, 不祥莫大焉, 遂被髮佯狂而去」.

168 陸渾(육혼) : 춘추시대 지명. 오랑캐. 《史記, 匈奴傳》에 「於是戎狄或居於陸渾, 東至於衞, 侵盜暴虐中國」.

169 盤桓(반환) : 머뭇거리며 서성임. 《文選, 班固, 幽通賦》에 「承靈訓其虛徐兮, 竚盤桓而且俟」.

170 無懷葛天之民(무회갈천지민) : 무회(無懷)는 무회씨(無懷氏; 전설상의 제왕) 또는 갈천씨(葛天氏; 전설상 상고 시대 제왕)의 자. 《管子, 封禪》에 「昔無懷氏封泰山」. 《呂氏春秋, 古樂》에 「昔葛天氏之樂, 三人摻牛尾, 投足以歌八闋」.

는 마음이 있었다. 드디어 학생들을 가르치고 세상을 보존하려는 도를 되돌려 시서(詩書)와 육예(六藝)[171]의 글에서 찾으면서 거듭 타이르고 신신당부하여 명백하게 이해시키니,[172] 호서(湖西)와 영호남(嶺湖南)의 친척들과 빈객과 벗들이 끊이지 않고[173] 찾아왔다. 술을 거르고[174] 물고기를 잡으며 높은 산에 올라 시를 짓느라, 해가 지도록 마을로 돌아가는 것도 잊었다. 자제들이 대문과 뜰을 드나들 때에는 온화하게 가르쳐서 차차로 젖어들게 함으로써 자질을 성취하게 하였고, 독서하는 여가에는 바람을 쐬고 무우(舞雩)의 강에서 즐기니, 또한 기수(沂水)의 즐거움을 얻고자 했던 것이다. 가끔 대청 아래에서 농부나 공인들이 일을 하는데 자제들이 뜰에 있을 때에는 부군께서 말씀하시기를,

"마음을 수고롭게 하는 자는 사람을 다스리고, 힘으로 노력하는 사람은 사람들에게 다스림을 받는다. 너희들이 마음을 수고롭게 함이 없으면서 사람 다스리기를 바라고, 팔짱만 끼고 바라보면서 거리낌 없고 자유로운 사람으로 무엇을 바랄 수 있으리오?"

하고 노력의 명분을 말하니, 규중의 안이 정연하고 엄숙하기가[175] 조정과 같아 조용하여 사람들의 말소리도 없었다. 흉년을 당해 마을 사람들의 얼굴빛이 며칠씩 굶주려 누렇게 되자[176] 먹을 것을 주어 온전하게 살렸다. 내당에는 항상 음식이 남아도 부인 송씨(宋氏)는 치우지 못하게 하여 이웃 부인들이 와서 먹기를 기다리고, 구걸하는[177] 사람들도 먹게 하여 굶주려 죽는 것을 베풀어 돌보아 주었으니, 그 덕성은 본래부터 갖추어져 있었던 것이다. 이러한 덕성은 또한 부군이 시묘(侍墓)살이를 하고 있을 때에도 볼 수 있었으니, 사위가 서실에 있으면서 장난삼아 방자한 말[178]을 하고는 반드시 꾸짖음이 있을 것이라고는 하고 돌

---

171 六藝(육예) : 학생을 교육하는 여섯 과목. 곧 예(禮)·악(樂)·사(射)·어(御)·서(書)·수(數). 《周禮, 地官, 大司徒》에 「三曰六藝, 禮·樂·射·御·書·數」.

172 曉譬(효비) : 밝게 타이름. 《後漢書, 伏隆傳》에 「隆曉譬曰, 高祖與天下約, 非劉氏不王, 今可得爲十萬戶侯耳」.

173 陸續(육속) : 앞뒤가 이어져 끊어지지 않음. 송(宋) 왕안석(王安石)의 《旣別羊王二君與同官會飮於城南因成一篇追寄》에 「送車陸續隨子返, 坐聽城雞腸宛轉」.

174 釃酒(시주) : 술을 거름. 《詩經, 小雅, 伐木》에 「伐木許許, 釃酒有藇」.

175 斬斬(참참) : 정연하고 엄숙한 모양. 당(唐) 한유(韓愈)의 《曹成王碑》에 「持官持身, 內外斬斬」.

176 菜色(채색) : 굶주린 사람의 누런 낯빛. 《禮記, 王制》에 「雖有凶旱水溢, 民無菜色」.

177 丐乞(개걸) : 구걸함. 동냥질함. 당(唐) 나은(羅隱)의 《讒書, 市儺》에 「故都會惡少年則以是時鳥獸其形容, 皮革其面目, 丐乞於市肆間, 乃有以金帛應之者」.

아가며, '아무개 장인이 무슨 말을 들었으며 어떤 사람과 사귀었는가? 그 말로 인해 심한 일이 있을 것'이라고 하면서, 그 말의 뜻을 밝혀내고자 꾀었다. 이러한 까닭으로 돌아가신 아버지와 큰형님 그리고 아우와 막내아우들은 모두 아버님의 풍모가 있다고 칭송하고, 일가의 내외와 위아래 부인들은 감히 예쁜 옷을 입고 게으른 모습을 남녀 하인들 앞에서 하지 못하였으니, 남녀 모두가 주인을 거짓 없이 성심으로 충실히 섬기겠다고 하면서 말하기를,

"살아서는 은혜를 잊지 않겠으며, 죽어서도 배은망덕하지 않겠다. 그렇지 않는다면 우리들은 하늘의 죄를 [179]받을 것이다."

라고 하면서 축원하는 소리가 길에 가득했다.[180] 지금 그 자손으로 공역(公役)에 종사하는 사람들은 그 할아버지와 아버지의 말을 생각하면서 서로 경계하기에 마음을 다하고 있으며, 마을의 어른이나 아이들도 스스로 알아 행패부리더라도 부군께서 알지 않기를 원했다. 혹 피하여 숨더라도 감히 앞에 나서지 못하면서,

"모공(某公; 府君)께서 행차하신다."

라고 하면서 우리들은 감히 그 은덕을 입지 못할까 하여, 음덕을 찬송하여 노래부르고 뒷날의 복록(福祿)을 빌었다. 이러한 까닭으로 큰할아버지이신 월파공(月坡公; 梁相鼎)께서도 어린 아이들을 대할 때마다 머리를 어루만지면서 감탄하시기를,

"우리 네 가정[181] 중 너희 할아버지가 반드시 많은 복을 누린 것이니, 그 효도하고 우애하며 시례(詩禮)의 품행이 빼어나니, 우리들은 원하더라도 미칠 수가 없으며 선배들도 또한 그와 짝하는 사람이 드물 것이다. 자손들이 반드시 창성하리라."

하시고 또 말씀하시기를,

"내 문장은 둘째 아우[相恒]만 못하고, 글씨는 셋째 아우[相謙]만 못하고, 부유함은 막내 아우[相灌]만 못하니, 어찌 같지 못한가? 겸손하고 힘씀이 많으니 이와 같은 것이다."

---

178 慢語(만어) : 방자한 말을 내뱉음. 《北齊書, 元景安傳》에 「景安告景皓慢言, 引豫言相應和」.

179 獲戾(획려) : 죄를 얻음. 죄를 지음. 《書經, 湯誥》에 「玆朕未知獲戾于上下」.

180 載路(재로) : 길에 가득함. 《詩經, 大雅, 生民》에 「實覃實訏, 厥聲載路」.

181 四家(사가) : 네 가정. 곧 심학헌(心學軒)의 네 아들인 상정(相鼎) · 상항(相恒) · 상겸(相謙) · 상관(相灌).

라고 하였다.

부군은 평소에 양생을 잘 하였는데, 돌아가시던 해에 이르러 기침[182]을 하더니 추위를 당해 더욱 심해져서, □고종(高宗) 신묘년(辛卯年, 고종 28, 65세) 12월 12일 서죽당(瑞竹堂)에서 편안히 돌아가시니[183] 나이 65세였다. 한 달간 장례를 지내고[184] (전라남도 화순군) 능주(綾州) 춘양면(春陽面) 대치리(大峙里) 원봉(圓峰) 아래 산록 건좌(乾坐) 들에 장사 지냈다. 만장(挽章)[185]이 길을 메우고 백여 대의 수레와 모여든 사람이 매우 많았으며, 마을 사람들의 울음소리가 들렸다. 모든 사람들이 말하기를,

"어진 사람이 갔으니, 우리들이 어떻게 우러르리오?"

라고 했다. 시집(詩集) 2권이 있어 편집하고 교정하여 인쇄하였다. 부인은 여산(礪山) 송씨(宋氏), 감역(監役) 인만(仁萬), 진사(進士) 주순(周純)[186]이 그 아버지와 할아버지이시니, 모든 부덕을 갖추어 옛 여인의 풍모가 있었다. 부군이 돌아가신 16년 후(1906년)에 돌아가시니 묘는 (전라남도 화순군) 도곡면(道谷面) 모산촌(茅山村) 뒤 간좌(艮坐)에 있다. 3남 2녀를 두었으니, 승묵(升默), 혜묵(惠默), 연묵(淵默)이요, 따님은 영일(迎日) 정해징(鄭海徵),[187] 울산(蔚山) 김요방(金堯昉)에게 출가했다. 손자손녀로는 큰아들[升默]의 두 아들은 재면(在冕), 재희(在熙)요, 딸 하나는 영일(迎日) 김운동(金雲東)에게 출가했다. 둘째 아들[惠默]의 세 아들은 재경(在京), 재준(在駿), 재민(在敏)이요, 세 딸은 충주(忠州) 박하량(朴夏亮), 나주(羅州) 임종욱(林鍾勗), 고령(高靈) 신걸(申杰)에게 출가했다. 셋째 아들[淵默]의 네 아들은 재성(在聲), 재걸(在杰), 재호(在昊), 재석(在錫)이요, 딸 하나는 나주(羅州) 임형규(林衡圭)에게 출가했다. 정해징(鄭海徵)의 아들은 갑원

---

182 咳漱(해수) : 해수(咳嗽). 기침. 한(漢) 동중서(董仲舒)의 《春秋繁露, 五行順逆》에 「如人君好戰, 侵陵諸侯, 貪城邑之賂, 輕百姓之命, 則民病喉咳嗽」.

183 考終(고종) : 고종명(考終命)의 준말. 제명대로 살다가 편안히 죽음. 《書經, 洪範》에 「五曰考終命」.

184 禮月(예월) : 사람이 죽은 뒤 장례(葬禮)하는 달. 천자(天子)는 일곱 달, 제후(諸侯)는 다섯 달, 대부(大夫)는 석 달, 선비는 한 달이 지나서 장사 지냄. 《古文書集成(海南尹氏篇) 28, 簡札類》에 「禮月已過, 襄奉之節, 抑而行之, 而占得新阡耶」.

185 挽章(만장) : 죽은 이를 애도하여 지은 글을 천이나 종이에 적어 기처럼 만든 것. 《度支準折, 會滅》에 「下品搗鍊草紙(禮葬時挽章及塗棺紙)」.

186 周純(주순) : '강순(岡純)'의 오기. 《濟州梁氏學圃公長子秉節公派譜, 卷之一》 참조.

187 鄭海徵(정해징) : '정해면(鄭海冕)'의 오기. 《濟州梁氏學圃公長子秉節公派譜, 卷之一》 참조.

(甲源), 석원(錫源), 정원(鼎源)이요, 딸은 죽산(竹山) 안사순(安思淳)에게 출가했다. 김씨 부인은 일찍 죽고 후손이 없었다. 그밖에 증손 현손으로 남녀 30여인이 있으나 모두 기록할 수는 없다.

墓表

瑞竹軒梁公墓表 – 延昌 安圭容撰

綾之大峙圓峰下負乾原 瑞竹軒梁公之藏也 次孫在熙以鄭三三齋友源狀謁余記其表 除老廢不敢爲役 而通家誼重不可 孤謹按狀 公生稟超異 目瞭神朗 氣宇軒昂 嘗言道備於吾性 其說具在方冊 篤志以求宜無不得此可以知公矣 公諱相恒 字穉久瑞竹號也 惠康公學圃先生 其十一代祖也生長子應箕校尉三傳 仁容僉正 昏朝棄官 歸松石亭 生渭南進士 以孝除寢郎 出入于牛溪沙溪 及吾先子隱峰 三先生門 甲子丁卯竝擧義 高祖諱復夏 取弟 僉樞泰夏子爲嗣 諱命龜階同樞 彰家興基 是爲公曾大父 大父諱齊觀著孝學 父諱斗永 號心學軒 克世家學 妣坡平尹氏八松煌後 舜奎女 無育羅州林氏東里𡍼後沂遠女 生四男 公居其二 育於富饒 而不喜奢華 衣麤食淡 懋學修行 學軒公謂 此子合置巨家 遂治第竹青里 使別立門戶 公不忍離側 學軒公躬率以往居之 親署留待萬年春之句 公遵命有新居 自叙侍奉三年 學軒公歸老月谷 自是涉巨川日覲 有故亦未嘗三日 曠候二喪疏水執禮 四棣塤篪爲樂 左右圖書 分階花石 文章風流 一時艷仰湖嶺善士相訪 釃酒擊鮮 評史作賦 戶屨常滿 而性淸高不衒 水榭山亭 不許題詠 州牧作映碧亭請記 不副屈親治 公車不以得失動心曰 闢節奔競之弊 士習可恥 內寺勒官 不可直指 薦學行不調 公不爲憂喜 聞外夷充斥京都 慨然有 蒼茫家國愁千種 慷慨男兒血一腔之歎 有時打壺發歌 抱千古不平之意 以□洪陵辛卯十二月十二日考終 距生□純祖丁亥 爲六十五及葬車馬百具 祭奠塞路 配礪山宋氏 監役仁萬祖也 進士周純父也 貞淑稱女士 村婦門丐 飽德頌恩 擧三男 升默惠默淵默 二女延日鄭海徵 蔚山金堯昉 長房二男 在冕在熙 一女延日鄭雲東 二房三男 在京在駿在敏 三女忠州朴夏亮 羅州林鍾勗 高靈申杰 三房四男 在聲在杰在昊在錫 一女羅州林衡圭 曾孫男女三十餘人 伯氏月坡撫諸姪孫曰 吾四家 汝祖厚蔭子孫必昌 其言果驗 嗚呼 公以豪邁 魁偉之資 負容衆鎭物之量 而粹然爲好古之士 囂囂不見之而不悔 當世名碩 推詡器重 或稱湖南高士 或謂靑

雲力致不如性命之全 互見諸家文苑 余何加贅哉 系之以銘曰
吁嗟瑞竹 慷慨率眞 晦跡幽貞 天山逸民

서죽헌양공묘표(瑞竹軒梁公墓表) — 연창(延昌) 안규용(安圭容) 찬(撰)

능주(綾州)의 대치리(大峙里) 원봉(圓峰)을 북서쪽으로 등진 곳은 서죽헌(瑞竹軒) 양공(梁公)이 묻힌 곳이다. 둘째 손자 재희(在熙)는 삼지재(三芝齋)에서 사귄 다재다능한[188] 벗인데, (서죽공의) 원고를 가지고 와서 나에게 그 비문을 써주기를 말하였다. 숨어사는 노인으로 글을 그만두어 감히 그 일을 할 수 없었으나, 대대로 친하게 사귀어 온 집안 간의 정의(情誼)가 귀중하여 그럴 수 없어, 특별히 삼가며 문집의 원고들을 살폈다.

공(公; 瑞竹軒)은 천품이 특별하니 눈이 밝고 정신이 통랑(通朗)하며, 기개와 도량이 비범하여[189] 일찍이 오성(悟性)에 대해서 도로써 대비하라는 그 말이 전적(典籍)에 갖추어져 있었는데, 도탑고 친절하게 마땅한 바를 찾았으니 얻지 못할 것이 없었으며, 이것으로써 공을 알 수 있었다. 공의 휘는 상항(相恒)이요, 자는 치구(穉久)며, 서죽(瑞竹)은 호이다. 혜강공(惠康公) 학포(學圃) 선생은 그의 11대조이다. 선생(學圃公)의 장자는 교위(校尉) 응기(應箕)이며, 삼대에 이어 전해져 첨정(僉正) 인용(仁容)은 혼조(昏朝; 光海君) 시에 벼슬을 버리고 송석정(松石亭)으로 돌아왔다. 진사(進士) 위남(渭南)을 낳으니 효행으로 침랑(寢郎)[190]을 제수 받고, 우계(牛溪; 成渾)와 사계(沙溪; 金長生), 우리 선조이신 은봉(隱峯; 安邦俊)의 문하에 출입하였고, 갑자(甲子; 甲子适亂, 李适의 亂)와 정묘(丁卯; 丁卯胡亂)에 아울러 의병을 일으켰다. 고조의 휘는 복하(復夏)이니 아우 첨추(僉

---

188 鄭三(정삼) : 정건삼절(鄭虔三絶). 다재다능한 사람. 당대(唐代)에 정건(鄭虔)이 시(詩)·서(書)·화(畵)에 모두 뛰어난 데서 유래. 금(金) 원호문(元好問)의 《王子端內翰山水同屛山賦詩 1》에 「鄭虔三絶舊知名, 付與時人分重輕」.

189 氣宇軒昂(기우헌앙) : 기개와 도량이 비범한 모양. 송(宋)나라 채조(蔡絛)의 《鐵圍山叢談 3》에 「林中書彦振攄氣宇軒昂」.

190 寢郞(침랑) : 종묘(宗廟)·능(陵)·원(園) 등에 딸린 영(令)이나 참봉(參奉)을 이르는 말. 《秋官志 3, 考律部, 續條, 祭享, 祭品不敬》에 「此後祭物熟設時, 寢郞與典祀官, 眼同檢察, 若有不勤者, 報本曹, 隨卽草記, 如是而一或不勤, 典祀官·寢郞同罪」.

樞) 태하(泰夏)의 아들을 취하여 대를 이었고, 휘 명구(命龜)는 차례대로 동추(同樞; 同知中樞府事)를 지냈고, 가문을 드러내고 흥성하는 기초를 다졌으니, 이분이 공의 증대부(曾大父)이시다. 대부(大父)의 휘는 제관(齊觀)이시니 효행과 학덕이 드러났다. 아버님 휘 두영(斗永)의 호는 심학헌(心學軒)이시니 집안에 대대로 내려오는 학문으로 세상에 두루 미치고, 부인 파평 윤씨(坡平尹氏)는 팔송(八松) 윤황(尹煌)의 후손이며 순규(舜奎)의 따님이신데 후손이 없어, (둘째 부인은) 나주(羅州) 임씨(林氏) 동리(東里) 위(煒)의 여식으로 네 아들을 낳으시니, 공은 그 둘째 아들이다. 집안이 부유하고 풍요로웠으나 사치하고 화려한 것을 싫어하여 의복은 거칠고 음식은 담박하였으나, 학문에 힘쓰고 배운 것을 실행하니, 학헌공(學軒公; 心學軒)이 이르기를,

"이 아들을 큰 집에 (여러 사람들과) 합해 두겠는가?"

하고, 마침내 죽청리(竹靑里)에 집을 지어 따로 집을 분가시켰다. 공은 차마 부모님 곁을 떠날 수 없어 하니, 학헌공께서 몸소 데리고 가서 살면서 '유대만년춘(留待萬年春; 오래도록 봄날과 같이 머물다)'이라는 구절을 친히 서명하셨다. 공은 아버님의 명령을 따라 '신거자서(新居自叙)'를 쓰고 3년을 모시고 살았다. 학헌공께서 늙어 월곡(月谷)으로 돌아가시니, 이때부터 큰 강을 건너 날마다 찾아가 뵈었고, 일이 있더라도 일찍이 3일 이상의 문후(問候)를 거르지 않았다. 부모님 두 분의 상을 당해서는 거친 밥을 먹고 물을 마시며[191] 예를 행했으며, 네 형제[192]는 화목하고 우애가 돈독하였다. 서재의 좌우는 도서로 가득차고, 섬돌에는 기화요초와 기암괴석을 나누어 심었으며, 글을 짓고 풍류를 즐기니, 한때에 영호남의 아름다운 선비들의 부러움을 샀으니, 서로 찾아오면 술을 거르고 물고기를 잡아 안주하고, 사서를 논평하고 시를 짓느라, 집에는 항상 손님들의 신발로 가득하였다. 성정이 맑고 높았으나, 물가나 산속의 정자에도 (자신이) 지은 시를 현판(懸板)에 새겨 거는 것을 허락하지 않았다. 능주(綾州) 목사(牧使)가 영벽정(映碧亭)을 짓고 중건기(重建記)[193]를 써달라고 청하자, 자신의 도리를

---

191 疏水(소수) : 거친 밥과 물. 또는 거친 밥을 먹고 물을 마심. 청(淸)나라 손기봉(孫奇逢)의 《四書指近, 疏食飮水章》에 「樂非樂疏水也, 非樂曲肱也, 第以疏水曲肱, 而樂亦在耳, 孔子亦在其中, 顔子不改其樂, 其樂只在心不在外. 尋孔顔之樂者, 亦只求慊其心而已」.

192 四棣(사체) : 네 형제. 체(棣)는 체화(棣華)로 형제를 비유. 《詩經, 小雅, 常棣》에 「常棣之華, 鄂不韡韡」.

굽힐 수 없다고 하면서 (목사에게) 친히 쓰라고 했다. (능주) 목사의 거동이 옳고 그름을 따지지 않자, 기분이 상해[194] 말하기를,

“관리를 매수하는 일[195]이 다투어 일어나고, 폐해가 선비들에게 습관이 되니 부끄러운 일이다. 내시(內寺; 內侍)[196]들이 관리를 윽박지르니, (재야의 선비들을) 학행(學行)으로 천거함도 올바르게 하지[197] 못하는구나.”

라고 하면서도, 공은 걱정하고 기뻐하지 않았다. 나라밖 오랑캐[日本]들이 한양(漢陽)에 꽉 들어찼다는[198] 소리를 듣고 분개하면서,

蒼茫家國愁千種(창망가국수천종)
慷慨男兒血一腔(강개남아혈일강)

나라가 황급한 지경이니 온갖 근심이 일어
비분강개한 남아는 한 입 가득 피를 머금겠네.

라고 탄식한 시가 있고, 술단지를 두드리며 노래를 부르고 천고의 편치 않은 마음을 안고 지냈다. □홍릉(洪陵; 高宗) 신묘년(辛卯年; 高宗 28. 1891년) 12월 12일에 돌아가셨는데, □순조(純祖) 정해년(丁亥年; 純祖 27. 1827년)에 나셨으니 65세를 사신 것이고, 장례식에는 수레들과 온갖 것을 갖춘 제전(祭奠)[199]으로 길이 막혔다. 부인은 여산(礪山) 송씨(宋氏), 감역(監役) 인만(仁萬)이 할아버지고, 진사(進士) 주순(周純)이 아버지이다. 정숙하여 여사(女士)[200]라고 칭송받았는데,

---

193 請記(청기) : 기(記)를 써달라고 청함. 영벽정(映碧亭)은 전라남도 화순군 능주면 연주산 아래 지석강변에 있는 정자.

194 動心(동심) : 감정이 동요함. 본문에서는 마음이 상함의 뜻. 《孟子, 公孫丑 上》에 「我四十不動心」.

195 關節(관절) : 몰래 뇌물을 먹여 관리를 매수하는 일. 당(唐) 소악(蘇鶚)의 《杜陽雜篇, 上》에 「瑤英善爲巧媚, 載惑之, 怠於塵務, 而瑤英之父曰宗本, 兄曰從義, 與趙娟遞相出入, 號爲關節」.

196 內寺(내시) : 내시(內侍). 환관(宦官). 본문에서는 지방 관아의 아전(衙前)이나 서리(胥吏).

197 直指(직지) : 잘못을 똑바로 지적함. 《荀子, 不苟》에 「正義直指, 擧人之過, 非毁疵也」.

198 充斥(충척) : 꽉 들어참. 충만(充滿)함. 《隋書, 高祖紀 上》에 「申部殘賊, 充斥一隅」.

199 祭奠(제전) : 영전(靈前)이나 무덤 앞에 제물을 차려놓고 제사를 지냄. 진(晉) 갈홍(葛洪)의 《抱朴子, 省煩》에 「朝饗賓主之儀, 祭奠殯葬之變, 郊祀禘祫之法, 社稷山川之禮, 皆可減省, 務令儉約」.

200 女士(여사) : 선비 같은 조행(操行)이 있는 여성. 《詩經, 大雅, 旣醉》에 「其僕維何, 釐爾女士」.

시골 아낙네들과 문전의 걸인들을 배부르게 먹이는 덕으로 은혜를 칭송한 것이었다. 세 아들을 낳았으니 승묵(升默)·혜묵(惠默)·연묵(淵默)이고, 두 딸은 연일(延日) 정해징(鄭海徵)·울산(蔚山) 김요방(金堯昉)이다. 큰아들[升默]의 두 아들은 재면(在冕)·재희(在熙)이고, 딸은 연일(延日) 정운동(鄭雲東)이다. 둘째 아들은 세 아들을 두었으니 재경(在京)·재준(在駿)·재민(在敏)이고, 세 딸은 충주(忠州) 박하량(朴夏亮)·나주(羅州) 임종욱(林鍾勗)·고령(高靈) 신걸(申杰)이다. 셋째 아들은 아들 넷을 두었으니 재성(在聲)·재걸(在杰)·재호(在昊)·재석(在錫)이고 딸 하나는 나주(羅州) 임형규(林衡圭)이다. 증손으로 남녀가 30여 명이다. 서죽공(瑞竹公)의 큰형님 월파공(月坡公; 相鼎)께서 여러 조카와 손자들의 머리를 어루만지면서 말씀하기를,

"우리 네 형제의 집 가운데 너희 할아버지의 음덕이 도타우니 자손들이 반드시 창성하리라."

하셨는데, 과연 그 말씀이 증험된 것이다.

오호라! 공은 기백이 넘치며 훤칠하고 건장한 자질로 뭇사람들을 포용하고[201] 감당하며, 뭇사람들을 진정시키는[202] 아량이 있으며 순수하여 옛것을 좋아하는 선비였다. 뭇사람들이 시끄럽게 떠든 것들은[203] 보지 않아도 알고 있으면서도, 당세에 저명한 석학으로 빼어난 재주와 기량을 자랑스럽게 여길 생각은 없으니, 혹자는 호남의 고결한 선비라고 칭송하고, 혹자는 청운의 꿈을 힘써 이루는 것은 성명을 온전하게 보전하는 것보다 못한 것이라고 일컫는 말을 여러 대가들의 글에서 볼 수 있었다. 그러하니 내가 어찌 군더더기 말을 거기에 이으리오. 비석에 새기노니,

吁嗟瑞竹(우차서죽)
慷慨率眞(강개솔진)

---

201 容衆(용중) : 뭇사람들 포용함. 《論語, 子張》에 「君子尊賢而容衆, 嘉善而矜不能, 我之大賢與, 於人何所不容」.

202 鎭物(진물) : 뭇사람들을 진정시킴. 《晉書, 謝安傳》에 「玄等旣破堅, 有驛書至, 安方對客圍棊, 看書旣竟, 便攝放牀上, 了無喜色, 棊如故, 客問之, 徐答云, 小兒輩遂已破賊, 旣罷, 還內, 過戶限, 心喜甚, 不覺屐齒之折, 其矯情鎭物如此」.

203 囂囂(효효) : 시끄럽게 떠듦. 《詩經, 小雅, 車攻》에 「之自于苗, 選徒囂囂, 建旐設旄, 搏獸于敖」.

晦跡幽貞(회적유정)
天山逸民(천산일민)

아! 서죽공(瑞竹公)이시여!
비분강개는 진솔하였도다.
고결하고 굳은 절조[204]를 숨겼으니[205]
천산에서 세상을 등진 은둔지사였도다.[206]

---

204 幽貞(유정) : 고결하고 굳은 절조. 청(淸) 장지동(張之洞)의 《讀史絶句》에 「白玉幽貞孤竹詠, 延清鯁直老松詩」.

205 晦跡(회적) : 은거하여 자취를 숨김. 남조 양(南朝梁) 심약(沈約)의 《郊居賦》에 「僑棲仁於東里, 鳳晦跡於西堂」.

206 逸民(일민) : 세상을 등지고 은거하는 사람. 《論語, 微子》에 「逸民, 伯夷・叔齊・虞仲, 夷逸・朱張・柳下惠・少連」.

◤實蹟記

瑞竹梁先生實蹟記 – 光山李乙鎬謹稿

夫東方素稱君子國 而文學之淵藪也 若先生才性穎悟 秀出等夷 思無邪而無纖毫 査滓之累 氣善養而坐道德仁義之源 安其分而富貴不能淫樂其道而貧賤不能移立 其志而威武不能屈 接人而和氣薰人 應物而誠意動物 斯文有托 士林倚望 敎誨有術 淵源達泗洙 雖幼穉下愚 亦能變化氣質修齊有規 閨門若朝廷 雖蠶頑奴僕 莫不忠服 腹心惟憂 荒年之菜色 間十日而請鄰衆 施惠食爲悶 雇傭之苦役 責諸子逸居而不慰勞 室堂瀟洒 長夜天地 光風霽月 出塵之標 樹木方列 搖落江山 蒼松翠栢 凋後之節 文雅贍暢 尋常所述 不爲不多 而卽掩棄之一字一句 不曾題於亭榭之額 苟要守約於內 而不要求名於外也 嗚呼 學圃松川九峰後圃德村五先生以來忠孝之節 詩禮之風 世世趾美 而先生亦能繼述先業 而開後學也 餘蔭未艾 凡於言談擧止 不問可知 爲先生子孫弟子也 由是則德門德望 與瑞石海明齊 巍然節然歷萬古 而如一日也歟 眉湖公三昆季 周詢採覓于親戚知舊之 間畧于書札與瓊章 輯成遺稿一編 有在案矣 在昔綠瑞斯文謂余曰 吾與子同受業于先生時 吾年尙幼 典型儼重 則己慣而言範 行義則未詳 悉是爲之憾矣 君年稍長 應多有記念 請爲我記蘊奧實情 將營售梓而未果 不幸早逝矣 會大雅大怡 其父祖曾德業實行之泯沒無傳 詢議于其叔父在熙與從叔在京氏 五昆季期以剞劂爲計 而託余以實記 余喟然推念曰 嘗猥參瑞竹軒灑掃之列 愛之責之 如親兒孫 極其懇惻矣 以若早孤 餘生所以勿犯外誘 而姑存者伊誰之 賜尙未報 萬一之恩 但燕申之容 愷悌之儀 常常彷彿於寤寐中而已 顧此孤陋 不敢折衷 而其在四世 親切之誼固不得辭 而畧擧梗槪如此云 爾若廣求博採 立言取信於天下 後世者則以俟 夫長德家健筆也歟

서죽 양선생 실적기(瑞竹梁先生實蹟記) — 광산(光山) 이을호(李乙鎬) 근고(謹稿)

대저 우리나라는 평소에 군자의 나라이고 문학의 집결지(集結地)라[207] 칭했다. 선생 같은 분은 타고난 자질이 총명하여 동년배의[208] 사람보다 빼어났으며, 마음에 사악한 생각이 없고[209] 아주 작은 욕심이나 사념[210]도 없었다. 기를 잘 길러 앉아서 도덕과 인의의 근원을 지키며, 분수에 편안하고 부유하고 존귀하다해서 도리에 어긋난 즐거움을 누리지 않으며, 기의 도는 빈천하다해서 옮기지 않으며, 그의 뜻은 위세와 무력으로도 굽힐 수 없었다. 사람을 사귈 때에는 온화한 기색으로 사람들을 따뜻하게 대했으며, 사람을 대하고 사물을 접할[211] 때에는 참되고 정성스러운 마음으로 만물을 감동시키니,[212] 유자(儒者)들도 의지하고 선비들도 우러러 받들었다.[213] 가르쳐 지도함에 있어서는 방법이 있어, 사수(泗洙)[214]에 이른 듯 깊고 넓으니 비록 어리고 어리석은 사람일지라도 또한 기질을 변화시킬 수 있었다. 수신제가에 법도가 있었으니 내실(內室)도 조정 같았다. 비록 양잠을 하는 완고한 노복들도 충심으로 복종하지 않는 자가 없었다. 마음속 깊이에는 근심하는 바가 있었으니, 흉년이 들어 사람들이 굶주려 얼굴빛이 누렇게[215] 되면 열흘 간격으로 이웃 사람들을 불러 음식을 베풀어 참고 견딜 수 있게 하였으며, 삯꾼들이 힘든 일을 할 때 여러 자제들이 한가로이 기거하며 위로하지 않을 때에는 꾸짖었다.

---

207 淵藪(연수) : 사람이나 사물이 많이 모이는 곳. 연(淵)은 물고기, 수(藪)는 짐승이 모이는 곳. 《書經, 武成》에 「今商王受無道, 暴殘天物, 害虐烝民, 爲天下逋逃主, 萃淵藪」.

208 等夷(등이) : 동등한 사람. 《韓詩外傳 6》에 「遇長老則修弟子之義, 遇等夷則修朋友之義」.

209 思無邪(사무사) : 마음에 사악한 생각이 없음. 《詩經, 魯頌, 駉》에 「思無邪, 思馬斯徂」.

210 查滓(사재) : 정수(精粹)를 골라내고 남은 찌꺼기. 인욕(人慾)이나 사념(私念). 명(明) 고계(高啓)의 《淸言室記》에 「張君嘗學道, 且究於醫, 得養生之理, 吐查滓而納淸虛, 厭華腴而嗜澹泊, 事物之末能爲其累者寡矣」.

211 應物(응물) : 사람을 대하거나 사물을 접함. 《晉書, 外戚傳, 王濛》에 「虛己應物, 恕而後行」.

212 動物(동물) : 만물을 감화시킴. 삼국 위(三國魏) 혜강(嵇康)의 《琴賦》에 「其感人動物, 蓋亦弘矣」.

213 倚望(의망) : 받들고 의지함. 당(唐) 백거이(白居易)의 《李愬贈太尉制》에 「方深倚望, 奄忽淪謝」.

214 泗洙(사수) : 사수(泗水)와 수수(洙水). 공자(孔子)가 두 강 사이에서 제자를 가르쳤던 데에서 연유. 유학(儒學). 원(元) 주백기(周伯琦)의 《八月六日丁亥釋尊孔子廟三十韻》에 「歷歷由沂汶, 行行望泗洙」.

215 菜色(채색) : 굶주린 사람의 누런 낯빛. 《禮記, 王制》에 「雖有凶旱水溢, 民無菜色」.

내실과 바깥채는 늘 물을 뿌린 듯 깨끗하였으니 가을이나 겨울의 기나긴 밤, 화창한 봄날의 산들바람과 비 갠 후 뜨는 달빛 아래에서는 속세에서 벗어난 듯 것처럼 뚜렷하였다. 수목들은 나란히 벌려 서고, 강산에 나뭇잎들이 말라 떨어지면[216] 푸른 소나무와 잣나무는 뭇 초목이 시든 후에도 절개를 지키고 있었다.

문장은 아름답고 풍부하며 호방하고 힘찼으며,[217] 서술한 바는 짧아 길게 많이 쓰지는 않았으나 한 글자 한 구절이라도 덮거나 버릴 수 없었다.[218] 일찍이 산이나 강가의 정자에 자연을 시로 읊어 현판(懸板)하여 걸지 않았으며, 마음에는 검약(儉約)한 품성을 지켰으며[219] 밖으로 명성을 찾으려 하지 않았다.

오호라! 학포(學圃)[220] · 송천(松川)[221] · 구봉(九峰)[222] · 후포(後圃)[223] · 덕촌(德村)[224] 다섯 선생 이래로 충효의 절개와 시례(詩禮)의 가풍을 세세로 계승하고 떨쳐 일으켰고[225] 선생 역시 선대의 가업을 계승하고 후학을 여니 자손에게 남긴 은택이 아직 다하지 않은 것이니,[226] 무릇 말과 행동거지는 묻지 않아도 알

---

216 搖落(요락) : 말라 떨어짐. 시듦. 《楚辭, 九辯》에 「悲哉秋之爲氣也, 蕭瑟兮草木搖落而變衰」.

217 贍暢(섬창) : 시문의 내용이 풍부하고 표현이 호방하고 힘참. 명(明) 방효유(方孝孺)의 《與蘇先生書 2》에 「徐公之文簡質典重有渾然之氣, 然推贍暢急言極論而不竭者, 實惟執事」.

218 掩棄(엄기) : 엄기(奄棄). 갑자기 내버림. 당(唐) 한유(韓愈)의 《憲宗崩慰諸道疏》에 「上天降禍, 大行皇帝, 奄棄萬國」.

219 守約(수약) : 검약(儉約)한 품성을 지킴. 《三國志, 吳志, 蔣欽傳》에 「權嘗入其堂內, 母疏帳縹被, 妻妾布裙, 權歎其在貴守約, 卽勅御府, 爲母作錦被, 改易帷帳, 妻妾衣服, 悉皆錦繡」.

220 學圃(학포) : 학포(學圃) 양팽손(梁彭孫). 1488년(성종 19)~1545년(인종 1). 조선 중기의 문신. 시호는 혜강(惠康).

221 松川(송천) : 송천(松川) 양응정(梁應鼎). 1519년(중종 14)~1581년(선조 14). 조선 전기의 문신.

222 九峰(구봉) : 구봉(九峰) 양위남(梁渭南). 1574년(선조 7)~1635년(인조 13). 우계(牛溪) 안방준(安邦俊) 문하에서 수업하고 진사(進士)에 급제하였으나, 혼조(昏朝; 光海君)라 하여 벼슬하지 않고 은거하다가 이괄(李适)의 난과 정묘호란(丁卯胡亂)에 거병하였다. 나라에서 정려문(旌閭門)을 세움.

223 後圃(후포) : 후포(後圃) 양응태(梁應台). 1517년(중종 12)~1571년(선조 4). 조선 전기 문신 · 학자. 아우 송천(松川) 양응정(梁應鼎)과 함께 동방급제하여 예조참의(禮曹參議)를 지내고 중국 사신 길에 옥하관(玉河關)에서 풍랑으로 죽음. 나라에서 사패(賜牌)함.

224 德村(덕촌) : 덕촌(德村) 양득중(梁得中). 1665년(현종 6)~1742년(영조 18). 조선 후기의 문신 · 학자. 명재(明齋) 윤증(尹拯)의 문하에서 수학. 동부승지 겸 경연참찬관이 되어 실질적 실학사상의 주창자. 문집으로 《덕촌집(德村集)》이 전함.

225 趾美(지미) : 선배의 사업과 미덕을 계승하고 떨쳐 일으킴. 당(唐) 한유(韓愈)의 《唐故監察御史衛府君墓誌銘》에 「若旣克自敬勤, 及先人存, 趾美進士, 續聞成宗, 唯服任遂功, 爲孝子在不怠」.

226 未艾(미애) : 아직 다하지 않음. 아직 끝나지 않음. 《詩經, 小雅, 庭燎》에 「夜如何其, 夜未艾」.

수 있다. 선생의 자손과 제자가 되어서는 이것에서 말미암는다면 덕 있는 가문의 덕행과 명망이 서석산 해명산과 나란히 크고 높게 솟아 만고를 지내는 것이 하루같이 할 것 아닌가?

미호공(眉湖公) 삼형제가[227] 친척들에게 옛날의 일들을 두루 묻고 자세하게 찾아내어 편지에 간략하게 쓰고 남기신 원고의 주옥같은 글들을 한 편으로 엮고 편집한 것이 내 책상에 놓여 있었다. 유학자인 녹서(綠瑞)[228]께서 나에게 이르기를,

"나와 그대가 선생님에게 수업할 때, 나는 아직 어려서 본보이심이 엄중하시었으나 몸에 습관이 된 말솜씨와 행하셨던 의리를 모두 다 자세하지 않은 것이 유감이다. 그러나 그대의 나이는 나보다 조금 더 컸을 때이니 응당 생각에 기억하고 있는 것이 많을 것이다."

라고 하면서 나에게 깊고 오묘한 실정을 쓰라고 청하며, 장차 인쇄하려고 했는데 결과도 보지 못하고 (綠瑞는) 불행히도 일찍 돌아가셨다. (綠瑞의 아드님) 회대(會大)가 아버지[在冕]와 할아버지[升默]와 증조[瑞竹堂 相恒]의 덕업을 실행한 행적이 사라져 전하지 못할 것을 크게 두려워하여 그의 숙부 재희(在熙)와 종숙부 재경씨(在京氏; 惠默의 장자)와 자문하고 상의하여[229] 다섯 형제들이 책을 찍어내기로[230] 계획하고, 나에게 실기 써주기를 부탁하였다. 나는 감탄하면서 생각을 일으켜 말하기를,

"일찍이 서죽헌(瑞竹軒)의 맑고 깨끗한 반열에 번쇄하게 간여하는 것은 친히 자기 아들과 손자처럼 사랑하는 것이요 규명하는 것이니, 매우 정성스럽고 간절한 것이다. 만약 일찍이 아버지를 여읜 여생이라면 바깥의 유혹에 범하지 않은 까닭일 것이니 잠시라도 살아 있는 사람은 누구인가? 입은 은덕에 아직 만분

---

227 眉湖公三昆季(미호공삼곤계) : 서죽공(瑞竹公)의 세 아들인 장자 미호(眉湖) 승묵(升默), 둘째 아들 만연(晩蓮) 혜묵(惠默), 셋째 아들 경뢰(景雷) 연묵(淵默)을 지칭.

228 綠瑞(녹서) : 양재면(梁在冕). 1882~1934년. 호는 녹서(綠瑞) 자는 공필(公弼). 승묵(升默)의 두 아들 재면(在冕)·재희(在熙) 중 맏아들.

229 詢議(순의) : 자문하고 상의함. 당(唐) 온대아(溫大雅)의 《大唐創業起居注 1》에 「公等國之爪牙, 心如鐵石, 欲同戮力, 以除國難, 公家之利, 見則須爲, 俾其無猜, 期于報,勅 所以詢議, 擇善行之」.

230 剞劂(기궐) : 파고 쪼며 아로새김. 곧 목판에 글자를 새기거나 책판을 새겨서 책을 찍어냄. 명(明) 주이정(周履靖)의 《錦箋記, 題錄》에 「剞劂生涯日, 詩書藝業長, 刻字的候列位老爺刊同年錄」.

의 일도 보답하지 못했는데도 편안하고 조용한 모습과[231] 화락(和樂)한 자태[232]로 늘 잠잘 때와 비슷하였을 뿐이었다. 이러한 좁은 견문과 천박한 학식을 돌아보니 감히 중정(中正)으로 판단할 수 없으나 네 세대에 걸친 친절한 정의(情誼)가 있으니 참으로 사양할 수 없으니 간략한 경개를 들어 이와 같이 말할 뿐이다. 만약 널리 구하고 캐낸다면 후세에 모범이 될 만한 말씀이니 천하에 믿음을 얻고, 훗날의 사람들에게는 덕성을 기르는 웅건한 글이 될 것이다."

【瑞竹堂遺稿 附錄 卷之二 終】

231 燕伸(연신) : 웃어른의 한거(閑居). 《論語, 述而》에 「子之燕居, 申申如也, 夭夭如也」.

232 愷悌(개제) : 화락(和樂)하며 평이함. 《左傳, 僖公12年》에 「詩曰, 愷悌君子, 神所勞矣」.

跋

族曾孫會甲謹跋

右集瑞竹公詩文 子舍公所編也 孫在熙叔氏 疑有所漏 搜故紙堆 幷先蹟笥東來示余 竊覸公志高 文或成而滅棄存者小 詩雖多首或題闕 唱酬聯軸 後乃因以稿之 多者不可少 少者不可多 公沒且六十年 先輩知德者無世 叔氏懼將不知不傳 由是謀議多年余 第錄家庭所聞語 推之得狀行 繼請訂詩編輯 遂補闕聚五百首 釐爲詩集二卷 書若序爲一卷 附狀祭文 就聯軸中揀諸公詩五十二首 挽三首 別爲一卷 附後回甲詩帖 仍存不入同樞 公以下四世詩文爲家稿一卷 諸卷手寫畢 公詩集只書目錄 以族明眸少年 際値郊壘 四逼燹熾焚蕩 家籍者多 未印單集恐罹 不虞藏祖龕 六七年叔氏時月來問之 每悶迫不已 今春始委少年移寫 間復有塡補者 力疾强筆將還之 叔氏請識其顚末第念 公有德而有言 文雖小可傳 詩出性情之正 發爲修身 正家之英華 月露花禽 根於天機 宣暢比興之得體者多無有 太史之採 公於世圖 一家之傳是耳 然家業豐饒于平世 晏然未遑爲意叔氏風樹終鮮力不自支 獨苦其心 經紀于板蕩時 至誠可感 於是乎言
癸巳蜡月下旬

족증손(族曾孫) 회갑(會甲) 근발(謹跋)

위 서죽시집(瑞竹詩集)은 서죽공(瑞竹公)의 시문이다. 아들과 딸들[233]이 공의 글들을 엮은 것인데, 손자 재희(在熙) 숙씨(叔氏)가 흩어 없어질 것을 두려워하여 많은 옛 서적과 자료[234]들과 함께 선조의 행적을 찾아내어 대나무 상자에 묶

233 子舍(자사) : 아들. 송(宋) 부필(富弼)의 《韓國華神道碑》에 「敎子舍悉用經術而濟之以嚴」.

234 故紙堆(고지퇴) : 수량이 매우 많은 옛 서적이나 자료. 송(宋) 주희(朱熹)의 《答呂子約書 31》에 「豈可一向汨溺於故紙堆中, 使精神昏弊, 失後忘前, 而可以謂之學乎」.

어 가지고 와서 나에게 보여주셨다. (서죽) 공의 높은 뜻을 살펴보니, 글이 혹은 이루어지기도 하고 없어지거나 내버려지기도[235] 하여 남아 있는 것이 적었다. 시는 비록 여러 수가 있으나 서로 주고받으며 이어지는 두루마리 족자의 서화들은 제목이 없어진 후이고, 이로 인해 원고는 많으니 적다고도 할 수 없고, 적은 것들을 많다고도 할 수 없는 것들이 많았다.

공이 돌아가신 지 60년이고,[236] 선배들의 지성과 덕성을 이을 후손도 없으니, 숙씨(재희)가 장차 알지 못해 전해지지 못할 것을 두려워한 것이다. 이러한 까닭으로 여러 해 동안 나와 논의하고는, 모든 기록과 집안에서 들은 말씀들을 미루어 얻은 행장을 쓰고, 이어 편집한 시들을 바로잡아 달라고 청하셨다. 그리하여 드디어 빠진 것을 증정(增訂)하여 시 5백 수를 모아 시집 2권으로 고쳤다. 서(書; 書札)나 서문(序文)은 1권으로 하여 부록으로 제문(祭文)과, 나아가 여러 사람들과 수창한 연시 52수와 만사(挽詞) 3수는 따로 1권으로 하였다. 부록을 엮은 후에 회갑(回甲)을 축하하는 시첩(詩帖)이 있었으나 함께 부문으로 넣지 못했다. 공 이후 4세손들의 시문은 가고(家稿) 1권으로 만들었으며, 여러 권들을 손수 베껴 쓰기를 마쳤다. 공의 서찰(書札)뿐만 아니라 목록은 밝은 눈을 가진 소년[237]이 끝을 맺고, 사방 주위에서 닥칠지도 모르는 화마(火魔)의 불길로 타서 없어지는[238] 것을 적당한 보루(堡壘)로[239] 막아주기를 기다린다. 집안에 서적들이 많으나 아직 하나로 묶어 인쇄하지 못해서 두렵고 걱정하였으나, 할아버지의 사당(祀堂)[240]에 간직하고 있어 걱정하지 않았다. 6~7년간 숙씨(叔氏; 在熙)께서 네 계절 열두 달을 오셔서 (서죽집 인쇄에 대해) 물으시고 늘 빨리 끝

235 滅棄(멸기) : 없애거나 내버림. 한(漢) 중장통(仲長統)의 《述志詩》에 「叛散五經, 滅棄風雅」.

236 六十年(육십년) : 서죽공(瑞竹公)이 1891년(辛卯, 高宗 28)에 죽은 후 60여 년 만인 1953년에 시집을 인쇄 발간하게 된 것.

237 明眸少年(명모소년) : 아름다운 눈동자를 가진 소년. 밝은 눈을 가진 후손(後孫)이나 후배(後輩).

238 燹熾焚蕩(선치분탕) : 난리로 인한 불[燹熾]로 집안의 재산이 죄다 불에 타 없어짐[焚蕩]. 발문(跋文)의 필자가 서죽집을 정리하고 베껴 인쇄할 때가 1953년 12월 6·25전쟁 직후라 많은 가문의 전적들이 전쟁으로 불에 타 없어졌고, 이것을 안타깝게 생각한 표현.

239 郊壘(교루) : 적을 방어하기 위한 교외의 보루. 《禮記, 曲禮 上》에 「四郊多壘, 此卿大夫之辱也」.

240 祖龕(조감) : 할아버지의 신주를 모시는 사당. 서죽공이 살았던 전라남도 화순군 도곡면 죽청리에 있던 심학당(心學堂)의 사당을 의미.

나지 않음을 걱정하셨다. 금년 봄에 비로소 소년에게 맡겨 옮겨 베끼도록 하고, 그 사이에도 다시 부족한 것을 메워 채우느라[241] 안간힘을 쓰며 억지로 글을 써서 돌려드렸다. 그런데 숙씨께서 그(서죽집 발행의) 전말(顚末)과 모든 생각을 쓰도록 청하셨다.

(서죽)공께서는 덕행이 있으시고 훌륭한 말씀이 있으셨으며, 글은 비록 적으나 전할 만하며, 시는 성정의 올바름에서 나와 수신(修身)에서 피어났고, 가정을 바로 세우는 정수(精粹)였다. 밝은 달빛과 한 방울의 이슬, 아름다운 꽃과 새들의 노래도 하늘의 뜻에 근거하여야 세상에 널리 퍼지는 것이니, 시가(詩歌) 창작[242]의 본체를 얻은 것이 많으며, 태사공(太史公)처럼 역사(歷史)에서 캐낸 것[243]도 없지 않다. 공께서 세상에서 도모하고 한 집안에 전하는 것들은 이것들뿐이다. 그러나 태평한 세상에 가업이 풍요하며 평안하셨고 허둥거리지 않는 것을 뜻으로 삼으신 것이다.

숙씨[在熙]께서 부모를 봉양할 수 없음[244]에도 마지막까지 힘을 다했고, 정치와 사회가 동요한 시기[245]를 지내면서 스스로 버티지 못하고 혼자 마음속으로 괴로워하면서도 지극정성으로 하심에 감동하여, 이에 말씀을 드린다.

계사년(癸巳年; 1953) 음력 12월[246] 하순 족증손(族曾孫) 회갑(會甲)[247]이 삼가 발문을 쓰다

241 塡補(전보): 부족한 것을 메워 채움. 《朱子語類 17》에 「悠悠度日, 一日不做得一日工夫, 只見沒長進, 如何要塡補前面」.

242 比興(비흥) : 원뜻은 시경(詩經) 육의(六義) 중 비(比)와 흥(興). '시가(詩歌) 창작'을 의미. 송(宋) 왕안석(王安石)의 《甘露歌詞》에 「盡日含毫難比興, 都無色可幷」.

243 太史之採(태사지채) : '태사(太史)'은 태사공(太史公)으로 '사관(史官)', '채(採)'는 '역사 전적(歷史典籍)에서 발췌해 낸다'는 뜻으로, 시 창작에서 전고(典故)와 용사(用事)를 사용을 의미.

244 風樹(풍수) : 부모가 돌아가셔서 봉양할 수 없음을 이르는 말. 《韓詩外傳 9》에 「皐魚曰…… 樹欲靜而風不止, 子欲養而親不待也」.

245 板蕩(판탕) : 정치가 혼란하고 사회가 동요함. 6·25동란을 의미. 남조 송(南朝宋) 사령운(謝靈運)의 《擬魏太子鄴中集, 王粲詩》에 「幽厲昔崩亂, 桓靈今板蕩」.

246 蜡月(사월) : 주력(周歷)에서 섣달. 《周禮, 地官, 黨正》에 「國索鬼神而祭祀. 〈賈公彦疏〉 …… 以其正齒位禮在蜡月. 故言之以爲節耳」.

247 會甲(회갑) : 양회갑(梁會甲). 1918~1961년. 서죽공(瑞竹公) 둘째 아들 혜묵(惠默)의 장자 재경(在京)의 셋째 아들.

別冊

별책

壽 帖

丁亥(1887년) 四月 晦日

❖ 수년 전 숙부 회창(會昌)공의 가고(家稿)를 살펴보다가 서죽공(瑞竹公)의 회갑연 때 여러 사람들이 지은 축수시(祝壽詩)를 모은 수첩(壽帖)을 발견하였다. '서죽시집(瑞竹詩集)' 중 발문(跋文)의 "부록을 엮은 후에 회갑(回甲)을 축하하는 시첩(詩帖)이 있었으나 함께 중요 부문으로 넣지 못했다.(附後回甲詩帖仍存 不入同樞)"라는 것에 해당하는 것이어서, 원문과 함께 번역하여 별책(別冊)으로 수첩(壽帖)을 묶었다.

❖ 수첩에는 회갑을 맞이한 서죽공 자신이 쓴 자서(自序)와 자고(自稿), 여러 사람의 축수시 35수뿐만 아니라, 말미에 있는 서죽공의 장례시 제문(祭文) 2편, 만장(輓章) 4편 등도 함께 실려 있었다. 제문 중 석문 정석(石門鄭氵奭)의 글은 본문 부록 2권의 제문과 중복되어 생략하였다.

❖ 축수시의 운자(韻字)는 연(年)・전(傳)・선(仙)・변(邊)・전(全)이다.

❖ 본문의 발문(跋文) 중 "(서죽)공 이하 4세손들의 시문을 가고(家稿) 1권으로 만들었다.(公以下四世詩文爲家稿一卷)"라는 기록이 있으나, 본 가고를 발견하지 못하여 함께 번역하여 싣지 못함을 아쉽게 여긴다.

詩

001 회갑을 맞이하여 쓴 자서(自序)
自序

是歲丁亥正陽之晦 卽余之周甲晬辰 而程夫子所訓 倍當傷感者 以此劬勞之日也 丙戌之秋慘禍稠 仍萬念無況 而兒輩以志喜之心 略設酒肴 穩成一會兄弟親戚老少賓友團欒良晤(話) 此豈非人世間滋味耶 第以虞憂之餘 頓沒意思於吟咏之間 而四座詩友 拈韻迭唱 余亦不可無和 故强起效嚬 庶爲日後子孫之遺觀矣

금년 정해년(丁亥年; 1887. 高宗24) 음력 정월 그믐날은 나의 회갑이자 생일날인데, 정부자(程夫子)[248]께서 가르치신 바, 슬픈 마음이 갑절이나 되는 것은 이날이 자식을 낳고 길러 주신 부모님께서 힘드셨던[249] 날이기 때문이다. 병술년(丙戌年; 1886년) 가을부터 이어지는 거듭된 참화로 아무리 많은 생각을 해도 아무것도 이룬 것이 없었다. 그러나 아이들이 기뻐하는 마음으로 간단하게 술과 안주를 차려놓고 형제와 친척, 남녀노소, 손님과 벗들이 편안하게 한 번 모여 단란하게 좋은 대화를 나누고자 모이니, 이것이 어찌 인간세상의 재미가 아니겠는가? 잠시 걱정과 근심을 숨기고 뜻을 읊는 가운데 두니, 사방의 시우(詩友)들이 운(韻)을 들어 번갈아 노래 부르니, 나 또한 화답을 하지 않을 수 없었다. 그러므로 억지로 일어나 (노래 부르는) 흉내를 낸 것이니[250] 훗날에 자손들이 남겨진 것을 볼 것이로다.

---

248 程夫子(정부자) : 송(宋) 정호(程顥)와 정이(程頤) 형제. 세칭 형 정호는 명도선생(明道先生), 아우 정이는 이천선생(伊川先生)으로 부름.

249 劬勞(구로) : 구로지은(劬勞之恩). 자식을 길러 주신 부모님의 은혜. 《三國演義, 36回》에 「如書到日, 可念劬勞之恩, 星夜前來, 以全孝道」.

250 效嚬(효빈) : 효빈(效矉). 남의 결점을 장점인 줄 알고 흉내냄. 월(越)의 서시(西施) 고사. 《莊子, 天運》에 「故西施病心而矉其里, 其里之醜人見之而美之, 歸亦捧心而矉其里, 其里之富人見之, 堅閉門而不出, 貧人見之, 挈妻子而走. 彼知矉美, 而不知矉之所以美」.

002 회갑을 맞이한 서죽공(瑞竹公) 자신의 시 瑞竹自稿

日月幾何周甲年(일월기하주갑년)
弧辰讌樂俗相傳(호신연락속상전)
好追白社携耆老(호추백사휴기로)
肯鍊丹砂學彼仙(긍련단사학피선)
孝友因心加勉後(효우인심가면후)
詩書遺教啓來邊(시서유교계래변)
瓊章迭唱南飛曲(경장질창남비곡)
奚獨坡翁美事全(해독파옹미사전)

세월이 얼마나 흘러 회갑을 맞이했는가?
생일날[251] 잔치를 여는 것은 세속에서 전하는 것이라.
노인들을 이끌고 즐겨 은사(隱士)[252]가 사는 곳을 따라가
단사(丹砂)를 단련하며 신선 되는 법을 배우리.
마음으로 효도와 우애에 더욱 힘쓴 다음
시서(詩書)로 선인들의 교훈을 가르쳐 깨우치게 하리라.
남들은 아름다운 글로 남녘의 노래를 번갈아 부르는데
어찌해서 나 홀로 파옹(坡翁; 蘇東坡)의 좋은 일을 온전히 하려 하는가?

---

251 弧辰(호신) : 남자의 생일. 명(明) 장거정(張居正)의 《答上師相徐存齋書 25》에 「恭惟弧辰屆節, 壽纏增輝, 天上神仙, 身久留於寰世, 山中宰相, 望益重於華夷」.

252 白社(백사) : 은사나 은사가 사는 곳. 남조 양(南朝梁) 소통(蕭統)의 《錦帶書十二月啓, 林鍾六月》에 「但某白社狂人, 青緗末學」.

003 형님 월파공(月坡公; 梁相鼎)의 축수시(祝壽詩) 舍伯月坡

兄甲纔過弟甲年(형갑재과제갑년)
一門懽慶好相傳(일문환경호상전)
工專博涉方稱士(공전박섭방칭사)
壽必由仁不援仙(수필유인불원선)
琴瑟奏和肥誾內(금슬주화비은내)
芝蘭敷燁媚庭邊(지란부엽미정변)
賓朋滿座詩聯軸(빈붕만좌시연축)
摠賀無疆福祿全(총하무강복록전)

형님의 회갑이 방금 지났는데 아우가 회갑을 맞이하니
한 집안의 기쁜 경사가 아름답게 이어지네.
공부에 오로지 하며 박학섭렵하여 선비라 칭송하니
장수(長壽)는 어짊에서 말미암고 신선 되는 것은 아닐세.
거문고 비파 울려 화답하니 집안은 풍요롭고 온화한데
뜰 가의 지초 난초는 아름답게 펴져 빛나네.
손님과 벗들은 자리 가득 앉아 연이어 시를 지으며
만수무강하고 복록이 온전하기를 경하 드리네.

004 아우 상겸(相謙)의 축수시
舍弟相謙

今朝龜鶴筭長年(금조귀학산장년)
彩舞琴堂慶具傳(채무금당경구전)
書囿摛華湖上老(서유리화호상노)
花陰期醉地行仙(화음기취지행선)
心存臨履平居裡(심존임리평거리)
氣養淸明好箇邊(기양청명호개변)
一榻塤篪和樂處(일탑훈지화락처)
世云壽福得天全(세운수복득천전)

오늘 아침에는 거북과 학으로 장수한 햇수를 셈하리니
집에선 색동옷 입고 춤추며 거문고 울려 경축하네.
독서하며[253] 글 짓는[254] 호숫가의 노인이고
꽃그늘에선 항상 술 취하는 지상의 신선일세.[255]
마음으로는 삼가고 경계하여[256] 탈 없이 지내며
맑고 밝게 정기를 기르며 사는 곳을 좋아하였네.
한자리에 형제들 화목하게 즐기니
사람들은 장수와 복록은 천성을 보전하여[257] 얻었다고 말하네.

---

253 書囿(서유) : 독서나 문장을 전문으로 하는 장소. 남조 양(南朝梁) 서릉(徐陵)의 《與楊僕射書》에 「足下淸襟勝託書囿文林, 凡自洪荒, 終乎幽厲」.

254 摛華(이화): 문사(文詞)를 서술함. 진(晉) 갈홍(葛洪)의 《抱朴子, 明本》에 「摛華騁豔, 質直所不尙, 攻蒙救惑, 疇昔之所饜」.

255 地行仙(지행선) : 지상에 사는 신선. 장수하는 사람이나 걱정 없이 한가로이 사는 사람 이름. 《楞嚴經 8》에 「人不及處有十種仙, 阿難, 彼諸衆生, 堅固服餌, 而不休息, 食道圓成, 名地行仙」.

256 臨履(임리) : 임심이박(臨深履薄). 깊은 못에 임하고 얇은 얼음을 밟음. 삼가고 경계함. 《詩經, 小雅, 小旻》에 「戰戰兢兢, 如臨深淵, 如履薄氷」.

257 天全(천전) : 천성을 보전함. 송(宋) 소식(蘇軾)의 《李行中秀才醉眠亭詩》에 「已向閑中作地仙, 更於酒裏得天全」.

005 큰아들 승묵(升默)의 축수시
子升默

甲慶重回一亥年(갑경중회일해년)
春朝壽斝夏仍傳(춘조수가하잉전)
願將此事牋天帝(원장차사전천제)
特假遐齡作地仙(특가하령작지선)
數恊海籌添屋裏(수협해주첨옥리)
光生極宿照堂邊(광생극숙조당변)
縱無富貴能傾世(종무부귀능경세)
斯樂人間幸我全(사락인간행아전)

정해년 일 년에 회갑의 경사가 거듭하니[258]
봄날 아침 올린 축수(祝壽)의 술잔[259]이 여름까지 이어집니다.
원컨대 이 일을 천제께 편지로 올려
특별히 장수하시어 꼭 지상신선으로 만들라고 하겠습니다.
여러 차례 장수한 햇수를 헤아리는 산가지가 집안에 가득차고[260]
북극성에서 생겨난 빛이 집안까지 비춰 달라고 하겠습니다.
비록 (제가) 부귀 없이 죽어가더라도[261]
인간 세상에 누리는 이 즐거움을 저에게 온전하게 해주시기 바랍니다.

---

258 서죽당(瑞竹堂) 부부의 나이가 같아 모두 정해년(丁亥年, 1827, 순조 27) 출생으로 한 해에 회갑 잔치를 두 번 하게 되었음을 말함.

259 壽斝(수가) : 축수(祝壽)의 술잔. 송(宋) 소철(蘇轍)의 《宣徽使張安道生日詩》에 「從公淮陽今幾年, 憶持壽斝當公前」.

260 海籌添屋(해주첨옥) : 해옥주첨(海屋籌添). 축수(祝壽)하는 말. 선인(仙人)이 바다가 뽕밭으로 변할 때마다 산가지를 하나씩 놓았는데, 그 산가지가 열 칸의 집에 가득참. 송(宋) 소식(蘇軾)의 《東坡志林, 三老語》에서 「嘗有三老人相遇, 或問之年……一人曰, 海水變桑田時, 吾輒下一籌, 爾(邇)來吾籌已滿十間屋」.

261 傾世(경세) : 세상을 떠남. 죽음. 《清平山堂話本, 合同文字記》에 「這劉二嫂害着個腦疽瘡, 醫療一月有餘, 疼痛難忍, 飲食不進, 一命傾世」.

006 둘째 아들 혜묵(惠黙)의 축수시
子惠黙

丁亥惟吾父母年(정해유오부모년)
稱觴春夏慶雙傳(칭상춘하경쌍전)
今朝盡室丹心祝(금조진실단심축)
千歲高堂綠髮仙(천세고당녹발선)
四座塤篪瞻頌際(사좌훈지첨송제)
一門花樹詠歌邊(일문화수영가변)
願言昆季恒無故(원언곤계항무고)
歲歲玆辰樂事全(세세자신낙사전)

정해년(丁亥年)은 우리 부모님께서 태어나신 해이니
봄여름에 술잔 들어 축수(祝壽)하는[262] 겹경사가 이어졌습니다.
오늘 아침 온 집안이 정성스러운 마음으로 축하드리오니
천세만세 부모님께서는 검은머리 신선이 되시옵소서.
빙 둘러앉은 화목한 형제들은 경모하고 축원하며[263]
한 집안 동족(同族)들은 모여[264] 축수의 노래를 부릅니다.
원컨대 형제들 늘 무고하고
해마다 오늘 아침처럼 즐거운 일 온전하게 해주십사 말씀드리옵니다.

---

262 稱觴(칭상) : 칭상상수(稱觴上壽). 술잔을 들어 축수함. 《陳書, 侯安都傳》에 「明日, 安都坐于御坐, 賓客居羣臣位, 稱觴上壽」.

263 瞻頌(첨송) : 경모하고 축원함. 송(宋) 소식(蘇軾)의 《賀正啓》에 「某限居官守, 阻候門牆, 瞻頌之深, 敷宣罔旣」.

264 花樹(화수) : 같은 성씨의 사람들이 친목을 모도하기 위하여 만든 모임. 당(唐) 잠삼(岑參)의 《韋員外莊花樹歌》에 「君家兄弟不可當, 列卿御史尙書郎, 朝向花底恒會客, 花撲玉缸春酒香」.

007 재종 조카 교묵(敎默)의 축수시
再從姪敎默

六十享年似少年(육십향년사소년)
懸弧今日喜相傳(현호금일희상전)
多男餘慶能超世(다남여경능초세)
偕老佳緣不讓仙(해로가연불양선)
十里纔尋芳草裡(십리재심방초리)
三春虛付落花邊(삼춘허부낙화변)
白沙翠竹江村暮(백사취죽강촌모)
南極圖中五福全(남극도중오복전)

60년을 누리셨어도 모습은 소년 같으니
오늘은 생신이시니[265] 기쁨을 서로 전합니다.
선덕으로 많은 아들이 복 받게 하시니 걸출하셨으며[266]
아름다운 인연으로 해로하심은 신선에게도 양보치 않을 것입니다.
비로소 찾아온 10리 향기로운 풀숲으로
공연히 따라오다 보니 떨어진 꽃밭 속이었습니다.
흰 모래톱 푸른 대숲 어우러진 해지는 강촌에서
태평하신[267] 가운데 오복이 온전하십니다.

---

265 懸弧(현호) : 아들의 출생. 옛날에 무(武)를 숭상하여 집안에 사내아이가 출생하면 문 왼쪽에 활을 걸어 놓았음. 《禮記, 內則》에 「子生, 男子設弧於門左, 女子設帨於門右」.

266 超世(초세) : 걸출하여 보통과 다름. 《後漢書, 馮衍傳 上》에 「懸忠貞之節, 立超世之功」.

267 南極(남극) : 남극노인(南極老人). 민간에서 남극성(南極星; 사람의 수명을 맡고 있다는 별)의 화신(化身)으로 이 별이 나타나면 태평하다고 함. 《史記, 天官書》에 「狼比地有大星, 曰南極老人」.

008 삼종 조카 경묵(景默)의 축수시
三從姪景默

琹牀偕老又同年(금상해로우동년)
晬宴辰初已晦傳(수연신초이회전)
垂暮蕉丌勤學士(수모초기근학사)
平生花砌化詩仙(평생화체화시선)
百盃謹奉兒三側(백배근봉아삼측)
一室渾和棣四邊(일실혼화체사변)
爲杷榠春兼祝賀(위파명춘겸축하)
回回重甲福蔓全(회회중갑복만전)

탁자에 거문고 놓고 해로하시며 또 같은 해에 나셨으니
생신 잔치가 첫새벽부터 밤까지 이어집니다.
노년에도[268] 파초 놓인 대에서 학문에 힘쓰시는 선비이셨고
평생토록 꽃피는 섬돌에서는 시선이 되셨습니다.
세 아이들은 많은 술잔을 공손히 받들어 올리고
네 분 형제들은 한 집에 원만하고 화합하여 가까이 계십니다.
봄날이라 비파(枇杷)나무 명사(榠樝)나무 꽃피어 축하를 아우르고
회갑이 거듭되오니 복록이 덩굴처럼 뻗어나가 온전하시옵소서.

268 垂暮(수모) : 해가 저물어 감. 노년. 송(宋) 장원간(張元幹)의 《醉落魄詞》에서「天涯萬里情懷惡, 年華垂暮猶離索」.

009 삼종 조카의 축수시
三從姪

卯年以後又丁年(묘년이후우정년)
元季遐期次第傳(원계하기차제전)
家室相宜中有樂(가실상의중유락)
人生長壽外無仙(인생장수외무선)
佳孫令子齊頷下(가손령자제함하)
姻婭親賓咏頰邊(인아친빈영협변)
碧水環流脩竹立(벽수환류수죽립)
人間淸福自家全(인간청복자가전)

기묘(己卯)년에 형님이 태어나고 아우는 정해년에 태어났으니
큰형님에서 막내아우까지 차례대로 장수가[269] 이어졌습니다.
가족이 서로 합당한 가운데 즐거움이 있고
인생에서 장수하는 것밖에는 따로 신선이 없다 하겠습니다.
아름다운 손자와 훌륭한 자식들이 턱 아래 가지런하고
사돈들과[270] 친한 손님들은 곁에서 축하의 노래를 부릅니다.
푸른 물 감돌아 흐르고 큰 대나무 서 있으니
사람으로서 한가로이 지내는 복은 집에서부터 보전되옵니다.

---

269 遐期(하기) : 나이가 많음. 장수함. 《樂府詩集, 相和歌辭 18, 滿歌行 2》에 「安神養性, 得保遐期」.

270 姻婭(인아): 인척(姻戚). 혼인 관계로 맺어진 친척. 《詩經, 小雅, 節南山》에 「瑣瑣姻亞, 則無膴仕」.

010 재종 조카 원묵(源黙)의 축수시
再從侄源黙

懸弧籌甲卽今年(현호주갑즉금년)
稀慶琹床喜共傳(희경금상희공전)
南極明星爲誰老(남극명성위수로)
西河綠髮芝神仙(서하록발芝신선)
已勞博士三書上(이노박사삼서상)
可級超人九被邊(가급초인구피변)
寶樹春深篪叉樂(보수춘심지우락)
吾家蔓福竹湖全(오가만복죽호전)

환갑 맞는 생일이 곧 금년이니
드문 경사에 상 위에 놓인 거문고로 기쁨을 함께 전합니다.
남극성(南極星)[271]은 어느 노인을 위해 밝게 빛나는가?
서하(西河) 노인[272]은 머릿결이 검어도 필시 신선이라 하겠습니다.
이미 노력하여 박사가 되어 삼서(三書)[273]의 맨 위에 썼으며
초인의 등급에 오를 수 있으나 변방에 살고 계십니다.[274]
봄이 무르익는데 훌륭한 자제들은[275] 우애를 나누며 즐기니
우리 가문의 뻗어가는 복록은 죽호에서 온전하다 하겠습니다.

---

271 南極星(남극성) : 남극노인(南極老人). 사람의 수명을 맡고 있다는 별.

272 西河(서하) : 서하노인(西河老人). 서하 출신의 신선 오강(吳剛). 신선술을 배우다 잘못하여 달에서 계수나무 베는 형벌을 받음. 당(唐) 은성식(殷成式)의 《酉陽雜俎, 天咫》에 「舊言月中有桂, 有蟾蜍, 故異書言月桂高五百丈, 下有一人常斫之, 樹創隨合, 人姓吳名剛, 西河人, 學仙有過, 謫令伐樹」.

273 三書(삼서) : 혼인 예식에서의 삼서(三書). 곧 납채(納采)·납징(納徵)·친영(親迎) 때의 서신.

274 九邊(구변) : 명(明)나라 북쪽 변경의 아홉 군데 요충지. 전의되어 변경을 이름.

275 寶樹(보수) : 옥수(玉樹). 훌륭한 자제. 남조 송(南朝宋) 유의경(劉義慶)의 《世說新語, 語言》에 「謝太傅(謝安)問諸子姪, 子弟亦何預人事, 而正欲使其佳, 車騎(謝玄)答曰, 譬如芝蘭玉樹, 欲使其生於階庭耳」.

011 삼종손 재연(在淵)의 축수시
三從孫在淵

偕老同庚是亥年(해로동경시해년)
星垂南極畵圖傳(성수남극화도전)
懸弧今日黃梅節(현호금일황매절)
誤讀何經白髮仙(오독하경백발선)
昆季湛和誠禦外(곤계담화성어외)
兒孫羅列慶無邊(아손나열경무변)
姻親傾座賓朋賀(인친경좌빈붕하)
頌禱吾門壽福全(송도오문수복전)

동갑(同甲)[276]으로 해로하시어 올해가 정해년(丁亥年)이니
드리워진 남극성(南極星)을 그림으로 그려 전할 것입니다.
오늘은 생일날로 매실 익어가는 계절에
무슨 경전(經典)[277]을 잘못 읽어 백발의 신선이 되셨나요?
형제들은 화목하게 즐기며 참으로 그 밖의 것들을 갖추어
죽 늘어선 아들 손자들이 올리는 경하는 끝이 없습니다.
인척과 친척들은 좌중을 사로잡고[278] 손님과 벗들도 축하드리니
우리 가문의 경사를 기리고 축하하니 장수와 복록이 온전합니다.

---

276 同庚(동경) : 동갑(同甲). 송(宋) 주희(朱熹)의 《元范別後寄惠佳篇詩》에 「歲月幸同庚, 詩書復同道」.

277 經(경) : 일반적으로 도가(道家)의 경전인 황정경(黃庭經).

278 傾座(경좌) : 좌중을 사로잡음. 당(唐) 두보(杜甫)의 《李監宅詩》에 「一見能傾座, 虛懷只愛一」.

012 삼종손 재수(在洙)의 축수시
三從孫在洙

友琹何幸德齊年(우금하행덕제년)
周甲春觥夏復傳(주갑춘굉하복전)
郤老三平閑度世(각노삼평한도세)
賀監一見卽稱仙(하감일견즉칭선)
新荷葉大龜巢上(신하엽대귀소상)
晩竹柯繁鵠峙邊(만죽가번곡치변)
漆叟商翁皆皓白(칠수상옹개호백)
獨留青鬢鏡中全(독류청빈경중전)

벗들은 거문고를 타고 동갑으로[279] 행복과 덕망을 받으시니
봄날의 환갑에 받으신 술잔이 여름까지 이어집니다.
평온하게[280] 늙음을 물리치시고 한가롭게 속세를 벗어나시니
하감(賀監)[281]도 한 번 보면 곧 신선이라 부를 것입니다.
새 연잎에는 큰 거북이가 보금자리를 짓고
늙은 대나무 가지는 번성하여 끝까지 꼿꼿합니다.[282]
옻칠장이 늙은이도 상옹(商翁)[283]도 모두 다 흰머리가 났으나
혼자만이 검은 머리로 거울 속에 완전하십니다.

---

279 齊年(제년) : 나이가 같은 사람. 송(宋) 소백온(邵伯溫)의 《見聞前錄 9》에 「惠卿既得位, 遂叛荊公, 出平日荊公移書, 有曰, 無使齊年知, 謂馮公京也, 荊公與馮公皆辛酉人」.

280 三平(삼평) : 삼평이만(三平二滿). 아무 걱정 없이 평온하게 나날을 보냄. 송(宋) 황정견(黃庭堅)의 《四休居士詩書》에 「太醫孫居昉, 字景初, 爲士大夫發藥, 多不受謝, 自號四休居士, 山谷問其說, 四休笑曰, 麤茶淡飯飽卽休, 補破遮寒暖卽休, 三平二滿過卽休, 不貪不妬老卽休」.

281 賀監(하감) : 당(唐) 하지장(賀知章)의 별명. 당(唐) 유우석(劉禹錫)의 《洛中寺北樓見賀監草書題詩》에 「高樓賀監昔曾登, 壁上筆蹤龍虎騰」.

282 鵠峙(곡치) : 꼿꼿이 선 모양. 《藝文類聚 91》에 「山雞賦:形鳳婉而鵠峙, 羽衮蔚而緗暉」.

283 商翁(상옹) : 송(宋) 도필(陶弼)의 자.

013 삼종제 상신(相臣)의 축수시
三從弟相臣

寅年已過又丁年(인년이과우정년)
頌禱諸賓壽斝傳(송도제빈수가전)
瑞彩爭瞻南極老(서채쟁첨남극노)
眞形初降玉京仙(진형초강옥경선)
生長兒孫湖竹下(생장아손호죽하)
湛和兄弟棣華邊(담화형제체화변)
窈窕歡情琹瑟友(요조환정금슬우)
康寧好德一身全(강녕호덕일신전)

인년(寅年)[284]이 이미 지나고 또 정년(丁年)이니
여러 손님들이 축하하고 기리며 장수의 술잔을 드립니다.
남극노인성(南極老人星)의 상서로운 빛을 보려고 다투니
처음 하강한 옥경(玉京)[285] 신선의 참다운 모습이십니다.
아들과 손자들은 호숫가 대숲 아래에서 자라고
형제들은 아가위 꽃[286] 가에서 화목하게 즐깁니다.
기쁜 뜻으로 얌전하게 금슬로 벗을 삼으시니
강녕하시고 좋은 덕으로 일신이 온전하십니다.

---

284 寅年(인년) : 태세(太歲)의 지지(地支)가 인(寅)의 해.

285 玉京(옥경) : 신선이 사는 곳. 송(宋) 육유(陸游)의 《七月一日夜坐舍北水涯戲作詩》에 「斥僊豈復塵中戀, 便擬騎鯨返玉京」.

286 棣華(체화) : 아가위 꽃. 형제를 비유. 《詩經, 小雅, 常棣》에 「常棣之華, 鄂不韡韡」.

014 삼종증손 회성(會誠)의 축수시
三從曾孫會誠

彩衣齊膝頌遐年(채의제슬송하년)
龜鶴同翩上壽傳(귀학동편상수전)
初度日長行夏令(초도일장행하령)
晩來愁少挾雲仙(만래수소협운선)
丹霞渾是蒸樽裡(단하혼시증준리)
皓雪何嘗穢鬓邊(호설하상예빈변)
床瑟和絃深有助(상슬화현심유조)
維持祺慶子孫全(유지기경자손전)

색동옷 입고 슬하에 나란히 앉아 장수를 칭송하니
거북과 학이 함께 날아 장수의 술잔을 올립니다.[287]
환갑날[288] 길어진 해가 여름철까지 이어지고
해 지자 근심은 적어지고 구름 속 신선과 어울리옵니다.
붉은 노을은 술동이에서 오르는 김과 섞이는데
흰 눈은 어찌하여 귀밑털에 잡초처럼 우거졌습니까?
상 위의 비파도 잘 어울려 도우니
행복한 경사를 유지하여 자손들도 완전합니다.

---

287 上壽(상수) : 웃어른께 술잔을 올리며 장수를 빎. 《史記, 劉敬叔孫通傳》에 「至禮畢, 復置法酒, 諸侍坐殿上皆伏抑首, 以尊卑次起上壽」.

288 初度(초도) : 태어난 날. 생일이나 환갑. 《楚辭, 離騷》에 「皇覽揆余初度兮, 肇錫余以嘉名」.

015 생질 윤상찬(尹相贊)의 축수시
甥姪尹相贊

華堂今日日如秊(화당금일일여년)
餘慶天於善者傳(여경천어선자전)
居常詩禮眞高士(거상시례진고사)
壽且康寧不遠仙(수차강녕불원선)
是子肖孫謨裕後(시자초손모유후)
同庚偕老樂無邊(동경해로낙무변)
此宴重開渭陽宅(차연중개위양댁)
從先遐福弟兄全(종선하복제형전)

화려한 집의 오늘은 하루가 일 년 같아
넉넉한 경사는 하늘이 선한 사람에게 전해 준 것이옵니다.
평소에 시례(詩禮)로 자제들을 가르치신 고결한 선비이시며
장수하시고 강녕하시니 신선과 다르지 않으십니다.
올바른 아들을 손자가 닮으니 후손을 복되게 하려는 계책이고
동갑 나이로 해로하시니 즐거움은 끝이 없습니다.
외숙(外叔)[289] 집에서 거듭 열리니 잔치는
선조를 따르고 먼 훗날 형제들에게까지 미칠 온전한 복입니다.

289 渭陽(위양) : 생질(甥姪)과 외숙(外叔) 사이의 정의(情誼)를 나타내는 말. 진 강공(秦康公)이 외숙인 진 문공(晉文公)을 위양(渭陽)에서 전송하며 읊은 시에서 유래. 《詩經, 秦風, 渭陽》에서 「我送舅氏, 曰至渭陽」.

016 삼종질 돈묵(暾默)의 축수시
三從侄暾默

春色再回花甲年(춘색재회화갑년)
詩可爭稱畵可傳(시가쟁칭화가전)
座上跏趺生子佛(좌상가부생자불)
人間稀貴有妻仙(인간희귀유처선)
賀樽百拜雍容裡(하준백배옹용리)
和氣一生樂易邊(화기일생낙이변)
遐福非求忠孝外(하복비구충효외)
箇中心法壽中全(개중심법수중전)

봄빛이 다시 돌아오니 회갑의 해이고
시를 써서 다투어 칭송하니 그림 그려 전할 만합니다.
좌중에 가부좌하고 앉으신 모습은 살아 있는 부처이시고
인간 세상에 드문 아내 있는 신선이옵니다.
온화한[290] 가운데 거듭 절 올리며 축하의 술 드리오니
일생이 화목하며 쾌활하고 온화한[291] 기운 속에 있사옵니다.
먼 훗날까지 미칠 복은 충과 효 외에는 구하지 않았으며
그중에 성찰과 수양으로[292] 온전하게 장수하셨습니다.

---

290 雍容(옹용) : 몸가짐이 온화하고 의젓함. 《漢書, 薛宣傳》에 「宣爲人好威儀, 進止雍容, 甚可觀也」.

291 樂易(낙이) : 쾌활하고 온화함. 《荀子, 榮辱》에 「安利者常樂易, 危害者常憂險, 樂易者常壽長, 憂險者常夭折」.

292 心法(심법) : 마음을 성찰하고 수양하는 방법. 송(宋) 주희(朱熹)의 《中庸章句》에 「此篇乃孔門傳授心法, 子思恐其久而差也, 故筆之於書, 以授孟子」.

017 박산(博山)[293] 족제(族弟) 상형(相衡)의 서문(序文)과 축수시(祝壽詩)
博山族弟相衡

六十曰下壽 人生六十僅一周甲 奚以壽稱曰不然 同是六旬而有可曰壽者有不可曰壽者趨逐名利嗜欲喪天氣 若厭貧窮憂愁 纏綿眉宇長戚戚者 是迫促光陰 其可壽乎 存心養性理義勝外誘 安分定志 和順適中 胷地坦蕩蕩者 是舒長日月 可不曰壽乎 翁年六十第詳言之 孝友敦睦 承家風也 訥言敏行 修實地也 耽書籍 而樂詩酒無外慕也 在床琹瑟 滿庭蘭玉 和氣融融 享晩福也 自少至老無皺眉 愁有開口笑 二万二千日 無非壽城春風 今日登晬席 而擧觴者 可不讚嘆而賀哉 旣賀已往之下壽 則可不賀將未中壽上壽 以及无彊之壽也 噫中上无彊之壽 翁可必乎曰 可仁者必得有聖人之證 鶴形龜息有相家之證 修鍊精神有道家之證 請以此三證奉拜獻

60세를 일컬어 하수(下壽)[294]라 하니, 인생 육십은 겨우 한 번의 주갑(周甲)에 불과하니, 어찌 장수했다고 칭송하겠는가? 일컬어 '그렇지 않다.'라고 할 것이다. 60세라는 것은 장수했다고도 할 수 있고 장수했다고 말할 수도 없다. 명예와 이익과 좋아하는 것들과 욕심을 빠르게 쫓아다니다가 천기(天氣; 天命)를 잃어버리게 된다. 만약 가난의 근심과 걱정하며 싫어하는 것들이 눈썹에 뒤엉켜 있어[295] 오랜 시간 걱정하고 괴로운 사람은 세월을 급하게 재촉할 것이니 장수했다고 할 수 있겠는가? 존심양성(存心養性)하여 의리(義理)가 밖의 유혹을 이기고, 분수에 편안하고 뜻을 정하며 화합하고 순응하여 꼭 맞아 가슴속이 너그러워지고 넓고 큰 사람은 세월을 길게 펼칠 것이니 장수했다고 일컫지 않겠는가? 주인옹(主人翁; 瑞竹堂)의 60세를 자세히 말할 것 같으면, 효도하고 우애하며 정이 두텁고 화목하며, 가풍을 계승하고 말은 느리나 행동은 빠르며, 실질을 닦고

293 博山(박산) : 현 광주광역시 광산구 동호동 제주양씨삼강전(濟州梁氏三綱傳)이 있는 곳으로 학포(學圃) 양팽손(梁彭孫)의 3자 송천(松川) 양응정(梁應鼎)이 이거한 곳.

294 下壽(하수) : 사람의 수(壽)를 상·중·하로 나눈 가운데 가장 짧은 수명. 곧 100세는 상수(上壽), 80세는 중수(中壽), 60세는 하수(下壽). 《莊子, 盜跖》에 「盜跖曰, 人上壽百歲, 中壽八十, 下壽六十」.

295 纏綿(전면) : 굳게 맺혀 풀리지 않음. 뒤얽힘. 진(晉) 도잠(陶潛)의 《祭從弟敬遠文》에 「余嘗學仕, 纏綿人事, 流浪無成, 懼負素志」.

서적을 탐독하며 시와 술을 즐기며, 분수 밖의 것을 원함이 없었다. 상에는 거문고가 놓여 있고, 뜰에는 훌륭한 자제들이[296] 가득하고 화기가 애애하니 늙어서 누리는 복이옵니다. 어려서부터 늙을 때까지 눈살을 찌푸린 적이 없으며, 비록 근심이 있더라도 입을 열어 웃기를 2만 2천 일이었다.[297] 태평성세(太平盛世)가[298] 아닌 때도 없었으나, 오늘 회갑 자리에 오르시니 술잔을 들어 찬탄하고 경하 드리지 않을 수 있으리오? 벌써 하수(下壽; 回甲) 누리신 것을 축하드렸으니, 곧 장래 중수(中壽; 80세)와 상수(上壽; 100세) 누리실 것을 경하 드리지 않겠으며, 무강한 장수를 누리실 것입니다. 아! 중수·상수의 무강한 장수는 주인옹은 반드시 누리실 것이니, 어진 자라야 반드시 성인의 증험이 있으시며, 학의 모습[299]과 거북이 같은 장생[300]은 집안을 다스리는[301] 증험이시고, 정신을 수련하시니 도가(道家)의 증험이 있으신 것이옵니다. 이 세 가지 증험으로 절하며 술잔을 올리옵니다.

歡娛此日願年年(환오차일원연년)
奥自□圃先餘蔭傳(오자포선여음전)
靜裡詩書皆好友(정리시서개호우)
閒中日月是神仙(한중일월시신선)
海桃重結琹床下(해도중결금상하)
春酒三行綵舞邊(춘주삼행채무변)
福必自求求不外(복필자구구불외)
翁年六十性天全(옹년육십성천전)

296 蘭玉(난옥) : 지란옥수(芝蘭玉樹). 훌륭한 자제. 당(唐) 안진경(顔眞卿)의 《祭侄季明文》에 「惟爾挺生, 夙標劭德, 宗廟瑚璉, 階庭蘭玉」.

297 二万二千日(이만이천일) : 환갑 때까지의 살아온 날[日] 수를 계산한 것.

298 壽域(수역) : 사람마다 천수(天壽)를 누린다는 태평성세. 《漢書, 禮樂志》에 「願與大臣延及儒生, 述舊禮, 明王制, 驅一世之民, 濟之仁壽之域, 則俗何以不若成康, 壽何以不若高宗」.

299 鶴形(학형) : 학의 형태. 학처럼 바싹 야윈 몸. 당(唐) 이고(李翱)의 《贈藥山高僧惟儼詩》에 「練得身形似鶴形, 千株松下兩函經」.

300 龜息(귀식) : 거북이처럼 호흡하며 마시지도 먹지도 않으면서 장생하는 술법. 진(晉) 갈홍(葛洪)의 《抱朴子, 對俗》에 「仙經象龜之息, 豈不有以乎」.

301 相家(상가) : 집안일을 관리함. 《孔子家語, 正論》에 「叔孫穆子避難奔齊, 宿於庚宗之邑, 庚宗寡婦通焉而生牛, 穆子返魯, 以牛爲內豎, 相家」.

원컨대 이날을 기뻐하며 즐기기를 해마다 하시리니
이는 멀리 학포(學圃) 선조[302]로부터 전해진 공덕이옵니다.
고요한 가운데 시서(詩書)를 좋은 벗으로 사귀었으며
세월 속에 한가로우셨으니 신선이셨습니다.
바닷가 도화동(桃花洞)의 인연을 거문고 아래에서 거듭 맺으니
춘주(春酒)[303]를 세 번 올리는 곁에 색동옷 입고 춤춥니다.
복은 반드시 스스로 구하고 밖에서 구하지 않았으니
주인옹의 60 생애에 천성이 완전하십니다.

302 圃先(포선) : 선조 학포(學圃) 양팽손(梁彭孫). 서죽당은 학포 앵팽손의 11세손(世孫).
303 春酒(춘주) : 겨울에 빚어 봄에 익은 술. 《詩經, 豳風, 七月》에 「爲此春酒, 以介眉壽」.

018 석문(石門) 정석(鄭潟)의 축수시
石門鄭潟

巷絶難容轍(항절난용철)
屋老僅如斗(옥노근여두)
鎭日經過少(진일경과소)
蠹編遶我右(두편요아우)
邈乎梁子廬(막호양자려)
江高雲木黝(강고운목유)
梁子愷悌人(양자개제인)
錦胸兼繡口(금흉겸수구)
時惠捐璚華(시혜연경화)
愧吾獻敝帚(괴오헌폐추)
肝腑元不隔(간부원불격)
藩籬豈煩剖(번리기번부)
欲走棄百事(욕주기백사)
年病甚掣肘(연병심철주)
堂媍言歸寧(당부언귀녕)
家慶前乎後(가경전호후)
孝思罔外內(효사망외내)
玆行喜不苟(자행희불구)
綵服當階樂(채복당계락)
白駒繫門柳(백구계문유)
此日儘可爱(차일진가애)
莫辭此日酒(막사차일주)
琴瑟隨中堂(금슬수중당)
塤篪序北牖(훈지서북유)
愴遡昔今朝(창소석금조)
湯餠隨藥臼(탕병수약구)
浩蕩父母恩(호탕부모은)

天冒而地負(천모이지부)
念玆劬勞辰(염자구로신)
感懷分十九(감회분십구)
弟兄相扶憐(제형상부련)
膚髮有所受(부발유소수)
兒女爭餙慶(아녀쟁희경)
朋尊良非偶(붕존양비우)
祝君無彊籌(축군무강주)
金石不爲久(금석불위구)
萬紀猶一瞬(만기유일순)
善者迺不朽(선자내불후)
臨風哦伐木(임풍아벌목)
嚶禽尙求反(앵금상구반)
勉勉皓首期(면면호수기)
沮溺田中耦(저익전중우)
石門鄭友婿即之堂叔也 老室回甲三月初一日 而鄭室歸寧之日 作此付送耳

외진 마을이어서 수레도 들어가기 어렵고
오래된 집은 너무 작아 겨우 말[斗]만하네.
온종일 오가는 사람도 적고
좀먹은 책[304]들만이 나를 에워싸고 있네.
양씨(梁氏; 瑞竹堂)네 오두막은 아득하고
강가 높은 구름 아래 나무숲 검푸른데
양씨(梁氏)께서는 온화하고 즐거운 사람이라[305]
시도 교묘하고 아름답네.[306]

---

304 蠹編(두편) : 좀먹은 책. 고서 · 헌책 등. 송(宋) 육유(陸游)의 《雨夜詩》에 「雨中更覺凄涼甚, 一點殘燈守蠹編」.

305 愷悌(개제) : 화락하며 평이함. 《左傳, 僖公12年》에 「詩曰, 愷悌君子, 神所勞矣」.

306 錦胸兼繡口(금흉겸수구) : 금심수구(錦胸繡口). 시문(詩文)의 구상과 표현이 교묘하고 아름다움. 당(唐) 유종원(柳宗元)의 《乞巧文》에 「騈四儷六, 錦心繡口」.

철따라 아름다운 시[307]를 보내주시는데
나는 보잘것없는 시[308]를 보내드리니 부끄럽기만 합니다.
간(肝)과 장부(臟腑)[309]는 원래부터 사이가 뜨지 않는 것이니
어찌 번거롭게 울타리를 세워 나누겠습니까?
모든 일을 팽개치고 당장에라도 달려가고 싶었지만
해를 넘긴 심한 병이 가지 못하게 팔꿈치를 끌어당기고[310]
게다가 안사람이 친정 부모님의 안부를 살피겠다고[311] 하니
집안의 경사는 앞뒤로 이어지는데
효도에 대한 생각은 안팎이(夫婦 구별이) 따로 없었습니다.
이러한 행실이 기뻤음에도 불구하고
응당 섬돌에서는 (아이들이) 색동옷 입고 즐겁게 해드렸겠고
(賢人들이 타고 온) 흰 망아지는 문밖 버드나무에 매였겠지요.
이날은 종일토록 즐길 수 있으니
이날만큼은 술을 사양하지 않으셨을 겁니다.
대청마루에서는 거문고를 울리고
북쪽 창문에서는 형제들이 차례대로 질나발을 불었겠지요.
오늘(환갑날) 아침에 옛날의 슬펐던 일을 거슬러 올라가보자면
탕국과 약탕기를 올렸던
넓고도 큰 부모님의 은혜는
하늘을 가리고 땅만큼 넓었으니
낳고 길러주신 은혜[312]를 생각하는 아침이니

---

307 璚華(경화) : 경화(瓊華). 아름다운 시문. 원(元) 야율초재(耶律楚材)의 《和北京張天佐見寄》에 「瓊華贈我將何報, 聊寄江南古樣絃」.

308 敝帚(폐추) : 닳아서 모지라진 비. 쓸모없는 물건. 본문에서는 자신의 시가 좋지 않음을 의미. 당(唐) 황도(黃滔)의 《代鄭郎中上靜恭盧相》에 「只眄高車而激切, 空持敝帚以屏營」.

309 肝腑(간부) : 간(肝)과 오장육부(五臟六腑). 진심과 성의를 비유.

310 掣肘(철주) : 팔꿈치를 끌어당김. 곁에서 방해함. 《呂氏春秋, 具備》에 「宓子賦治亶父, 恐魯君之聽讒人, 而令己不得行其術也, 將辭而行, 請近吏二人於魯……宓子賤從旁時掣搖其肘」.

311 歸寧(귀녕) : 시집간 딸이 친정에 돌아와 부모의 안부를 묻는 일. 《詩經, 周南, 葛覃》에 「害澣害否, 歸寧父母」.

312 劬勞(구로) : 구로지은(劬勞之恩). 자식을 길러준 부모님의 은혜. 《三國志演義, 36回》에 「如書到日, 可念劬勞之恩, 星夜前來, 以全孝道」.

감회가 열에 아홉이라 하겠습니다.
형제들은 서로 돕고 사랑하니
살과 털은 부모님께 받은 것이며
아녀자들은 다투어 예쁘게 꾸미고 경하드리며
벗과 존장들은 견줄 수 없을 만큼
당신의 만수무강을 헤아리며 축하합니다.
금석이라 해서 오랠 수 없으며
만년의 세월도 오히려 한 순간이나
선함은 오래도록 썩지 않을 것입니다.
아! 바람을 쐬며 벗의 깊은 우정[313]을 노래하고
새들은 지저귀면서 늘 벗을 그리워합니다.
머리가 희어지도록 부지런히 애쓰면서도
부부가 나란히 밭을 갈며 밭에 몸을 숨기시는군요.

－벗 서랑(壻郞; 사위) 석문(石門) 정(鄭; 鄭氵奭)은 당숙인데, 친정어머님의 회갑이 3월 초하루여서 정실(鄭室; 정석의 부인)이 친정으로 돌아가 부모님의 안부를 물어야 하는 날이므로, 이 글을 지어서 인편으로 부쳐 보내왔다.

313 伐木(벌목) : 깊은 우정. 《詩經, 小雅, 鹿鳴之什, 伐木》에 「伐木丁丁, 鳥鳴嚶嚶, ……嚶其鳴矣, 求其友聲」.

019 받들어 차운하다[314] – 서죽(瑞竹)

奉次 – 瑞竹

布褐懷珠玉(포갈회주옥)
文章耀星斗(문장요성두)
士固需時用(사고수시용)
廊廟虛座右(낭묘허좌우)
吾友石門子(오우석문자)
俗累不斜黝(속누불두유)
經笥輪困腹(경사륜균복)
英華咀嚼口(영화저작구)
貽我五字詩(이아오자시)
点塵隨泛帚(점진수범추)
珎重具朋錫(진중구붕석)
的皪蚌珠剖(적력방주부)
平日完養力(평일완양력)
書案着此肘(서안착차주)
屈宋作衙官(굴송작아관)
王盧可前後(왕로가전후)
暮年托契深(모년탁계심)
交道元不苟(교도원불구)
薰德如芝蘭(훈덕여지란)
菲質委蒲柳(비질위포류)
日月能幾何(일월능기하)
愧我當壽酒(괴아당수주)
呼童掃苔徑(호동소태경)

314 이 시는 본문 제1권 146편에 《奉次石門惠寄回甲五言古詩長篇》라는 제목으로 동일 내용이 실려 있으며, 석문(石門; 鄭瀕)이 보내온 축수시에 서죽당(瑞竹堂)이 차운한 것이다. 중복되지만 〈壽帖〉의 원본대로 다시 싣는다.

迎客開竹牖(영객개죽유)
峨冠秩秩筵(아관질질연)
有誰脫塵臼(유수탈진구)
惟我意中人(유아의중인)
此日若相負(차일약상부)
悵望歎少一(창망탄소일)
風流減八域(풍류감팔역)
何當更促席(하당갱촉석)
觴詠相授受(상영상수수)
衰病良自憐(쇄병량자련)
形骸似土偶(형해사토우)
嗟夫壽溪翁(차부수계옹)
住世胡不久(주세호불구)
人琴俱已亡(인금구이망)
只信名不朽(지신명불후)
西風無限淚(서풍무한루)
失我金石友(실아금석우)
此懷向誰論(차회향수론)
早晩相對耦(조만상대우)

베옷을 입고도 가슴에는 주옥(珠玉)을 품었으니
문장은 별처럼 빛나는구려.
선비는 참으로 쓰일 때를 기다리니는 것이니
낭묘(廊廟)[315]의 중요한 자리가 비었구려.
내 벗 석문(石門)은
세속에 묶여 있으나 얽히지는[316] 않았도다.

---

315 廊廟(낭묘) : 궁전의 외곽 건물과 태묘(太廟). 곧 조정. 《國語, 越語 下》에 「謀之廊廟, 失之中原, 其可乎, 王姑勿許也」.

316 糾黝(두유) : '규유(糾黝)'의 오기. 규유(糾黝) · 유규(黝糾)는 숲의 나무들이 서로 이어져 얽힌 모양. 《文選, 王延壽, 魯靈光殿賦》에 「傍夭蟜而橫出, 互黝糾而搏負」.

경사(經史)에 박식하고 크고 넓은 기량[317]을 품고 편하게 있으며[318]
좋은 문장[319]의 뜻을 깊이 파고들어 완미(玩味)하도다.
나에게 오언시를 보내오시니
(마당 쓸던) 빗자루를 세워 놓고 잘잘못을 살펴보네.
보배롭고 귀한 벗이 보내온 것이니
조개를 쪼개어 꺼낸 진주(眞珠)같이 빛나도다.[320]
평일에 완전하게 힘을 기르고
서안(書案)에 늘 팔꿈치를 부쳤었네.
문장은 굴원(屈原)과 송옥(宋玉)도 아관(衙官)이라 할 것이며[321]
왕발(王勃)·노조린(盧照鄰)[322]과 앞뒤에 서 있다 하리라.
늙어가며 서로의 의기투합[323]은 더욱 깊어졌으니
사귀는 방법이 본래부터 소홀히 하지 않았도다.
(그대의) 인자한 덕[324]은 지초(芝草)·난초(蘭草)와 같았으며
(나의) 둔한 재질은 신체가 허약한[325] 탓으로 미루네.
세월이 얼마나 되리오?
회갑을 축하하는 술은 나에게 부끄러울 따름이라네.

---

317 輪囷(윤균) : 윤균(輪菌). 높고 큰 모양. 《禮記, 檀弓下》에 「美哉輪焉」. 주(注)에 「輪, 輪囷, 言高大」.

318 腹(복) : 복편편(腹便便). 감추고 편하게 있는 모양. 《後漢書, 文苑上, 邊韶傳》에 「韶口辯, 曾晝日假臥, 弟子私謿之曰, 邊孝先腹便便, 懶讀書但欲眠, 韶潛聞之, 應時對曰, 邊爲姓孝爲字, 腹便便五經笥, 但欲眠思經事, 寐與周公通夢, 靜與孔子同意, 師而可謿, 出何典記」.

319 英華(영화) : 아름다운 심정이 외부에 나타난 것. 우수한 문장.

320 的皪(적력) : 적력(的皪). 빛나는 모양. 선명한 모양. 한(漢) 사마상여(司馬相如)의 《上林賦》에 「明月珠子, 的皪江靡」.

321 屈宋作衙官(굴송작아관) : 아관굴송(衙官屈宋). 당대(唐代)에 문사인 두심언(杜審言)이 자신의 문장을 자부하여 굴원(屈原)과 송옥(宋玉)도 자신의 속관(屬官)이라고 말한 고사. 《舊唐書, 文苑傳 上, 杜審言》에 「[杜審言]又嘗謂人曰, 吾之文章, 合得屈宋作衙官, 吾之書跡, 合得王羲之北面, 其矜誕如此」.

322 王盧(왕노) : 당대(唐代)의 문학자 왕발(王勃)과 노조린(盧照鄰).

323 托契(탁계) : 서로의 의기가 투합함. 청(淸) 주양공(周亮工)의 《托素齋文集序》에 「曩遊八閩, 一時文字交, 惟媿曾托契最深, 嘗以詩見質, 請序于予」.

324 薰德(훈덕) : 사람이 인자하여 남을 감화시키는 덕.

325 蒲柳(포류) : 갯버들. 버들과에 속하는 낙엽 교목. 가을에 제일 먼저 지므로 신체가 허약함을 비유. 남조 송(南朝宋) 유의경(劉義慶)의 《世說新語, 言語》에 「蒲柳之姿, 望秋而落, 松柏之質, 經霜彌茂」.

아이를 불러 길가의 이끼를 쓸어내고
죽창을 열고 손님을 맞이하네.
(선비들의) 높은 관모(冠帽)[326]는 잔치자리에 정연하나
속세를 벗어난 사람은 누가 있으리오?
내 마음속에 있는 사람들을 생각하건대
이날 서로 부담(負擔)을 지니고 있는 것 같았도다.
울적한 마음에 조금 한탄하며 바라보노라니
풍류로 세상을 가벼이 여기는 것 같았도다.
다시 자리를 가까이 앉는 것이 어찌 합당하리오?
서로 시를 읊으며 술잔을 주고받으니
병으로 쇠잔한 몸이 스스로가 가여울 뿐이네.
사람의 몸과 뼈는 흙으로 빚은 인형이니
아! 시냇가의 나이 먹은 늙은이일 뿐이네.
세상에 머무름이 어찌 오래겠는가?
사람과 거문고도 이미 다 없어졌으니[327]
다만 이름은 썩지 않는다는 것을 믿을 뿐이네.
불어오는 서풍에 끝없는 눈물을 흘리는 것은
나의 금석지교(金石之交)의 벗을 잃었음이라.
이 회포를 누구를 향하여 의논하리?
조만간 서로 짝하여 나란히 가리라.

326 峨冠(아관) : 아관박대(峨冠博帶). 높은 관(冠)과 넓은 띠. 곧 유생이나 사대부의 옷차림. 《三國演義, 37回》에 「門有一先生, 峨冠博帶, 道貌非常, 特來相探」.

327 人琴俱亡(인금구망) : 인금구서(人琴俱逝). 사람과 거문고가 다 없어졌다는 뜻으로, 사람의 죽음을 애도하여 이르는 말. 남조 송(南朝宋) 유의경(劉義慶)의 《世說新語, 傷逝》에 「王子猷・子敬俱病篤, 而子敬先亡……子敬素好琴, [子猷]便徑入坐靈牀上, 取子敬琴彈, 弦既不調, 擲地云, 子敬子敬, 人琴俱亡, 慟絶良久, 月餘亦卒」.

020 석문(石門) 정석(鄭潟)의 축수시 – 2수
石門鄭潟– 二首

[其一]

南綾壽席重今年(남능수석중금년)
境勝情奇意欲傳(경승정기의욕전)
陶令無官何許士(도령무관하허사)
劉安有婦亦稱仙(유안유부역칭선)
朱顔賸借丹罏外(주안승차단로외)
白雪高吟綠盞邊(백설고음록잔변)
今夜可憐嶺頭月(금야가련영두월)
澹然相照此心全(담연상조차심전)

올해 남녘 능주(綾州)에서는 거듭 회갑연이 있으니
아름다운 경계에 남다른 마음을 전하려네.
벼슬하지 않는 도령(陶令)[328]에게 어찌 선비라 했으며
부인 있는 유안(劉安)[329]을 또한 신선이라 칭했는가?
여전히 불그레한 얼굴은 단약 굽는 화덕[330]에서 빌리고
맛있는 술[331]을 마시며 아름다운 노래[332]를 소리 높여 읊네.
오늘밤이 즐거운 것은 고갯마루 떠오른 달이
안온하게 서로를 비추어 이 마음을 온전하게 하기 때문이다.

---

328 陶令(도령) : 진(晉)의 도잠(陶潛). 당(唐) 두보(杜甫)의 《奉寄河南韋尹丈人詩》에 「濁酒尋陶令, 丹砂訪葛洪」.

329 劉安(유안) : 한(漢) 회남왕(淮南王)의 아들. 〈회남자(淮南子)〉의 저자로 예문을 좋아했음.

330 丹罏(단로) : 단로(丹爐). 단약(丹藥)을 굽는 화덕. 당(唐) 왕적(王績)의 《遊北山賦》에 「拭丹爐而調石髓, 裛翠釜而出金精」.

331 綠盞(녹잔) : 푸른색의 맛있는 술[綠醅]이 담긴 술잔.

332 白雪(백설) : 고아한 시사(詩詞)를 비유. 당(唐) 나온(羅穩)의 《秋日有酬詩》에 「腰間印佩黃金重, 卷裏詩裁白雪高」.

[其二]

華髮臨堂日抵年(화발임당일저년)
庭趨列綵畵堪傳(정추열채화감전)
王公失貴斯爲樂(왕공실귀사위락)
雲漢安從別有仙(운한안종별유선)
席密詩成芳草上(석밀시성방초상)
樽深星聚大江邊(준심성취대강변)
其間合著狂奴態(기간합저광노태)
爭奈羸愁袪未全(쟁내리수거미전)
第二首贈僉胤云耳

집에서 하루를 일 년처럼 늙어가는데
뜰에서는 나란히 색동옷 입고 바삐 다니니 그림으로나 그려 전하겠네.
천자나 제후도 이런 귀한 즐거움은 지나치는데
훌륭한 글 지으며[333] 편안히 천명에 순종하니 특별히 신선이라 하겠네.
향기로운 풀 위에서는 촘촘히 앉아 시를 쓰고
큰 강가 술동이 옆 모인 뭇사람들은 정의(情誼)가 깊네.
그 동안 둘이는 자유분방하게[334] 함께 글을 지었으나
시 짓고 싶은 마음[335]은 어쩔 수 없이 완전하게 떨쳐버리지 못했네.
– 제2수는 첨윤(僉胤)에게 지어준 것이다.

---

333 雲漢(운한) : 훌륭한 문장. 송(宋) 소식(蘇軾)의 《送陳伯修察院赴闕詩》에 「裕陵固天縱, 筆有雲漢姿」.

334 狂奴(광노) : 광노고태(狂奴故態). 자유분방하여 구애받지 않는 사람의 오랜 버릇. 《後漢書, 逸民傳 , 嚴光》에 「司徒侯覇與光素舊, 遣使奉書, 使人因謂光曰, …… 覇得書, 奉奏之, 帝笑曰, 狂奴故態也」.

335 羸愁(이수) : 시수(詩愁). 곧 시를 지으려는 마음.

021 기사(磯史) 응교(應教) 정희(鄭禧)의 서문(序文)과 축수시 磯史鄭應教禧

歲丁亥之潤 雲益從袖示一韻 乃是綾城下竹林居士梁友甲韻也 余病伏中强而起坐曰 吾雖不工於文詞 於此友可無一詩之賀 大抵人之生也 有命賦之殊 洪範首稱壽 次言富康寧 又次之於三者孰居焉 惟斯翁居斯二者而箇中泉石之癖 琹書之樂 超出衆乎 可不欽哉 今翁之花甲 卽淸和令節也 親戚之悅情 知舊之賀章 盖是謂六旬有一之慶 而人世間罕有也 不揆荒拙搆呈 恭請斤敎

정해년 구름은 물기를 머금었는데 소매 속에서 시 한 수를 꺼내 보여주었다. 곧 이것은 능성(綾城; 綾州)의 죽림거사 양우(梁友; 서죽당)의 첫 번째 시였다. 나는 복중(伏中)에 병을 앓고 있어서 억지로 일어나 앉아 말하기를,

"나는 비록 문사(文詞)에 대해서 공부하지 않았으나, 이 벗에게 시 한 수로 축하함이 없겠는가? 대저 사람의 삶이란 하늘로부터 품부 받은 운명에는 다름이 있으나, 홍범(洪範)에는 장수를 으뜸으로 일컬으며 다음으로 부귀와 강녕을 말하며, 또 다음 세 번째로는 어떻게 사느냐이다. 이 노옹은 이 중 두 가지로 살고 있는데, 자연에 묻혀 살아야 하는 병과 거문고와 서책에서 누리는 즐거움은 뭇사람보다 빼어나니, 공경하지 않을 수 있겠는가? 지금 노옹이 회갑을 맞이했는데 날씨가 맑고 화창한 좋은 시절에, 친척들의 기뻐하는 뜻과 오랜 친구들의 축하는 글들은 대개 육순이 경사스러운 일의 하나이며, 인간 세상에 드문 것이기 때문이다. 거칠고 서투른 것을 헤아리지 않고 지어 드리니, 삼가 근정(斤正)[336]의 가르침을 청하옵니다.

聞說主翁初降年(문설주옹초강년)
家人動慶四隣傳(가인동경사인전)

---

336 斤敎(근교) : 근정(斤正)의 가르침. 자기의 시문에 대한 수정을 겸손히 요청하는 말. 원(元) 일명씨(佚名氏)의 《漁樵記, 1折》에 「小生有做下的萬言長策, 尙在布衣, 不能上達, 望大人略加斤正咱」.

林泉寓意終遠俗(임천우의종원속)
文酒寬情不換仙(문주관정불환선)
彩舞斑衣森眼裏(채무반의삼안리)
和風麗日耀觴邊(화풍여일요상변)
堪嗟同我均今老(감차동아균금노)
秖頌康寧一是全(지송강녕일시전)

주인옹(主人翁; 서죽당)께서 방금 하늘이 내려준 수명[337]을 받아
집안사람들이 경하하며 사방 이웃에 전한다는 말을 들었도다.
자연에 묻혀 살려는 뜻으로 끝내 속세와 멀리하였으니
글 짓고 술 마시며 너그러운 정은 신선과도 바꾸지 않겠네.
색동옷에 아름다운 춤은 눈 속에 가득하고
화창한 봄날의 온화한 바람은 술잔에 빛나네.
오늘 나와 같이 고르게 늙어가니 감탄할 만하고
다만 강녕하시기를 하나같이 모두가 칭송하네.

337 降年(강년) : 하늘이 내려준 수명. 《書經, 高宗肜日》에 「降年有永不有永, 非天夭民, 民中絶命」.

022 죽포(竹圃) 정벽(鄭澼)의 축수시
竹圃鄭澼

爲將龜鶴賀餘年(위장귀학하여년)
南極垂垂一曰傳(남극수수일왈전)
養志林泉能拔俗(양지임천능발속)
寓情詩酒自成仙(우정시주자성선)
兒孫列侍環庭下(아손열시환정하)
親戚團歡滿座邊(친척단환만좌변)
知是君歌綿後祿(지시군가면후록)
同庚偕老世難全(동경해로세난전)

남은 여생도 거북과 학처럼 장수하시기를 경하 드리니
한편으로는 남극(南極)[338]이 연이어져 전하네.
자연 속에서 뜻을 길러 속기를 뽑아낼 수 있었으며
시와 술에 뜻을 맡겨 스스로 신선이 되었네.
아들과 손자들은 뜰에서 빙 둘러 줄지어 모시고
친척들은 자리에 가득 모여 단란하게 즐거워하네.
군께서 노래하는 것은 후손들의 복록인 것을 알겠고
세상에서 어려운 것은 부부가 동갑으로 온전하게 늙어가는 것이라네.

---

338 南極(남극) : 노인성(老人星). 별 이름. 사람의 수명을 맡고 있다고 함. 《史記, 天官書》에 「狼比地有大星, 曰南極老人」.

023 소산(小山) 정해빈(鄭海賓)의 축수시
小山鄭海賓

同庚花甲卽丁年(동경화갑즉정년)
錦瑟和諧盛事傳(금슬화해성사전)
誰畵騎牛出關老(수화기우출관노)
欲招飛鶴訪坡仙(욕초비학방파선)
竹抽玉笋春湖上(죽추옥순춘호상)
蘭茁金芽露畹邊(난줄금아노원변)
人世非無初度慶(인세비무초도경)
幾稀淸福似君全(기희청복사군전)

동갑으로 회갑을 맞이한 것이 정해년이니
아름다운 거문고의 화목한 조화는 성대한 일로 이어지네.
누가 소를 타고 관문(關門) 나서는 노인을 그렸는가?
나는 학을 불러 파선(坡仙)[339]을 찾아가려 하는구나.
봄날 호숫가 대나무에는 죽순이 싹트고
이슬 내린 밭둑에선 난초의 금빛 싹이 돋아나네.
인간 세상에 환갑[340]의 경사가 없는 것은 아니지만
그대 같은 완전한 청복[341]은 얼마나 드문 일입니까?

---

339 坡仙(파선) : 송(宋) 소식(蘇軾)의 경칭. 《草綱, 眞賞亭賦》에 「揭眞賞之新名, 摭坡仙之舊詞」.

340 初度(초도) : 맨 처음 태어난 날. 《楚辭, 離騷》에 「皇覽揆余初度兮, 肇錫余以嘉名」.

341 淸福(청복) : 조용하고 한가로이 지내는 행복. 원(元) 야율초재(耶律楚材)의 《冬夜彈琴頗有所得亂道拙語三十韻以遺猶子蘭》에 「秋思盡雅興, 三樂歌淸福」.

024 우촌(友村) 정해만(鄭海晩)의 축수시
友村鄭海晩

芝山淑氣萃千年(지산숙기췌천년)
名碩君家世共傳(명석군가세공전)
聞道孔融曾聖胄(문도공융증성주)
望如郭泰卽神仙(망여곽태즉신선)
蘭花曉暎瑤樽裡(난화효영요준리)
蓂葉春長錦瑟邊(명엽춘장금슬변)
莫怪故人稽頌禱(막괴고인계송도)
已應遒祿自天全(이응주록자천전)

천년 지산(芝山)의 온화한 기운[342]이 모여
그대의 가문에서는 저명한 석학들이 대대로 함께하는구려.
공융(孔融)[343]의 도를 들어 지혜와 덕행을 더하고
곽태(郭泰)[344]를 우러러보니 곧 신선이시구려.
아름다운 술동이 안에는 난초가 밝게 비추고
긴 봄날 명협(蓂莢)[345]의 잎은 아름다운 거문고 소리에 새로이 나네.
벗이여 장수를 칭송하는 기도를 괴이하게 여기지 말게나
이미 하늘로부터 온전한 복록을 거둘 때가 임박했다네.

342 淑氣(숙기) : 온화한 기운. 진(晉) 육기(陸機)의 《悲哉行》에 「蕙草饒淑氣, 時鳥多好音」.
343 孔融(공융) : 후한(後漢) 노(魯) 사람. 공자(孔子)의 후손.
344 郭泰(곽태) : 곽태(郭太). 후한(後漢) 태원(太原) 사람. 경적(經籍)에 박통하고 벼슬에 나아가지 않고 향리에서 제자를 가르쳐 그 수가 수천 명에 달했음.
345 蓂葉(명엽) : 명협(蓂莢)의 이파리. 명협은 요(堯)임금 때 났다는 전설상의 상서로운 풀.

025 죽포(竹圃) 안정(安楨)의 축수시
竹圃安楨

偕老中堂共甲年(해로중당공갑년)
高門休慶俗言傳(고문휴경속언전)
歌吟花樹懽親戚(가음화수환친척)
酒似瑤桃享壽仙(주사요도향수선)
白髮影臨星極下(백발영임성극하)
斑衫舞愛日西邊(반삼무애일서변)
擧杯爲賀回庚宴(거배위하회경연)
五福人間倂得全(오복인간병득전)

집에서 부부가 해로하며 함께 회갑을 맞이하는 것은
지체 높은 집안의 경사[346]라고 속담에 전합니다.
화수회(花樹會)들이 노래하고 읊조려 친척들은 기뻐하고
요림(瑤林)의 복숭아[347]술을 마시며 장수하는 신선입니다.
흰머리 남극노인성(南極老人星)의 그림자가 하강하고
알록달록 옷 입고 서산에 해 기울도록 아름답게 춤춥니다.
돌아온 회갑을 경하하는 술잔을 드니
인간 세상에 누리는 오복(五福)[348]이 완전하십니다.

---

346 休慶(휴경) : 기쁜 일. 명(明) 하경명(何景明)의 《送崔氏詩 3》에 「君子揚休慶, 邁世垂榮名」.
347 瑤桃(요도) : 요림(瑤林; 仙境)에 있다는 복숭아.
348 五福(오복) : 다섯 가지의 복. 장수・부유・건강・도덕을 즐기고[攸好德] 천명(天命)을 온전히 마침[考終命]. 《書經, 洪範》에 「五福, 一曰壽, 二曰富, 三曰康寧, 四曰攸好德, 五曰考終命」.

026 소산(笑山) 송윤만(宋潤萬)의 축수시
笑山宋潤萬

生年丁亥又今年(생년정해우금년)
海屋遐籌自此傳(해옥하주자차전)
訓受家庭因孝友(훈수가정인효우)
事無塵世亦神仙(사무진세역신선)
甲辰偕老雌雄裏(갑진해로자웅리)
戊子叨參大小邊(무자도참대소변)
莫道靑雲難力致(막도청운난력치)
不如性命十分全(불여성명십분전)

태어난 해가 정해년이고 또 올해가 정해년이니
해옥(海屋)에서 장수했다[349]는 말은 이에서 이어질 것입니다.
가정의 가르침을 받아 효도하고 우애하며
티끌 같은 세상에 일이 없으니 역시 신선이십니다.
부부가 해로하여 맞이한 회갑 날 아침에
잔치자리에 외람되이 어른과 어린이들이 주변에 섰습니다.
힘으로 이루기 어려운 청운의 꿈이
성명을 보전하는 것만 같지 않다고 말하지 마십시오.

---

349 海屋遐籌(해옥하주) : 해옥첨주(海屋籌添). 축수(祝壽)하는 말. 송(宋) 소식(蘇軾)의《東坡志林, 三老語》에「嘗有三老人相遇, 或問之年……一人曰, 海水變桑田時, 吾輒下一籌, 爾(邇)來吾籌已滿十間屋」.

027 괴하(槐夏) 이규영(李奎永)의 축수시
槐夏李奎永

君家積德百來年(군가적덕백래년)
壽席新詩五字傳(수석신시오자전)
歲月日星周會始(세월일성주회시)
子孫兄弟燕嬉邊(자손형제연희변)
平常好善人間佛(평상호선인간불)
晩暮安神地上仙(만모안신지상선)
種學績文裕後計(종학적문유후계)
一生樹立箇中全(일생수립개중전)

백 년 동안 덕을 쌓으신 주인옹 집에
장수를 비는 자리에 새로이 쓴 오언시로 전합니다.
세월은 흘러 해와 달이 비로소 모이기 시작하고
자손과 형제들은 잔치를 즐깁니다.
평상시에 선행 베풀기 좋아하시니 인간 부처요
노년에 심신을 편안히 하시니[350] 지상의 신선이십니다.
학식을 배양하고 문재를 쌓아[351] 후손을 넉넉히 하는 계책을
일생 동안 수립하시는 가운데 온전하게 하셨습니다.

---

350 安神(안신) : 심신(心神)을 편안히 함. 《後漢書, 仲長統傳》에 「安神閨房, 思老氏之玄虛, 呼吸精和, 求至人之彷佛」.

351 種學積文(종학적문) : 학식을 배양하고 문재를 쌓음. 당(唐) 한유(韓愈)의 《藍田縣丞廳壁記》에 「博陵崔斯立種學積文, 以蓄其有」.

028 월산(月山) 안철환(安澈煥)의 축수시
月山安澈煥

生老太平六十年(생노태평육십년)
德門斯會自先傳(덕문사회자선전)
重甲花籌回一慶(중갑화주회일경)
同庚荊室坐雙仙(동경형실좌쌍선)
盡日笙歌耒酒後(진일생가뢰주후)
長春梧竹滿庭邊(장춘오죽만정변)
前頭更祝還婚宴(전두갱축환혼연)
揚鶴人間也獨全(양학인간야독전)

육십 년 태평하게 태어나고 늙어가시니
덕 있는 가문의 이 모임은 선대로부터 전해온 것입니다.
거듭되는 회갑에 한 번 경하 드리오니
동갑 나이 아내와 앉아 계시니 두 분이 신선이옵니다.
하루 종일 생황에 맞추어 노래 부르고 술을 드리니
긴긴 봄날 오동나무와 대나무는 뜰에 가득합니다.
다가올 회혼잔치에는 다시 축하드릴 것이니
인간 속세를 벗어나려는 생각[352]을 떨치고 오직 온전하십시오.

---

352 揚鶴(양학) : 학심(鶴心; 속세에서 벗어나려는 생각)을 떨침. 당(唐) 맹교(孟郊)의 《送李尊師玄詩》에 「松骨輕自飛, 鶴心高不羣」.

029 족질(族侄) 호묵(虎默)의 축수시
族侄虎默

六十文章樂此年(육십문장낙차년)
戛雲鶴笛賀聲傳(알운학적하성전)
綵衣映舞三紅子(채의영무삼홍자)
白首同衾四皓仙(백수동금사호선)
花甲琴床祈壽後(화갑금상기수후)
佳辰梅酒詠詩邊(가신매주영시변)
願言歲歲今朝會(원언세세금조회)
剩說吾門福祿全(잉열오문복록전)

이해는 글 지으며 육십 년을 즐긴 해이니
은자의 피리 소리는 하늘 높이 올라[353] 축하의 말을 전합니다.
세 아들 수재[354]들은 색동옷에 빛나는 춤을 추고
부부가 백발에도 한 이불을 덮으니 사호(四皓)[355]의 신선이십니다.
회갑 맞아 상 위의 거문고로 장수를 기도하고
좋은 날 매화주 마시며 시를 노래합니다.
원컨대 오늘 아침처럼 해마다 모일 것을 말씀드리고
우리 가문의 복록이 온전한 것을 한껏 기뻐합니다.

---

353 戛雲(알운) : 높이 올라가 구름과 부딪침. 당(唐) 백거이(白居易)의 《廬山草堂記》에 「夾澗有古松老杉, 大僅十人圍, 高不知幾百尺, 修柯戛雲, 低枝拂潭」.

354 三紅子(삼홍자) : 삼홍수재(三紅秀才). 수재(秀才)를 지칭. 송(宋) 응자화(應子和)의 시 가운데 '兩岸夕陽紅' · '蠟炬短燒紅' · '風過洛花紅'의 세 명구(名句)가 있기 때문에 붙여진 이름.

355 四皓(사호) : 상산사호(商山四皓). 진(秦) 말기에 상산(商山)에 은거하였던 네 사람의 노인들이 모두 수염과 눈썹이 하얗기 때문에 붙여진 이름.

030 정해두(鄭海斗)의 축수시
鄭海斗

長筵幾度似今年(장연기도사금년)
春晩華觴夏更傳(춘만화상하갱전)
星聚東方重甲年(성취동방중갑년)
鶴歸遼海舊丁仙(학귀요해구정선)
綵衣爭動聯花裏(채의쟁동연화리)
瑤瑟相和對樹邊(요슬상화대수변)
天與爲仁終有祿(천여위인종유록)
一生奚啻樂安全(일생해시락안전)

금년같이 오래도록 늘어선 잔치자리가 몇 번이던가
늦봄의 화려한 술자리가 여름까지 이어지네.
동방에 노인성(老人星)이 모여[356] 거듭 회갑을 맞이하니
옛 신선 정영위(丁令威)가 학이 되어 요해(遼海)로 돌아온 것이네.[357]
늘어선 꽃 가운데 색동옷 입고 다투어 춤추니
주위에 늘어선 아름다운 거문고가 화답하네.
하늘과 더불어 인을 행하여 끝까지 복록이 있으니
일생에 즐기는 것이 어찌 온전한 안락뿐이리오?

---

356 星聚(성취) : 남극노인성(南極老人星; 장수의 상징)이 모임.

357 학귀화표(鶴歸華表)의 고사. 요동(遼東) 사람 정영위(丁令威)가 영허산(靈虛山)에서 도를 배운 뒤 학이 되어 천년 만에 고향에 돌아와 화표주(華表柱)에 앉았다가 성곽은 그대로인데 사람은 옛사람이 아니고 무덤만 쌓여 있음을 탄식하며 날아갔다는 고사. 진(晉) 도잠(陶潛)의 《搜神後記 1》에 「丁令威, 本遼東人, 學道于靈虛山, 後化鶴歸遼……城郭如故人民非, 何不學仙冢壘壘」.

031 족손(族孫) 재학(在鶴)의 축수시
族孫在鶴

生同琴瑟復同年(생동금슬복동년)
設席東南壽燭傳(설석동남수촉전)
對垂鶴髮雖云老(대수학발수운노)
分醉霞杯卽是仙(분취하배즉시선)
長庚寶婺祈千歲(장경보무기천세)
佳子嬌孫揖兩邊(가자교손읍양변)
何幸叨參花樹列(하행도참화수열)
賀箋詩澁意難全(하전시삽의난전)

부부가 금슬 좋게 살다가 다시 함께 회갑을 맞이하니
동남쪽에 자리를 베풀고 장수의 촛불을 밝힙니다.
드리운 흰머리를 대하여 비록 늙었다고 말하나
맛 좋은 술[358]을 가득 부어 마시니 곧 신선이옵니다.
장경성(長庚星)[359]과 보무성(寶婺星)[360]에게 천세를 누리시라 기도하며
아름다운 자손들은 읍하며 양옆에 늘어서 있습니다.
어찌 다행히 외람되게 화수회(花樹會) 반열에 참여하여
잘 떠오르지 않는[361] 축하의 글을 지으나 뜻이 온전치 않사옵니다.

---

358 霞杯(하배) : 좋은 술이 가득 찬 술잔. 당(唐) 손계(孫棨)의 《北里志, 王團兒》에 「霞杯醉勸劉郎飮, 雲髻慵邀阿母梳」.

359 長庚(장경) : 초저녁에 새벽하늘에 나타나는 금성(金星). 본문에서는 부부 중 남편을 의미.

360 寶婺(보무) : 별 이름. 무녀성(婺女星). 흔히 여신(女神). 본문에서는 부부 중 부인을 의미.

361 詩澁(시삽) : 시상(詩想)이 잘 떠오르지 않음. 청(淸) 황경인(黃景仁)의 《客齋偶成詩》에 「骨臞依欖鶴, 詩澁受塵紘」.

032 조병만(曺秉萬)의 축수시
曺秉萬

初志桑弧四射年(초지상호사사년)
蓂陰回甲竹陰傳(명음회갑죽음전)
書帷善繼家庭學(서유선계가정학)
壽域閒居陸地仙(수역한거육지선)
一曲峨洋曾有契(일곡아양증유계)
萬川風月更無邊(만천풍월경무변)
優於人爵榮天爵(우어인작영천작)
三達兼將齒德全(삼달겸장치덕전)

태어나서 처음 뜻으로 큰 꿈을 품었더니[362]
흐르는 세월에 회갑을 맞이하니 대숲 그늘이 드리웠습니다.
선조의 뜻을 휘장에 써 계승하여 가정에서 배우도록 하고
태평성세에 한가로이 기거하니 지상의 신선이십니다.
아양곡(峨洋曲) 한 곡을 타기로 한 약속이 있었고
모든 냇물에 끝없이 바람은 불고 달은 떠오릅니다.
조정의 벼슬보다 덕행으로 존경받는 것[363]이 더 영예로우니
삼덕(三德)[364]에 장수의 덕까지 온전하게 겸하셨습니다.

---

362 桑弧四射(상호사사) : 상호봉시(桑弧蓬矢). 아들이 태어나면 뽕나무 활에 쑥대 화살을 매겨 천지사방으로 쏨. 남아는 응당 천지사방에 큰 뜻을 둠을 상징. 《禮記, 內訓》에 「國君世子生, 告于君, 接以大牢, 宰掌具, 三日, 卜士負之, 吉者宿齊, 朝服寢門外, 詩負之, 射人以桑弧蓬矢六, 射天地四方」.

363 天爵(천작) : 자연히 얻은 작위(爵位). 덕행으로 남에게 존경받는 것이 조정의 벼슬보다 낫다. 《孟子, 告子上》에 「仁義忠信, 樂善不倦, 此天爵也. 公卿大夫, 此人爵也」.

364 三德(삼덕) : 삼달덕(三達德). 지(智) · 인(仁) · 용(勇). 《禮記, 中庸》에 「智仁勇三者, 天下之達德也」.

033 태서(台西) 박정기(朴鼎基)의 축수시
台西朴鼎基

籌來花甲又丁年(주래화갑우정년)
應是流芳世世傳(응시유방세세전)
狼北祥光延極老(낭북상광연극노)
鶴南遺曲伴奎仙(학남유곡반규선)
福與崗陵靑未了(복여강릉청미료)
心同日月白無邊(심동일월백무변)
試看未艾方興像(시간미애방흥상)
湖竹千年一色全(호죽천년일색전)

생일날부터 세다보니 올해가 또 정해년인데[365]
전해오는 훌륭한 이름을 대대로 전하고 있네.
천랑성(天狼星)[366]이 북쪽에 있어 상서로운 빛이 노인을 끌어
남녘으로 돌아간 학이 남긴 노래에 문장의 신선[367]이 함께하네.
복록은 언덕과 함께 푸르름이 아직 끝나지 않았고
마음은 일월과 함께 환한 빛이 끝없네.
이제 막 한창 힘찬[368] 모습을 보노라니
오랜 세월을 호수와 대나무가 한 빛으로 온전할 것입니다.

365 丁年(정년) : 태세(太歲)의 천간(天干)이 정(丁)인 해. 본문에서는 회갑인 정해년(丁亥年).
366 狼(낭) : 천랑성(天狼星). 큰개자리에 속하는 매우 밝은 항성(恒星). 《楚辭, 九歌, 東君》에 「靑雲衣兮白霓裳, 擧長矢兮射天狼」.
367 奎仙(규선) : 문장의 신선. 규(奎)는 규성(奎星)으로 문운(文運)과 관계되는 별.
368 未艾方興(미애방흥) : 끝나지 않고 힘차게 발전함. 이제 막 한창임.

034 장명신(張命信)의 축수시
張命信

德門回甲幸同年(덕문회갑행동년)
頌禱諸賓勝事傳(송도제빈승사전)
供歡綵服難爲弟(공환채복난위제)
偕老佳緣不羨仙(해로가연불선선)
南極呈祥星在上(남극정상성재상)
北堂獻斝壽無邊(북당헌가수무변)
湛樂筵前和氣溢(담락연전화기일)
自天降福自家全(자천강복자가전)

덕 있는 가문이라 운 좋게 부부가 같은 해에 회갑이니
모든 손님들 송축하며 훌륭한 일이라고 전하네.
비단옷 입고 함께 즐기니 빼어난 자손들은 우열 가리기 힘들고
아름다운 인연으로 해로하니 신선을 부러워하지 않겠네.
남극노인성이 위에 있어 상서로움을 드러내고
북당(北堂)[369]에 술잔 올리니 천수(天壽)는 끝이 없네.
즐기는 잔치자리에는 화목한 기운 넘치고
하늘에서 복 내려주시니 집안이 온전하십니다.

369 北堂(북당) : 어머니가 계신 방. 《詩經, 衛風, 伯兮》에 「焉得諼草, 言樹之背. 〈毛傳〉 背, 北堂也」.

035 민제호(閔濟鎬)의 축수시 閔濟鎬

偕老斯翁初度年(해로사옹초도년)
遐齡完福世相傳(하령완복세상전)
儀形南極千秋像(의형남극천추상)
髣髴西河百歲仙(방불서하백세선)
華觴傾座交酬際(화상경좌교수제)
彩袖盈庭競舞邊(채수영정경무변)
儘把嘏辭歸善禱(진파하사귀선도)
永令箕五也兼全(영령기오야겸전)

주인옹 해로하시며 회갑을 맞아
장수하며 완전한 복록이라고 세상에 서로 전하네.
모습은 천년 누릴 남극노인을 닮았고
백 세를 누렸다는 서하선인(西河仙人)[370]과 비슷하네.
좌중을 사로잡으며[371] 아름다운 술잔 주고받노라니
고운 빛깔 옷소매를 뜰에 가득 날리며 다투어 춤추네.
술자리가 끝나자 돌아가며 복 빌어[372] 기도하고
오래도록 아름다운 기오(箕五)[373]를 함께 올리니 온전하네.

---

370 西河仙人(서하선인) : 서하 출신의 신선인 오강(吳剛). 당(唐) 은성식(段成式)의 《酉陽雜俎, 天咫》에 「舊言月中有桂, 有蟾蜍, 故異書言月桂高五百丈, 下有一人常斫之, 樹創隨合, 人姓吳名剛, 西河人, 學仙有過, 謫令伐樹」.

371 傾座(경좌) : 좌중(座中)을 사로잡음. 당(唐) 두보(杜甫)의 《李監宅詩》에 「一見能傾座, 虛懷只愛一」.

372 嘏辭(하사) : 제사를 지낼 때 집사(執事)가 시동(尸童; 神主)의 말을 전하는 형식으로 제주(祭主)에게 복을 내려주는 말. 《儀禮, 少牢饋食禮》에 「尸執以命祝. 〈鄭玄注〉 命祝以嘏辭」.

373 箕五(기오) : 기주오복지곡(箕疇五福之曲). 악곡 이름.

036 정기현(鄭基鉉)의 축수시
鄭基鉉

琴瑟歡聲六十年(금슬환성육십년)
復能齊壽賀相傳(복능제수하상전)
有兄有弟皆垂老(유형유제개수로)
多子多孫不羨仙(다자다손불선선)
酒熟黃梅初雨後(주숙황매초우후)
客來靑竹小樓邊(객래청죽소루변)
一言更向龜籌祝(일언갱향귀주축)
晩歲恩袍富貴全(만세은포부귀전)

부부 금슬 기쁜 소리 육십 년인데
나란히 장수하시니 서로들 축하하네.
형과 아우들은 모두 노년에 접어들었고
자손들도 많으니 신선이 부럽지 않네.
술 익고 매실 익는데 첫 비 내린 후에
푸른 대숲 옆 작은 다락에 손님들이 모이네.
한 목소리로 다시 장수를 축원하노니
늙도록 은혜롭게 온전한 부귀를 누리십시오.

037 서홍조(徐洪祚)의 축수시
徐洪祚

文明奎運主翁年(문명규운주옹년)
盛會耆英此日傳(성회기영차일전)
海外花籌添甲子(해외화주첨갑자)
人間風月老詩仙(인간풍월노시선)
鸞賀佳賓盈座上(연하가빈영좌상)
鳳毛餘慶列庭邊(봉모여경열정변)
門對碧江天地大(문대벽강천지대)
家聲永與水聲全(가성영여수성전)

문운(文運)의 별이 밝게 빛나니 주인옹의 (회갑) 해라
덕망 높은 노인들이[374] 성대하게 모여 이날을 전하네.
많이 지내온[375] 생일에 다시 한 해를 더하며
인간세상 맑은 바람 밝은 달 아래 늙어가며 시선(詩仙)이 되었구려.
축하 잔치에 아름다운 손님들은 자리에 가득하고
복 받은 훌륭한 자손들은[376] 뜰 가에 줄지어 섰네.
대문은 푸른 강가에 임해 있고 땅은 넓으니
가문의 명성은 흐르는 물소리와 함께 영원히 온전하리.

374 耆英(기영) : 나이가 많고 덕망 높은 사람. 당(唐) 사공도(司空圖)의 《太尉琅琊王公河中生祠碑》에 「賓筵備禮, 耆英盡綴於詞林, 將略求材, 劍戟自森於武庫」.

375 海外(해외) : 방언(方言)으로 '매우 많은 것'을 이름. 《海上花列傳, 59回》에 「耐生意海外得來, 故是成日成夜, 出來進去」.

376 鳳毛(봉모) : 자손이 그 부조처럼 훌륭한 재주를 지님. 남조 송(南朝宋) 유의경(劉義慶)의 《世說新語, 容止》에 「王敬倫風姿似父, 作侍中, 加授桓公公服, 從大門入, 桓公望之, 曰, 大奴固自有鳳毛」.

038 박창수(朴昌壽)의 축수시

朴昌壽

穩享六旬又一年(온향육순우일년)
餘禧留與子孫傳(여희유여자손전)
隱德吾知林下老(은덕오지임하노)
養眞人號地上仙(양진인호지상선)
紫荊花發龜疇外(자형화발귀주외)
南極星臨鴈行邊(남극성림안행변)
海月長圓映紅碧(해월장원영홍벽)
無疆縷祿與共全(무강누록여공전)

평온하게 육십 년을 누리시고 또 일 년을 더하니
넘치는 복은 자손에게 전해주네.
나는 은거 노인의 남모르게 베푼 덕을 알고 있고
진인(眞人; 神仙) 되기를 닦았으니 지상의 신선이라 부르리.
장수할[377] 뿐만 아니라 형제들의 우애가 빼어나며[378]
남극노인성(南極老人星)이 해로하는 부부에게[379] 임하였네.
바다 위 둥근 달이 붉게 푸른 물에 비치니
무강한 복록이 길게 이어져 온전할 것입니다.

377 龜疇(귀주) : 천하를 다스리는 큰 법칙. '장수하는 집안'의 뜻. 명(明) 장거정(張居正)의 《賀靈雨應祈表 1》에 「臣等久荷生成, 叨塵侍從, 衍龜疇而省歲, 備紀休徵, 續麟史以編年, 特書大有」.

378 紫荊花(자형화) : 박태기나무. 형제의 우애를 비유. 당(唐) 두보(杜甫)의 《得舍弟消息詩》에 「風吹紫荊樹, 色與春庭暮」.

379 鴈行(안행) : 기러기가 날아가는 대열. 나란히 날아가는 모습으로 부부가 해로함.

祭文

001 양례(襄禮)[380] 시큰아버님의 제문[381]
襄禮時伯父主祭文

瑞竹公吾先行 長者壽福 天餉文華人望 頤神泉岳 遊心典籍 閒中日月 不知老之 將至歲丁亥 公六十一壽甲 上有尊伯如月坡翁 白眉之賢 下有金玉叔季三子六孫 握海籌舞萊衣 獻壽祝 罔其象若瑞鳳高臨 鶩鴴左右停峙 一門老宿 當世名碩 同堂歌詠以樂之 各頌公 令儀令德 理膺遐福 緦服內琪林玉樹 和鳴鏘鏘 親戚姻婭 有望有德 瓊琚玉珮 璀璨玲瓏 光晶溢眼 載一帖 奇文逸語殆仙 書道訣之所不及公 旣自敍無庸 佛頭加穢 然而吾祖父諱虎黙 從叔諱在鶴 幷參列善禱 詩在幸玆陳 悃貢賀爲托名 後榮且聞先考 是歲秋謁 宋文忠淵齋先生還 公見而亟稱曰 昔尤翁耽羅之行訪鰲峯伯仲 公于月谷尙愚公及門 有詩若書名蹟不著于世甚恨 汝摳衣賢門 定師依歸 色澤自倍 以沒身從事 勗之先考至老 主復會(甲) 稔今在耳因遺集役知 公充養太和 尊賢尙德之義 皆有所本 而復安歸眞宅 復何憾焉 窀穸在卽 緘辭寄哀 神荒心(恒)不能盡意 余亦朝暮只待符到 寧欲同歸 奠此一觴 撫柩永訣 君靈不昧 知我之衷情耶 嗚呼哀哉 尙饗.

서죽공(瑞竹公)이 나보다 먼저 갔다. 덕망 높은 사람으로[382] 장수하고 복을 누렸으며, 하늘이 내려준 문학적인 재능[383]에 사람들은 우러렀으며, 강과 산에서 정신을 보양하고,[384] 마음은 전적(典籍)에서 노닐면서 한가로운 가운데 세월 가는 줄 모르고 늙어갔다. 정해년에 이르러 공이 61세 회갑을 맞이했는데, 위로는

---

380 襄禮(양례) : 장례(葬禮). 하관(下棺)할 때 읽는 축문(祝文). 장례.

381 이 제문은 작가 서죽공의 상을 당해 장례 때 큰형님 월파(月坡) 양상정(梁相鼎) 공의 제문을 서죽공의 아들 중 한 사람이 기록에 남기면서 '큰아버지[伯父]'라고 호칭함.

382 長者(장자) : 덕망이 높은 사람. 《韓非子, 詭使》에 「重厚自尊謂長者」.

383 文華(문화) : 문학적인 재능. 글재주. 당(唐) 장작(張鷟)의 《朝野僉載 2》에 「周補闕喬知之有婢碧玉, 姝艶能歌舞, 有文華」.

384 頤神(이신) : 정신을 휴양함. 《後漢書, 王充傳》에 「裁節嗜欲, 頤神自守」.

큰형님 월파옹(月坡翁)을 우러러보며 같이 여러 형제 중에 으뜸이라고 하였으며, 아래로는 금 같고 옥같이 소중한 아우들과 세 아들과 여섯 손자들이 장수하기를 빌며[385] 노래자(老萊子)의 춤을 추며 헌수(獻壽)의 술잔을 올리며 축하했다. 우뚝 솟은 산마루 같은 모습은 상서로운 봉황이 높이 날고 제비와 고니는 좌우에서 머무는 듯, 한 가문에 나이 많고 덕행이 높으니[386] 당세의 이름 있는 석학이고 같은 집에 시를 짓고 노래하면서 즐겼다. 모든 사람들이 공의 훌륭한 몸가짐과 아름다운 덕을 칭송하며 복이 당연히 먼 훗날까지 미칠 것이라고 하고, 멀고 가까운 빼어난 친척 자제들도[387] 서로 어울리고 아름답게 조화를 이루니 친척과 사돈들도 인망과 덕망이 있어 아름다운 시문[388]을 지으니 찬란하고 영롱한 광채가 수정처럼 빛나 눈에 넘쳤도다. 한 구절 기묘한 글과 빼어난 문구는 거의 신선에 가까웠네. 이제 글을 써 영결하나 그대에게 미치지 못할 바이다. 공은 이미 스스로 부처의 머리에 티끌을 더하는 것은 쓸모없는 일이라 하였다. 내 조부 휘 호묵(虎黙)과 종숙부 휘 재학(在鶴)과 함께 반열에 설 만하다. 시는 다행히 이에 펼쳐졌고, 정성스럽게 바쳐 이름을 남기니, 훗날에 영화로울 것이라고 돌아가신 아버님께서도 들려주셨다.

이해 가을에 문충공(文忠公) 연재(淵齋) 송병선(宋秉璿)[389]을 뵙고 돌아오니, 문충공께서 보시고 삼가 말하기를,

"옛날에 우옹(尤翁; 尤庵 宋時烈)께서 탐라도(耽羅島)로 갔을 때[390] 오봉(鰲峯)이 찾아가 우열을 다툰 것과 같다."

고 하였다.

공은 월곡(月谷)에서 늘 우공(愚公)을 숭상하여 찾아뵈었으며 시와 책을 쓴

---

385 握海籌(악해주) : '악(握)'은 '옥(屋)'. 해옥첨주(海屋籌添). 축수하는 말.

386 老宿(노숙) : 나이가 많고 덕행이 높은 중이나 도사. 당(唐) 두보(杜甫)의 《岳麓山道林二寺行》에 「依止老宿亦未晩, 富貴功名焉足圖」.

387 緦服(시복) : 먼 친족. 《資治通鑑, 梁武帝中大通3年》에 「家世孝友, 緦服同爨」.

388 瓊琚玉珮(경거옥패) : 시문(詩文)의 미칭. 당(唐) 한유(韓愈)의 《祭柳子厚文》에 「玉珮瓊琚, 大放厥辭」.

389 宋文忠淵齋(송문충연재) : 송병선(宋秉璿). 1836년(헌종 2)~1905년. 조선 말기의 문인 · 순국지사. 자는 화옥(華玉). 호는 동방일사(東方一士) · 연재(淵齋).

390 1689년 숙의 장씨가 아들(후일의 경종)을 낳고, 원자(元子)의 호칭 문제로 기사환국이 일어나 서인이 축출되고 남인이 재집권하였는데, 이때 우암(송시열)이 세자책봉에 반대하는 상소를 올렸다가 제주도로 유배된 사건을 말함.

것이 있었으나 세상에 저술하여 내놓지 않았으니 매우 한스러운 일이다. 그대는 어진 사람의 가문을 공경하였으며,[391] 스승을 정해 의탁하여 글의 빛깔과 광택이 스스로 배나 더해졌으며, 일생 동안[392] 돌아가신 아버님의 일에 종사하기를 늙을 때까지 힘써 하였다.

회갑(會甲)에게 왕복한 까닭으로 지금 문집(文集; 瑞竹詩集)의 일을 맡기게 된 것이다. 공(公; 서죽공)의 부모님을 봉양하고 화목하고, 어진 이를 존경하고 도덕을 숭상한 뜻을 알 수 있으니, 모두 근본이 있는 것이며, 다시 편안히 진택(眞宅)[393]으로 돌아가니, 다시 어찌 서운해 하리오? 묘에 묻으며 편지를 쓰나 슬퍼하는 정신과 황급한 마음의 뜻을 다할 수 없도다.

나 또한 아침저녁으로 저승에서 부르는 부신(符信)이 이르기를 기다릴 뿐이니, 차라리 함께 저승으로 돌아가 한잔 술로 제사를 지내고자 하도다. 영구(靈柩)를 어루만지면서 영원히 결별하노니, 그대의 혼령(魂靈)이 어둡지 않아 나의 슬퍼하는 충정을 알리로다.

오호! 슬프도다. 흠향하소서.

---

391 摳衣(구의) : 옷깃을 여미어 올림. 곧 공경을 표시하는 태도를 보임. 《管子, 弟子職》에 「已食者作, 摳衣而降, 旋而鄉席, 各徹其餽, 如於賓客」.

392 沒身(몰신) : 일생. 한평생. 《漢書, 息夫躬傳》에 「今單于以疾病不任奉朝賀, 遣使自陳, 不失臣子之禮, 臣祿自保沒身不見匈奴爲邊境憂也」.

393 眞宅(진택) : 사람이 죽은 뒤에 돌아가는 진정한 집. 《列子, 天瑞》에 「鬼, 歸也, 歸其眞宅」.

002 소상(小祥) 시 석문(石門; 鄭瀩)의 제문
小祥時石門丈祭文

維 崇禎後 歲次壬辰十二月乙卯朔 初七日辛酉 友人烏川鄭瀩謹具茅緜遙使商祝 敬酹于竹湖梁子之靈惟 靈

天植直方(천식직방)
持己端潔(지기단결)
亢不膠古(항불교고)
卑不循俗(비불순속)
無忝厥紹(무첨궐소)
俾後可績(비후가적)
識子之初(식자지초)
瀟園溪夕(소원계석)
維時九秋(유시구추)
露菊霜攝(노국상섭)
樽西硯北(준서연북)
作者六七(작자육칠)
壽山追到(수산추도)
有誰攙掇(유수납철)
其儀如玉(기의여옥)
忽我傍側(홀아방측)
得之言外(득지언외)
非亶目擊(비단목격)
再遻北里(재오북리)
我厠儐席(아측빈석)
宵燭抵年(소촉저년)
落木闈室(낙목위실)
窺其蘊素(규기온소)
長河不渴(장하불갈)

於是源源(어시원원)
不計以年(불계이년)
侃侃壽翁(간간수옹)
子之所賢(자지소현)
率爾盍簪(솔이합잠)
辨欲忘焉(변욕망언)
旣而遇境(기이우경)
宮商迭宣(궁적질선)
烱然冥契(형연명계)
蘭芬石堅(난분석견)
丙戌之冬(병술지동)
嗟失壽翁(차실수옹)
飛書攄愕(비서터악)
涕滋心恫(체자심통)
誰謂今日(수위금일)
子又往從(자우왕종)
踽踽斯世(우우사세)
煢然一窮(경연일궁)
人亦有言(인역유언)
絃斷鍔折(현단악절)
敎兒搜淂(교아수득)
遺札盈篋(유찰영협)
未死之日(미사지일)
替作顔面(체작안면)
天錫爾祿(천석이록)
子女蕃衍(자녀번연)
詩禮有述(시례유술)
裘箕罔愆(구기망건)
孌芳兄女(연방형녀)
視我父事(시아부사)

逮玆痲關(체자마관)
薄言臨止(박언임지)
告余明發(고여명발)
攪余土木(교여토목)
荒荒兩輪(황황양륜)
丸跳箭激(환도전격)
泉下之期(천하지기)
非朝伊暮(비조이모)
靈芳不昧(영방불매)
徯我一吐(혜아일토)
癃病昏妄(륭병혼망)
臨紙萬漏(임지만루)
嗚呼哀哉(오호애재)
尙　　饗(상　　향)

아뢰나이다.

숭정(崇禎)[394] 후 올해의 차례는 임진년(壬辰年; 1892) 12월 을묘삭(乙卯朔) 초7일 신유일(辛酉日)에 벗 오천(烏川) 정석(鄭瀬)은 삼가 제구(祭具)를 갖추고 축문을 읽어 깊은 정으로 보내드리며, 공경하며 죽호(竹湖) 양자(梁子; 瑞竹公)의 영혼 앞에 술을 붓노니, 오직 굽어보소서.

천성(天性)이 정직·방정하며
몸가짐이 단정하고 정결하였으며
옛것만을 고집하지 않았고
몸은 공손해도 세속을 따르지 않아
그 이어받은 것을 욕됨 없이
훗날에 이어받도록 하였다.
그대를 처음 알게 된 것은

---

394 崇禎(숭정) : 명(明)나라 의종(毅宗; 1628~1644) 장열제(莊烈帝)의 연호(年號).

소쇄원(瀟灑園)[395]의 시냇가 저녁이었는데
때는 바야흐로 9월 가을이라
이슬 맞은 국화에는 서리가 내리는데
술동이는 서쪽에 벼루는 북쪽에 두어
6~7인이 시를 지으려 하였다.
뒤이어 수산(壽山; 鄭祚源)이 이르렀는데
누군가를 부추겨[396] 함께 온 사람이 있었다.
그 몸가짐과 태도가 옥 같았는데
문득 내 곁에 앉았도다.
그는 말 이외의 깊은 뜻을[397] 터득함을
보았을 뿐만 아니라
북쪽 마을에서 거듭 만났을 때에는
나를 평상으로 이끌어 술상을 차려놓고
밤까지 촛불을 밝히고 나이를 따지지 않았는데
잎이 진 나무들이 집을 에워싸고 있었다.
평소에 품은 뜻을 보노라면
긴 강이 마르지 않는 것처럼
근원은 멀고도 길었으며
나이를 잊고 사귀었다.
강직한[398] 수옹(壽翁; 壽山 鄭祚源)께서는
그대[瑞竹公]의 어짊을 알고
선비들의 모임으로 이끌면서
이것저것 따지는 것을 잊었다.
이미 만나는 곳에서는

395 瀟灑園(소쇄원) : 전라남도 담양군 남면 지곡리에 있는 조선시대 중기의 별서정원. 작가 서죽공의 선조인 양산보(梁山甫)가 은사인 조광조(趙光祖)가 남곤(南袞) 등의 훈구파에게 몰리어 전라남도 능주로 유배되자, 세상에 뜻을 저버리고 하향하여 향리에 은거처를 마련한 뒤, 조영한 원림(園林).

396 攙掇(납철) : [白]부추김. 권함. 조선(朝鮮) 《譯語類解補, 瑣說》에 「攙掇, 부촉이다」.

397 言外(언외) : 언외지미(言外之味). 말에 나타난 뜻 이외의 깊은 의미.

398 侃侃(간간) : 강직한 모양. 《論語, 鄕黨》에 「朝, 與下大夫言, 侃侃如也, 與上大夫言, 誾誾如也」.

번갈아 시[399]를 읊으며
은연중 투합하는 의기를[400] 밝게 드러내니
난초처럼 향기롭고 돌처럼 단단했다.
병술년(丙戌年; 1886년) 겨울에
아차! 수옹(壽翁; 鄭祚源)을 잃으니
급히 글을 써서 놀라움을 펼치고
눈물을 흘리며[401] 상심했는데,
오늘은 누군가가
그대도 따라갔다고 말을 하니
홀로 걸어가야 하는[402] 이 세상
이 한 몸 다하는 날까지 외로우리라.
사람들이 또한 말하기를,
거문고 줄이 끊기고 칼이 부러졌다고 하네.
아이를 시켜 상자에 가득 찬
보내주신 서찰을 찾아내고
내 아직 죽지 않았으니
흐르는 눈물을 멈추고 글을 짓노라.
복록은 하늘이 내려준 것이고
자녀들도 번성하였고
시례(詩禮)로 자녀들을 가르쳤으니
선대의 가업(家業)[403]에 허물이 없도다.
아름답고 꽃다운 형님의 딸들은

---

399 宮商(궁적) : 궁상(宮商). 음악이나 음률. 《韓詩外傳 5》에 「人有六情, 目欲視好色, 耳欲聽宮商」.

400 冥契(명계) : 서로 말은 주고받지 아니하지만 은연히 마음과 마음이 들어맞음. 《晉書, 慕容垂載記》에 「寵踰宗舊, 任齊懿藩, 自古君臣冥契之重, 豈甚此邪」.

401 涕滋(체자) : '체현(涕泫)'의 오기. 눈물을 흘림. 송(宋) 소식(蘇軾)의 《京師哭任遵聖詩》에 「每聞耆舊亡, 涕泫聲輒放」.

402 踽踽(우우) : 홀로 걷는 모양. 《詩經, 唐風, 杕杜》에 「獨行踽踽」.

403 裘箕(구기) : 기구(箕裘). 조상 대대로 내려온 가업(家業). 《禮記, 學記》에 「良冶之子, 必學爲裘, 良弓之子, 必學爲箕」.

나를 아버지처럼 섬기니
서죽공의 상(喪)을 당하매[404]
질박한 글을[405] 써서 가는데
새벽에 나에게 알리기를
무덤 만드는[406] 일을 하게 되었다고 하여
밤낮으로 분주하고 바빠서[407]
탄환이 튕기듯 화살이 날 듯하였다.
우리 서로 황천(黃泉)에서 만나기로 한 기약이
오늘 아침이거나 며칠 후 저녁일 것이로다.
혼령께서 어둡지 않아
마음에 품은 것을 토로하기를 기다리실 것이나
늙고 병들어 정신이 흐릿하고 망령되니
종이를 대하매 눈물만 가득하네.
오호! 슬프도다.
흠향하시옵소서.

---

404 痲關(마관) : 삼으로 만든 띠를 묶음, 곧 상복(喪服)의 수질(首絰)이나 요질(腰絰)을 묶음.

405 薄言(박언) : 천박한 말. 흔히 겸사로 씀. 오대(五代) 왕정보(王定保)의 《唐摭言, 酒失》에 「鬢髮斑白, 幸逢推薦, 恩命垂至, 自貽顚危, 昏昏薄言, 罔知攸處」.

406 土木(토목) : 무덤과 널. 남조 송(南朝宋) 안연지(顔延之)의 《庭誥》에 「柔麗之身, 亟委土木, 剛淸之才, 遽爲丘壤」.

407 荒荒(황황) : 매우 분주하고 바쁨. 《警世通言, 福祿壽三星度世》에 「却說劉本道沿着江岸, 荒荒走去, 從三更起, 仿佛至五更, 走得腿脚酸疼」.

輓章

001 족제(族弟) 상형(相衡)의 만장(輓章)
輓章

江宵無寐聽哀鴻(강소무매청애홍)
往事悠悠一夢同(왕사유유일몽동)
芝句共題篔壁上(지구공제운벽상)
羽觴幾醉李園中(우상기취이원중)
寂寞黃花前處士(적막황화전처사)
依然明月古長公(의연명월고장공)
賴有欒欒三孝子(뇌유난란삼효자)
承家不墜謹勸風(승가불추근권풍)

잠 못 이루는 밤 강가의 슬픈 기러기 소리 듣노라니
지나간 일들을 그리워하니 한바탕 꿈인 것을.
함께 지었던 빼어난 시구들을 대나무 벽에 걸어 놓고
오얏나무 동산에서 술잔을 기울이며 몇 번이나 취했던가?
적막하게 국화꽃만 처사 앞에 흐드러지게 피었네.
밝은 달은 옛 모습 그대로 형님[408] 앞에 떠오르네.
야윈 몸을[409] 세 효자 아들에 의지하니
가업을 잇고 삼가 가풍을 잃지 않도록 권하네.

---

408 長公(장공) : 항렬이 맏이라는 뜻. 옛날 사람들이 자(字)로 많이 삼았음. 《漢書, 夏侯勝傳》에 「夏侯勝字長公」.

409 欒欒(난란) : 몸이 야윈 모양. 《詩經, 檜風, 素冠》에 「庶見素冠兮, 棘人欒欒兮」.

002 안철환(安澈煥)의 만장(輓章)
輓章

覿公天質稟和溫(적공천질품화온)
第一湖南種德門(제일호남종덕문)
七十年惟爲己學(칠십년유위기학)
百千事可對人言(백천사가대인언)
從玆澓賢師友嗣(종자복현사우사)
後能兼好子孫夢(후능겸호자손몽)
挂音容旋覺罷竹(괘음용선각파죽)
青樓畔月黃昏[ ](청루반월황혼[ ])

공의 타고난 자질을 볼 것 같으면 화목하고 따뜻하여
호남 제일의 덕 있는 가문의 근본이었네.
칠십 년을 오로지 자신을 수양하면서
온갖 일에 대해 사람들과 말하였네.
이것을 따라 어진 스승과 벗들이 대를 이으니
훗날에 자손들의 좋은 꿈이 함께하리라.
입 닫고[410] 모습을 돌려 깨달음마저 대숲에 숨기니
언덕 위 푸른 다락에 황혼의 달이 뜨네.

410 挂音(괘음) : 괘설(挂舌). 입을 닫음. 침묵함. 송(宋) 황정견(黃庭堅)의 《贈別李端叔詩》에 「古來得道人, 挂舌屋壁間」.

003 퇴암(退菴) 나봉채(羅鳳采)의 만장(輓章)
輓章

戚誼更兼交誼深(척의경겸교의심)
兩人相許兩人心(양인상허양인심)
君今別我歸何處(군금별아귀하처)
慟哭彷徨日欲陰(통곡방황일욕음)

친척으로서의 정의(情誼)에 다시 사귄 정이 깊어
우리 두 사람 서로의 마음을 받아들였는데
지금 그대와 헤어지는 나는 어느 곳으로 돌아가리?
통곡하며 방황하니 해는 져서 어두워지네.

004 나종현(羅鍾賢)의 만장(輓章) – 함평군(咸平郡) 해제면(海堤面) 가천리(可川里)

輓章 – 咸平郡海堤面可川里 羅鍾賢

吾君一去後(오군일거후)
親友有誰餘(친우유수여)
死生都春夢(사생도춘몽)
心魂掛碧虛(심혼괘벽허)

그대께서 한 번 떠나가신 후
남은 벗은 누가 있으리?
죽고 사는 것이 모두 한바탕 봄날의 꿈이러니
마음은 푸른 허공에 걸어두고 가소서.

005 척하(戚下) 양명구(梁命龜)의 만장(輓章)
輓章

我交異他人(아교이타인)
只許相知深(지허상지심)
暫離如有失(잠리여유실)
契托難忘心(계탁난망심)

내가 다른 남들과 사귀면서
다만 서로 깊이 알려고 하느라
잠시 떠나 잊음이 있었더라도
부탁하신 것들은 마음에 잊기 어려웠습니다.

【수첩(壽帖) 終】

옮긴이 약력

양현승 梁鉉承

1955년 전라남도 화순군 도곡면 죽청리 출생.
국민대학교 문과대학 국어국문학과 졸업. 동 대학원 문학석사 · 박사.
전 재현고등학교 교사, 서정대학 겸임교수.
현 국민대학교 글로벌인문 · 지역대학 한국어문학부 부교수.

주요 저 · 역서

- 시집 : 『진달래변증법』(1989)
- 에세이 : 『술-2집』(공저, 1990)
- 저서 : 『한국 '설'문학 연구』(2001)
- 역서 : 역주 『편옥기우기』(공저, 2002), 『한국 '설'문학선』(2004), 역주 『제주양씨세적』(2007), 역주 『흥무왕실기』(2014), 국역 『정곡집』(2015), 『고산 윤선도 한시의 역주와 해설(1)』(공저, 2015)

서죽시집 瑞竹詩集

초판 1쇄 인쇄 2017년 11월 20일
초판 1쇄 발행 2017년 11월 27일

지은이 양상항
옮긴이 양현승
펴낸이 박성복
펴낸곳 도서출판 월인
주소 01047 서울특별시 강북구 노해로25길 61
등록 1998년 5월 4일 제6-0364호
전화 (02) 912-5000
팩스 (02) 900-5036
홈페이지 www.worin.net
전자우편 worinnet@hanmail.net

ISBN 978-89-8477-642-5 03810

값은 뒤표지에 있습니다.